LA CLEF

DU NOTARIAT.

A. BARBIER. — IMPRIMERIE DE P. BAUDOUIN,
RUE ET HOTEL MIGNON, 2.

LA CLEF
DU NOTARIAT,

OU

EXPOSITION MÉTHODIQUE

DES CONNAISSANCES NÉCESSAIRES A UN NOTAIRE.

PAR LEDRU,

ANCIEN PRINCIPAL CLERC DE NOTAIRE.

Quatrième édition, considérablement augmentée.

PARIS
LIBRAIRIE SCIENTIFIQUE ET MÉDICALE DE P. LUCAS,
A L'ANGLE DES RUES RACINE ET DE LA HARPE, 82.
1838

PRÉFACE.

—

Mon système, toujours neuf et original, demandant à être bien conçu, bien compris, qu'il me soit
permis de répéter ce que j'ai dit en tête des éditions
précédentes.

En composant la *Clef du Notariat*, je n'ai eu
pour but que d'être utile aux jeunes gens qui ne
font que d'entrer dans la carrière, et pour qui j'ai
essayé de faire ce que souvent j'ai souhaité qu'on
eût fait pour moi.

C'est à eux particulièrement que j'ai dédié cet
ouvrage, dont je me trouve dispensé d'indiquer le
plan, si l'on veut bien prendre la peine de jeter un
coup d'œil sur la Table qui suit immédiatement
cette Préface.

J'ai conservé la méthode que j'avais adoptée dans
le principe, en ce sens que le texte des dispositions
des divers Codes n'a jamais été rapporté, qu'on n'a
jamais cité que les numéros des articles. Et pour
tous n'est-ce pas la même chose? car qui n'a pas
constamment devant soi les six Codes, alors qu'on

a les commentaires où ce texte se trouve noyé, pour ainsi dire, de telle sorte qu'on a peine à distinguer ce qui vient du législateur d'avec ce qui est du commentateur? Puis faire deux volumes, le but d'économie était manqué. A ces motifs, s'en joignait encore un plus puissant peut-être, celui que je signale à la page 115.

Toutefois, j'ai suivi un plan différent de celui des deux premières éditions, et qu'on jugera sans doute plus rationnel. J'ai considéré que la distribution alphabétique des actes et contrats n'est point du tout élémentaire, puisque, dans cet ordre doivent se succéder alternativemeut des choses plus ou moins faciles à comprendre. Je pense avoir été plus heureux dans le nouveau classement que j'ai adopté.

Pour rendre hommage à la vérité, je dois dire que le Manuel-Pratique, de M. Fleury, est entré tout entier (de son assentiment) dans *la Clef du Notariat;* que j'ai aussi profité du Traité de Garnier-Deschesnes; enfin que j'ai mis à contribution l'excellent Répertoire de M. Rolland de Villargues, le Cours de droit français, par M. Duranton, les divers traités de M. Troplong, etc.

Quoique cet ouvrage ne puisse être considéré que comme une véritable introduction, j'ose espérer, par l'ordre que j'y ai mis, par les nombreuses citations qu'il renferme, qu'il sera d'une certaine utilité aux jeunes gens instruits, aux notaires eux-mêmes, en ce qu'il pourra leur épargner de longues et ennuyeuses recherches, lorsqu'ils voudront se rappeler certaines dispositions des lois et réglements concernant leur état.

Du reste, j'ai tâché de remplir ce que semble promettre le titre. Je suis bien loin de prétendre offrir un *traité* des connaissances nécessaires à un notaire : c'est simplement *l'exposition* ou le tableau de ces mêmes connaissances ; et comme la clef d'une science quelconque n'est autre chose que l'exposition de ses principes, c'est ce qui m'a fait intituler cet ouvrage *la Clef du Notariat.*

Afin de compléter l'idée que je désire en donner, qu'il me soit permis encore de rapporter ce que disait M. Fleury, dans l'avertissement mis en tête de son *Manuel.*

« J'ai voulu rendre quelques services, notam-
» ment aux personnes qui se destinent au notariat,
» en mettant sous leurs yeux, dans un cadre res-
» serré, non-seulement les principales dispositions
» des lois, avis du conseil d'état, arrêtés, décisions
» et arrêts qu'il leur importe de connaître ; mais
» encore la définition des termes de pratique dont
» les notaires se servent le plus ordinairement dans
» la rédaction des actes, les expressions, les formes,
» les usages consacrés en quelque sorte pour le
» notariat ; enfin des instructions qui pussent leur
» donner les moyens de se procurer sans peine des
» renseignements sur les diverses parties qu'em-
» brasse la jurisprudence. »

Tels sont les principaux traits qui donnent à la *Clef du Notariat* une physionomie vraiment toute particulière.

Mes vœux seront remplis, si l'on continue d'y trouver le but d'utilité que je m'y suis d'abord proposé, et s'il peut commencer avantageusement l'éducation de mes jeunes confrères!

Aujourd'hui, j'ai d'autant plus l'assurance de voir ces vœux s'accomplir, que cette quatrième édition est considérablement augmentée, et qu'à la différence de l'auteur, qui a vieilli, l'ouvrage devra paraître beaucoup mieux en rapport avec cette studieuse portion de notre jeune France à laquelle il est destiné.

J'ose même me persuader que par suite de ces augmentations, et de l'APPENDICE composé de choses infiniment utiles, notamment à l'égard des nouveaux poids et mesures, la Clef du notariat deviendra le *manuel* indispensable, non seulement des études de notaires, mais des études d'avoués et d'huissiers.

TABLE

PAR ORDRE DES MATIÈRES.

PREMIÈRE PARTIE.

—

CONNAISSANCES PRÉLIMINAIRES.

SECONDE PARTIE.

—

INSTRUCTIONS SUR TOUTES LES ESPÈCES D'ACTES ET DE CONTRATS.

TROISIEME PARTIE.

APPENDICE.

EXPLICATION DES ABRÉVIATIONS.

——

A. R.   Ancien Répertoire de jurisprudence.

C. C.   Code civil.

D. E.   Dictionnaire de l'enregistrement.

D. F.   Décision du ministre des finances.

D. J.   Décision du ministre de la justice.

D. N.   Dictionnaire du Notariat.

E. M.   Encyclopédie moderne.

G. D.   Traité élémentaire du Notariat, par Garnier-Deschesnes.

Instr.   Instruction de la régie de l'enregistrement.

J. E.   Journal de l'enregistrement.

J. N.   Journal des Notaires.

J. J. N.   Journal de la jurisprudence du Notariat.

J. P.   Journal du Palais.

L.   Loi.

Ordonn.   Ordonnance du Roi.

P. N.   Parfait Notaire, 6me. édition.

R. N.   Répertoire de la Jurisprudence du Notariat par M. Rolland de Villargues.

Les noms des villes entre parenthèses indiquent les arrêts rendus par les cours royales qui y siégent.

LA
CLEF DU NOTARIAT.

PREMIÈRE PARTIE.

CONNAISSANCES PRÉLIMINAIRES.

—

PRÉAMBULE.

DES NOTAIRES, DE LEURS CLERCS, ET DES CONNAISSANCES QUI LEUR SONT NÉCESSAIRES.

§ 1er. Des Notaires.

Les notaires sont les officiers publics établis pour recevoir et rédiger, dans les formes prescrites par la loi, les actes de la juridiction volontaire, et pour leur donner, par leur signature, la force et le caractère de l'autorité publique.

Avant la révolution, il y avait en France plusieurs sortes de notaires : les notaires royaux, les notaires des seigneurs haut-justiciers et les notaires apostoliques. On donnait le nom de *tabellion* au notaire d'une seigneurie ou justice subalterne.

Si l'on désire connaître l'histoire du notariat, on peut consulter le Répertoire de jurisprudence, de M. Merlin, et le discours historique qui se trouve en tête du Code du Notariat publié en 1836 par M. Rolland de Villargues.

§ 2. Des Clercs de Notaires.

On donne le nom de *clercs* à ceux qui travaillent habituellement dans l'étude d'un notaire, d'un avoué ou de tout autre officier ministériel ; à l'égard de ceux qui travaillent chez les avocats, ils ont le titre de secrétaires.

On nomme spécialement clercs de notaires les jeunes gens qui travaillent chez un notaire à expédier ou à rédiger les actes qu'il reçoit en cette qualité. Le lieu où les clercs travaillent se nomme *étude ;* celui qui est le premier de l'étude prend le titre de *maître-clerc, premier clerc* ou *principal clerc.* A. R.

1

Le *premier* ou *principal clerc* est le rédacteur en chef des actes sous la direction du notaire son patron; on le désigne aussi sous le nom de *maître clerc*, mais la dénomination de *premier clerc* est celle que le législateur a consacrée. (Loi du 25 ventose an 11, articles 36, 37 et 39.)

Dans l'acception commune, on entend par *principal clerc* le premier ou maître clerc qui dirige les travaux de l'étude d'un notaire, avoué ou huissier. Cependant, le titre de *principal clerc* ne rend peut-être pas une idée aussi exacte du grade de clerc que celui de *premier clerc*. Du moins le législateur s'est-il de préférence arrêté à ce dernier titre quant au notariat. (Dictionnaire du Notariat.)

La qualité de clerc, sans être une fonction publique, a néanmoins une sorte de caractère légal, à raison de ce que cette qualité fonde le stage indispensable pour être admis aux fonctions de notaire. Pour avoir cette qualité, une condition est essentiellement requise, c'est le travail habituel dans l'étude. R. N. —Un écrivain qui chez lui fait des expéditions ou copies pour le compte d'un notaire, ne peut en être réputé le clerc. (Brux. 20 mars 1811.) Un individu ne peut être considéré comme clerc d'un notaire, s'il n'a fait que quelques expéditions d'actes pour ce notaire, et lorsque d'ailleurs il a une autre occupation principale et habituelle. (Gren. 7 avril 1827.) Toutefois il n'est pas nécessaire, pour avoir la qualité de clerc, d'être inscrit sur le tableau des aspirants tenu par la chambre de discipline. J. N. — Il est bien moins nécessaire encore pour cela d'être salarié. V. ci-après les réglements des notaires de Paris, aux mots Aspirants au Notariat et Clercs.

Les clercs de notaires ne doivent point se livrer à des affaires étrangères à celles de l'étude où ils travaillent; et ils doivent s'abstenir de faire insérer dans les affiches ou journaux, des annonces en leurs noms.

Les minutes des testaments doivent être écrites par les notaires eux-mêmes. C. C. 972. Celles de tous les autres actes et contrats peuvent l'être par les notaires ou leurs clercs indistinctement.

Un jeune homme qui se place chez un notaire, avec le désir d'exercer par la suite cet emploi, doit avoir fait quelques études, écrire proprement, bien orthographier, et connaître toutes les opérations de l'arithmétique.

Certes, il est bien à regretter qu'une étude approfondie de la langue ne soit pas l'une des conditions nécessaires pour la nomination des notaires. Quel état exige plus de clarté, plus de précision dans le style, plus de propriété dans les termes, plus de netteté dans la construction, plus de soin jusque dans la ponctuation. (1) Le repos des familles, le besoin de la confiance, l'amour-propre même, tout doit porter les clercs de notaires à se livrer sérieusement à cette étude, indispensable pour leur profession future.

Les jeunes clercs de notaires doivent être soumis au premier, complaisants envers les autres, polis, honnêtes avec tout le monde.

Ils peuvent certainement faire leur profit de ce qu'ils voient et entendent des affaires de l'étude ; mais rien n'en doit transpirer. La moindre indiscrétion de leur part peut entraîner de graves inconvénients, et causer un tort infini, soit au notaire, soit à ses clients,

Qu'ils apportent une extrême attention à ce qu'on les charge de faire ; qu'ils cherchent même à retenir dans leur mémoire les clauses ordinaires des actes qu'ils copient, et à en pénétrer le sens et la valeur ; que surtout ils sachent profiter des moments de loisir qui leur sont accordés pour lire et étudier nos lois ; enfin que leur conduite soit sage et régulière : alors ils inspireront de l'intérêt à toutes les personnes qui les connaîtront ; ils captiveront leur bienveillance et leur estime, gagneront leur confiance, et pourront espérer d'avoir un jour la satisfaction d'être promus aux fonctions de notaire, honorable et digne récompense de leurs peines !

À leur première entrée dans l'étude, on donne aux jeunes clercs des actes à expédier ; ils apprennent d'abord de leurs camarades la manière de plier leur papier. Un arrêt du parlement de Paris, du 4 septembre 1685, ordonnait de laisser trois doigts de marge dans toutes les pages des actes, pour y ajouter commodément les apostilles qu'il conviendrait d'y mettre. En effet, il est d'usage, chez les notaires, de plier le papier timbré en quatre parties égales sur la longueur, dont la première vers la gauche forme la marge. Du reste, les jeunes gens trouveront dans les chapitres suivants les premières instructions qui leur sont indispensables.

_____

(1) On raconte que dans un testament, après un premier legs fait par le testateur à deux de ses frères, le notaire avait écrit, sous la dictée à lui faite : « Je donne et lègue de plus à chacun deux mille livres. » On a élevé la question de savoir si c'était *à chacun, deux mille livres*, ou bien *à chacun d'eux, mille livres*.

§ 3. Des Connaissances nécessaires à un notaire.

Le style des actes n'est rien en comparaison des autres connaissances qu'un notaire doit avoir acquises, s'il veut bien remplir son ministère; il doit en avoir en droit, en jurisprudence, même en pratique. Il faut qu'il sache le texte d'une partie des codes, qu'il soit familiarisé avec eux. Nous lui supposons aussi le discernement juste, la pénétration vive, le jugement sain; autrement il ne pourrait exercer une profession aussi noble que d'une manière peu propre à prévenir en sa faveur.

Nous disons qu'un notaire doit avoir des connaissances en droit et en jurisprudence : en effet, ce n'est que par là qu'il peut apprendre le sens, la valeur ou l'étendue des clauses qu'il insère dans ses actes; il n'y doit insérer rien qui répugne à une loi irritante ou prohibitive; il faut donc qu'il connaisse les lois, pour savoir si telle ou telle convention peut ou non entrer dans l'acte qu'il rédige; sans cela, comment distinguerait-il une convention licite d'avec celle qui ne l'est pas?

Quant à la pratique ou forme judiciaire, qui est le partage des avoués, un notaire doit également en avoir des notions, qu'il peut puiser dans le code de procédure civile; car s'il s'agit de faire un acte où l'on doive analyser une procédure, par exemple une transaction, le notaire fera mal cette analyse et l'exposé du différend se sentira toujours de son ignorance en cette partie.

Pour le style des actes, on peut suivre, si l'on veut, celui que l'usage a consacré; mais s'en écarter par raisonnement, c'est souvent le moyen de mieux faire encore, c'est du moins celui de faire voir qu'on ne travaille pas comme une machine.

Il n'est permis aux notaires de rien ignorer, non-seulement de tout ce que la loi organique du notariat leur prescrit sur la réception, la rédaction et la forme de leurs actes, mais encore des différentes injonctions et prohibitions qui leur sont faites par d'autres lois, puisqu'en ne les observant pas ils encourraient les peines prononcées contre eux, et deviendraient responsables envers les parties du préjudice dont ils auraient été ainsi la cause. G. D.

TITRE PREMIER.

STYLE DES EXPÉDITIONS, GROSSES, EXTRAITS, etc.

On entend ici par *style* ce que les notaires mettent au commencement ou à la fin des grosses, expéditions, copies collationnées, et extraits qu'ils délivrent, pour leur donner la forme prescrite par la loi ou consacrée par l'usage. P. N. — Ailleurs et dans un autre sens, le mot style se dit de la manière dont on a coutume de rédiger les actes. C'est dans ce sens que l'on dit : chaque notaire a son style, c'est-à-dire de certaines expressions qui lui sont propres.

CHAPITRE PREMIER.

DES EXPÉDITIONS.

Les expéditions sont les copies littérales que délivrent les notaires, des minutes restées en leur possession. Les minutes sont les originaux des actes qu'ils reçoivent, tels que baux, ventes, contrats de mariage, etc. Ces minutes ne sortent point de leur étude. Ce mot vient de *minuta*, écriture petite, *menue*, par opposition à *grosse*. Les mots *expédition* et *copie* ne sont pas entièrement synonymes : l'expédition est la copie que délivrent les notaires, d'un acte reçu par eux ; la copie proprement dite est celle qu'ils délivrent d'un acte qu'ils n'ont pas reçu, mais qu'on leur a déposé pour minute.

§ 1er. Règles générales.

L'expédition doit être la copie fidèle de la minute ; l'orthographe et la ponctuation doivent y être suivies, au moins de manière à ne pas altérer le sens et à ne donner lieu à aucune fausse interprétation. R. N.

Les expéditions doivent être propres et très lisibles.

L'arrêt du parlement de Paris, du 4 septembre 1685, prescrivait avec raison d'écrire les noms propres et les sommes d'un caractère un peu plus gros que le reste de l'acte ; mais sans doute cela ne doit s'entendre que de la première énonciation, qui est faite dans l'acte, des noms des contractants, des sommes qui sont l'objet de l'acte ou du contrat, et de leur date. — Ce même arrêt ordonnait que les ratures fussent faites par une barre ou un simple trait de plume passant sur les mots, afin de pouvoir compter et distinguer facilement la quantité de mots rayés.

L'empreinte du timbre ne peut être altérée ni couverte d'écriture. On peut écrire derrière cette empreinte, en faisant de sorte que le timbre ne soit pas altéré par la quantité d'encre ou en appuyant trop fort. D. F. 16 juin 1807.

Les expéditions, ainsi que les copies, extraits et grosses, ne peuvent être délivrées que sur papier timbré dit moyen papier, dont la feuille est tarifée à 1 fr. 25 cent. Elles ne doivent contenir que 25 lignes à la page. Néanmoins si quelques pages d'une expédition contenaient tantôt plus, tantôt moins de 25 lignes, il s'établirait compensation, de manière qu'il n'y aurait pas d'amende contre le notaire, si l'on ne comptait pas plus de 25 lignes par page l'une portant l'autre.

Les expéditions doivent contenir au moins quinze syllabes à la ligne. V. le titre 4 ci-après.

On rapporte à la fin des expéditions la mention de l'enregistrement qui est au bas ou en marge de la minute.

Nous le répétons, l'expédition doit être parfaitement conforme à la minute : aussi est-il d'un usage général de collationner les expéditions, c'est-à-dire de les comparer avec les minutes, afin de s'assurer qu'il ne s'y trouve rien de plus ni de moins, ou pour corriger les fautes qui peuvent y exister. Le clerc chargé de la collation, dont on ne saurait trop recommander l'exactitude, suit des yeux, sur l'expédition, la lecture qu'un autre clerc lui fait de la minute, et il y fait à mesure les corrections nécessaires.

Après la collation, on approuve les mots rayés, s'il y en a, par cette mention qu'on met à la fin de l'expédition et que les notaires parafent :

       Rayé   *mots comme nuls.*

Puis, l'on tire des barres dans les blancs qui sont laissés pour former les alinéas : du moins, ceci se pratique généralement à Paris pour se conformer à l'article 13 de la loi du 25 ventose an 11.

Les expéditions étant collationnées et signées du notaire en premier, on y applique son cachet à la marge de la dernière page écrite, et on les envoie signer par le notaire en second.

Quand un acte est reçu par deux notaires, on appelle *notaire en premier* celui qui conserve la minute, et *notaire en second*, celui qui ne fait que l'assister. Le premier signe à droite, le second signe à gauche. Le notaire en premier parafe seul le bas de chaque recto.

Les expéditions ne sont signées que par les notaires et non par les parties, c'est-à-dire les personnes qui ont contracté.

Celles des actes passés devant un notaire assisté de deux témoins, sont signées par le notaire seul.

On doit avoir l'attention de faire signer en second les expéditions par les mêmes notaires que ceux dénommés aussi en second dans les minutes ; cependant les notaires de Paris font signer en second leurs expéditions par d'autres collègues que ceux dénommés aux minutes, quand ceux-ci sont malades ou éloignés. (Statuts du 31 mai 1681.) À l'égard des grosses, ils les font signer en second par les mêmes notaires que ceux qui ont signé en second les minutes, lors même que ceux-ci n'y sont pas dénommés. R. N. — Selon M. Toullier, il ne paraît pas nécessaire de faire signer par le second notaire les premières grosses ou expéditions ; la loi, dit-il, ne l'ordonne pas ; mais l'usage était en opposition avec cette doctrine, lorsque, par délibération du 27 avril 1834, la chambre des notaires de Paris a déclaré être d'avis :

1°. Que les grosses, expéditions et extraits des actes, ne doivent être signés que par le notaire possesseur de la minute ; — 2°. que les renvois sur les grosses, expéditions et extraits, doivent être *signés* par le notaire qui les délivre ; — 3°. et qu'une mention marginale, signée par le notaire, et placée à la fin de chaque grosse, expédition et extrait, doit indiquer le nombre des rôles et des renvois, et celui des mots rayés.

On n'a coutume de rapporter les noms du second notaire que dans les grosses, dans les testaments et dans les actes où les deux notaires instrumentent concurremment à la réquisition des parties.

On doit omettre, dans les expéditions ou copies d'actes faits antérieurement à 1790, les clauses, qualifications ou expressions qui tendent à rappeler le régime féodal ; en omettant ces expressions, il en est fait mention dans les expéditions. (L. des 8 pluv. an 2 et 25 vent. an 11.) Cette suppression se fait en tirant un trait à la place du mot, et l'on met à la fin de l'expédition : *Ces présentes ainsi délivrées avec la suppression des qualifications et expressions féodales.* (D. N.) — On peut énoncer, sans contravention, les titres de ducs, marquis, comtes, vicomtes, barons et autres attachés à la personne des individus qui en sont revêtus ; mais les qualités de *haut* et *puissant seigneur* sont interdites (Tr. de Lorient, 9 août 1819). Les titres de *vidame* et de *messire* sont aussi supprimés comme dérivant de la féodalité. R. N.

§ 2. Style des Expéditions.

Nous avons dit que l'expédition doit être conforme à la minute ; il est cependant des changements que l'usage a consacrés.

Ainsi, les mots *ci-annexé*, qui se trouvent dans la minute des actes, se traduisent dans leur expédition par ceux-ci : *annexé à la minute des présentes.*

S'il y avait *annexé à l'acte dont la minute est des autres parts*, on mettrait : *annexé à l'acte dont la minute précède celle des présentes*, ou *à l'acte dont l'expédition est des autres parts*, si en effet l'expédition précède.

A la fin des expéditions dont le notaire a reçu la minute, après ces mots *a* ou *ont signé avec les notaires*, on ajoute : *la minute des présentes demeurée à M.*

l'un des notaires soussignés, ou seulement *demeuré à* M. *notaire soussigné*, si l'acte a été reçu par un notaire seul, en présence de témoins ; puis, on termine par, *en marge*, ou *au bas*, ou *ensuite de laquelle est écrit* :

Enregistré à　　　　le　　　　folio　　　recto (ou verso), case reçu　　　　　　　　　　*Signé* (le nom du receveur).

Lorsque toutes les parties, ou quelques-unes d'elles ne savent ou ne peuvent signer, la mention suivante est mise à la fin de l'acte :

Et lesdits sieurs　　　　　　ont signé avec les notaires ; quant auxdits sieurs　　　　ils ont déclaré ne le savoir ou ne le pouvoir (en expliquant la cause), de ce interpellés : le tout après lecture faite.

Dans l'expédition, on fait à cette mention différentes additions :

1°. On ajoute après ces mots *lecture faite*, ceux-ci *la minute des présentes.*

2°. On ajoute de même après ces mots *de ce interpellés*, ceux-ci :

Il est ainsi à ladite minute demeurée audit M.　　　l'un des notaires soussignés, ensuite (ou en marge) de laquelle est la mention suivante : Enregistré, etc.

S'il y a des mentions au bas ou en marge de la minute, on les met ensuite de l'expédition sans laisser d'intervalles, en les faisant seulement précéder de ces mots : *en marge* ou *au bas est écrit*, etc.

A la fin de l'intitulé et de la clôture des inventaires, on termine les expéditions comme celles des actes ordinaires. A la fin de chaque vacation des inventaires, on rapporte seulement les signatures. A la fin des *dires* ou *déclarations*, on met seulement : *signé à pareil endroit* ou *en cet endroit de la minute des présentes.*

Si, dans l'intervalle de la passation de l'acte à la délivrance de l'expédition, il y avait eu changement de timbre, on ajouterait :

Ces présentes délivrées aujourd'hui mil huit cent...

Aux termes de l'article 1335 du code civil, les grosses ou premières expéditions font la même foi que l'original ; c'est pour cela que beaucoup de notaires mettent à la fin de leurs expéditions :

Pour première expédition délivrée à M. un tel.

Il est assez d'usage de faire mention, sur les minutes, de la délivrance des expéditions, mais seulement pour ordre, cette formalité n'étant pas prescrite.

Cette mention se fait tout simplement par ces mots : *fait expédition.*

L'expédition délivrée à un tiers, qui n'est ni partie dans l'acte, ni intéressé en nom direct, est revêtue du style suivant :

Ces présentes délivrées aujourd'hui à M. demeurant à , en vertu de l'ordonnance de M. le président du tribunal de première instance de en date du enregistrée, et dont l'original a été déposé audit M^e. par acte du aussi enregistré, et étant ensuite de celui dont expédition précède.

Quand un notaire délivre l'expédition d'un acte reçu par un de ses prédécesseurs, il doit rapporter les signatures des parties et des deux notaires, après lesquelles signatures on met : *ces deux derniers notaires*, et l'on rapporte la mention de l'enregistrement. Puis on met, en style, c'est-à-dire à mi-marge :

L'an , le collation des présentes a été faite par M^e. et son collègue, notaires royaux à la résidence de soussignés, sur la minute dudit acte de étant en la possession dudit M^e. notaire, comme successeur médiat de M^e. au moyen de diverses mutations (ou comme successeur immédiat) de M^e. ci-devant notaire.

Il arrive souvent que les minutes d'une date antérieure

à 1805, commencént seulement par *furent présents*. On doit faire précéder ces mots de ceux-ci:

Par-devant les notaires à   soussignés:

Lorsqu'un notaire, dépositaire provisoire des minutes de ses confrères décédés, en délivre des expéditions, il emploie le style suivant:

L'an   , le   , collation des présentes a été faite par Me. et son collègue, notaires à la résidence de   soussignés, sur la minute dudit acte de   étant actuellement en la possession dudit Me.   , auquel la collection des minutes de feu Me.   ci-devant notaire, a été déposée provisoirement, en vertu de l'ordonnance de M. le président du tribunal de première instance de   en date du   , enregistrée.

§ 3. Annexes.

On entend par *Annexes* les pièces qui sont jointes à la minute ou au brevet d'un acte, et dont la jonction est dûment constatée.

Souvent on annexe à la minute d'un acte une procuration, ou toute autre pièce à l'appui, dont on fait l'expédition ensuite de celle de l'acte; en ce cas, on intitule par ces mots:

Suit la teneur de l'annexe (*ou* des annexes).

Après avoir rapporté les signatures, la mention de l'enregistrement et de la légalisation, on termine de cette sorte:

Il est ainsi au brevet original de ladité procuration, annexé, comme il est dit ci-dessus, à la minute de l'acte de   dont expédition précède: le tout étant en la possession dudit Me.   l'un des notaires soussignés.

Si l'on ne transcrit pas la légalisation, on commence le style par ces mots:

Il est ainsi au brevet original de ladité procuration dûment légalisé (ou légalisé par) et demeuré, etc.

Lorsqu'on expédie une pièce annexée à la minute d'un acte reçu par un notaire prédécesseur, ensuite de cet acte, après avoir, comme il est dit ci-dessus, rapporté les signatures et transcrit l'enregistrement et la légalisation, on termine avec le style suivant:

L'an   , le   , collation des présentes a été faite par Me.   et son collègue, notaires à la résidence de   soussignés, sur la minute dudit acte de   et sur le brevet original de ladite procuration (ou autre pièce), demeuré, comme il est ci-devant dit, annexé à la minute dudit acte de   le tout étant en la possession dudit Me.   notaire, comme successeur médiat au moyen de diverses mutations (ou immédiat) de Me.   ci-devant notaire.

Mais il arrive quelquefois qu'il n'est pas nécessaire de faire l'expédition de la pièce annexée, cette pièce étant suffisamment énoncée dans l'acte; alors on en fait l'extrait succinctement, ainsi qu'il suit :

Par la procuration ci-devant datée et énoncée, il appert qu'elle est
spéciale à l'effet de l'acte dont expédition précède.

Ou bien :

Suivant l'acte de naissance ci-dessus daté et énoncé, il appert que
M.   est né le
Extrait par M.   et son collègue, notaires à la résidence de
soussignés, aujourd'hui   , de l'original de ladite procuration (ou de la copie dudit acte de naissance) annexé, comme il est
dit ci-dessus, à la minute de l'acte de   dont expédition précède ;
le tout étant en la possession dudit M.   l'un des notaires soussignés.

Si l'on fait séparément l'expédition d'une pièce annexée
à la minute d'un acte quelconque, il faut rapporter les signatures, et mettre à la fin :

Il est ainsi au brevet original de   dûment légalisé, et certifié
véritable, signé, parafé et annexé à la minute de   passé devant
M.   l'un des notaires à   soussignés, le   dûment
enregistré ; le tout étant en la possession dudit M.   notaire.

Si la pièce annexée que l'on expédie particulièrement dépend des minutes d'un notaire prédécesseur, il faut terminer en ces mots :

Il est ainsi au brevet original de ladite   (ou dudit acte),
certifié véritable, signé, parafé et annexé à la minute d'un acte de
passé devant M.   ci-devant notaire à   et son collègue, le   , enregistré ; le tout étant en la possession de
M.   l'un des notaires à   soussignés, comme
successeur médiat au moyen de diverses mutations (ou immédiat) dudit
M.   ci-devant notaire.
Ces présentes collationnées et délivrées par ledit M.
notaire, et son collègue, le

Formules relatives aux annexes.

1°. Énonciations d'annexes dans les actes.

— Le brevet original (ou l'expédition) de laquelle procuration est
demeuré ci-annexé, après qu'il y a été fait mention de son annexe par
les notaires soussignés (ou par le notaire soussigné en présence des
témoins).
— Est demeuré ci-annexé, après avoir été dudit sieur
certifié véritable et signé en présence des notaires soussignés.
Ou, après que ledit sieur   l'a eu affirmé véritable en
présence des notaires soussignés, et que les notaires l'ont eu signé et
parafé seuls, le mandataire ayant déclaré ne le savoir.

2. Mentions à faire sur les pièces annexées.

— Annexé à la minute d'un contrat de vente reçu par les notaires
à   , soussignés (ou par M.   notaire à   ,

soussigné , en présence des témoins aussi soussignés) , aujourd'hui mil huit-cent...

— Certifié véritable et signé par M°.   en présence des notaires à   , soussignés, et annexé à la minute d'un contrat de vente passé devant lesdits notaires anjourd'hui...

— Certifié véritable par M°.   en présence des notaires à   soussignés, et annexé, etc. , passé aujourd'hui devant lesdits notaires qui ont seuls signé, attendu la déclaration faite par ledit sieur   de ne le savoir.

Ces mentions sont , comme on le voit, susceptibles de différentes variations, selon les circonstances. Le bon sens doit suffire pour les adopter ou rédiger convenablement.

Voyez au titre 21 , section 4.

• Les annexes ne donnent lieu à aucun droit d'enregistrement. J. N.

§ 4. Actes ensuite.

Lorsque l'on fait isolément l'expédition d'un acte qui se trouve ensuite d'un autre , on intitule ainsi :

Ensuite d'un acte passé devant M°.   l'un des notaires à soussignés, qui en a la minute, et son collègue, le   dûment enregistré, contenant   , est l'acte dont la teneur suit : Et le   , etc.

Dans la minute d'un acte ensuite d'un autre, on rencontre souvent ces mots : *dont la minute est des autres parts ;*

Si le second est expédié à la suite du premier, il faut mettre : *dont l'expédition (ou la grosse) est des autres parts.*

Mais si l'acte est expédié isolément, on doit les remplacer par *ci-dessus énoncés* (ou *dont il est ci-dessus question.*)

Les actes de quittances, de décharges, ensuite des contrats de vente ou obligations, sont quelquefois reçus par un autre notaire que celui qui a reçu le contrat de vente ou obligation ; mais comme ces quittances et décharges sont la suite ou le complément du contrat , et que d'ailleurs elles font corps avec lui, puisqu'elles sont rédigées sur le même papier, la minute en reste ordinairement au notaire qui a reçu le contrat, et c'est ce qui s'énonce dans cette minute, par les expressions suivantes :

Et lesdits   ont signé avec les notaires, après lecture faite, ces présentes demeurées audit M°.   tant pour sa décharge que comme étant ensuite du contrat sus-daté.

Dans l'expédition on substitue à *ces présentes*, ces mots : *la minute des présentes demeurée à ,* etc.

§ 5. Dépôts.

Lorsqu'on fait l'expédition de toute pièce déposée à un

notaire, après avoir rapporté les signatures, la mention d'enregistrement et la légalisation, on emploie le style suivant :

Il est ainsi au brevet original de   ou en l'original de   certifié véritable, signé, parafé et déposé pour minute à Mᵉ.   l'un des notaires à   , soussignés, par acte du   dûment enregistré.

Si l'on ne rapporte pas la légalisation, il faut mettre :

Il est ainsi au brevet original de   dûment légalisé par Mᵉ. certifié, etc.

Si la pièce déposée est un testament olographe, ouvert d'après le code, on emploie cette formule :

Il est ainsi en l'original du testament olographe de M.   signé et parafé par M. le président du tribunal de première instance de   et déposé pour minute à Mᵉ.   l'un des notaires soussignés, par l'ordonnance de mondit sieur le président, insérée en un procès-verbal de description ou d'ouverture dudit testament, du   , dûment enregistré (et dont la minute est au greffe du tribunal), *ou* dont une expédition est, ainsi que ledit testament, demeurée au rang des minutes dudit Mᵉ.

Si le testament a été déposé à un notaire prédécesseur, on fait au style les changements suivants :

Il est ainsi au testament olographe de M.   signé et parafé par M. le président du tribunal civil de   (ou lieutenant civil du ci-devant châtelet de Paris), et déposé pour minute à Mᵉ.   ancien notaire à   , par acte du   enregistré, en vertu de l'ordonnance de mondit sieur   , insérée en un procès-verbal du   dûment enregistré, dont la minute est restée au greffe dudit tribunal (ou dudit châtelet); l'original dudit testament étant actuellement en la possession de Mᵉ.   , l'un des notaires soussignés, comme successeur médiat au moyen de diverses mutations (ou immédiat) dudit Mᵉ. ci-devant notaire.

Dans tous les autres cas, quand la pièce déposée et que l'on expédie particulièrement dépend des minutes d'un notaire prédécesseur, on termine par ces mots :

Il est ainsi au brevet original de (ou en l'expédition de   ) dûment légalisé, certifié véritable, signé, parafé et déposé pour minute à Mᵉ.   ci-devant notaire, par acte du   enregistré, étant actuellement, ledit brevet (ou ladite expédition), en la possession de M'.   l'un des notaires soussignés, comme successeur médiat (ou immédiat) dudit Mᵉ.   Ces présentes collationnées et délivrées par ledit Mᵉ.   notaire, et son collègue, le

Lorsqu'on délivre l'expédition des brevets rapportés pour minute, on transcrit les signatures et l'enregistrement, et on termine comme il suit :

Il est ainsi au brevet de ladite procuration (ou autre), rapporté pour minute audit M'.   par acte du   , enregistré le

§ 6. Actes imparfaits ou non enregistrés.

On appelle *acte imparfait* celui qui n'a pas été revêtu des signatures de toutes les parties qui devaient le signer. Lorsqu'un acte imparfait est porté sur le répertoire, on le met à sa date au nombre des minutes, afin de pouvoir le représenter à toute réquisition.

Le notaire ne peut en délivrer la copie qu'en exécution d'une ordonnance du président du tribunal de première instance, de laquelle il fait mention sur cette copie ; il annexe l'original de l'ordonnance à la minute de l'acte qu'il a fait préalablement enregistrer. (V. l'art. 841 du Code de procédure et l'art. 41 de la loi du 22 frimaire an 7.)

Quand on délivre l'expédition d'un acte imparfait, on rapporte les signatures qui sont au bas de l'acte, et on termine comme il suit :

Collation des présentes a été faite aujourd'hui par M^e.   et son collègue, notaires à   soussignés, sur la minute dudit acte de non revêtue de la signature de M.   (ou de celle des notaires), et par conséquent resté imparfait, étant ladite minute en la possession dudit M^e.   qui en a délivré la présente copie à M.   l'une des parties, pour lui servir et valoir ce que de raison, et ce aux termes de l'ordonnance de M. le président du tribunal civil de   , en date du   , enregistrée ; l'original de laquelle ordonnance est demeuré annexé à la minute d'un procès-verbal dressé aujourd'hui, ensuite dudit acte imparfait.

Si l'acte dont on délivre une première expédition n'a pas été enregistré dans le délai ; et s'il y a eu ordonnance du juge pour sa délivrance, on termine comme il suit :

Ces présentes, dont la minute n'a pas été soumise à l'enregistrement dans le délai, délivrées aujourd'hui   en vertu de l'ordonnance de M. le président du tribunal de première instance de   en date du   enregistrée le   , et déposée pour minute audit M^e. par acte du   , étant ensuite de celui dont expédition précède.

§ 7. Copies collationnées.

Les *copies collationnées* sont celles que font les notaires des pièces qu'on leur représente, et qu'ils rendent aussitôt. Ce nom leur a été donné à cause du mot *collationné*, qui commence le style par lequel on les termine.

En voici la formule :

Collationné par M^e.   et son collègue, notaires royaux à la résidence de   , département de   , soussignés, aujourd'hui   mil huit cent   , sur l'original (la copie ou l'expédition) de l'acte de   ci dessus, dûment légalisé (si la pièce l'a été), représenté aux notaires soussignés et par eux à l'instant rendu.

Dans quelques études on ajoute :

À M. *un tel*, après qu'il l'a eu certifié véritable, signé et parafé, et qu'il a eu signé ces présentes avec les notaires.

Avant de mettre cette formule, on doit rapporter les signatures qui se trouvent sur la pièce représentée dont on fait la copie ; on les fait précéder de ces mots : *ainsi signé*, ou tout simplement *signé...*

Lorsqu'il y a des mentions au bas ou en marge, on les rapporte textuellement ensuite de la copie, sans laisser d'intervalle ; mais en les faisant précéder de ces mots : *en marge* ou *au bas est écrit*, etc.

À Paris on a coutume de rapporter la légalisation.

Si l'on s'en abstient, on en fait mention dans la formule par ces mots : *dûment légalisé.*

Les copies collationnées, qui doivent être datées, sont sujettes à la formalité de l'enregistrement ; et on les porte au répertoire dans la colonne des brevets.

On appelle *brevet* l'acte dont il ne reste pas de minute chez les notaires, et qu'ils délivrent en original.

Les notaires peuvent les délivrer sur le papier timbré qu'il leur plaît de choisir, n'importe la dimension, et mettre autant de lignes à la page qu'il est possible de le faire, ainsi qu'il est d'usage pour les minutes et brevets. C'est du moins l'avis des rédacteurs du Journal de l'enregistrement.

Cependant l'usage est de faire ces copies sur le papier ordinaire d'expédition.

On peut comprendre plusieurs pièces dans la même copie collationnée : bien entendu que les pièces doivent être copiées à la suite les unes des autres, sans intervalle.

Les copies collationnées sont assujetties à un droit fixe d'enregistrement d'un franc par chaque acte, pièce ou extrait compris dans la copie. (Loi du 22 frimaire an 7.)

Mais il ne serait dû qu'un seul droit si la copie collationnée était faite sur une précédente qui renfermerait plusieurs pièces. D. E.

CHAPITRE II.

DES GROSSES.

§ 1er. Principes généraux.

La *minute* est l'original de l'acte, et en est le monument. L'*expédition* est la copie simple de la minute.

La *grosse* en est aussi la copie, mais accompagnée de quelques formules.

On nomme *grosse* l'expédition que le notaire, délivre en forme exécutoire d'une minute d'acte ou contrat dont il est dépositaire, à celui au profit duquel le contrat est passé. Ce nom de *grosse* vient de ce qu'anciennement on délivrait cette copie en *grosses lettres*.

La forme exécutoire consiste en ce que la grosse est intitulée et terminée comme les jugements des tribunaux (1), seule différence qui existe entre les expéditions proprement dites et les grosses.

Dès qu'une grosse est faite, on doit avoir soin d'écrire en tête de la minute : *fait grosse;* on en connaîtra plus tard les motifs (2). Le notaire met son parafe au bas de ces mots.

D'après une ordonnance du 16 août 1830, les grosses s'intitulent ainsi qu'il suit :

Louis-Philippe, roi des Français, à tous présents et à venir, salut : faisons savoir que par-devant, etc.

Et on les termine de cette manière, après avoir rapporté la mention de l'enregistrement, comme aux expéditions :

Mandons et ordonnons à tous huissiers sur ce requis de mettre ces présentes à exécution, à tous commandants et officiers de la force publique d'y prêter main-forte lorsqu'ils en seront légalement requis, et à nos procureurs près des tribunaux d'y tenir la main; en foi de quoi nous avons fait sceller ces présentes.

N. B. C'est la formule indiquée spécialement par un arrêté du gouvernement, du 15 prairial an 11.

Quand il y a un second acte à transcrire ensuite d'une grosse, et qu'il faut lui donner la même forme, on le commence simplement par ces mots; *de plus, faisons savoir que..*

Et on termine par la formule ci-dessus, mandons, etc.

A la fin d'une seconde grosse, délivrée par ordonnance du juge, lorsque la première se trouve égarée, on met après le *mandons :*

Ces présentes délivrées à M.   pour lui servir de seconde grosse en conformité de l'ordonnance de M.   président du tribunal civil de première instance de l'arrondissement de   , étant ensuite de la requête à lui présentée à cet effet, et dont l'original, dûment enregistré, est demeuré annexé à la minute des présentes.

§ 2. Remarques particulières.

1. Si l'on délivre à la fois plusieurs premières grosses

_____

(1) V. ci-après l'article 25 de la loi du 25 ventose an 11.

(2) V. l'article 26, idem.

d'un acte, ce qui peut arriver lorsqu'il y a plusieurs créanciers, on termine chacune de ces grosses par le style suivant :

Ces présentes délivrées audit sieur   , pour lui servir séparément de titre exécutoire de la somme de   qui lui revient dans celle principale de   , formant le montant de ladite obligation.

Ou bien :

Qui lui revient pour sa portion dans la rente sus-énoncée.

2. On ne doit donner la forme exécutoire qu'aux actes dont il y a minute, et non à ceux qui sont en *brevet*, c'est-à-dire, dont l'original est délivré à la partie. Si l'on voulait avoir une grosse d'un acte en brevet, on le rapporterait au notaire qui l'aurait passé, ou à tout autre, si le premier n'exerçait plus ses fonctions.

Les grosses des brevets rapportés pour minute se terminent ainsi :

Et ont signé avec les notaires, après lecture faite, le brevet original des présentes, étant en la possession dudit Mᵉ.   auquel il a été rapporté pour minute, par acte du   enregistré.

3. Lorsque la minute est signée par l'un des notaires prédécesseurs du notaire qui délivre la grosse, il faut toujours se servir du style commun ci-devant énoncé (page 46), rapporter les signatures et mettre pour clôture :

L'an   , le   , ces présentes ont été mises pour la première fois en forme exécutoire, et collation en a été faite par Mᵉ.   et son collègue, notaires à   soussignés, sur la minute dudit acte de   étant en la possession dudit Mᵉ.   comme successeur médiat (ou immédiat) de Mᵉ.   ci-devant notaire.

Si cette première grosse n'est délivrée que pour partie du montant de l'obligation, on termine ce style par ces mots :

Et lesdites présentes ont été délivrées audit sieur   demeurant à   , pour lui servir séparément d'un titre exécutoire de la somme de   qui lui revient dans, etc.

4. Lorsqu'il s'agit d'un acte dont le brevet est rapporté pour minute, et que l'acte a été reçu par le prédécesseur du notaire qui délivre la grosse, il faut rapporter les signatures et l'enregistrement, et terminer la formule (n. 3) par ces mots :

Auquel Mᵉ.   ledit brevet a été rapporté pour minute par acte du   enregistré.

En observant qu'il faut mettre dans le style, *sur le brevet*, au lieu de, *sur la minute*.

5. Si dans l'acte dont on fait la grosse, on rencontre ces

mots : *la grosse des présentes*, on y substitue ceux-ci : *la présente grosse*.

Une ordonnance royale du 30 août 1815, avait assujetti les anciennes grosses à une formalité bien singulière. Pour obtenir exécution, il fallait leur faire quitter la formule du temps où elles avaient été délivrées, et les revêtir, par une rétroactivité assez bizarre, de la seule formule du gouvernement dit de la restauration ; mais, suivant sa circulaire en date du 20 décembre 1830, le ministre de la justice a décidé que les grosses conserveraient, avec les formules existantes, le caractère particulier de chacun des gouvernements appelés successivement à imprimer aux actes la force exécutoire, et qu'elles ne seraient assujetties à aucun changement d'intitulé.

§ 3. Ampliations.

On nomme *ampliation* la grosse d'un acte expédié sur une autre grosse déposée à un notaire.

Souvent on annexe à la minute d'un partage la grosse du titre d'une créance qui dépend de la succession, afin qu'il en soit délivré une *ampliation* à chacun des co-partageants, avec mention de la portion qui lui est attribuée dans cette créance.

Cette ampliation est, dans les mains de chaque héritier, un titre exécutoire en vertu duquel il touche et reçoit des débiteurs la somme qui lui appartient, et peut prendre en son nom de nouvelles inscriptions sur leurs biens.

Le notaire ne peut délivrer *la seconde ampliation* d'une grosse à lui déposée qu'en vertu de l'ordonnance du président du tribunal de première instance, et avec les mêmes formalités que celles qui sont requises pour la délivrance d'une seconde grosse. C. de proc. 844.

Le notaire qui délivrerait une seconde grosse ampliative sans cette ordonnance, serait passible de 20 fr. d'amende, aux termes des lois des 25 ventose an 11 et 16 juin 1824.

L'ampliation ou la copie littérale de la grosse est terminée par le style suivant :

Il est ainsi en la grosse (en papier ou en parchemin) dudit contrat de constitution, annexée à la minute d'un acte passé devant Mᵉ. l'un des notaires à   soussignés, qui en a la minute, et son collègue, le   dûment enregistré, contenant le partage des biens de la succession de M.   aux termes duquel acte, et en vertu de l'ordonnance de M. le président du tribunal de première instance de en date du   enregistrée, ces présentes ont été délivrées, en forme d'ampliation, par Mᵉ.   notaire   au sieur   demeu-

rant à   , pour lui servir de titre exécutoire de la somme de
qui lui a été abandonnée par ledit partage dans le principal de ladite rente
avec la jouissance des arrérages, à partir du

L'original de laquelle ordonnance est demeuré annexé à la minute
d'un procès-verbal en date du   , dressé ensuite dudit partage.

Ou bien :

Délivrées   au sieur   légataire dudit feu sieur   pour
lui servir de titre exécutoire de   qui lui ont été abandonnés par
ledit partage, en sadite qualité, dans les   restant seulement dus
sur le prix de la vente faite par le contrat des autres parts, au moyen
d'un paiement de   , opéré par une quittance étant ensuite dudit
contrat : cet abandonnement fait audit sieur   avec la jouissance des
intérêts à compter du

L'original de laquelle ordonnance, etc.

CHAPITRE III.

DES EXTRAITS D'ACTES.

§ 1er. Observations.

Extraire signifie « tirer d'un livre, d'un registre, d'un
«acte, les passages, les renseignements dont on a besoin. »

Un *extrait* est en général l'exposition d'une ou de quelques parties qu'on a détachées d'un tout, sans y apporter
aucun changement.

On peut admettre deux sortes d'extraits : l'extrait *littéral*,
qui consiste à rapporter textuellement telles ou telles dispositions d'un acte (1) ; et l'extrait *analytique*, raisonné ou
libellé, qui consiste, soit à tirer d'un acte quelques-unes
des conventions qu'il renferme, soit à faire l'exposition
succincte d'un acte qu'on décompose pour le présenter en
raccourci, par le simple énoncé de ses différentes dispositions.

C'est le notaire dépositaire de la minute qui en délivre
les extraits ; on peut cependant se faire délivrer un extrait
par tout autre notaire, mais dans la forme des copies collationnées dont nous avons parlé page 14.

Les extraits doivent contenir la mention de la nature des
actes d'où ils sont tirés ; la date des actes ; le nom du notaire
qui les a reçus ; les noms et qualités des parties ; les énonciations substantielles des actes, c'est-à-dire celles sans lesquelles ils ne pourraient subsister, par exemple *l'acceptation*,
s'il s'agit d'une donation ; enfin la transcription littérale de

---

(1) C'est presque toujours de cette manière que se fait l'extrait d'un
testament, afin de conserver fidèlement les expressions du testateur.

l'enregistrement, car ils sont soumis aux mêmes formalités que les expéditions.

Avant de commencer l'extrait d'un acte, comme d'un partage, d'une transaction, etc., on doit lire cet acte en entier et avec attention, afin de bien le concevoir et de n'omettre dans l'extrait aucune clause essentielle pour la partie à qui il est destiné. Surtout il faut bien prendre garde d'altérer le sens de l'acte, et de dire autre chose que ce qui s'y trouve inséré. Les commençants doivent d'abord écrire sur papier non timbré les extraits qui présentent tant soit peu de difficultés, et les faire corriger par le notaire ou l'un de ses anciens clercs, avant de les transcrire sur papier marqué.

Il est à observer que la tête et la terminaison de l'extrait s'écrivent en *style*, c'est-à-dire à environ 3 centimètres (1 pouce) de la marge, en rentrant vers la droite, pour que le lecteur puisse facilement distinguer la formule de ce qui est tiré de l'acte ; mais afin qu'on ne puisse rien interposer, on a soin de faire précéder chaque ligne du style de deux petits traits horizontaux. Au reste, les règles relatives aux expéditions sont les mêmes pour les extraits, quant au mode d'expédier et aux formalités.

L'obligation de transcrire en entier la mention d'enregistrement dans les expéditions, est applicable aux extraits. (Tr. de la Seine, 6 mars 1812.)

On place généralement cette mention en tête de l'extrait, immédiatement après la date des actes.

§ 2. Formules d'extraits.

1°. *Extrait d'une procuration annexée à un acte de mainlevée.*

Lorsque des procurations sont annexées à un acte, l'expéditionnaire en fait l'extrait à la suite de la grosse ou expédition, sans laisser de blanc ; il énonce particulièrement dans cet extrait les pouvoirs qui sont spécialement relatifs à l'opération qui a nécessité le dépôt ou l'annexe de la procuration. Ainsi, à la suite de l'expédition d'une mainlevée consentie par un mandataire, on met :

Par la procuration ci-devant datée et énoncée, enregistrée à
le   , etc.
      Il appert,
qu'elle contient pouvoir de donner mainlevée et consentir la radiation de toutes inscriptions (ou de l'inscription ci-dessus relatée).
Extrait par Me.   et son collègue, notaires royaux

soussignés, sur le brevet original de cette procuration, annexé, comme on l'a dit ci-dessus, à la minute de l'acte de mainlevée, dont expédition précède : le tout étant en la possession dudit M^e.

Nota. On peut délivrer sur la même feuille de papier timbré l'expédition d'un acte quelconque et celle de la procuration en vertu de laquelle il a été passé, lorsqu'elle se trouve annexée à un autre acte de la même étude. (Décis. minist. du 17 nov. 1819.)

V. les Réglements des notaires de Paris, au mot PROCURATION.

2°. *Extrait d'un contrat de mariage.*

L'art. 67 du code de commerce oblige les notaires de transmettre, par extrait, aux greffes des tribunaux et aux chambres des notaires et des avoués, les contrats de mariage des commerçants ; cet extrait peut se faire littéralement ou analytiquement.

Première manière.

D'un contrat passé devant M^e.   qui en a la minute, et son collègue, notaires à   ., le   , enregistré à   , le   , par   qui a reçu   pour les droits, contenant les conditions civiles du mariage de M.   avec Mlle.

A été extrait littéralement ce qui suit :

Art 1er. Les futurs époux ont déclaré se marier sous le régime de la communauté établie par le Code civil, sauf les modifications ci-après.

Art. 2. Ils paieront séparément leurs dettes personnelles, etc.

Extrait par M^e.   et son collègue, notaires royaux à   soussignés ' aujourd'hui,   mil huit cent   , de la minute dudit contrat de mariage, restée en la possession dudit M^e.

Seconde manière.

Par contrat passé devant M^e.   etc. (comme ci-dessus.)

Contenant les conditions civiles du mariage de M.   avec Mlle.

Il a été stipulé séparation de biens entre eux, et il a été convenu que la future aurait l'entière administration de ses biens et la jouissance libre de ses revenus.

Extrait par M^e.   et son collègue, notaires à   soussignés, aujourd'hui   sur la minute dudit contrat, demeurée audit M^e.

Nota. On devrait toujours dire *extrait de*, et non *extrait sur* ; cependant, pour nous conformer à l'usage, nous ne disons *extrait de* que dans la formule de l'extrait littéral.

3°. *Extrait collationné d'une quittance, sur une expédition représentée et rendue.*

Suivant une quittance passée en minute devant M^e.
notaire à   , en présence de témoins, le   ,
enregistrée à   le   , par
qui a reçu

Il appert,

Que M. A   a reconnu avoir reçu de M. B
la somme de   , pour le prix d'une maison que le sieur

A   a vendue à M. B   , par contrat passé devant M^e.   etc.

Extrait collationné par M^e.   et son collègue, notaires à la résidence de   département de   , soussignés, aujourd'hui   mil huit cent
sur une expédition en forme de cette quittance, représentée auxdits notaires et par eux à l'instant rendue.

4°. Extrait d'une procuration en minute.

Suivant une procuration passée devant M^e.   et son collègue, notaires à   , le   , enregistrée à   , le   , par qui a reçu, etc.

Madame   a donné pouvoir à M.   , de, pour elle et en son nom, vendre, etc.

Extrait par ledit M^e.   et son collègue, notaires à   soussignés, aujourd'hui   sur la minute de cette procuration, restée en la possession dudit M^e.

5°. Extrait d'une procuration dont le brevet est annexé ou déposé.

Suivant une procuration passée devant M^e.   et son collègue, notaires à   , le   , enregistrée, etc.

M.   a donné pouvoir à M.   , de, pour lui et en son nom, toucher et recevoir, etc.

Extrait par M^e.   et son collègue, notaires royaux résidants à   département de   , soussignés, aujourd'hui   mil huit cent   , sur le brevet original de cette procuration, dûment légalisé, certifié véritable et déposé pour minute audit M^e.   , par acte du   mil huit cent   , enregistré.

Ou bien :

Certifié véritable et annexé à la minute d'un acte reçu par ledit M^e.   le   , etc.

Si c'était l'expédition d'une procuration en minute qui fût déposée ou annexée, on dirait :

Extrait par, etc.   sur l'expédition de ladite procuration, dûment légalisée, certifiée véritable, etc.

6°. Extrait d'une quittance et de plusieurs pièces y jointes.

Par acte passé devant M^e.   qui en a la minute, et son collègue, notaires à   , le   , enregistré à   , le   , par   qui a reçu, etc.

MM.   ont reconnu avoir reçu de M.   la somme de pour, etc.

Cette somme leur appartenait en qualité de seuls héritiers de, etc.

Ils ont donné mainlevée et consenti la radiation de l'inscription prise au profit dudit feu sieur   etc.

Suivant l'acte de décès inscrit aux registres de l'état civil de la commune de   , à la date du   , le sieur   est décédé à   , le

Suivant un acte de notoriété passé devant M .   notaire à
en présence de témoins, le   , enregistré à   , le   ,
ledit sieur   a laissé pour seuls héritiers MM.   etc.

Extrait par ledit M .   et son collègue, notaires à la résidence
de   , soussignés , 1 . sur la minute de ladite quittance; 2 . sur
la copie dudit acte de décès , délivrée par M .   , le   , dûment
légalisée et certifiée véritable ; 3 ' et sur le brevet original dudit acte de
notoriété ; ces deux dernières pièces annexées à la minute de ladite
quittance : le tout demeuré en la possession dudit M .

7°. Extrait de l'intitulé d'un inventaire.

L'inventaire des meubles et effets, titres, papiers et renseignements
dépendants de la succession de M.   décédé à   , le
(1), a été fait par M .   et son collègue , notaires à
, le   , et jours suivants,
A la requête du sieur   et de dame   son épouse, de
lui autorisée, demeurants à   , etc.
Lesdits   , habiles à se dire et porter héritiers , etc.

On rapporte exactement les qualités de tous les héritiers
qui ont droit à la succession , et on termine comme il suit :

Au bas de cet inventaire est la mention suivante :
Enregistré à   , le   , reçu   Signé R.
Extrait par ledit M .   et son collègue, aujourd'hui   mil
huit cent   , sur la minute dudit inventaire, restée en la possession dudit M .

S'il y avait une procuration annexée , immédiatement
après avoir rapporté la mention de l'enregistrement , on
dirait :

Par la procuration ci-devant datée et énoncée ,
Il appert,
Qu'elle est spéciale à l'effet de procéder audit inventaire.

Et l'on terminerait de cette manière :

Extrait par ledit M .   et son collègue, aujourd'hui   , sur
la minute dudit inventaire et sur le brevet de procuration y annexé ; le
tout étant en la possession dudit M .

8°. Extrait littéral d'un testament notarié.

Du testament fait par M.   , et reçu par M .   notaire à
en présence de quatre témoins, le   , et en marge duquel est écrit :
Enregistré à   ' le   , reçu   Signé R.
Ont été extraites littéralement les dispositions suivantes :
Je donne et lègue , etc.
Extrait par ledit M .   , aujourd'hui   mil huit cent   ,
de la minute dudit testament, demeurée en sa possession.

---

(1) Ou bien : de la communauté qui a subsisté entre M.   et la
dame   son épouse.

9°. *Extrait d'un testament olographe (écrit par le testateur).*

Du testament olographe de M.　　　　　, en date à　　　du tel jour,
A été extrait littéralement ce qui suit :
Je donne et lègue, etc.
Au bas de ce testament est la mention suivante :
Enregistré à　　　　　, etc.
Extrait par Mᵉ.　　　　et son collègue, notaires royaux à la résidence
de　　　　, département de　　　　　soussignés, aujourd'hui
mil huit cent　　　　, de l'original dudit testament olographe, déposé
audit M .　　　　suivant acte par lui reçu le　　　, enregistré , en
conformité de l'ordonnance de M. le président du tribunal civil de première instance séant à　　　　　, en date du　　　　　, étant ensuite du
procès-verbal de présentation, d'ouverture et de description de ce testament, et dont une expédition délivrée par M.　　　, greffier en chef
dudit tribunal, est demeurée jointe à la minute dudit acte de dépôt.
　　Nota. A Paris, les notaires ne dressent point d'acte de dépôt; ils attachent seulement à l'original du testament l'expédition du procès-verbal
d'ouverture. Alors, dans la formule, on supprime la date du dépôt, et
on termine ainsi : *et dont une expédition délivrée par M.*
greffier du tribunal, est demeurée annexée à l'original dudit testament.

　　10°. *Extrait d'un partage, en ce qui concerne l'un des*
héritiers.

Par acte passé devant Mᵉ.　　　　　et son collègue, notaires à　　　　,
le　　　, mil huit cent　　　　, enregistré à　　　, le　　　,
par　　　qui a reçu, etc.
　　Contenant la liquidation et le partage tant de la communauté qui a
subsisté entre le sieur A　　　et la dame B　　　sa veuve, que de la
succession dudit sieur A
Et dans lequel acte ont procédé, etc.
　　(Rapporter ici toutes les qualités des parties.)
　　Il appert :
Que la masse des biens de ladite communauté s'est montée à
non compris les objets laissés en commun, ci. . . . . . . 00 fr. 00c.
Que sur cette masse il a été prélevé, savoir :
1°. Au profit de la veuve, etc.
2°. Au profit de , etc.
En sorte que la masse active s'est trouvée réduite à. . .
Dont moitié pour la veuve et moitié pour ses deux en-
fants conjointement, chaque moitié de
Au moyen de quoi il revenait, savoir :
1°. A la veuve　　　pour ses reprises, ci. . . . . .
Et pour sa moitié dans le restant net de la masse active, ci.
2°. Aux deux enfants, etc.
Que la masse des biens de la succession de M. A
s'est élevée à　　　　　, y compris les　　　montant de ses
droits dans la communauté, ci. . . . .
Que les dettes et charges de cette succession se sont mon-
tées à. . . . .
De manière que la masse nette s'est trouvée réduite à
Dont la moitié pour chacun était de

Que pour fournir à M.   la somme de   qui lui revenait,
il lui a été abandonné, à titre de partage, ce qu'il a accepté :
1°. Pour la somme de   une maison située à
2°. Pour la somme de   une rente de   au
principal de, etc. ci. . . . .

Total pareil à ce qui revenait au sieur

Ou bien, si l'on a fait des lots :

Qu'il a été formé deux lots égaux;
Que le premier lot échu à M.   , qui l'a accepté, se trouve composé, 1°. de, etc.

Pour par M.   , disposer, à compter du jour du partage présentement extrait, des objets à lui abandonnés (ou compris dans son lot),
comme de chose à lui appartenante, en toute propriété, mais n'en jouir, etc.

S'il y avait soute de part ou d'autre, on en ferait mention, et l'on dirait si elle a été payée comptant, ou à quelle
époque on s'est obligé de la payer.

Il a été laissé en commun 1°. une maison située à   2°. une rente
de   , due par   , etc.
Les titres de tels et tels biens ont été remis à M.   , qui s'est
obligé d'en aider M.   , etc.
Extrait par M°.   et son collègue, notaires royaux, à
soussignés, aujourd'hui   sur la minute dudit partage, demeurée
audit M°.

Quelquefois, pour éviter la répétition des *que*, qui commencent toutes les phrases de l'extrait ci-dessus, lorsque
surtout l'acte est long et compliqué, on adopte la formule
suivante.

Par acte passé, etc.
Madame   , d'une part;
Et MM.   , d'autre part;
Ont procédé à la liquidation et au partage, etc.
Pour l'intelligence de cette opération, il a été fait des observations
préliminaires.

Ou bien :

Ces opérations ont été précédées d'observations préliminaires pour en
faciliter l'intelligence, etc.
La première observation est relative à   etc. Il résulte de la
deuxième observation que   etc. Dans la troisième est établi le
compte de   etc. Les reprises de Madame   ont été liquidées,
ainsi qu'il suit, etc.

Nous n'avons pu qu'indiquer la forme des extraits, parce
qu'elle est toujours à peu près la même; mais pour ce qui
doit être pris dans les actes, où il est rare de trouver une
parfaite ressemblance, c'est aux expéditionnaires de s'attacher à en rapporter clairement et fidèlement les disposi-

tions, en consultant d'ailleurs sur les objets difficiles le notaire ou le maître clerc.

Lorsque dans les actes se rencontrent ces mots : *à l'effet des présentes*, on les traduit par ceux-ci : *à l'effet de l'acte présentement extrait.*

Au lieu de *ci-annexé*, on met : *annexé à la minute de l'acte présentement extrait.*

On substitue à l'indication *présent mois* ou *mois dernier*, l'énonciation entière de la date.

§ 3. Cas particuliers.

1°. Quand on veut délivrer un extrait en forme exécutoire, on l'intitule ainsi :

Louis-Philippe, roi des Français, à tous présents et à venir, salut ; faisons savoir que d'un acte (ou par acte) passé devant, etc.

A l'élection de domicile, au lieu de mettre : *pour l'exécution des présentes*, on met : *pour l'exécution dudit acte*, etc.

Et l'on termine de cette manière :

Mandons et ordonnons, etc. En foi de quoi nous avons fait sceller ces présentes qui furent extraites par M^e. etc.

2°. Si l'acte dont on délivre un extrait a été reçu à la suite d'un autre, et par un notaire autre que celui qui a reçu le premier acte, auquel cependant la minute est demeurée, on intitule en ces termes :

Par quittance passée devant M^e.   , l'un des notaires à soussignés, et son collègue, le   et dont la minute est ensuite de celle d'un contrat de vente reçu par M^e.   aussi l'un des notaires soussignés, et son collègue, le   , enregistré le   , et auquel M^e.   , lesdites minutes sont demeurées,
       Il appert, etc.

Et l'on termine ainsi :

Extrait par M^e.   et son collègue, notaires à la résidence de soussignés, aujourd'hui   , de la minute de la quittance, étant, comme il est ci-devant dit, en la possession de M^e.   et par lui représentée à cet effet.

Cet extrait est signé par les trois notaires, et au-dessus de la signature de celui qui représente la minute, on écrit : *comme représentant la minute.*

3°. Si le notaire qui a reçu l'acte est remplacé, il faut faire à ce style le changement suivant :

Par   passé devant M^e.   , notaire à   , et son collègue, le   , enregistré le   , et dont la minute est ensuite de celle d'un contrat de vente reçu par M^e.   l'un des notaires soussignés,

et son collègue, le   , enregistré le   auquel Mᵉ.
lesdites minutes sont demeurées,

    Il appert que, etc.

    Extrait par Mᵉ.   et son collègue, notaires à   soussignés,
(le dit M·.   , comme successeur médiat ou immédiat de Mᵉ.
ci devant notaire à   ) de la minute dudit acte de   , étant,
comme il est dit ci-dessus, en la possession dudit Mᵉ.   , et par lui
représentée à cet effet.

4°. Lorsque l'acte dont on doit faire l'extrait dépend des
minutes d'un notaire prédécesseur, on ajoute à la clôture :

Comme successeur médiat (ou immédiat), de Mᵉ.   ci-devant
notaire.

5°. Lorsque le dépôt auquel la pièce est annexée, a été
reçu par un notaire prédécesseur, ou que l'extrait est délivré
par un notaire dépositaire des minutes de l'un de ses confrères décédé, ou que l'extrait est délivré à un tiers qui
n'est ni partie à l'acte, ni intéressé en nom direct, on ajoute
à la clôture les styles que nous avons donnés pour les déli-
vrances d'expéditions dans les mêmes cas.

CHAPITRE IV.

DES PROTOCOLES.

Le mot *protocole* se dit de l'intitulé ordinaire des actes.

Les notaires, en recevant un acte, doivent d'abord faire
mention de leur qualité et du lieu de leur résidence, ce qui
se fait le plus ordinairement en ces termes, pour les actes
obligatoires ou conventionnels :

Par-devant M·.   et son collègue, notaires royaux à la résidence
de   , département de   , soussignés, fut présent, etc.

Ou, si l'acte est reçu par un seul notaire, en présence
de deux témoins :

Par-devant M·.   notaire royal à la résidence de   , soussigné, et en la présence des témoins ci-après nommés et aussi soussignés,
furent présents, etc.

On se sert encore, pour commencer certains actes, de
divers protocoles consacrés par l'usage. Le protocole propre
à un acte, qu'on emploierait pour un autre acte, ne serait
pas une nullité, ce serait simplement une faute contre la
coutume. Dire ici quelle est l'origine de cette diver-
sité de formules, c'est ce que nous ignorons. Peut-être
est-ce l'utilité que l'on y trouve, en nous faisant connaître
la nature de certains actes au seul aspect du protocole. Ainsi
les actes de dépôt de pièces, de notoriété, de certificats de

vie, autorisations, consentements, mainlevées, et autres actes dont il ne résulte point d'engagement réciproque, commencent par :

Aujourd'hui a comparu (ou ont comparu) devant M^e. et son collègue, notaires royaux, résidants à , soussignés, M. etc.

Les quittances et les décharges commencent par :

En présence de M^r. et de son collègue, notaires royaux, résidants à , soussignés, Le sieur *un tel* a reconnu avoir reçu, etc.

Les inventaires commencent par :

L'an mil huit cent , le , heure de . A la requête de, etc.

Les procès-verbaux de comparution :

L'an mil huit cent , le , heure de A comparu devant M^e. et son collègue, notaires à soussignés, en l'étude de M^r. , sise , rue , etc.

Les procès-verbaux de réception d'enchères pour la vente des biens-fonds, les actes respectueux, les compulsoires, les procès-verbaux pour délivrance d'une seconde grosse, ou pour toute autre opération à laquelle une ou plusieurs parties intéressées ont été sommées de se trouver, commencent aussi par :

L'an , le , etc.

en exprimant l'heure à laquelle l'acte a été commencé, afin que les notaires puissent donner aux comparants qui le requièrent, défaut contre les parties absentes.

Lorsqu'on fait un acte ensuite d'un autre, soit une quittance, soit une ratification, etc., on commence le second acte par sa date :

Et le , mil huit cent , a comparu devant M^e. et son collègue, notaires royaux, résidants à soussignés, etc.

On doit, dans les trois espèces d'actes dont il vient d'être fait distinction, mettre la date à la fin et non pas au commencement, comme font les notaires dans quelques endroits. En effet, dans ces actes qui souvent sont rédigés avant que les parties se présentent devant les notaires, et qui quelquefois, contenant des opérations longues et compliquées, ont exigé plusieurs jours pour leur rédaction, il est contre la vraisemblance qu'ils aient été faits le jour dont on les a datés en commençant. Ce n'est qu'au moment où les parties signent, qu'il faut dater l'acte, puisque c'est sa date qui constate l'époque de leur convention. G. D.

TITRE II.

LOI DU 25 VENTOSE AN XI, SUR L'ORGANISATION DU NOTARIAT.

—

CHAPITRE PREMIER.

DES NOTAIRES ET DES ACTES NOTARIÉS.

SECTION PREMIÈRE

DES FONCTIONS, RESSORTS ET DEVOIRS DES NOTAIRES.

Art. premier. Les notaires sont les fonctionnaires publics établis pour recevoir tous les actes et contrats auxquels les parties doivent ou veulent faire donner le caractère d'authenticité attaché aux actes de l'autorité publique, et pour en assurer la date, en conserver le dépôt, en délivrer des grosses et expéditions.

Tout acte qui doit être passé en la forme authentique, est du ministère des notaires, si une loi particulière n'a désigné un autre ordre de fonctionnaires ou d'officiers publics pour le recevoir ou le faire. (Cours de droit français, par M. Duranton, tome 13, p. 27.)

2. Ils sont institués à vie.

Quoique nommés à vie, les notaires sont à chaque instant soumis à un choix, à une véritable élection, dans laquelle l'électeur, parfaitement libre, ne peut être déterminé dans son choix que par une probité et des talents dont il aura fait l'expérience, ou qui lui auront été attestés par la voix publique. (Réal.)

3. Ils sont tenus de prêter leur ministère lorsqu'ils en sont requis.

Les notaires sont tenus de prêter leur ministère à moins d'empêchement légitime. (Décret du 29 sep. 1791, section 2, art. 6.) — Ils doivent le prêter aux personnes domiciliées hors de leur ressort qui le requièrent, comme à celles de leur ressort, sauf l'application de l'art. 11. En cas de refus, il y a lieu à suspension. (Décis. du min. de la just. 28 ventose an 13.)

Ils doivent le refuser 1°. aux personnes incapables d'en user ou de contracter, par exemple à l'homme qui, en état d'ivresse, voudrait s'obliger (1); 2°. lorsque les parties ne sont pas saines d'esprit (C. C. 901);

_____

(1) Ainsi, deux individus, dont l'un dans un état complet d'ivresse, se présentent devant un notaire pour passer un acte; il est bien évident que ce notaire, non seulement peut, mais doit, en pareil cas, refuser son ministère. Et à cette occasion, nous ferons remarquer que c'est un usage

pour des contrats usuraires (Bourges, 15 décembre 1828); 4°. dans des cas et pour des choses qui ne sont pas de leur compétence; 5°. pour des actes qui seraient contraires aux bonnes mœurs ou à l'ordre public(1); qui contiendraient des conventions prohibées par la loi, ou qui seraient injurieux à des tiers (C. C. 6, 900, 1133); 6°. aux personnes inconnues des notaires (V. l'art. 11 ci après); 7°. aux maires des communes, pour des actes consentis par eux en cette qualité, sans l'autorisation préalable du gouvernement. (Lettre du min. de la just. 21 mai 1806.)

Les notaires peuvent aussi refuser leur ministère, ou du moins de donner leur signature à un acte, si on ne leur consigne pas d'avance les droits d'enregistrement. (Cass. 2 novembre 1807; P. N. t. 1, pag. 68; R. N. t. 3, pag 483, et t. 5, pag. 79.)

Aucune défense n'est faite aux notaires de procéder aux adjudications volontaires des biens de majeurs, les jours de dimanches et fêtes; les fonctions des notaires étant d'une nécessité continuelle et journalière pour le public, il n'y a point de jours dans l'année où ils doivent ou puissent en interrompre l'exercice. Il y a cependant quelques actes qu'ils ne peuvent pas faire les jours de dimanches et fêtes, c'est-à-dire les actes qui participent, sous certains rapports, aux caractères des actes judiciaires ou de procédure, tels que les inventaires, actes respectueux, actes de comparution sur sommations, procès-verbaux de réception d'enchères d'après commission donnée aux notaires par les juges, etc. Cela se fonde sur l'art. 63 du code de procédure.

Les fêtes légales sont Noël, l'Ascension, l'Assomption, La Toussaint et le 1er Janvier.

Lorsqu'il y a empêchement physique, ce que le notaire doit prouver, il est évident qu'il ne peut être forcé de prêter son ministère. (Loi du 6 octobre 1791; R. N.) V. l'art. 8 ci-après.

4. Chaque notaire doit résider dans le lieu qui lui est fixé par le gouvernement. En cas de contravention, le notaire est considéré comme démissionnaire; en conséquence, le ministre de la justice, après avoir pris l'avis du tribunal, peut proposer au gouvernement son remplacement.

5. Les notaires exercent leurs fonctions, savoir : ceux des villes où siège la cour royale (ou d'appel) dans l'étendue du ressort de cette cour;

Ceux des villes où il n'y a qu'un tribunal de première instance, dans l'étendue du ressort de ce tribunal;

Ceux des autres communes, dans l'étendue du ressort du tribunal de paix.

Les notaires sont divisés en trois classes : ceux de cour royale (d'ap-

---

très abusif que celui qui se pratique dans les campagnes, où il ne se fait presque jamais de vente d'immeubles en détail, sans que le vendeur ait soin de faire servir largement à boire, afin d'encourager les enchères. (M. Dalloz; Rép. t. 10, p. 424.)

(1)Par exemple, pour le bail d'une maison de prostitution; pour une donation faite, sous couleur d'un contrat onéreux, à une personne incapable de recevoir.

V, aussi l'art. 2063 du C. C.

pel), ceux des tribunaux de première instance, et ceux de justice de paix.

6. Il est défendu à tout notaire d'instrumenter hors de son ressort, à peine d'être suspendu de ses fonctions pendant trois mois, d'être destitué en cas de récidive, et de tous dommages et intérêts.

L'art. 68 prononce pour contravention à cet article 6, la nullité de l'acte considéré comme acte authentique; c'est une nullité pour cause d'incompétence de l'officier public. C. de D.

Les notaires de troisième classe résidants dans un bourg ou village, lorsque le chef-lieu de la justice de paix de leur résidence se trouve dans une ville, peuvent, quand ils en sont requis, se transporter dans la partie de la ville qui dépend de leur justice de paix, pour y instrumenter; mais ils ne peuvent point ouvrir d'étude ni conserver le dépôt de leurs minutes, ailleurs que dans le bourg ou village qui leur a été assigné pour leur résidence. (Décis. du cons. d'état, 7 fruct. an 12.)

Les notaires peuvent bien aussi se transporter momentanément hors du lieu de leur résidence, dans toute l'étendue de leur ressort pour y faire des actes; ils peuvent y rester tout le temps qu'il est nécessaire pour la rédaction et la confection des actes, mais ils ne peuvent s'y fixer.

Il est permis aux notaires d'instrumenter dans leur ressort, pour toutes sortes de personnes quoiqu'elles n'y soient pas domiciliées.

7. Les fonctions de notaires sont incompatibles avec celles de juges, procureurs du roi, leurs substituts, greffiers, avoués, huissiers, préposés à la recette des contributions directes et indirectes, juges, greffiers et huissiers des justices de paix, commissaires de police et commissaires aux ventes.

Et avec les fonctions de sous-préfet, de conseiller de préfecture, de conservateur des hypothèques, d'avocats et de commissaires-priseurs.

On a voulu laisser aux citoyens la plus grande liberté dans le choix du dépositaire de leurs conventions, et pour cela ne point les obliger indirectement à recourir à ceux dont ils seraient les justiciables. — Les fonctions de notaire ne sont point incompatibles avec celles de maire ou d'adjoint de maire. C. de D.

SECTION 2.

DES ACTES, DE LEUR FORME, DES MINUTES, GROSSES,
EXPÉDITIONS ET RÉPERTOIRES.

8. Les notaires ne peuvent recevoir des actes dans lesquels leurs parents ou alliés en ligne directe à tous les degrés, et en collatérale jusqu'au degré d'oncle ou de neveu inclusivement, seraient parties, ou qui contiendraient quelque disposition en leur faveur.

Ni d'actes dans lesquels figureraient comme simples mandataires leurs parents au degré prohibé. (Lettre du G. des Sc., 5 février 1823.) Un notaire peut recevoir les actes ordinaires dans lesquels comparaîtraient ses grands-oncles et ses petits-neveux. La prohibition s'étend plus loin pour les testaments. (C. C. 975.)

L'art. 68 prononce aussi, pour infraction à l'art. 8, la nullité de l'acte considéré comme authentique. — Les notaires ne peuvent recevoir d'actes dans lesquels eux ou leurs épouses auraient un intérêt, soit qu'ils traitassent par le ministère d'une personne interposée, soit qu'ils fussent en nom dans l'acte. C. de D.

9. Les actes sont reçus par deux notaires, ou par un notaire assisté de deux témoins, citoyens français, sachant signer, et domiciliés dans l'arrondissement communal où l'acte est passé.

Les témoins doivent être majeurs, mâles, régnicoles, jouissant des droits civils et non en état de domesticité. (Constit. de l'an 8 et C. C. art. 25.) (1)

L'arrondissement communal est le ressort du tribunal de première instance, d'une sous préfecture, et non pas seulement le territoire d'une commune ou d'un canton particulier.

Pour les testaments, v. l'art. 971 du C. C.

L'art. 68 prononce pareillement, pour infraction à cet art. 9, la nullité de l'acte comme acte authentique. Ainsi, si le notaire ne mentionne pas dans l'acte la présence d'un second notaire ou celle de deux témoins instrumentaires, il y a nullité, quand même l'acte serait ensuite signé de deux notaires. — Si la présence des deux témoins instrumentaires est mentionnée dans l'acte, quand cependant ils n'étaient point, ou l'un d'eux, présents à sa rédaction, l'acte fait bien foi de leur présence, mais il peut être attaqué par l'inscription de faux, et il doit être annulé s'il est établi qu'elle a été faussement mentionnée. Mais quant à la présence du second notaire à la rédaction de l'acte dans lequel elle se trouve d'ailleurs mentionnée, elle n'a point été considérée jusqu'à ce jour comme une condition de rigueur, sauf ce qui est prescrit pour les testaments par acte public. (C. C. 974).Dans les actes ordinaires, comme ceux de vente, d'échange, de transaction, les obligations, etc., on ne s'est point attaché à la disposition littérale de la loi du 25 ventose an 11. On a continué d'observer à cet égard les statuts et règlements des notaires de Paris, homologués le 13 mai 1681, qui n'exigeaient point la présence réelle du second notaire à la réception de l'acte, mais seulement la mention de sa présence et sa signature, pour sa responsabilité; en sorte que les parties ne seraient point admises à s'inscrire en faux, pour établir que le second notaire n'a point réellement assisté à la rédaction et réception de l'acte, afin de le faire annuler : la signature du second notaire le rendant d'ailleurs responsable, on a pensé que les garanties étaient suffisantes. (Cours de Droit français, t. 13, p. 34.)

---

(1) Ce n'est point aux parties à choisir les témoins, ce choix doit être laissé au notaire.

L'invitation qu'un notaire fait à un particulier de l'assister à la réception d'un acte, est un hommage qu'il rend à ses qualités et à ses vertus;. et le ministère de témoin instrumentaire n'a rien que d'honorable; aussi, il est sans exemple qu'on voie un homme se refuser sans motifs légitimes, de remplir cette mission; néanmoins, cette fonction étant essentiellement gratuite et volontaire, personne ne peut être forcé de l'exercer. En cas de refus, bien ou mal fondé, de la part d'une personne requise pour remplir cette fonction, le notaire doit en chercher une autre. (M. Loret.)

En règle générale, le notaire ne peut procéder seul ; il n'existe qu'une exception, celle qui résulte de l'art. 977 du C. de procédure.

L'usage et la jurisprudence constante ont été d'établir que le vœu du législateur est suffisamment rempli lorsque l'acte est reçu par deux notaires, quoique le second n'ait pas assisté à sa rédaction et n'ait fait qu'apposer sa signature. (Cass. 5 et 6 août 1833, chambres réunies.)

10. Deux notaires, parents ou alliés au degré prohibé par l'article 8, ne peuvent concourir au même acte.

Les parents et alliés, soit du notaire, soit des parties contractantes, au degré prohibé par l'article 8, leurs clercs et leurs serviteurs, ne peuvent être témoins.

Les prohibitions de cet article frappent également ceux qui n'agissent que comme mandataires. — V. l'art. 68.

Les règles relatives à la résidence . et les prohibitions relatives à la parenté, s'appliquent aussi au notaire en second. — Il ne faut pas perdre de vue que l'alliance n'est nullement détruite par le décès sans enfant du conjoint qui l'a produite. (Dijon, 6 janv. 1827.)

De ce que les clercs de notaire ne peuvent pas lui servir de témoins, il ne faut pas conclure qu'il lui soit interdit de recevoir les actes où ils paraissent, soit comme contractants directs, soit en qualité de mandataires : la loi ne prononce à cet égard aucune prohibition. (M. Augan.)

L'état de surdité et celui de cécité rendent inhabile à remplir les fonctions de témoin.

Autrefois, père et fils, oncle et neveu, beau-père et gendre, frère et beau-frère ne pouvaient servir ensemble de témoins dans un acte. (Arr. des parlem. de Paris et de Bretagne, 22 mai 1550 et 9 avril 1776.)

Deux frères peuvent être témoins dans un même acte ; la loi n'exclut pas la parenté respective des témoins : cependant il est de la prudence d'un notaire d'éviter, autant que les circonstances le lui permettent, tout ce qui pourrait servir à contester et à faire suspecter les actes qu'il reçoit. (Lettre du min. de la j. 7 octobre 1809.) V. l'art. 68 ci-après, et, à l'égard des testaments, le C. C. art. 975.

Un acte est valable quoique signé ultérieurement par le second notaire absent lors de la confection de l'acte, à moins qu'il ne s'agisse d'un testament. (Cass. 14 juillet 1825.) Il est d'usage consacré par le temps de le faire signer chez lui après la confection de l'acte ; mais pour les testaments et les actes respectueux, la présence des deux témoins est rigoureusement prescrite. (M. Augan.)

11. Le nom, l'état et la demeure des parties doivent être connus des notaires, ou leur être attestés dans l'acte par deux citoyens connus d'eux, ayant les mêmes qualités que celles requises pour être témoin instrumentaire.

Cette attestation se rédige, à la fin de l'acte, dans ces termes ou autres équivalents :

Fait et passé à   , le   , en présence de MM.
tous deux connus des notaires, et lesquels ont attesté que le comparant est bien tel qu'il est dénommé, qualifié et domicilié ci-dessus. (Ou lesquels ont attesté l'individualité du comparant.)

3

Dans l'usage, on désigne les témoins dont parle cet article, sous le nom de *témoins certificateurs*.

Ils peuvent être simultanément *témoins instrumentaires*. (Cass. 7 juin 1825.)

Lorsqu'il s'agit de faire certifier l'individualité des marins et militaires nouvellement arrivés dans un port ou dans une ville de garnison, on a coutume de faire comparaître deux officiers du régiment ou du navire, et il est prudent de se transporter dans la caserne ou dans le bâtiment. (M. Augan.)

La disposition de cet article 11 n'est point portée sous peine de nullité ; aucune amende n'est même prononcée contre le notaire contrevenant : cependant, comme la loi ne peut pas être dépourvue de toute sanction, l'on doit tenir que l'inobservation de son prescrit donnerait lieu aux dommages-intérêts contre le notaire au profit des personnes qui se trouveraient lésées par l'acte, en vertu du principe général posé par les art. 1382 et 1383 du C. C. (M. Duranton.)

12. Tous les actes doivent énoncer les nom et lieu de résidence du notaire qui les reçoit, à peine de 100 fr. d'amende (20 fr. seulement d'après la loi du 16 juin 1824) contre le notaire contrevenant.

Ils doivent également énoncer les noms des témoins instrumentaires, leur demeure, le lieu, l'année et le jour où les actes sont passés, sous les peines prononcées par l'art. 68 ci-après, et même de faux si le cas y échoit.

V. ci-devant, p. 27 et suivante, les divers protocoles usités par les notaires.

Les actes doivent énoncer le nom du notaire, c'est-à-dire le nom de famille ou patronymique, et nullement les prénoms. (Cass. 8 janv. 1823.) On a coutume de mettre les prénoms dans les grosses et les procès-verbaux ; autrefois même on énonçait les noms et prénoms du notaire en second, et il est encore d'usage de le faire, lorsque ce notaire est appelé par l'une des parties.

On entend par le lieu où l'acte a été passé, non seulement la commune mais encore la maison où l'acte a été signé. (Ordonn. de Blois, mai 1579.)

Lorsqu'un acte n'est pas signé au même lieu par toutes les parties, on le termine ainsi :

Fait et passé à Paris , savoir : à l'égard de M.   , en l'étude, et quant à Mme   , en sa demeure susdite, l'an   , le

Le jour où l'acte a été passé, c'est le mois et le quantième du mois ; il n'est pas nécessaire d'exprimer quel jour de la semaine, si ce n'est lorsqu'il s'agit d'actes qui ne peuvent être passés les dimanches ou jours de fêtes, afin que l'acte porte en lui-même la preuve qu'il n'a pas été fait un jour prohibé.

La loi ne parle ni des prénoms ni des qualités des témoins, mais il est convenable que ces énonciations se trouvent dans les actes. (M. Augan.)

Les peines pour l'infraction à cet article, sont la nullité de l'acte considéré comme acte authentique, et les dommages-intérêts, s'il y a lieu, contre le notaire contrevenant. (Art. 68.)

Le lieu où l'acte est passé est suffisamment énoncé par l'indication de la ville ou de la commune; il n'est pas de rigueur de mentionner spécialement la rue ou le territoire de la commune, ni la maison, ainsi que

l'exigeait l'ordonnance de Blois. La loi actuelle n'exige pas une indication aussi précise, même pour les testaments qui se font cependant souvent hors de l'étude du notaire ; et l'acte est généralement présumé passé
en l'étude du notaire parce que c'est là que le notaire se livre communément aux devoirs de sa profession. (Cours de droit , t. 13, p. 39.)

13. Les actes des notaires doivent être écrits en un seul et
même contexte, lisiblement et sans abréviation, blanc,
lacune ni intervalle; ils doivent contenir les noms, prénoms,
qualités et demeures des parties, ainsi que des témoins qui
seraient appelés dans le cas de l'art. 11. Ils doivent énoncer
en toutes lettres les sommes et les dates ; les procurations
des contractants doivent être annexées à la minute, qui doit
faire mention que lecture de l'acte a été faite aux parties ;
le tout à peine de 100 fr. d'amende (20 fr. maintenant)
contre le notaire contrevenant.

En exigeant que les actes soient *écrits*, la loi ne s'oppose point à ce
que la formule des actes simples qui se reproduisent souvent, soit im-
primée, comme cela se pratique. (M. Augan.)
En un seul contexte, c'est-à-dire de manière que le caractère de l'é-
criture soit à peu près partout de la même grosseur, et que les lignes
soient également espacées.
Voici les *abréviations* des mots que l'on tolère dans les minutes,
grosses et expéditions : M. pour *Monsieur* ; Mme. pour *Madame* ; Mlle.
pour *Mademoiselle*; s. pour *sieur*; d^e. pour *dame*; d^ll. pour *demoiselle*;
M^e. pour *Maître*, titre que l'on donne aux notaires et aux avoués; M^tre.
pour *maître*, qualité qu'on donne aux ouvriers chefs, entrepreneurs, etc.;
led. lad. lesd. pour *ledit*, *ladite*, *lesdits* ou *lesdites*; vol. pour *volume*;
n^o. pour *numéro*; t. d. c, d b., pour *tenant d'un côté, d'un bout*, ou
d'autre côté, d'autre bout, etc.
On ne pourrait écrire so^e. pour *somme*, no^re. pour *notaire*, co^e. pour
comme; 7bre. 8bre. 9bre. Xbre. pour *septembre*, *octobre*, *novembre*,
décembre. (Toullier et R. J. N.)
Les notaires se servent quelquefois dans leurs minutes de certaines
abréviations de mots et de phrases qui sont tellement consacrées par
l'usage, qu'il est impossible de se méprendre sur leur sens et leur
valeur.
Les *et cætera* ou abréviations de la minute s'étendent ordinairement
dans les grosses.
Les notaires doivent s'abstenir de toute abréviation dans les testaments;
il y en a même qui portent le scrupule jusqu'à n'écrire aucun mot, quel
qu'il soit, en abrégé, dans les testaments qu'ils reçoivent.
On termine ordinairement les obligations, baux et plusieurs autres
actes notariés, par ces mots : *pour l'exécution des présentes, les parties
ont élu domicile en leurs demeures* ou *à tel endroit, auxquels lieux*,
etc., *nonobstant*, etc., *promettant*, etc., *obligeant*, etc., *renonçant*,
etc.
C'est-à-dire, *auxquels lieux*, toutes significations, demandes et poursuites relatives au présent acte, pourront être faites, ainsi que devant
les juges des domiciles élus, *nonobstant* changement de demeure.
(C. C. 111.)
Promettant (les parties) d'exécuter le contenu dudit acte ;

Obligeant à cet effet tous leurs biens ;

Renonçant à toutes choses contraires à ces présentes. — Avant la loi du 25 ventose an 11, tout cela se mettait dans les grosses.

On trouve quelquefois dans les donations et contrats de vente ces mots : *dessaisissant, transportant, voulant, constituant pour procureur, donnant pouvoir*, etc. ; ils signifient que le vendeur ou le donateur se *dessaisit*, en faveur du donataire ou de l'acquéreur, de la propriété des biens donnés ou vendus ; lui *transportant* tous les droits qu'il a ou peut avoir sur ses biens, *voulant* qu'il en soit saisi et mis en possession par qui et ainsi qu'il appartiendra ; *constituant* à cet effet pour son procureur le porteur des présentes, lui *donnant* tous les pouvoirs nécessaires.

Toutes ces abréviations ne signifient rien qui ne soit *de droit*, qui assurément sont d'un fort mauvais goût, et que, par cette double raison, la plupart des notaires ont déjà bannies de leur style ; ces abréviations (disent les auteurs du *Dictionnaire du Notariat*) ne sont pas celles que l'art. 13 de la loi du 25 ventose prohibe.

L'usage d'étendre les abréviations de la minute dans les grosses était plus abusif que celui des abréviations elles-mêmes. Maintenant les notaires se compromettraient s'ils se permettaient de donner à ces abréviations une extension illégitime. R. J. N.

V. ci-après les règlements des notaires de Paris, aux mots TRAITS DE PLUME.

Dans une procuration en brevet, le nom du mandataire constitué peut être laissé en blanc, pour être rempli à la volonté de la personne qui fait faire l'acte ; mais lorsqu'on dépose ou qu'on rapporte pour minute à un notaire le brevet de la procuration, on doit y remplir le nom du mandataire. P. N.

L'erreur dans l'orthographe d'un nom et l'erreur par laquelle un prénom quelconque aurait été substitué au prénom véritable, ne vicieraient pas l'acte, si d'ailleurs il ne s'élevait aucun doute sur l'identité de la partie désignée. (Riom, 4 décembre 1809.) A l'égard de la qualité des contractants, cela s'entend de leur état : l'énonciation de la qualité de propriétaire, à défaut de profession, remplit le vœu de la loi ; il n'est pas besoin d'ajouter *sans profession*. (Paris, 17 août 1810.)

Pour indiquer le domicile, on met *demeurant à....*, et cette énonciation est aussi légale que naturelle. (Cass. 28 juillet 1818.)

Quant aux sommes qui doivent être énoncées en toutes lettres, il y a exception pour les tableaux nécessaires pour la rédaction des comptes et des liquidations ; mais, dans ce cas même, les sommes doivent d'abord être écrites en toutes lettres. Chaque fois qu'une somme est ainsi écrite, rien ne s'oppose à ce qu'elle soit portée en chiffres, à la marge, à droite ou à gauche du texte. (*Vade mecum* du notaire.)

On peut aussi écrire en chiffres les numéros des demeures des parties, ceux des patentes, inscriptions de rentes sur l'état, actions de banques, inscriptions hypothécaires, les articles des clauses des actes et contrats : ces abréviations sont d'un usage reconnu. R. N.

Dès que le notaire a annexé la procuration à un acte passé en son étude, la jonction des copies qui en serait faite aux minutes des actes subséquents deviendrait sans objet : il faut observer toutefois que le notaire, en délivrant les expéditions, doit y joindre l'expédition ou l'extrait de la procuration, pour que les actes soient exécutoires. (Lettre du grand-juge, 28 mars 1807.)

Les notaires ne peuvent se dispenser d'exiger la représentation et l'annexe des procurations en vertu desquels les parties *disent* agir. J. N.

lls doivent annexer les procurations, substitutions de pouvoirs, autorisations , etc. , lors même que ces actes auraient été reçus par des notaires de leur résidence ; mais alors ils font seulement , sur ces pièces , mention de l'annexe , sans les faire certifier véritables , parce qu'ils sont censés connaître les signatures de leurs confrères.

On n'est pas tenu d'annexer , dans tous les cas , l'expédition entière d'une procuration générale ; on peut se contenter de joindre un extrait de cette procuration , en ce qui concerne l'acte qui est consenti. J. N.

Les annexes ne donnent lieu à aucun droit d'enregistrement. D. E.

Le mot générique *procuration* employé par le législateur comprend implicitement les actes d'autorisation , consentement ou substitution , en vertu desquels les individus contractent , et qui , sous ce rapport , ont le même effet qu'une procuration. (Délib. de la chambre des not. de Paris, du 9 ventose an 13.)

Lorsque l'acte est délivré en brevet , comme une quittance de fermages , de loyers , d'arrérages de pensions et rentes, si le créancier fait toucher par un mandataire, la procuration n'en doit pas moins rester entre les mains du notaire pour sa garantie. (Opinion de M. Duranton, dans son cours de droit , t. 13. — L'usage y est contraire.)

La patente est une espèce de brevet dont doit se munir celui qui vient exercer un commerce ou une profession quelconque ; le droit de patente fait partie des contributions directes.

Les notaires doivent rappeler , dans les actes , la patente des contractants , toutes les fois que ces actes sont relatifs à leur commerce. (Loi du 1er brumaire an 7, et Ordonn. du 3 décembre 1814.) A défaut de cette énonciation, le notaire est passible de 50 francs d'amende. Cette mention se fait en indiquant la classe, la date, le numéro et le nom de la commune où la patente a été délivrée. Si l'on est dans l'impossibilité de se procurer l'une de ces indications, par exemple celle du numéro, il doit suffire de donner les autres. (Cass. 11 juin 1834.)

Il existe une décision de l'administration de l'enregistrement , suivant laquelle les énonciations des patentes ne sont point exigées dans les actes depuis le 1er janvier jusqu'au 1er avril de chaque année , attendu que la loi du 1er brumaire an 7 accorde les trois premiers mois pour se pourvoir de patente. (Gazette des Tribunaux, août 1833.)

Si l'acte était passé dans les premiers mois de l'année , et avant la délivrance des nouvelles patentes, on indiquerait la patente de l'année précédente. (Cass. 21 thermidor an 9.)

14. Les actes sont signés par les parties , les témoins et les notaires , qui doivent en faire mention à la fin de l'acte.

Quant aux parties qui ne savent ou ne peuvent signer, le notaire doit faire mention à la fin de l'acte de leurs déclarations à cet égard.

Les signatures ne se mettent qu'à la fin de l'acte; les parafes s'apposent au bas de chaque recto seulement et de chaque renvoi; les notaires ne parafent que les renvois. Lorsque les parties n'ont pas adopté un parafe à la suite de leurs signatures, elles écrivent les lettres initiales de leurs prénoms et noms de famille.

La signature doit être du nom propre ou du nom de famille; cela s'observe même par rapport aux femmes, qui signent toujours de leurs noms de fille , en ajoutant , si elles veulent, *femme* ou *veuve* d'un tel.

V. l'art. 68 ci-après.

Le conseil d'état a décidé, le 16 juin 1810 , que le vœu du législateur a été d'annuler seulement les actes notariés où la mention des signatures des parties serait omise, et non ceux où le notaire aurait oublié de mentionner sa signature. La cour de cass. a jugé de même le 11 mars 1812.

A l'égard des parties qui ne peuvent signer, on doit en énoncer la cause; néanmoins cela n'est de rigueur que pour les testaments. (C. C. 973) : dans les autres cas, on peut se borner à mettre la déclaration de la partie qu'elle ne peut signer. P. N.

La déclaration de ne savoir écrire n'emporte pas celle de ne savoir signer : tel sait signer qui ne sait pas écrire.

Quand un aveugle sait signer et qu'il désire apposer sa signature, le notaire qui reçoit l'acte ne peut s'y refuser, quoique dans l'usage cette signature n'ait pas lieu, et qu'on fasse ordinairement déclarer aux aveugles qu'ils n'ont pu signer à cause de leur cécité. R. N.

Si l'acte est passé par un individu d'une nation étrangère où l'on emploie des caractères particuliers, on fait mention que cet étranger a tracé son nom dans les caractères de sa langue. R. N.

S'il arrivait qu'une partie sachant signer déclarât faussement ne pas le savoir, l'acte n'en serait pas moins valable : il serait immoral que celui qui aurait fait une fausse déclaration pût s'en prévaloir et se soustraire ainsi aux obligations qu'il aurait contractées, et se jouer semblablement de la bonne foi des autres parties. Cependant s'il s'agissait d'un testament, il serait radicalement nul. (Cass. 30 messidor an 11; J. P. t. 3, p. 600.)

La déclaration que la partie a fait sa marque ordinaire, n'équivaut pas à la déclaration de ne savoir signer. (Colmar, 4 mars 1817.)

La signature du notaire ne doit être apposée qu'après celle des parties et des témoins; elle est le couronnement de toutes les autres. (Arrêts de réglement des 21 mars 1659 et 4 septembre 1685.)

La signature des parties peut se diviser ; chacun peut, en l'absence de l'autre, signer l'acte convenu : l'une peut aujourd'hui faire ses offres, et l'autre ne les accepter que demain ; aussi est-il de nécessité et d'usage, en ce cas, de donner à l'acte plusieurs dates. R. N.

L'observation des dispositions de cet article est prescrite à peine de nullité par l'art. 68.

Les parties doivent signer les premières, les témoins ensuite, et la signature du notaire doit clore l'acte ; il est défendu aux notaires d'apposer leurs signatures aux actes, qu'ils ne soient auparavant signés des parties et des témoins. (Arrêt du 4 sept. 1685.)

Défenses sont faites aux notaires de signer et faire signer un acte par les parties, que la date n'en soit remplie. (Décl. du 14 juillet 1699.)

Les notaires en premier ne peuvent signer les actes qu'en présence des parties.(Arrêt du 2 déc. 1599.)

Les témoins doivent être présents à l'acte, au moins à la signature. (Arrêt du 4 sept. 1685.)

Les témoins doivent signer en présence des parties contractantes et après avoir entendu la lecture de l'acte.(Arrêt du 4 déc. 1703.)

Les notaires de même résidence sont obligés de signer, quand ils en sont requis, les actes qui leur sont présentés par leurs confrères, lorsque ces actes ne sont contraires ni aux lois ni aux bonnes mœurs. (Arrêt du 13 mai 1681 et Edit d'oct. 1691.)

15. Les renvois et apostilles ne peuvent, sauf l'exception ci-après, être écrits qu'en marge ; ils sont signés ou parafés, tant par les notaires que par les autres signataires, à peine de nullité des renvois et apostilles. Si la longueur

du renvoi exige qu'il soit transporté à la fin de l'acte, il doit être non-seulement signé ou parafé comme les renvois écrits en marge, mais encore expressément approuvé par les parties, à peine de nullité du renvoi.

Garnier-Deschesnes conseillait de faire parafer ou signer les renvois et l'approbation des ratures de mots avant de faire signer l'acte.

Bien des personnes ne sachant pas faire de parafe, elles y substituent, comme nous l'avons déjà dit, les lettres initiales de leurs prénoms et noms.

Lorsqu'il y a plusieurs renvois dans une même page, ils doivent être détachés l'un de l'autre, de telle sorte que chacun puisse être aisément parafé par les contractants, les témoins et notaires.

Si un notaire avait omis de faire approuver un renvoi par l'un des contractants, les autres parties ne pourraient point faire assigner ce contractant pour réparer cet oubli, ni demander à faire preuve par témoins qu'il en était convenu en leur présence et en celle des témoins et du notaire. (C. C. 1341.)

Le renvoi est le signe, la marque de l'apostille; l'apostille est l'annotation, le mot ou la suite des mots qui se trouvent sous le renvoi. Néanmoins, par métaphore, le renvoi se dit, s'entend de l'apostille elle-même.

Si un renvoi avait pour objet une chose essentielle au contrat, par exemple, le prix dans le cas d'une vente, et qu'il ne fût pas fait avec les formalités prescrites par cet article, il en résulterait nullité de l'acte considéré comme acte authentique, parce qu'il n'y a plus de prix convenu, et qu'une vente ne peut exister sans prix ; mais si le renvoi n'avait pour objet que quelque réserve ou addition, en un mot, toute autre chose qu'une chose essentielle au contrat, ce renvoi étant simplement réputé non inscrit, l'acte serait valable pour le surplus. (M. Duranton.)

16. Il ne doit y avoir ni surcharge, ni interligne, ni addition dans le corps de l'acte ; et les mots surchargés, interlignés ou ajoutés, sont nuls. Les mots qui doivent être rayés le sont de manière que le nombre puisse en être constaté à la marge de leur page correspondante ou à la fin de l'acte, et approuvé de la même manière que les renvois écrits en marge ; le tout à peine d'une amende de 50 francs contre le notaire, ainsi que de tous dommages-intérêts, et même de destitution en cas de fraude.

Un acte public dont la date est surchargée, est nul, comme n'étant pas daté : sa nullité n'est pas couverte par l'exécution que la convention a reçue. (Cass. 27 mars 1841.) Il n'y a pas de contravention lorsque les mots surchargés ont été formellement approuvés. (Trib. de Clermont, 20 juin 1816 ; décision du min. des fin. du 27 janv. 1817.) Néanmoins il est prudent de rayer le mot sur lequel porterait la surcharge, quelque légère qu'elle fût, et de le remplacer au moyen d'un renvoi, car la loi dit impérativement, *il n'y aura pas de surcharge.* (M. Augan.) Il y a surcharge, dit le même auteur, lorsque sur un mot déjà écrit, on écrit un autre mot, ou lorsqu'après avoir gratté le mot déjà écrit, on écrit un nouveau mot sur la place grattée. La surcharge serait excusable, si elle n'avait eu évidemment pour but que de rétablir l'orthographe ou de rendre plus sensible une lettre mal formée ; les lois ne doivent pas être interprêtées judaïquement, ni appliquées avec une rigueur littérale. (Cass. 3 août 1808.)

Lorsque les surcharges non constatées qui existent dans un acte notarié sont insignifiantes, il n'y a pas contravention susceptible d'être poursuivie. De même à l'égard des ratures et des blancs sans importance laissés dans le corps de l'acte. (Décis. minist. des 4 décembre 1829 et 1er octobre 1832.)

Les notaires ont généralement adopté l'usage de constater les ratures à la fin de l'acte; ils placent sur la marge de la dernière page écrite des minutes ou brevets de leurs actes, la mention par laquelle ils constatent ces ratures. — Quand il y a des mots de rayés dans un renvoi, on dit : *Rayé tant de mots nuls, y compris ceux, au nombre de qui se trouvent dans tel renvoi.* — L'approbation des mots rayés dans les expéditions, grosses ou extraits, se place ordinairement à la fin, au-dessus des signatures des notaires. — On doit compter un mot composé comme un seul mot. D. N. — Il est d'usage de ne tirer sur chacun des mots rayés qu'un trait de plume. — Les notaires attentifs ont soin, en comptant les mots rayés avant la signature des actes, de mettre au-dessus de chaque mot un chiffre depuis 1 jusqu'au nombre total, afin d'éviter toute méprise ; et lorsque les mots rayés et ceux qui ont été mis à la place, soit dans le texte, soit par renvoi, présentent des sens différents ou contraires, ils en font approuver la rature par la signature des parties et des témoins, au lieu de leurs simples parafes. Lorsque dans l'acte il y a des lignes entières qui sont rayées, il est inutile de compter le nombre des mots dont chacune des lignes est composée ; le but de la loi est également et plus facilement rempli, en énonçant le nombre de lignes rayées, auquel on ajoute le nombre des mots épars dans la page ou dans l'acte.(Loret.) Ainsi l'on dit : *rayé* tant *de lignes et* tant *de mots nuls.*

Si les mots exprimant le quantième, le mois et l'année qui forment la date de l'acte, sont par interligne ou addition visible, l'acte est nul comme acte authentique; car ils ont pu être mis après coup par le notaire, pour éviter l'amende, lorsqu'il s'est aperçu de leur omission. C. de D.

L'arrêt du 4 septembre 1685 défendait de ne rien ajouter, soit par apostille, soit au bas des actes, qu'en présence des parties, au moment de la passation, et en leur faisant approuver et parafer, et de plus l'addition ne devait point mordre dans la signature.

L'approbation des mots rayés doit être signée ou parafée à l'instant même de la passation de l'acte, par les parties, les témoins et le notaire. (Parlem. de Paris, 4 sept. 1685.)

L'*amende* a été réduite à 5 fr.

17. Le notaire qui contrevient aux lois et aux arrêtés du gouvernement concernant les noms et qualifications supprimés, les clauses et expressions féodales, les mesures et la numération décimale, est condamné à une amende de 100 fr. (20 fr. maintenant) qui est double en cas de récidive.

Un décret du 1er mars 1808 défend aussi aux notaires de donner à qui que ce soit d'anciens titres et qualifications qui n'auraient pas été conservés. La noblesse ayant été rétablie, il n'est plus défendu d'en rappeler les titres et qualifications, en ce qu'ils se rapportent aux personnes, mais non les qualifications attachées aux choses, comme la qualité de *seigneur de tel endroit.* (Tribunal de Lorient, 9 août 1819.) V. ci-devant p. 7.

Jusqu'à présent il a été d'usage de rapporter entre parenthèses les mesures anciennes. Mais d'après l'art. 5 d'une loi du 4 juillet 1837, à compter du 1er janvier 1840, toutes dénominations de poids et mesures autres que celles établies par la loi du 18 germinal an 3, seront interdites dans les actes publics, ainsi que dans les affiches et annonces.

Les officiers publics contrevenants seront passibles d'une amende de 20 francs.

Le manuel des poids et mesures, par M. Tarbé, est un des meilleurs ouvrages qui aient été publiés jusqu'à ce jour sur cet objet.

Un notaire peut, sans contravention, énoncer, en relatant un ancien titre, une somme en livres tournois. (Délib. du 2 déc. 1828.)

Toutes stipulations de sommes d'argent n'ont pu être énoncées, dans les actes, qu'en francs et centimes, à compter du 1er vendémiaire an 8 (ou 23 septembre 1799). Depuis lors, toutes les sommes sont censées évaluées en francs et centimes, quand bien même les actes porteraient des livres, sous et deniers.

Mais l'acquittement des obligations antérieures au 1er. vendémiaire an 8, doit être fait en valeur de l'ancienne livre tournois, encore bien qu'on se fût servi de l'expression de *francs* au lieu de celle de *livres*. (Loi du 17 floréal an 7.)

Cet article prescrivait aussi l'emploi de *l'annuaire de la république*, mais un sénatus-consulte du 22 fructidor an 13 (9 septembre 1805), a supprimé le calendrier républicain qui avait été établi par décret de la convention, du 5 octobre 1793, et a rétabli le calendrier grégorien, à compter du 11 nivose an 14 (1er janvier 1806). Lorsqu'il y a lieu de rapporter les dates du calendrier républicain, il est bon d'y joindre celles du calendrier grégorien qui y correspondent.

18. Le notaire doit tenir exposé, dans son étude, un tableau sur lequel il inscrit les noms, prénoms, qualités et demeures des personnes qui, dans l'étendue du ressort où il peut exercer, sont interdites et assistées d'un conseil judiciaire, ainsi que la mention des jugements relatifs ; le tout immédiatement après la notification qui en est faite, à peine des dommages-intérêts des parties.

Les secrétaires des chambres de discipline délivrent à chaque notaire un extrait des jugements d'interdiction et de nomination de conseils, qui ont été signifiés aux chambres. (Art. 92 et 475 du décret du 16 fév. 1807 et 504 du C. C.)

19. Tous actes notariés font foi en justice, et sont exécutoires dans toute l'étendue du royaume. (C. C. art. 1319 et 1341:)

Néanmoins, en cas de plainte en faux principal, l'exécution de l'acte argué de faux est suspendue par la déclaration du jury d'accusation, prononçant *qu'il y a lieu à accusation* : en cas d'inscription de faux, faite incidemment, les tribunaux peuvent, suivant la gravité des circonstances, suspendre provisoirement l'exécution de l'acte.

20. Les notaires sont tenus de garder minutes de tous les actes qu'ils reçoivent.

Ne sont néanmoins compris dans cette disposition, les certificats de vie, procurations, actes de notoriété, quittances de fermages, de loyers, de salaires, arrérages de pensions et rentes, et autres actes simples qui, d'après les lois, peuvent être délivrés en brevet.

Peuvent être passés sans minute les actes simples, et non synallagmatiques, qui suivent : les procurations, attestations ou certificats, autorisations d'un mari à sa femme, désaveu, répondant de domestiques, désistement, consentement, mainlevée (1), élargissement, décharge de pièces, papiers et meubles, cautionnements, et généralement tous actes simples qui n'ont rapport à aucun titre, et ne contiennent aucune obligation respective. (*Déclaration du roi*, du 7 décembre 1723, art. 4.)

Peuvent aussi être passés sans minute, et sont réputés actes simples : les apprentissages ou alloués, transports d'iceux, quittances de gages de domestiques, arrérages de pension ou rentes, quittances d'ouvriers, artisans, journaliers, manœuvriers et autres personnes du commun, pour choses concernant leur état et métier; les quittances de loyers et fermages, les cautionnements des employés des fermes, les conventions, marchés et obligations, qui n'excèdent pas 300 fr. (*Idem.*)

D'après un procès-verbal de la chambre séante à Paris, du 31 mars 1808, les notaires peuvent délivrer *en brevets* les obligations, même excédant 300 francs et portant hypothèque.

Cette décision est un peu vague, car il s'ensuivrait qu'on pourrait délivrer en brevet une obligation de quelque somme que ce fût.

Les rédacteurs du journal du notariat attestent en effet qu'à Paris on délivre en brevets les obligations à quelques sommes qu'elles s'élèvent.

Les notaires ne doivent ou ne devraient délivrer *en brevets* que les actes les plus simples, tels que ceux qui sont énoncés en l'article 20 ci-dessus : ils devraient, au contraire, garder minute des obligations qui confèrent hypothèque et excèdent 300 francs; des quittances qui contiennent mainlevée d'inscriptions, pour qu'on fût toujours à même de faire rayer ces inscriptions; des transports contenant subrogation d'hypothèque ou de privilège; des délégations qui sont causées pour demeurer quittes par les cédants envers les cessionnaires dues par jugements ou actes dont il y aurait minutes; et généralement de tous les actes synallagmatiques, de ceux qui détruisent l'effet de précédents actes faits en minutes, et de tous ceux dont la perte, s'ils étaient délivrés en brevets, pourrait porter quelque grave préjudice aux parties.

Voy. les articles 931, 933, 1250, 1397, 1454 et 2158 du code civil, et l'art. 944 du code de procédure.

On met les *minutes* en liasse par ordre de date et mois par mois, et on les renferme dans des cartons.

Les minutes des contrats et actes, où deux notaires sont appelés concurremment, demeurent au plus ancien, eussent-ils même été dressés par le plus jeune.

Pour les exceptions, voyez ci-après les Réglements des notaires de Paris, au mot MINUTES; et pour le cas de contravention, v. l'art. 68 de la présente loi.

21. Le droit de délivrer des grosses et des expéditions

---

(1) Cependant, à l'égard des mainlevées d'inscription, *voyez* la Clef du Not., seconde partie, titre 15.

n'appartient qu'au notaire possesseur de la minute ; et néanmoins tout notaire peut délivrer copie d'un acte qui lui a été déposé pour minute.

Les expéditions des actes doivent être semblables aux minutes, à peine de faux, si le cas y échoit. (Arrêt du 3 juin 1697.)

Les notaires doivent comprendre dans les expéditions des actes les apostilles approuvées des parties, mais non celles qui ne sont signées ni approuvées. (Arrêt de réglement du 17 décembre 1627.)

On doit faire mention, à la fin de l'expédition, du notaire à qui la minute de l'acte est demeurée. (Ordonnance de François Ier., août 1539, art. 1er.)

Défenses sont faites aux notaires de délivrer des expéditions d'un acte sans en faire mention sur la minute. (Arrêt de régl. du 4 sept. 1685.)

Dans quelques circonstances, lorsqu'un notaire est requis de délivrer une copie collationnée, il doit, pour sa garantie, faire certifier l'original par le porteur, lorsqu'il est connu de lui, et lui faire signer tant cet original que la copie collationnée : c'est aux notaires d'apprécier ces circonstances.

Un notaire ne peut obliger ceux qui ont passé un acte chez lui, à en retirer l'expédition s'ils ne l'ont pas demandée. (Arrêt du parlem. de Paris du 14 octobre 1550.)

L'extrait d'un acte en est une copie partielle, où le notaire rapporte celles des clauses ou conventions dont la partie a besoin.

Tout extrait doit faire mention de la nature ou qualité de l'acte dont il est tiré : ainsi il faut y exprimer si c'est un contrat de vente, un échange ou une donation, etc. Il doit de plus contenir la date de l'acte, le nom du notaire qui l'a reçu, ceux des parties avec les qualités dans lesquelles elles ont agi. Si l'extrait a été fait sur une minute, il faut dire en la possession de qui elle est restée; si c'est sur une grosse ou une expédition, on énonce qu'elle a été rendue, ou qu'elle est demeurée annexée à la minute de *tel* acte, dont *tel* officier public est dépositaire.

22. Les notaires ne peuvent se dessaisir d'aucune minute, si ce n'est dans les cas prévus par la loi, et en vertu d'un jugement.

Avant de s'en dessaisir, ils en dressent et signent une copie figurée, qui, après avoir été certifiée véritable par le président et le procureur du roi du tribunal civil de leur résidence, est substituée à la minute, dont elle tient lieu jusqu'à sa réintégration.

Les notaires peuvent aussi délivrer, 1°. copies des actes qui sont annexés aux minutes dont ils sont dépositaires; 2°. et des copies collationnées de toutes pièces qui leur sont présentées.

V. l'art 839 et suiv. du code de procédure.

Les notaires délivrent aux préposés de l'enregistrement les expéditions dont ils ont besoin et qu'ils requièrent, moyennant une rétribution qui, suivant une décision du ministre des finances, du 19 janvier 1808, est de 75 centimes du rôle pour Paris, et de 50 centimes pour les départements, outre le papier timbré.

Aucun notaire ne peut délivrer pour un de ses confrères absent, une expédition ou grosse d'un acte qu'il n'a pas reçu. A la vérité, une instruction ministérielle a autorisé les notaires, en l'absence ou pendant la maladie d'un de leurs confrères, à recevoir pour lui les minutes de ses actes qui demeurent en l'étude du notaire substitué (V. sous l'art. 30 ci-après) ; mais cette mesure a eu pour but de conserver aux notaires leur clientelle, et ce serait une erreur de s'appuyer sur cette décision, pour délivrer des expéditions des actes reçus par le notaire absent. J. J. N.

D'après une lettre du Garde des Sceaux du 6 mai 1826 et suivant les usages actuellement reçus, les notaires ne délivrent plus d'expéditions ou extraits séparés, 1°. des actes de l'état civil; 2°. des jugements, arrêts ou autres actes judiciaires , pas même de ceux qui leur ont été déposés ou annexés à leurs actes; 3°. ni des actes ou contrats passés devant d'autres notaires de la même ville qui en ont les minutes : ils n'en délivrent copie ou extrait qu'à la suite de l'expédition de l'acte auquel la pièce est annexée, et seulement comme accessoire justificatif de cet acte. Le but de cette prohibition est d'empêcher que les greffiers ou notaires , dépositaires des originaux, ne soient frustrés de leurs droits.

Cette décision doit être renfermée dans le cas qu'elle prévoit, celui où , sans nécessité aucune, un notaire annexerait à ses minutes la grosse d'un jugement pour en délivrer ensuite des copies. R. N.

Le notaire qui trouve dans les minutes de son prédécesseur des actes qui l'intéressent personnellement, ou qui intéressent ses parents au degré prohibé, ne peut pas en délivrer d'expédition; il doit présenter une requête au tribunal , tendante à faire commettre un notaire *ad hoc* ayant droit d'instrumenter dans le lieu de la résidence du premier. Le notaire commis doit mettre , au bas de l'expédition, copie de l'ordonnance qui l'a autorisé à la délivrer. J. N.

23. Les notaires ne peuvent , sans l'ordonnance du président du tribunal de première instance , délivrer expédition ni donner connaissance des actes à d'autres qu'aux personnes intéressées en nom direct, héritiers ou ayant-droit, à peine de dommages-intérêts , d'une amende de 100 francs (20 fr. maintenant), et d'être , en cas de récidive, suspendus de leurs fonctions pendant trois mois, sauf néanmoins l'exécution des lois et règlements sur le droit d'enregistrement, et de celles relatives aux actes qui doivent être publiés dans les tribunaux. (V. le code de proc. 839—852.)

La cour royale de Paris a jugé, le 22 juillet 1809, qu'un notaire doit représenter à la partie intéressée, qui l'en requiert, la minute même de l'acte, c'est-à-dire, lui en donner communication oculaire.

Les notaires sont tenus de donner avis aux administrateurs des établissements de bienfaisance, des dispositions faites en faveur des pauvres. (Art. 2 de l'arrêté du gouvernement, du 4 pluv. an 12.)

Cet arrêté a été rendu commun aux fabriques des paroisses, aux établissements d'instruction publique et aux communes, par un décret du 12 août 1807 et une ordonnance du roi, du 2 avril 1817.

24. En cas de compulsoire , le procès-verbal est dressé par le notaire dépositaire de l'acte, à moins que le tribunal qui l'ordonne ne commette un de ses membres, ou tout autre juge, ou un autre notaire.

On entend par compulsoire, une commission décernée aux notaires, greffiers ou dépositaires d'actes publics, pour les contraindre à représenter les actes qu'ils ont entre les mains, et à en délivrer des extraits ou copies collationnées. (V. l'article 847 et suivants du code de procédure, et, dans la seconde partie ci-après, le titre COMPULSOIRE.)

25. Les grosses seules sont délivrées en forme exécutoire, elles sont intitulées et terminées dans les mêmes termes que les jugements des tribunaux.

Voyez le style page 16, et ci-après les Réglements des notaires de Paris au mot GROSSE.

Un contrat revêtu de la forme exécutoire a la même force que l'expédition d'un jugement.

Les notaires peuvent délivrer des grosses des actes sous seings-privés portant obligation, lorsque ces actes leur ont été déposés pour minute par tous ceux qui les ont signés. (Cass. 27 mars 1821.)

26. Il doit être fait mention sur la minute, de la délivrance d'une première grosse faite à chacune des parties intéressées : il ne peut lui en être délivré d'autre, à peine de destitution, sans une ordonnance du président du tribunal de première instance, laquelle demeure jointe à la minute.

V. l'art. 854 du code de procédure.

Plusieurs personnes peuvent avoir droit à la grosse d'un même acte, comme dans le cas où une obligation serait souscrite au profit de deux particuliers, pour raison de sommes différentes par eux prêtées; où un bail serait fait par des propriétaires indivis, etc. ; alors on fait ordinairement consentir par le débiteur ou le locataire, qu'il sera délivré une grosse à chaque créancier ou propriétaire.

On délivre des grosses par extrait, dans diverses circonstances, par exemple quand il est dû, par un partage, une soulte à l'un des co-héritiers. (V. page 26.) Dans ce cas, les notaires ont soin de se faire autoriser, par l'acte, à délivrer ainsi la grosse, et de rapporter cette autorisation ou dans la grosse même ou dans le style de la délivrance. R. N.

Lorsqu'il doit être délivré plusieurs grosses d'un même acte, on fait, sur chacune d'elles, une mention à peu près en ces termes : *la présente grosse a été délivrée à M. N... à l'effet de lui former titre exécutoire pour la somme de   qui lui appartient dans celle de   due par M. R...*

M. Augan, dans son Cours du notariat, ajoute à la loi un second moyen de se faire délivrer une seconde grosse, celui d'y faire consentir le débiteur par un acte devant notaires, dont il donne le modèle; les rédacteurs du Journal des notaires sont du même avis (art. 3896); mais cette doctrine n'est pas suivie dans l'usage, et plusieurs jurisconsultes la réprouvent. (V. le Rép. du not. , t. 4, p. 72.)

Les formalités prescrites par l'article 844 du code de procédure ne sont pas nécessaires, selon M. Duranton, lorsque toutes les parties intéressées sont d'accord pour la délivrance de la seconde grosse; mais il faut que ceux contre qui elle sera exécutoire, soient capables de donner leur consentement. V. le C. C. art. 1335.

On est généralement d'accord que pour la délivrance de la première grosse à chacune des parties, le notaire n'a pas besoin, pour la faire, d'être assisté du second notaire ou des témoins instrumentaires. (Cours du droit français.)

Le notaire successeur qui délivre une seconde grosse, parce qu'il ignore qu'il en a été délivré une première, n'encourt pas les peines prononcées par la loi ; la responsabilité, à raison des dommages-intérêts, doit tomber en entier sur le notaire prédécesseur. R. N.

27. Chaque notaire est tenu d'avoir un cachet ou sceau particulier, portant ses nom, qualité et résidence, et, d'après un modèle uniforme, le type de la république française.

Les grosses et expéditions des actes porteront l'empreinte de ce cachet.

Les cachets portent pour type : une balance dont le fléau est soutenu par les tables de la loi ; pour exergue, CHARTE, 1830 ; et pour légende, le titre du notaire. (Ordonnances des 14 août et 20 novembre 1830.)

28. Les actes notariés sont légalisés, savoir : ceux des notaires à la résidence des cours d'appel, lorsqu'on s'en sert hors de leur ressort ; et ceux des autres notaires, lorsqu'on s'en sert hors de leur département.

La légalisation est une attestation du président ou du juge qui le remplace, que la signature mise au bas de l'acte est bien celle de l'officier public dont elle porte le nom. On ne légalise que les grosses, expéditions et actes délivrés en brevet, mais non les minutes qui restent en dépôt chez le notaire.

La légalisation est faite par le président du tribunal de première instance de la résidence du notaire, ou du lieu où est délivré l'acte ou l'expédition.

L'article 14 de la loi du 21 ventose an 7 attribue aux greffiers 25 cent. pour chaque légalisation.

Lorsqu'il est question de faire usage, en pays étranger, d'un acte reçu par un notaire du royaume, il faut alors que la légalisation de M. le président soit attestée vraie par le Garde-des-Sceaux, ministre de la justice ; que la signature de ce ministre soit certifiée par celui des relations extérieures, et enfin que celle-ci soit reconnue par l'ambassadeur de la puissance dans les états de laquelle l'acte doit être produit ou exécuté.

Les procurations et autres pièces venant de l'étranger, sont légalisées par le ministre des relations extérieures (affaires étrangères), avant d'être déposées pour minute.

29. Les notaires doivent tenir répertoire de tous les actes qu'ils reçoivent.

30. Les répertoires sont visés, cotés et parafés par le président, ou, à son défaut, par un autre juge du tribunal civil de la résidence : ils doivent contenir la date, la nature et l'espèce de l'acte, le nom des parties et la relation de l'enregistrement.

Voyez ci-après la loi sur l'enregistrement, art. 49 à 53.

Les notaires doivent déposer, dans les deux premiers mois de chaque année et au plus tard le dernier jour du mois de février, au greffe du tribunal de première instance de leur résidence, la copie sur papier timbré de leur répertoire, laquelle est certifiée véritable par eux, sous peine de 10 francs d'amende, quelle que soit la durée du retard. (Lois des 6 octobre 1791 et 15 floréal an 4, décision du grand-juge du 8 brumaire an 12, et loi du 16 juin 1824.)

L'acte qui constate le dépôt au greffe du répertoire n'est point sujet à l'enregistrement. (Décis. du min. des fin. du 16 avril 1819.) Mais il est dû au greffier 1 fr. 25 cent. pour droit de greffe.

A la fin de la copie du répertoire qu'on dépose au greffe, on met :

Je soussigné, notaire à   , certifie la présente copie conforme au répertoire des actes en brevet et en minute reçus par moi pendant l'année   . — A   , ce   .

Dans les cas prévus par la décision ministérielle du 11 novembre 1819, on termine l'acte comme il suit :

Et ont, les   , signé avec les notaires après lecture faite de ces présentes, demeurées à M°. A   , notaire, substitué pour cause d'absence (ou de maladie; — ou, tant pour sa décharge que comme étant ensuite du contrat sus-daté); et néanmoins portées sur le répertoire de M°. D   , l'un des notaires soussignés. (Dict. du Not.)

Une décision ministérielle, du 11 novembre 1819, porte, 1°. que, dans le cas où un notaire aura remplacé son confrère pour la rédaction d'un acte, cet acte contiendra la mention que la minute est restée au notaire suppléé, lequel demeurera responsable de la substitution.

Que la minute sera portée à la fois sur le répertoire du notaire substitué et sur celui du notaire substituant, avec mention, par celui-ci, que la minute est restée au *notaire* suppléé, et qu'elle sera enregistrée au bureau de l'enregistrement de l'arrondissement de ce dernier.

2°. Qu'en ce qui concerne la minute d'une quittance ou décharge donnée personnellement à un notaire, à la suite d'un acte par lui reçu, cette quittance ou décharge, quoique signée par un autre notaire, restera en la garde du notaire dont elle opère la libération; que cette quittance doit néanmoins être enregistrée au bureau de l'arrondissement du notaire qui l'a reçue, et être portée sur son répertoire, avec mention de la garde par l'autre notaire, sans qu'il soit besoin de l'inscrire sur le répertoire de celui-ci.

Quoique le timbre vienne à changer, on peut se servir des feuilles restantes d'un répertoire commencé. (Délib. de la régie du 19 juillet 1816.)

On peut écrire en chiffres, sur le répertoire, le numéro d'ordre, la date de l'acte, celle de l'enregistrement et le montant des droits perçus. (Décis. du min. des fin. 5 mai 1807 et 10 mai 1808.) Rien n'empêche non plus d'écrire en chiffres le prix des biens vendus. R. N.

Il n'y a pas de contravention lorsque l'impression des colonnes du répertoire couvre le timbre.

Le ministre de la justice a réglé la forme du répertoire, par une circulaire du 28 mars 1840.

Les baux des biens des hospices et autres établissements publics, quoique soumis pour leur perfection, à l'approbation des préfets, doivent être portés sur les répertoires le jour de leur rédaction, avec cette mention : *soumis à l'approbation du préfet* ; et les notaires sont tenus d'indiquer en marge la date du jour où l'approbation du préfet leur est parvenue. (Inst. gén. des 29 juin 1808 et 7 fév. 1812.)

Les inventaires doivent être inscrits au répertoire à la date de leur première vacation, et il est utile de rapporter successivement la date des autres vacations. (Inst. de la régie, n°. 597.) Ils ne doivent y être portés qu'une fois,

Il n'est rien dû par les parties au notaire à raison de l'inscription des actes au répertoire.

L'omission d'un article au répertoire est prouvée et l'amende est encourue par l'intercallation de l'article en interligne (Cass. 19 déc. 1808), et il est dû autant d'amendes qu'il y a d'intercallations (Solut. du 26 germinal an 13); 2°. par la rature d'un ou de plusieurs articles, suivis de l'inscription d'un acte d'une date antérieure, surtout lorsque les articles rayés ont été réinscrits ensuite. (Instr. gén. du 23 mars 1815; Décis. du min. des fin. du 16 déc. 1824; Cass. 28 mars 1827.)

Les clercs qui sont chargés de la tenue du répertoire, doivent donc y apporter la plus grande attention.

CHAPITRE II.
RÉGIME DU NOTARIAT.

Section Première.

NOMBRE, PLACEMENT ET CAUTIONNEMENT DES NOTAIRES.

31. Le nombre des notaires pour chaque département; leur placement et leur résidence, sont déterminés par le gouvernement, de manière 1°. que dans les villes de 100,000 habitants et au-dessus, il y ait un notaire au plus par 6,000 habitants : 2°. que dans les autres villes, bourgs ou villages, il y ait deux notaires au moins, ou cinq au plus, par chaque arrondissement de justice de paix,

32. Les suppressions ou réductions de places ne sont effectuées que par mort, démission ou destitution.

33. Les notaires exercent sans patente, mais ils sont assujettis à un cautionnement fixé par le gouvernement, et qui est spécialement affecté à la garantie des condamnations prononcées contre eux, par suite de l'exercice de leurs fonctions.

34. Le cautionnement est fixé par le gouvernement en raison combinée des ressort et résidence de chaque notaire, d'après un *minimum* et un *maximum*, suivant le tableau (qui, dans la loi, suit immédiatement).

section 2.

CONDITIONS POUR ÈTRE ADMIS, ET MODE DE NOMINATION
AU NOTARIAT.

35. Pour être admis aux fonctions de notaire, il faut :

1°. Jouir de l'exercice des droits de citoyen :

2°. Avoir satisfait aux lois sur le recrutement de l'armée;

3°. Être âgé de vingt-cinq ans accomplis ;

4°. Justifier du temps de travail prescrit par les articles suivants.

Pour être admis aux fonctions de notaire, il faut encore qu'il y ait une place vacante. Si elle s'opère par la démission, le candidat doit la rapporter; si c'est par décès, il doit traiter avec les héritiers ou justifier de leur consentement. La jurisprudence de M. le garde-des-sceaux est que les héritiers d'un notaire qui doit être remplacé, ont droit de présenter son successeur; il considère ce droit comme une propriété qu'il doit respecter, par application de l'art. 91 de la loi du 28 avril 1816.

Pour moyen de justifier de la première condition prescrite par cet article, l'aspirant produit un certificat du maire de son domicile, constatant « que celui qui en est porteur n'est dans aucun des cas de suspension ou de privation totale des droits politiques qui l'empêcheraient « d'exercer aucune fonction publique. » (Décision du garde-des-sceaux.)

36. Le temps de travail ou stage est, sauf les exceptions ci-après, de six années entières et non interrompues, dont une des deux dernières, au moins, en qualité de premier clerc chez un notaire d'une classe égale à celle où se trouve la place à remplir.

37. Le temps de travail peut n'être que de quatre années, lorsqu'il en a été employé trois dans l'étude d'un notaire d'une classe supérieure à la place qui doit être remplie, et lorsque pendant la quatrième, l'aspirant a travaillé, en qualité de premier clerc, chez un notaire d'une classe supérieure ou égale à celle où se trouve la place pour laquelle il se présente.

38. Le notaire déjà reçu et exerçant depuis un an, dans une classe inférieure, est dispensé de toute justification de stage, pour être admis à une place de notaire vacante dans une classe immédiatement supérieure.

39. L'aspirant qui a travaillé pendant quatre ans, sans interruption, chez un notaire de première ou de seconde classe, et qui a été pendant deux ans, au moins, défenseur ou avoué près d'un tribunal civil, peut être admis dans une des classes où il a fait son stage, pourvu que, pendant l'une des deux dernières années de son stage, il ait travaillé, en qualité de premier clerc, chez un notaire d'une classe égale à celle où se trouve la place à remplir.

40. Le temps de travail exigé par les articles précédents, doit être d'un tiers en sus, toutes les fois que l'aspirant, ayant travaillé chez un notaire d'une classe inférieure, se présente pour remplir une place d'une classe immédiatement supérieure.

41. Pour être admis à exercer dans la troisième classe de notaires, il suffit que l'aspirant ait travaillé pendant trois années chez un notaire de première ou de seconde classe, ou qu'il ait exercé, comme défenseur ou avoué, pendant l'espace de deux années, auprès du tribunal d'appel ou de pre-

mière instance, et qu'en outre il ait travaillé pendant un an chez un notaire.

42. Le gouvernement peut dispenser de la justification du temps d'étude, les individus qui ont exercé des fonctions administratives ou judiciaires.

43. L'aspirant demande à la chambre de discipline du ressort dans lequel il doit exercer, un certificat de moralité et de capacité. Le certificat ne peut être délivré qu'après que la chambre a fait parvenir au procureur du roi près du tribunal de première instance, l'expédition de la délibération qui l'a accordé.

La marche que les chambres de discipline doivent suivre dans la circonstance prévue par cet article, leur est tracée par une circulaire adressée, le 22 ventose an 12, par le ministre de la justice aux procureurs du roi. V. le Parf. Not. t. 1er. p. 30, 6e éd.

Le certificat de capacité suppose un examen préalable. L'examen doit rouler sur quatre parties principales du notariat : 1°. sur les devoirs des notaires en général; 2°. les formules des actes et l'enregistrement; 3°. les contrats, donations, testaments, successions; 4°. enfin, les inventaires, liquidations et partages. (M. Serieys.)

44. En cas de refus, la chambre donne un avis motivé, et le communique au procureur du roi qui l'adresse au ministre de la justice avec ses observations.

45. Les notaires sont nommés par le Roi, et obtiennent de lui une commission qui énonce le lieu fixe de la résidence.

46. Les commissions de notaires sont, dans leur intitulé, adressées au tribunal de première instance dans le ressort duquel le pourvu doit avoir sa résidence.

47. Dans les deux mois de sa nomination, et à peine de déchéance, le pourvu est tenu de prêter, à l'audience du tribunal auquel la commission a été adressée, le serment que la loi exige de tout fonctionnaire public, ainsi que celui de remplir ses fonctions avec exactitude et probité.

Il n'est admis à prêter serment qu'en représentant l'original de sa commission et la quittance du versement de son cautionnement.

Il est tenu de faire enregistrer le procès-verbal de prestation de serment au secrétariat de la municipalité du lieu où il doit résider, et au greffe de tous les tribunaux dans le ressort desquels il doit exercer.

48. Il n'a le droit d'exercer qu'à compter du jour où il a prêté serment.

49. Avant d'entrer en fonctions, les notaires doivent déposer au greffe de chaque tribunal de première instance de

leur département, et au secrétariat de la municipalité de leur résidence, leurs signature et parafe.

Les notaires à la résidence des tribunaux d'appel font en outre ce dépôt au greffe des autres tribunaux de première instance de leur ressort.

Un notaire doit toujours signer comme il l'a fait lors de sa réception, c'est la règle.

CHAMBRES DE DISCIPLINE (1).

50. Les chambres établies pour la discipline intérieure des notaires sont organisées par des réglements.

51. Les honoraires et vacations des notaires sont réglés à l'amiable entre eux et les parties, sinon par le tribunal civil de la résidence du notaire, sur l'avis de la chambre, et sur simples mémoires, sans frais.

52, 53, etc.

DISPOSITIONS GÉNÉRALES.

68. Tout acte fait en contravention aux dispositions contenues aux articles 6, 8, 9, 10, 14, 20, 52, 64, 65, 66 et 67, est NUL, s'il n'est pas revêtu de la signature de toutes les parties; et lorsque l'acte est revêtu de la signature de toutes les parties contractantes, il ne vaut que comme écrit sous signature privée : sauf, dans les deux cas, s'il y a lieu, les dommages-intérêts contre le notaire contrevenant.

V. l'art. 1318 du C. C.

Quand les actes ne peuvent valoir que comme actes authentiques, tels que ceux portant *donation*, les contrats de mariage, les conventions d'hypothèque, il ne sert de rien qu'ils aient été signés des parties, lorsqu'ils sont nuls comme actes authentiques par l'incompétence ou l'incapacité de l'officier qui les a reçus, ou par un défaut de forme. La nullité de l'acte, dans ces cas, entraîne la nullité de la convention elle-même. C. de D.

69. La loi du 6 octobre 1791, et toutes autres, sont abrogées en ce qu'elles ont de contraire à la présente.

---

(1) Institution admirable, qui met ceux qui exercent les fonctions notariales, comme ceux qui aspirent à les exercer un jour, dans l'heureuse nécessité de se rendre recommandables par leurs talents et leurs vertus. (M. Loret.)

QUÉSTIONS DIVERSES.

1. Comment celui qui aspire au notariat doit-il justifier l'âge requis ?

Le candidat doit produire un extrait de son acte de naissance , et si cét acte n'a pas été rédigé en français , il est indispensable d'en joindre une traduction légale.

S'il n'existait pas de registres de l'état civil , il serait indispensable de recourir aux formalités prescrites par l'art. 46 du C. C.

Un acte de notoriété ne suffirait pas non plus pour prouver que le nom de l'aspirant a été orthographié d'une manière inexacte dans son acte de naissance. Il faut que ce dernier acte soit rectifié conformément aux art. 99 du C. C. et 855 et suiv. du C. de procédure.

- 2. Un notaire de troisième classe peut-il passer à un notariat de première classe, bien qu'il n'y ait fait aucun stage comme clerc ?

On a constamment décidé au ministère de la justice que l'exercice comme notaire de troisième classe doit au moins équivaloir à un travail de premier clerc dans la première classe. Cela posé , tout notaire qui se trouve en fonctions depuis 3 ans dans la troisième classe peut passer immédiatement dans la première.

3. Le clerc qui n'a fait son stage que dans des études de troisième classe, ne peut-il aspirer à une place de notaire de première classe, quel que soit le nombre d'années qu'il aurait passées dans ces études ?

La jurisprudence du ministère est que , pour être admis dans la deuxième classe, il suffit de 8 années de stage dans la troisième , dont 16 mois comme premier clerc ; et que pour être admis dans la première classe, on exige seulement 9 années de stage dans la troisième classe , dont 20 mois en qualité de premier clerc.

4. Comment doit être entendue la disposition qui exige que le stage ait eu lieu sans interruption ?

Le temps passé sous les drapeaux ou aux écoles de droit , l'exercice des fonctions analogues à celles de notaires , une maladie grave et dûment constatée , ne sont pas considérés comme interruption pour les candidats qui justifient du nombre d'années de cléricature prescrit.

5. Est-il nécessaire que le stage ait continué jusqu'au moment où le candidat se présente pour être admis au notariat ?

Sans doute il serait à désirer que le temps de cléricature précédât immédiatement l'instruction qu'exige la nomination ; mais la loi ne fait pas de cette circonstance une condition impérieuse ; elle veut seulement que le stage ait été fait sans interruption, ce qui est autre chose. Cependant, lorsque les années de travail dont un aspirant justifie datent d'une époque éloignée, on s'assure de la nature de ses occupations durant cet intervalle, et quand elles ont été étrangères au notariat, ou contraires à ses usages et à la considération qui doit environner l'institution, le candidat n'est pas admis.

6. Comment se prouve le stage ?

Le stage se prouve au moyen des certificats que les candidats obtiennent des notaires chez lesquels ils ont travaillé. Ces certificats doivent énoncer ponctuellement la durée du travail, le jour de l'entrée du candidat dans l'étude, le jour de sa sortie et le rang qu'il y a successivement occupé.

Lorsque, par suite du décès du notaire, il y a impossibilité de faire attester le stage, il y est suppléé, soit par un acte de notoriété, soit par une attestation des autres notaires du canton, soit enfin par une déclaration de la chambre de discipline.

Dans quelques arrondissements, les chambres de discipline ont établi des registres destinés à constater le stage. Cette mesure est louable ; mais la loi du 25 ventôse an 11 ne faisant pas une obligation de cette inscription, on ne serait pas fondé à repousser l'aspirant qui justifierait d'un stage régulier, uniquement parce qu'il n'en aurait pas été fait mention sur ces registres.

7. En quels cas, et sous quelles conditions accorde-t-on des dispenses de stage ?

V. l'art. 42 de la loi du 25 ventôse an 11.

L'aspirant qui se croit dans le cas de l'application de cet article doit d'abord se pourvoir devant la chambre de discipline, produire toutes les pièces exigées par l'art. 35, et faire la preuve des motifs qui le rendent susceptible de la faveur qu'il sollicite.

La chambre ne peut, sous aucun prétexte, refuser de procéder à son examen, et quelles que soient les justifications produites, elle doit se borner à donner son avis, sans se constituer juge des difficultés qui pourraient s'élever, et dont la solution n'appartient qu'au gouvernement.

(Annuaires du Notariat, par M. Joye.)

TITRE III.

STATUTS ET RÉGLEMENTS

DES NOTAIRES DU RESSORT DE LA CHAMBRE SÉANTE A PARIS.

ACTES. — Les actes ne peuvent être reçus par plus de deux notaires. (20 novembre 1817.)

ACTES DE SUSCRIPTION. — Ils ne peuvent être remis aux testateurs.

ADJUDICATIONS. — Les notaires doivent refuser leur ministère pour la vente aux enchères de biens de mineurs, sans l'accomplissement des formalités prescrites par la loi. (10 octobre 1822.)

ANNEXE. — Lorsqu'il s'agit d'un inventaire fait à la suite d'une levée de scellés, la procuration et les autres pièces représentées par les parties pour justifier de leurs qualités, doivent être annexées à l'intitulé de cet inventaire plutôt qu'au procès-verbal du juge de paix, avec d'autant plus de raison que la loi ne fait pas une nécessité à ce magistrat ni à son greffier de faire l'annexe. (29 décembre 1813.)

ASPIRANTS AU NOTARIAT. — Vu l'art. 36 de la loi du 25 ventose an 11, portant en thèse générale que « pour être admis aux fonctions de notaire, il faut justifier d'un temps de six années entières et *non interrompues*. »

Vu l'art. 44 de la même loi, qui, en modifiant cette première disposition pour les aspirants au notariat de troisième classe, n'exige d'eux qu'un temps de stage de trois années.

La chambre a été d'avis :

1°. Que l'art. 44 ayant eu pour seul objet de réduire le temps de stage, mais non d'en changer la nature, les aspirants au notariat de troisième classe, comme ceux de la première, doivent justifier que leur travail n'a pas éprouvé d'*interruption*, quoique ledit art. 44 n'ait pas répété cette condition ;

2°. Que, pour satisfaire au vœu de la loi, relativement à cette même condition de *non interruption*, il ne suffit pas que l'aspirant ait travaillé de suite, dans un temps quelconque, pendant le nombre d'années prescrit ; mais qu'il faut que ce stage ait précédé immédiatement la demande, faite à la chambre, du certificat de moralité et de capacité, et qu'il ait continué, *sans interruption*, jusqu'à cette époque.

En conséquence, il ne sera délivré de certificat à aucun aspirant, soit pour la première, soit pour la troisième classe, qu'en justifiant par lui d'une *continuité* de stage dans le sens qui vient d'être établi. (19 nov. 1812.)

CLERCS. — Pour entretenir entre les notaires un respect réciproque, aucun d'eux n'admettra un clerc à son service qu'il n'ait su du dernier notaire de la maison duquel il sera sorti, s'il en aura été fidèlement servi. (13 mai 1684.)

Aucun notaire ne pourra prendre un clerc sans le consentement du notaire de l'étude duquel il sera sorti le dernier ; et, en cas de refus de donner ledit consentement, sans celui des syndics. (6 déc. 1688 et 1er juillet 1708.)

Lorsqu'un notaire viendra à décéder ou qu'il vendra son office, son maître clerc ne pourra quitter son étude pour aller demeurer chez un autre, pendant les trois mois qui seront comptés du jour de la réception du successeur, et aucun notaire ne pourra le prendre avant lesdits trois mois, si ce n'est du consentement du successeur ou des syndics. (11 oct. 1741.)

Chacun des clercs actuellement en place et se destinant à l'état de notaire sera tenu de s'inscrire sur le registre qui sera tenu à cet effet par le greffier de la compagnie, conformément à l'arrêt du 16 juillet 1779. A l'égard de ceux qui seront reçus à l'avenir chez les notaires en qualité de clercs, de ceux qui passeront d'un grade à un autre, soit dans la même étude, soit dans toute autre, et de ceux qui, sans changer de grade, changeront d'étude, ils seront tenus de s'inscrire dans les trois mois de leur entrée ou de mutation de grade ou d'étude.

Aucuns clercs ne seront admis à s'inscrire qu'en rapportant certificats de leurs temps d'étude des notaires chez lesquels ils seront actuellement résidants, et de ceux chez lesquels ils auront auparavant demeuré ; ou, en cas de retraite ou décès de ces derniers, en rapportant les certificats de leurs successeurs, si ceux-ci en ont connaissance suffisante ; sinon il y sera suppléé, suivant les circonstances, par Messieurs les doyens, délégués et syndics, sur le rapport de Monsieur le greffier.

Aucun ne pourra être admis à s'inscrire comme premier clerc chez un notaire, lorsque, dans le même temps, il se trouvera déjà un autre clerc inscrit et résidant comme premier chez le même notaire. (26 et 29 août 1779.)

Ils doivent avoir soin, après s'être inscrits, d'écrire, à la table du registre, dans l'ordre alphabétique, leurs noms de famille seulement, avec les numéros des folios où sont faites les premières inscriptions ; et lors des inscriptions pour mutations, d'ajouter aux mêmes endroits de la table, les numéros des folios de leurs nouvelles inscriptions. (Délib. du 24 ventose an 12.)

Les certificats de temps d'étude, d'assiduité, de bonne conduite, et autres qui peuvent être donnés aux externes, ainsi qu'à ceux que l'on qualifie *petits clercs*, ne peuvent leur être utiles pour s'inscrire sur lesdits registres, et les uns ni les autres ne sont admis à l'inscription que lorsqu'ils sont en grade et résidence compétents pour être inscrits. (Id.)

Aucuns clercs qui, après avoir traité une première fois et avoir obtenu acte de présentation, ou même le consentement de la compagnie, auraient résilié ou cédé leurs marchés, ne pourront être admis une seconde fois à traiter d'une autre charge ni de la même. (10 déc. 1780.)

Lorsque deux aspirants présentent le même jour au bureau de la compagnie leurs traités d'acquisition de charges de notaire, l'ancienneté est attribuée à celui qui a plus de temps de principale cléricature.

Les clercs de tous les notaires du ressort seront assujettis à se faire inscrire sur un registre qui, à cet effet, sera tenu par le secrétaire de la chambre, conformément à l'arrêt du Parlement du 16 juillet 1779.

La chambre n'admettra de demande à fin de certificat de moralité et de capacité que de la part d'aspirants travaillant actuellement en qualité de clercs dans l'étude d'un notaire, et dont le stage, à l'égard des aspirants travaillant chez les notaires du ressort, se trouvera constaté par inscription sur le registre à ce destiné.

Il ne sera statué sur les demandes de certificats que huitaine après la présentation ; et, dans l'intervalle, il sera donné avis de la demande à tous les notaires des arrondissements dans lesquels l'aspirant aura travaillé, afin d'appeler les notions qu'ils auraient à transmettre sur sa conduite et ses qualités. (17 ventose an 12.)

Les clercs qui entrent chez les notaires, ou changent d'études ou de grades, sont tenus de s'inscrire dans les trois mois de leur entrée ou de chaque mutation, les inscriptions ne devant constater que les trois mois antérieurs à leurs dates.

Les clercs qui auront droit à s'inscrire, doivent porter leurs certificats chez le secrétaire de la chambre, qui leur indique de vive voix le jour que chacun d'eux doit revenir après le rapport à la chambre, et le *visa* des syndics.

Les certificats à l'appui des inscriptions seront déposés aux archives de la chambre. (26 vendémiaire an 13.)

La chambre a recommandé aux notaires de son ressort la stricte exécution des anciens réglements portant que les minutes, expéditions, copies ou extraits de leurs actes, ne peuvent être faits que par les clercs qui travaillent dans leurs études. (10 septembre 1807.)

Suivant un procès verbal du 1er. septembre 1814, la chambre a arrêté qu'il n'y aurait jamais lieu à la gémination d'aucun grade de cléricature.

Le 5 juin 1817, il a été arrêté que le secrétaire ne peut admettre à l'inscription les stages inférieurs au grade de quatrième clerc, que quand le certificat du notaire porte expressément que le clerc, auquel s'applique ce certificat, est ou logé, ou nourri, ou rétribué par lui.

Les certificats concernant les grades inférieurs à celui de cinquième clerc, ne sont visés par les syndics que d'après l'autorisation spéciale de la chambre. (1er. avril 1819.)

Il y a interruption de stage, toutes les fois qu'un aspirant s'est livré à des occupations quelconques, étrangères au notariat ou contraires à ses usages, et, à plus forte raison, s'il a accepté des fonctions déclarées par l'art. 7 de la loi du 25 ventose an 11, incompatibles avec celles de notaire.

Les notaires sont invités à n'admettre ou à ne conserver aucun clerc qui serait dans l'un de ces cas. (4 juillet 1822.)

DÉPOT DES CONTRATS DE MARIAGE. — Un arrêté de la chambre, du 14 janvier 1808, a réglé le mode d'exécution du dépôt et de l'exposition des contrats de mariage, conformément aux articles 67 et 68 du code de commerce et à l'article 872 du code de procédure. Cet arrêté porte : « Art. 7. Les notaires conserveront pour leur décharge, les actes de remise et certificats de dépôt, sauf à eux à les joindre aux minutes des contrats de mariage, ou à prendre, pour en assurer la conservation, telles autres précautions qu'ils jugeront convenables.

« Art. 8. En se conformant à l'article 11 de la loi du 25 ventose an 11, lorsque les notaires n'auront pas une connaissance précise des noms, prénoms et demeures des parties contractantes ou de l'une d'elles, ils les feront certifier dans le contrat de mariage par deux témoins connus d'eux, ayant les mêmes qualités que celles requises pour les témoins instrumentaires.

« Toutes les fois que les notaires croiront devoir prendre cette précaution dans les contrats de mariage, ils feront certifier, en outre, par les témoins, que les contractants ne font point leur profession habituelle d'aucun des actes de commerce qui les rendent sujets aux dispositions des articles 67 et 68 du code de commerce. »

Nota. Pour qu'il y ait lieu aux peines prononcées par la loi, il faut que l'époux commerçant ait pris cette qualité dans le contrat, ou que, l'ayant dissimulée, il soit prouvé que le notaire l'a connue : en vain objecterait-on que le notaire doit connaître l'individualité des parties ou se la faire attester ; autre chose est la profession. (R. N.) Si, avant le dépôt, on vient annoncer au notaire que le mariage n'aura pas lieu, doit-il toujours faire le dépôt sous peine de l'amende ? Ne pourrait-il pas arriver, en effet, que le mariage fût renoué et célébré après le mois de la date du contrat ?... Dans le premier cas, nous pensons que le notaire doit exiger des deux parties une déclaration sur timbre que l'union projetée est dissoute : cette déclaration devra, ce nous semble, mettre le notaire à l'abri de toutes poursuites et l'exempter de l'amende. Mais si plus tard et passé le mois de la date du contrat, le mariage venait à s'effectuer, il serait raisonnable alors d'assimiler le cas à celui qu'a prévu l'article 69 du code de commerce ; ainsi, le dépôt ne deviendrait obligatoire que dans le mois du jour où le mariage aurait été célébré.

GROSSES. — Les actes dont les notaires doivent rigoureusement délivrer les copies en forme exécutoire ou grosses, sont ceux qui portent un engagement formel de payer ou livrer *des choses liquides et certaines.*

A l'égard des actes dont il ne résulte aucun engagement de cette nature, et qui ne renferment que des obligations de faire ou de ne pas faire, ou de souffrir une chose, les notaires ne peuvent en délivrer aux parties que des copies dans la forme de simples expéditions. (22 mai 1811.)

Un notaire peut délivrer la grosse en forme exécutoire d'une ordonnance de référé rendue par le président du tribunal de première instance, et consignée sur le procès-verbal reçu par ce notaire. (29 sept. 1814.)

HONORAIRES. — Lors du paiement des signatures et vacations des actes où deux notaires auront été concurremment appelés par les parties, les émoluments en sont partagés entre eux également. (Art. 15 des Régl. du 13 mai 1681.)

Nota. Cet article se terminait par ces mots : *les frais des expéditions déduits sur le total* ; mais, par délibération du 1er mars 1829, la chambre a décidé que ces mots seraient retranchés, cette disposition n'étant plus en vigueur.

Il n'est point dû de partage d'honoraires aux notaires hors de leur ressort. (25 février 1849.)

La fixation des honoraires dans les comptes, liquidations et partages judiciaires, ne peut être considérée comme définitive, et ces honoraires ne peuvent être soustraits à la taxe, toutes les fois qu'elle est requise : en conséquence les notaires ne peuvent tirer, en leur faveur, aucune induction, ni du consentement des parties dans ces actes, ni même de leur homologation. (4 juin 1818.)

INVENTAIRE. — Lorsque deux notaires auront été concurremment appelés pour faire un inventaire ou récollement, la minute en demeurera par-devers l'ancien, lequel prendra le serment des parties ; et néanmoins, si ledit inventaire ou récollement était fait en conséquence de contrat ou articles de mariage à la requête de l'un des futurs époux en la présence de l'autre, ladite minute appartiendra au notaire de la future épouse, lequel sera tenu d'y appeler son collègue qui aura reçu ou qu'il saura devoir recevoir avec lui ledit contrat de mariage. (13 mai 1681.)

Ne pourra aucun inventaire ou récollement, être fait par plus de deux notaires ; et s'il en était appelé davantage, il sera fait par celui de l'exécuteur testamentaire, s'il y en a un, et par celui du mari ou de la veuve et des héritiers, s'ils conviennent d'un seul, sinon par le plus ancien des notaires qu'ils auront appelés séparément ; et s'il n'y a point d'exécuteur testamentaire, ledit inventaire ou récollement sera fait par le notaire dudit mari ou de ladite veuve, et par celui des héritiers, sans que les notaires nommés par les créanciers s'y puissent entremettre, si ce n'était que l'inventaire fût fait à leur seule requête sans veuve ni héritiers. (13 mai 1681.)

Les inventaires des biens des notaires décédés doivent être écrits par l'un des notaires appelés pour la confection des inventaires, ou de la main du principal clerc de celui qui devra avoir la minute et non de l'une des parties. (4 sept. 1632.)

Les légataires universels envoyés en possession à défaut d'héritiers ayant droit à une réserve légale, peuvent faire l'inventaire hors la présence des héritiers légitimes, et sans les y appeler. (4 novembre 1813.)

Le subrogé tuteur ne peut nommer des officiers pour procéder à l'inventaire concurremment avec ceux des héritiers ou du conjoint survivant, sans préjudice du droit qu'il a de choisir un expert dans le cas prévu par l'art. 453 du code civil. (17 sept. 1812.)

LÉGALISATION. — Les notaires du ressort doivent s'abstenir d'énoncer dans leurs expéditions ou extraits, que les actes sont dûment légalisés; ils doivent transcrire la légalisation, ou annoncer du moins par qui elle a été faite. (25 sept. 1817.)

MINUTES. — Les minutes des contrats et actes où deux notaires sont appelés concurremment, appartiennent à l'ancien, quand même les contrats seraient dressés par le plus jeune, à l'exception toutefois des actes ci-après dénommés dont les minutes doivent appartenir, savoir : d'un contrat de vente, au notaire de l'acquéreur; d'une constitution de rente ou obligation, au notaire du prêteur; d'un transport, au notaire du cessionnaire; d'un bail à rente ou à titre d'emphytéose, au notaire de l'acquéreur; d'un échange avec soulte, au notaire de l'échangiste qui paie ou doit la soulte; d'un contrat de mariage, au notaire de la future épouse; d'un inventaire ou transport en conséquence de contrat ou articles de mariage, idem; d'une quittance, au notaire de la partie qui fait le paiement; d'un bail à ferme ou à loyer, au notaire du bailleur. (13 mai 1681, art. 13.)

D'un bail fait par plusieurs propriétaires, au notaire le plus ancien de ceux qui ont été nommés par les propriétaires. (23 sept. 1696.)

Des baux à vie, aux notaires des preneurs et acquéreurs.

Des délaissements pour dots, aux notaires des épouses. (28 oct. 1725.)

D'un compte de tutelle, d'exécution testamentaire et de bénéfice d'inventaire, au plus ancien des notaires appelés à y concourir. (28 août 1823)

Du contrat de vente d'un bien dont l'usufruit est acquis par une personne et la nue propriété par une autre, au notaire de l'usufruitier. (16 nov. 1815.)

D'une obligation souscrite pour l'usufruit au profit d'un individu, et pour la nue-propriété au profit d'un autre, au notaire de l'usufruitier. (24 septembre 1812)

D'un transport de bail ou sous-bail, au plus ancien des deux notaires appelés à y concourir. (20 mai 1824.)

Lorsqu'un mari et une femme, séparés de biens, nomment chacun son notaire pour la confection d'un inventaire à l'occasion d'une succession échue à la femme, la minute doit rester au plus ancien. (17 oct. 1771.)

Une veuve non commune, quoique donataire particulière, n'a pas le droit de nommer un notaire pour l'inventaire, après le décès de son mari ; et quoiqu'il n'y ait qu'un seul notaire nommé par les héritiers, celui nommé par la veuve ne peut être admis qu'en assistant à ses frais, et, en ce cas, la minute appartient toujours au notaire des héritiers quoique plus jeune que celui nommé par la veuve. (13 janv. 1780.)

Dans tous les cas, le notaire de l'exécuteur testamentaire, quoique le plus jeune en réception, a la préférence pour la confection d'un inventaire, sur le plus jeune des notaires choisis par les héritiers, quoique celui-ci soit son ancien ; et la minute de l'inventaire doit, sans aucune exception, rester au plus ancien des notaires qui ont droit d'y concourir. (4 février 1807.)

Le notaire commis pour un inventaire n'en conserve la minute que quand il est le plus ancien. (24 sept. 1818.)

La minute d'un acte doit être prise par le notaire auquel les réglements l'attribuent, quoique l'acte soit rédigé en forme de procès-verbal et par suite de sommations données pour comparaître dans l'étude de l'autre notaire co-opérant à ce même acte. (2 avril 1807.)

Une délibération du 10 décembre 1775 est ainsi conçue :

« Il ne pourra y avoir du même acte plusieurs minutes; l'usage de doubles minutes qui s'est introduit depuis plusieurs années, sera regardé comme une contravention formelle à l'art. 17 de nos réglements. » (Arrêt du parlement conforme à cette délibération, en date du 12 mars 1783.)

PROCURATION. — Les notaires doivent s'abstenir de faire des extraits de procurations, sans en énoncer les termes, en exprimant seulement qu'elles sont spéciales. (25 sept. 1817.)

QUITTANCE. — Le notaire de celui qui reçoit un paiement exclut le notaire de celui qui a prêté les deniers pour faire ce paiement. (23 janv. 1695.)

Procès-verbal du 1er. septembre 1814.

Art. 1er. Une quittance ne pouvant être signée que par deux notaires, les seuls notaires qui signent cette quittance ont droit aux honoraires.

2. Lorsque dans une quittance du prix d'un immeuble, le vendeur aura fait indication de paiement ou délégation de la somme comprise dans la quittance, ou lorsque cette somme sera le montant d'une créance inscrite, utilement colloquée dans un ordre, le notaire du vendeur est exclu par celui des créanciers.

3. Lorsqu'il n'y aura ni indication, ni délégation, ni collocation, le notaire du vendeur exclura le notaire des créanciers.

REMPLACEMENT MILITAIRE. — Procès-verbal du 10 avril 1823.

Art. 1er. Il est interdit aux notaires de s'immiscer, directement ni indirectement, dans l'entreprise ou l'administration de toute bourse commune ou souscription relative au recrutement ou au remplacement, quand bien même il s'agirait d'un établissement autorisé.

2. Aucun notaire ne doit permettre que son nom soit indiqué dans les affiches ou annonces relatives à ces entreprises, si les statuts et conditions de la bourse commune ou souscription n'ont été préalablement établis par acte notarié, ou déposés pour minute à un notaire, et si les noms et demeures des fondateurs, directeurs ou administrateurs, ne se trouvent également indiqués dans ces affiches ou annonces.

3. Aucun notaire ne doit également consentir à se rendre dépositaire

séquestre des versements ou souscriptions, à moins que les statuts notariés ou déposés pour minute ne spécifient sur quels mandats il devra effectuer les paiements, et par quel moyen sa décharge pourra s'opérer.

Procès-verbal du 9 octobre 1823.

Les notaires, à moins qu'il ne leur soit justifié de l'autorisation requise, ne doivent recevoir aucun acte par lequel une société, agence ou compagnie, et même un simple individu, s'obligerait, de quelque manière et sous quelque forme que ce fût, à faire remplacer un ou plusieurs jeunes gens appelés au service militaire.

Au surplus, cette justification n'est point nécessaire à l'égard d'un acte par lequel un individu contracterait l'engagement d'en remplacer personnellement un autre.

RÉSIDENCE. — Les notaires doivent énoncer dans leurs actes, immédiatement après leurs noms, le lieu de leur résidence, en indiquant ensuite, de la part des notaires hors Paris, le nom de leur canton et celui du département (17 juin 1813.)

SIGNATURES EN PREMIER. — Les notaires doivent s'interdire de demander à leurs confrères de signer, de confiance, des actes en premier, et ils ne peuvent déférer eux-mêmes à de semblables demandes, sous quelque prétexte que ce puisse être. (14 juillet 1825.)

SIGNATURES EN SECOND. — Les notaires seront obligés de signer l'un pour l'autre les actes et contrats non contraires aux ordonnances et bonnes mœurs, dont ils seront requis, sans pouvoir le refuser. (13 mai 1681.)

TESTAMENT. — Suivant un procès-verbal de la chambre, du 8 germinal an 12, le notaire qui avait reçu un testament devait en remettre la minute au testateur qui la réclamait, sur une décharge sous seing-privé ou notariée.

Mais un avis du conseil d'état du 7 avril 1821, approuvé par le Garde des Sceaux le 9 septembre 1822, porte :

« Qu'un notaire ne peut remettre au testateur l'original du testament authentique par lui reçu, et que cet acte ne peut être révoqué, en tout ou en partie, que suivant les formes prescrites par l'art. 1035 du code civil. »

Lorsqu'un testament olographe porte une institution à titre universel, et lorsque le président du tribunal veut bien ne pas user de la faculté de désigner d'office le notaire dépositaire, le dépôt de ce testament doit être confié au notaire de la succession; ou au plus ancien des notaires de la succession, préférablement à celui du légataire à titre universel. (6 mai 1812.)

TRAITS DE PLUME. La chambre a arrêté, comme mesure d'exécution de l'art. 13 de la loi du 25 ventose an 11, qu'il sera recommandé aux notaires du ressort, de tirer des traits de plume enfin de chaque alinéa tant des minutes que des expéditions et extraits de leurs actes. (28 pluviose an 12.)

L'existence des barres horizontales tracées par le notaire, prouve qu'il y a eu des blancs, et par conséquent contravention à l'art. 13 de la loi du 25 ventose. Pour concilier l'esprit de la loi avec les facilités qu'on doit accorder aux notaires, ils doivent faire approuver par les parties, avant l'enregistrement des actes, les barres tracées pour remplir les blancs laissés dans les actes. (Déc. du G. des Sc., du 8 juillet 1823.)

C'est au moment même de la signature de l'acte que le notaire instrumentaire doit faire approuver par les parties, les barres tirées pour remplir les blancs laissés dans les actes et non remplis par l'écriture. (Autre déc. du 7 sept. 1825.)

VENTES VOLONTAIRES. — Un procès-verbal du 26 juin 1823 porte : Art. 1er. Les procès verbaux contenant l'établissement de l'enchère et du cahier des charges, pour parvenir aux ventes volontaires d'immeubles, en la chambre des notaires de Paris, doivent être rédigés et signés des parties ainsi que des notaires, dès le moment où la vente est annoncée par les placards et insertions dans les journaux d'affiches, ou au plus tard quinzaine franche avant le jour fixé pour l'adjudication définitive. — Art. 2. La mise à prix doit être indiquée dans toutes les affiches et annonces.

N. B. Nous n'avons rapporté ici que les réglements qui nous ont paru les plus intéressants : dans une prochaine édition, si l'on nous en témoigne le désir, nous les insérerons en entier.

TITRE IV.

DU TIMBRE, DE L'ENREGISTREMENT ET DES DROITS D'HYPOTHÈQUE.

—

CHAPITRE PREMIER.

DU TIMBRE.

Loi du 13 brumaire an 7.

§ 1er. De l'établissement et de la fixation des droits.

Art. 1er. La contribution du timbre est établie sur tous les papiers destinés aux articles civils et judiciaires, et aux écritures qui peuvent être produites en justice et y faire foi.

Nota. Le timbre est l'empreinte que le gouvernement fait mettre sur le papier destiné à certains actes.

2. Cette contribution est de deux sortes : la première est le droit de timbre imposé et tarifé en raison de la dimension du papier dont il est fait usage ; la seconde est le droit du timbre créé pour les effets négociables ou de commerce, et gradué en raison des sommes à y exprimer, sans égard à la dimension du papier.

Par l'art. 62 de la loi du 28 avril 1816, le droit du timbre pour les actes a été fixé, savoir : la demi-feuille de petit papier à 35 centimes; la feuille idem, à 70 centimes ; la feuille de moyen papier à 1 fr. 25; la feuille de grand papier à 1 fr. 50, et la feuille de dimension supérieure à 2 fr.

Suivant l'art. 64, les droits du timbre proportionnel sur les effets de commerce étaient de 70 centimes par 1000 francs inclusivement et sans fraction, à quelque somme que puissent monter les effets.

Mais d'après l'art. 8 de la loi du 16 juin 1824, le droit du timbre proportionnel, pour les effets, billets et obligations d'une somme de 500 fr. et au-dessous, n'était que de 35 centimes.

La loi de finances, du 24 mai 1834, porte :

Art. 18. « A compter du 1er janvier 1835, le droit proportionnel du timbre sur les lettres de change et billets à ordre, sur les billets et obligations non négociables, sera réduit ainsi qu'il suit :

— A 25 centimes au lieu de 35, pour ceux de 500 fr. et au-dessous ; — à 50 centimes au lieu de 70 pour ceux au-dessus de 500 fr. jusqu'à 1,000 fr. ; — à 50 centimes par 1,000 fr. au lieu de 70 centimes pour ceux au-dessus de 1,000 fr.

Le décime pour franc ne sera point ajouté aux droits ainsi réduits. »

La loi portant fixation du budget de 1838, en date du 20 juillet 1837, porte :

Art. 16. « A compter du 1er janvier 1838, le droit proportionnel du « timbre sur les lettres de change et billets à ordre, sur les billets et « obligations non négociables d'une somme de 300 fr. et au dessous, sera « réduit à 15 centimes au lieu de 25 centimes.

« Les amendes dues en cas de contravention seront perçues confor- « mément aux art. 19, 20 et 21 de la loi du 24 mai 1834.»

§ 2. De l'application des droits.

12. Sont assujettis aux droits de timbre établi en raison de la dimension, tous les papiers à employer pour les actes et écritures, soit publics, soit privés, savoir : les actes des notaires, et les extraits, copies et expéditions qui en sont délivrés;

Ceux des huissiers, etc.

Les pétitions et mémoires, les actes entre particuliers sous signatures privées, etc.

Les registres des notaires, leurs répertoires, etc.

13. Tout acte fait et passé en pays étranger, ou dans les îles et colonies françaises, où le timbre n'aurait pas encore été établi, doit être soumis au timbre avant qu'il puisse en être fait usage en France, soit dans un acte public, soit dans une déclaration quelconque, soit devant une autorité judiciaire ou administrative.

14. Sont assujettis au droit de timbre en raison des sommes et valeurs, les billets à ordre ou au porteur, les rescriptions, mandats, mandements, ordonnances et tous autres effets négociables ou de commerce, même les lettres de change tirées par deuxième, troisième et *duplicata*, et ceux faits en France et payables chez l'étranger.

Un avis du conseil d'état du 1er avril 1808, comprend dans cet article les reconnaissances des dépôts faits entre les mains des particuliers.

15. Les effets négociables venant de l'étranger, ou des îles et colonies françaises, où le timbre n'aurait pas encore été établi, sont, avant qu'ils puissent être négociés, acceptés ou acquittés en France, soumis au timbre ou au *visa pour timbre*.

16. Sont exceptées du droit et de la formalité du timbre, toutes quittances, même celles entre particuliers, pour créances ou sommes non excédant 10 francs, quand il ne s'agit pas d'un à-compte ou d'une quittance finale sur une plus forte somme.

§ 3. Des obligations des notaires , etc.

17. Les notaires, huissiers, etc., ne peuvent employer pour les actes qu'ils rédigent, d'autre papier que celui qui porte le timbre ordinaire et qui est débité par la régie.

18. Les notaires peuvent faire timbrer, à l'extraordinaire, du parchemin, lorsqu'ils seront dans le cas d'en employer.

19. Ils ne peuvent employer, pour les expéditions qu'ils délivrent des actes retenus en minute, et de ceux déposés ou annexés, de papier timbré d'un format inférieur à celui appelé *moyen papier* (et dont le prix est fixé à 1 fr. 25 cent.)Ce prix est aussi celui du timbre du parchemin que l'on voudra employer pour expédition, sans égard à la dimension, si toutefois elle est au-dessous de celle de ce papier.

Cette disposition a été répétée par l'art. 63 de la loi du 28 avril 1816.

20. Les papiers employés à des expéditions ne peuvent contenir, compensation faite d'une feuille à l'autre, plus de 25 lignes par page de moyen papier.

Les tableaux et comptes en chiffres ne doivent pas non plus excéder 25 lignes. J. E.

21. L'empreinte du timbre ne pourra être couverte d'écriture ni altérée.

V. ci-devant page 6.

22. Le papier timbré qui a été employé à un acte quelconque, ne peut plus servir pour un autre acte, quand même le premier n'aurait pas été achevé.

23. Il ne peut être fait ni expédié deux actes à la suite l'un de l'autre sur la même feuille de papier timbré.

Sont exceptés les ratifications des actes passés en l'absence des parties, les quittances des prix de ventes et celles de remboursement de contrats de constitution ou obligation, les inventaires, procès-verbaux et autres actes qui ne peuvent être consommés dans un même jour et dans la même vacation, etc.

Il peut aussi être donné plusieurs quittances sur une même feuille de papier timbré, pour à-compte d'une seule et même créance, ou d'un seul terme de fermage ou loyer.

Toutes autres quittances données sur une même feuille de papier timbré, n'ont pas plus d'effet que si elles étaient sur papier non timbré.

Les exceptions mentionnées en cet article ont été appliquées aux acceptations de transports de créances, déclarations de command, dépôts de ratification, retraits de réméré, révocations de procuration et de testaments. D. E.

Les rédacteurs du Dictionnaire du Notariat sont d'avis que les actes qui peuvent être écrits à la suite des précédents, peuvent aussi être mis en marge.

Ces dispositions ont évidemment été déterminées par l'utilité de la réunion de ces différents actes : en conséquence, elles doivent avoir leur effet nonobstant les changements de timbre, et il suffit que la formalité ait été remplie, n'importe à quelle époque, même avant 1791, pour autoriser, dans les cas d'exception prévus par la loi, la rédaction d'un nouvel acte à la suite de celui écrit sur du papier frappé d'un timbre devenu hors d'usage. (D, E. 4 brum. au 11.)

Les procurations et autres pièces annexées peuvent être expédiées à la suite de l'expédition de l'acte, c'est-à-dire sur la même feuille de papier timbré : il en est de même dans le cas où les procurations sont seulement rappelées dans les actes faits en conséquence, lorsque ces procurations ont été précédemment annexées à un acte de la même étude. (D. E. 11 oct. 1808 et 17 nov. 1819.)

Une quittance sous seing privé ne peut être mise à la suite de l'obligation notariée. (Sol. de l'admin. 10 fév. 1819.)

24. Il est fait défenses aux notaires d'agir sur un acte, registre ou effet de commerce non écrit sur papier timbré du timbre prescrit ou non visé pour timbre.

Mais ils le peuvent en vertu des actes exempts de la formalité du timbre, tels que les lois et actes du gouvernement, les inscriptions sur le grand-livre, les effets publics.

25. Aucun juge ou officier public ne peut coter et parafer un registre assujetti au timbre, si les feuilles n'en sont timbrées.

L'art. 943 du code de procédure paraît avoir abrogé cette disposition, quant aux inventaires, puisqu'il enjoint aux notaires de coter et parafer les livres et registres de commerce, s'il y en a. Cependant l'art. 74 de la loi du 28 avril 1816, porte qu'aucun livre assujetti au timbre par les lois, ne peut être énoncé *dans aucun acte*, s'il n'est timbré ou si l'amende n'a été acquittée.

26. Il est prononcé, par la présente, une amende, savoir : 1o. de 15 fr. pour contravention, par les particuliers, aux dispositions de l'article 21 ci-dessus; 2o. de 25 fr., pour

contravention aux articles 20 et 21, par les officiers publics ; 3º. de 30 fr., pour chaque acte ou écrit sous signature privée, fait sur papier non timbré, ou en contravention aux articles 22 et 23 ; 4º. de 50 fr., pour contravention à l'art. 19, de la part des officiers publics, etc. ; 5º. de 100 fr. pour chaque acte public ou expédition écrite sur papier non timbré, et pour contravention aux articles 17, 18, 22, 23 et 24, par les officiers publics ; 6º. et du 20ᵉ de la somme exprimée dans un effet négociable, s'il est écrit sur papier non timbré, ou sur un papier timbré d'un timbre inférieur à celui qui aurait dû être employé aux termes de la présente, et pour contravention aux art. 22 et 23.

L'amende est de 30 fr., dans les mêmes cas, pour les effets au-dessous de 600 fr.

Les contrevenants paient en outre les droits de timbre.

Remarques.

Par l'art. 10 de la loi du 16 juin 1824, les amendes fixes prononcées par les lois sur le timbre, ont été réduites, savoir : celles de 100 fr. à 20; celles de 50 à 10 ; et toutes celles au-dessous de 50, à 5.

Par l'art. 12, l'amende fixe de 30 fr. prononcée par l'art. 26 de la loi sur le timbre, a été réduite au 20ᵉ du montant des effets, sans qu'elle puisse néanmoins, dans aucun cas, être inférieure à 5 fr (1)

Lorsqu'un effet, un billet ou une obligation a été écrite sur du papier timbré inférieur à celui qui aurait dû être employé, l'amende du 20ᵉ n'est perçue que sur le montant de la somme excédant celle qui aurait pu être exprimée sans contravention dans le papier employé ; mais sans qu'elle puisse, dans aucun cas, être inférieure à 5 fr.

Les effets, billets et obligations, écrits sur papier portant le timbre de dimension, ne sont assujettis à aucune amende, si ce n'est dans le cas d'insuffisance du prix du timbre, et dans la proportion ci-dessus fixée.

Sauf cette disposition, toutes conventions quelconques portant reconnaissance de sommes dues, doivent être écrites sur papier du timbre proportionnel, à moins qu'elles n'aient été faites *doubles*, et qu'elles ne contiennent des marchés, transmissions, ventes, cessions et autres actes synallagmatiques, qui continuent de n'être sujets qu'au timbre de dimension. (Sol. de l'admin. de l'enr. 29 messidor an 7.)

On ne peut exiger l'amende de 30 francs pour défaut de timbre d'un pouvoir ou mandat, en forme de lettre missive, qu'un notaire présente à la formalité avant d'en faire usage. D. F. 25 oct. 1808.)

Les amendes encourues pour contraventions aux lois sur le timbre se prescrivent par deux ans, à compter du jour où les préposés de l'enregistrement ont été à portée de connaître les contraventions. (D. F. 5 sept. 1848.)

La loi du 21 avril 1832 contient les dispositions suivantes :

(1) L'amende qui était fixée au vingtième (5 pour 100) du montant des sommes exprimées, est portée à 6 pour 100 du montant des mêmes sommes. (Loi du 24 mai 1834.)

Art. 28. Ne sont point assujetties au droit de timbre, les réclamations en décharge ou réduction de cotisations, soit en contribution personnelle et mobilière, soit en portes et fenêtres, ayant pour objet une cote moindre de 30 francs.

CHAPITRE II.

DE L'ENREGISTREMENT.

L'enregistrement est une formalité établie pour assurer l'existence et la date des actes, en remplacement du contrôle supprimé en 1790.

LOI DU 22 FRIMAIRE AN 7.

§ 1ᵉʳ. Des Droits et de leur application.

2. Les droits d'enregistrement sont *fixes* ou *proportionnels*, suivant la nature des actes et mutations qui y sont assujettis.

3. Le droit fixe s'applique aux actes, soit civils, soit judiciaires ou extrajudiciaires, qui ne contiennent, ni obligation, ni libération, ni condamnation, collocation ou liquidation de sommes et valeurs, ni transmission de propriété, d'usufruit ou de jouissance de biens meubles ou immeubles.

Il est perçu aux taux réglés par l'art. 68.

4. Le droit proportionnel est établi pour les obligations, libérations, condamnations, collocations ou liquidations des sommes et valeurs, et pour toute transmission de propriété, d'usufruit ou de jouissance de biens meubles ou immeubles, soit entre-vifs, soit par décès.

Ces quotités sont fixées par l'article 69.

Le droit est assis sur les valeurs.

5. Il n'y a point de fractions de centime dans la liquidation du droit proportionnel. Lorsqu'une fraction de somme ne produit pas un centime de droit, le centime est perçu au profit de l'état.

7. Les actes civils sont enregistrés sur les minutes, brevets ou originaux.

8. Il n'est dû aucun droit pour les extraits, copies ou expéditions d'actes qui doivent être enregistrés sur les minutes ou originaux.

9. Lorsqu'un acte translatif de propriété ou d'usufruit comprend des meubles et immeubles, le droit d'enregistrement est perçu sur la totalité du prix, aux taux réglés pour les immeubles, à moins qu'il ne soit stipulé un prix

particulier pour les objets mobiliers, et qu'ils ne soient désignés et estimés, article par article, dans le contrat.

Ou à moins qu'on ne s'y réfère à un inventaire régulier. D. E.

10. Dans le cas de transmission de biens, la quittance donnée ou l'obligation consentie par le même acte, pour tout ou partie du prix entre les contractants, ne peut être sujette à un droit particulier d'enregistrement.

11. Mais lorsque, dans un acte quelconque, il y a plusieurs dispositions indépendantes ou ne dérivant pas nécessairement les unes des autres, il est dû pour chacune d'elles, et selon son espèce, un droit particulier.

§ 2. Des Valeurs sur lesquelles le droit proportionnel est assis, et de l'Expertise.

14 et 15. La valeur de la propriété, de l'usufruit et de la jouissance des biens meubles et immeubles, est déterminée pour la liquidation et le paiement du droit proportionnel, ainsi qu'il suit, etc.

Ces dispositions seront rapportées à la fin de chacun des titres d'actes et de contrats composant la seconde partie de cet ouvrage.

16. Si les sommes et valeurs ne sont pas déterminées dans un acte donnant lieu au droit proportionnel, les parties sont tenues d'y suppléer, avant l'enregistrement, par une déclaration estimative, certifiée et signée au pied de l'acte.

17. Si le prix énoncé dans un acte translatif de propriété ou d'usufruit de biens immeubles, à titre onéreux, paraît inférieur à leur valeur vénale, à l'époque de l'aliénation, par comparaison avec les fonds voisins de même nature, la régie peut requérir une expertise, pourvu qu'elle en fasse la demande dans l'année, à compter du jour de l'enregistrement du contrat.

§ 3. Des Délais pour l'enregistrement des actes et déclarations.

20. Les délais pour faire enregistrer les actes publics sont, savoir : de dix jours, pour les actes des notaires qui résident dans la commune où le bureau d'enregistrement est établi; et de quinze jours, pour ceux des notaires qui n'y résident pas.

21. Les testaments déposés chez les notaires, ou par eux reçus, doivent être enregistrés dans les trois mois du décès des testateurs, à la diligence des héritiers, légataires ou exécuteurs testamentaires.

22. Les actes sous seings privés portant transmission de propriété ou d'usufruit de biens immeubles, et les baux à

ferme ou à loyer, sous-baux, cession et subrogation de baux, et les engagements, aussi sous signature privée, de biens de même nature, doivent être enregistrés dans les trois mois de leur date.

24. A l'égard de l'enregistrement des déclarations que les héritiers, donataires ou légataires, ont à passer des biens à eux échus ou transmis par décès, les délais sont de six mois à compter du jour du décès, lorsque celui dont on recueille la succession est mort en France;

De huit mois, s'il est décédé dans toute autre partie de l'Europe;

D'une année, s'il est mort en Amérique;

Et de deux années, s'il est mort en Afrique ou en Asie.

25. Dans les délais fixés pour l'enregistrement des actes et des déclarations, le jour de la date de l'acte, ou celui de l'ouverture de la succession, n'est point compté. Si le dernier jour du délai se trouve être un dimanche ou jour de fête, ces jours-là ne sont point comptés non plus.

Lorsqu'un acte notarié a été reçu à plusieurs dates, c'est sous la dernière qu'il doit être inscrit au répertoire, comme c'est aussi celle-là qui règle le délai de l'enregistrement. (Décis. du directeur-général de la régie, du 29 mars 1834.)

§ 4. Des Bureaux où les actes et mutations doivent être enregistrés.

26. Les notaires ne peuvent faire enregistrer leurs actes qu'aux bureaux dans l'arrondissement desquels ils résident.

Les actes sous seings privés, et ceux passés en pays étrangers, peuvent être enregistrés dans tous les bureaux indistinctement.

27. Les mutations de propriété ou d'usufruit par décès sont enregistrés au bureau de la situation des biens. Les héritiers, donataires ou légataires, leurs tuteurs ou curateurs, sont tenus d'en passer déclaration détaillée et de la signer sur le registre.

S'il s'agit d'une mutation, au même titre, de biens meubles, la déclaration en est faite au bureau dans l'arrondissement duquel ils se sont trouvés au décès de l'auteur de la succession.

Les rentes et les autres biens meubles, sans assiette déterminée lors du décès, sont déclarés au bureau du domicile du décédé.

Les héritiers, donataires ou légataires, rapportent, à l'appui de leurs déclarations de biens meubles, un inventaire ou état estimatif, article par article, par eux certifié, s'il n'a pas été fait par un officier public; cet inventaire est déposé et annexé à la déclaration, qui est reçue et signée sur le registre du receveur de l'enregistrement.

§ 5. Du Paiement des droits, et de ceux qui doivent les acquitter.

28. Les droits des actes et des mutations par décès doivent être payés avant l'enregistrement. Nul ne peut en atténuer ni différer le paiement, sous le prétexte de contestation sur la quotité, ni pour quelque autre motif que ce soit, sauf à se pourvoir en restitution, s'il y a lieu.

29. Les droits des actes à enregistrer sont acquittés, savoir: par les notaires, pour les actes passés devant eux; par les parties, pour les actes sous seings privés, etc.; et par les héritiers, légataires et donataires, leurs tuteurs et curateurs, et les exécuteurs testamentaires, pour les testaments et autres actes de libéralités à cause de mort.

30. Les officiers publics qui auraient fait, pour les parties, l'avance des droits d'enregistrement, peuvent prendre exécutoire du juge de paix de leur canton, pour leur remboursement.

31. Les droits des actes civils emportant obligation, libération, translation de propriété ou d'usufruit de meubles et immeubles, sont supportés par les débiteurs et nouveaux possesseurs; et ceux de tous les autres actes le sont par les parties auxquelles les actes profitent, lorsque, dans ces divers cas, il n'a pas été stipulé de dispositions contraires dans les actes.

32. Les droits des déclarations des mutations par décès sont payés par les héritiers, donataires ou légataires. Les co-héritiers sont solidaires. La régie a action sur les revenus des biens à déclarer, en quelques mains qu'ils se trouvent, pour le paiement des droits dont il faudrait poursuivre le recouvrement.

§ 6. Des Peines pour défaut d'enregistrement des actes et déclarations dans les délais.

33. Les notaires qui n'ont pas fait enregistrer leurs actes dans les délais prescrits, sont tenus de payer personnellement, à titre d'amende et pour chaque contravention, une somme de 50 fr., s'il s'agit d'un acte sujet au droit fixe, ou une somme égale au montant du droit, s'il s'agit d'un acte sujet au droit proportionnel, sans que, dans ce dernier cas, la peine puisse être au-dessous de 50 francs.

Ils sont tenus, en outre, du paiement des droits, sauf

leur recours contre les parties pour ces droits seulement.

L'amende réduite à 20 francs par la loi du 16 juin 1824.

38. Les actes sous seings privés non enregistrés dans les délais déterminés, sont soumis au double droit d'enregistrement. Il en est de même pour les testaments.

39. Les héritiers, donataires ou légataires qui n'auront pas fait, dans les délais prescrits, les déclarations des biens à eux transmis par décès, paieront à titre d'amende, un demi-droit en sus du droit qui sera dû pour la mutation.

La peine pour les omissions qui seront reconnues avoir été faites dans les déclarations, sera d'un droit en sus de celui qui se trouvera dû pour les objets omis ; il en sera de même pour les insuffisances constatées dans les estimations des biens déclarés.

Si l'insuffisance est établie par un rapport d'expert, les contrevenants paieront en outre les frais de l'expertise.

Les tuteurs et curateurs supporteront personnellement les peines ci-dessus, lorsqu'ils auront négligé de passer les déclarations dans les délais, ou qu'ils auront fait des omissions, ou des estimations insuffisantes.

40. Toute contre-lettre faite sous signature privée, qui aurait pour objet une augmentation du prix stipulé dans un acte public, ou dans un acte sous signature privée précédemment enregistré, est déclarée nulle et de nul effet. Néanmoins, lorsque l'existence en est constatée, il y a lieu d'exiger, à titre d'amende, une somme triple du droit qui aurait eu lieu, sur les sommes et valeurs ainsi stipulées.

Voyez au titre CONTRE-LETTRE dans la seconde partie ci après.

§ 7. Des Obligations des notaires, huissiers, etc.

41. Les notaires ne peuvent délivrer en brevet, copie ou expédition, aucun acte soumis à l'enregistrement sur la minute ou l'original, ni faire aucun acte en conséquence, avant qu'il ait été enregistré, quand même le délai pour l'enregistrement ne serait pas encore expiré, à peine de 50 fr. d'amende, outre le paiement du droit.

42. Aucun notaire ne peut faire ou rédiger un acte en vertu d'un acte sous seing privé ou passé en pays étranger, l'annexer à ses minutes, ni le recevoir en dépôt, ni en délivrer extrait, copie ou expédition, s'il n'a été préalablement enregistré, à peine de 50 fr. d'amende, et de répondre personnellement du droit.

L'amende est réduite à 10 fr.

42. Il est également défendu, sous la même peine de 50 fr. (maintenant 10) d'amende, à tout notaire, de recevoir aucun acte en dépôt, sans dresser acte du dépôt. Sont exceptés les testaments déposés chez les notaires par les testateurs.

On peut comprendre dans un acte de liquidation, comme dans un inventaire ou un partage, des titres de créances, avant qu'ils aient été enregistrés.

A l'égard des actes que le même officier aurait reçus, et dont le délai d'enregistrement ne serait pas encore expiré, il peut en énoncer la date, avec la mention que l'acte sera présenté à l'enregistrement en même temps que celui qui contient ladite mention; mais dans aucun cas, l'enregistrement du second acte ne peut être requis avant celui du premier, sous les peines de droit. (Art. 56 de la loi du 28 avril 1846.)

Et, par dérogation à l'art. 42 de la loi de frimaire, les notaires peuvent, suivant la loi du 16 juin 1824, art. 13, faire des actes en vertu et par suite d'actes sous seings privés non enregistrés, et les énoncer dans leurs actes; mais sous la condition que chacun de ces actes sous seings privés demeurera annexé à celui dans lequel il se trouvera mentionné, qu'il sera soumis avant lui à la formalité de l'enregistrement, et que les notaires seront personnellement responsables, non seulement des droits d'enregistrement et du timbre, mais encore des amendes auxquelles les actes sous seings privés se trouveraient assujettis.

44. Il doit être fait mention, dans toutes les expéditions des actes publics civils, de la quittance des droits, par une transcription littérale et entière de cette quittance.

Pareille mention doit être faite dans les minutes des actes publics qui se font en vertu d'actes sous signature privée ou passés en pays étrangers, et qui sont soumis à l'enregistrement. Chaque contravention est punie par une amende de 10 fr.

46. Dans le cas de fausse mention d'enregistrement, soit dans une minute, soit dans une expédition, le délinquant est poursuivi par la partie publique (le procureur du roi), et condamné aux peines prononcées pour le faux.

49. Les notaires doivent tenir des répertoires à colonnes sur lesquelles ils inscrivent jour par jour, sans blanc ni interligne, et par ordre de numéros, tous les actes et contrats qu'ils reçoivent, même ceux qui sont passés en brevet, à peine de 10 fr. (5 fr.) pour chaque omission.

50. Chaque article du répertoire doit contenir; 1°. son numéro; 2°. la date de l'acte; 3°. sa nature; 4°. les noms et prénoms des parties et leur domicile; 5°. l'indication des biens, leur situation et le prix, lorsqu'il s'agit d'actes qui ont pour objet la propriété, l'usufruit ou la jouissance des biens fonds; 6°. la relation de l'enregistrement.

51. Les notaires sont tenus de présenter tous les trois

mois, leurs répertoires aux receveurs de l'enregistrement de leur résidence, qui les visent et énoncent dans leur visa le nombre des actes inscrits. Cette présentation doit avoir lieu, chaque année, dans les dix premiers jours de chacun des mois de janvier, avril, juillet et octobre, à peine de 10 fr. d'amende, quel que soit le retard.

Cet article est ici combiné avec l'art. 10 de la loi du 16 juin 1824.

52. Les notaires sont tenus, en outre, de communiquer leurs répertoires à toute réquisition, aux préposés de l'enregistrement qui se présentent chez eux pour les vérifier, à peine d'une amende de 50 fr. en cas de refus.

L'amende est réduite à 10 fr.

56. Les receveurs de l'enregistrement ne peuvent, sous aucun prétexte, différer l'enregistrement des actes et mutations dont les droits leur sont payés.

57. La quittance de l'enregistrement doit être mise sur l'acte enregistré.

§ 8. Des Droits acquis et des Prescriptions.

61. Il y a prescription pour la demande des droits, savoir :

1°. Après deux années, à compter du jour de l'enregistrement, s'il s'agit d'un droit non perçu sur une disposition particulière dans un acte, ou d'un supplément de perception insuffisamment faite, ou d'une fausse évaluation dans une déclaration, et pour la constater par voie d'expertise.

Les parties seront également non recevables, après le même délai, pour toute demande en restitution de droits perçus.

2°. Après trois années, aussi à compter du jour de l'enregistrement, s'il s'agit d'une omission de biens dans une déclaration faite après décès ;

3°. Après cinq années, à compter du jour du décès, pour les successions non déclarées.

§ 9. Actes à enregistrer gratis ou exempts de la formalité.

70. Sont enregistrés *gratis* les échanges et acquisitions faits par l'Etat, les partages de biens entre lui et des particuliers, et tous actes faits à ce sujet.

Sont exempts de la formalité de l'enregistrement : les actes du gouvernement ; les inscriptions sur le grand-livre ; leurs transferts et mutations ; les quittances de contributions ; les actes de naissances, sépultures et mariages, reçus par les officiers de l'état civil, et les extraits qui en sont délivrés; les lettres de change, les endossements et acquits; les actes passés en forme authentique avant l'établissement de l'enregistrement, etc.

Les actes de l'état civil, même ceux passés en pays étrangers, peuvent être relatés dans les actes publics, sans avoir été préalablement enregistrés; seulement la traduction de ces derniers est assujettie à l'enregistrement préalable. (Délib. 18 avril 1818, et Sol. 16 déc. 1825.)

Remarques.

Il sera fait mention des droits d'enregistrement établis par les art. 68 et 69 de la loi du 22 frimaire et par les lois nouvelles, à la fin de chacun des titres d'actes et de contrats qui forment la seconde partie de cet ouvrage.

Quant aux droits de mutation qui s'effectuent par décès, soit par succession, soit par testament ou autres actes de libéralité à cause de mort, de propriété ou d'usufruit de biens meubles et immeubles, ils sont perçus comme il suit :

—En ligne directe, à raison de 25 centimes sur le mobilier, et d'un fr. sur les immeubles;

— Entre époux, 1 fr. 50 c. et 3 fr. (Loi du 22 frimaire an 7.)

— Entre frères et sœurs, oncles et tantes, neveux et nièces:

Pour les donations entre-vifs par contrat de mariage, sur les meubles, 2 fr. p. 100; sur les immeubles, 4 fr. 50 c. p. 100.

Pour les donations entre-vifs hors contrat de mariage et mutations par décès, sur les meubles, 3 fr. p. 100; sur les immeubles, 6 fr. 50 c. p. 100.

—Entre grands-oncles et grand'tantes, petits neveux et petites-nièces, cousins-germains :

1er. cas, sur les meubles, 2 francs 50 c. p. 100; sur les immeubles, 5 f. p. 100;

2me. cas, sur les meubles, 4 francs p. 100; sur les immeubles, 7 fr. p. 100.

— Entre parents au-delà du quatrième degré et jusqu'au douzième :

1er. cas, sur les meubles, 3 fr. p. 100; sur les immeubles, 5 fr. 50 c. p. 100;

2me. cas, sur les meubles, 5 fr. p. 100; sur les immeubles, 8 francs p. 100.

— Entre personnes non parentes :

1er. cas, sur les meubles, 4 fr. p. 100; sur les immeubles, 6 francs p. 100.

2me. cas, sur les meubles, 6 fr. p. 100; sur les immeubles, 9 fr. p. 100.

(Loi du 21 avril 1832.)

Nota. Les droits établis par cette loi comprennent le droit de transcription; mais on continuera de percevoir le décime pour franc établi par la loi du 7 prairial an 7.

La nouvelle loi n'a apporté aucun changement aux quotités de droits précédemment déterminées pour les donations entre-vifs et mutations par décès qui s'opèrent soit en ligne directe, soit entre époux. Ces droits continueront d'être perçus aux taux fixés par l'art. 69 de la loi du 22 frimaire an 7, et l'art. 53 de celle du 28 avril 1816.

Les droits, quant aux meubles, se perçoivent sur l'estimation qu'en font les parties ; et pour les immeubles, sur l'évaluation qui en est faite et portée à vingt fois le produit annuel des biens ou le prix des baux courants.

Si la transmission n'est que de l'usufruit, le revenu annuel est multiplié par 10 seulement.

Lorsque le locataire ou fermier est tenu de l'impôt foncier, on ajoute au revenu annuel le quart de ce même revenu, avant de le capitaliser par 20 ou par 10 seulement

V. la table qui termine ce volume, au mot SUCCESSION.

Suivant une loi du 6 prairial an 7, il est perçu, à titre de subvention extraordinaire de guerre, un décime par franc en sus des droits d'enregistrement, de timbre, hypothèque, droits de greffe, amendes et condamnations pécuniaires, etc. Cette subvention est perçue en même temps que le principal, et par les mêmes préposés. On donne actuellement à cette contribution le nom de *dixième*, au lieu de celui de subvention.

Les demandes en restitution de droits illégalement perçus peuvent être formées, dans les deux années du jour de l'enregistrement, par les parties ou par les notaires eux-mêmes. Ces demandes peuvent être introduites administrativement ou judiciairement ; la voie administrative est préférable sous tous les rapports ; on adresse, en ce cas, la réclamation motivée au directeur de l'enregistrement qui réside au chef-lieu du département, ou bien au directeur-général de l'administration de l'enregistrement, à Paris. Lorsqu'on désire obtenir, par grâce, la remise d'une amende ou d'un double droit, on adresse une pétition au ministre des finances.

Il importe à tous les notaires de bien connaître les lois sur l'enregistrement, et de savoir les appliquer aux différents actes qui se passent devant eux, afin qu'ils puissent, avant de les rédiger, et après qu'ils sont signés, établir les droits qui seront dus, s'en faire remettre le montant par les parties, s'ils ne peuvent ou ne veulent en faire l'avance ; juger si le receveur aura perçu suivant le tarif ; être en état de s'en expliquer avec lui ; en raisonner avec connaissance de cause avec les parties, lorsqu'elles les consultent à ce sujet, et éviter dans les actes toute superfluité, toute équivoque, qui pourraient occasionner des difficultés.

CHAPITRE III.

DES DROITS D'HYPOTHÈQUE.

Loi du 21 ventose an 7.

Art. 1er. La conservation des hypothèques est remise à la régie nationale de l'enregistrement.

2. Il y a un bureau de la conservation des hypothèques par chaque arrondissement ; il est placé dans la commune où siège le tribunal civil.

Les bureaux sont fermés les jours fériés.

3. Les préposés de la régie à la conservation des hypothèques sont chargés : 1°. de l'exécution des formalités civiles prescrites pour la conservation des hypothèques et la

consolidation des mutations de propriétés immobilières;
2°. de la perception des droits établis au profit du trésor
public sur chacune de ces formalités.

Les conservateurs tiennent trois sortes de registres. V. le C. C. 2150,
2181, 2200 et 2203.

18. Outre ces registres, les préposés tiennent un registre
sur papier libre, dans lequel sont portés par extrait, au fur et
à mesure des actes, sous le nom de chaque grevé et à la case
qui lui est destinée, les inscriptions à sa charge, les trans-
criptions, les radiations et autres actes qui le concernent,
ainsi que l'indication des registres où chacun de ces actes
est porté, et les numéros sous lesquels ils y sont consignés.

22. S'il y a lieu à inscription d'une même créance dans
plusieurs bureaux, le droit est acquitté en totalité dans le
premier bureau; il n'est payé, pour chacune des autres
inscriptions, que le simple salaire du préposé, sur la représentation de la quittance constatant le paiement entier du
droit lors de la première inscription.

25. Le droit de la transcription des actes emportant
mutation de propriétés immobilières, est d'un et demi
pour cent du prix intégral.

Les actes de transmission d'immeubles et droits immobiliers, susceptibles de transcription, ne sont assujettis à cette formalité que pour
un droit fixe d'un franc, outre le droit du conservateur, lorsque les
droits en ont été acquittés à l'enregistrement, d'après la loi du 28 avril
1816.

Suivant l'art. 60 de cette même loi, le droit d'inscription des créances
hypothécaires est d'un pour mille, sans distinction des créances antérieures ou postérieures à la loi du 11 brumaire an 7. La perception de
ce droit suit les sommes et valeurs de 20 en 20 francs inclusivement et
sans fraction.

26. Si le même acte donne lieu à la transcription dans
plusieurs bureaux, le droit est acquitté ainsi qu'il est porté
à l'art. 22 ci-dessus.

Salaires dus aux Conservateurs suivant le décret du 21 septembre 1810:

Pour l'enregistrement et la reconnaissance des dépôts d'actes
de mutation pour être transcrits, ou de bordereaux pour
être inscrits. . . . . » 25 c.
Pour une inscription. . . . . 1 fr. » »
Pour chaque déclaration, soit de changement de domicile, soit
de subrogation. . . . . » 50
Pour une radiation d'inscription. . . . . 1 » »
Pour un extrait d'inscription, ou certificat qu'il n'en existe
aucune . . . . 1 » »
Pour la transcription d'un acte de mutation, par rôle d'écri-
ture contenant vingt-cinq lignes à la page, et dix-huit syl-
labes à la ligne. 1 » »
Pour certificat de non transcription. . . . . 1 « «
Pour duplicata de quittance. . . . . » 25

TITRE V.

DES HONORAIRES DES NOTAIRES.

On entend par *honoraires* la rétribution due aux avocats et aux notaires pour des travaux de leur profession.

Tarif du 16 février 1807.

Art. 168. Il est taxé aux notaires, pour chaque vacation de 3 heures, aux compulsoires, actes respectueux, inventaires, référés, procès-verbaux, etc. savoir :

A Paris, 9 francs ; dans les villes où il y a tribunal de première instance, 6 francs ; et partout ailleurs, 4 francs.

169. Dans tous les cas où il est alloué des vacations aux notaires, il ne leur est rien passé pour les minutes de leurs procès-verbaux.

170. Quand les notaires sont obligés de se transporter à plus d'un myriamètre de leur résidence, indépendamment de leur journée, il leur est alloué pour tous frais de voyage et de nourriture, par chaque myriamètre, un cinquième de leurs vacations et autant pour le retour.

Et par journée, qui est comptée à raison de cinq myriamètres aussi pour l'aller et le retour, quatre vacations.

171. Il est passé aux notaires pour la formation des comptes que les co-partageants peuvent se devoir, de la masse générale de la succession, des lots et des fournissements à faire à chacun des co-partageants, une somme correspondante au nombre des vacations que le juge arbitre avoir été employées à la confection de l'opération.

172. Les remises accordées aux avoués sur le prix des ventes d'immeubles, sont allouées aux notaires dans le cas où les tribunaux renvoient des ventes d'immeubles par-devant eux, mais sans distinction de celles dont le prix n'excède pas 2,000 fr. ; et au moyen de cette remise, ils ne peuvent rien exiger pour les minutes de leurs procès-verbaux de publication et d'adjudication.

D'après l'article 143 du tarif, il est alloué à l'avoué poursuivant, sur le prix des biens dont l'adjudication sera faite au dessus de 2000 fr., savoir : depuis 2000 fr. jusqu'à 10,000 fr., un pour cent ; sur la somme excédant 10,000 fr. jusqu'à 50,000 fr., demi pour cent ; sur la somme excédant 50,000 fr. jusqu'à 100,000 fr., un quart pour cent ; et sur l'excédant de 100,000 fr. indéfiniment, un huitième pour cent. En cas d'adjudication par lots de biens compris dans la même poursuite , en l'état où elle se trouvera lors des adjudications , la totalité des prix des lots sera réunie pour fixer le montant de la remise. Il ne sera passé que trois quarts de la remise aux avoués des tribunaux de départements.

173. Tous les autres actes du ministère des notaires, notamment les partages et ventes volontaires qui ont lieu par-devant eux, sont taxés par le président du tribunal de première instance de leur arrondissement, suivant leur nature et les difficultés que leur rédaction a présentées, et sur les renseignements qui lui sont fournis par les notaires et les parties.

174. Les expéditions de tous les actes reçus par les notaires, y compris celles des inventaires et de tous procès-verbaux, doivent contenir vingt-cinq lignes à la page, et quinze syllabes à la ligne, et leur être payées, par chaque rôle (ou feuillet de deux pages d'écriture),

A Paris, 3 francs ; dans les villes où il y a tribunal de première instance, 2 francs ; et partout ailleurs, 1 fr. 50 cent.

En mettant plus de 15 syllabes par ligne, les notaires n'encourent pas d'amende ; la disposition ci-dessus n'a point pour objet l'impôt du timbre ; elle n'a eu en vue que d'empêcher les notaires d'employer moins de 15 syllabes par ligne. J. E.

Remarques.

Sauf les honoraires qui ont été fixés par le tarif , les honoraires des notaires sont réglés à l'amiable entre les parties , sinon par la chambre de discipline ou par les tribunaux civils sur l'avis de la chambre. (Cass. 17 mars 1829.) V. page 51.

Les honoraires, ainsi que les déboursés , ne sont soumis qu'à la prescription de 30 ans, (J. N. art. 352.) Les parties en sont tenues solidairement. (Cass. 15 nov. 1820 et 10 nov. 1 28.) V. le C. C. 2101.

Il est de principe qu'une fois dessaisi des expéditions , le notaire doit avoir été satisfait · *pièces remises, pièces payées.* R. N.

Il n'est pas d'usage que les notaires donnent quittance de leurs émoluments , à moins que la partie ne paie pour le compte d'autrui et n'ait un recours à exercer (1).

Assez ordinairement, à Paris, on perçoit, à titre d'honoraires , savoir : les baux, 24 francs , lorsque la redevance est de 1000 fr. et que le bail est de 9 ans ; s'il est de 12 ans , on ajoute un tiers en sus , ainsi de suite

Pour les contrats de mariage, 5 fr. du 1000 sur la dot de la future.

Pour les constitutions de rente, obligations et transports de créance, 1 pour 100 , si c'est le notaire qui a procuré le prêteur ou le cessionnaire, et en ce compris les honoraires des grosses ou expéditions : dans le cas contraire, un demi seulement.

Pour les quittances, 5 fr. du 1000.

Pour les ventes, 10 fr. du 1000.

_____

(1) Il n'est pas dans l'usage de retirer quittance des sommes qu'on a payées au notaire , soit à raison de ses avances , soit à raison de ses honoraires ; mais ce paiement se constate par une mention mise en marge de la minute. (M. Dalloz.)

TITRE VI.

DU DROIT ET DES LOIS.

—

§ 1er. Définitions générales.

Il existe un *droit* universel et immuable, source de toutes les lois positives : il n'est que la raison naturelle, en tant qu'elle gouverne tous les hommes.

Tout peuple reconnaît un droit extérieur ou des gens, et il a un droit intérieur qui lui est propre.

Le droit extérieur ou des gens est la réunion des règles qui sont observées par les diverses nations, les unes envers les autres.

Dans le nombre de ces règles, les unes sont uniquement fondées sur les principes de l'équité générale ; les autres sont fixées par des usages reçus ou par des traités.

Les premières forment le droit des gens naturel ; les secondes, le droit des gens positif.

Le droit intérieur ou particulier de chaque peuple se compose en partie du droit universel, en partie des lois qui lui sont propres, et en partie de ses coutumes et usages, qui sont le supplément des lois.

La coutume résulte d'une longue suite d'actes constamment répétés, qui ont acquis la force d'une convention tacite et commune.

La loi, chez tous les peuples, est une déclaration solennelle du pouvoir législatif sur un objet de régime intérieur et d'intérêt commun.

Elle ordonne, elle permet, elle défend ; elle annonce des récompenses et des peines.

Elle ne statue point sur des faits individuels ; elle est présumée disposer, non sur des cas rares et singuliers, mais sur ce qui se passe dans le cours ordinaire des choses.

Elle se rapporte aux personnes ou aux biens pour l'utilité commune des personnes.

§ 2. Division des lois.

Il est diverses espèces de lois.

Les premières règlent les rapports de ceux qui gouvernent avec ceux qui sont gouvernés, et les rapports de chaque

membre de la cité avec tous : ce sont les lois constitution-
nelles et politiques.

Les secondes règlent les rapports des citoyens entre eux :
ce sont les lois civiles.

Les troisièmes règlent les rapports de l'homme avec la loi.
Cette partie de la législation est la garantie et la sanction
de toutes les lois ; elle se compose des lois relatives à
l'ordre judiciaire, des lois criminelles, des lois concernant
la police, et de toutes celles qui ont directement les mœurs
ou la paix publique pour objet.

Les quatrièmes disposent sur des objets qui n'appartiennent exclusivement à aucune des divisions précédentes ;
ce sont les lois fiscales, les lois commerciales, les lois maritimes, les lois militaires, les lois rurales.

Les lois, de quelque nature qu'elles soient, intéressent
à la fois et le public et les particuliers. Celles qui intéressent
le plus immédiatement la société que les individus, forment
le droit public d'une nation.

Dans le droit privé, sont celles qui intéressent plus immédiatement les individus que la société.

Les lois diffèrent des réglements, les réglements sont
variables ; la perpétuité est dans le vœu des lois.

§ 3. Des Effets de la loi.

Le premier effet de la loi est de terminer tous les rai-
sonnements, et de fixer toutes les incertitudes sur les points
qu'elle règle.

La loi ne dispose que pour l'avenir, elle n'a point d'effet
rétroactif.

Néanmoins, une loi explicative d'une autre loi précédente règle même le passé, sans préjudice des jugements
en dernier ressort, des transactions et décisions arbitrales
passées en force de chose jugée.

La loi oblige indistinctement ceux qui habitent le territoire : l'étranger y est soumis pour les biens qu'il y possède,
et pour sa personne pendant sa résidence.

Le Français résidant en pays étranger continue d'être
soumis aux lois françaises pour ses biens situés en France,
et pour tout ce qui touche à son état et à la capacité de sa
personne.

Son mobilier est réglé par la loi française comme sa
personne.

La forme des actes est réglée par les lois du lieu dans lequel ils sont faits ou passés.

On ne peut, par des conventions, déroger aux lois qui appartiennent au droit public.

La loi règle les actions ; elle ne scrute pas les pensées, elle répute licite tout ce qu'elle ne défend pas. Néanmoins ce qui n'est pas contraire à la loi n'est pas toujours honnête.

Les lois prohibitives emportent peine de nullité, quoique cette peine n'y soit pas formellement exprimée.

§ 4. De l'Application et de l'interprétation des lois.

Le ministère du juge est d'appliquer les lois avec discernement et fidélité.

Il est souvent nécessaire d'interpréter les lois.

Il y a deux sortes d'interprétation : celle par voie de doctrine, et celle par voie d'autorité. L'interprétation par voie de doctrine, consiste à saisir le véritable sens d'une loi, dans son application à un cas particulier ; l'interprétation par voie d'autorité, consiste à résoudre les doutes par forme de disposition générale et de commandement. V. l'art. 5 du C. C.

Le pouvoir de prononcer par forme de disposition générale, est interdit aux juges.

L'application de chaque loi doit se faire à l'ordre des choses sur lesquelles elle statue. Les objets qui sont d'un ordre différent, ne peuvent être décidés par les mêmes lois.

Quand une loi est claire, il ne faut point en éluder la lettre, sous prétexte d'en pénétrer l'esprit ; et dans l'application d'une loi obscure, on doit préférer le sens le plus naturel et celui qui est le moins défectueux dans l'exécution.

Pour fixer le vrai sens d'une partie de la loi, il faut en combiner et en réunir toutes les dispositions.

La présomption du juge ne doit pas être mise à la place de la présomption de la loi : il n'est pas permis de distinguer, lorsque la loi ne distingue pas ; et les exceptions qui ne sont point dans la loi, ne doivent point être suppléées.

On ne doit raisonner d'un cas à un autre, que lorsqu'il y a même motif de décider.

Lorsque, par la crainte de quelque fraude, la loi déclare nuls certains actes, ces dispositions ne peuvent être éludées sur le fondement que l'on aurait rapporté la preuve que ces actes ne sont point frauduleux.

La distinction des lois odieuses et des lois favorables,

faite dans l'objet d'étendre ou de restreindre leurs dispositions, est abusive.

Dans les matières civiles, le juge, à défaut de loi précise, est un ministre d'équité; l'équité est le retour à la loi naturelle, ou aux usages reçus, dans le silence de la loi positive.

Le juge qui refuse ou qui diffère de juger sous prétexte du silence, de l'obscurité ou de l'insuffisance de la loi, se rend coupable d'abus de pouvoir ou de déni de justice.

Dans les matières criminelles, le juge ne peut, en aucun cas, suppléer à la loi.

§ 5. De l'Abrogation des lois.

Les lois ne devant point être changées, modifiées ou abrogées sans de grandes considérations, leur abrogation ne se présume pas.

Les lois sont abrogées, en tout ou en partie, par d'autres lois.

L'abrogation est expresse ou tacite. Elle est expresse, quand elle est littéralement prononcée par la loi nouvelle; elle est tacite, si la nouvelle loi renferme des dispositions contraires à celles des lois antérieures.

§ 6. Des Codes.

On appelle *code* la réunion, la compilation des lois ou d'une certaine classe de lois, soit qu'un tel recueil ait été composé par l'autorité du législateur, ou seulement par le zèle du jurisconsulte. La France possède aujourd'hui six codes formés par le législateur lui-même. R. N.

Savoir : le Code civil, le Code de procédure civile, le Code de commerce, le Code d'instruction criminelle, le Code pénal, et le Code forestier.

TITRE VII.

TABLEAU ANALYTIQUE DU CODE CIVIL.

Avant de passer à la seconde partie de la Clef du Notariat, les jeunes clercs devront commencer la lecture et l'étude du Code civil; à cet effet, nous leur conseillons de se procurer celui que M. Rogron a si clairement expliqué. Nos lecteurs, ayant ce Code, et ne voulant pas grossir inutilement ce volume, nous nous bornerons à en présenter ici une très courte analyse, et à rapporter quelques remarques et enseignements qu'on ne trouve pas dans le livre de M. Rogron.

De la Publication, des Effets et de l'Application des Lois en général. — Titre Préliminaire. — Art. 1 à 6 inclusivement.

Ce titre préliminaire du Code civil comprend peu d'articles; mais il n'en est pas moins important. Déterminer le mode de publication des lois, régler l'instant où elles obligent chaque citoyen, fixer le point de vue sous lequel elles doivent être considérées quant à leurs effets et à leur application : tel est le but de ce titre.

Les articles 1 à 6 sont autant de dispositions générales qui ont un point de contact avec toutes les lois. Leur application dépend, sous un rapport essentiel, de ces dispositions, comme d'un régulateur général, etc. (Grenier.)

Le mot *loi* vient du latin *licere*, permettre. On disait autrefois *il loist* pour le *licet* des latins.

La loi est une règle établie par une autorité à laquelle on est tenu d'obéir. On distingue les lois en lois *impératives*, *prohibitives* et *facultatives*. Les lois *pénales* ne sont que la sanction nécessaire des lois impératives et prohibitives. (M. Duranton.)

On divise encore les lois ordinaires en *personnelles* et *réelles*. V. le Code de M. Rogron. — Nota. *Réel* vient du latin *res*, *rei*, chose, qui est véritablement.

Nous ne parlerons pas ici de la loi divine, de la loi naturelle, etc.; il ne peut s'agir, dans cet ouvrage, que de la *loi civile*, celle qui règle les droits des citoyens entre eux.

Le mot *promulgation* (Art. 1er.) vient du latin *promulgatio*, fait de *pro*, en avant, à la tête, en face, en présence du peuple, et de *mulgo*, divulguer, publier. (V. les art. 15 et 18 de la Charte constitutionnelle de 1830, rapportée en tête du Code de M. Rogron.) La promulgation est le moyen de constater l'existence de la loi; c'est la publication des lois faite avec les formalités requises. La promulgation ne fait pas la loi, mais l'exécution de la loi ne peut commencer qu'après sa promulgation : *Non est obligat lex, nisi promulgata.*

Le mot *rétroactif* (art. 2) vient du latin *retrò*, en arrière, et de *ago, agere*, agir. Rien de plus sage que le principe énoncé par l'article 2. La liberté civile consiste dans le droit de faire ce que la loi ne prohibe pas. On regarde comme permis tout ce qui n'est pas défendu. Que deviendrait donc la liberté civile, si le citoyen pouvait craindre qu'après coup il serait exposé au danger d'être recherché dans ses actions, ou troublé dans ses droits acquis, par une loi postérieure? L'homme, qui n'occupe qu'un point dans le temps comme dans l'espace, serait un être bien malheureux, s'il ne pouvait pas se croire en sûreté, même pour sa vie passée. Pour cette portion de son existence, n'a-t-il pas déjà porté tout le poids de sa destinée?... Le passé peut laisser des regrets, mais il termine toutes les incertitudes. Dans l'ordre de la nature, il n'y a d'incertain que l'avenir, et encore l'incertitude est adoucie par l'espérance, cette compagne fidèle de notre faiblesse. Ce serait empirer la triste condition de l'humanité, que de vouloir changer, par le système de législation, le système de la nature, et de chercher, pour un temps qui n'est plus, à faire revivre nos craintes, sans pouvoir nous rendre nos espérances. (Portalis.)

S'il s'agissait d'un acte subordonné à la condition du décès de son auteur, cet acte ne pourrait produire des effets que lui refuserait la loi existante à l'époque où il est passé.

Sous le rapport de la quotité des biens dont un individu a pu disposer, on doit distinguer entre les actes dont l'effet est irrévocable, et ceux dont l'effet, au contraire, est subordonné à la volonté persévérante de l'auteur de la disposition. Les premiers sont régis, quant à cette quotité, par la loi du jour du contrat, toutefois eu égard à la valeur des biens, au nombre et à la qualité des héritiers à réserve au jour du décès. Les seconds (les testaments) n'ont d'effet qu'au jour du décès, et alors c'est la loi du jour du décès qu'il faut considérer pour estimer la quotité disponible.

A l'égard des droits attribués par une loi ou par un statut local, il faut aussi distinguer entre ceux qui résultaient de la loi, mais au moyen d'un acte auquel ils étaient attachés comme conséquence, et ceux qui n'étaient qu'un bénéfice pur de la loi. Ainsi, une femme mariée avant la loi du 17 nivose an 2, peut réclamer sur la succession de son mari, décédé sous l'empire de cette loi ou même du Code civil, le douaire que le statut local lui donnait à l'époque où elle s'est mariée : autrement ce serait donner à la loi de nivose et au Code un effet rétroactif. Mais le douaire que certaines coutumes accordaient aux enfants, ayant été aboli par la loi du 17 nivose, il n'a pu être réclamé sur les successions ouvertes depuis la publication de cette loi, même pour les enfants nés de mariages contractés antérieurement, parce qu'il ne constituait qu'une simple éventualité. (V. les art. 1779 et 906 du Code civil.)

Le mode d'exécution d'un ancien contrat peut, sans effet rétroactif, être régi par la loi nouvelle. Ainsi, la disposition de l'article 1912 — 4° recevrait son exécution, quoiqu'il s'agit d'une rente constituée avant le Code.

Pour la preuve des obligations, c'est la loi du jour du contrat qu'il faut appliquer.

Quant à la forme des actes, on ne doit non plus s'attacher qu'à la loi du jour où ils ont été passés.

Relativement à la prescription, c'est la loi du jour où elle commence qui doit la régler. (C. C. 2281 ; C. de procédure civile, 1041 ; et Code pénal, 4.)

(Extrait du cours de droit français, par M. Duranton.)

Il est des lois sans lesquelles un état ne pourrait subsister : ces lois sont toutes celles qui maintiennent la police de l'état et qui veillent à sa sûreté (art. 3). Le Code civil ne parle point des ambassadeurs : ce qui les concerne est réglé par le droit des gens et par les traités.

Sur la règle *locus regit actum*, que cite M. Rogron, voyez les art. 47, 170, 999, 2123 et 2128 du Code civil, et l'art. 546 du Code de procédure.

Il est des circonstances dans lesquelles le juge se trouve sans loi ; alors il a la faculté de suppléer à la loi par les lumières naturelles de la droiture et du bon sens. Quand la loi se tait, la raison universelle parle encore. L'équité est le supplément des lois. L'équité judiciaire peut être définie « un retour à la loi naturelle, dans le silence, l'obscurité ou l'insuffisance des lois positives. » (Art. 4 et 5.)

Les conventions contraires aux bonnes mœurs (6) sont proscrites chez toutes les nations policées. Les bonnes mœurs peuvent suppléer les bonnes lois ; elles sont le véritable ciment de l'édifice social. Tout ce qui les offense, offense la nature et les lois. (Portalis.) — Les conventions ne peuvent porter que sur des intérêts particuliers ; ce qui constitue l'ordre public tient à l'intérêt de tous, et la loi doit protéger les mœurs. (Grenier.) — Ainsi, on ne peut déroger, par des conventions particulières, aux lois impératives et prohibitives. Quant à ce qui n'est point l'objet d'une loi impérative ou prohibitive, qui n'est pas contraire à l'ordre public ni aux bonnes mœurs, qui n'intéresse en un mot que les contractants, ceux-ci peuvent en faire la matière d'une convention particulière, et déroger à la loi qui règle cet objet. (M. Duranton.)

Des Personnes. — Livre 1er. Art. 7 à 515.

Le droit a deux objets, les personnes et les choses; il est en général assez difficile d'envisager isolément chacun de ces deux objets : toutefois on considère comme plus spécialement relatives aux personnes, les lois qui règlent leur état et la capacité qui en est la suite. C'est cet état et cette capacité que le législateur a eu principalement en vue dans ce premier livre.

La sûreté, la propriété, voilà les grandes bases de la félicité d'un peuple ; c'est par la loi seule que leur stabilité peut être garantie, et l'on reconnaîtra sans peine que la conservation des droits civils (7 à 33) influe sur le bonheur individuel, bien plus encore que le maintien des droits politiques, parce que ceux-ci ne peuvent s'exercer qu'à des distances plus ou moins éloignées, et que la loi civile se fait sentir tous les jours et à tous les instants. (Treilhard.) — L'*état civil* privé d'une personne consiste dans l'aptitude de celle-ci à exercer les droits que les lois civiles privées lui accordent et lui garantissent. — Le premier objet des lois civiles privées ou des dispositions du Code qui les renferme, est de déterminer les qualités dont la possession ou la privation influe, soit sur l'obtention même des droits privés, soit sur la manière de les exercer. Pour atteindre ce but, le législateur a dû établir tout d'abord, entre les nationaux et les étrangers, une distinction tirée de la constitution même des peuples, fixer les caractères auxquels une personne sera reconnue pour appartenir à l'une ou à l'autre classe, et les conséquences qui dérivent de ces caractères. Prévoyant ensuite les cas malheureux possibles dans lesquels un membre de la société peut rompre le pacte de l'association, il a dû déterminer les circonstances d'après lesquelles la suspension ou la perte des droits privés sera encourue et prononcée. E. M.

Les principaux effets résultants de la différence entre les Français et les étrangers ont été anéantis par une loi du 14 juillet 1819. Quant aux effets des contrats du droit des gens, comme la vente, le louage, nulle différence entre les étrangers et les nationaux. (M. Duranton.) — L'individu frappé de mort civile a capacité pour les actes du droit des gens, tels que les contrats de vente, de louage, d'échange. — V. le Code pénal, art. 18. — L'homme simplement accusé est réputé innocent aux yeux de la loi ; il peut aliéner ses biens avant le jugement de condamnation : jusque-là il conserve la plénitude de tous ses droits civils, mais il est privé de la qualité de citoyen, d'après la constitution de l'an 8.

Le titre 2 du livre 1er. du Code civil contient six parties distinctes ; cette division était indiquée par la nature des choses. (Art. 34 à 101.)

Trois grandes époques constituent l'état des hommes, et sont la source de tous les droits civils : la naissance, le mariage et le décès.

Après avoir posé les premiers fondements de l'immense édifice de la législation privée, comme l'état des personnes est la plus sacrée de toutes les propriétés, le législateur en a confié le dépôt et la garde à la loi même, en établissant des registres destinés à constater les actes les plus importants de la vie civile : ce sont ces actes de naissances, mariages et décès, qu'on appelle *actes de l'état civil.* E. M.

Le titre 2 du livre 1er renferme beaucoup de dispositions qui peuvent d'abord paraître minutieuses, mais il suffit de les lire pour que leur utilité soit facilement sentie.

Relativement à l'acte de *consentement à mariage* (73), voyez la seconde partie de la Clef, titre 1er.

Pour concilier avec les intérêts d'autrui un des droits les plus précieux de la vie humaine, celui qu'a toute personne de placer son domicile là où il lui plaît, il doit exister des règles sur le choix comme sur le changement du lieu où la personne entend établir le principal établissement qui constitue cette résidence fixe et certaine ; car des tiers intéressés à la connaître doivent trouver facilement celui avec lequel ils auraient des relations volontaires ou forcées. E. M. — V. le titre 3, art. 102 à 111.

Il n'appartient qu'à la constitution de poser les règles du domicile politique. Les règles du domicile considéré relativement à l'exercice des droits civils, sont du ressort de la loi civile.

Lorsque l'habitation d'une personne est située sur les limites des arrondissements de deux tribunaux différents, c'est la principale porte d'entrée qui détermine le lieu du domicile. (Toullier.)

La partie qui a fait élection de domicile pour l'exécution d'un acte, peut le révoquer en notifiant à l'autre partie l'élection d'un nouveau domicile dans la même ville.

Le titre 4 du Code civil (art. 112 à 143) est divisé en quatre chapitres. Le 1er traite de la présomption d'absence; le second, de la déclaration d'absence; le 3ème, des effets de l'absence, et le 4ème, de la surveillance des enfants mineurs du père qui a disparu.

La loi a gradué les précautions qu'elle a prises sur les différents degrés d'incertitude de la vie ou de la mort de l'absent.

On est *absent* lorsqu'on est dehors de son domicile; mais, dans le sens de la loi, l'*absent* est celui dont on n'a pas de nouvelles, et qui, par cette raison, laisse des doutes sur son existence. V. le Code de M. Rogron.

Quoique le Code civil ne se soit pas formellement expliqué sur la faculté ou l'incapacité de l'époux de contracter un nouveau mariage, une jurisprudence constante a établi que la présomption résultante de l'absence la plus longue et de l'âge le plus avancé, fût-il de 100 ans, ne doit point être admise comme pouvant suppléer à la preuve du décès de l'un des époux. E. M.

Les envoyés en possession peuvent se cautionner eux-mêmes, en fournissant une bonne et suffisante hypothèque. V. le C. C. 2041.

Ils n'ont pas le droit d'aliéner les meubles incorporels, quoiqu'ils aient celui de les recouvrer en qualité d'administrateurs.

Si nonobstant la prohibition portée à l'art. 128, les envoyés en possession aliènent les immeubles de l'absent, la vente est nulle aux termes de l'art. 1599; mais la nullité ne pourrait être invoquée par eux; ils sont garants de leurs faits, et l'acquéreur pourrait, au surplus, prescrire par 10 ou 20 ans, s'il avait acheté dans l'ignorance que ce fût un bien d'absent. V. le C. C. 2265 et 2269.

Une loi du 11 ventose an 2 porte ce qui suit :

« Art. 1er. Immédiatement après l'apposition des scellés sur les effets et papiers délaissés par les pères et mères des défenseurs de la patrie, et autres parents dont ils sont héritiers, le juge de paix doit en avertir les héritiers, et le ministre de la guerre, etc.

Art. 2. Le délai d'un mois expiré, si l'héritier ne donne pas de ses nouvelles et n'envoie pas de procuration, le maire de la commune dans laquelle les parents sont décédés, convoque, devant le juge de paix, la famille, et, à son défaut, les voisins et amis, à l'effet de nommer un curateur à l'absent.

Art. 3. Ce curateur provoque la levée des scellés, y assiste, fait procéder à l'inventaire, à la vente des meubles, en reçoit le prix, etc.

Art. 4. Il administre les immeubles en bon père de famille. »

Ces dispositions furent étendues, par une autre loi du 16 fructidor an 2, aux officiers de santé et à tous les citoyens attachés aux services des armées, et elles sont encore en vigueur.

Les militaires absents ne doivent être exclus des successions que lorsque leur absence ou leur décès a été déclaré par jugement; et ils ne sont soumis aux effets ordinaires de l'absence, tels que le Code civil les détermine, qu'autant que leur absence a été déclarée conformément à une loi du 13 janvier 1817, qui a pourvu aux intérêts des familles des militaires, et qui n'a point abrogé celle du 11 ventose an 2. (Cass. 9 mars 1824; Orléans, 12 août 1829; et Riom, 18 décembre 1828.)

Un homme meurt laissant un fils et des petits-enfants nés d'un autre fils qui a disparu : qui recueillera sa succession? Les enfants de l'absent seront-ils exclus par leur oncle, ou pourront-ils venir à la succession de leur aïeul, soit par représentation de leur père, soit en vertu du droit de transmission ?

Pendant la présomption d'absence, n'y ayant point lieu au droit de représentation, les cohéritiers de l'absent pourront rester possesseurs exclusifs de l'hoirie; mais après la déclaration d'absence, les enfants de l'absent pourront exercer provisoirement et en donnant caution, le droit de le représenter, qui leur est attribué par la loi sur les successions. De cette manière, tous les intérêts se trouvent conciliés : celui de l'absent, en ce que ses enfants ne pourront réclamer sa part dans l'héritage de l'aïeul, qu'après la déclaration d'absence, et en donnant caution; celui des enfants, en ce qu'ils pourront obtenir, en même temps, la possession provisoire des biens de leur père, et celle de la part à lui revenante dans la succession de l'aïeul: enfin l'intérêt des cohéritiers de l'absent, en ce que, devant profiter de la part de celui-ci, dans le cas où il renoncerait à la succession, puisqu'on n'est pas admis à représenter l'héritier qui a renoncé, ils ne seront point obligés de se dessaisir de cette part, avant que l'absence se soit assez prolongée pour rendre l'existence de l'absent, et par conséquent la possibilité pour lui de renoncer, très-incertaine.

(Eug. Lagrange : Examen du cours de droit de M. Daran-
ton , t. 1er, p. 221.)

La loi du 11 ventose an 2 est encore en vigueur. Cette
loi , conçue en termes généraux et ne limitant point sa durée , n'a pas été faite pour les guerres d'alors seulement ,
mais pour les *défenseurs de la patrie*, sans distinction.

Observez que cette loi n'a pas entendu changer et intervertir l'ordre ordinaire des successions.

La nomination d'un curateur n'est qu'une simple mesure
conservatoire, au moyen de laquelle on met provisoirement en réserve la part successorale échue au militaire dont
on n'a pas de nouvelles sans qu'il y ait en sa faveur une véritable investiture, lorsque ses droits cessent d'être éventuels.
Or, jusques à quand doit durer cet état de choses provisoire,
cette espèce de séquestre , lorsque l'absence se prolonge et
que l'on continue à ne recevoir aucune nouvelle de l'absent ?
Il doit durer jusqu'à la déclaration d'absence ; car la loi de
ventose n'a jamais été considérée comme un obstacle à ce
que l'absence des militaires pût être déclarée lorsque le
temps prévu par le droit commun se serait écoulé sans qu'on
ait acquis la preuve de leur existence ; et la déclaration
d'absence a toujours eu pour effet de faire cesser la curatelle , et de soumettre les militaires aux règles ordinaires
de l'absence , et par conséquent au principe consacré par
l'art. 136. D'où il suit qu'après la déclaration d'absence d'un
militaire , ceux qui réclament de son chef une succession à
lui échue depuis ses dernières nouvelles , doivent prouver
qu'il existait encore à l'époque où la succession s'est ouverte ; faute de ce faire , ils doivent être exclus, et le curateur qui aurait été nommé antérieurement, à l'effet d'administrer provisoirement cette succession , doit s'en dessaisir
en faveur de ceux à qui elle est révolue , à défaut de l'absent.

La loi du 15 janvier 1817 a simplement établi un mode
particulier de constater l'absence ou même le décès des militaires qui ont été en activité de service dans l'intervalle
du 21 avril 1792 au 20 novembre 1815. (Ibid. p. 235.)

Chez les peuples civilisés, le *mariage* (titre 5 , art. 144
à 228) est considéré comme une institution solennelle. On
aurait en effet une idée bien peu exacte de son importance
et de sa dignité , si l'on ne voulait y voir qu'un pacte naturel et une convention civile : il est encore , plus que tout
cela , un engagement social et comme un traité public dont
les époux sont à la fois les parties et les ministres. Le lé-

gislateur a donc dû régler les solennités du contrat, soumettre les époux et les enfants aux obligations réciproques
que la nature indique et que le maintien de l'ordre social
exige. A la faculté de contracter, il a dû opposer les prohibitions que commande la nécessité de favoriser les alliances
et de protéger les mœurs. E. M.

Le titre 5 est divisé en 8 chapitres qui embrassent tout,
et dans lesquels on a suivi l'ordre naturel des choses.

Relativement à l'*acte respectueux* (153), voyez la Clef,
2ème partie, titre 1er, Son 2.

Le *divorce* a été aboli par une loi du 8 mai 1816. La séparation de corps seule a été conservée. — Par respect pour
la liberté des cultes, le législateur avait placé le divorce
au nombre des causes de dissolution du mariage (229);
mais du moins il ne l'avait autorisé que pour les cas où les
vices sembleraient avoir plus d'énergie et de force pour
énerver les lois, que celles-ci n'en ont pour réprimer les
vices, etc. E. M.

La loi, en abolissant le divorce, n'a pas dû réduire au
désespoir l'époux malheureux, auquel les excès ou les dé-
sordres de son conjoint rendraient la vie commune insup-
portable; elle lui a ménagé la ressource de la séparation de
corps. — Le Code civil qui, tout en permettant le divorce,
avait aussi admis en faveur des époux auxquels leur
croyance religieuse l'interdisait, la voie de la séparation,
détermine les causes pour lesquelles cette séparation peut
avoir lieu, les formes à faire pour l'obtenir, et une partie
de ses effets. Plusieurs des dispositions du titre du divorce
paraissent susceptibles d'être appliquées à la séparation.
(Demante.)

Il était nécessaire que la paternité ne restât pas incertaine. C'est par elle que les familles se perpétuent et qu'elles
se distinguent les unes des autres : c'est une des bases de
l'ordre social; on a dû la maintenir et la consolider; et il a
fallu, pour y parvenir, s'attacher à des faits extérieurs et
susceptibles de preuve. En cette matière, la faveur du mariage, et surtout le grand intérêt qu'a la société de proscrire les unions vagues et incertaines, ont été autant de
motifs puissants pour déterminer le législateur à distinguer
les enfants naturels, nés hors du mariage, des enfants légitimes fruits d'une union légale, et à régler les droits des
uns et des autres en conséquence de cette distinction. E. M.
— V. le C. C. liv. 1er, titre 7, art. 312 à 342, et à l'égard

de la reconnaissance des enfants naturels, la Clef du Not., 2ᵉ partie, titre 17.

Il est une filiation et une paternité *fictives*, qui ne sont point l'ouvrage de la nature, mais un simple effet de la volonté de l'homme : ce sont celles qui dérivent de la bienfaisante *adoption* (343), dont les Romains ont fourni l'heureuse idée à plusieurs législations des peuples modernes, et que les lois françaises ont particulièrement consacrée.

Cependant un mineur ne saurait être adopté.... — Fallait-il pour cela priver un enfant des soins officieux d'un tiers? La justice et l'humanité s'y opposeraient, et les législateurs français ont su concilier tous les intérêts par une institution entièrement neuve, celle de la *tutelle officieuse* (361) — E. M.

Nota. On trouve, dans le nouveau formulaire du Notariat (Paris 1833), des formules d'*adoption testamentaire*, d'*actes respectueux pour requérir le conseil du père et de la mère de l'adopté*, de *consentement à une tutelle officieuse*.

Après avoir réglé l'état des enfants, la loi (374 à 387) a posé les bases de la puissance paternelle, la seule vraie puissance que la nature ait individuellement donnée à l'homme sur l'homme : ce n'est qu'une puissance de direction dont une tendresse éclairée doit toujours accompagner l'exercice ; elle ne doit se signaler que par cette effusion de bonté, qui nous rend si chers les auteurs de nos jours, et leur perte si douloureuse. La loi ne l'a donc assujettie à des règles, qu'afin de conserver tout son ressort au gouvernement de la famille, en empêchant les abus de cette autorité. E. M.

Le legs fait à un enfant mineur, sous la condition que le père tuteur n'aura ni la jouissance ni l'administration des biens légués, n'est pas contraire aux bonnes mœurs.

L'homme naît avec des facultés et des droits; mais comme s'il les avait perdus au moment même où il respire, il ne peut, durant un long espace de temps, ni exercer les unes, ni réclamer les autres. C'est cette faiblesse physique et morale qui forme ce qu'on appelle la *minorité* ou l'état de mineur (388). E. M.

Dans cet état, l'homme a besoin d'appui, de protecteurs, de conseils : de-là l'institution de la *tutelle* qui, comme le mot l'exprime, constitue bien moins une puissance, qu'un devoir de protection que la nature a gravé dans nos âmes. Toutes les dispositions qui règlent cette importante partie des lois relatives à l'état civil privé, doivent tendre à donner pour tuteur à l'enfant celui dans lequel on peut sup-

poser avec fondement plus d'intérêt réel à conserver les
biens et les droits du pupille, et en même temps un intérêt
d'honneur et d'affection à veiller sur son bien-être et sur
son éducation. Elles établissent les règles de l'administration et de la responsabilité de cet administrateur de la personne et des biens de l'enfant qui lui est confié. (389 à 475.)
E. M. — A l'égard des comptes de tutelle, voyez la Clef du
Not., 2ème partie, titre 20.

Mais l'enfant n'étant dans les liens salutaires de la minorité
qu'en raison de sa faiblesse, la loi doit l'en dégager par degrés, lorsque le développement de son intelligence et sa
bonne conduite annoncent qu'il est devenu capable de certains actes de la vie civile : alors il est ou peut être *émancipé* (476) dans les cas prévus par la loi, et, sous l'autorité
d'un curateur, il se trouve placé dans un état intermédiaire entre la minorité absolue et la majorité. E. M.

N. B. La répudiation (461) n'exige pas que la délibération qui autorise le tuteur à répudier, soit homologuée en
justice. (MM. Toullier et Duranton.)

La question de savoir si le mineur émancipé peut hypothéquer, est controversée. (V. les art. 484 et 2124 du C. C.,
et le Cours de droit français, t. 3, p. 645.)

Le mari doit être de plein droit le curateur de sa femme
mineure. (Merlin, Delvincourt et Duranton.) Toutefois
cette opinion n'est pas suivie dans l'usage, et c'est le conseil de famille qui nomme un curateur à la femme mineure;
alors on lui nomme ordinairement le mari. R. N.

Le titre 11 du livre 1er du Code civil est le complément
de sa première partie. Il est divisé en trois chapitres.

Le premier chapitre, relatif à la *majorité*, ne comprend
qu'un article (488), en vertu duquel la majorité est fixée à
21 ans. Le majeur de 21 ans est capable de tous les actes de
la vie civile, à l'exception d'un seul, qui est aussi le plus
important de tous (148).

Mais l'homme devenu majeur ne cesse pas plus d'être sous
la surveillance de la loi qu'il ne cesse d'être sous son empire : il peut tomber dans un état de démence qui ne lui
permette pas d'user des facultés qui appartiennent à son
âge, ou bien une folle prodigalité peut le porter à en abuser. L'interdiction absolue (489) est nécessaire à l'égard de
l'insensé. (Le chap. 2 traite de cet objet.) Cet être infor-
tuné doit être remis sous la conduite d'un tuteur qui prévoie
et agisse pour lui.

Le troisième et dernier chapitre est relatif aux prodigues.

Le prodigue, suivant l'acception reçue dans tous les temps, est celui qui n'a ni fin ni mesure dans ses dépenses, et qui dissipe tout son patrimoine par de vaines profusions.

La loi lui donne un conseil (513) dont l'assistance lui est nécessaire pour agir, engager ou aliéner.

Des biens, et des différentes modifications de la Propriété. — Livre 2. — Art. 516 à 710.

Dans le second livre du Code civil (1), nous trouvons d'abord les règles relatives à la distinction des biens, ensuite les caractères de la propriété, et enfin les modifications dont elle est susceptible. Ce sont en effet les trois principaux rapports sous lesquels on peut la considérer. Nous y voyons même développées avec assez d'étendue, quelques-unes des manières dont elle s'acquiert, comme l'accession, la perception des fruits sur la chose d'autrui. (M. Duranton.)

On comprend sous ce nom de *biens* (516) tout ce qui peut composer la fortune des hommes, tout ce qui est susceptible de propriété ou de possession. D'après l'étymologie que les jurisconsultes donnent de ce mot, les *biens* sont ainsi nommés, parce qu'ils rendent les hommes heureux. — Les biens peuvent être considérés dans leur nature ou dans leurs rapports avec ceux qui les possèdent. Considérés dans leur nature, les biens sont meubles ou immeubles, et tous viennent prendre place dans cette grande division, avec des distinctions peu nombreuses et faciles à saisir. Considérés dans leurs rapports avec ceux qui les possèdent, les biens appartiennent aux particuliers, à l'état, aux communes ou aux établissements publics. E. M.

Le titre 2 du livre 2 du Code civil (544 à 577) définit la propriété, et en fixe les caractères essentiels ; il détermine le pouvoir de l'état ou de la cité sur les propriétés des citoyens ; règle l'étendue et les limites du droit de propriété, considéré en lui-même et dans ses rapports avec les diverses espèces de biens. La propriété est la base de toute législation, la source de toutes les affections morales et de toutes les jouissances auxquelles il est permis à l'homme d'aspirer. Dans ce titre, plus peut-être que dans aucun autre, on remarque des traces de la législation romaine, parce que cette matière a dû être

---

(1) Dans ce livre, le législateur traite spécialement des *choses*, qui, considérées comme 2ᵉ objet du droit, prennent le nom de *biens*.

moins soumise que les autres objets de la législation aux préjugés et aux habitudes. On a dû en puiser les décisions dans l'équité naturelle, et le peuple romain est celui de tous qui a su le mieux en déduire les principes. Mais on trouve dans le Code civil un ordre et une netteté d'idées qui manquent dans les lois romaines, parce qu'elles étaient plutôt un recueil de décisions qu'un code de lois, et que ces décisions mêmes ont rarement été recueillies dans l'ordre convenable.

La propriété suppose deux droits : celui de jouir de la chose, et celui d'en disposer. Lorsque le premier de ces droits est séparé du second il se nomme *usufruit* (578). Le mot *usufruit* s'entend aussi de la jouissance elle-même.

La jouissance de l'usufruitier émane de son droit propre, au même titre que celle du propriétaire, tandis que le locataire ou fermier jouit en vertu du droit d'autrui, par l'effet d'une délégation. Cette différence suffit pour expliquer pourquoi l'usufruit peut être hypothéqué, et pourquoi les baux ne peuvent pas l'être. La loi manque d'exactitude, lorsque, traduisant servilement les Institutes, elle définit l'usufruit comme on le voit en l'art. 578; car l'usufruit peut reposer sur toute espèce de biens meubles ou immeubles, même sur les choses qui se consomment par l'usage; nous ne connaissons pas ce que les Romains appelaient le *quasi-usufruit*. — L'usufruit est susceptible de toutes les stipulations qni ne sont pas contraires aux lois ou aux mœurs. E. M.

Il y a cette différence entre l'usufruit et l'*usage* (625), que l'usufruit est le droit de jouir de tous les fruits que produit la chose qui en est l'objet, tandis que l'usage ne donne de droits que sur la portion de ces fruits, nécessaire aux besoins de l'usage.

L'*habitation* n'est autre chose que l'usage d'une maison. Toutes les règles relatives à l'usage sont donc applicables à l'habitation.

On trouve, dans le nouveau Formulaire du notariat, des modèles d'actes d'établissement d'usufruit, etc., de concession de droit d'habitation, etc.

Le titre 4 du second livre du Code civil (637 à 710) complète ce second livre qui traite des biens et des différentes modifications de la propriété. Il règle tout ce qui concerne les *servitudes* ou *services fonciers ;* détermine leur nature, leur but et leur usage ; classe leurs différentes espèces, selon qu'elles dérivent ou de la seule force des choses, c.-à-d. de la situation naturelle des lieux, ou de la pure disposition de la loi, ou de celle de l'homme, et en vertu de conventions expresses ou présumées entre les propriétaires des héritages qu'elles affectent, activement ou passivement. Les servitudes sont d'une grande importance dans la législation civile. Elles tiennent doublement au droit de propriété, qu'elles modifient et atténuent en quelque sorte dans le fonds assujetti, tandis qu'elles l'améliorent dans celui auquel le service est dû. — La loi débute par la définition de la servitude, et cette définition est exacte et complète. Après des notions générales, vient la classification des servitudes, distinction essentielle et qui fait la matière de trois chapitres.

On trouve dans le nouveau Formulaire des modèles d'actes d'abandonnements de mitoyenneté, de fonds grevés de servitudes, etc.

Des différentes manières dont on acquiert la propriété. — Livre 3. — Art. 711 à 2279.

La propriété s'acquiert et se transmet. Avant de régler comment elle se transmet, il faut déterminer comment elle s'acquiert. Des dispositions générales à ce sujet ouvrent le troisième et dernier livre du Code : ce sont des notions préliminaires qui ont ensuite leur développement dans des règles particulières.

Les moyens d'acquérir sont *originaires* ou *dérivés*.

Des successions. — Titre 1er. — Art. 718 à 892.

La matière des successions est immense. Rassembler en quelques pages les principes qui doivent y présider : choisir les meilleurs modes de succéder, ceux qui sont les plus conformes à l'équité et les plus simples, qui préviennent le plus les contestations ou qui en rendent la décision facile ; faire connaître clairement aux citoyens des règles qui les intéressent tous individuellement, puisque tous sont appelés à recueillir et à transmettre des successions : tel devait être le but du législateur, et qu'il a heureusement atteint.

L'ouverture des successions, les qualités requises pour y parvenir, les divers ordres des successions, les modes de les accepter ou de les répudier, ceux de les partager, ce sont les principaux objets sur lesquels le titre des successions a statué. (Siméon.)

Voyez la Clef du Not., seconde partie, titre 21.

N. B. Une loi du 14 juillet 1819 a aboli ce qu'on appelait anciennement le *droit d'aubaine*, ainsi nommé de *aubain*, *alibi natus*, né ailleurs, étranger.

Cette loi porte : « Art. 1er. Les art. 726 et 912 du Code
» civil sont abrogés ; en conséquence, les étrangers auront
» le droit de succéder, de disposer et recevoir de la même
» manière que les Français, dans toute l'étendue du royaume.
» — Art. 2. Dans le cas de partage d'une même succession
» entre des co-héritiers étrangers et français, ceux-ci pré-
» lèveront sur les biens situés en France une portion égale
» à la valeur des biens situés en pays étrangers, dont ils se-
» raient exclus, à quelque titre que ce fût, en vertu des lois
» et coutumes locales. »

L'art. 786 est mal rédigé ; il faut le lire ainsi : « La part
» du renonçant accroît à ses co-héritiers ; s'il n'y a qu'un
» héritier, et qu'il renonce, la succession est dévolue au
» degré subséquent. »

Un héritier qui a accepté sous bénéfice d'inventaire [Art. 793], ne peut plus renoncer à la succession. (Grenier.)

L'héritier bénéficiaire qui s'est fait à lui-même, par acte authentique et de bonne foi, le paiement de ce qui lui était dû, ne doit pas être forcé au rapport. (Paris, 25 juin 1807.)

Des Donations entre-vifs et des Testaments. — *Titre 2.*
Art. 893 à 1100.

Le titre du Code civil qui a pour objet les donations entre-vifs et les testaments, rappelle tout ce qui peut intéresser l'homme le plus vivement, tout ce qui peut captiver ses affections. Il prononce sur son droit de propriété, sur les bornes de son indépendance dans l'exercice de ce droit ; il pose la principale base de l'autorité des pères et des mères sur leurs enfants, et fixe les rapports de fortune qui doivent unir entre eux tous les autres parents ; il règle quelle est dans les actes de bienfaisance, et dans les témoignages d'amitié ou de reconnaissance, la liberté compatible avec les devoirs de famille. — Le législateur a d'abord établi les principes généraux : il a fixé ensuite la quotité des biens dont on peut disposer ; enfin il a prescrit des formes suffisantes pour constater la volonté de celui qui dispose, et pour en assurer l'exécution : tel est le plan général et simple de cette importante loi. (Bigot-Préameneu.)

V. la Clef du Not., seconde partie, titre 16.

Des Contrats ou des Obligations conventionnelles. —
Titre 3. — Art. 1101 à 1369.

Avant de tracer les principes qui régissent chaque contrat,
les rédacteurs du Code civil ont cru devoir en établir de
généraux pour tous les contrats ou conventions ; ces principes font l'objet du titre 3. L'ordre si méthodique et en
même temps si rationnel qu'ils ont adopté, est dû en très-
grande partie au savant et judicieux Pothier. (M. Duranton.)

Le Code range les obligations parmi les manières d'acquérir et de transmettre la propriété des biens, non en ce
sens que la nature même de l'obligation consiste dans la
transmission de propriété, mais en ce sens, que cette
transmission est un des effets que l'obligation produit ou
peut produire, médiatement ou immédiatement. (M. Demante.)

Le titre des contrats est divisé en deux parties principales : l'une traite de la manière dont se forment les obligations, l'autre de la manière dont elles s'éteignent. En tête,
sont des dispositions générales dans lesquelles le législateur
donne d'abord les définitions communes à tous les contrats.

Le mot *contrat* a deux acceptions différentes, il est souvent
employé, dans l'usage, pour désigner l'acte ou l'instrument
dans lequel sont couchées les conventions qui ont été rédigées ou par un notaire ou sous seing privé. (Encycl. mod.)

Ainsi un particulier dit de la grosse ou de l'expédition
qui lui a été délivrée par le notaire, que c'est son contrat.
(M. Massé.) *Contrat, obligation* se disent de l'acte ou de
l'instrument par une sorte de métonymie, le contenant pour
le contenu (1).

L'art. 1101 du Code civil définit le mot *contrat* dans le
véritable langage de la loi.

Le mot *obligation* désigne à la fois et les devoirs de l'accomplissement desquels on n'est comptable qu'à sa conscience
ou à l'opinion publique, et les devoirs que l'on peut être
forcé de remplir. C'est de l'obligation prise en ce dernier
sens qu'il s'agit au Code civil, livre 3, titre 3.

Le mot *convention* est synonyme de *contrat*, lorsqu'il
désigne l'engagement par lequel une ou plusieurs personnes
s'obligent envers une ou plusieurs autres, à donner, à faire

_____

(1) Un contrat qui serait gâté, rongé ou altéré par vétusté ou autre
cause de cette nature, n'en ferait pas moins foi, s'il se trouvait sain et
entier aux endroits substantiels (Dénisart.)

ou à ne pas faire quelque chose ; mais il a une signification plus générale. Quant au mot *pacte*, il exprime absolument la même idée que le mot *convention ;* et par conséquent il est, sous ce rapport, synonyme de *contrat*. (Encycl mod.)

On distingue dans les contrats trois différentes choses : celles qui sont de l'essence du contrat , celles qui sont seulement de la nature du contrat , et celles qui sont purement accidentelles au contrat.

Une division des contrats que le Code ne consacre pas textuellement, est en contrats *réels* et contrats *consensuels*. Les contrats réels sont ceux où il est nécessaire qu'il intervienne , outre le consentement , la remise , livraison ou tradition de la chose : tels sont les contrats de prêt d'argent , de prêt à usage , de dépôt , de nantissement, etc. Les contrats consensuels sont ceux qui se forment par le seul consentement des parties , tels que la vente , le louage , le mandat , etc. (Pothier , n° 10.)

On divise encore les contrats en *solennels* ou authentiques , et en *non solennels*. Les premiers sont les contrats qui ne sont valables qu'autant qu'ils sont faits par actes passés devant les officiers publics compétents et avec toutes les solennités requises. (V. le Code civil, art. 1347, 931 , 1394 et 2127.) Les contrats non solennels sont ceux qui n'ont pas besoin d'être constatés par des actes authentiques, et que la loi n'a assujettis à aucune formalité particulière.

Enfin , on divise les contrats en contrats *nommés* et contrats *innommés*, en *principaux* et en *accessoires*.

Il ne s'agit dans l'art. 1110 que de l'erreur de fait, et non de l'erreur de droit qui , en général , ne relève personne d'une obligation dont elle aurait été le motif. A l'égard de l'erreur de fait , l'art 1110 ne donne que des décisions très générales ; il faut voir ce que Pothier en dit. (Maleville.)

En lisant l'art. 1119 , il est bien sensible que si je stipule avec vous pour un tiers, ce tiers n'est pas obligé à tenir ce que j'ai stipulé pour lui ; que vous-même n'êtes pas obligé envers lui, puisque vous n'avez pas contracté ensemble ; et enfin , que je ne suis pas moi-même obligé , puisque je n'ai pas entendu le faire. Il faut pourtant avouer qu'il serait bien extraordinaire que je promisse quelque chose pour un autre , sans prétendre m'obliger à rien personnellement et sans avoir aucun mandat de sa part , ni aucun intérêt de la mienne : aussi présume-t-on facilement que celui qui s'est obligé ainsi pour un autre, a entendu se porter fort pour lui et se rendre ainsi garant de l'exécution de l'obligation, quoique cela ne soit pas nommément exprimé dans l'acte ; et dans ce cas l'obligation est très valable. Il faut voir, sur tous ces cas bizarres, Pothier, depuis le n. 53 jusqu'au 84. (Maleville.)

On peut se porter fort pour un tiers, en promettant le fait de celui-ci. (C. C. 1120.)

L'engagement ne manque pas de lien ; car si le tiers n'a pu être lié par la volonté de celui qui s'est porté fort, ce dernier l'est du moins envers celui qui a accepté son engagement. Il est tenu de procurer le fait du tiers ; et, à défaut de le procurer, l'autre contractant a une action en dommages-intérêts contre lui.

Se porter fort pour un tiers n'est pas le cautionner, c'est seulement s'obliger de rapporter sa ratification ; en sorte que du moment où le tiers ratifie l'engagement qu'on a contracté pour lui, celui qui s'est porté fort est déchargé de toutes choses. Si cependant ce dernier avait promis de rapporter la ratification dans un certain délai, et que, ce délai expiré, il eût été mis en demeure par une sommation, ou si, même, sans qu'aucun délai eût été convenu, il eût été mis en demeure dans un temps convenable de satisfaire à sa promesse, il serait responsable du dommage qu'il aurait causé, par son retard, à l'autre contractant. P. N.

On peut se porter fort pour un mineur comme pour un majeur ; celui qui se porte fort n'est pas moins tenu personnellement à l'exécution de l'obligation. (Cass. 16 fév. 1811.)

Voici le style qu'on emploie dans les actes où une personne se porte fort pour une autre :

Fut présent M. B   , agissant au nom et comme se faisant et portant fort de M. C   , par lequel il s'est obligé de faire ratifier ces présentes, et d'en rapporter acte, à ses frais, sous trois mois, à M. N   ci-après nommé.

Si c'est un mari qui se porte fort de sa femme, on ajoute :

A l'effet de quoi, M. B   a dès à présent autorisé ladite dame son épouse, qui dès lors pourra consentir cette ratification en l'absence comme en la présence de M. B   ,

La capacité de contracter est de droit commun ; l'incapacité, au contraire, est une exception qui doit être déclarée par la loi (1123). Cette règle s'applique aux personnes mêmes qui ne jouissent pas des droits civils ; les contrats étant, en général, de droit naturel. (M. Demante.)

Les dispositions des art. 1123, 1124 et 1125 exigent quelques développements. Par exemple, le texte de l'art.

1125 ne distingue pas, à l'égard des mineurs, entre ceux qui sont en tutelle, et ceux qui sont émancipés ; cependant, il existe entre les uns et les autres de grandes différences qui sont établies par les art. 481 et suivants, 1305 et 1108.

Le négociant qui est en état de faillite ouverte peut valablement signer des billets à ordre ou lettres de change, faire des achats et ventes, ou consentir d'autres conventions. (Voir le Constitutionnel du 16 septembre 1837.)

Le Code ne parle pas non plus de la capacité ou de l'incapacité d'un prisonnier ; à cet égard, dit Ferrière, on doit se décider par les circonstances. Il est impossible, ajoute M. Massé, d'établir sur cela une jurisprudence certaine : toutefois on peut dire absolument que l'obligation faite par un prisonnier est valable. P. N. — Lorsqu'un prisonnier passe un acte, on le lui fait souscrire, et l'on mentionne, à la fin de l'acte, qu'il a été *fait et passé en la maison d'arrêt, entre les deux guichets où il a été amené comme lieu de liberté.* En effet, un arrêt du parlement de Paris, du 13 août 1722, porte « que les actes passés par les prisonniers doi- « vent être reçus entre les deux guichets comme lieu de li- « berté. »

V. l'Indicateur, au mot VIEILLESSE.

Il a été jugé qu'une convention était faite sur une *cause illicite, défendue,* lorsqu'elle contenait la garantie des faits du gouvernement dans une vente de biens d'origine nationale. (Paris, 23 janv. 1806.) De même, à l'égard d'une convention par laquelle deux personnes avaient stipulé une somme, à titre de dommages-intérêts, pour le cas d'inexécution d'une promesse de mariage. (Cass. 21 décembre 1814.) V. le C. C. 1133.

Un créancier peut requérir contre son débiteur la déchéance du terme, lorsqu'une partie quelconque des biens qui lui étaient hypothéqués, a été vendue, de telle sorte que cette portion de biens puisse être purgée de l'hypothèque. (Cass. 9 janv. 1810.) V. le C. C. art. 2131.

Le jour de l'échéance est compris dans le terme, et le paiement ne doit être exigé que le lendemain. (Pothier.)

Qui a terme ne doit rien.

Lorsque deux débiteurs s'obligent *solidairement,* la déclaration faite dans l'acte par l'un d'eux, qu'il ne fait que cautionner l'autre, et que celui-ci seul a profité de la somme prêtée, ne concerne que les débiteurs entre eux et ne déroge nullement à la solidarité. (Cass. 19 prairial an 7.)

C'est bien inutilement que, dans leurs actes, les notaires

ajoutent ordinairement à l'obligation solidaire la renonciation aux bénéfices de division et de discussion, ainsi conçue :
*un d'eux seul pour le tout , sous toutes renonciations requises
aux bénéfices de droit ;* cette formule banale n'ajoute rien
au mot *solidairement,*

La loi du 20 août 1792 avait aboli la solidarité relativement aux rentes foncières , soit qu'elle résultât de la loi ou
de la convention : ainsi, à l'égard de rentes résultantes de
titres antérieurs à cette loi, les redevables sont libres de
servir leur portion, sans pouvoir être contraints à payer
celles de leurs co-débiteurs ; ils peuvent même les racheter
divisément J. P.

M. Toullier est d'avis que les *offres réelles* peuvent être
faites par le ministère d'un notaire, en vertu de l'art. 1258,
n° 7 ; et M. Augan partageant cette opinion , en donne des
formules dans son Cours de notariat, p. 685.

Suivant une ordonnance du 3 juillet 1816, la *consignation*
doit s'effectuer à la caisse des dépôts et des consignations,
qui est tenue d'en payer les intérêts à raison de 3 pour 100,
à compter du 61ᵉ. jour de la consignation.

Lorsque le créancier arrête quelques conventions avec
son débiteur, postérieurement aux actes établissant sa
créance, il fait réserve de ses droits, actions, privilèges et
hypothèques résultants en sa faveur, soit des actes, soit des
inscriptions par lui requises, dans l'effet desquels il entend
être et demeurer conservé sans novation ni dérogation.

L'acte sous seing privé est celui qui, passé sans l'intervention d'aucun officier public, est signé seulement par les parties.

En général, on peut faire sous seing privé tous actes ,
tant civils que commerciaux, qui ne sont pas illicites, prohi-
bés par la loi, contraires aux bonnes mœurs ou à l'ordre
public, en un mot ceux auxquels la loi n'a point prescrit la
forme authentique. (V. le C. C. art. 819 , 1325 et suivants,
1582 , 1714 , 1834 et 1985.)

L'acte sous seing privé, reconnu par toutes les parties
et déposé par elles chez un notaire, devient authentique
par le seul fait du dépôt ; dès lors aussi devient valide l'hypothèque conventionnelle conférée par l'acte originairement sous seing privé. (Sirey.)

On s'oblige par un acte sous seing privé comme par un
acte authentique ; mais il y a cette différence que les actes
sous seing privé doivent être préalablement reconnus avant
qu'on puisse passer à l'exécution.

Un acte sous seing privé déposé chez un notaire par le débiteur, peut être expédié en forme exécutoire. (Cass. 27 mars 1821.)

Les notaires peuvent écrire eux-mêmes des actes sous seing privé. (Avis du cons. d'état, 26 mars 1808.)

Pour l'enregistrement. (V. ci-dev. page 67.)

La nullité de ces sortes d'actes non faits doubles, quand la loi le prescrit (1325), est couverte, lorsque l'une des parties fait signifier à l'autre son acceptation. (Toullier.)

Relativement à la mention ordonnée par l'art. 1325, s'il y a deux parties, il doit être dit *fait double*; s'il y en a trois, on dit *fait triple*, quatre, *quadruple*; cinq, *quintuple* ou *en cinq originaux*, etc. L'omission du *fait double* rend l'acte nul, quand bien même l'existence des deux originaux ne serait pas équivoque.

Les actes sous seing privé ne sont assujettis à aucune forme; les dispositions de la loi sur le notariat ne leur sont pas applicables; cependant, cette loi contient des règles, indique des précautions qu'on fera toujours bien d'observer dans les actes privés. (Id.)

Il n'est pas nécessaire que les sommes y soient mises en toutes lettres, quoique cela soit infiniment utile, et que la marche contraire puisse être dangereuse par la facilité des surcharges et des falsifications. (M. Duranton.)

Touchant les mesures métriques, voyez la loi du 4 juillet 1837.

Il est assez d'usage que la partie qui n'a pas écrit l'acte fasse précéder sa signature de ces mots : *approuvé l'écriture ci-dessus*. C'est une précaution qui peut être utile, mais la loi ne prescrit d'approbation que dans le cas de l'art. 1326. (Id.)

Quant aux testaments olographes, v. l'art. 970.

Il peut être utile de faire signer les actes sous seing privé par les personnes qui y ont été présentes. (Toullier.)

Le billet souscrit par une femme et son mari, écrit de la main de celui-ci, est nul à l'égard de la femme, s'il ne contient pas de sa main le *bon* prescrit par l'art. 1326. (Divers arrêts de cass.) — Un billet souscrit par la femme d'un laboureur, est également nul à défaut de cette mention. Cass. 22 juillet 1828.) — Cependant le défaut d'approbation ou du *bon pour* n'est pas une cause de nullité absolue : ainsi le billet ne sera pas nul si la femme reconnaît l'avoir signé en connaissance de cause, et n'allègue aucune circonstance de surprise ou d'erreur. (Cass. 13 avril 1829.)

Le défaut d'approbation de la somme en toutes lettres ou du *bon pour*, dans le cas où cette formalité est exigée par l'art. 1326, n'est pas une cause de nullité absolue. Le billet peut être réputé commencement de preuve par écrit, et autoriser les tribunaux à admettre des présomptions. (Cass. 21 mars 1832.)

Des Engagements qui se forment sans convention.—
Titre 4. — Art. 1370 *à* 1386.

Les deux exemples que le Code civil nous donne de ce qu'il appelle les *quasi-contrats*, suffisent pour en indiquer la nature et faire connaître en quoi ils diffèrent des contrats tacites. La conséquence des diverses dispositions de ce titre du Code est évidemment, comme le dit très-bien M. Toullier, « que tout fait licite quelconque de l'homme, « qui enrichit une personne au détriment d'une autre, sans « intention de la gratifier, oblige celle qui se trouve enri- « chie, de rendre la chose ou la somme tournée à son pro- « fit, et forme ce qu'on appelle improprement un *quasi-* « *contrat.* » E. M.

Il est des *quasi-délits* (1382) que la loi ne punit pas seulement par des dommages-intérêts au profit des parties lésées, mais auxquels elle applique des peines de simple police et même des peines correctionnelles. V. les art. 319, 320, 471 et suiv. du Code pénal. E. M.

Du contrat de Mariage. — Titre 5.

V. la Clef du Not., seconde partie, titre 1er.

Du contrat de Vente. — Titre 6.

V. Id. titre 2.

De l'Echange. — Titre 7.

V. Id. titre 3.

Du contrat de Louage. — Titre 8.

V. Id. titre 4.

Du contrat de Société. — Titre 9.

V. Id. titre 10.

Du Prêt. — Titre 10.

V. Id. titre 5.

Du Dépôt et du Séquestre. — *Titre* 11.

V. Id. titre 11.

Des Contrats aléatoires. — *Titre* 12.

V. Id. titre 6.

Du Mandat. — *Titre* 13.

V. Id. titre 30.

Du Cautionnement. — *Titre* 14.

V. Id. titre 7.

Des Transactions. — *Titre* 15.

V. Id. titre 27.

De la Contrainte par corps en matière civile. — *Titre* 16. — *Art.* 2059 à 2070.

La contrainte par corps est une voie d'exécution, qui consiste dans l'emprisonnement du débiteur pour le forcer à s'acquitter. La soumission à la contrainte par corps est, comme on voit, une manière d'assurer l'exécution des obligations ; ce qui, à certains égards, rattache cette matière à celle du cautionnement, aussi bien qu'à celle du nantissement et à celle des priviléges et hypothèques.

On entend par contrainte par corps en matière civile, celle qui peut s'appliquer aux Français non commerçants, pour toute autre cause qu'une condamnation criminelle, correctionnelle ou de police, et sans aucun rapport à l'administration des deniers publics. (Demante.)

Une loi récente (du 17 avril 1832) a apporté aux dispositions des Codes quelques modifications plus ou moins importantes dans les causes qui donnent lieu à cette exécution forcée.

Du Nantissement. — *Titre* 17.

V. la Clef du Not., seconde partie, titre 8.

Des Priviléges et Hypothèques. — *Titre* 18. — *Art.* 2092 à 2203.

Le régime hypothécaire a pour but de conserver les priviléges et les hypothèques, de consolider la propriété des acquéreurs, et de faciliter leur libération avec sécurité. Ses bases sont la spécialité (1) et la publicité. L'étude de la législation et des bons ouvrages sur la matière des hypothèques et des privilèges est également nécessaire aux magistrats, jurisconsultes, notaires, avoués et agents d'affaires. E. M. — La matière des hypothèques, disait M. Réal, est la plus importante de toutes celles qui devaient entrer dans le Code civil ; elle intéresse la fortune mobilière et immobilière de tous les citoyens, etc.

Le titre des privilèges et hypothèques est divisé en dix chapitres. Le privilège est organisé dans le chapitre 1er. — Un esprit d'analyse et de méthode a amené une distinction au moyen de laquelle on peut aisément se former des idées justes sur cette partie de la loi.

Il existe un privilège sur les meubles et les immeubles, dont les art. 2104 et 2105 ne font pas mention, c'est celui qui résulte de la demande en séparation de patrimoine.

Par l'acceptation pure et simple d'une succession, les biens personnels du défunt et ceux de l'héritier se trouvent confondus et ne forment plus qu'un seul et même patrimoine, ce qui donne sans doute aux créanciers du défunt le droit de se faire payer indistinctement sur tous ces biens ; mais précisément ce qui donne aussi le même droit aux créanciers de l'héritier, puisqu'ils sont dans le même cas. (C. C. 2092 et 2093.) On sent d'après cela qu'il pourrait facilement arriver que les créanciers du défunt, qui auraient pu être payés en totalité avec les biens de leur débiteur s'ils eussent été seuls, ne le seraient peut-être pas étant en concours avec les créanciers de l'héritier, quoique la masse des biens se trouve augmentée de ceux de ce dernier. Par exemple, si le défunt avait 1000 francs d'actif, et seulement 500 francs de passif, et l'héritier un actif de 1000 francs, mais 2500 francs de passif, il est clair que le concours de tous les créanciers sur la masse totale des biens, ou 2000 francs, ne laisserait à ceux du défunt que le sixième de cette masse, ou 333 francs 33 centimes pour leurs 500 francs de créances ; tandis que sans la confusion ils auraient été payés intégralement, en laissant encore 500 francs de biens libres aux mains de l'héritier. C'est pour prévenir ce résultat injuste que les lois ont introduit

(1) Suivant les anciennes lois, en France, les actes notariés emportaient de plein droit l'hypothèque sur tous les biens immeubles, présents et à venir, de l'obligé ; et c'est ainsi que cette hypothèque doit subsister pour les obligations contractées avant le Code civil, tant qu'elles n'auront pas été acquittées ou éteintes. G.

le bénéfice de la séparation des patrimoines, qui a pour effet essentiel d'empêcher la confusion dont nous venons de parler, et ses conséquences; car le défunt n'a transmis ses biens que sous l'obligation d'acquitter ses dettes, et l'héritier ne les a recueillis que sous la déduction fictive de ces mêmes dettes. Les créanciers ont contracté avec le défunt, et non avec son héritier : son patrimoine doit donc spécialement répondre de ses engagements à leur égard. (Cours de droit français, t. 7, p. 653 et suiv.)

Le chapitre 2 s'explique sur les hypothèques. On trouve la définition de ce mot dans l'art. 2114.

Des lois spéciales, et notamment celle du 5 septembre 1807, ont déterminé les mesures à prendre pour la conservation et l'exercice des droits privilégiés et hypothécaires de l'État sur les biens du comptable. Plusieurs décrets et statuts de 1808, 1809 et 1810, ont réglé les formalités hypothécaires relatives aux majorats. E. M.

Les biens d'un majorat ne sont pas susceptibles d'hypothèque. (Décret du 1er mars 1808.)

Du Mode de l'inscription des privilèges et hypothèques. — 2146 — 2156.

L'inscription hypothécaire est la déclaration que fait un créancier sur un registre public, de l'hypothèque qu'il a sur les biens de son débiteur ; cette inscription est une formalité que la loi a établie pour donner le moyen de connaître les privilèges et les hypothèques dont les immeubles d'une personne sont grevés.

On nomme bordereau d'inscription l'état des créances hypothécaires qui appartiennent à un individu contre un autre individu, et à raison desquelles on requiert l'inscription de l'hypothèque sur les biens affectés. R. N.

Le créancier peut rédiger ses bordereaux lui-même ou les faire rédiger par qui bon lui semble ; et c'est parce que le créancier peut les faire lui-même, qu'il ne peut répéter contre le débiteur les honoraires qu'il aurait payés pour la confection des bordereaux. (C. C. 2148, 2155 ; MM. de Villargues, Rogron, etc.)

Nonobstant le changement de timbre, un bordereau peut être mis à la suite d'une grosse écrite sur d'ancien papier timbré. J. E.

Il est inutile que les bordereaux soient datés et signés du requérant, le Code ne l'exige pas. D. E. — Toutefois, cette formalité, si elle était prescrite, aurait le double avantage d'indiquer indubitablement la personne qui requiert une mesure quelquefois inutile et dommageable, et d'empêcher les conservateurs de grever à leur gré les propriétés immobilières. R. N.

Les tiers qui font la représentation du titre au nom du créancier, n'ont pas besoin d'une procuration expresse ; le titre suffit pour justifier leur mandat. D. E.

Le conservateur n'a pas le droit de vérifier l'exactitude des bordereaux en les comparant aux titres, il n'est pas juge de la validité des pièces. D. E.

Ils ne peuvent se dispenser de faire les inscriptions requises, lors même que les bordereaux présenteraient des nullités. C. C. 2199.

Une inscription qui contient des erreurs et des omissions, ne peut être réparée qu'en faisant une nouvelle inscription.

Pour conserver son privilège, il importe de se conformer exactement aux dispositions de l'art. 2113 du Code civil.

Lorsqu'un créancier hypothécaire, inscrit en premier ordre, acquiert l'immeuble grevé, la confusion qui s'opère de sa qualité de débiteur du prix avec celle de créancier, ne le dispense pas de renouveler personnellement son inscription pour conserver son rang. (C. C. 2154, et arrêt de cass. du 5 février 1828.)

L'omission des formalités substantielles prescrites par l'article 2148 entraîne la nullité de l'inscription. (Voyez M. Rogron.)

Est valable l'inscription prise au profit d'une succession sous la dénomination collective de *succession d'un tel*, sans désignation individuelle des héritiers. (Cass. 1829.)

Lorsque l'immeuble a passé entre les mains d'un tiers détenteur, c'est toujours contre le débiteur originaire que l'inscription doit être formée, et non contre le débiteur actuel (Cass. 27 mai 1816), à moins que le créancier ait accepté de celui-ci un titre nouvel. — Cependant, M. Maleville disait que, dans le n° 2 de l'art. 2148, on suppose que le débiteur est possesseur : que s'il avait vendu la chose, ce serait contre l'acquéreur et non sur le débiteur que l'inscription devrait être prise ; que cela a été ainsi jugé par arrêt de la section des requêtes du 13 thermidor an 12.

Il faut surtout avoir soin de dénommer l'acte en vertu duquel l'inscription est prise ; de dire si c'est une vente, une obligation, un partage, une constitution de rente, un bail, un cautionnement, si c'est un jugement, et par quel tribunal il a été rendu ; si c'est un contrat devant notaire , par quel notaire a été reçu ce contrat. P. N.

Une inscription prise le 29 juin 1825, peut être renouvelée le 29 juin 1835 (Cass. 5 avril 1825), et je pense qu'une inscription prise le 28 février d'une année qui ne serait pas bissextile pourrait être utilement renouvelée le 29 février de la dixième année qui se trouverait être bissextile. L. D.

Personne ne doit perdre de vue la disposition de cet article. On peut bien prendre une nouvelle inscription après les dix années révolues ; mais comme on a perdu son rang, il peut arriver que l'inscription ne soit d'aucune utilité.

Lorsqu'un acquéreur a payé un créancier hypothécaire de son vendeur, inscrit sur l'immeuble acquis , et que par là il se trouve subrogé aux droits du créancier, il n'en résulte pas que l'hypothèque soit éteinte par la confusion , et l'acquéreur n'est pas dispensé de renouveler l'inscription à l'égard des autres créanciers hypothécaires. Toutefois le créancier hypothécaire qui se rend adjudicataire de l'immeuble grevé, est dispensé de renouveler son inscription dans les dix ans, pour conserver son rang , surtout si sa créance absorbe tout le prix. (Cass. 7 juill. 1829.)

L'inscription de renouvellement doit contenir les énonciations qui sont requises pour opérer la première suivant l'art. 2148 ; il est prudent de suivre en cela la doctrine de MM. Merlin et Grenier. (V. cependant deux arrêts de cass. des 16 mars 1820 et 22 fév. 1825.)

Dans les cas de renouvellement, le créancier doit toujours représenter son titre au conservateur , à moins qu'il ne s'agisse du renouvellement de l'inscription d'une créance antérieure à l'an 7 : car alors il n'est pas nécessaire de représenter le titre constitutif de l'hypothèque. (Cass. 14 avril 1817.)

Cependant , une cour royale a jugé depuis qu'il n'est pas nécessaire, pour renouveler l'inscription d'une hypothèque antérieure ou postérieure à l'an 7, de représenter au Conservateur le titre de créance.(Paris, 27 décembre 1834.)

La règle posée par l'art. 2148 du C. C., admet plusieurs exceptions. Ainsi, 1°. L'art. 40 de la loi du 11 brumaire an 7, a dispensé de la représentation au conservateur tous les titres ayant une date antérieure à la publication de cette loi. 2°. La représentation des titres n'est point prescrite pour les inscriptions d'hypothèques légales (C. C. 2153). 3°. Cette formalité n'est pas non plus nécessaire pour l'inscription requise par les agents et les syndics de la faillite , en exé-

cution de l'art. 500 du C. de commerce. 4°. La représentation des titres n'étant point prescrite par l'art. 2154 du C.
C. quant au renouvellement des inscriptions, la cour royale de
Paris a décidé, le 27 décembre 1831, que, dans ce cas, les conservateurs ne sont pas fondés à l'exiger : en conséquence,
ces préposés *peuvent se dispenser* de se faire représenter
les titres de créance, quelle que soit leur date, pour opérer les renouvellements d'inscriptions de toute nature.
(Inst. de la Régie, 2 avril 1834.)

L'inscription de renouvellement doit relater la première.
(Bordeaux, 17 mars 1828.) Cette mention peut se faire, soit
en tête, soit dans le corps du bordereau : elle doit comprendre la date, le volume et le numéro de l'inscription qu'on
veut renouveler.

*Modèle d'un bordereau d'inscription de privilège résultant de vente
ou de partage (1).*

Inscription de droit de privilège est requise,
Au profit de M. Charles Letellier, marchand quincaillier, demeurant
à Paris, rue   , n°   pour lequel domicile est
élu en sa demeure (ou en la demeure de M°.   , avoué à
Paris, rue   n°   ).
Contre M. Louis Richard, propriétaire, n'exerçant aucune profession
(ou n'ayant aucune profession connue), demeurant à Paris, rue   ,
n°
En vertu d'un contrat de vente passé devant M°.   , qui en
a la minute, et son collègue, notaires à Paris, le   , enregistré
le
Ou bien : D'un partage passé, etc.
A fin de sûreté et de paiement des créances dont le bordereau suit :
1°. 20,000 francs formant le prix principal de la vente contenue au
contrat ci-dessus énoncé, exigibles, savoir : 10 000 francs le 1er. janvier 1838, et 10,000 francs le 1er. janvier 1839 ; ci : 20,000 fr.   »»   c.
2°. 8,000 francs, capital non exigible, mais néces-
saire pour le service d'une rente viagère de 400 francs
stipulée payable annuellement le 1er janvier, au requérant, pendant sa vie, suivant le même contrat; ci.   8,000   »»
3°. Intérêts (2) échus et à échoir dudit prix principal, et arrérages de ladite rente viagère aussi tant
échus qu'à échoir. . . . . Mémoire.
4°. Frais, mises d'exécution et loyaux coûts s'il y a

(1) D'après la forme des premiers registres que la Régie a fournis aux
conservateurs.
(2) Il n'est pas nécessaire de fixer les intérêts, puisque le vendeur est
privilégié non seulement pour le prix, mais encore pour tous les intérêts. J. P. Toutefois, lorsqu'il y a des intérêts échus, il faut les préciser
et les porter hors ligne, afin que le conservateur puisse percevoir le
droit proportionnel sur leur montant, autrement il percevrait sur
deux années, aux termes d'une décision du ministre des finances, du
10 septembre 1823.

D'autre part. . . . . 28,000 fr. »» c.
lieu. . . . . Indéterminés

TOTAL des créances déterminées. . . . . 28,000 fr. »» c.

Sur une maison située à Paris, rue   n°.   , bâtiments,
cour et terrain en dependants, t. d. c. à   , d. c. à   , d. b.
à la rue, d. b. à

Laquelle maison a été vendue par M. Letellier à M. Richard, suivant
le contrat ci-dessus énoncé.

Modèle d'un bordereau d'inscription d'hypothèque.

Inscription de droit d'hypothèque est requise
Au profit de M.   qui élit domicile chez M.
Contre M.   , (*ou* contre la succession et les héritiers de
M.   )
En vertu d'une obligation passée, etc.
Ou d'un jugement contradictoire rendu par le tribunal de première
instance séant à   , le   , à fin de sûreté des
créances dont le bordereau suit :
1°. 6,000 francs montant de ladite obligation (ou principal des condamnations prononcées par ledit jugement) maintenant exigibles
(ou exigibles le   ), ci . . . . 6,000 fr. »» c.
2°. 900 francs pour l'année courante , et deux
autres années à échoir des intérêts de la dite somme,
à raison de cinq pour cent par an, sans retenue, payables annuellement le   , ci . . 900   »»
3°. Frais, mises d'exécution et loyaux coûts s'il y a
lieu. . . . . .Mémoire

TOTAL des créances déterminées . . . 6,900 fr. »« c.

Sur une maison et un jardin situés à   , etc.
(*Ou si l'hypothèque résulte d'un jugement* , sur tous les immeubles
actuels dudit sieur   , et sur ceux qu'il pourra acquérir par
la suite.)

Modèle d'un bordereau d'inscription d'hypothèque légale d'une femme.

Inscription de droit d'hypothèque légale et générale est requise au
profit de dame   , épouse de M   , demeurante avec
lui à   pour laquelle domicile est élu en la demeure
de
Contre ledit sieur   , son mari.
En vertu de son contrat de mariage passé devant, etc.
A fin de sûreté de ses reprises et créances matrimoniales, *indéterminées.*
Sur tous les biens immeubles, présents et à venir de son mari.

Modèle d'un bordereau d'inscription d'hypothèque légale résultante d'une tutelle.

Inscription , etc., par M. A.   , au nom et comme subrogé-
tuteur de   , mineur, sous la tutelle de M. B.   ; pour

lequel mineur domicile est élu en la demeure de   , contre
ledit sieur B   pour sûreté des sommes qu'il doit ou pourra
devoir audit mineur, à raison de sa tutelle , *indéterminées*, sur tous
les immeubles présents et à venir de M. B.

Bordereau pour inscription du privilège de la séparation des
patrimoines.

Inscription du droit de privilège qu'a M. B   , de deman-
der la séparation du patrimoine de feu M. C   , à l'é-
gard des créanciers personnels de ses héritiers;
   Est requise par le sieur B   , qui élit domicile en la demeure
de
   Contre la succession de M. C
   En vertu de , etc.
   A fin de sûreté , etc.
   Sur les biens immeubles dépendants de ladite succession.
   Nota. On peut former cette inscription en vertu d'un simple billet ;
elle doit être faite dans les six mois du décès. (C. C. 878 et 2111.)

Bordereau de subrogation.

   M. A   , pour lequel domicile est élu en la demeure
de
   Au nom et comme subrogé aux droits de M. B   , suivant
transport passé devant , etc.
   Requiert contre M. C   (débiteur) ,
   A fin de sûreté et de paiement, 1°. etc.
   La mention sur les registres du conservateur, de la subrogation
opérée par ledit transport dans l'effet de l'inscription prise au bureau
des hypothèques de   , le   , vol.   ,
n°.   , au profit de M. B   , contre M. C
sur une maison située à   etc.

   Quand une inscription n'est point fondée ou n'a plus
d'objet , attendu l'extinction du privilège ou de l'hypothèque , soit par le remboursement de la créance , soit par
toute autre voie légale , la radiation doit en être consentie
ou , à défaut de consentement , ordonnée en justice, E. M.
V. le C. C. 2157 à 2165 et la Clef du not. 2ᵉ partie , titres
14 et 15.
   L'acquéreur à titre onéreux ou gratuit a le choix de
laisser les héritages empreints des hypothèques qui y ont
été établies, ou de les en purger, c. à d. de les détacher de
l'immeuble, et de les convertir en actions sur le prix. Au
1ᵉʳ cas, le droit de suite des créanciers reste dans toute sa
force, et l'acquéreur peut être contraint au paiement de
toutes les créances, si mieux il n'aime abandonner l'immeuble aux créanciers, en observant les règles prescrites
par l'art. 2172 et suivants. Au 2ᵉ cas, l'acquéreur doit
faire transcrire son contrat au bureau des hypothèques, et
se conformer aux règles indiquées dans le chap. 8.
   Quant à la disposition finale de l'art. 2167 , il ne faut

pas confondre le cas qu'il prévoit avec celui des art. 2183 et 2184, où l'acquéreur veut au contraire purger les hypothèques. (Maleville.)

Les ventes ou autres actes translatifs de propriété n'attribuant au nouveau possesseur que les droits de l'ancien propriétaire sous l'affectation des priviléges et hypothèques dont les biens sont grevés, il a été pourvu à ce que l'acquéreur ou autre tiers détenteur pût les affranchir des charges hypothecaires. Tel est l'objet de la transcription prescrite par l'art. 2108. Les art. 2181 et suivants déterminent les formalités qu'il est nécessaire d'observer. Les nouveaux possesseurs qui peuvent purger les hypothèques sont l'acquéreur, l'échangiste, le donataire ou légataire particulier. E. M. (1)

Un arrêté du conseil d'état, du 3 floréal an 13, a décidé qu'on peut faire transcrire un acte de vente fait sous seing-privé, et enregistré, quoique les signatures n'en aient pas encore été avérées.

D'après la disposition de l'art. 2196 du Code, on ne peut empêcher les curieux, intéressés ou non, d'apprendre au juste la position des familles qui peuvent exciter leur haine ou leur envie ; mais comme le conservateur ne peut pas distinguer le motif, l'article était nécessaire. (Maleville.)

Dans la délivrance des états d'inscription, les conservateurs doivent se conformer à la volonté clairement manifestée par les parties requérantes ; D. F. 8 mai 1822. — De là ils sont tenus d'obtempérer aux demandes d'états partiels ou supplémentaires d'inscriptions prises contre un débiteur. On appelle *états partiels* ou *supplémentaires* ceux qui se délivrent pour constater les inscriptions survenues d'une époque à une autre, contre une personne et sur un immeuble désigné, à la différence des *états nominatifs* qui comprennent toutes les inscriptions dont un individu se trouve grevé. R. N.

Relativement aux droits d'hypothèques et aux salaires des conservateurs, voyez la Clef du Notariat, page 75.

Tout est de rigueur en matière d'hypothèque, et les conservateurs sont assujettis à une grande responsabilité dont l'étendue est déterminée dans les art. 2196 et suivants.

_____

(1) A l'égard des héritiers et légataires universels, qui se trouvent personnellement obligés, comme représentant le défunt, la transcription n'aurait pas l'effet de les soustraire au paiement des dettes de la succession. E. M.

Voyez l'art. 834 du Code de procédure civile, et la Clf du Not. seconde partie, titre 2.

Pour purger les hypothèques légales non inscrites des femmes, des mineurs et des interdits, il faut remplir les formalités prescrites par les art. 2193 et suivants.

Les mêmes articles expliquent ce qu'on doit faire pour conserver l'effet de l'hypothèque légale, et pour venir en ordre utile dans la distribution du prix des ventes. E. M.

De l'Expropriation forcée et des ordres entre les créanciers. — Titre 19. — Art. 2204 à 2218.

Il s'agit, dans ce titre, de ce qu'on appelait autrefois *saisie réelle* et *instance d'ordre et de distribution*.

La plus importante de toutes les contraintes sur les biens est celle des immeubles. Les immeubles forment en effet la base de toutes les fortunes, et c'est la raison pour laquelle le législateur a multiplié, peut-être à l'excès, surtout en France, les formalités suivant lesquelles le créancier saisissant parvient à effectuer par cette voie l'expropriation de la chose saisie.

Le Code civil appelle *expropriation forcée* ce que le Code de procédure nomme *saisie immobilière*. Cette saisie peut se définir « l'acte par lequel un créancier, porteur d'un « titre exécutoire, fait mettre l'immeuble de son débiteur « sous la main de la justice, pour le faire vendre par expro-« priation, afin d'acquitter la dette. » Le Code civil déter-mine les caractères qui les soumettent à cette voie d'exé-cution ; et le Code de procédure indique les personnes qui peuvent ou contre lesquelles on peut l'employer. E. M.

L'adjudication sur expropriation forcée n'a pas l'effet de purger les hypothèques, pas plus que les ventes volontaires; ainsi l'adjudicataire n'est pas dispensé de faire transcrire. (Cass. 22 juin 1833, chambres réunies.)

Pour l'ordre et la distribution par contribution, voyez la Clef du Not., Seconde partie, titre 13.

De la Prescription. — Titre 20. — Art. 2219 à 2281.

L'art. 2219 définit la prescription.

On peut aussi la définir « un moyen d'acquérir ou de se « libérer, sans être tenu de produire un titre établissant la « propriété ou la libération, et par le seul effet de la posses-« sion pendant un laps de temps déterminé. »

La prescription est d'ordinaire peu favorable, et cepen-dant les jurisconsultes l'appellent *la patronne du genre humain*. Ces deux idées contradictoires sont faciles à con-

8

cilier. Dans une foule de circonstances particulières, la prescription est accueillie avec peu de faveur, parce qu'elle sert à repousser des réclamations légitimes, et peut devenir ainsi l'auxiliaire de la mauvaise foi : mais, en général, l'usage de la prescription peut être utile, en ce qu'elle consolide les droits sanctionnés par le temps, et qu'il serait quelquefois difficile de justifier par des titres. Au moyen de la prescription, les propriétés ne sont pas trop long-temps incertaines, puisque l'ancien possesseur est considéré comme légitime propriétaire, (Encycl. mod.)

On distingue deux sortes de possessions, la possession naturelle, et la possession civile. La possession naturelle est la détention actuelle de la chose, avec l'intention d'en jouir comme maître ; car sans cette intention, il n'y a pas de possession véritable. La possession civile consiste dans l'intention seule de posséder, quoiqu'on ne détienne pas actuellement la chose : telle est celle d'un homme qui a cultivé un fonds, et le laisse reposer ensuite, mais avec l'intention d'en jouir encore. On ne peut pas acquérir la possession par l'intention seule, mais on peut la conserver par cette seule intention. Si, par exemple, un homme jouit d'un fonds pendant un an, qu'il le laisse ensuite quelques années, et en jouisse encore, il est censé l'avoir possédé pendant tout l'intervalle. (Maleville.)

La possession naturelle se conserve par ses vestiges, par les ruines d'un bâtiment, d'un aqueduc. (Dunod.)

SECONDE PARTIE.

INTRODUCTION.

§ 1^r. Devoirs de ceux qui se destinent au Notariat.

En ouvrant cette seconde partie, les jeunes gens studieux devront avoir continuellement sous la main les divers Codes, pour y lire, à mesure, les articles cités dans le cours de cet ouvrage, où n'ont été mentionnés que les numéros de ces articles, jamais le texte, non-seulement dans le but d'économie signalé dans la préface, mais encore afin que, forcés de recourir aux Codes, à tout moment, les étudiants s'en gravent profondément dans la mémoire les principales dispositions.

Souvent les clercs dressent et font signer les actes aux parties, en l'absence du notaire. Il n'arrive pas d'exemple qu'on abuse de cette facilité, et c'est sans doute la raison pour laquelle cet abus est toléré. Lors donc qu'il se présente des personnes dans l'étude pour y passer un acte, le premier clerc, ou à son défaut le second, doit 1°. s'assurer si toutes les parties sont habiles à faire le contrat dont il s'agit, en examinant leur capacité de contracter, sous le rapport des personnes, des choses et de la nature du contrat ; 2°. et après s'être convaincu de l'identité et de la capacité des parties, se faire instruire par les unes et les autres de toutes leurs intentions, puis rechercher quelles sont les formalités requises pour la validité du contrat.

Avant de rédiger les minutes, les jeunes élèves feront bien d'en dresser d'abord des projets, s'ils en ont le loisir, notamment lorsque les actes doivent être compliqués, et mériter une attention soutenue sur quantité d'objets, dont plusieurs pourraient échapper aux rédacteurs sans cette précaution. On fait presque toujours des projets quand il s'agit de transactions, partages, liquidations, contrats de mariage.

Dans toutes les conventions, le notaire doit éclairer les

contractants sur les effets qu'elles doivent avoir, ou les prévenir qu'elles ne rempliront pas l'objet qu'ils se proposent ; il maintient la droiture des consciences et des intentions, par le soin qu'il prend à ne donner aux engagements que les liens de la justice, et à prévenir l'inconvénient de recourir à la loi pour assigner la valeur des stipulations, lorsque la volonté des parties eût pu être législative. Ces devoirs lui sont commandés plus spécialement, lorsque l'une des parties a sur l'autre l'avantage de l'esprit, de l'éducation, du rang ou d'une supériorité quelconque : dans aucun cas, le notaire ne rédige rien qu'après avoir discuté pour celui qui en est incapable, ou qui n'a ni assez de conception, ni assez de fermeté pour régler ses droits et sa conduite. E. M.

§ 2. Division et classement des actes.

En général, on appelle *acte*, tout ce qui se dit, se fait ou s'écrit ; et, dans un sens restreint, l'écrit qui constate qu'une chose a été dite, faite ou convenue.

Les actes se divisent d'abord en *actes authentiques* et en *actes privés*.

Un acte est dit *authentique*, d'après l'étymologie grecque, parce qu'il a un auteur certain, par conséquent une autorité.

Les actes authentiques appartiennent à l'une des quatre classes suivantes :

1°. Les actes législatifs, et ceux qui émanent du pouvoir exécutif ou gouvernement ;

2°. Les actes judiciaires ;

3°. Les actes administratifs ;

4°. Enfin les actes reçus par les notaires.

Les actes privés sont tous des écrits faits par des particuliers, sans le ministère d'aucun fonctionnaire ou officier public.

On distingue dans un acte notarié trois parties principales : 1°. le *préambule*, qui comprend l'énonciation du nom des notaires et la comparution des parties ; 2°. le *corps* de l'acte qui comprend les clauses, les conventions, etc. ; 3°. enfin la *clôture*, qui renferme toutes les mentions et énonciations que la loi requiert pour la solennité de l'acte, comme le lieu où il est passé, la date, les noms des témoins instrumentaires, la mention des signatures. R. N.

Quant au classement des actes, abandonnant l'ordre al-

phabétique de nos premières éditions (1) ; préférant , cette
fois , suivre un ordre méthodique , en observant, pour ainsi
dire , la chaîne des actes qui peuvent découler les uns des
autres ; nous avons commencé par le contrat de mariage ,
auquel , comme au centre , aboutissent tous les actes particuliers qui se passent ensuite entre les conjoints ; et terminé
par le mandat , qui peut embrasser généralement toutes les
affaires civiles et commerciales ; dont alors il est nécessaire
d'avoir des notions préalables. Partant de là , nous avons
réuni sous un même titre les actes qui sont de la même nature , et qui ont des rapports intimes entre eux : conséquemment , sous le titre du Contrat de louage , on trouvera les
diverses sortes de baux ; sous celui de la Vente , les transports , adjudications, etc.

§ 3. Du Style des actes notariés.

Le style des actes doit être concis , méthodique , simple
comme celui des lois. Les actes des notaires , disait Garnier-
Deschesnes , ne sont pas des ouvrages d'esprit et de litté-
rature ; leur mérite consiste dans la solidité , la justesse des
conventions , dans l'ordre , la clarté de leur rédaction.
Voyez page 4.

Dans les chapitres ci-après , on trouvera des instructions
sur toutes les espèces d'actes et de contrats , accompagnées
de formules , dans lesquelles on s'est attaché à suivre le
style des notaires de Paris , en ayant soin de conserver, autant que possible, les termes et les expressions qu'on trouve
dans les Codes,

Les actes étant des lois particulières , dit M. Massé, le style
qu'ils demandent est celui des lois sauf quelques modifications ; les conditions essentielles de ce style sont la clarté et
la concision.

Il est à remarquer que d'ordinaire , dans les actes notariés
on emploie d'abord le *passé* des verbes, et ensuite le *présent*;
qu'ainsi l'on commence par *furent présents* , le sieur un tel
et la dame   son épouse qu'*il autorise*, etc. ; aussitôt
après , lesquels *ont vendu* ; plus loin, les acquéreurs *reconnaissent* , *s'obligent*, *déclarent*, etc. A la clôture, on se
rend forcément à l'évidence ; on met : *fait et passé le*. . . .
et les parties *ont signé*. Y a-t-il rien de plus bizarre et de
plus inconséquent ? Pourquoi ne pas toujours employer le
passé ? Du moins, il y aurait concordance , exactitude et

---

(1) La petite table mise en tête de ce volume y suppléera.

vérité, puisqu'un acte n'est que le récit de ce qui *s'est passé*, de ce qui *a été convenu* entre les parties (1). Nous avons donc constamment suivi ce système dans nos formules que d'ailleurs nous avons restreintes plutôt que multipliées, étant intimement convaincu que c'est plus par la pratique et à force d'expédier, qu'on se forme à la rédaction. Nous nous sommes, surtout, abstenu de donner des formules d'actes longs et compliqués, qu'on a coutume de préparer d'avance. Non-seulement l'exiguïté de ce volume ne le permettait pas, mais l'on concevra l'impossibilité d'en offrir qui puissent s'appliquer à tous les actes que l'on passe devant les notaires ; on considérera encore que chaque notaire a son style particulier, et qu'il tient presque toujours à ce que ses clercs s'y conforment : or ceux-ci ne peuvent mieux faire, lorsqu'ils ont un acte difficile à dresser, que de choisir pour modèle une minute de leur étude, ou de consulter et

---

(1) Tout en ridiculisant le style des notaires de son temps, Lesage, dans sa comédie de Turcaret (Act. 4, Sc. 8), n'a pu s'empêcher d'observer notre principe.

Voici en effet la teneur de l'acte dont M. Furet fait lecture :

« Pardevant, etc., furent présents, en leurs personnes, haut et puis-
» sant seigneur, Georges-Guillaume de Porcandorf, et dame Agnès-Hil-
» degonde de la Dolinvillière, son épouse, de lui dûment *autorisée* à
» l'effet des présentes ; lesquels *ont reconnu* devoir à Éloi-Jérôme Pous-
» sif., marchand de chevaux, la somme de 10,000 livres, pour un équi-
» page fourni par ledit Poussif., consistant en 12 mulets, 15 chevaux
» normands sous poil roux, et trois bardeaux d'Auvergne, ayant tous
» crins, queues et oreilles, et garnis de leur bâts, selles, brides et licols...
» Au paiement desquelles 10,000 livres lesdits débiteurs *ont obligé, affecté*
» *et hypothéqué* généralement tous leurs biens présents et à venir, sans
» division ni discussion, renonçant auxdits droits ; et pour l'exécution
» des présentes, *ont élu* domicile chez Innocent-Blaise Le Juste, ancien
» procureur au Châtelet, demeurant rue du Bout-du-Monde. Fait et
» passé, etc. »

Si l'on veut ouvrir la *Vraie Pratique des Notaires du Chastelet de Paris, ou le véritable formulaire* (imp. en 1666), on verra que notre principe y est observé.

Par exemple, *au contract de vendition*, on lira :

Lesquels ont reconnu et confessé avoir vendu, etc., à Godegrand, et Nicole sa femme, *de lui autorisée* ;

Lesquelles deux sommes les vendeurs *ont reconnu et confessé avoir eues et receuës* des acquéreurs, *qui leur ont icelles baillées*, etc., dont iceux vendeurs *se sont tenus* contents.

Iceux vendeurs *ont baillé et mis ès-mains des acquéreurs, les titres*, etc.

Ont cédé et transféré aux acquéreurs tous droits de propriété, etc., *dont ils se sont dessaisis, desmis et desvestus.*

Iceux vendeurs *ont fait et constitué....   auquel ils ont donné pouvoir.*

prendre pour guide le Parfait Notaire, sixième édition.

§ 4. Formes dans lesquelles les actes se reçoivent.

Les actes des notaires sont distingués sous différentes formes. Quelquefois on ne procède à leur rédaction que s ir des projets; plus souvent on les rédige tout de suite en minutes; dans certains cas, on les délivre en brevets. Leurs copies sont nommées *expéditions, grosses, extraits, copies collationnées, ampliations*.

On peut délivrer des expéditions ou extraits de tous les actes que passent les notaires.

Les parties qui ont voulu lire le projet de leurs conventions avant de les arrêter, doivent, lorsqu'elles sont prêtes à signer l'acte, avoir l'attention d'examiner s'il est conforme au projet qu'elles ont lu; car l'acte étant une fois parfait par la signature de tous ceux qui devaient le souscrire, il n'est plus au pouvoir des contractants de demander la représentation du projet. Le notaire a dû dès lors le regarder comme inutile, il a pu le déchirer, et il est dispensé de le représenter, conformément à un arrêt rapporté par Bouchel, *v°*. Notaires.

(*Nota*. J'appelle *projet*, la rédaction préparatoire d'un acte sur papier libre. Jusqu'à présent on n'avait pas encore défini exactement ce mot.)

Les notaires, en recevant un acte, et avant de parler des parties qui comparaissent devant eux, doivent d'abord énoncer leurs noms et le lieu de leur résidence.

Cela étant fait, on doit exprimer dans l'acte les prénoms et noms de famille des parties contractantes, leurs surnoms si elles en ont, leurs titres ou qualités, le lieu de leur domicile.

Si c'est une femme qui contracte, elle doit être assistée ou autorisée de son mari, soit par l'acte même, soit par un acte séparé. S'il y a un mandataire ou procureur constitué de la part de l'une ou de l'autre des parties, il faut énoncer la procuration et même l'annexer à l'acte, à moins que le notaire qui l'a reçue et qui passe l'acte en conséquence n'en ait gardé minute par-devers lui.

Après avoir examiné les noms, les qualités et les demeures des parties, les notaires rédigent leurs engagements ou leurs dispositions, et l'acte se termine par l'indication du lieu et la date du jour dans lequel il est passé.

Ensuite le notaire lit l'acte aux parties. Celles-ci, et les témoins s'il y en a, le signent, ou déclarent ne

pouvoir ou ne savoir signer; et les signatures des deux notaires, ou du notaire et des deux témoins, achèvent de
donner à l'acte toute sa perfection.

Les actes doivent être écrits d'une manière correcte et
lisible; et il est défendu d'y employer aucune abréviation,
surtout à l'égard des sommes et des noms propres.

Les notaires ne peuvent y insérer aucune clause qui en
augmente ou diminue la teneur, que du consentement des
parties. (Ordonn. de François 1er., 1535.)

§ 5. Formalités des actes.

Dans les actes notariés, on distingue deux sortes de formalités : celles qui sont *intrinsèques*, et celles qui sont
extrinsèques.

Les formalités *intrinsèques* consistent dans des mentions,
des énonciations, qui tiennent à la nature même de l'acte,
et sont essentiellement nécessaires pour lui imprimer le
caractère de l'authenticité.

Les formalités *extrinsèques* sont celles qui, par elles-
mêmes, ne sont pas absolument nécessaires pour la perfection de l'acte, et qui ne sont exigées par le législateur
que pour des motifs de fiscalité, ou pour assurer l'exécution
d'un acte contre des tiers qui n'y auraient pas été présents,
et à qui cette exécution pourrait porter préjudice. Telles
sont les formalités relatives à l'usage du papier timbré, à
l'enregistrement de l'acte, à son inscription ou à sa transcription. Il est évident que ces formalités ne tiennent pas à
la nature même de l'acte, que ce n'est qu'accidentellement
et pour des causes particulières qu'elles sont prescrites;
que, sans elles, l'acte ne jouirait pas moins de tout ce qui
constitue sa nature. (M. Loret. Éléments de la science no-
tariale.)

TITRE PREMIER.
DU CONTRAT DE MARIAGE.

Le terme de *contrat de mariage* est pris, tantôt pour le
mariage même, c'est-à-dire pour l'acte par lequel les parties conviennent réciproquement, devant l'officier de l'état
civil, de se prendre pour époux; et tantôt pour l'acte qui

contient les conventions particulières que font entre elles les personnes qui, étant sur le point de se marier, ne jugent pas à propos d'adopter purement et simplement le régime en communauté auquel elles seraient assujetties à défaut de contrat. C'est dans ce dernier sens qu'il en est ici question.

SOMMAIRE DE LA LOI.

Code civil.

DU CONTRAT DE MARIAGE ET DES DROITS DES ÉPOUX.

Dispositions générales.

SECTION PREMIÈRE,

DU CONSENTEMENT A MARIAGE.

L'art. 73 du Code civil détermine la forme du consentement à mariage, et les art. 148 et suivants indiquent le cas où ce consentement est nécessaire.

L'acte de consentement doit être passé devant notaires, et ordinairement on le délivre en brevet.

Il est convenable de désigner dans l'acte la personne avec laquelle on consent que le fils ou la fille contracte mariage; mais la loi ne l'exige pas, et la plupart des auteurs sont d'accord qu'un consentement où le nom du futur conjoint n'est pas rempli, est valable. R. N.

M. Duranton est d'avis qu'il est nécessaire que l'acte indique spécialement la personne que l'enfant doit épouser; il fonde son opinion sur une loi romaine.

Nous pensons que, s'il ne se trompe à cet égard, il se trompe, du moins, quand il ajoute :

« Que la loi n'ayant pas défendu aux notaires de recevoir « l'acte portant consentement dans lequel l'ascendant « laisserait en blanc le nom du futur conjoint, si cela

« avait lieu, il semble, lorsque cet acte serait rempli, que
« l'officier de l'état civil ne pourrait se refuser à la célébra-
« tiön, sur le motif que le nom de ce futur conjoint n'est
« pas écrit de la même main que le corps de l'acte, etc. »

Car l'art. 13 de la loi du 25 ventose an 11 défend les
blancs, *lacunes* et intervalles.

Si l'on désigne la personne avec laquelle le mariage doit
avoir lieu, il faut avoir soin qu'il n'y ait pas d'erreur dans
les prénoms et nom de cette personne.

Il faut aussi avoir soin, dans ces sortes d'actes, pour qu'ils
ne soient pas rejetés, de bien orthographier les noms de
famille, de n'omettre aucun des prénoms des parties et de
les placer dans leur véritable ordre ; on doit à cet effet se
faire représenter, si cela se peut, les actes de naissance ou
de décès.

Les dispositions des lois sur le consentement s'appliquent
aux veufs et aux veuves qui veulent se remarier, comme
à ceux qui se marient en premières noces. P. N.

La femme remariée n'a pas besoin de l'autorisation de
son mari pour consentir au mariage de son enfant du
premier lit.

Lorsque le nom d'un des futurs n'est pas orthographié
dans son acte de naissance comme celui de son père, où
lorsqu'on y a omis quelqu'un des prénoms de ses parents,
le témoignage des pères et mères ou aïeuls, assistant au
mariage et attestant l'identité, suffit pour procéder à la célébration du mariage. — Il en est de même dans le cas
d'absence des pères et mères ou aïeuls, s'ils attestent l'identité dans leur consentement donné en la forme légale. —
En cas de décès des pères, mères ou aieuls, l'identité est
valablement attestée, pour les mineurs, par le conseil de
famille ou par le tuteur *ad hoc*; et, pour les majeurs, par
les quatre témoins de l'acte de mariage. — Enfin, dans le
cas où les omissions d'une lettre ou d'un prénom se trouvent
dans l'acte de décès des pères, mères ou aïeuls, la déclaration à serment des personnes dont le consentement est nécessaire pour les mineurs, et celle des parties et des témoins
pour les majeurs, sont suffisantes, sans qu'il soit nécessaire
dans tous les cas, de toucher aux registres de l'état civil,
qui ne peuvent jamais être rectifiés qu'en vertu d'un jugement. C. C. 99.

Toutes ces formalités ne sont exigibles que lors de l'acte
de célébration, et non pour les publications qui doivent
toujours être faites conformément aux notes remises par

les parties aux officiers de l'état civil. (Avis du conseil d'Etat, du 30 mars 1808.)

Formules.

1. Consentement par le père et la mère du futur.

Aujourd'hui ont comparu, etc.

M. Hippolyte Lebrun, marchand épicier, et dame Sophie-Joséphine Darcourt, son épouse, de lui autorisée, demeurants à

Lesquels ont, par ces présentes, déclaré consentir au mariage que M. Auguste Lebrun, leur fils majeur, pharmacien, demeurant à Paris, rue Saint-Denis, n°. , se propose de contracter avec demoiselle Catherine Mercier, demeurante à Paris, rue Aumaire, n°. , (ou pourra contracter avec telle personne que bon lui semblera, lesdits sieur et dame Lebrun s'en rapportant à sa prudence.)

Dont acte, fait et passé, etc,

N. B. On a conservé jusqu'à présent l'usage de faire stipuler les femmes sous l'autorisation de leurs maris : cependant leur concours dans l'acte est suffisant. C. C. 217.

Autre formule de Consentement.

Aujourd'hui ont comparu, etc.

Lesquels ont déclaré qu'ils ont vu avec le plus grand plaisir M. leur fils, former des projets d'union avec Mlle. qu'ils connaissent parfaitement et dont ils apprécient toutes les qualités; qu'ils approuvent de la manière la plus formelle le mariage qu'il va contracter, et, attendu qu'il leur est impossible, à leur grand regret, d'assister à la célébration du mariage, ils ont donné, par ces présentes, leur consentement authentique de son union avec Mlle.

Formule donnée par M. Loret dans ses Eléments de la Science Notariale.

Par-devant, etc. furent présents M. et Mme.

Lesquels ont, par ces présentes, déclaré donner leur agrément, formel et exprès, à ce que le sieur leur fils (sa profession), demeurant à , né à le , (1) contracte mariage, en observant les formes et solennités requises, avec d^{lle} âgée de , fille de , demeurante à

ou, si la future n'est pas connue :

Avec telle personne que ledit sieur voudra choisir, s'en rapportant entièrement à sa sagesse et à sa moralité, pour faire ce choix, et promettant de recevoir son épouse avec les sentiments d'affection et de tendresse qu'ils ont pour ledit... lui-même (2).

---

(1) Il n'y a point de nécessité absolue d'énoncer l'époque précise de la naissance de l'enfant; mais il résulte de cette énonciation une harmonie plus parfaite entre le présent acte et celui de naissance. (M. Loret.)

(2) Rien n'empêche un père, qui serait ou verrait son fils sur le point de faire un long voyage, de donner à ce fils un pareil consentement. (M. Loret.)

Et, afin qu'il puisse être procédé, même en leur absence, à la célébration dudit mariage, lesdits sieur et dame   comparants ont, par ces présentes, fait et constitué pour leur procureur général et spécial la personne du sieur....

Auquel ils donnent pouvoir de, pour eux et en leur nom, conjointement et divisément, les représenter, prêter tous consentements à la publication des bans dudit mariage, assister à la célébration d'icelui, signer l'acte qui en sera dressé, et généralement faire à ce sujet tout ce que les circonstances pourront exiger; promettant (les constituants) d'avouer ledit procureur constitué en tout ce qu'il fera en vertu des présents pouvoirs.

Dont acte, fait et passé à   en l'étude dudit Me. en présence du sieur A et du sieur B, tous deux témoins pour ce exprès requis, l'an   le   , et ont lesdits comparants, avec lesdits notaire et témoins, après lecture faite, signé le présent brevet, lequel sera remis auxdits comparants.

2. *Procuration par le père et la mère du futur, mineur, pour consentir à son mariage, l'assister au contrat, lui constituer une dot, etc.*

Par-devant, etc.

Ont comparu M.   et Mme.   , etc.

Lesquels ont, par ces présentes, fait et constitué pour leur mandataire général et spécial M.

(*Si on ne remplit point le nom du mandataire, on laisse deux lignes de blanc.*)

Auquel ils ont donné pouvoir de consentir en leurs noms, devant tous notaires, officiers de l'état civil et autres qu'il appartiendra, au mariage que M. Hippolyte Lebrun, leur fils, bijoutier, demeurant à Lyon, rue... , n°... , se propose de contracter avec Mlle...

Constituer audit sieur   leur fils, par son contrat de mariage, la somme de 20,000 francs, en avancement de leurs successions futures; lui remettre cette somme ou obliger les constituants solidairement entre eux à la lui payer dans les termes qui seront convenus.

Et, attendu que M. Lebrun fils est encore mineur, l'assister et l'autoriser à faire et accepter toutes donations dans ledit contrat de mariage, et à y stipuler toutes les conventions dont ce contrat est susceptible;

Faire toutes déclarations et affirmations;

Passer et signer tous actes, y élire domicile, substituer, et généralement faire, relativement à ce que dessus, tout ce que le mandataire jugera convenable; promettant d'exécuter les engagements qu'il contractera en vertu des pouvoirs ci-dessus, même de es ratifier s'il est besoin, etc.

Fait et passé, etc.

3. *Consentement donné par le père seul, la mère étant décédée, ou, étant vivante, refusant d'y sousorire.*

Par devant, etc.

A comparu M.   etc., (comme dans le modèle qui précède, en employant le singulier au lieu du pluriel.)

Observation pour le cas de décès de la mère :

M. Lebrun a observé que la dame Rose Duval son épouse, mère dudit sieur   est décédée à   le

Pour le cas de refus de la mère :

M. Lebrun, constituant, a déclaré qu'il a vainement prié à diverses reprises la dame Rose Duval son épouse, mère dudit sieur   , de donner son consentement au mariage dont s'agit, et qu'elle s'y est constamment refusée (1).

Dont acte, fait et passé, etc.

4. *Consentement avec affirmation, relative à l'orthographe du nom de famille du futur.*

Par-devant, etc.

Ont comparu M. Louis Fresneau, marchand, et dame   son épouse, etc.

Lesquels ont, par ces présentes, déclaré consentir au mariage projeté du sieur Jules Fresneau, leur fils, âgé de vingt ans, orfèvre, demeurant à Versailles, rue   , n°   , avec Mlle   , fille de M.   et de dame

Et afin de procéder en leur absence audit mariage, lesdits sieur et dame   comparants, ont fait et constitué pour leur mandataire général et spécial M.

Auquel ils ont donné pouvoir de, pour eux et en leurs noms, les représenter partout où il sera besoin ; prêter tous consentements à la publication des bans dudit mariage (2).

Assister ledit sieur Fresneau fils au contrat qui sera dressé des clauses et conditions civiles de son mariage ; l'y autoriser à stipuler toutes les conventions dont ce contrat est susceptible, à y faire et accepter toutes donations.

En considération de ce mariage, lui constituer en dot une somme de   , à imputer en totalité sur la succession du premier mourant desdits sieur et dame Fresneau père et mère ; les obliger solidairement à lui payer cette somme dans le délai de   , sans intérêt (*ou* avec l'intérêt, à compter du jour de la célébration du mariage, sur le pied de cinq pour cent par an, sans retenue).

Assister à la célébration dudit mariage, signer l'acte qui en sera dressé, et généralement faire tout ce que les circonstances pourront exiger, promettant d'avouer le procureur constitué en tout ce qu'il fera en vertu des présents pouvoirs.

Lesdits sieur et dame Fresneau ont déclaré (3) que c'est par erreur si dans l'acte de naissance dudit sieur Fresneau leur fils, inscrit aux registres de l'état civil de la commune de   , à la date du   leur nom de famille a été inscrit *Fresnot*, au lieu de *Fresneau*, qui est la véritable manière de l'orthographier : en conséquence, ils ont de plus donné pouvoir audit sieur   , d'affirmer, en leurs noms, à l'officier de l'état civil qui dressera l'acte de mariage de leur fils, que ledit sieur Jules Fresneau, né à   , le   , est bien réellement leur fils.

Fait et passé, etc.

(1) Le refus de la mère est suffisamment constaté par cette déclaration. (M. Massé.) V. cependant la section 2 ci-après.

(2) La loi n'exige pas le consentement pour les publications du mariage, mais seulement pour le mariage même. (Cass. 22 juillet 1807.) Ainsi, le pouvoir qui en est donné est surabondant.

(3) On pourrait se borner à dire : *faire toutes déclarations et affirmations* ; mais il vaut mieux les énoncer dans la procuration.

5. *Consentement par la mère du futur, avec affirmation relative à l'omission d'un des prénoms du père.*

Par-devant, etc.

A comparu dame   , veuve de M. Charles-Paul Foullon, demeurante à   ; laquelle etc., *(comme dans l'une ou l'autre des formules précédentes.)*

Ladite dame a observé que M. Foullon son mari, père du futur époux, est décédé le   , et que c'est par omission si, dans son acte de décès inscrit aux registres de l'état civil de la commune de en date du   , il n'a été prénommé que *Charles*, attendu qu'il portait les deux prénoms de *Charles-Paul*, ainsi que le constatent son acte de naissance inscrit aux registres des actes de baptême, mariage et sépulture de la paroisse de   , en date du   1769, et son acte de mariage avec la comparante inscrit aux registres, etc.

Déclarant et affirmant par serment, entre les mains des notaires soussignés, que ledit sieur   (futur époux) est bien né du mariage d'entre elle et ledit feu Charles-Paul Foullon; donnant pouvoir audit sieur   (nom du mandataire) de réitérer, pour elle et en son nom, lesdites observation, déclaration et affirmation, devant tous officiers de l'état civil que besoin sera.

Il n'est pas nécessaire de produire les actes de décès des pères et mères des futurs mariés, lorsque les aïeuls ou aïeules attestent ce décès, et, dans ce cas, il doit être fait mention de leur attestation dans l'acte de mariage. (Avis du Conseil d'État, du 14 thermidor an 13.)

Enregistrement.

Les consentements purs et simples ne sont sujets qu'au droit fixe de 2 francs. (Art., 43 de la loi du 28 avril 1816.)

SECTION 2.

DE L'ACTE RESPECTUEUX.

L'acte respectueux est celui par lequel les enfants de famille ayant atteint la majorité fixée par l'art. 148 du C. C., demandent respectueusement le conseil de leurs pères et mères, ou celui de leurs aïeuls, sur le mariage qu'ils désirent contracter. On l'appelait autrefois *sommation respectueuse.*

V. le C. C., art. 151 — 158.

Dans les actes respectueux, le notaire devient entre le père et le fils un prudent intermédiaire qui sait trouver, dans cette circonstance, un moyen de servir les mœurs; qui balance avec sagacité et ménagement les vœux de la jeunesse ou les refus de l'autorité paternelle; qui s'efforce et qui souvent réussit à détromper l'un sur l'illusion qui l'égare, ou bien à désarmer l'autre d'une rigueur sans motif ; et s'il faut qu'il rédige la réponse à l'acte respectueux, il emploie le style qui convient à la mission délicate dont il est chargé. E. M.

Si la mère est remariée, elle peut faire la déclaration de son refus sans l'autorisation de son nouveau mari, dont le consentement n'est pas nécessaire.

La fille âgée de plus de 25 ans, peut se marier après un seul acte respectueux ; l'obligation de le renouveler deux fois après 25 ans jusqu'à 30, regarde les fils et non les filles.

Les personnes veuves sont toujours astreintes aux actes respectueux. (Exposé des motifs du C. C.)

Il n'est pas nécessaire que le fils soit présent à la notification, ni qu'il soit représenté par un fondé de pouvoirs. (Cass. 4 nov. 1807, et Liège, 2 déc. 1812.)

Les témoins qui assistent le notaire doivent signer, à peine de nullité, tant l'original que la copie de l'acte. (Paris, 12 février 1811.)

Lorsque le père seul consent au mariage, il est encore nécessaire qu'il soit fait des actes respectueux à la mère. (Riom, 30 juin 1817.) M. Roland de Villargues pense que, dans ce cas, il suffit d'un seul acte respectueux à la mère. R. N.

Ces actes étant toujours dressés par les notaires eux-mêmes, nous n'en donnons point de formule.

V. au surplus, le P. N., tome 3, p. 168, 6ᵉ édit.

Enregistrement.

L'acte respectueux est soumis au droit fixe d'un franc. Loi du 22 frim. an 7, art. 68.

Les deux derniers actes doivent être écrits sur des feuilles séparées. J. E.

La copie qui doit être laissée à l'ascendant, peut être sur du papier minute, et c'est l'usage. R. N.

SECTION 3.

CONTRAT DE MARIAGE.

§ 1ᵉʳ. *Observations sur les contrats de mariage en général.*

Le contrat de mariage est un acte solennel (C. C. 1394); et de tous ceux que les hommes font entre eux, il est celui auquel la loi a mis le plus d'importance et donné le plus de faveur. Il doit être revêtu de toutes les formalités exigées par la loi du 25 ventose an 11, pour tous les actes notariés en général.

Dans la méditation des clauses matrimoniales, le notaire ne se borne pas à respecter la volonté des parties ; il l'éclaire, il ménage leurs intérêts réciproques, prévoit les évènements dans un esprit tutélaire pour les enfants à naître, et combat l'égoïsme que l'amour paternel ne peut encore dominer. E. M.

Pour que les conventions matrimoniales soient valables, il faut que ceux qui les consentent soient capables de contracter et de s'unir par le mariage. Le *prodigue* peut se marier sans avoir besoin, à cet effet, de l'assistance de son conseil, et ses conventions matrimoniales seront valables. Les *étrangers* sont régis, quant à leur capacité personnelle, par la loi du pays auquel ils appartiennent ; mais la forme de l'acte contenant les conventions matrimoniales est subordonnée à la loi du lieu où il est passé, d'après la règle *locus regit actum*. (M. Duranton.)

Les conventions matrimoniales ne doivent être regardées que comme des conventions entre les parties contractantes. (Pothier.) Les deux futurs époux peuvent donc passer leur contrat de mariage sans y appeler leurs parents respectifs, pas même leurs pères et mères, pourvu d'ailleurs qu'ils aient la capacité requise. (C. C. 1095, 1309, 1398.) Lors même que le consentement des parents est nécessaire aux majeurs pour leur mariage, il ne l'est pas pour le contrat qui règle les conventions matrimoniales : ainsi, les futurs, majeurs de 21 ans, peuvent passer leur contrat de mariage sans l'assistance de leurs pères et mères. Les parties majeures ou capables, les futurs eux-mêmes, peuvent se faire représenter dans le contrat de mariage par des mandataires. R. N.

Si la future est veuve, il faut donner connaissance de l'art. 395 du Code civil.

Sur les Dispositions générales du Code civil.

Art. 1387.

Les conventions dont le mariage est l'occasion se placent comme lui au premier rang des engagements ; mais elles ne sont dans le mariage qu'un accessoire dont il peut se passer, et que l'augmentation des richesses, l'inégalité des fortunes, et les précautions à prendre contre les défauts, les vices et l'injustice, ne durent introduire que dans les sociétés déjà loin de leur adolescence. (Siméon.)

La plus grande liberté doit présider dans les conventions matrimoniales, et ne doit avoir d'autres limites que celles que lui assignent les bonnes mœurs et l'ordre public ; car rien en cette matière ne doit être spécialement commandé ; mais ce qui serait contraire à l'ordre public peut et doit être positivement défendu.

1388.

On ne peut pas stipuler, dans le contrat de mariage, que a femme agira sans l'autorisation de son mari... ; qu'en cas d'incompatibilité, elle sera autorisée à vivre séparée de lui, et réciproquement.

1389.

Par leur contrat de mariage, les époux ne peuvent renoncer au droit de s'avantager. (Cass. 22 déc. 1818.)

1390.

La défense contenue dans cet article, ne porte point atteinte à la faculté qui appartient aux époux de stipuler *spécialement*, et, sauf les limites indiquées au Code, tout ce qui peut leur convenir.

1391.

Le mot *régime* signifie la réunion des règles qui gouvernent une matière quelconque.

Les règles touchant le régime de la communauté et le régime dotal, posées dans deux chapitres distincts et parallèlement, ont pour avantage certain d'offrir aux époux une collection de principes auxquels ils peuvent se référer en termes généraux ; et s'ils veulent y déroger en quelques points, le soin du rédacteur se bornera à exprimer les modifications dictées par la volonté particulière des contractants. (Berlier.)

Les époux peuvent confondre à leur gré les deux régimes, et emprunter de l'un et de l'autre les règles qui plairont à leur intérêt comme à leur volonté, et qui pourront, suivant les lieux et les circonstances, se combiner sans se contredire. (Duveyrier.)

Le Code civil ne parle que de deux régimes, mais il est de fait qu'il y en a *quatre* principaux : le régime de la communauté, le régime exclusif de communauté, le régime de la séparation de biens, et le régime dotal.

9

1392.

On comprend sous la dénomination de *dot*, les biens cons-titués à une femme par ses parents ou autres, et ceux qu'elle apporte de son chef à son époux pour soutenir les charges du mariage. On se sert aussi de ce mot, en par-lant de ce qui est donné au mari par ses parents en vue de son mariage.

1393.

On entend par *droit commun*, le droit qu'on observe gé-néralement, et qu'on appelle ainsi par opposition aux dis-positions qui l'abrogent en certains cas, et que par ce mo-tif on nomme *exceptionnelles*.

1394.

Les contrats de mariage doivent être passés en minute et non en brevet, à peine de nullité. (Loi du 25 ventose an 11 , art. 20 et 68.)

Il peut arriver que deux personnes non connues du no-taire se présentent dans son étude pour arrêter les condi-tions civiles de leur mariage, quoique déjà la célébration ait eu lieu, ce qu'elles laissent ignorer. On doit les interro-ger avec soin à cet égard. Au surplus, on n'aura pas de re-proches à faire au notaire, si le contrat contient la déclara-tion par les parties qu'elles n'etaient pas encore mariées. Dans le cas où la célébration devrait avoir lieu le même jour que le contrat, il est à propos d'y énoncer l'heure à la-quelle il est signé.

Avant de recevoir les signatures des parties, on doit leur expliquer d'une manière bien précise, à quoi les engagent les stipulations qu'ils viennent de faire. On ne doit pas laisser ignorer aux futurs époux les dangers qu'ils courent en don-nant, par avance, quittance de sommes qu'ils ne reçoivent pas, et aux pères et mères les dommages qu'ils pourraient éprouver, s'ils négligeaient de retirer des quittances, lors-qu'ils se libéreront des sommes dont ils s'étaient reconnus débiteurs envers leurs gendres et filles.

Les parents et amis apposent leurs signatures seulement à la fin du contrat, après celles des parties, sans parafer le bas des pages, ni les renvois, ni la mention des mots rayés; ils ne prennent même pas connaissance du contrat, à moins que les parties ne consentent qu'il leur en soit donné com-munication.

Le coût du contrat est une dette personnelle au mari.
(Paris, 20 avril 1846.)

Les expéditions ne doivent en être délivrées qu'après la
célébration. (J. N. art. 1414.)

A l'égard du dépôt prescrit par les art. 67 et 68 du Code
de commerce, et par l'art. 872 du Code de procédure,
voyez ci-devant page 56, et l'indicateur, au mot *commerçants.* L'amende prononcée par l'art. 68 du C. de commerce
a été réduite à 20 francs. (Loi du 16 juin 1824, et Délib.
de la Régie du 28 oct. 1828.)

1395.

Le contrat de mariage est, de sa nature, irrévocable. Il
ne peut être modifié par aucune disposition subséquente,
en telle sorte que si les époux avaient, par contrat de mariage, stipulé une communauté avec exclusion des héritiers
collatéraux de toute participation à cette communauté, on
devrait regarder comme nulles toutes dispositions testamentaires émanées de l'un des époux ou de l'un et de l'autre,
qui auraient pour effet de rappeler les héritiers collatéraux
au partage de la communauté. (Cass. 27 mai 1817.)

Cependant le contrat de mariage est sans effet, s'il n'est
suivi de la célébration du mariage.

Un époux auquel ses père et mère ont fait des avantages
dans son contrat de mariage, ne peut y renoncer dans un
partage anticipé fait par le père ou la mère. (Cass. 29 juillet 1848.)

La procuration donnée au mari, par contrat de mariage
à l'effet de recevoir et quittancer les sommes dues à la
femme, est irrévocable. (Nîmes, 2 mai 1807.)

1396 et 1397.

Le *changement* a pour objet d'ajouter à la disposition ou
d'en retrancher quelque chose. La *contre-lettre* est faite
contre la disposition, pour la détruire en tout ou en partie
par une abrogation expresse. Dans le cas où l'une des personnes qui ont été parties au contrat, ne voudrait pas consentir aux changements demandés, on abrogerait le contrat de mariage par un nouveau. Par les personnes *qui ont
été parties dans le contrat,* on ne doit point entendre les collatéraux ni les amis des futurs époux qui n'y ont assisté que
tantùm honoris causá, pour le signer seulement, selon l'u-
sage, sans y faire de stipulation. (M. Duranton.)

1398.

Comme il n'y a pas de minorité pour le mariage, il n'y en a pas pour les conventions qui en sont l'accessoire. Il serait étrange que celui qui dispose de sa personne ne pût pas, dans cette occasion, disposer de ses biens. (Siméon.) — Voyez les art. 144 et 148 du Code civil.

L'art. 1398 ne faisant aucune distinction entre les mineurs émancipés et ceux qui ne le sont pas, ses dispositions s'appliquent aux uns comme aux autres. (M. Duranton.)

Sur les Contrats de mariage par lesquels on stipule le régime de la communauté.

On définit la *communauté* « une société de biens entre « époux. »

Toutes les règles de la communauté légale (C. C. 1400 et suiv.) doivent être connues des notaires, lorsqu'ils ont à rédiger des contrats de mariage suivant le régime de la communauté, afin de savoir en quoi et comment il est permis aux parties de déroger à ces règles. Les parties peuvent modifier les effets de la communauté ainsi qu'elles le jugent à propos, pourvu que leurs conventions à cet égard n'aient rien de contraire aux dispositions des art. 1387 et suiv. du Code civil, en sorte qu'elle est ou *conventionnelle* ou *légale*. Mais comme elle est régie par les dispositions du Code dans tous les points auxquels les époux n'ont pas dérogé explicitement ou implicitement par leurs conventions, dans ce cas, elle est *mixte*, légale et conventionnelle tout à la fois. (M. Duranton.)

On peut stipuler que la communauté n'aura lieu que s'il y a des enfants du mariage, ou bien qu'il y aura communauté ordinaire s'il y a des enfants ; communauté d'acquêts dans le cas contraire. (Id.) — On ne pourrait pas convenir que ce sera la femme, et non le mari, qui administrera les biens de la communauté. (C. C. art. 217 et 1421.)

L'essence du régime en communauté est la confusion qui s'opère activement et passivement du mobilier des époux (C. C. 1401 et 1409.)

L'*actif* de la communauté est la masse des biens qui lui profitent, et le *passif* est la masse des dettes et charges qui pèsent sur elle.

Les mots *conquêt, acquêt*, sont synonymes, et signifient les acquisitions qui tombent dans la communauté. Le mot *conquêt* exprime plus spécialement ce qui est produit par la collaboration commune.

On appelle *propres de communauté*, les choses qui n'y tombent pas et qui appartiennent aux époux en propre. (1404 et suiv.)

On nomme *apport* les biens que les futurs apportent en mariage ; et *clause d'apport* la mise en communauté.

La clause qui exclut de la communauté le mobilier en tout ou en partie (1500), s'appelle *stipulation de propres* ou *clause de réalisation*.

Si la femme ou ceux qui la dotent ont quelque soupçon sur la sincérité de la déclaration du futur (1502), ils peuvent stipuler qu'il justifiera ultérieurement de telle ou telle manière, de l'existence de son apport. — Il est dans l'usage de déclarer que l'apport de la femme est de telle somme ou valeur, *tant* en hardes et effets à son usage, *tant* en meubles-meublants, et *tant* en argent, denrées et marchandises ou créances ; sur laquelle somme ou valeur, elle met *tant* dans la communauté. (M. Duranton.)

La mise en communauté est ordinairement du tiers de la dot mobilière de la future. P. N.

On doit distinguer, dans le contrat, les objets donnés aux futurs de ceux qui leur proviennent de leurs gains et épargnes.

Lorsque les futurs sont grevés de dettes d'une manière trop inégale, eu égard à ce que chacun d'eux met en communauté, ou que l'un d'eux craint que l'autre n'ait des dettes cachées, on stipule que chacun des futurs paiera ses dettes antérieures au mariage : c'est ce qu'on appelle la clause de *séparation de dettes* (1510), qu'il ne faut pas confondre avec la clause de *franc et quitte* (1514), leurs effets n'étant pas les mêmes en tous points. Cette clause qu'on peut stipuler en vertu de l'art. 1514 est très-avantageuse pour la femme ; elle est exorbitante du droit commun. (M. Duranton.)

On donne le nom de *propres fictifs* ou *conventionnels* aux effets qui, de leur nature, devraient faire partie de la communauté, de laquelle cependant on parvient à les exclure au moyen d'une stipulation contraire apposée dans le contrat de mariage. V. l'art. 8 de la première formule ci-après.

L'ameublissement (1505) est une fiction employée dans les contrats de mariage, par laquelle un immeuble acquiert une nature mobilière relativement à la communauté ; l'ameublissement a lieu lorsque l'un des futurs époux n'a point de meubles, ou n'en a pas assez pour fournir ce qu'il doit mettre en commun.

Le *préciput* (1515) est, en général, une portion de biens que l'un des époux doit prélever avant le partage de la communauté : il est *conventionnel*, parce qu'il n'est point établi par les dispositions de la loi, et qu'il est uniquement fondé sur la convention des parties, qui peuvent le régler comme bon leur semble.

Dans l'art. 1520 du Code, au lieu de ces mots *ou à ses héritiers*, il faut substituer ceux-ci : *ou aux héritiers du prédécédé.*

La communauté conventionnelle n'est autre chose qu'une modification de la communauté légale, telle que l'intérêt ou la volonté des époux peut la conseiller ou l'exiger sans se mettre en opposition avec la loi : il peut donc y avoir autant de communautés conventionnelles qu'on peut imaginer de conventions différentes dans le système de la communauté. (Duveyrier; C. C. 1527 et 1528.)

Sur le Régime d'Exclusion de communauté.

La seule déclaration que les époux se marient sans communauté, n'emporte point soumission au régime dotal ni séparation des biens. (1392 et 1530.)

Le régime exclusif de communauté tient le milieu entre le régime de la communauté et le régime dotal ; c'est un régime mixte. Il diffère principalement de ces deux régimes, savoir : du régime de la communauté, en ce qu'il n'y a entre les époux aucune communauté, soit légale, soit conventionnelle, et du régime dotal, en ce que les immeubles dotaux, quand il en existe, peuvent toujours être aliénés (1535).

Par cela seul que les époux stipulent qu'il n'y aura point de communauté entre eux, ils se soumettent au régime d'exclusion; toutefois on fera bien de s'exprimer à cet égard de manière à lever toute équivoque. R. J. N.

L'effet de cette convention est que, ni la femme, ni ses héritiers, ne peuvent prétendre aucune part, lors de la dissolution du mariage, dans les biens, soit mobiliers, soit immobiliers, que le mari a acquis, durant le mariage, à quelque titre que ce fût, ni encore moins dans ceux qu'il avait lorsqu'il s'est marié. Quand même les acquisitions que le mari a faites, l'auraient été avec les revenus des biens de la femme, elle ni ses héritiers ne seraient pas plus fondés à y prendre part. Mais aussi ils ne sont pas tenus des dettes que le mari contracte; et si sa femme s'y était obligée il doit l'en indemniser. (Pothier, Tr. de la Comm. n. 461.) Il faut appliquer au mari l'art. 600 du Code civil.

La cour de cassation, par arrêt du 9 août 1826, a jugé que, sous le régime de la communauté, les immeubles de la femme avaient pu être utilement déclarés inaliénables pendant le mariage. Il peut en être de même sous le régime d'exclusion de communauté. Des immeubles pourraient aussi lui être donnés avec la condition d'inaliénabilité. C. de D.

La clause d'exclusion de communauté n'empêche point les époux de se réunir pour faire une acquisition, comme pourraient le faire deux étrangers. (Angers, 11 mars 1807.)

Sur le Régime de la Séparation de biens.

On peut convenir, par un contrat de mariage, que non seulement il n'y aura pas de communauté entre les conjoints, mais que chacun d'eux jouira séparément des biens. On appelle cette convention *séparation contractuelle;* elle a cela de plus que la simple exclusion de communauté, qu'elle prive le mari de la jouissance des biens de la femme. (Pothier, n. 464.)

De toutes les conventions dont le contrat de mariage est susceptible, celle qui laisse à la femme le plus d'indépendance et de pouvoir dans la jouissance de sa fortune, c'est la clause de séparation de biens; mais par cela même elle est peu usitée; elle ne se rencontre guère que dans les classes les plus opulentes de la société. La femme se trouve, quant à la jouissance personnelle de ses biens et sa capacité de s'obliger et d'aliéner, dans la même situation que la femme mariée d'abord en communauté, et qui, à raison du désordre des affaires de son mari, se serait fait séparer judiciairement quant aux biens. En sorte que la séparation contractuelle et la séparation judiciaire ont les mêmes effets, avec cette différence toutefois que la dernière peut cesser (1451), tandis que la première ne peut être changée en un autre régime (1395). — Le régime de la séparation de biens peut être comparé au régime dans lequel tous les biens de la femme sont paraphernaux, ainsi que le Code (1575) suppose que cela peut avoir lieu. — L'autorisation d'aliéner *tel* immeuble (1538) peut être portée avec effet dans le contrat de mariage lui-même, car la loi ne prohibe que l'autorisation générale. Le mari ne pourrait pas même la révoquer, puisqu'elle ferait partie intégrante des conventions matrimoniales. — La femme mariée sous ce régime peut disposer de son mobilier et l'aliéner (1449). Elle peut donc le vendre, l'échanger, le donner en paiement de ce qu'elle doit ; faire cession ou transport de ses créances, de ses inscriptions sur le grand-livre de la dette publique, de ses actions sur la banque de France, de ses contrats de rente sur particuliers ; recevoir le remboursement de ces divers droits, en donner bonne et valable décharge, consentir toute mainlevée d'hypothèques; faire les remises par concordat ; contracter des obligations relatives à l'administration de ses biens. (M. Duranton.)

C'est le mari qui, comme chef de la maison maritale, est chargé de régler et d'ordonner les dépenses du ménage; ainsi la femme doit lui faire la remise de ses revenus, ou de la portion qu'indique la loi ou le contrat de mariage. (Bellot.)

V. le Code de commerce , art. 69.

Sur le Régime dotal.

Le régime dotal ne tire pas son nom de la seule circonstance qu'il y a une dot constituée ; car le régime de la communauté admet aussi la constitution de dot. Le régime dotal n'est donc ainsi appelé qu'à raison de la manière particulière dont la dot se trouve non pas constituée, mais régie après la constitution qui en a été faite. Il n'est pas inutile de bien connaître la valeur des mots pour s'entendre sur le fond des choses. Il peut être utile aussi de remarquer dès-à-présent que sous les deux régimes les dots sont assujetties à plusieurs règles parfaitement semblables : telles sont, entr'autres, celles qui sont relatives à la portion contributive des constituants, à la garantie de la dot et au paiement des intérêts. (Berlier.)

Abandonnons les pays coutumiers (disait M. Duveyrier); passons du nord au midi, et visitons ces contrées de l'ancienne France, toujours heureuses et doublement éclairées par le soleil et le digeste. Ici, le mariage n'a d'autres jouissances communes que la tendresse réciproque des époux, ni d'autres fruits communs que les enfants. Ici, les biens et les intérêts sont rigoureusement séparés. La femme a son administration particulière et ses revenus personnels; les fruits de sa dot payent la nourriture et l'entretien qu'elle reçoit. Ainsi, plus de formation ni de dissolution de communauté; plus d'acceptation ni de renonciation; plus d'indemnités ni de récompenses; plus d'inventaires, ni de comptes, ni de partages. On ne peut disconvenir que, sous ce rapport, et si l'on veut ne considérer le mariage que comme un contrat d'utilité et de convenance réciproques, le régime dotal n'offre l'avantage de formes plus simples, d'une exécution plus facile et de résultats plus sûrs. — Sous ce régime, la femme a deux sortes de biens, les biens dotaux et les biens paraphernaux. Les biens dotaux sont dans la main du mari, qui en dispose, perçoit et emploie leurs revenus, surveille et garantit leur conservation, et les restitue aux termes fixés. Les biens paraphernaux sont dans la main de la femme, qui seule les administre, sans contrainte, et qui en dispose dans les formes et sous l'autorité de la loi. — Voilà toute l'action du régime dotal, et 40 articles divisés en 4 sections, ont suffi, dans le Code civil, à sa régularisation. Les trois premières sections destinées à sa dot, exposent les règles de sa constitution, de son inaliénabilité, de sa restitution. La quatrième établit les décisions nécessaires aux paraphernaux.

Le caractère du régime dotal est l'inaliénabilité des immeubles de la femme. Ce régime avait été long-temps celui des contrées méridionales; le Code civil a rassemblé parmi les règles qui étaient les plus familières à ces contrées, celles qui étaient compatibles avec les principes généraux de la législation actuelle. A quelques modifications près, le chapitre du Code, relatif au nouveau régime dotal, retrace la plupart des dispositions qui étaient propres à l'ancien. E. M.

Sous ce régime, l'épouse n'est pas moins que dans la communauté la compagne de son mari. Elle lui confie sa personne et sa dot; il la reçoit au partage de son état, de sa dignité, de ses richesses; il l'associe à son existence. Comme dans la communauté, les revenus sont confondus; mais lorsque la mort sépare les époux, les biens se séparent aussi et retournent à leurs propriétaires. Le mari était usufruitier, il rend la dot. La femme avait un droit d'usage des biens de son mari et sous son administration, ce droit finit avec le mariage. L'inaliénabilité de la dot, modifiée par les causes qui la rendent juste et nécessaire et que la loi exprime, a l'avantage d'empêcher qu'un mari dissipateur ne consume le patrimoine maternel de ses enfants, qu'une femme faible ne donne à des emprunts et à des ventes un consentement que l'autorité maritale obtient

presque toujours, même des femmes qui ont un caractère
et un courage au-dessus du commun. L'inaliénabilité de la
dot a tous les avantages des substitutions sans aucun des
inconvénients qui les ont fait proscrire. Elle conserve les
biens dans les familles sans empêcher trop long-temps la
disposition et le commerce. Sans gêner l'administration du
mari, elle oppose une barrière salutaire à ses abus. (Siméon.)

La femme peut se constituer en dot toute espèce de biens
(1542), pourvu qu'ils soient dans le commerce. Elle peut
se constituer, d'une manière générale, ses biens à venir,
ce qui comprend les successions qui lui écherront, et les
dons et legs qui lui seront faits pendant le mariage; mais
elle ne pourrait se constituer spécialement les biens qu'elle
recueillera dans les successions de son père et de sa mère
encore vivants : ce serait traiter sur succession future,
contre la prohibition de l'art. 1130 du Code. (M. Duranton.)

Quoique la dot ait été constituée conjointement par le
père et la mère (1544), elle n'est pas réputée néanmoins
constituée par moitié pour chacun d'eux, si les constituants
ont déclaré qu'elle serait en avancement d'hoirie du prémourant. (Cass. 11 juillet 1814.)

Le droit d'administrer les biens dotaux (1549) est, en
général, le même que celui qu'a le mari sous le régime de
la communauté, et sous le régime d'exclusion de communauté, par rapport aux biens de la femme. (M. Duranton.)

Il ne faut pas regarder comme une aliénation la donation
que la femme ferait à son mari de ses biens dotaux pendant
le mariage : les héritiers de la femme ne pourraient se refuser à l'exécuter. (1076 Id.)

La future épouse, mineure, peut convenir, par le contrat de mariage, que son immeuble dotal pourra être aliéné.
(1557 et 1398.)

Elle peut même donner pouvoir de le vendre, soit à son
mari, soit à tout autre. (Agen, 25 avril 1831.) — Ce pouvoir, contenu au contrat de mariage, serait irrévocable.

La déclaration portée au contrat que la femme pourra,
avec l'autorisation de son mari, aliéner son immeuble dotal, n'emporte pas virtuellement le droit de l'hypothéquer;
et *vice versâ*. (Cass. 25 janv. 1830, et C. C. 2092.)

Si l'immeuble dotal était déclaré aliénable par le contrat
de mariage, il serait prescriptible comme les paraphernaux. (1561.)

L'art. 1569 ne stipule que relativement au mari et à la

femme entre eux, et relativement à leurs ayant-cause, mais non relativement au mari et aux débiteurs de la dot : à leur égard, le mari conserve son action pendant trente ans. (Colmar, 19 nivose an 10.)

La clause par laquelle la femme déclare que tous ses biens seront paraphernaux, répond à la clause de séparation de biens. (M. Duranton.)

En vertu de l'art. 1576, la femme mariée sous le régime dotal a le droit de louer et affermer ses biens paraphernaux, de recevoir le prix des baux, en donner quittance ; de recevoir le remboursement des capitaux offerts, de consentir la radiation des hypothèques qui les garantissent ; le tout sans avoir besoin d'être autorisée ni par son mari ni par la justice. (Turin, 14 mai 1808 et 19 janv. 1810.)

Sous le régime dotal, la prohibition d'aliéner s'applique à la dot mobilière comme à la dot immobilière.

La femme mariée sous le régime dotal, qui obtiendrait la séparation de corps, ne prendrait que l'administration de sa dot et ne pourrait l'aliéner ; l'art. 1554 du Code civil ne cesserait pas de lui être applicable. (Cass. 19 août 1819.)

Sur le Régime dotal avec Société d'acquêts.

La Société d'acquêts (1581) est une espèce de communauté restreinte, régie par les dispositions énoncées au Code civil dans le chapitre du régime de la Communauté, pour la communauté réduite aux acquêts. (Siméon.)—La même attention qui voulut régulariser le régime dotal pour les pays méridionaux, voulut aussi rassurer une des plus florissantes cités (Bordeaux) sur la jouissance d'un usage qu'elle affectionnait, et qui n'était qu'un mélange légitime de deux systèmes. (Duveyrier.)

La Société d'acquêts est plutôt une modification du régime dotal que de celui de la communauté : elle n'est stipulée maintenant que par ceux qui embrassent le régime dotal. Cependant les époux qui se marient avec séparation de biens pourraient la stipuler.

Il existe des différences essentielles entre cette société et la communauté d'acquêts. (V. ci-après au titre 21, Sect. 7.)

On peut convenir dans le contrat de mariage, que la femme touchera sur ses simples quittances une somme quelconque sur les biens des fermiers. Cette convention, du reste, n'a lieu que lorsque les époux apportent des biens pour former le fonds social. Dans le cas contraire, on conviendrait que la femme toucherait partie des revenus quand ils s'élèveraient à une somme déterminée. (Bellot.)

Les époux peuvent fixer à leur volonté la portion de chacun d'eux dans les bénéfices de la société; mais il est important qu'ils déterminent exactement ces parts dans leur contrat de mariage.

Non seulement on peut convenir que le partage de la société n'aura pas lieu par moitié, mais encore que tous les acquêts appartiendront au survivant, pourvu que l'ordre légal des successions soit maintenu, et la loi limitative des donations respectée. (Duveyrier.)

On peut stipuler que les acquêts seront réversibles et appartiendront aux enfants à naître du mariage, et que le survivant des époux conservera pendant sa vie l'usufruit de la totalité de ces acquêts. (Id.)—M. Bellot pense que cette stipulation est contraire à nos mœurs et à nos lois actuelles.

On stipule la société d'acquêts avec réversibilité aux enfants, dans les contrats de secondes noces comme dans les autres; et cette stipulation n'est point considérée comme un avantage fait au préjudice des enfants du premier lit. (Maleville.)

Sur les contrats de mariage entre commerçants.

Voyez le Code de Commerce, art. 7, 4, et 545 à 553 inclusivement.

Si la femme est commerçante, on peut stipuler qu'elle continuera d'exploiter son commerce sous son propre nom.

On peut convenir que le survivant, soit qu'il y ait, soit qu'il n'y ait pas d'enfants du mariage, aura la faculté de conserver seul, pour son compte personnel, le fonds de commerce ou la fabrique que les conjoints feront valoir à l'époque du décès du premier mourant, ainsi que les marchandises et ustensiles en dépendants, le tout d'après la prisée qui sera faite par l'inventaire ou par des experts à l'amiable, sans que les héritiers du prédécédé puissent, sous aucun prétexte, en provoquer la vente ou la licitation. On ajoute que le survivant aura la faculté de jouir seul du droit au bail des lieux où se fera le commerce, mais qu'il garantira les héritiers du prédécédé de tous recours et répétitions, soit pour raison des loyers, soit pour raison des clauses et conditions portées dans les baux.

Voyez ci-devant page 56.

*Sur les Donations faites par contrat de mariage aux époux,
et aux enfants à naître du mariage.*

La loi du 17 mai 1826, que nous rapportons ci-après, au titre 16, a dérogé à l'art 1081 du Code civil, en ce sens que la donation entre-vifs de biens présents, faite en faveur du mariage, peut avoir lieu avec charge de restitution par qui qu'elle soit faite ; et cette charge peut être mise au profit d'un ou de plusieurs enfants du donataire, comme au profit de tous, nés du mariage en faveur duquel la donation a lieu, ou d'un autre mariage, et même à deux degrés. (M. Duranton.)

Portée dans le contrat de mariage, la donation est toujours présumée faite en faveur du mariage, et alors les art. 1087, 959 et 1088 lui sont applicables. Faite par acte séparé, même en faveur du mariage projeté, elle peut être révoquée (932), et l'art. 1087 ne la protége plus. (Id.)

La donation mentionnée sous l'art. 1082 est d'un fréquent usage, parce qu'elle favorise singulièrement les mariages, en assurant la succession du donateur au futur époux donataire, sans dépouiller le premier. On appelle cette donation *institution contractuelle*, parce que par elle on institue un héritier, et qu'on le fait par un contrat, d'une manière irrévocable. (Id.)

Lorsque les père et mère dotent conjointement leur enfant, la dot est réputée donnée en avancement d'hoirie sur leurs successions futures, par moitié, de sorte qu'après le décès du premier mourant, l'enfant devra rapporter la moitié de la dot, ou moins prendre ; il ne fera le rapport de l'autre moitié qu'après le décès du dernier mourant. — Les intérêts de chaque moitié sont dus à compter du jour du décès des père et mère.

Il est permis de stipuler que la totalité de la dot sera imputable sur la succession du premier mourant des père et mère. V. les art. 1438 et 1544 du Code civil.

Lorsque l'époux veuf marie l'un de ses enfants, on déclare dans le contrat de mariage que la somme par lui donnée doit d'abord servir à remplir l'enfant de la portion qui pourra lui revenir de la succession de son père ou de sa mère, et que le surplus sera imputable en avancement d'hoirie sur la succession future de celui des deux qui a survécu.

Dans les contrats de mariage faits antérieurement au Code civil, on obligeait presque toujours les enfants dotés à laisser jouir leurs père et mère, pendant leur vie, des biens de la communauté, sans pouvoir demander au survivant aucun compte ni partage. A présent l'art. 791 de ce Code ne permet plus une pareille stipulation. *Voyez aussi les art.* 815, 1389 *et* 1600 (1). Néanmoins, comme beaucoup de personnes, entraînées par la force de l'habitude, exigent encore que cette clause soit insérée dans leur contrat de mariage, quelques notaires croient pouvoir accéder à leur demande, en ajoutant que si les comptes et partages étaient demandés, la totalité de la dot constituée à l'enfant serait imputable sur la succession du premier mourant des père et mère. De cette façon, il pourra se faire que l'enfant n'ose pas demander le partage, parce qu'il craindra que la dot par lui reçue n'absorbe la portion qui lui reviendrait dans la succession du premier mourant.

La dot de la future épouse est le plus ordinairement stipulée payable soit la veille du mariage, soit postérieurement, à des époques déterminées. Dans le premier cas, on annonce presque toujours dans le contrat, que la célébration vaudra quittance.

Sur les Dispositions entre époux par Contrat de Mariage.

Les donations entre époux par contrat de mariage ne peuvent être attaquées ni déclarées nulles sous prétexte du défaut d'acceptation. (1087, 1092 et 1093.) — Elles sont nulles si le mariage ne s'ensuit pas (1088, 1092 et 1093). — Les donations mentionnées en l'art. 1093 sont censées faites sous la condition de survie du donataire. — Les époux peuvent se faire des donations mutuelles, comme des donations simples, et il n'est pas nécessaire pour cela que la donation soit de quotités égales. L'un peut donner en toute propriété, et l'autre en usufruit seulement. (M. Duranton.) V. le titre 16 ci-après.

On peut insérer dans les contrats de mariage la clause portant que la donation faite par l'un des futurs époux au profit de l'autre, est à la charge par celui-ci, survivant, de rester en viduité. Cette condition est licite. (Merlin, Toullier, Grenier, Chabot, Proudhon, etc.)

La prohibition portée en l'art. 1098 du Code civil serait

---

(1) Un notaire qui se respecte (dit M. Toullier) doit s'abstenir d'insérer de pareilles clauses dans les contrats de mariage, non-seulement par cela seul qu'elles sont nulles et proscrites par la loi, mais encore parce qu'elles sont dangereuses par les suites qu'elles peuvent avoir un jour, et qu'elles peuvent faire naître dans les familles des procès acharnés, des haines et des inimitiés irréconciliables.

la même, quand l'époux n'aurait point d'enfants, mais des petits-enfants dont les pères et mères seraient décédés.

Il est nécessaire de s'expliquer nettement dans le contrat de mariage, sur la réduction que devra subir la donation faite par les conjoints au survivant d'eux, dans le cas où il existerait des enfants du mariage lors du décès du premier mourant. Il faut dire si la donation sera réduite soit *à l'usufruit de moitié*, soit *à la propriété d'un quart et à l'usufruit d'un autre quart* des biens de l'époux prémourant ; et non pas se contenter de cette clause : *en cas d'enfants, cette donation éprouvera les réductions voulues par la loi.*

Des cours royales ont jugé diversement sur cette clause.

Lorsqu'un époux a donné à son conjoint l'universalité de ses biens, ou tout ce dont la loi lui permettait de disposer, la donation doit valoir, en cas d'existence d'enfants, pour un quart en *propriété* et un quart en usufruit. Art. 1094 du Code civil. Mais lorsque l'époux n'a disposé qu'en *usufruit* de la totalité de ses biens, la donation doit être, au même cas, réduite à l'usufruit de la moitié. (Journal des Notaires, art. 2635.)

La convention de mariage qui, indépendamment d'une *part d'enfant*, confère au survivant des époux, les *bénéfices de la communauté*, doit, sous l'empire du Code civil, être réputé un avantage indirect, prohibé dans le cas où l'époux prédécédé a laissé des enfants d'un précédent mariage. (Arrêt de la Cour de cass. du 24 mai 1808.)

Serait nulle la clause par laquelle des époux, après s'être fait une donation au profit du survivant d'eux, et après être convenus que cette donation serait sans effet en cas d'enfant survivant au donateur, stipuleraient que ces enfants venant ensuite à décéder sans postérité ou sans avoir valablement disposé de la chose donnée, la donation reprendrait son entière force et vertu, comme s'il n'y avait point eu d'enfants. (C. C. 1389.)

§ 2. Formules.

1. *Contrat de mariage entre deux majeurs, avec stipulation de communauté.*

Par-devant M^e   , notaire royal à la résidence de
département de   , soussigné, et en la présence des deux témoins ci-après nommés et aussi soussignés;

Furent présents :

M. Louis Hotin, commis-marchand de bois, fils majeur de M. Jean Hotin, marchand de bois, et de dame Félicité Lemaire, son épouse, avec lesquels il demeure à

Ledit sieur Hotin fils, stipulant ici pour lui et en son nom, du consentement de ses père et mère, à ce présents, et qui eux-mêmes stipulent en ces présentes, à cause de la dot qu'ils constitueront ci-après à leur fils; tous d'une part.

Et demoiselle Éléonore Audry, fille majeure de M. Jean Audry, cultivateur, et de dame Justine Leduc, son épouse, avec lesquels elle demeure à   , ladite demoiselle stipulant et contractant en ces présentes pour elle et en son nom, du consentement de ses père et mère, aussi à ce présents, et qui eux-mêmes stipulent ici en leurs noms personnels à cause de la dot qu'ils vont constituer à leur fille; d'autre part.

Lesquels, dans la vue du mariage projeté entre ledit sieur Hotin fils et ladite demoiselle Audry, et dont la célébration aura lieu incessamment, en ont fait et arrêté les clauses et conditions civiles, ainsi qu'il suit, en présence et de l'agrément de leurs parents et amis ci-après nommés, savoir :

Du côté du futur époux :

M. etc.

Art. 1er. Les futurs époux ont déclaré que leur volonté est de se marier sous le régime de la communauté établi par le Code civil, aux dispositions duquel ils se soumettent à cet égard, mais sauf les modifications ci-après. (C. C. 1400.)

Art. 2. Ils ne seront point tenus des dettes ni des hypothèques l'un de l'autre, antérieures à la confection de l'acte civil de leur mariage. S'il en existe, elles seront acquittées par celui des futurs qui les aura contractées, sans que l'autre, ses biens ni ceux de la communauté puissent en être aucunement tenus ni grevés.

Art. 3. Le futur époux apporte personnellement en mariage la somme de 2,000 francs en argent, à lui provenue de ses gains et économies, et dont il a donné connaissance à la future et à ses père et mère, qui l'ont reconnu.

Art. 4. En considération de ce mariage, les sieur et dame Hotin, père et mère, ont constitué en dot, chacun par moitié et en avancement d'hoirie sur leurs successions futures, audit futur époux leur fils, qui l'accepte et les en remercie, la somme de 20,000 francs, qu'ils se sont obligés, conjointement et solidairement, de lui payer, savoir : 1,000 francs en habits, linge et autres effets mobiliers à son usage, et 19,000 francs en argent la veille de la célébration dudit mariage, dont l'acte civil leur tiendra lieu de quittance de ces 20,000 francs, de manière qu'ils ne seront point obligés d'en tirer d'autre.

Art. 5. Aussi, en faveur de ce mariage, les sieur et dame Audry, père et mère, ont constitué en dot, chacun par moitié et en avancement de leurs successions futures, à ladite demoiselle future épouse, leur fille, ce acceptant, la somme de 30,000 francs, qu'ils se sont obligés solidairement entre eux, de lui payer, savoir : 2,000 francs en un trousseau à son usage, 2,000 francs en meubles meublants et effets mobiliers, et 26,000 francs en argent, le tout la veille dudit mariage, dont l'acte civil vaudra pareillement quittance définitive de ladite dot de 30,000 francs auxdits sieur et dame Audry, père et mère, qui, par conséquent, ne seront point obligés d'en retirer d'autre.

Le futur époux a consenti de demeurer chargé envers ladite demoiselle Audry, de ladite somme de 30,000 francs, par le seul fait de la célébration de leur mariage. (C. C. 1502.)

Art. 6. Au moyen des dots qui leur sont constituées, les futurs époux ont renoncé pour eux et les enfants qui pourront naître de leur union, à pouvoir demander aucun compte ni partage au survivant de leurs père et mère, des biens mobiliers et immobiliers qui dépendront de la succession du premier mourant d'eux; ils ont au contraire consenti à ce que les survivants jouissent, pendant leur vie, de l'universalité de ces biens sans être tenus de donner caution ni de faire emploi des valeurs mobilières, et seulement à la charge de faire faire un fidèle inventaire des biens du prédécédé.

Il a été convenu que si, nonobstant cette clause, le partage était demandé et avait lieu, sous quelque prétexte et pour quelque cause que ce fût, lesdites dots seraient imputables en entier sur l'émolument des futurs époux dans les successions desdits premiers mourants, de même que si les survivants n'y eussent point contribué.

Si le survivant desdits sieur et dame   qui, par suite de la disposition ci-dessus, aurait conservé la jouissance de tous les biens du prédécédé, venait à se remarier, alors cette jouissance serait réduite à moitié, et ce de plein droit, par le seul fait et à compter du jour du second mariage.

Dans aucun cas, le survivant desdits sieur et dame   ne devra donner caution ni faire emploi du mobilier pour raison de sa jouissance quelle qu'elle soit; il sera seulement tenu de faire faire inventaire des biens du prédécédé.

Art. 7. Des apports et dots des futurs, il entrera de part et d'autre, en communauté, jusqu'à concurrence de 4,000 francs, ce qui fera un fonds de 8,000 francs. Le surplus, ainsi que ce qui pourra échoir par la suite aux futurs, tant en meubles qu'immeubles, par successions, donations, legs ou autrement (1), demeurera exclu de ladite communauté, pour demeurer propre à chacun d'eux respectivement (2).

Art. 8. Le survivant des futurs époux prendra, par préciput et avant de faire le partage des biens meubles de la communauté, tels de ces meubles qu'il lui plaira de choisir jusqu'à concurrence de 3,000 francs suivant la prisée de l'inventaire, faite à juste valeur et sans crue, ou bien cette même somme en deniers comptants au choix du survivant.

Art. 9. S'il est vendu des immeubles appartenants à l'un des époux, de même que si l'on s'est rédimé en argent, de services fonciers dus à des héritages propres à l'un d'eux, et que le prix en ait été versé dans la communauté, le tout sans remploi, il y aura lieu au prélèvement de ce prix sur la communauté, au profit de l'époux qui était propriétaire, soit de l'immeuble vendu, soit des services rachetés. (C. C. 1433.)

Art. 10. Il sera libre à la future épouse et aux enfants qui pourront naître dudit mariage, de reprendre, en renonçant à ladite communauté,

---

(1) Par bonne fortune, par exemple, la découverte d'un trésor. (Pothier.)

(2) Quelquefois on remplace cette clause par celle ci :

« Les apports et dots des futurs époux sont et demeurent exclus de ladite communauté, et leur sont respectivement réservés comme propres, en totalité ; cette exclusion s'étendra à tout ce qui, pendant leur mariage, pourra leur avenir et échoir, tant en meubles qu'immeubles, par succession, donation, legs ou autrement.

En conséquence, ladite communauté ne comprendra que les acquisitions mobilières et immobilières qu'ils pourront faire conjointement, ainsi que les fruits et revenus. »

Mais il suit, de cette clause, que si la femme décède ne laissant que des héritiers collatéraux, et que ses héritiers renoncent à sa succession, le mari sera tenu de remettre la totalité des apports ; tandis que, suivant la première clause, il gagnerait, du moins, la mise en communauté de sa femme, ce qui paraît plus juste.

lors de sa dissolution, la totalité de la dot de la future, compris sa mise
en communauté; et tous les autres biens généralement quelconques qui
lui seront avenus et échus pendant ledit mariage, tant en meubles qu'en
immeubles, par successions, donations, legs ou autrement; et, si c'est
la future qui exerce elle-même cette faculté, elle reprendra, en outre,
son préciput ci-dessus stipulé. (C. C. 1515.) Toutes ces reprises seront
franches et quittes des dettes et charges de ladite communauté, quelles
que soient, à cet égard, les obligations contractées par la future épouse,
et les condamnations prononcées contre elle.

Desquelles dettes et charges (dans le cas où elle s'y serait obligée ou
y aurait été condamnée), elle et ses enfants seront acquittés, garantis
et indemnisés par le futur époux; sur les biens duquel il y aura, pour
raison de ce et de toutes les autres conditions du présent contrat, une
hypothèque à compter de ce jour.

Art. 11. Enfin, les futurs époux voulant se donner des preuves de
leur estime et de leur amitié, se sont fait, par ces présentes, l'un à
l'autre, au profit du survivant d'eux, ce qu'ils ont accepté respectivement pour ledit survivant, donation entre-vifs, mutuelle et irrévocable
de l'usufruit de tous les biens meubles et immeubles qui, au jour du
décès du premier mourant d'eux, se trouveront lui appartenir et dépendre de sa succession, à quelque titre que ce puisse être, sans aucune
exception.

Pour en jouir, par le survivant pendant sa vie, à compter du décès
du premier mourant, sans être tenu de fournir caution ni de faire emploi des valeurs mobilières, mais à la charge de faire faire bon et fidèle
inventaire des biens du prédécédé.

Dans le cas où il existerait des enfants ou même un seul enfant dudit
mariage, lors du décès du premier mourant, cette donation sera réduite
à la jouissance de la moitié de ses biens meubles et immeubles.

Art. 12. Le survivant des futurs époux aura le droit de conserver
pour son compte personnel, le fonds de commerce qu'ils exerceront lors
du décès du premier mourant, ainsi que toutes les marchandises et les
ustensiles qui le composeront; le tout pour le prix de l'estimation qui
en sera faite par des experts choisis à l'amiable ou nommés d'office. Si
ce commerce est établi dans une maison appartenante au prédécédé,
ledit survivant aura également le droit d'en jouir, à titre de locataire,
pendant les neuf années qui suivront le décès du prémourant, à la
charge de payer à ses héritiers, les loyers de ladite maison, suivant la
fixation qui en sera faite à l'amiable entre les parties ou par experts qui
seront nommés d'office à cet effet.

Enfin, le survivant aura terme et délai de trois années, à partir du
jour du décès du prédécédé, pour rendre aux héritiers de ce dernier ce
qui leur sera dû par ledit survivant, dans la valeur dudit fonds de commerce, et ce sans intérêt pendant lesdites trois années.

Le tout sans préjudice à la donation ci-dessus.

C'est ainsi que le tout a été convenu et demeuré d'accord entre les
parties, promettant, etc.; obligeant, etc.; renonçant, etc.

Fait et passé à   , en la demeure de M. Audry, en présence de
MM.   , tous deux témoins pour ce requis et appelés, à défaut
d'un second notaire, l'an mil huit cent   , le   , après-midi;

Et les parties ont signé après lecture faite, avec leurs parents et amis,
les témoins et le notaire.

Nota. Après les constitutions de dot, on peut ajouter la
stipulation du droit de retour:

M. et Mme. Audry, père et mère, se sont expressément réservé, en vertu de l'art. 951 du Code civil, le droit de retour à la dot qu'ils viennent de constituer à la demoiselle Audry leur fille, pour le cas où elle décéderait avant eux sans postérité; sans toutefois que cette réserve puisse préjudicier à la donation d'usufruit stipulée par l'art. 11.

Lorsqu'il s'agit d'un contrat de mariage comme de tout autre acte, de quelqu'importance, on fait précéder chaque clause d'un titre écrit d'un plus gros caractère que le texte. Par exemple : le contrat dont le modèle précède, porterait : 1°. *Établissement de communauté*, 2°. *Séparation des dettes antérieures au mariage*, 3° *Apport du futur*, etc.

Il serait utile aux jeunes gens de s'exercer à cette espèce d'analyse sur tous les actes ou contrats qui en sont susceptibles.

S'il convenait à un notaire d'employer dans sa rédaction les termes du Code, voici comment quelques-uns des articles pourraient être rédigés.

Art. 1er. L'association conjugale des futurs sera réglée suivant le régime de la communauté établi par le Code civil, sauf les stipulations spéciales et modifications ci-après. (1387, 1390, 1400.)

La communauté commencera du jour que leur mariage sera célébré devant l'officier de l'état civil. (1399.)

Art. 2. Les époux paieront séparément leurs dettes personnelles : en conséquence, lors de la dissolution de la communauté, ils seront obligés à se faire respectivement raison des dettes qui seraient justifiées avoir été acquittées par la communauté à la décharge de celui des époux qui en était débiteur. Seulement, la communauté sera chargée des intérêts ou arrérages qui auront couru depuis le mariage. (1510, 1512.)

Art. 3, 4, 5, 6 et 7 (comme dans la première formule).

Art. 8. De leur mobilier, les futurs mettent réciproquement en communauté jusqu'à concurrence de   , se réservant le surplus. (C. C. 1500.) En conséquence, chaque époux aura droit de reprendre et de prélever, lors de la dissolution de la communauté, la valeur de ce dont le mobilier qu'il apporte en mariage, ou qui lui écherra pendant sa durée, excédera sa mise en communauté. (C. C. 1503.) *Ou bien :* Tout le mobilier présent et futur est et demeure exclu de leur communauté. (C. C. 1500.)

Art 9. L'époux survivant aura droit de prélever avant tout partage, etc. (comme dans la première formule). C. C. 1515.

Art. 10. S'il est vendu, etc.

Art 11. En cas de renonciation à la communauté, la future épouse reprendra tout ce qu'elle y aura apporté, soit lors du mariage, soit depuis; cette faculté s'étendra aux enfants. (C. C. 1514.)

En renonçant, la future sera déchargée de toutes contributions aux dettes de la communauté, tant à l'égard du mari qu'à l'égard des créanciers, sauf son recours contre le mari ou ses héritiers, dans le cas où elle se serait obligée conjointement avec lui. (C. C. 1494.)

La future exercera toutes ses actions et reprises tant sur les biens de communauté que sur les biens personnels du futur. Ses héritiers auront le même droit. (C. C. 1495.)

. *Préambule d'un contrat de mariage entre un majeur et une mineure*
dont les père et mère sont décédés.

Par-devant, etc.

Furent présents : M. R   , d'une part ;
Et demoiselle D   , demeurante à   , fille mineure de défunts M. D   , et de dame A   ; ladite demoiselle D
stipulant et contractant pour elle et en son nom, du consentement, sous
l'assistance et autorisation de M. T   , demeurant à   , au
nom et comme tuteur de ladite demoiselle, nommé à cette qualité par
feu M. D   père, suivant son testament reçu par M⁺   , notaire
à   , qui en a la minute, en présence de quatre témoins, le
Et encore ledit sieur T   , représentant ici le conseil de famille
de ladite demoiselle D   , en vertu des pouvoirs *ad hoc* à lui déférés
par la délibération de ses parents et amis, tenue sous la présidence de
M.   , juge de paix du canton de   , suivant son procès-
verbal du   , dont un extrait est demeuré ci-annexé.
V. les art. 1398, 148, 149, 150 et 160 du Code civil.

3. *Clause de mise en communauté et ameublissement, lorsque l'un des*
époux n'a que des immeubles. (C. C. 1505.)

Des biens des futurs époux, il entrera de part et d'autre en communauté la somme de 4,000 francs ; à l'effet de quoi, la future épouse consent l'ameublissement jusqu'à due concurrence de sa maison, située
à   , qui, en conséquence, pourra être aliénée par le futur époux
pour se remplir des 4,000 francs formant la mise en communauté de la
future épouse, mais à la charge de faire emploi du surplus du prix de
cette aliénation en acquisition d'un autre immeuble au profit de la
future.

4. *Clause portant que la totalité de la communauté appartiendra au*
survivant. (C. C. 1520.)

Cette communauté n'aura lieu néanmoins qu'au profit du survivant
des futurs époux et des héritiers en ligne directe du prédécédé : en conséquence, dans le cas où celui-ci ne laisserait que des héritiers collatéraux, toute la communauté appartiendra au survivant, sauf la reprise par
ces héritiers des apports de leur auteur.

5. *Clause portant que les héritiers collatéraux de la future n'auront*
pour tout droit de communauté qu'une somme déterminée. (C. C.
1522.)

Si la future épouse décède avant le futur, et qu'il n'y ait pas d'enfant
de leur union, les héritiers collatéraux de la future ne pourront prétendre
pour tout droit de communauté qu'à une somme de 10,000 fr., outre l'apport de la future et les biens qui lui seront provenus de successions,
donations ou legs.

6. *Institution contractuelle.*

Les père et mère de la future lui ont assuré par ces présentes, l'intégrité de sa portion héréditaire dans leurs successions futures, même
dans la portion disponible, s'interdisant la faculté d'avantager plus que
la future aucun de leurs autres enfants, et de faire aucun acte de libéralité, testamentaire ou entre-vifs, au préjudice de sa part dans leurs

biens présents et à venir ; et s'obligeant même , dans le cas où ils dote-
raient par la suite un de leurs autres enfants , à donner dès-lors pareille
dot à la future épouse.

7. *Constitution de dot tant pour les droits successifs déjà échus qu'en avancement de ceux à échoir.*

En faveur de ce mariage , la dame veuve   , mère de la future
épouse, s'est obligée de lui payer et donner, la veille de son mariage , la
somme de 12,000 francs, à imputer sur ses droits mobiliers et immobiliers
dans la succession de son père

Dans le cas où ces droits ne s'élèveraient point à cette somme , la différence sera en avancement d'hoirie sur la succession future de ladite
dame veuve.

Cette clause donne lieu à un droit d'enregistrement sur
la totalité de la somme, bien qu'il n'y ait réellement donation
que de la différence qui existe entre le montant des droits
successifs et la somme promise , ce qui souvent est peu de
chose (1). On pourrait conseiller alors de substituer cette
clause :

La dame   , mère de la future, lui remettra, la veille de son
mariage ; le montant de ses droits dans la succession de son père , en
meubles ou deniers comptants ; et si ces droits ne s'élèvent point à
12,000 francs, elle donnera et paiera la différence de ses deniers personnels en avancement de sa succession future.

8. *Contrat de mariage entre deux veufs avec stipulation de communauté.*

Par-devant, etc.
Furent présents :
M. P   , propriétaire, demeurant à   , veuf en premières
noces, avec deux enfants mineurs, de demoiselle B   , stipulant
et contractant pour lui et en son nom personnel , d'une part ;

Et dame F   , veuve en premières noces avec un enfant mineur
du sieur C   , demeurant à   , stipulant, etc., d'autre part ;

Lesquels ont, par ces présentes , réglé et arrêté entre eux , ainsi qu'il
suit, les clauses et conditions civiles du mariage qu'ils se proposent de
contracter incessamment.

Art. 1ᵉʳ. et 2. (V. la première formule.)

Art. 3. Les biens du futur époux consistent en ses droits dans la communauté de biens qui a existé entre lui et ladite défunte d¹ᵉ.   ;
lesquels droits ne sont pas encore liquidés , mais sont constatés par l'inventaire fait après le décès de cette dernière , par, etc.

Art. 4. Les biens de la future épouse consistent , 1° , dans les reprises
et prélèvements qu'elle a droit d'exercer sur la communauté qui a existé
entre elle et M. C   ; 2°, en sa moitié dans les bénéfices de cette

_____

(1) La clause d'un contrat de mariage par laquelle la mère de la future déclare en quoi consiste la part de celle-ci dans la succession paternelle, et s'oblige de lui donner ce qui pourrait manquer à la consistance
qu'elle attribue à cette portion d'hérédité, est passible du droit d'enregistrement de 50 centimes par 100 fr. (D. E. 12 janvier 1824.)

communauté ; 3°. et dans ses droits et créances matrimoniales contre la succession dudit feu sieur C   , son premier mari ; tous lesdits droits non encore liquidés , attendu la minorité de son fils , mais régulièrement constatés par l'inventaire fait après le décès de M. C
par M^e.   et son collègue, notaires à   , le   et jours suivants , enregistré.

(V. les art. 7, 9 et 10 de la première formule , qui peuvent devenir ici les art. 5, 6 et 7.)

Art. 8. Les futurs époux voulant se donner des preuves de leur estime, se sont, par ces présentes, fait donation entre vifs , mutuelle et irrévocable , l'un à l'autre , au profit du survivant d'eux , ce qu'ils ont accepté respectivement pour ledit survivant , de la pleine propriété et jouissance , à compter du décès du premier mourant , d'une part d'enfant dans tous les biens meubles et immeubles qui se trouveront appartenir audit premier mourant , au jour de son décès , à quelque titre que ce soit , sans exception ; laquelle part sera égale à celle que l'un de ses enfants légitimes , le moins prenant dans sa succession , pourra en recueillir , et ne pourra , dans aucun cas , excéder le quart des biens du prédécédé. (C. C. 1098.)

Si, lors du décès du premier mourant, il n'existe aucun enfant ou descendant du premier lit, cette donation, au lieu d'être de la pleine propriété et jouissance d'une part d'enfant , sera de l'usufruit de la moitié des biens meubles et immeubles que laissera le prédécédé, pour en jouir par le survivant, pendant sa vie, sans être tenu de donner caution , mais seulement à la charge de faire inventaire.

C'est ainsi que, etc.

9. Clauses d'un contrat de mariage contenant exclusion de communauté.
(C. C. 1536 et suiv.)

Il a d'abord été convenu qu'il n'y aura point de communauté de biens entre les futurs époux.

En conséquence, ils ne seront point tenus des dettes ni des hypothèques l'un de l'autre, créées soit avant, soit pendant leur mariage; lesquelles dettes seront payées distinctement par celui qui les aura contractées.

La future épouse a déclaré n'avoir d'autres meubles et effets que les habits, linge , dentelles et bijoux à son usage personnel ; ce mobilier se trouvant, par sa nature, suffisamment distingué de celui du futur, il n'en a été fait aucun état.

Lors de la dissolution du mariage, tous les habits, linge, dentelles et bijoux qui se trouveront être à l'usage de la future, lui appartiendront, sans que, pour ce , elle soit tenue de faire aucune justification. Mais , si elle prétendait à la propriété d'autres meubles et effets, elle serait tenue de produire des quittances des marchands qui les lui auraient vendus, au moyen de quoi ces objets lui appartiendraient.

S'il lui en provient de successions , donations ou legs , ceux qu'elle aura recueillis et qui seront constatés par inventaire ou autres actes authentiques, seront repris par elle.

Le futur époux l'indemnisera des dettes qu'elle pourra contracter pour lui et avec lui pendant leur mariage.

10. Clauses d'un Contrat de mariage, portant séparation de biens.
(C. C. 1536 et suiv.)

Les futurs époux seront séparés de biens.

En conséquence, ils ne seront point tenus des dettes ni des hypothèques l'un de l'autre, créées avant ou pendant leur union.

Pour distinguer des meubles ou effets mobiliers du futur époux, ceux
qui appartiennent actuellement à la future, il a été fait un état de ces derniers, lequel est demeuré ci joint, à la réquisition des parties, après qu'elles
l'ont eu signé en présence des notaires.

A l'égard des meubles, vaisselle, bijoux ou autres objets que la future
épouse pourra acheter pendant ledit mariage, elle sera tenue d'en tirer
quittances notariées des marchands qui les lui auront vendus, pour établir que ce sera de ses propres deniers qu'ils auront été achetés et payés,
faute de laquelle preuve résultant d'actes authentiques, tous les
meubles et effets qu'elle pourrait acheter durant ledit mariage, appartiendront au futur époux comme étant censés acquis de ses deniers.

Il a été arrêté que chacun des futurs jouira, à part et divisément, des
biens à lui appartenants ou qui pourront lui appartenir par la suite : le
futur époux ayant dès-à-présent autorisé la future épouse, tant à l'effet
de gérer et administrer par elle-même ses biens personnels, d'en passer,
résilier et renouveler tous baux, en recevoir les loyers et fermages, en
donner quittances, qu'à l'effet de disposer valablement de son mobilier,
ainsi qu'elle le jugera à propos ; sans que pour toutes ces choses elle
puisse avoir besoin d'obtenir de lui aucune autorisation plus spéciale

La future épouse sera tenue de payer annuellement au futur époux, sur
les quittances qu'il lui en donnera, la somme de 1,000 francs pour contribuer aux frais et charges de leur mariage.

Le futur époux et ses héritiers indemniseront la future et ses héritiers
de toutes les dettes et hypothèques qu'elle pourra contracter pour lui et
avec lui pendant leur mariage.

Nota. On termine par la donation si les parties en conviennent.

11. *Clauses d'un Contrat de mariage, avec soumission au régime dotal
sans société d'acquêts ni communauté.*

Les futurs époux ont déclaré se marier sous le régime dotal, auquel ils
se soumettent, sauf les modifications ci-après. (C. C. 1540 et suiv.)

Il n'y aura donc entre les futurs époux aucune communauté de biens.

On mentionne ici les constitutions de dot faites aux futurs
par leurs pères et mères, et on continue ainsi :

Tous les autres biens que la future épouse pourra posséder par la
suite, seront à sa libre disposition, comme biens *extrà dotem* ou paraphernaux.

De la dot ci-dessus constituée par M.   à sa fille, le futur époux
s'il lui survit, et qu'il n'y ait pas d'enfant du mariage, retiendra en propriété la somme de   , dont la future, sous l'autorisation de son
père, a déclaré lui faire don.

A l'égard du surplus, le futur époux, dans les mêmes cas, aura terme
et délai de deux années pour le rendre aux héritiers de la future, sans
intérêts.

Le futur époux a fait donation à la future, pour le cas où elle lui survivrait, qu'il y eût ou non des enfants dudit mariage, de la somme de
          , à une fois payer, et à prendre sur les deniers les plus clairs
de la succession de son mari ; pour elle en jouir et disposer en toute
propriété, immédiatement après le décès du futur.

12. Clause d'un Contrat de mariage avec soumission au régime dotal et société d'acquêts. (C. C. 1581.)

Les futurs époux ont adopté pour base de leurs conventions matrimoniales le régime dotal, auquel ils se soumettent, mais avec société d'acquêts, dont les effets seront réglés conformément aux articles 1498 et 1499 du Code civil, et sauf les modifications suivantes.

Pour constater les objets mobiliers dont chacun des futurs se trouve actuellement propriétaire, il en a été fait deux états distincts, l'un contenant la désignation de ceux du futur, et l'autre de ceux de la future : ces deux états, représentés par eux, sont à leur réquisition demeurés ci-joints, après qu'ils les ont eu signés en présence des notaires.

La future s'est constitué en dot *tels* biens (les désigner).

A l'égard de tous ses autres biens actuels et de tous ceux qu'elle pourra recueillir par la suite, par successions, donations ou legs, ils seront à sa libre disposition, comme biens *extrà dotem* ou paraphernaux.

M.   , père de la future, a constitué en dot, en avancement de sa succession future, à la demoiselle sa fille, ce qu'elle a accepté, 1° vingt hectares de terre, en quinze pièces situées à   , etc.; 2° une somme de 9,000 francs qu'il s'est obligé de remettre au futur le lendemain du mariage.

Desquelles terres, le futur époux pourra se mettre en possession et jouissance, comme bien dotal, aussitôt après la confection de l'acte civil de son mariage.

M.   , père de la future, s'est réservé expressément le droit de retour sur lesdites terres, pour le cas où sa fille décéderait avant lui sans enfants ou petits-enfants, et pour le cas où ceux-ci décéderaient eux-mêmes avant lui. En conséquence, les futurs ni leurs descendants ne pourront aliéner ni hypothéquer ces terres, sous quelque prétexte que ce puisse être, au préjudice du droit de retour.

Des 9,000 francs faisant partie de la dot de la future, il sera employé jusqu'à concurrence de 6,000 francs en acquisition d'immeubles, qui auront même nature de biens dotaux. Cet emploi devra avoir lieu avec le consentement de la future dans les deux années qui suivront le jour de la célébration du mariage.

Le futur époux, en cas de survie sans enfants, retiendra en propriété les 3,000 francs de surplus, dont la future épouse lui fait don.

Le futur époux a fait donation entre-vifs et irrévocable à la future épouse, ce qu'elle a accepté, pour le cas où elle lui survivrait, de la somme de   , dont elle jouira en usufruit seulement, pendant sa vie, à compter du jour du décès du futur époux, sans être tenue d'en faire emploi, et soit qu'il y ait ou non des enfants de leur mariage.

Pour assurer à la future épouse la jouissance de cette somme, le futur s'est constitué irrévocablement débiteur envers elle et sur tous ses biens présents et à venir, de ladite somme de   ; se dessaisissant à cet effet, de tous lesdits biens jusqu'à due concurrence : le tout sauf l'événement de la condition de survie de la future épouse.

Quant aux bagues et joyaux, le futur époux a promis d'en donner à la future épouse le jour de la célébration de leur mariage, pour une somme de

Si, lors de la dissolution du mariage, il existe des récoltes non encore faites et des fruits pendants par racines, des immeubles dotaux de la future épouse, ou s'il en est dû des fermages, ils appartiendront à la future épouse et à ses héritiers, nonobstant la disposition contraire du Code civil. (1549.)

Le survivant des futurs époux prélèvera, avant le partage de la société d'acquêts, à titre de préciput conventionnel, tels meubles et effets qu'il lui plaira de choisir, jusqu'à concurrence de la somme de suivant la prisée de l'inventaire, ou cette somme en deniers comptants à son choix.

La future épouse y aura droit, bien qu'elle renonce à la société d'acquêts; et si les biens de cette société ne suffisent pas pour acquitter le préciput, elle pourra l'exercer sur les biens propres du futur.

Cette société sera composée de tous les bénéfices que les futurs pourront faire pendant leur mariage, tant en meubles qu'immeubles. Chacun d'eux en aura la moitié en propriété, distraction faite des reprises, indemnités, remplois et prélèvements résultants du présent contrat.

Si la future épouse ou ses héritiers renoncent à ladite société d'acquêts, elle pourra exercer la répétition de sa dot, et ses autres droits, reprises et prélèvements, comme si cette société n'eût jamais existé.

Les immeubles dotaux de la future épouse pourront être échangés ou vendus pendant le mariage, mais sous la condition qu'ils seront remplacés en immeubles de même valeur, pour lui tenir nature de dot.

13. *Clauses d'un Contrat de mariage dans lequel les futurs renoncent aux deux régimes.*

Les futurs époux ont déclaré exclure tant le régime de la communauté que le régime dotal, et vouloir que les effets civils de leur mariage soient uniquement régis par les stipulations ci-après exprimées.

Les biens de la future épouse consistent, etc.

Le futur époux sera tenu de reconnaître, par actes authentiques, toutes les sommes et valeurs qu'il recevra pour le compte de la future épouse, afin qu'elle puisse, à tout événement, en exercer facilement la reprise.

Les futurs époux seront associés, chacun pour moitié, en tous les acquêts qu'ils feront pendant leur mariage, et chacun d'eux disposera de sa moitié comme bon lui semblera.

(Le contrat peut être terminé par une donation respective entre les futurs.)

Nota. Ce mode de contracter est usité à Bordeaux, où on le désigne sous le nom de *Régime de la communauté réduite aux acquêts.* (Cours de Notariat.)

§ 3. Enregistrement.

Les contrats de mariage qui ne contiennent d'autres dispositions que les déclarations, de la part des futurs, de ce qu'ils apportent eux-mêmes en mariage et se constituent, sans aucune stipulation avantageuse entre eux, sont sujets au droit fixe de 5 francs. (Art. 68 de la loi de frimaire an 7 et 45 de celle d'avril 1816.) Ce droit est dû, dans tous les cas, indépendamment de ceux résultants de dispositions donnant lieu à un droit proportionnel. (Art. 11 de la loi de frimaire an 7.)

La clause de préciput, à prendre uniquement sur les biens de la communauté, ne donne lieu à aucun droit sur

le contrat de mariage, non plus qu'au décès. (D. M. F.
6 mai 1828.) Mais le droit fixe de donation éventuelle,
5 francs) doit être perçu sur le contrat de mariage, lorsqu'il
est stipulé que la femme aura la faculté de prendre son
préciput même en renonçant. (J. E. art. 245.)

Sont aussi sujettes au droit fixe de 5 francs les dispositions soumises à l'évènement du décès, faites par contrat
de mariage entre les futurs ou par d'autres personnes.
(Loi du 28 avril 1816.)

Lorsqu'au moyen d'une dot qui lui est constituée par son
père ou sa mère survivant, le futur renonce à demander
aucun compte ni partage de la succession du prédécédé, il n'y
a pas là cession ou vente passible d'un droit proportionnel:
il n'est dû que 62 centimes et demi par 100 fr. sur la constitution. (Cass. 20 mai 1828 et 9 mai 1831.)

Quant aux droits sur les donations entre-vifs contenues
dans les contrats de mariage, voyez ci-devant page 73.

voyez ci-devant page 73.

SECTION 4.

DONATION MUTUELLE

Entre futurs époux, en vue ou en faveur de mariage.

V. les art. 1091 — 1100 du Code civil.

On doit considérer et faire valoir, comme convention ma-
trimoniale, la donation réciproque que des futurs se font en
considération de leur mariage, avant la célébration, par
un acte qui ne contient pas d'autre stipulation: cet acte
doit être assimilé à un véritable contrat de mariage; il n'est
pas rare qu'il ait lieu. (Toullier.) Mais dans ces donations
anté-nuptiales, il est nécessaire d'exprimer la cause spéciale de la donation, le mariage. R. N.

Les donations ainsi faites en dehors du contrat de mariage, peuvent avoir pour objet des biens présents et à
venir, ou des biens à venir seulement. (Id.)

On appelle *donation éventuelle* ou *à cause de mort*, celle
qu'un époux fait à l'autre en cas de survie; et *donation
mutuelle*, celle par laquelle deux personnes se donnent réciproquement l'une à l'autre par le même acte. (V. le C. C.
art. 1097.)

Formule.

Par-devant, etc.

Furent présents : M.   , fils majeur de   , d'une part;

Et demoiselle   , fille majeure de   , d'autre part.

Lesquels, dans la vue du mariage projeté entre eux, et dont la célébration aura lieu incessamment à la mairie de

Se sont, par ces présentes, fait donation mutuelle, par le premier mourant au survivant d'eux, ce qu'ils ont accepté respectivement pour ledit survivant, savoir : pour le cas où, lors du décès du premier mourant, il n'existerait aucun descendant de leur mariage, « de l'usufruit » de l'universalité des biens meubles et immeubles de toute nature, » sans aucune exception, que le premier mourant laissera au jour de son » décès ; et pour le cas où il existerait des enfants dudit mariage, d'un » quart en pleine propriété et jouissance, et d'un autre quart en usu- » fruit seulement desdits biens meubles et immeubles de toute na- » ture, sans exception, qui composeront la succession dudit premier » mourant ; » sans que, dans l'un comme dans l'autre cas, le survivant soit tenu de donner caution pour raison de la jouissance des biens meubles et immeubles, ni de faire emploi des capitaux et sommes quelconques dont il n'aurait que l'usufruit ; mais à la charge de faire faire bon et fidèle inventaire au décès du premier mourant

Dont acte, fait et passé à   , en l'étude, l'an   , le   ; et les comparants ont signé avec les notaires après lecture faite.

Enregistrement.

La donation de biens à venir ne donne lieu qu'au droit fixe de 5 francs ; ce n'est qu'au décès qu'il y a lieu au droit proportionnel de mutation. (L. du 28 avril 1816, art. 45.) L'acte fait suivant le modèle ci-dessus, n'est passible que d'un seul droit et non pas de deux. (Délib. 19 juin 1829.)

SECTION 5.

RÉSILIATION DE CONTRAT DE MARIAGE.

Lorsqu'un contrat de mariage n'est pas suivi de la célébration, on est dans l'usage d'en faire un acte de résiliation ; mais c'est moins pour annuler des conventions, qui d'elles-mêmes seraient sans effet, que dans la vue d'obtenir la restitution des droits d'enregistrement perçus sur le contrat. R. N.

Un contrat de mariage résilié expressément ne recouvre pas son effet, lors même que le mariage serait depuis contracté entre les mêmes parties. (Id.)

Les résiliements purs et simples de contrats de mariage ne sont passibles que du droit fixe de 2 francs. (L. du 28 avril 1816, art. 43, n° 12, et délib. du 28 août 1824.)

SECTION 6.

RÉTABLISSEMENT DE COMMUNAUTÉ.

Le fait de la réunion de deux époux séparés de corps et de biens, et dont la communauté conjugale a été dissoute, sous l'empire du Code civil, par un acte authentique, ne suffit pas pour rétablir cette communauté. (Paris, 16 avril 1807.)

L'art. 1451 du Code civil prescrit la forme du rétablissement de communauté, et en indique les effets.

Dans cette circonstance, il est convenable de se conformer à l'art. 872 du Code de procédure. R. N.

Formule.

Par-devant, etc.

Furent présents : M. A   , d'une part;

Et dame   , son épouse et séparée de lui quant aux biens, aux termes du jugement ci-après énoncé, mais cependant de lui autorisée à l'effet des présentes autant qu'il serait besoin; ladite dame demeurante à   , d'autre part.

Lesquels ont, par ces présentes, déclaré rétablir, conformément aux dispositions de leur contrat de mariage passé devant Me   , le   , la communauté de biens qu'ils avaient établie entre eux par ce contrat, et qui a été dissoute suivant jugement rendu par le tribunal civil de première instance du département de la Seine, en date du   , à la requête de ladite dame   , signifié à son mari par exploit de huissier à   , et exécuté par la saisie et la vente des meubles et effets qui appartenaient alors à M.   , suivant un procès-verbal dressé par M.   , commissaire-priseur-vendeur au département de la Seine, en date du   , enregistré.

Consentant en conséquence (les comparants) que ce jugement de séparation de biens et tous autres actes et opérations qui l'ont suivi, soient considérés comme nuls, non faits ni avenus, et que la communauté de biens qu'ils avaient établie par leur contrat de mariage sus daté, reprenne tous ses effets, à compter du jour de la célébration de leur mariage, de même que s'il n'était jamais survenu entr'eux de séparation de biens.

Pour faire publier ces présentes conformément aux articles 1445 et 1451 du Code civil, et aux avis du conseil-d'état, tous pouvoirs sont donnés au porteur d'une expédition ou extrait des présentes.

Dont acte, fait et passé à   , l'an   , le   ; et les comparants ont signé avec les notaires après lecture faite.

Enregistrement.

Cet acte ayant pour objet de rétablir la première association, est passible du même droit fixe, c'est-à-dire, 5 francs, aux termes de l'art. 45 de la loi du 28 avril 1846.

TITRE II.

DE LA VENTE.

—

SOMMAIRE DE LA LOI.

Code civil.

OBSERVATIONS PRÉLIMINAIRES.

1. *Sur le Contrat de Vente, en général.*

Le contrat de vente est d'un usage si fréquent et si nécessaire, qu'il n'est personne à qui les dispositions du Code relatives à ce contrat puissent être indifférentes (1). Elles offrent d'autant plus d'intérêt, que les principes qui les ont dictées doivent être gravés dans le cœur de tous les hommes : ce sont ceux de l'équité. — Le contrat de vente dérive du contrat d'échange. Sa forme, les droits et les obligations qui en résultent, sont réglés par la loi civile. (Faure.)

Le mot *vente* est corrélatif d'*achat* ; car il ne peut y avoir d'achat sans vente, comme il ne peut pas y avoir de vente sans achat.

Le Code civil, en développant les règles générales sur les obligations respectives du vendeur et de l'acheteur, n'a rappelé que les principes qui appartiennent au droit commun ; mais il ne faut pas oublier que les règles générales du droit qui ont été posées, peuvent être modifiées de mille manières par les conventions des parties : le contrat est la véritable loi qu'il faut suivre, à moins que les pactes qu'il renferme ne soient vicieux en eux-mêmes, ou dans leur rapport avec la police d'état. Quand le contrat est clair, il faut en respecter la lettre ; s'il y a de l'obscurité et du doute, il faut

---

(1) La vente, dit M. Troplong, est le contrat le plus fréquent dans l'usage de la vie ; elle rapproche les hommes, elle met les biens en circulation ; à côté du besoin, elle place le moyen de le satisfaire, elle établit l'équilibre entre celui qui a trop et celui qui veut acquérir ce qu'il n'a pas. Sans elle, la société manquerait de son instrument le plus énergique de communication commerciale et de mouvement dans la propriété.

opter pour ce qui paraît le plus conforme à l'intention des contractants. Les pactes dans lesquels cette intention n'est pas facile à découvrir, doivent être interprétés contre le vendeur, parce qu'il dépendait de lui d'exprimer plus clairement sa volonté. (Portalis.)

2°. *Sur la Nature et la forme de la Vente.*

Nature se dit de ce qui constitue un acte, de ce qui en forme la propriété particulière, et le différencie des autres actes. On nomme *formes* ou *formalités* les règles établies par les lois pour la régularité et la validité des actes. C'est la forme qui donne l'existence aux choses. La forme des actes est réglée par la loi du lieu où ils sont faits. (Grenier.)

L'art. 1582 du Code civil définit le contrat de vente ; il faut en voir le texte littéral ; dans une définition, tout est précieux ; celle de la loi a le double mérite de la précision et de l'exactitude. (Faure.) Il résulte de cette définition que trois éléments entrent nécessairement dans le contrat de vente, savoir : une chose susceptible d'être vendue, un prix assigné à cette chose, et l'accord des contractants sur la chose et le prix ; qu'il y a vente toutes les fois que ces trois éléments se trouvent réunis, ou, comme le dit l'art. 1583, dès qu'on est convenu de la chose et du prix ; et qu'il est impossible de concevoir l'idée d'une vente là où manque l'un de ces trois éléments.

Le contrat de vente est entièrement du droit naturel ; car non seulement il doit à ce droit son origine, mais il se gouverne par les seules règles tirées de ce droit : il est tellement du droit des gens que l'étranger peut vendre et acquérir, que de même une personne frappée de mort civile n'est pas incapable de vendre.

Il est du nombre de ceux qu'on appelle *consensuels* ; car il se forme par le seul consentement des contractants.

Il est *synallagmatique* (1102), *commutatif* (1104), et à *titre onéreux* (1106).

Non solennel, il n'est assujetti à aucune forme particulière (1582).

La vente peut même avoir lieu verbalement ; mais voyez les art. 1341, 1347 et 1348 du Code civil.

Si la vente, lorsqu'elle est désavouée, ne peut se prouver par témoins, au cas où la valeur de l'objet excèderait 150 francs, elle peut du moins s'établir par les lettres du vendeur et de l'acheteur. (Pothier.) L'écriture ne sert point à la validité du contrat, elle sert à la preuve de son existence. (Faure.) Dans la vente et dans les autres contrats ordinaires, l'écriture n'est exigée que comme preuve; et dès-lors, la loi laisse aux parties contractantes la liberté de faire leurs accords par acte authentique ou sous seing privé. Il est de principe qu'on n'est pas moins lié par un acte qu'on rédige et qu'on signe soi-même, que par ceux qui se font en présence d'un officier public. Les derniers sont revêtus de plus d'authenticité; mais l'engagement que l'on contracte par les premiers n'est pas moins inviolable. (Portalis.)

Lorsque la vente est faite par acte sous seing privé, l'acte est soumis aux formalités de l'art. 1325 du Code civil.

Lorsqu'une vente sous seing privé a été revêtue de toutes les formalités voulues par la loi, et qu'elle a été enregistrée, elle peut être opposée aux tiers comme si elle était authentique; elle peut également être transcrite pour conserver le privilège du vendeur. (M. Troplong.)

On a vivement agité la question de savoir si un acte sous seing privé non fait double, peut servir de commencement de preuve par écrit. M. Duranton professe la négative, qui a été adoptée par quelques arrêts; mais il faut préférer l'opinion contraire, soutenue avec habileté par M. Toullier, embrassée par M. Merlin et M. Delvincourt, et vers laquelle tend à se diriger maintenant la jurisprudence des cours royales. (Id.)

On peut acheter ou vendre par un mandataire comme par soi-même, et celui qui a donné le mandat est tenu d'exécuter les obligations prises en son nom par le mandataire, et que celui-ci avait le pouvoir de contracter pour le mandant. (M. Duranton.)

La vente peut être faite par plusieurs à plusieurs, comme par un seul à un seul, et l'on suit à cet égard les règles générales des contrats : en conséquence, si plusieurs ont vendu ou acheté, leurs obligations se divisent entre eux *pro parte virili*, à moins de convention de solidarité ou autre convention contraire, etc. — Si plusieurs ont vendu ou acheté par le même acte des objets séparés, quoique égaux, il y a autant de ventes qu'il y a de prix, et les obligations qui en résultent sont les mêmes pour chaque vente que s'il n'y en avait qu'une seule. (Id.)

L'obligation de livrer la chose, imposée au vendeur par l'art. 1582, est de la lui faire avoir librement, à titre de propriétaire, afin qu'il puisse en disposer comme il l'entendra. (Pothier.)

Dans les premiers âges, il fallait *tradition* et *occupation corporelle* pour consommer un transport de propriété. Dans les principes de notre droit français, le contrat suffit; l'engagement est consommé dès que la foi est donnée. (Portalis.) — On est parti de ce principe, que le consentement fait la vente. La vente étant parfaite et accomplie par le seul consentement, la chose vendue est, dès le moment même de ce consentement, au pouvoir de l'acheteur. Elle est sa propriété, et dès lors elle est à ses risques, d'après la règle si connue : *Res perit domino*. Le consentement seul donne l'essence à la vente, et emporte transmission de propriété. Voilà le principe général consacré par l'art. 1583. (Grenier.) En conséquence la clause de *dessaisissement* que les notaires insèrent dans les contrats de vente et autres actes de transmission, devient en général inutile; elle n'ajoute rien à ce qui est de droit. R. J. N. — V. le C. C. art. 711, 894, 1138, 2182, 2279 et 1141.

La transcription n'est plus nécessaire aujourd'hui pour transmettre les droits du vendeur à l'acquéreur respectivement aux tiers. La loi du 11 brumaire an 7 qui la prescrivait, n'existe plus que comme monument historique de l'ancienne législation. (Merlin.)

La promesse de vente a la même force que la vente même dès que les trois conditions se trouvent réunies : la chose, le prix et le consentement. (Faure.)

Les rédacteurs du Code civil ont envisagé ici (1589) les promesses de vente comme des conventions synallagmatiques, renfermant la promesse de vendre, d'une part, et la promesse d'acheter, d'autre part; ce sont les conventions que Pothier appelait *contrats projetés, ventes projetées*. (M. Duranton.) V. l'Indicateur aux mots PROMESSE DE VENTE.

La promesse de vendre à quelqu'un de préférence à tout autre, *si l'on se décide à vendre*, est nulle; ou du moins, elle ne peut donner lieu qu'à des dommages-intérêts selon les circonstances. R. J. N.

Les *arrhes* (1590) sont ce que l'on donne quelquefois comme signe ou gage d'une convention projetée ou d'un engagement conclu. R. J. N. — Quand il est prouvé clairement que c'est bien une vente, et non une promesse de vente, que les parties ont entendu faire, les arrhes sont considérées comme un à-compte sur le prix. (M. Duranton.)

Le *prix* (1591) est tout ce que le vendeur reçoit de l'acquéreur en échange de la chose qu'il lui vend ; tout l'argent payé ou distribué à l'usage du vendeur, même à titre de pot-de-vin, est *prix*. (Merlin.)

Dans la vente, il faut qu'il y ait un prix ; autrement ce serait une donation. Le prix de la vente doit être d'une somme d'argent, ou de ce qui en tient lieu dans l'usage ordinaire des paiements. Si le prix est un autre objet, ce n'est point une vente, c'est un échange. (Faure.) — Un prix qui n'a aucune proportion avec la valeur de la chose vendue n'est pas un véritable prix. Un tel contrat n'est donc pas une vente, mais une donation faussement qualifiée de vente. (Pothier.) — La vente faite à vil prix serait bonne, mais voyez l'art. 1674. — Les ventes pour un prix simulé ne sont pas nulles, d'après la jurisprudence de la cour de cassation, dans la mesure de la quotité disponible, et quand d'ailleurs les parties sont capables de recevoir l'une de l'autre. (M. Duranton.) — Une vente peut être déclarée nulle comme n'ayant pas de prix sérieux, lorsqu'elle est faite à la charge d'une rente viagère qui ne représente pas même les fruits que produit l'immeuble vendu. (Divers arrêts.) Il en serait de même d'une vente faite à la charge par l'acquéreur, de nourrir, loger, chauffer et éclairer le vendeur, lorsque cette obligation peut cesser par incompatibilité d'humeur entre les parties, et qu'alors l'acquéreur ne soit tenu envers le vendeur qu'à lui payer une pareille rente viagère, dont le montant, fixé d'avance, serait inférieur au revenu des objets vendus. (Bourges, 10 mai 1826.) —Mais la vente serait valide, si, au lieu d'une rente viagère, l'acquéreur avait été chargé simplement de nourrir, loger, chauffer et éclairer le vendeur, tant en santé qu'en maladie, quoique cette charge pût paraître inférieure aux revenus de l'immeuble. (Cass. 16 avril 1822.)

L'acquéreur est tenu des frais (1593) sauf stipulation contraire, par exemple, lorsque l'acquéreur achète pour telle somme, *le contrat à la main.*

Les frais ordinaires de vente sont le coût du papier timbré, les droits d'enregistrement et les honoraires du notaire. L'acheteur, de droit commun, doit aussi payer le coût de la grosse de l'acte de vente remise au vendeur. L'acheteur supporte aussi personnellement les frais de transcription et autres frais nécessaires pour parvenir à la purge des privilèges et hypothèques, à moins de conventions contraires.

Si cependant le vendeur est *tuteur* et qu'il n'ait pas déclaré dans l'acte que l'immeuble vendu est soumis à l'hypothèque légale du mineur, c'est lui qui doit supporter les frais de la purge de l'hypothèque légale. (Cours de droit.)

Il y a des formes particulières pour les ventes publiques, par exemple, pour l'expropriation forcée, pour les ventes des biens des mineurs, pour les ventes aux enchères devant un notaire, pour la vente des meubles dépendants d'une succession, pour les licitations, pour la vente des biens communaux et des hospices; mais le détail des formalités qui s'y rattachent rentre dans l'interprétation du Code de procédure civile qui en traite expressément; ou dans l'explication de la législation spéciale qui règle ces sortes de transactions. (M. Troplong.)

3°. Sur les personnes qui peuvent acheter ou vendre.

Ici, se présente naturellement la question de savoir quelles sont les personnes capables de contracter. Voici la réponse : La règle générale est pour la capacité. Les divers cas d'incapacité sont autant de cas d'exceptions. Ainsi, lorsqu'on ne se trouve dans aucun de ces cas, la conséquence nécessaire est qu'on a la capacité de contracter. Parcourons les exceptions. Dans la classe des incapables, il faut d'abord placer les mineurs, les interdits, les femmes mariées. (1124). Les motifs sont : à l'égard des mineurs, le défaut de maturité de leur raison; à l'égard des interdits, l'absence même de la raison; à l'égard des femmes mariées l'autorité maritale. (Faure.) — Il ne peut exister une vente sans qu'il en résulte des obligations respectives entre le vendeur et l'acquéreur; ceux qui ne peuvent point s'obliger, ne peuvent donc acheter ni vendre. (Grenier.)— Celui qui a droit de donner a aussi droit de vendre et d'aliéner. (Règle de droit.) — Celui qui n'a qu'une portion indivise dans des immeubles peut la vendre avant le partage. (Turin, 18 mars 1808; et cass. 3 août 1809.)(1)—Si un mineur a fait une vente ou un achat, et qu'il y ait lieu à

---

(1) Le copropriétaire d'une chose indivise peut vendre sa part avant le partage, dit M. Troplong; mais si le partage vient à s'effectuer ensuite, voici la chance que courra l'acheteur : il pourra arriver, en effet, que l'objet indivis tombe dans le lot du copropriétaire du vendeur; dès lors, d'après les art. 883, 1476 et 1872 du Code civil, le vendeur sera censé n'avoir jamais eu la propriété de cette chose. La vente sera donc résolue, et les droits de l'acheteur seront effacés. Si, au contraire, par l'effet du partage, le vendeur conserve la chose ou une part dans cette chose, la vente tiendra.(Vente, t. 1er, p. 296.)

nullité pour cause de lésion (1305), le mineur pourra bien la demander, mais non l'autre partie ; en sorte que s'il convient au mineur que la convention soit exécutée, elle devra l'être de part et d'autre ; tandis que s'il ne lui convient pas qu'elle le soit, il pourra en faire prononcer la résiliation en justice. (C. C. 1125 ; et Cours de Droit français, t. 16, p. 162.) — Le failli, le saisi réellement, ne peuvent aliéner. (Code de comm. 442, et C. de proc. 692.) (1).

Un père peut valablement vendre à son fils, de même qu'à un étranger ; seulement, une telle vente est plus facilement soupçonnée frauduleuse ; mais encore, pour qu'elle soit annulée, il faut prouver la fraude. En conséquence, les ventes d'immeubles faites par un père à l'un de ses enfants ne sont point nulles de plein droit, quand même elles porteraient sur la presque totalité des immeubles du père. (Colmar, 15 novembre 1803.)

Nul doute que le père ne puisse vendre à l'un de ses enfants. (Chabot.)

Le père peut même faire la vente d'un fonds à rente perpétuelle à l'un de ses enfants, sans que celui-ci soit sujet à rapporter la chose à la succession.

En général l'aliénation n'est pas défendue, du père au fils ; elle sera encore plus certaine si le capital de la rente n'excède pas la portion disponible, et si le contrat contient dispense de le rapporter à la succession. R. N.

Lorsqu'un père a vendu à son fils des biens à vil prix, la vente est valable en soi ; mais elle est susceptible de rescision pour lésion : elle peut être aussi attaquée comme donation simulée, mais seulement pour demander la réduction de ce qui est donné au détriment de la légitime. (Id. 10 décembre 1813.)

Lorsqu'une vente de père à fils est faite à fonds perdu, elle a un caractère de donation qui la rend réductible à la quotité disponible. (Id. 15 novembre 1808.)

---

(1) Voyez ci-devant pages 85 et et 160.

Le mort civil peut acheter et vendre.

Qu'un mort civil se serve pour vendre et acheter des moyens en usage dans le droit des gens, qu'il contracte ou s'oblige verbalement, ou par acte sous seing-privé, c'est ce qu'on ne peut contester. Mais il paraît difficile d'admettre qu'il lui soit permis de recourir aux formalités introduites par le droit civil, et de requérir les officiers publics d'imprimer aux actes qu'il passe le caractère d'authenticité que la loi fait résulter de formalités spéciales. Ce serait une participation au droit civil, et le mort civil ne peut porter ses prétentions jusque-là. (M. Troplong.)

L'art. 918 du C. C. ne s'applique pas à l'époux du successible; il doit être regardé comme étranger. (Pailliet.)

L'héritier n'est pas obligé de rapporter les immeubles que les père et mère ou l'un d'eux a vendus à son enfant, de bonne foi et sans fraude. (Traité des successions, par M. Martin, n° 842.)

Il faut regarder comme valables les ventes immobilières faites par un père à son fils, lorsque l'emploi du prix se trouve justifié, et si elles n'offrent pas une lésion de plus du quart. (Id. n° 844.)

Un père ne peut-il pas vendre à son enfant un bien qu'il peut être forcé de vendre à un étranger si ce fils ne l'acquérait pas?...

L'attachement que nous portons ordinairement à l'héritage de nos pères, est une raison de plus pour donner aux enfants la préférence sur des étrangers. Il ne peut donc y avoir de difficulté que sur l'emploi du prix de la vente, et sur la valeur de la chose aliénée. Or, si le prix est sérieux, et si son emploi se trouve justifié, on ne voit pas de raison plausible pour exiger qu'un enfant rapporte à la succession de son père l'immeuble qu'il tient de lui à titre onéreux, et dont il lui a réellement payé le prix. (Id. n°. 847.)

V. le Cours de Droit français, par M. Duranton, tome 7, p. 489.

Quoique des ventes faites par l'un des époux, pendant le mariage, à l'un des enfants du premier lit de son conjoint, soient considérées, en thèse générale, comme des donations déguisées essentiellement révocables, plutôt que comme des actes à titre onéreux, néanmoins ces ventes peuvent être maintenues, lorsque les juges reconnaissent que, de l'appréciation et du rapprochement des divers actes produits, il résulte la conviction qu'ils se rattachaient tous à des arrangements de famille, et qu'ils avaient été consentis librement et de bonne foi entre les parties contractantes. (Cass. 13 août 1828.)

L'art. 918 du Code civil identifie la vente à fonds perdu avec la donation à la charge d'une rente viagère, lorsqu'elle est faite à l'un des successibles en ligne directe. (Répert. de Juris.)

Ainsi, lorsqu'un père ou une mère veut vendre à l'un de ses enfants une propriété moyennant une rente viagère sur sa tête, ou avec réserve d'usufruit, on doit faire intervenir dans le contrat tous ses autres enfants majeurs qui déclarent avoir la vente pour agréable.

Les mineurs, soit par eux-mêmes, soit par leurs tuteurs, ne peuvent valablement aliéner leurs biens ; il faut suivre les formalités prescrites par la loi.

Cependant il arrive souvent que le tuteur, surtout le survivant des père et mère, dans la vue d'éviter les frais considérables d'une vente judiciaire, qui absorberaient une grande partie de la valeur des biens, et quand cependant il y a des dettes à payer, vend, sans remplir les formalités prescrites, tel ou tel immeuble des enfants mineurs, en se portant fort d'eux, et en s'obligeant de leur faire ratifier la vente, à leur majorité. Cela a lieu surtout quand les biens sont de peu de valeur, et aussi lorsqu'il faudrait, avant de passer à une vente en justice, faire procéder préalablement à un partage judiciaire, parce qu'ils sont possédés par indivis avec des tiers. Dans ce cas, si les mineurs devenus majeurs, ne veulent pas ratifier la vente, ce qui est rare puisqu'elle a lieu dans leur intérêt, le tuteur qui a promis leur ratification, est tenu des dommages-intérêts envers l'acquéreur, par application de l'art. 1120 du Code civil. (Cours de Droit français, tome 10, p. 245.)

Tous les jours, dit encore M. Duranton, dans son Cours de Droit, t. 16, p. 284, un père, tuteur de ses enfants, dans la vue d'éviter les frais considérables, les lenteurs et les embarras d'une vente en justice, et lorsqu'il y a nécessité de vendre quelques biens des mineurs, ou que ce sont des objets improductifs, vend de gré à gré ces mêmes biens, en les annonçant comme biens de ses enfants, et en se portant fort pour ceux-ci, en promettant même ordinairement leur ratification à leur majorité : *ces ventes n'ont rien de contraire à la loi ni à la bonne foi.* Elles n'ont rien de contraire à la loi, parce que les droits des mineurs restent entiers ; ce sera à ceux-ci à voir s'il leur convient ou non de ratifier, lorsqu'ils seront devenus majeurs. Elles n'ont rien non plus de contraire à la bonne foi, puisque les acheteurs sont parfaitement avertis, et qu'ils comptent sur la promesse de ratification qui leur est faite.

Ils devront d'autant plus compter sur la réalisation de cette promesse, si le tuteur possédant personnellement des immeubles les affecte et hypothèque à la garantie de la vente, jusqu'au rapport de la ratification. S'il venait à décéder auparavant, il faudrait que ses enfants renonçassent à sa succession pour se soustraire à la ratification : chose qu'ils ne feront pas si la succession est bonne.

Un mineur dont le bien a été vendu illégalement, c'est-à-dire, sans formalités de justice, ne peut en attaquer la vente, lorsque, parvenu à l'âge de majorité, il en a reçu le prix des mains de l'acquéreur. (Cass. 4 thermidor an 9.)

La vente faite par un *héritier apparent*, qui ensuite se trouve exclu par le véritable héritier, doit être maintenue, si d'ailleurs elle a été faite de bonne foi. (Cass. 5 août 1815.)

Un mari peut vendre à sa femme, séparée de biens, un immeuble, pour se libérer envers les créanciers hypothécaires auxquels cet immeuble est affecté; des créanciers chirographaires ne peuvent contester cette vente. (C. C. 1595; Paris, 21 janv. 1814.) — Quand les créances sont légitimes et exigibles, il serait injuste d'empêcher une libération par la voie de la vente; il serait dur pour des époux d'être forcés de vendre leurs biens à des étrangers pour se faire respectivement raison de leurs droits, et de se priver de la douceur de les conserver pour eux et pour leurs enfants. (Grenier.) — La même incapacité existe entre les époux à l'égard de l'échange. (Toullier.)

La loi sur la vente ne contient pas de présomption de droit touchant les personnes qui seraient réputées *interposées* (1596), en sorte que c'est une question de fait; au surplus, la nullité n'a été établie que dans l'intérêt du propriétaire des biens. (M. Duranton.)

Voyez le C. C. art. 1596, le Code de proc. art. 713, et le Code pénal, art. 176.

L'art. 1596 du C. C. ne comprend pas dans sa prohibition les subrogés-tuteurs ni les curateurs de mineurs émancipés.

Les communes, hospices et fabriques, ne peuvent acheter sans l'autorisation du roi. (Décret du 16 juillet 1810.)

4°. *Sur les Choses qui peuvent être vendues.*

Toutes les choses qui s'offrent à nous sont ou commerçables ou hors du commerce : celles-ci ne peuvent devenir l'objet d'une vente. (1598, 537 et suiv.)

Il ne peut, à la vérité, y avoir de contrat de vente sans qu'il y ait une chose vendue; mais il suffit que la chose vendue doive exister, quoiqu'elle n'existe pas encore : par exemple, tous les jours, nous vendons avant la récolte le vin que nous recueillerons; cette vente est valable, quoique la chose vendue n'existe pas encore. (Pothier.) Quelquefois, pour empêcher le monopole, les lois de police défendent aux marchands d'acheter les blés ou les foins avant la récolte, les laines avant la tonte. Les anciennes ordonnances défendent d'acheter des laboureurs le blé vert sur pied, et des vignerons le vin avant la vendange; mais régulièrement un particulier qui n'est point marchand a toujours pu acheter d'un propriétaire, qui n'est ni laboureur ni vigneron, sa récolte future. P. N.

Suivant un arrêt du 2 août 1830, la cour royale d'Agen rappelle que la disposition de la loi du 6 messidor an trois, concernant la vente des grains en vert, ainsi que les ordonnances antérieures sur cette matière, ont été modifiées par la loi du 23 du même mois, et que la prohibition a cessé toutes les fois que, dans la vente des grains en vert, se trouvaient comprises des récoltes d'une autre nature; et elle estime d'ailleurs que les lois et ordonnances relatives à la prohibition de la vente des grains en vert, ont été abrogées, soit par le Code civil qui ne renferme aucune prohibition de cette espèce, soit par le Code pénal qui ne qualifie pas ce délit et ne prononce conséquemment aucune peine.

La vente des coupes de bois et des exploitations de mines est soumise à des règles particulières qui modifient, dans l'intérêt public, le droit absolu de propriété.

Quant à la vente des immeubles dotaux, il faut consulter le Code civil, art. 1549 à 1563. Le notaire doit procéder comme pour une vente de biens de mineurs; il est convenable de dresser un cahier des charges, qu'il y ait adjudication préparatoire, insertion dans les journaux, etc.

La règle de l'art. 1600 du C. C. ne s'applique point aux successions des personnes absentes ou même présumées absentes. (Cass. 3 août 1829.)

Les biens formant les majorats ne peuvent être aliénés tant que subsiste le majorat. (V. les actes des 30 mars et 14 août 1806, et les statuts du 1er mars 1808.)

Quant aux biens compris dans une substitution permise, on ne peut pas dire qu'ils sont inaliénables; mais les aliénations ne peuvent nuire aux appelés, si la substitution vient à s'ouvrir. (M. Duranton.)

Touchant les droits d'usage et d'habitation, voyez le C. C. art. 628 et suivants.

Les biens nationaux et communaux ne peuvent être aliénés qu'en vertu d'une loi.

Ce n'est pas vendre la chose d'autrui (1599) que de vendre une chose au nom et comme se portant fort du propriétaire sauf ratification. (Voyez ci-devant, p. 99.)

Il est contre toute raison et contre tous principes que deux parties puissent, avec connaissance de cause, disposer d'une pro-

priété qui appartient à un tiers à l'insu duquel elles traitent.
(Portalis.) Rien n'empêche qu'on vende la chose qui appartient
à un tiers, si l'on se porte fort pour lui et qu'on s'oblige à le
faire ratifier. Si le tiers ne ratifie point, il y a lieu à des
dommages-intérêts contre celui qui a fait la vente. (C. C.
1120 ; Turin, 17 avril 1811.) — Peu importe, en ce cas,
que l'acquéreur ait su que la chose appartenait à autrui.
(Limoges, 1er juillet 1822.) — L'art. 1599 statue dans la
supposition que celui qui vend la chose d'autrui, la vend
comme sienne, soit qu'il sache qu'elle est à autrui, soit
qu'il l'ignore, et non dans la supposition que la chose est
vendue comme chose d'autrui ; car, dans ce cas, il y a
obligation valable, si le vendeur s'est porté fort de faire
ratifier le propriétaire (1). Très souvent, il arrive qu'un
père, tuteur de ses enfants, vend un fonds appartenant à
ceux-ci, en se portant fort de leur faire ratifier la vente,
à leur majorité : l'acheteur qui a bien su ce qu'il faisait,
ne pourrait demander la nullité de la vente, ni se refuser
à l'exécuter ; comme, de son côté, le vendeur ne pourrait
échapper aux dommages-intérêts, si les enfants, à leur majorité, refusaient de ratifier la vente. Un arrêt de cassation,
du 1er mai 1845, a jugé absolument dans ce sens. (M. Duranton.)

On entend par *ventilation* (1601) l'évaluation particulière
de chacune des choses qui ont été vendues par un même
contrat, moyennant un seul prix pour le tout.

5°. *Sur les Obligations du vendeur.*

D'après la nature du contrat, le vendeur devant présider
aux conditions, la loi l'avertit de bien s'expliquer (1602).

Pacte signifie, en général, un accord, une convention.
Un pacte est *obscur* lorsqu'il ne présente aucun sens bien

---

(1) On peut ratifier la vente de la chose d'autrui, car elle n'est pas
tellement nulle qu'elle ne puisse servir de base à une ratification. Lorsque le consentement du véritable propriétaire vient purger la vente du
vice dont elle était infectée, sa ratification ne produit pas d'effet rétroactif. La vente ne vaut, à l'égard du tiers, que du jour où sa volonté est
venue s'ajouter au contrat qui en était dépourvu. Car, à vrai dire, ce
n'est que dès cet instant qu'il y a vente. Ainsi, par exemple, si le véritable propriétaire vend la chose avant de donner sa ratification à l'aliénation qui m'en a été faite *à non domino*, son acquéreur me sera préférable. (M. Troplong.)

déterminé; il est *ambigu*, lorsqu'il présente deux sens différents.

Toutes les dispositions relatives à la délivrance, dans le Code civil, sont d'une justice dont l'évidence obtient l'assentiment à la simple lecture, et cette évidence ne pourrait qu'être troublée par des explications. (Grenier.) La délivrance (1604) n'est pas considérée comme une manière de conférer la propriété de la chose vendue, quand il s'agit de corps certain (711, 1138 et 1583).

La tradition (1604) n'est plus guère aujourd'hui qu'une affaire d'exécution de contrat.

La *tradition* est réelle ou feinte. La tradition réelle se fait lorsque l'acheteur est mis en possession réelle de la chose vendue. *Posséder*, c'est tenir une chose par soi ou par un autre qui la détienne en notre nom. La tradition feinte est celle par laquelle l'acheteur est feint d'être mis en possession de la chose vendue, quoique la chose reste par-devers le vendeur. Il y a des traditions feintes qui s'opèrent par le moyen et l'intervention de quelque symbole, et qui pour cet effet s'appellent *traditions symboliques*. (V. le C. C. art. 1605.) La tradition feinte peut avoir lieu en matière de vente de meubles. (Rennes, 15 janvier 1811.) Les meubles sont susceptibles des trois traditions, réelle, symbolique ou feinte. (M. Rogron.) Les immeubles ne sont pas susceptibles de tradition réelle. (Id.)

Quand il s'agit d'une autre espèce d'immeubles qu'un bâtiment, la délivrance s'opère par l'introduction de l'acheteur dans le fonds vendu, du consentement du vendeur; car il n'y a pas toujours des titres (1605) à remettre. C. de D.

Le consentement dont parle l'art. 1606 est celui du vendeur à ce que l'acheteur ait la chose comme sienne. On n'a eu en vue ici que les effets mobiliers. (1607 et 1689.) — C. de D.

A l'égard des fruits, s'il y avait, dans le contrat, une stipulation contraire à la disposition de l'art. 1614, l'acheteur n'y aurait pas droit; et il y aurait stipulation contraire par cela seul qu'il serait dit que l'acquéreur n'entrera en jouissance qu'à telle époque. (M. Duranton.)

A l'art. 1615, il faut ajouter : sauf les réserves qu'aurait faites le vendeur. (V. l'art. 517 et suivants.) — La vente d'une maison comprend les clefs des appartements. Le vendeur doit délivrer, en outre, à l'acheteur, les titres de propriété.

Rien n'empêche de vendre un fonds sans en déterminer l'étendue ; il suffit de bien le désigner par le lieu de sa situation et par ses confins. L'objet est vendu *per aversionem.* Les parties sont censées avoir l'une et l'autre parfaitement connu la contenance ou n'y avoir eu aucun égard. C. de D.

La clause qu'une vente a lieu sans garantie de mesure (1619) exclut l'acquéreur du droit de réclamer une indemnité ou diminution du prix, quoique le défaut de contenance soit de plus d'un vingtième. (Cass. 18 nov. 1828.)

Si la contenance n'avait été indiquée dans le contrat que d'une manière approximative, s'il avait été dit *ou environ,* il n'y aurait pas lieu à un supplément ou à une diminution du prix, si la différence en plus ou en moins n'était pas considérable.

La *garantie* est la maintenue que doit le vendeur à l'acquéreur, en cas de trouble, dans le droit que le premier a transmis au second ; c'est aussi l'indemnité dont le vendeur est tenu en cas d'éviction. V. les art. 1135, 1625, 1627 et 1628 du C. C.

Quand la garantie résulte de la loi, elle est *de droit ;* quand on l'a stipulée, elle est *de fait.* La garantie est *formelle* lorsqu'elle a pour objet de garantir d'une action réelle : telle est la garantie que doit le vendeur d'un héritage à l'acheteur qui en est évincé par suite de la revendication d'un tiers. La garantie est *simple,* lorsqu'elle a pour objet de faire indemniser le garanti d'une action personnelle : telle est celle invoquée par le débiteur solidaire d'un billet contre son coobligé. (M. Roger.)

On nomme *rédhibition* la résolution de la vente à cause de quelque défaut de la chose vendue. Les *vices rédhibitoires* sont ceux qui sont assez considérables pour entraîner cette résolution. On applique cette dénomination surtout aux vices de choses mobilières. E. M.

L'*éviction* (1626) est la privation d'une chose ou d'un droit par quelque cause que ce soit, et principalement par autorité de justice, à la suite d'un procès ; c'est de la *victoire* en ce genre de combat, que le mot *éviction* a été formé. E. M.

Ici (1626) la garantie est de droit ; elle dérive de la nature même du contrat de vente. (Portalis.) Aucune stipulation ne peut mettre le vendeur à l'abri de ses faits personnels et de la restitution du prix ; il est impossible qu'en ne vendant rien, on touche un prix. (Grenier.)

On peut excepter de la garantie un ou plusieurs des ob-

jets vendus, telle qu'une pièce de terre comprise dans un
domaine. (M. Duranton.)

On peut stipuler valablement la garantie des *faits du
souverain*, il n'est pas défendu à un vendeur de se charger
des cas de force majeure. Cependant la clause de garantie
des faits du souverain cesse d'être valable, si elle a été stipulée en contemplation d'appel de fonds, droit de confirmation et autres, sur une vente de biens nationaux confisqués sur un émigré. (Paris, 23 janvier 1806.) — On entend par *faits du souverain* les actes de la puissance souve-
raine, gouvernementale, qui tendent à diminuer les droits
des particuliers. R. J. N.

Un vendeur peut stipuler que la vente aura lieu sous la
simple garantie *de ses faits et promesses* ; alors il n'est point
passible du recours pour éviction, si l'éviction ne résulte
pas de son fait personnel. (C. C. 1628 ; Cass. 4 avril 1827.)

Quand les servitudes (1638) ne sont pas apparentes, le
vendeur doit les déclarer, s'il les connaît ; il ne lui suffirait
pas de dire qu'il vend l'héritage tel qu'il *se limite et comporte*, ou *tel qu'il en a toujours joui*, ou même *avec ses servitudes actives et passives*, sans autre explication ; car ces
clauses banales ne feraient point connaître à l'acheteur
l'existence des servitudes non apparentes. (M. Duranton.)

6°. *Sur les Obligations de l'acheteur.*

Les obligations de l'acheteur naissent de la nature du
contrat, ou des conventions particulières qui y sont stipulées.

L'acheteur doit payer, outre le prix (1650), les frais
d'actes et autres accessoires au contrat ; car si ces frais étaient
à la charge du vendeur, ils diminueraient d'autant le prix
de la vente. (Faure.) — Le prix doit être payé dans les espèces ayant cours lors du paiement. (Id.)

L'acheteur doit aussi faire tout ce à quoi il s'est engagé
en sus du prix. C. de D.

Le vendeur a son privilège pour le prix et pour tous les
intérêts qui en sont dus, sans qu'il y ait besoin pour cela
d'inscription particulière ; l'art. 2151 n'est pas applicable.
(Cass. 5 mars 1816 et 1er. mai 1817.)

Les héritiers de l'acquéreur sont tenus de se réunir pour
payer le prix de la vente ; ils ne peuvent s'en libérer séparément. (Toullier.)

On peut stipuler, dans une vente d'immeubles produisant

des fruits, que le prix ne produira pas d'intérêts (1652) ; les créanciers inscrits du vendeur n'ont pas le droit d'attaquer une pareille stipulation. (Cass. 17 fév. 1820.) La notification du contrat de vente aux créanciers inscrits ne fait point cesser les intérêts du prix, lorsqu'il s'agit d'un immeuble produisant des revenus. (Cass. 22 mars 1827.)—Le prix de la licitation ne produit pas des intérêts de plein droit. (Cass. 1er. mai 1817.) — Le terme accordé pour le paiement du prix s'applique aux intérêts. R. J. N.

La question de savoir si la prescription de 5 ans est applicable aux intérêts du prix de la vente, est controversée. La cour de cassation a pris parti pour la prescription de 5 ans par arrêts des 7 février 1826 et 9 juin 1829.

L'existence d'hypothèque (1653) sur le bien vendu, sans qu'il en ait été fait mention lors de la vente, donne à l'acquéreur le droit de suspendre le paiement du prix. (Bourges, 20 déc. 1825.) Mais si l'acquéreur avait acheté à la charge des hypothèques, il ne pourrait se refuser à payer son prix, soit aux créanciers, soit au vendeur lui-même, suivant les stipulations du contrat. (M. Duranton.)

Il faut ajouter à la fin de l'art. 1654, *même avec dommages-intérêts*. (1184.)

La Cour royale de Bordeaux, par arrêt du 25 mars 1832, a jugé que, quoique le prix d'une vente ait été converti, par le contrat même, en une rente perpétuelle, il n'y a pas novation; et que le vendeur peut toujours demander la résolution de la vente à défaut de paiement des arrérages de la rente.

Lorsqu'une vente d'immeubles a été faite moyennant une rente viagère, avec la condition expresse qu'à défaut du service des arrérages, la vente sera résolue de plein droit, après simple commandement, sans aucun recours de l'acquéreur pour ce qu'il aurait pu avoir payé, la clause résolutoire doit avoir tout son effet, le cas échéant. (Cass. 28 mars 1817 et 28 nov. 1827.)

L'acheteur d'un immeuble qui le reçoit d'un autre acquéreur doit se faire représenter les quittances de celui-ci ; alors il voit tout de suite que le défaut de représentation de ces quittances peut lui donner une juste crainte d'être troublé dans sa possession, et par conséquent le droit d'invoquer la disposition principale de l'art. 1653.

On appelle *pacte commissoire* la convention que l'art. 1656 permet de stipuler.

Le cessionnaire du vendeur peut comme lui exercer l'action résolutoire pour défaut de paiement du prix. (Bordeaux, 25 mars 1832.)

7°. *Sur la Nullité et la Résolution de la Vente.*

A l'égard de la *faculté de réméré*, voyez la section 8 ci-après.

La *lésion* (1674) résulte de la différence qui existe entre le prix commun ou le juste prix, et le prix conventionnel. En général, la valeur de chaque chose n'est que l'estimation de son utilité. On appelle *prix* la somme d'argent qui, comparée à cette valeur, est réputée lui être équivalente. Le *prix conventionnel* n'est que l'ouvrage des volontés privées qui ont concouru à le fixer. Le *juste prix* est le résultat de l'opinion commune. (Portalis.)—Suivant l'art. 1674, pour un bien valant 1200 francs, la rescision ne pourra être prononcée que si le bien est vendu moins de 500. A la vue d'une lésion si énorme, qui ne serait pas satisfait que la loi vînt au secours du vendeur ?.... Dans le cas de cet article et lors même que la vente aurait lieu entre proches parents, entre un père et un fils, par exemple, la vente ne pourrait pas moins être rescindée. La loi ne distingue pas. (Faure.)

L'action en rescision serait recevable, quoique l'acheteur eût acheté avec stipulation de non-garantie ou à ses risques et périls, si les circonstances de la cause témoignaient que ce n'a point été un contrat aléatoire que les parties ont voulu faire.— La renonciation au droit de demander la rescision peut être faite postérieurement à la vente, car alors le vendeur agit avec liberté. — L'action en rescision n'a pas lieu dans les ventes de meubles, quelle que soit la lésion, ni pour le cas où il s'agissait simplement de la vente d'un droit d'usufruit sur des immeubles. (M. Duranton.)

Si un immeuble estimé 1200 francs n'avait été vendu que 380 francs, l'acheteur voulant le garder, pourra retenir 120 fr., et dès-lors ne sera tenu de payer que 700 fr., outre les 380 fr. qu'il a déjà payés. (Art. 1681.)

Le motif de la disposition de l'art. 1683 est que la position de l'acheteur est bien différente de celle du vendeur. La nécessité force de vendre à vil prix ; mais rien n'oblige d'acheter trop cher que l'envie d'avoir la chose. (Faure.)

On a agité la question de savoir si la vente de la nue propriété d'un immeuble est sujette à rescision, et la cour de Montpellier s'est prononcée pour la négative par arrêt du 6 mai 1831 ; « Attendu, dit-elle, que la valeur d'un

« droit de cette nature, dépendant d'un événement incer-
« tain, l'époque du décès de l'usufruitier est insusceptible
« d'une appréciation exacte, qu'ainsi la cession a un caractère
« aléatoire, etc. »

M. Duranton est d'une opinion contraire, par la raison
que la loi ne distingue pas, et que l'art. 1674 s'applique
dans sa généralité à un immeuble dépouillé de l'usufruit
aussi bien qu'à un immeuble dont les fruits appartiennent
à l'acquéreur. M. Duranton insiste en soutenant qu'il n'est
nullement impossible d'estimer un usufruit, qu'il y a une
foule de cas où l'on est obligé d'en faire l'appréciation, etc.

Cette opinion me paraît exacte, et je ne pense pas
qu'en principe on doive repousser une action en rescision
par cela seul que le vendeur s'est réservé l'usufruit. Le
calcul des probabilités n'est pas une arcane impénétrable,
et il ne faut pas se laisser tromper par des apparences de
chances qui souvent n'ont rien de réel, etc. (M. Troplong.)

SECTION PREMIÈRE.

VENTE MOBILIÈRE AMIABLE.

Il est rare que l'on fasse par acte notarié des ventes de
meubles et d'objets mobiliers corporels, si ce n'est pour
ceux qui garnissent une maison ou des bâtiments ruraux,
et que l'on comprend dans la vente de ces immeubles.

Les seules observations qu'on doive faire à ce sujet sont
que la garantie est due par le vendeur pour toutes les
choses vendues; qu'à l'égard des meubles cette garantie a
pour objet les revendications de toute espèce qui pourraient
être exercées contre l'acheteur; que la délivrance des
meubles vendus doit être faite de la manière et dans le
temps, dont on est convenu; qu'elle ne s'opère que par la
tradition réelle ou par la remise des clefs des lieux où ils
sont, parce que la possession des meubles fait titre de propriété, s'il n'y a titre au contraire; qu'à l'égard des ventes
de fonds de commerce ou de fabriques et de manufactures;
ou de recouvrements relatifs à la pratique des charges ou
places de fonctionnaires publics, tels que les notaires,
avoués, et huissiers, il faut, ou faire un état des objets de
la vente, soit en deux doubles, soit en un seul original
qu'on joint à la minute du contrat, ou exprimer la chose en
bloc sans en rien excepter; et si le vendeur se réserve
quelques objets, il faut les désigner expressément, soit
dans l'état, soit dans l'acte.

Relativement aux coupes de bois qui se vendent à tant la mesure de leur superficie, il convient de stipuler que le terrain sera mesuré et compté tant plein que vide; et d'annoncer par qui se fera le mesurage, qui devra avoir lieu contradictoirement entre les parties ou leurs fondés de pouvoirs. G. D.

Formule.

Par-devant M^e.   et son collègue, notaires à la résidence de   département de   , soussignés,

Fut présent le sieur A   , demeurant à

Lequel a, par ces présentes, vendu et s'est obligé de garantir de tous troubles, saisies et revendications,

A M. B.   , demeurant à   , à ce présent et ce acceptant,

Les objets mobiliers dont le détail suit :

1°. etc.

Ou bien : Les objet mobiliers désignés en l'état que les parties en ont dressé entre elles, et qui, à leur réquisition, est demeuré ci-annexé, après avoir été d'elles signé et parafé en présence des notaires soussignés.

Ces objets étant dans un appartement au premier étage d'une maison située à   , rue   , n°.   , et desquels l'acquéreur a déclaré être en possession, comme occupant cet appartement.

Ou : lesquels objets mobiliers ont été présentement remis à l'acquéreur qui l'a reconnu. (Tradition réelle.)

Ou encore : Lesdits objets étant en une maison située à   , de laquelle maison ledit sieur A   a présentement remis les clefs à M. B.   , qui a promis d'enlever les meubles sous huit jours, et de rendre ensuite lesdites clefs au vendeur. (Tradition fictive.)

Ou : lesdits objets mobiliers étant en, etc., desquels lieux (ou des mains duquel, si c'est une personne qui en est dépositaire), l'acquéreur pourra les retirer aussitôt que bon lui semblera. (Tradiction fictive.)

Ou enfin : lesquels objets mobiliers le vendeur s'est obligé de livrer et remettre à l'acquéreur en sa demeure sous huit jours (Trad. future.)

Ainsi que ces objets mobiliers se poursuivent et comportent, sans en rien excepter ni réserver, et dans l'état où ils se trouvent, l'acquéreur déclarant en être content. (C. C. 1614.)

Pour, par lui, en jouir, faire et disposer dès aujourd'hui, comme de chose à lui appartenante en toute propriété.

Cette vente faite à la charge par l'acquéreur, qui s'y est obligé, de payer les droits et frais auxquels elle donnera lieu;

Et, en outre, moyennant la somme de   , que l'acquéreur a présentement payée au vendeur, qui l'a reconnu, dont quittance. *Ou :* que l'acquéreur s'est obligé de payer au vendeur en sa demeure, dans six mois à compter de ce jour; à la garantie duquel paiement les objets ci-dessus vendus demeurent affectés par privilége spécial expressément réservé au vendeur. (2102.)

Et pour l'exécution des présentes, les parties ont élu domicile en leurs demeures susdites. Fait et passé à   , le   , etc.

Et les parties ont signé avec les notaires après lecture faite.

S'il agissait de la vente amiable d'un fonds de commerce, on aurait soin d'énoncer la patente du vendeur, et on désignerait ainsi les objets vendus :

1°. Le fonds de commerce de mercerie et bonneterie que tient et exerce le vendeur, dans la maison où il demeure et ci-dessus indiquée ; ensemble l'achalandage attaché audit fonds, et le droit exclusif de prendre, dans le commerce, le titre de successeur du vendeur.

2°. Les marchandises et ustensiles de ce commerce, comptoirs, bureaux, cases et autres objets qui en dépendent, et qui sont détaillés en l'état qu'en ont dressé les parties, et qui, à leur réquisition, est demeuré ci-annexé, après avoir été d'elles signé en présence des notaires.

3°. Et les créances actives et recouvrements dudit commerce, tant ceux réputés bons que ceux regardés comme douteux, montant en total à   francs, et aussi détaillés audit état.

On fait la distinction du prix de chacune de ces trois choses, pour la perception du droit d'enregistrement, qui est de 2 francs par 100 sur les ustensiles et marchandises, et d'un franc seulement sur l'achalandage et sur les créances.

On a coutume de stipuler que le recouvrement des créances sera aux risques et périls de l'acquéreur; et que le vendeur renonce expressément à pouvoir exercer directement ni indirectement le commerce de mercerie et de bonneterie dans la ville de   où il est établi, et ce à peine de   francs de dommages-intérêts au profit de l'acquéreur. Celui qui vend un fonds de commerce qui se compose d'achalandage, doit s'interdire le droit de former un pareil établissement, non-seulement dans le même lieu, mais encore dans un rayon donné. Ce n'est là qu'un moyen de livraison et de garantie, mais d'ailleurs, à défaut de stipulation, la clause est suppléée de droit. (Rouen 19 nov. 1824.)

La vente d'un fonds de commerce comprend toutes les marchandises, le comptoir, les balances, les rayons, sur lesquels les marchandises sont placées, et même le bail de la boutique, les armoiries et autres insignes servant à désigner l'établissement et à fixer l'achalandage; car l'emplacement est d'une grande importance, surtout dans le négoce en détail, et les insignes du prince qui accorde sa confiance à l'établissement, contribuent à l'accréditer au loin, et à donner plus de valeur au fonds de commerce.

La vente d'un moulin ou d'une usine que l'eau met en activité, comprend nécessairement la prise d'eau, ainsi que le canal de main d'homme qui reçoit et conduit l'eau sous les roues. (M. Troplong.)

S'il s'agissait de coupe de bois, voyez le Parfait Notaire, 6e édition, tome 2, p. 214.

Enregistrement.

Les ventes de meubles sont sujettes au droit proportionnel de 2 pour 100 sur le prix exprimé et le capital des charges qui peuvent ajouter au prix. (Art. 14 et 69 de la loi du 22 frimaire an 7.)

La réserve d'usufruit des biens meubles ne donne lieu à aucune addition en sus du prix stipulé, parce que la loi garde le silence à cet égard. D. F. (11 août 1842.)

SECTION 2.

VENTE MOBILIÈRE AUX ENCHÈRES.

Les meubles, effets, marchandises, bois, fruits, récoltes et tous autres objets mobiliers ne peuvent être vendus publiquement et par enchères qu'en présence et par le ministère d'officiers publics ayant qualité pour y procéder. (Loi du 22 pluviose an 7, art 1er.)

Les notaires, greffiers et huissiers sont autorisés à faire les ventes de meubles dans tous les lieux où il n'y a point de commissaires-priseurs. (Loi du 26 juill. 1790, art. 6.)

Aucun officier public ne peut procéder à une vente publique et par enchères, d'objets mobiliers, qu'il n'en ait préalablement fait la déclaration au bureau de l'enregistrement dans l'arrondissement duquel la vente doit avoir lieu. (Loi du 22 pluviose an 7, art. 2.)

La déclaration est signée par l'officier public, et il lui en est fourni une copie, sans autres frais que le prix du papier timbré sur lequel cette copie est délivrée (art. 3 id.). Les procurations données par les officiers publics à l'effet de passer cette déclaration, ne sont point assujetties à l'enregistrement. (Délib. de la régie, 30 avril 1830.)

Les officiers publics transcrivent, en tête de leurs procès-verbaux de vente, les copies de leurs déclarations.

Chaque objet adjugé est porté de suite au procès-verbal; le prix y est écrit en toutes lettres, et tiré hors ligne en chiffres.

Chaque séance est close et signée par l'officier public et deux témoins domiciliés.

Lorsqu'une vente a lieu par suite d'inventaire, il en est fait mention au procès-verbal, avec indication de la date de l'inventaire, du nom du notaire qui y a procédé, et de la quittance de l'enregistrement. (Loi du 22 pluviose an 7, art. 3.)

Les procès-verbaux de vente ne peuvent être enregistrés qu'aux bureaux où les déclarations ont été faites. Le droit d'enregistrement est perçu sur le montant des sommes que contient cumulativement le procès-verbal des séances à enregistrer dans le délai prescrit par la loi sur l'enregistrement. (Art. 6 id.)

Les amendes prononcées par l'art. 7 de cette même loi, contre les notaires, ont été réduites à 20 et 5 francs par la loi du 16 juin 1824.

Celle qu'aura encourue tout citoyen, pour contravention à l'art. 1er., ne peut être au-dessous de 50 francs, ni excéder 1000 fr.

Par une ordonnance du 26 juin 1816, il a été nommé un commissaire-priseur dans chaque chef-lieu d'arrondissement où ils ont le droit exclusif de faire les ventes mobilières et prisées.

Les ventes publiques et volontaires de récoltes sur pied sont dans les attributions des notaires et non des commissaires-priseurs. (Cass. divers arrêts de 1822, 1826, 1828 et 1829.)

Par arrêt du 8 juin 1831, la cour de cassation a jugé que les notaires ont seuls le droit, à l'exclusion des huissiers, de procéder aux ventes volontaires sur enchères, des fruits pendants par branches et par racines, des matériaux à démolir, et des différentes extractions à faire du sol.

Un arrêté du conseil d'état, du 21 octobre 1809, porte : 1°. que les quittances et décharges du prix des ventes mobilières faites par les notaires peuvent être mises à la suite ou en marge des procès-verbaux de vente ; 2°. que dans ces cas, les quittances et décharges doivent être rédigées en forme authentique, c'est-à-dire que l'officier public atteste que la partie est comparue devant lui pour régler le reliquat de la vente, dont elle lui donne décharge, et que cet acte est signé tant par l'officier que par la partie, et, si la partie ne sait pas signer, par un second officier de la même qualité ou par deux témoins, etc. Cette décharge est soumise à un droit fixe de 2 francs pour l'enregistrement. (Loi du 28 avril 1816.)

Tout notaire, greffier, huissier, commissaire-priseur, courtier, etc., qui aura procédé à une vente, est tenu de déclarer, au pied de la minute du procès-verbal en le présentant à l'enregistrement, et de certifier par sa signature qu'il a ou n'a pas d'oppositions, et qu'il a ou n'a pas connaissance d'oppositions aux scellés ou autres opérations qui ont précédé la vente. (Ordonn. du 3 juillet 1816, art. 7.) En cas d'oppositions, le montant de la vente doit être versé à la caisse des consignations. (Id.)

On peut procéder aux ventes publiques de meubles les jours fériés. (Cass. 2 août 1828.)

Lorsque des officiers publics procèdent à des ventes publiques d'ouvrages d'or et d'argent marqués d'anciens poinçons, ils doivent préalablement présenter les objets de cette nature au bureau de garantie, afin de les faire essayer et d'acquitter les droits de garantie, etc. (Ordonn. du 5 mai 1819.)

Il n'y a guères que les notaires des campagnes qui fassent de ces sortes de vente; leurs clercs trouveront dans leurs minutes des modèles de procès-verbaux (1).

SECTION 3.

VENTE D'IMMEUBLES.

Observations.

Sur la Garantie solidaire entre les vendeurs.

Lorsque la vente est faite par plusieurs co-propriétaires, il convient de stipuler, dans le contrat, qu'ils seront solidairement tenus de la garantie telle qu'elle y est stipulée.

Dans les ventes d'immeubles à l'amiable, il y a plus de sûreté pour l'acquéreur à faire intervenir dans le contrat l'épouse du vendeur, quand bien même l'immeuble appartiendrait au mari seul, et de la faire obliger solidairement avec lui à la garantie de la vente : de cette manière, l'acquéreur n'a plus à craindre l'effet d'une inscription légale qui pourrait être prise par elle, ni l'exercice sur l'immeuble vendu de ses droits matrimoniaux.

Lorsque les vendeurs sont mariés sous le régime dotal, leur garantie solidaire empêche bien la femme du vendeur d'opposer à l'acquéreur son hypothèque légale pour raison de ses créances paraphernales, mais non pour raison de ses créances dotales qu'elle ne peut engager ni aliéner. P. N.

Si, lors de la passation du contrat, il existe quelque danger d'éviction, et que l'acheteur, averti de ce danger, veuille en courir les risques, le notaire doit en insérer, dans le contrat, la déclaration par le vendeur, et dire qu'il n'en sera point garant, l'acquéreur achetant à ses risques et périls. G. D.

_____

(1) On trouvera, dans le Dict. du Not., tome 1er, des formules d'*adjudication de récoltes* (p. 332) et *de bois* (p. 335).

Dans le Cours de Not., page 320 de la seconde édition, est un modèle de procès-verbal de vente à l'encan.

Sur la Désignation.

Celui qui vend un immeuble doit le désigner clairement par sa situation, ses tenants et aboutissants.

Lorsque l'acheteur a une entière connaissance de l'immeuble qu'on lui vend, il est bon de le lui faire reconnaître par le contrat, en disant qu'il l'a vu et visité, et en est content.

A l'égard de ce que la vente d'un immeuble doit comprendre, sauf pacte contraire, relisez les art. 1606, 1607, 1615, 524, 584 et 586 du C. C. Si le vendeur se réserve quelques-unes des dépendances de l'immeuble, il faut les désigner expressément dans le contrat.

Lorsque la vente comprend aussi des meubles ou effets mobiliers dans les bâtiments, il faut en joindre à la minute de l'acte un état détaillé et estimatif, afin que leur prix soit distinct de celui de l'immeuble, à cause du droit d'enregistrement qui n'est pas le même pour ces deux sortes de prix.

Sur l'Établissement de propriété.

Les notaires doivent examiner et énoncer à quel titre le vendeur est propriétaire de l'immeuble, et faire remonter cette énonciation de la propriété jusqu'à un temps assez ancien pour que toute prescription soit acquise (30 ans), en relatant les quittances du paiement des prix des ventes antérieures.

Supposons donc que *tel* ou *tel* vendeur soit vrai propriétaire, et absolument maître de la chose qu'il vend, la seule chose que nous ayons à remarquer, c'est qu'il est essentiel d'établir dans le contrat de vente le moyen par lequel le droit de propriété qu'il transmet à un autre, lui a été transmis à lui-même; si c'est par succession, par legs, par donation, par vente, par échange, etc.

Il importe en effet beaucoup à l'acquéreur que cette propriété de la chose à lui cédée soit clairement établie au contrat, parce que c'est le droit de la personne qui lui vend qui fait le sien propre. Vainement dirait-on que les titres que le vendeur remet à l'acquéreur valent autant et plus que la clause qui dans l'usage sert à établir le droit que l'un transfère à l'autre, outre que ces titres peuvent se perdre ou s'égarer, c'est qu'il y en a quelquefois un si grand nombre, que ce serait un travail très-pénible que celui de vouloir y démêler quelque chose, si le notaire n'avait pris soin de présenter dans une clause méthodique et concise un abrégé frappant de ce qu'ils contiennent. Plus la propriété est compliquée et chargée de pièces, plus il est intéressant que le rédacteur du contrat prenne la peine d'en bien développer les diverses gradations.

À défaut de titres, on peut, sans contravention, faire mention dans un acte de vente, de la déclaration des parties que les biens vendus proviennent d'acquisitions, sans en indiquer les titres ni l'enregistrement. (Délib. de la régie, 15 oct. 1807.) Mais on ne pourrait pas énoncer la date ni la nature des titres et actes de propriété, sans que ces actes aient été préalablement enregistrés. (V. ci-devant p. 70.)

Sur l'Énonciation des baux.

On fait mention des baux dans le contrat de vente, lorsqu'ils sont authentiques. Pour les autres, l'acquéreur se charge de les exécuter ; mais il fait à cet égard, hors du contrat, des arrangements particuliers avec le vendeur, en ayant le soin surtout de se faire donner et signer une déclaration des baux existants.

Les loyers qui pourraient avoir été payés d'avance par les locataires aux vendeurs, sont retenus par l'acquéreur sur son prix, à moins qu'il n'y ait convention contraire.

Sur l'Époque de l'entrée en jouissance.

Il faut déterminer clairement par le contrat, à partir de quelle époque l'acheteur jouira de l'immeuble.

On peut vendre un immeuble et s'en réserver l'usufruit pendant sa vie, ou pendant celle d'une ou de plusieurs personnes, ce qui s'appelle ne vendre que la nue-propriété : cette vente est susceptible de conventions particulières sur la manière dont le vendeur jouira de l'usufruit qu'il se réserve.

Lorsque le vendeur se réserve l'usufruit, les droits d'enregistrement sont de 8 fr. 25 cent. par 100 fr., outre le dixième. (V. ci-après au paragraphe de l'enregistrement.) Il est bon que les notaires en instruisent les parties, avant de dresser le contrat.

Sur la Charge de payer les impôts.

L'acquéreur est, de plein droit, chargé des contributions foncières et autres auxquelles l'immeuble est assujetti, à compter du jour de son entrée en jouissance. Si les parties entendent qu'il soit tenu de les payer à partir d'une autre époque, soit antérieure, soit postérieure, il faut le dire expressément. Les impôts que l'acquéreur paye pour un temps antérieur au jour de son entrée en jouissance forment augmentation de prix. P. N.

Sur les Servitudes.

Avant de rédiger le contrat de vente, on lit attentivement les titres de propriété, afin de pouvoir énoncer les servitudes connues; et, par le contrat, on oblige l'acquéreur à les souffrir.

S'il y a de ces servitudes passives qui soient cachées, il faut les déclarer expressément.

Sur le Prix.

Il est du devoir des notaires de s'opposer à toute dissimulation du prix des ventes, car il peut en résulter de graves inconvénients. Par exemple, si l'on diminuait le prix de la vente d'un propre de communauté, l'époux auquel il appartenait et qui devra un jour en exercer la reprise, se verrait frustré de la différence du prix réel à celui qu'on aurait porté dans le contrat, pour moitié du moins, parce que, quant à l'autre moitié, elle se trouverait confondue dans sa part des biens de la communauté. Il y aurait encore à craindre que la régie de l'enregistrement ne vînt à requérir une expertise, conformément à l'art. 17 de la loi du 22 frimaire an 7. Ainsi l'intérêt bien entendu des parties est de porter, dans le contrat, la totalité du prix. V. le C. C. 1674.

Il importe de fixer le lieu et l'époque de paiement du prix, afin d'éviter toute contestation à ce sujet. (M. Augan.)

Lorsque l'immeuble est vendu à plusieurs personnes conjointement, il est de l'intérêt des vendeurs de stipuler qu'elles seront solidaires pour le paiement du prix.

On peut stipuler que l'acheteur ne pourra se libérer de tout ou de partie du prix que dans un temps fixé.

Lorsqu'on est convenu que le prix ne sera payé qu'après l'accomplissement des formalités nécessaires pour purger les hypothèques, il faut fixer le délai dans lequel ces formalités devront être remplies; autrement l'acquéreur pourrait le reculer pour avoir un prétexte de différer le paiement.

On stipule presque toujours le prix payable après la transcription et la purge sans inscriptions; mais lorsque l'acquéreur ne veut pas courir le risque de garder dans ses mains des fonds oisifs, on arrête par le contrat que si, lors de l'expiration du délai accordé pour la transcription et la purge, l'acquéreur ne pouvait effectuer le paiement de son prix par le fait des inscriptions existantes à sa transcription, les intérêts cesseront de courir sans que l'acquéreur ait besoin de remplir aucune formalité. Un arrêt de la cour de cassation, du 17 février 1820, porte que l'on peut convenir que le prix de la vente ne produira pas d'intérêts, quoique la chose vendue produise des fruits ; et que cette convention serait valable, lors même qu'il existerait des créanciers inscrits sur l'immeuble.

On met ordinairement que l'acquéreur sera tenu de faire transcrire son contrat au bureau des hypothèques, et de remplir les formalités subséquentes dans un délai suffisant qui est fixé ; faute de quoi il sera obligé de payer le prix au vendeur nonobstant les hypothèques et privilèges dont l'immeuble pourra se trouver grevé, sauf par celui-ci à l'indemniser des sommes qu'il aura été obligé de payer aux créanciers inscrits ou à ceux dont l'hypothèque existe sans inscription.

Si l'acheteur, ayant toute confiance dans le vendeur, consent de lui payer le prix nonobstant les hypothèques sauf son recours contre lui, la convention sera valable.

On peut encore convenir que le prix restera entre les mains du notaire, pour n'être remis au vendeur qu'après l'accomplissement des formalités sans inscription, ou qu'après la radiation des inscriptions.

Ordinairement, ceux qui vendent des immeubles hypothéqués délèguent le prix de la vente aux créanciers hypothécaires ; souvent même les acquéreurs mettent la condition qu'ils paieront à ces créanciers, afin de purger les hypothèques et de prévenir par là les difficultés et les évictions qu'elles pourraient faire naître. Si les créanciers interviennent, dans le contrat de vente, pour accepter la délégation, alors l'acquéreur se trouve obligé envers eux dans les limites de cette même délégation, et ni le vendeur ni l'acquéreur, même d'un commun accord, ne peuvent plus la révoquer. S'ils ne sont point intervenus, le vendeur et l'acquéreur, tant que les créanciers n'ont point accepté la délégation, peuvent la révoquer d'un mutuel accord. Le vendeur le peut même seul, en rapportant la main-levée des hypothèques, puisque alors l'acquéreur se trouve sans intérêt à payer plutôt aux personnes qui avaient été indiquées d'abord, et qui se trouvent payées, qu'au vendeur lui-même. (Cours de Droit français, tom. 12.)

Souvent, dans un contrat de vente, on fait la stipulation permise par l'art. 1656 du Code civil, et que l'on nomme *pacte commissoire*.

Un notaire peut, sans contravention, énoncer dans un acte de vente qu'une partie du prix a été payée en plusieurs billets que l'acquéreur a immédiatement souscrits au profit du vendeur, et dont ce dernier a fait aussitôt et dans le contexte même de l'acte, le dépôt entre les mains du notaire, pour en faire le recouvrement.

On peut aussi stipuler que le prix a été payé comptant en effets négociables, détaillés et désignés dans l'acte, quoique non enregistrés. (Déc. des 13 nov. 1810, 14 janv. 1818 et 30 novembre 1825.)

Il est convenable de recommander à l'acquéreur de ne rien payer au vendeur sur le prix, ni de faire travailler dans la propriété, avant de s'être assuré, par l'expiration des délais fixés par la loi, qu'il ne surviendra pas de surenchère et qu'il restera propriétaire incommutable. V. le C. C. 2185.

Sur les Intérêts du prix.

On pensait communément, dans l'ancien droit, que les lois qui limitaient le taux de l'intérêt de l'argent, en matière de constitution de rente ou de prêt à terme, ne s'appliquaient point aux conventions d'intérêt en matière de prix de vente immobilière. M. Massé pense qu'il en est de même dans le nouveau droit, bien que l'art. 1er. de la loi du 3 septembre 1807 ne distingue point l'intérêt pour prix de vente de l'intérêt pour prêt. Mais M. Roger, l'un des rédacteurs du Répertoire du Notariat, est d'une opinion contraire : « Nul doute, dit-il, que cette loi ne s'applique à « l'intérêt stipulé pour le prix d'un immeuble. » Et cette opinion paraît confirmée par un jugement du tribunal de Saintes, du 27 juin 1827, et un arrêt de cassation, du 13 juillet 1829. En résumé, il est plus à propos de ne porter l'intérêt qu'à 5, et d'augmenter, s'il y a lieu, le prix de la vente de la différence qui existe entre ce taux et celui dont les parties conviennent.

Sur le Privilège du vendeur, etc.

Dans l'ancien droit, les contrats passés devant notaires emportaient hypothèque générale ; alors le vendeur avait hypothèque sur tous les immeubles de l'acquéreur pour sûreté du prix, indépendamment du privilège sur l'objet vendu. Aujourd'hui que les contrats notariés n'emportent hypothèque qu'autant qu'il y a convention expresse d'une hypothèque spéciale sur immeuble désigné, si le vendeur veut avoir une hypothèque suppletive pour la sûreté du prix, il faut qu'il la fasse stipuler expressément sur un ou plusieurs immeubles qui seraient désignés au contrat. Il en serait de même à l'égard de l'hypothèque que désirerait avoir l'acquéreur contre le vendeur, pour garantie de la vente dans le cas où cet acquéreur aurait sujet de craindre quelques troubles ou évictions, lorsque surtout il veut payer avant l'accomplissement des formalités nécessaires pour purger.

Les contrats de vente sous seings privés peuvent être transcrits. (Avis du Cons. d'état, 3 flor. an 13.) Si l'acheteur ne fait pas transcrire son contrat d'acquisition sous seings privés, le vendeur peut requérir l'inscription de son droit de privilège en vertu de ce titre, pour suppléer celle d'office. (C. C. 2108, et arrêt de cass. 6 juillet 1807.)

Si le contrat de vente contenait le paiement en billets ou effets de commerce, et qu'il ne s'élevât aucun doute sur l'identité des billets rapportés par le vendeur et non acquittés, par exemple s'ils avaient été causés pour vente d'immeubles, et cotés et parafés par le notaire, le vendeur aurait conservé son privilège. (Cass. 16 août 1820 et 15 mars 1825.)

Le privilège du vendeur ne peut se conserver que par l'inscription d'office (C. C. 2108), ou par une inscription particulière prise par lui pour la portion de prix qui lui reste due (Cass. 7 mars 1811); à défaut de cette formalité, il perd tous ses droits sur l'immeuble aliéné, lorsqu'il est revendu et que le second acquéreur fait transcrire son contrat.

Le vendeur perd effectivement son privilège, en sorte que si l'acquéreur avait grevé l'immeuble d'hypothèques, ses créanciers devraient être préférés au vendeur dont le privilège n'a pas été inscrit; mais celui ci a le droit incontestable de faire résoudre la vente par lui faite, si son acquéreur ne satisfaisait pas aux obligations qu'il a contractées envers lui. La condition résolutoire est toujours sous-entendue (C. C. 1184); le second acquéreur aurait donc à craindre l'action résolutoire, bien que le premier vendeur n'eût point conservé son privilège, et pourrait suspendre le paiement de son prix (C. C. 1653), s'il ne lui était pas justifié que son vendeur eût payé le sien, car le premier vendeur pourrait faire résoudre la vente. (1654, 2182, 2262.)

Il est donc dans l'intérêt de tout vendeur d'obliger l'acquéreur, par une clause expresse de l'acte, de faire transcrire dans un délai déterminé; dans le cas où celui-ci ne remplirait pas cette obligation, le vendeur doit y suppléer, soit en faisant transcrire lui-même, soit en prenant inscription sur son acquéreur.

Le privilège du vendeur s'étend aux intérêts du prix : ainsi le vendeur a le droit d'être colloqué par privilège pour tous les intérêts échus, quel que soit le nombre d'années, pourvu d'ailleurs qu'il n'y ait pas prescription. L'art. 2151 du C. C. n'est pas applicable à ce privilège. (Cass. 1er. mai 1807.) Le privilège a lieu aussi pour les frais du contrat de vente. (M. Grenier.)

Quelle que soit l'époque de la transcription (C. C. 2108) elle conserve le privilège du vendeur à partir de la vente. Le vendeur qui n'a fait inscrire son privilège qu'après que l'acquéreur a grevé l'immeuble d'hypothèques, doit encore être préféré aux créanciers hypothécaires inscrits avant lui, mais il faut que son inscription ait été prise au plus tard dans la quinzaine de la transcription du contrat de la revente que ferait son acquéreur : autrement il perdrait son privilège, et il ne lui resterait plus que l'action en résolution de la vente. (Cass. 2 déc. 1811 et 26 janv. 1813.)

Donc, le premier vendeur, pour conserver son privilège, est tenu de prendre inscription dans la quinzaine de la transcription faite par le second acquéreur, bien que le premier acquéreur n'ait point transcrit. Les créanciers inscrits du premier acquéreur doivent être colloqués avant ce privilège, s'il n'est pas inscrit. (Paris, 16 mars 1846; Cass. 14 janv. 1818.)

Sur la Transcription.

La transcription s'entend de la formalité que doit remplir l'acquéreur ou le donataire s'il veut purger les biens acquis ou donnés (C. C. 2181). La transcription a remplacé les lettres de ratification.

Le conservateur fait mention de la transcription à la suite ou en marge de l'expédition déposée, et la rend au déposant avec un état contenant l'inscription d'office prise au profit du vendeur, et les autres inscriptions dont l'immeuble est grevé, ou un certificat négatif, c'est-à-dire constatant qu'il n'en existe aucune. Quinze jours après, le conservateur délivre un état des inscriptions survenues dans la quinzaine ou encore un certificat négatif ; c'est ce certificat ou état qu'on nomme *certificat de quinzaine*. (C. de proc. 834.) Maintenant l'usage est que le conservateur délivre ensemble, à l'expiration de la quinzaine, et l'état d'inscriptions et le certificat de quinzaine.

Suivant la loi du 11 brumaire 7, sur le régime hypothécaire, la propriété d'un immeuble n'était point transférée par le contrat, mais par la transcription ; il n'en est plus de même. (C. C. 1583 et 2181.)

Quoique la loi n'exige pas la transcription, néanmoins les notaires, presque dans tous les cas, conseillent à leurs clients de remplir cette formalité. En effet, comment un acquéreur, s'il ne fait pas transcrire son contrat, pourra-t-il savoir d'une manière certaine si la propriété qu'il vient d'acquérir est libre de toutes hypothèques, puisque les créanciers du vendeur ont encore le droit de requérir inscription dans la quinzaine de la transcription ? D'ailleurs, si ce nouveau propriétaire avait besoin par la suite d'emprunter, il serait possible qu'il n'y parvînt point, à cause du défaut de transcription.

Pour payer valablement, il ne suffit pas à un acquéreur d'avoir la mainlevée des inscriptions existantes à la transcription, il faut qu'on lui remette préalablement les certificats délivrés par le conservateur des hypothèques, constatant que les inscriptions sont annulées et rejetées des registres ; car il arrive assez souvent que, par des erreurs de dates et de noms, ou par tous autres motifs, le conservateur n'admet point les mainlevées.

Si l'acquéreur fait transcrire son contrat, et que la transcription ait lieu à la charge des hypothèques, mais qu'il ne purge pas, il n'en prescrit pas moins les hypothèques par 10 ou 20 ans, conformément aux art. 2180 et 2265 du C. C. (Delvincourt.)

Sur l'État civil des vendeurs et la Purge des hypothèques légales.

On termine les contrats de vente par un article auquel on donne pour titre : *État civil des vendeurs*.

On annonce, dans cet article, si le vendeur est marié (dans ce cas, on rapporte les prénoms et nom de la femme), s'il est tuteur ou curateur, s'il est comptable de deniers publics, etc.

Si les femmes ou ceux qui les représentent, ou si les subrogés-tuteurs ne sont pas connus de l'acquéreur qui voudra purger sur son acquisition les hypothèques légales, il est nécessaire, et il suffit, pour remplacer la signification qui doit leur être faite aux termes de l'art. 2194 du C. C., en premier lieu, que dans la signification à faire au procureur du roi, l'acquéreur déclare que ceux du chef desquels il pourrait être formé des inscriptions pour raison d'hypothèques légales existantes indépendamment de l'inscription, n'étant pas connus, il fera publier ladite signification dans les formes prescrites par l'art. 683 du Code de procédure; en second lieu, que cet acquéreur fasse inscrire dans le journal judiciaire du département ou de l'arrondissement la note indicative de la signification faite au procureur du roi pour faire la publication dont il vient d'être parlé, conformément à l'avis du conseil-d'état du 11 mai 1807, approuvé le 1er juin.

Les deux mois pour la purge ne courent que du jour de l'insertion dans le journal judiciaire, de la notification faite au procureur du roi. (Décret du 1er juin 1807.)

Les formalités pour la purge sont très-minutieuses, et demandent beaucoup d'attention. Ce sont les avoués qui s'en chargent ordinairement.

Nota. Le mot *purge* est une expression qu'on a adoptée pour exprimer la manière de purger une propriété qu'on vient d'acquérir, des hypothèques légales. V. le C. C. 2193 et 2194.

Sur la Remise des titres.

Le vendeur est obligé de remettre à l'acheteur les titres de propriété de l'immeuble vendu, quand même il n'y aurait eu aucune convention sur ce fait, à moins cependant qu'il n'y en ait une contraire. Au reste, il suffit, d'après le sentiment de plusieurs auteurs, que le vendeur en remette des copies collationnées, en offrant de représenter au besoin les originaux ou premières expéditions.

Souvent on convient de ne remettre les titres que lors du paiement du prix.

Une maison doit être délivrée avec les clefs des portes et autres ustensiles qui en dépendent. Les titres, les plans et autres renseignements sont aussi des accessoires (C. C. 1615), mais le vendeur n'est pas tenu d'en donner d'autres que ceux énoncés au contrat. Si le contrat ne contient aucune convention, le vendeur doit remettre tous les titres qu'il a; il n'est pas obligé de procurer, à ses frais, des expéditions des titres anciens qu'il n'a pas. (Pailliet.)

Sur les Frais du contrat.

On a coutume d'imposer à l'acquéreur, par une clause expresse, l'obligation de payer les frais, encore bien que cela soit de droit. (C. C. 1593.)

En résumé, les contrats de vente sont susceptibles de clauses et de conditions particulières qui naissent des circonstances où se trouvent les contractants, et qu'il est impossible de prévoir.

Formule.

Vente d'une Maison.

Par-devant, etc.

Furent présents : M. Louis Thorin, négociant, et dame Sophie Naté, son épouse, de lui autorisée, demeurants à

Lesquels ont, par ces présentes, vendu, promis et se sont obligés, conjointement et solidairement l'un pour l'autre, un d'eux seul pour le tout, de garantir de tous troubles, dons, douaires, dettes, hypothèques, évictions, aliénations, surenchères et autres empêchements généralement quelconques,

A. M. Charles Gutel, ancien marchand, et à dame Rose Chardon, son épouse, de lui autorisée, demeurants à   , à ce présents et ce acceptant, acquéreurs pour eux et leurs héritiers ou ayant cause :

Désignation.

Une maison située à   , rue   n°   consistante; etc.

Ainsi que le tout se poursuit et comporte, sans aucune exception ni réserve : mais aussi, relativement au jardin, sans aucune garantie de mesure, dont le plus ou le moins, fût-il d'un vingtième et au delà, sera au profit ou à la perte des acquéreurs, qui n'ont requis ici plus ample désignation de ladite maison, déclarant la connaître parfaitement pour l'avoir vue et visitée, et en être contents (1).

_____

(1) Anciennement, les notaires ne faisaient qu'une phrase plus ou moins longue d'un contrat de vente, ou de tout autre acte; à peine si l'on y trouvait un point-virgule. On disait : « furent présents *tels* et *tels* (les qualités » pouvaient avoir deux pages sans autres divisions que des virgules), les- » quels ont reconnu et confessé avoir vendu, cédé, quitté, transporté » et délaissé, etc., à *tels* et *tels*, une maison sise à ..., ainsi qu'elle se » poursuit et comporte, etc., appartenante auxdits...., pour d'icelle » maison sus-vendue, jouir, faire et disposer par lesdits.... ; cette vente, » cession et délaissement faits à la charge de..., et outre moyennant .. » transportant tous droits, etc. »

De cette antique rédaction, nous avons retenu l'*ainsi que*, le *pour par*. Mais ne serait-il pas mieux de dire : *la maison est vendue ainsi qu'elle se compose..... il a été convenu que l'acquéreur jouirait et disposerait de la maison*, etc. ?

Le *poursuit et comporte* devrait-il être conservé ?.... Ne sent-on pas le ridicule d'une telle expression, bien que la nouvelle édition du Dictionnaire de l'Académie la mentionne encore ?

Le temps de s'affranchir de ces vieilles locutions doit être arrivé ; il appartient à nos jeunes notaires de rejeter un jargon aussi tudesque.

Propriété.

Cette maison appartenait auxdits sieur et dame T , et dépendait de la communauté de biens qui existe entre eux, au moyen de l'adjudication qui en a été faite audit sieur Thorin, sous le nom de M^e son avoué, à l'audience des criées du tribunal de première instance de , le , sur la vente par licitation qui en était poursuivie à la requête du sieur Debut, propriétaire à , et de dame Louise Mallet son épouse, en qualité de propriétaires pour un sixième indivis de ladite maison, du chef de ladite dame Debut, contre M. Mallet, commissaire-priseur à , leur père et beau-père, et les mineurs Mallet, leurs frère et sœur, beau-frère et belle-sœur, propriétaires des cinq autres sixièmes indivis de ladite maison, en vertu d'un jugement rendu par le tribunal de première instance de , contradictoirement entre toutes les parties, le , dûment enregistré et signifié ; laquelle adjudication a eu lieu moyennant le prix principal de que ledit sieur Thorin a payé en totalité, ainsi qu'il résulte d'une quittance passée devant M^e. , l'un des notaires soussignés, qui en a à la minute, et son collègue, le

Le jugement d'adjudication de M. Thorin dudit jour , a été enregistré le , signifié le par exploit de huissier, et transcrit au bureau des hypothèques de , le vol. , n^o. à la charge de quatre inscriptions y compris celle d'office, qui ont été rayées les unes définitivement, et les autres partiellement, en ce qu'elles frappaient sur la maison adjugée audit sieur Thorin, le même jour , suivant quatre certificats de radiation, délivrés par M. le conservateur des hypothèques de à la date dudit jour.

Pendant la quinzaine de la transcription, il n'est survenu aucune inscription, ainsi que le constate un certificat du conservateur en date du

Les formalités prescrites pour la purge des hypothèques légales ont parcillement été remplies : à cet effet, la grosse du jugement d'adjudication susdaté a été déposée au greffe du tribunal de première instance de , suivant acte dressé par M. Robin, greffier dudit tribunal, le , enregistré. Ce dépôt a été signifié au subrogé-tuteur des mineurs Mallet, et à M. , procureur du Roi à , suivant deux exploits en date du même jour , l'un de , huissier à , et l'autre de , huissier à ; la notification du dépôt, faite au procureur du Roi, a été insérée dans le bulletin judiciaire du département de , qui s'imprimait à , le art. du journal, numéroté . La grosse dudit jugement d'adjudication est restée exposée pendant deux mois et plus dans l'auditoire du tribunal de première instance , ainsi qu'il résulte de l'acte du retrait de ladite grosse qui a été dressé par M. Robin, greffier dudit tribunal, le . Enfin, pendant toute la durée de l'exposition, il n'a été pris aucune inscription légale, ainsi que le constate un certificat négatif délivré par le conservateur des hypothèques, le

Ledit sieur Mallet, commissaire-priseur, était propriétaire de la moitié de ladite maison, comme l'ayant acquise conjointement avec dame Marguerite Rissé, sa défunte épouse, pendant leur communauté de biens, de M Jean Lemaire, etc., suivant contrat passé devant M^e notaire à , le . Et les dames Debut et mineurs Mallet, frères et sœurs germains, étaient conjointement propriétaires de l'autre moitié de ladite maison, ou chacun pour un sixième au total, en qualité de seuls héritiers chacun pour un tiers , de ladite feu dame Mallet leur mère , décédée à   , le   , ainsi qu'il résulte de l'intitulé de l'inventaire fait après son décès , par M⁵   , notaire à   le   .

M. Lemaire avait acquis ladite maison de M. Legoux et de dame Angélique Brière , son épouse, suivant contrat passé devant M·. notaire à   , le

Et M. et Mᵐᵉ. Legoux en étaient eux-mêmes propriétaires au moyen de la donation qui leur en avait été faite , suivant contrat passé devant M⁵   , notaire à   , le   , par dame Augustine Delaville, veuve de M. de Brière.

Jouissance.

Pour , par M. et Mᵐᵉ Gutel , jouir , faire et disposer dès aujourd'hui de ladite maison et de ses dépendances , comme bon leur semblera , en toute propriété et comme de chose à eux appartenante.

Charges et conditions.

La présente vente faite à la charge par M. et Mᵐᵉ Gutel , qui s'y sont obligés solidairement entre eux ,

1°. De prendre ladite maison dans l'état où elle se trouve ;

2°. De supporter toutes les servitudes passives , apparentes ou occultes, continues ou discontinues , dont elle peut être valablement grevée, sauf aux acquéreurs à s'en défendre et à profiter des servitudes actives , s'il en existe, le tout à leurs risques ou avantages , ainsi qu'ils aviseront , sans que jamais la présente stipulation puisse attribuer à qui que ce soit, plus de droits que ceux qui seraient légitimement acquis et conservés jusqu'à ce jour ;

3°. D'acquitter, à compter du   et à l'avenir , les contributions foncières et autres , auxquelles ladite maison pourra être imposée.

4°. De payer les frais, droits et honoraires du présent contrat.

La présente vente faite, en outre, moyennant la somme de que M. et Mᵐᵉ Gutel ont à l'instant payée à M. et Mᵐᵉ. Thorin , qui l'ont reconnu en numéraire d'argent ayant cours , compté et réellement délivré à la vue des notaires soussignés : dont quittance.

Dessaisissement.

Au moyen de ce payement, M. et Mᵐᵉ. Thorin ont transmis à M. et Mᵐᵉ. Gutel, tous les droits de propriété et autres qu'ils ont ou peuvent avoir sur ladite maison , s'en dessaisissant à leur profit.

Transcription.

M. et Mᵐᵉ. Gutel feront transcrire si bon leur semble, et à leurs frais , le présent contrat , au bureau des hypothèques de   ; et si , lors de cette transcription ou pendant la quinzaine qui la suivra, il existe ou survient des inscriptions provenantes du fait des vendeurs, ils en rapporteront les mainlevées et certificats de radiation , dans les quarante jours au plus tard de la dénoncitaion qui leur sera faite de ces inscriptions à leur domicile ci-après élu.

État civil des vendeurs.

M. et Mᵐᵉ Thorin ont déclaré qu'ils n'ont pas contracté d'autre mariage que celui qui les unit , et qu'ils n'ont jamais été chargés d'aucune tutelle ni curatelle , ni d'aucune comptabilité de deniers publics.

Remise des titres.

Les sieur et dame Thorin ont remis à M. et Mme. Gutel, qui l'ont reconnu ; 4° : l'expédition transcrite de leur jugement d'adjudication ; 2° l'original de sa signification ; 3°. l'état d'inscriptions et les certificats de radiation ; 4° le certificat de quinzaine ; 5° toutes les pièces relatives à la purge légale ; 6° l'expédition de la quittance du   ; 7°. etc. Dont décharge.

Election de domicile.

Et pour l'exécution des présentes, etc.

Clauses diverses qu'on peut apposer au contrat de vente.

Sur la mesure, s'il s'agit de terres :

Ainsi que lesdites pièces de terre s'étendent et comportent, sans en rien réserver, et sans qu'il y ait lieu à aucun supplément du prix ci-après stipulé, en faveur des vendeurs, pour l'excédant de mesure qui pourrait se trouver auxdites pièces ou à quelques-unes d'elles, ni à aucune diminution dudit prix pour moindre mesure, qu'autant que la différence de la mesure réelle à celle ci-devant exprimée serait d'un vingtième en plus ou en moins. *Ou bien :* quelque différence qu'il y ait de la mesure réelle à celle ci-devant exprimée. (C. C. 1619.)

A l'égard du prix, lorsqu'il n'y en a qu'une partie de payée comptant :

Cette vente faite, en outre, moyennant la somme de 20,000 francs, à compte de laquelle les vendeurs ont reconnu avoir reçu des acquéreurs celle de 10,000 francs en pièces d'or et d'argent ayant cours, comptées et réellement délivrées à la vue des notaires soussignés, dont d'autant quittance. A l'égard des 10,000 francs de surplus, les acquéreurs se sont obligés solidairement l'un pour l'autre, ni d'eux pour le tout, sous la renonciation ordinaire aux bénéfices de droit, de les payer aux vendeurs, en leur demeure à   , ou à leur mandataire porteur de la grosse des présentes, dans quatre mois de ce jour, sans intérêt.

Ou bien : Après l'accomplissement des formalités nécessaires pour purger les hypothèques de toute nature, et dans quatre mois au plus tard, s'il n'existe aucune inscription, ou aussitôt après que les vendeurs auront rapporté aux acquéreurs les mainlevées et certificats de radiation des inscriptions qui pourraient exister; et dans l'un ou l'autre cas avec les intérêts sur le pied de cinq pour cent par année, sans aucune retenue, à compter du

Ou bien encore : De payer aux créanciers des vendeurs, utilement inscrits sur les biens vendus, suivant l'ordre amiable ou judiciaire qui pourra avoir lieu.

Ces paiements ne pourront s'effectuer qu'en espèces d'or ou d'argent et non autrement.

Réserve de privilége.

A la garantie desquels paiements, en principal et intérêts, la maison présentement vendue demeure, spécialement et par privilége, affectée, obligée et hypothéquée.

Dessaisissement.

Sous la réserve de ce privilége, les vendeurs ont transmis aux acquéreurs tous les droits de propriété et de jouissance qu'ils peuvent avoir sur les immeubles présentement vendus, s'en dessaisissant à leur profit.

Cas de non paiement du prix.

Faute de paiement du prix au terme ci-dessus convenu, la présente vente sera résolue de plein droit (C. C. 1656), et les vendeurs rentreront aussitôt dans la propriété et jouissance de ladite maison.

Cas d'existence d'inscriptions.

Il a été convenu que s'il se trouve des inscriptions sur les biens vendus, et qu'elles n'excèdent pas le prix de cette vente, les vendeurs auront la faculté de déléguer aux créanciers inscrits les sommes suffisantes pour les remplir de leurs créances; qu'au moyen de ces délégations, les acquéreurs seront tenus de s'acquitter du restant du prix entre les mains des vendeurs.

Ou bien : Que les acquéreurs ne pourront retenir en leurs mains qu'une somme suffisante pour les garantir du montant des inscriptions, et seront tenus de payer le surplus aux vendeurs, sans attendre la mainlevée des inscriptions; qu'à l'égard des sommes que les acquéreurs auront retenues, ils seront tenus de les payer aux vendeurs à mesure des mainlevées en bonne forme, qui leur seront rapportées desdites inscriptions, sans attendre leur radiation.

Défaut de transcription dans le délai convenu.

Faute par les acquéreurs d'avoir fait transcrire le présent contrat, et d'avoir rempli dans le délai ci-dessus fixé, les formalités nécessaires pour purger, ils ne pourront exciper de ce retard pour différer le paiement de leur prix au-delà de ce terme.

Charge d'exécuter les baux.

Cette vente faite à la charge par les acquéreurs, d'entretenir et exécuter, pour tout le temps qui en reste à courir, le bail fait de ladite maison au sieur   , pour   années qui ont commencé le moyennant   , suivant acte passé, etc.

Ou bien : Le bail qui peut avoir été fait de cette maison.

Et de faire en sorte que les vendeurs ne soient aucunement inquiétés, poursuivis ni recherchés à ce sujet.

Cause de remploi au profit de l'épouse de l'acquéreur.

M. et Mme. G   ont déclaré que la somme par eux ci-dessus payée est la même que celle qu'ils ont reçue de M. P   , pour le prix de la vente qu'ils ont faite de terres situées à   , qui appartenaient à ladite dame G   , comme héritière de sa mère, et ce suivant contrat passé devant, etc.; faisant cette déclaration pour indiquer l'origine de ces deniers, et afin que la maison ci-dessus désignée et par eux présentement acquise, serve de remploi et tienne nature de propre à madame G   , qui en sera et demeurera par conséquent seule propriétaire : lequel remploi a été formellement accepté par Mme. G (C. C. 1435.)

Clause de garantie lorsque le bien vendu est national.

Lesquels ont, par ces présentes, vendu, avec garantie solidaire entre eux de tous troubles, etc., qui leur seraient personnels.

Ou bien : Sous la simple garantie de leurs faits et promesses et de ceux des précédents propriétaires, le gouvernement seul excepté.

Réserve d'usufruit.

Les acquéreurs feront et disposeront dès ,aujourd'hui de l'immeuble présentement vendu et sus-désigné , comme de chose à eux appartenante, mais ils n'en jouiront qu'à compter du jour du décès du survivant des vendeurs, qui s'en sont réservé expressément l'usufruit pendant leur vie et jusqu'au jour du décès du survivant d'eux, auquel jour seulement l'usufruit sera réuni et consolidé à la propriété en faveur des acquéreurs.

Vente moyennant une rente perpétuelle(1).

Cette vente a été faite moyennant 2,000 francs de rente foncière , annuelle et perpétuelle , franche et exempte de toutes retenues; laquelle rente les acquéreurs se sont obligés solidairement entre eux de payer aux vendeurs , en leur demeure à   , ou pour eux au porteur de la grosse des présentes et de leurs pouvoirs , au 1er. janvier de chaque année , dont la première écherra et sera payée le 1er. janvier   , pour ainsi continuer d'année en année à pareil jour et perpétuellement , ou jusqu'au remboursement de cette rente, qui pourra avoir lieu en payant par les rachetants à ceux qui y auront alors droit, la somme de 40,000 francs pour le capital de ladite rente, indépendamment des arrérages qui en seront alors dus.

Ce remboursement ne pourra se faire et les arrérages ne pourront être payés qu'en espèces d'or ou d'argent ayant cours et non autrement.

A la sûreté du paiement de ladite rente, l'immeuble sus-désigné est demeuré spécialement et par privilége , affecté et hypothéqué , etc.

Nota. On trouvera , dans le nouveau Formulaire du Notariat, des formules d'abandonnements de mitoyenneté, de fonds grevés de servitude , etc.

Voyez, au surplus, le Code civil , art. 656 et 699. Les droits d'enregistrement de ces actes seraient de 5 et demi pour 100 , comme vente d'immeubles.

---

(1) Le contrat qu'on nommait autrefois *bail à rente* était une véritable vente , avec cette seule différence que le prix , au lieu d'être d'une somme payable comptant ou à terme , consistait dans une redevance en argent ou en denrées , que l'acquéreur s'obligeait de payer chaque année au vendeur et qui s'appelait *rente foncière* , parce qu'en effet elle formait le prix du bien-fonds. (V. le C. C. 530.) — On a abandonné cette expression de *bail à rente* , qu'on a remplacée par celle de *rente moyennant une rente perpétuelle.*

Pour prévenir, dans ce contrat, toute difficulté par la suite sur le taux du rachat de la rente, il faut le fixer. On y fait ordinairement des stipulations propres à assurer au vendeur l'exactitude du paiement de la prestation (rente) , en obligeant l'acquéreur d'entretenir l'héritage vendu en bon état pour que la rente puisse y être aisément prise et perçue; d'y faire les défrichements , plantations ou autres augmentations dont on conviendra; et en convenant que , faute de paiement de deux années consécutives de la rente , ou faute de ces plantations et défrichements , le contrat sera résolu de plein droit , après un simple commandement qui sera fait à l'acquéreur, sans qu'il soit besoin d'autre formalité de justice; enfin , que le vendeur rentrera, si bon lui semble , dans la propriété de l'héritage , avec ce qui s'y trouvera alors , sans être tenu d'aucun remboursement des impenses. G.-D. — V. le C. C. 1656.

Enregistrement.

Les ventes, reventes, adjudications, cessions, rétro-cessions et tous autres actes translatifs de propriété ou d'usufruit de biens immeubles, à titre onéreux, sont assujettis au droit de 5 francs 50 centimes par 100 francs sur le prix exprimé en l'acte et le capital des charges qui peuvent ajouter au prix. (Loi du 22 frimaire an 7, art. 15, et loi du 28 avril 1816, art. 52 et 54.) Mais la formalité de transcription au bureau de la conservation des hypothèques ne donne plus lieu à aucun droit proportionnel.

Si l'usufruit est réservé *par le vendeur*, il est évalué à la moitié de tout ce qui forme le prix du contrat, et le droit est perçu sur le total; mais il n'est dû aucun autre droit pour la réunion de l'usufruit à la propriété; cependant, si elle s'opère par un acte de cession, et qu'elle ne soit pas faite pour un prix supérieur à celui sur lequel le droit a été perçu lors de l'aliénation de la propriété, cet acte opère un droit fixe de 3 francs. (Loi de 1816.)

La réserve de l'usufruit n'est pas considérée comme une charge à ajouter au prix, lorsque cette réserve est faite au profit, non du vendeur mais d'un tiers. (Cass. 3 janv. 1827.)

Il n'est également dû que le droit de 5 et demi, s'il est convenu que les intérêts ne commenceront à courir qu'à l'époque de l'extinction de l'usufruit. J. E. et J. J. N. art. 2286.

V. ci-devant p. 67 et 181.

Si les prix consistent en rentes perpétuelles, elles se capitalisent par la multiplication de vingt fois la rente; s'ils consistent en rentes viagères, elles se capitalisent par la multiplication de dix fois la rente. (Loi du 22 frim. an 7, art. 14.)

Le droit d'enregistrement d'une vente dont le prix est de 5000 francs, pour laquelle somme l'acquéreur constitue 800 francs de rente viagère, ne doit être perçu que sur 5000 francs, sauf en cas de fraude le recours à l'expertise. D. E.

Quand même la quotité de l'intérêt convenu entre l'acquéreur et son vendeur serait plus considérable que le taux commun, on ne doit asseoir la perception que sur le prix principal exprimé au contrat. (Déc. du min. des fin. du 28 messidor an 12; instruct. gén. n°. 290; délib. de la régie du 15 fév. 1823.) Mais voyez notre observation sur les intérêts, ci-devant, page 184.

Dans un contrat de vente à rente viagère, à fonds perdu

ou avec réserve d'usufruit, faite à un successible en ligne directe, le consentement donné en exécution de l'art. 918 du C. C., par les autres présomptifs héritiers du vendeur, étant nécessaire pour faire prendre au contrat le caractère parfait d'une vente, ne donne point ouverture à un droit particulier. J. E.

Quoiqu'il soit dit, dans un acte de vente d'immeubles, que l'acquéreur était en jouissance et qu'il paiera les contributions à partir d'une époque remontant au-delà de trois mois, il n'est pas dû, par cela seul, le droit en sus. (Délib. des 22 juillet et 18 août 1828, 10 septembre 1829.)

Est passible du droit fixe seulement, la délégation faite dans un contrat de vente au profit d'un créancier porteur d'un titre enregistré, malgré l'acceptation immédiate ou ultérieure du créancier. (Délib. du 28 nov. 1828, et décis. du 9 déc. 1828.)

Les acquisitions faites par les communes et établissements publics sont soumises aux droits proportionnels d'enregistrement et de transcription établis par les lois existantes. (Loi du 18 avril 1831, art. 17.)

Lorsqu'un père, en vendant le bien de ses enfants mineurs, se porte fort pour eux, et s'engage, en cas d'éviction provenant de leur fait, à rembourser le prix de la vente et aux dommages-intérêts, avec stipulation d'hypothèque pour garantie de ces obligations, il n'est pas dû pour cela un droit de cautionnement. (Cass. 18 avril 1831.)

Quoique un acte de vente énonce que les intérêts du prix courront depuis une époque remontant au-delà de trois mois, époque, est-il ajouté, à laquelle la vente aurait été verbalement consentie, il n'est pas dû le double droit. (Solut. du 12 nov. 1832.)

SECTION 4.

ADJUDICATION VOLONTAIRE PAR DES MAJEURS.

L'adjudication est une vente d'immeubles faite publiquement à la chaleur des enchères. Les adjudications volontaires sont celles que les parties font faire devant un notaire, de la manière qu'elles jugent convenable et sans les formes judiciaires. V. le code de proc. art. 746.

On range dans la catégorie des adjudications volontaires, les licitations de biens indivis que les parties font faire en cette forme. R. N. — V. la section suivante.

Les notaires ont le droit exclusif de faire les adjudications volontaires d'immeubles. (Cass. 18 juillet 1826.)

Les formalités sont purement à la convenance des parties qui ne sont point astreintes à suivre les formes prescrites par le Code de procédure; il ne s'agit au fond que d'un acte ordinaire. (Cass. 24 janv. 1814.)

En général, les adjudications sont précédées d'affiches pour attirer les enchérisseurs, et d'un cahier de charges qui ouvre le procès-verbal, et dont l'objet est de faire connaître sous quelles conditions la vente aura lieu. R. N.

Le mode d'adjuger qui est généralement employé est celui des enchères; on y procède ordinairement à l'extinction des feux. Dans de certains pays, on adjuge à la criée, comme pour les ventes mobilières; mais le premier mode est préférable, en ce qu'il forme une sorte d'appareil, et qu'il a l'avantage de mettre le notaire à l'abri de tout soupçon de partialité. (Id.)

L'art. 412 du Code pénal ne paraît pas être applicable aux adjudications volontaires. (Id.)

Lorsqu'un notaire procède à une adjudication volontaire, c'est la loi du 25 ventose an 11, et non le Code de procédure, qui doit régler la forme de l'acte; et il n'y a de vente consommée qu'autant que l'adjudicataire veut bien signer.

Les notaires de Paris adjugent aux enchères, dans la chambre par eux établie, les immeubles qu'ils sont chargés de vendre sur publications volontaires seulement.

Les adjudications définitives sont prononcées à l'extinction des feux.

Le refus de signer de la part d'un adjudicataire rend l'adjudication volontaire sans effet. (Cass. 24 fév. 1831.)

Lorsque le cahier des charges d'une adjudication ne forme qu'un seul et même acte avec cette adjudication, les renvois qu'il contient doivent être parafés par les adjudicataires, à peine de nullité de ces renvois. (Caen, 9 janvier 1827.)

Il n'est reçu d'enchère que de la part d'avoués près des tribunaux de Paris ou de notaires du ressort de la chambre.

Pour rendre les procès-verbaux uniformes dans tous les points par lesquels ils peuvent se ressembler, et qui sont principalement relatifs à l'économie des frais et à l'exigibilité des droits d'enregistrement, les notaires de Paris ont été invités à se conformer au projet que la chambre leur a adressé par sa circulaire du 9 thermidor an 12. P. N.

Voyez le Parfait Notaire, tome 2, page 274, 6e édition.

Les procès-verbaux d'adjudication peuvent être mis à la

suite des cahiers de charge (Dél. du cons. de l'enregistrement du 31 décembre 1817); mais non à la suite de l'acte de dépôt du cahier des charges. (D. F. 5 mars 1819.)

Les acquéreurs non solidaires d'immeubles vendus en détail par adjudication volontaire, peuvent requérir la transcription sur une seule expédition de la vente.

Un notaire ne doit pas, en procédant à une vente publique d'immeubles en détail, tolérer que l'on serve et que l'on boive du vin en sa présence et durant le cours des enchères; un pareil abus l'exposerait à être censuré avec réprimande, et pourrait même donner lieu à une suspension. (Dijon , 24 déc. 1824.)

Formule.

Procès-verbal d'adjudication par des majeurs.

L'an   , le dimanche   du mois de   , neuf heures du matin ,

Par-devant Mᵉ.   et son collègue, notaires royaux, résidants à   , soussignés, et en l'étude dudit Mʳ.

Ont comparu M. B   , et dame   , son épouse, de lui autorisée, demeurants à

Lesquels ont exposé que, désirant vendre une maison et plusieurs pièces de terre situées en la commune et sur le territoire de dont ils sont propriétaires, ils ont fait annoncer par des affiches mises et apposées dans ladite commune et autres circonvoisines, qu'il serait procédé aujourd'hui, à l'issue de la grand'messe, vers les midi, en l'étude et par le ministère dudit Mᵉ.   , à la vente et adjudication définitive desdites maison et pièces de terre. Et ils ont requis ledit Mᵉ. d'établir, en leur présence, 1º. la désignation de ces biens, dont ils ont à l'instant représenté les titres et baux; 2º. la propriété en la personne des vendeurs; 3º. enfin, les charges, clauses et conditions sous lesquelles ils entendent les vendre.

Auxquelles opérations ledit Mᵉ.   a procédé, en présence de son collègue, ainsi qu'il suit:

Désignation.

Art. 1ᵉʳ. Une maison, etc.
Art. 2. Une pièce de terre, etc.

Enonciation des baux.

La maison ci-dessus désignée est tenue sans bail par   , etc.
A l'égard des terres, elles sont affermées au sieur   , etc.

Indication de la propriété.

Tous ces biens appartiennent à M. et Mᵐᵉ. B   , etc.

Etat civil des vendeurs.

M. et Mᵐᵉ. B   ont déclaré qu'ils n'ont jamais été tuteurs ni curateurs de mineurs ou interdits; que M. B   a bien été comptable de deniers publics, d'abord comme receveur à et ensuite comme receveur d   ; mais qu'il a été déchargé de sa première gestion par un arrêt de la Cour des comptes du   ;

que pour la seconde, il avait fourni un cautionnement qui le mettait à l'abri de toute hypothèque légale ; qu'enfin, à l'égard de celle de Mme. B   , contre son mari et sur ses biens, cette dame ne peut ni ne pourra l'exercer sur les immeubles ci-dessus désignés, puisque la vente en sera faite et garantie conjointement par elle et son mari, et que d'ailleurs elle n'a consenti de subrogation au profit de qui que ce fût.

Époque de l'entrée en jouissance des adjudicataires.

Les adjudicataires pourront faire et disposer desdits biens, comme bon leur semblera, en toute propriété et comme de chose à eux appartenante, à compter de ce jour.

Ils entreront en jouissance de la maison le 1er. janvier prochain.

Et ils auront droit aux fermages des terres à compter du 11 novembre aussi prochain.

Les vendeurs se réservent ceux représentatifs de la récolte de la présente année.

Charges et conditions.

Art. 1er. M. et Mme. B   garantiront solidairement entre eux, les adjudicataires de tous troubles, dons, douaires, dettes, hypothèques, évictions, aliénations et autres empêchements quelconques.

Art. 2. Les biens susdésignés seront vendus tels qu'ils se poursuivent et comportent, sans en rien excepter, soit en masse, soit en détail, ainsi qu'il sera annoncé au moment de l'adjudication.

Art. 3. Les adjudicataires ne pourront prétendre à aucune indemnité, diminution de prix, ni dommages-intérêts, pour raison du moins de mesure qui pourrait se trouver aux pièces de terre, à quelque quantité que le déficit puisse s'élever : seulement, les adjudicataires auront le droit d'exercer contre qui il appartiendra les mêmes poursuites et actions qu'auraient pu le faire M. et Mme. B   , en vertu de leurs titres, mais sans recours contre eux dans le cas où ils ne parviendraient pas à recouvrer le manque de mesure.

Art. 4. L'adjudicataire de la maison sera tenu de la prendre dans l'état où elle se trouvera lors de son entrée en jouissance, sans pouvoir répéter contre les vendeurs aucune indemnité pour raison des réparations qui seraient à y faire, sauf l'exercice de leurs droits contre les locataires, à cause de réparations locatives ou autres dont ils pourraient se trouver chargés.

Art. 5. L'adjudicataire de ladite maison s'en mettra en possession et jouissance à ses risques et périls, sans pouvoir exercer aucun recours contre les vendeurs, dans le cas où il éprouverait quelque retard ou empêchement de la part des locataires.

Art. 6. Les adjudicataires des terres seront tenus d'entretenir et exécuter le bail ci-devant énoncé, pour le temps qui en reste à courir, de manière que les vendeurs ne soient aucunement inquiétés à ce sujet.

Art. 7. L'adjudicataire acquittera les contributions de toute nature auxquelles ces biens sont imposés à compter du

Art. 8. Les adjudicataires, tant de la maison que des terres, supporteront les servitudes passives, apparentes ou occultes, continues ou discontinues, dont ces biens peuvent être légitimement grevés; et réciproquement ils exerceront à leur profit toutes les servitudes qu'ils pourront valablement réclamer : toutes contestations, au sujet de ces servitudes, soit en demandant, soit en défendant, seront à leurs risques ou avantages.

Art. 9. Si les terres sont vendues en détail, ils toucheront les fermages au prorata du prix de leur adjudication.

Art. 10. Les adjudicataires paieront à M'.   notaire, dans la
huitaine de ce jour, sans pouvoir prétendre à aucune diminution de leur
prix,   centimes par franc pour les frais d'affiches, d'annonces, d'enchères et de publications, y compris les honoraires dudit
Mᵉ.

Plus, les droits d'enregistrement, le timbre des présentes, des extraits
qui en seront délivrés aux acquéreurs, et de la grosse qui en sera remise
à M. et Mᵐᵉ. B.

Art. 11. Chaque adjudicataire sera tenu de payer le prix principal de
son adjudication aux vendeurs ou à leur mandataire, en l'étude de
Mʳ.   , notaire à   , savoir : moitié dans six mois,
et moitié dans un an, avec l'intérêt du tout à compter de ce jour, sur le
pied de cinq pour cent par année, sans aucune retenue : bien entendu
que cet intérêt diminuera proportionnément, tel que de droit, lors du
paiement de la première moitié du prix principal.

Art. 12. Ces paiements, en principaux et intérêts, ne pourront s'effectuer qu'en espèces d'or ou d'argent et non autrement. Les adjudicataires
ne pourront profiter du bénéfice de toutes lois ou ordonnances qui auto-
riseraient le contraire.

Art. 13. A la sûreté et à la garantie desquels paiements, les biens vendus demeureront spécialement et par privilège réservés aux vendeurs,
affectés, obligés et hypothéqués ; et, en outre, sans qu'une hypothèque
déroge à l'autre, les adjudicataires seront tenus, s'ils en sont requis,
d'y affecter et hypothéquer d'autres immeubles à eux appartenants,
libres de tout privilège et hypothèque, pour une valeur d'environ la
moitié de leur prix, ou bien de fournir bonne et solvable caution.

Art. 14. Les adjudicataires rempliront, à leurs frais, d'ici à six mois,
toutes les formalités nécessaires pour purger les hypothèques de toute
nature dont lesdits biens peuvent être grevés ; et s'il se trouve des inscriptions contre les vendeurs, ils en rapporteront aux adjudicataires les
mainlevées et certificats de radiation dans le mois de la dénonciation
qui leur en sera faite au domicile de M.   ·, l'un des
notaires soussignés ; ou ils autoriseront les adjudicataires à se libérer
entre les mains des créanciers inscrits, suivant l'ordre de leurs hypothèques, les vendeurs se réservant la faculté de déléguer à ces créanciers
inscrits tout ou partie du prix des adjudications et des intérêts : auquel
cas, les adjudicataires seront tenus de satisfaire aux délégations, si toutefois il n'y a pas d'autres créanciers inscrits que les délégataires ; et en
payant ainsi, les adjudicataires seront valablement libérés envers M. et
Mᵐᵉ. B.

Au surplus, dans le cas où il y aurait des inscriptions, les adjudicataires
seront tenus de se réunir pour en faire la dénonciation aux vendeurs, et
s'il y a lieu, les significations aux créanciers inscrits : étant de condition
de la présente adjudication, que les adjudicataires supporteraient, en leur
propre et privé nom, les frais qu'entraîneraient les dénonciations et significations qui seraient faites individuellement.

Art. 15. Après le délai de six mois, les adjudicataires ne pourront opposer à M. et Mᵐᵉ. B   , le défaut de transcription ou de purge
légale, pour retarder le paiement de la première moitié du prix principal.

Art. 16. Les titres de propriété desdits biens et les grosses des baux
seront remis à celui des adjudicataires dont le prix sera le plus élevé,
aussitôt qu'il en aura effectué le paiement, et à la charge par lui d'en
aider ses coadjudicataires à toutes réquisitions et sous récépissés.

Art. 17. Les enchères ne seront reçues que de personnes notoirement solvables; et les adjudicataires ne pourront faire de déclarations de command qu'en faveur de personnes également solvables : au surplus , il y aura solidarité entre les adjudicataires et leurs commands.

Art. 18. L'adjudication aura lieu aux bougies et à l'extinction des feux. Les enchères seront portées de vive voix , sans qu'elles puissent être au-dessous de   francs.

Il n'y aura d'adjudication définitive qu'autant que M. et Mme. B auront accordé les feux au dernier enchérisseur ; jusque là , celui-ci ne pourra prétendre aucun droit sur les immeubles à vendre, ni obliger M. et Mme. B   , à consentir l'adjudication. Enfin, ces derniers se réservent la faculté d'ajourner indéfiniment et remettre l'adjudication, s'ils le jugent convenable à leurs intérêts.

Art. 19. M. et Mme. B   ont déclaré élire domicile, à l'effet de l'exécution des présentes, en l'étude de M^r.   , l'un des notaires soussignés.

Toutes lesquelles charges et conditions ont été arrêtées et approuvées par M. et Mme. B   , qui ont signé ici, après lecture.

Et attendu qu'il est midi sonné et qu'il se trouve un nombre suffisant d'amateurs, M. et Mme. B   ont requis ledit M^r.   , de leur faire lecture du cahier des charges ci-dessus, et de procéder aussitôt après à la réception des enchères.

Obtempérant à ce réquisitoire, ledit M^r.   a fait lecture à haute voix de ce cahier des charges, et a procédé à l'adjudication, de la manière suivante.

Il a été annoncé préalablement qu'à l'égard des terres on commencerait par recevoir les enchères qui seraient portées sur la masse , et que l'adjudication en serait prononcée provisoirement au profit du dernier enchérisseur.

Qu'immédiatement après, on recevrait les enchères qui seraient mises sur chaque pièce ; que si le montant des dernières enchères portées sur chacune des pièces excédait la dernière enchère mise sur la masse , les adjudications seraient prononcées définitivement au profit des adjudicataires partiels ; qu'au cas contraire , ce serait le dernier enchérisseur sur le total qui resterait définitivement adjudicataire.

M. et Mme. B   se sont réservé la faculté de maintenir ou de ne pas maintenir les adjudications , si tous les lots n'étaient pas couverts, c'est-à-dire si l'un ou plusieurs de ces lots étaient dans le cas de leur rester.

Art. 1er. La maison située à , etc.

A été mise à prix à la somme de   , par M. C

Enchérie à   par M. G

Surenchérie à   par M. L

Après plusieurs publications , personne n'ayant plus voulu enchérir , il a été allumé successivement plusieurs bougies ; pendant la durée de la troisième, ladite maison a été portée à   par M. C

Une quatrième bougie ayant été allumée et s'étant éteinte , sans que personne ait surenchéri , ladite maison a été adjugée définitivement audit sieur C   , à ce présent et acceptant, comme dernier enchérisseur, moyennant ladite somme de   , outre les charges de l'enchère.

En conséquence, ledit sieur C   a promis et s'est obligé de payer cette somme aux vendeurs dans les termes et de la manière fixés par l'art. 11 du cahier des charges, et d'exécuter et accomplir toutes les clauses et conditions y insérées.

Art. 2. La totalité du marché de terre, etc.

Si un particulier avait enchéri pour un autre, on l'exprimerait ainsi :

Lequel sieur C   a déclaré, à l'instant même, avoir enchéri *et*
s'être rendu adjudicataire pour le compte et au profit de M. D
dont il est mandataire suivant procuration, etc., *ou* dont il se porte fort,
ou à ce présent et qui a accepté ladite adjudication.
Et pour l'exécution des présentes, etc.

SECTION 5.

LICITATION VOLONTAIRE ENTRE MAJEURS.

La licitation est un contrat par lequel deux ou plusieurs
co-propriétaires d'un immeuble qui ne peut pas se diviser
commodément et qu'ils ne veulent point vendre, conviennent qu'il restera en entier à celui qui en offrira le plus
haut prix dans les enchères qu'ils y mettront alternativement
l'un sur l'autre. C'est ce qui a fait ainsi nommer ce contrat,
du mot latin *licitor, licitaris*, qui signifie *enchérir, mettre
à prix, combattre.*

La licitation est ou volontaire ou forcée : elle est volontaire, lorsque toutes les parties sont majeures et d'accord ;
en ce cas, elle peut avoir lieu à l'amiable devant un notaire,
et les formalités se réduisent à celles que les parties veulent
bien employer. Elle est forcée, s'il y a des mineurs, des interdits ou des absents ; en ce cas, il faut suivre les formalités judiciaires. V. le C. C. 1686 et suivants, et le C. de
proc. 966 — 985.

La licitation peut avoir lieu pour les meubles comme pour
les immeubles, et même pour un simple droit de jouissance,
tel qu'un droit de bail. (V. le C. C. art. 575.) Elle a lieu lorsque, par exemple, le locataire d'un moulin vient à décéder
et qu'il laisse plusieurs héritiers qui ne peuvent ou ne veulent point jouir en commun de la chose louée pendant le
temps qui reste encore à courir jusqu'à la fin du bail. C de D.

Lorsque, sur une licitation dans laquelle les étrangers
ont été admis à enchérir, l'héritage est adjugé à un étranger, la licitation est un vrai contrat de vente que les
licitants lui font de l'héritage licité ; mais lorsque c'est un
des co-héritiers ou propriétaires qui se rend adjudicataire,
la licitation est regardée comme une espèce de partage ou
un acte dissolutif de communauté, plutôt que comme une
vente. (V. le C. C. 883.) De là il suit que l'adjudication sur
licitation d'un immeuble indivis, à l'un des co-propriétaires, éteint de plein droit toutes les hypothèques précédemment créées par les co-licitants sur leur portion indivise;

que l'adjudicataire n'est pas tenu des hypothèques des créanciers particuliers de ces co-licitants; que ces créanciers peuvent seulement intervenir à la licitation, et saisir le droit de leur débiteur, à l'effet de toucher en sa place la part à lui revenant dans le prix de la licitation; mais que s'ils l'ont laissé toucher à leur débiteur, ils ne peuvent rien demander à l'adjudicataire qui n'est pas censé avoir rien acquis de ses co-licitants. (Pothier.)

Lorsque les étrangers sont appelés dans une licitation volontaire, on fait apposer des affiches qui désignent les biens à liciter, le lieu, le jour et l'heure où se fera l'adjudication. Au jour indiqué, les enchères sont ouvertes sur le cahier des charges déposé chez le notaire, et l'adjudication est faite au plus offrant et dernier enchérisseur. Mais tant que le plus offrant et les co-propriétaires ne sont pas tombés d'accord sur la chose et sur le prix, le contrat n'est point parfait. Si donc les co-propriétaires ne trouvent pas suffisant le plus haut prix offert, ils peuvent retirer leurs propositions de vendre; le plus offrant peut aussi retirer son offre tant qu'elle n'a pas été agréée expressément par les co-propriétaires. La raison est qu'une pareille licitation est un contrat essentiellement volontaire, et qu'il n'est pas modifié par la circonstance que des enchères ont simplement été reçues. (Cours de droit de M. Duranton, t. 16, p. 485.)

Les partages et licitations entre co-héritiers, n'étant que déclaratifs de propriété, ne sont pas du nombre des actes sujets par leur nature à la transcription. (Cass. 27 juillet 1819.) Il en est de même de la licitation entre co-propriétaires à titre singulier, par exemple entre des co-acquéreurs. (Id. 24 mars 1823 et 14 juillet 1824.)

L'art. 1687 du C. C. entend par *étrangers* toutes personnes autres que les co-propriétaires.

Formules.

1re.

L'an   , le   , etc.
Par-devant, etc.
Ont comparu MM.   , héritiers chacun pour un tiers de M.   leur père, ainsi que le constate l'intitulé de l'inventaire fait après son décès, par, etc.

Lesquels, désirant procéder entre eux à la licitation amiable d'une maison située à   , dépendante de la succession de leur père, ont requis lesdits notaires d'en établir la désignation, l'origine de la propriété, les charges, clauses et conditions de l'enchère; ce à quoi il a été procédé ainsi qu'il suit :

(V. la formule du procès-verbal d'adjudication qui précède.)

Nota. Si les étrangers ne sont pas admis à enchérir, la clause de transcription devient inutile. (C. C. 883.)

2me.

Par-devant, etc.

Furent présents MM.   (qualités des héritiers supposés au nombre de quatre).

Lesquels ont exposé qu'en leursdites qualités ils sont propriétaires d'une maison sise à Paris, rue Saint-Martin, n°.   , qui appartenait à feu M.   père, au moyen de, etc. (Établir la propriété.)

Que voulant faire cesser cette indivision, ils sont convenus de liciter entre eux ladite maison, et d'en faire l'abandonnement au plus offrant et dernier enchérisseur.

M. L   l'ayant portée à 50,000 francs, et MM. A   , B et C   n'ayant pas voulu surenchérir, ces derniers ont cédé, abandonné et délaissé, par ces présentes, à titre de licitation, à M. L ce acceptant, les trois quarts appartenants à MM. A   , B   et C   , dans ladite maison et ses dépendances, ainsi que le tout se compose, sans aucune réserve.

Pour, par M. L   , réunir les trois quarts présentement cédés au quart qui lui appartenait de son chef dans ladite maison; demeurer en conséquence seul propriétaire de la totalité, et commencer à en jouir à compter du

Cette licitation a été faite à la charge par M. L   qui s'y est obligé, 1°. de, etc.

Et, en outre, moyennant la somme de 37,500 francs, etc.

Enregistrement.

Les parts et portions indivises de biens immeubles acquis par licitation, comme les retours de partage de biens de même nature, sont passibles du droit de 4 pour cent. (Loi du 22 frimaire an 7, art. 69.)

Le droit ne doit être liquidé que distraction faite de la part héréditaire du co-propriétaire acquéreur. J. E.

Lorsque des héritiers purs et simples se rendent adjudicataires des immeubles indivis de la succession, l'acte n'est pas de nature à être transcrit; en conséquence il n'est point passible du droit de transcription. (Délib. du 23 juillet 1833.)

L'étranger qui ayant d'abord acquis un quart dans une succession, acquiert ensuite les trois autres quarts par licitation, n'est tenu de payer que 4 pour 100 sur le prix de ces trois quarts. (Solution du 4 mai 1827.)

SECTION 6.

LICITATION JUDICIAIRE.

Nous avons dit, dans la section précédente, ce qu'on entend par licitation, et les cas où elle exige les formes judiciaires.

Les licitations ou ventes judiciaires se composent de quatre parties principales : 1°. le cahier des charges; 2°. l'acte de dépôt de ce cahier; 3°. le procès - verbal d'adjudication préparatoire; 4°. et le procès-verbal d'adjudication définitive.

V. le Code de procéd. art. 966 et suivants, et le Code pénal, art. 412.

A l'égard des honoraires, voyez ci-devant page 76.

Les notaires qui procéderaient à des ventes *publiques* de biens immeubles appartenants à des *mineurs*, sans y avoir été légalement autorisés, s'exposeraient à être destitués ou suspendus de leurs fonctions. (Lettre du Garde des Sceaux du 21 novembre 1826.) Si cependant, aux raisons que donne M. Durantou sur l'avantage qu'on trouve quelquefois à vendre à l'amiable les biens de mineurs (V. p. 165), on ajoute celui de vendre publiquement et aux enchères, on avouera que la lettre du Garde des Sceaux est inopportune, et qu'il serait à préférer pour les mineurs que l'on n'y eût point égard.

V. le Parfait Notaire, tome 3, p. 407, 6e. édition.

Le cahier des charges doit contenir l'établissement de propriété.

On peut imposer aux adjudicataires l'obligation de fournir une hypothèque ou telle autre sûreté.

Il peut être stipulé que les adjudicataires pourront conserver leur prix en en payant l'intérêt, jusqu'au temps de la liquidation.

On stipule ordinairement que l'adjudicataire sera tenu de payer son prix aux créanciers inscrits, sur les délégations qui leur auront été faites ou d'après l'ordre qui aura été réglé en justice. Cette clause s'insère notamment dans les ventes faites à la requête d'héritiers bénéficiaires.

On peut convenir qu'on n'admettra à enchérir que des personnes d'une solvabilité notoire, ou que les enchères ne pourront être portées que par le ministère d'avoués ou de notaires. (Rép. de la jurisp. du Not.)

Il est d'usage de prévoir comment l'adjudicataire sera constitué fol-enchérisseur, et comment il sera procédé à la vente sur folle-enchère laquelle peut avoir lieu devant le notaire qui a procédé à la première adjudication.

Le notaire commis par le tribunal, peut-il procéder seul, sans l'assistance d'un second notaire ou de deux témoins, comme lorsqu'il s'agit d'un partage?

Cette question n'a pas encore été jugée par les tribunaux, mais elle est très controversée dans des écrits particuliers.

La plupart des auteurs sont pour la négative, et sont d'avis que l'art. 977 du Code de procédure n'est pas applicable à la licitation.

Il faudrait donc rectifier, sous ce rapport, la formule ci-dessous.

Formule.

L'an   , le   , par-devant M⁽ᵉ⁾.   , notaire, résidant à   , soussigné ;

A comparu M. R   ; lequel a dit que, par jugement rendu en la chambre du tribunal civil de première instance de la Seine, en date du   , enregistré et signifié, entre lui et dame   veuve de M.   , au nom et comme administrateur provisoire de la personne et des biens de M. Charles R   ; son fils, interdit, nommée et élue à cette qualité, qu'elle a acceptée, suivant jugement rendu en la chambre dudit tribunal, par défaut contre ledit interdit, le

Il a été ordonné qu'à la requête, poursuite et diligence dudit sʳ. R il serait procédé à la vente sur licitation d'une maison située à arrondissement de   , dont lui et ledit sieur Charles R   sont propriétaires indivis, chacun pour moitié.

Que par autre jugement contradictoire rendu entre les mêmes parties par la   chambre du même tribunal, en date du   . dûment enregistré et signifié ; « attendu qu'en vertu du jugement du » le sieur   expert nommé à cet effet, avait procédé à la visite et » estimation de ladite maison ; attendu que son procès-verbal a été dé- » posé au greffe dudit tribunal le   ; attendu que la maison étant » située à   , la vente serait plus avantageuse si elle s'opérait sur » les lieux par le ministère d'un notaire. »

Le tribunal a entériné le procès-verbal de rapport dressé par ledit et a ordonné qu'à la requête, poursuite et diligence de M. R   , il serait procédé à la vente de cette maison, par le ministère dudit M⁽ᵉ⁾. notaire soussigné, devant lequel le tribunal a renvoyé les parties, pour ladite vente avoir lieu au plus offrant et dernier enchérisseur, sur le cahier des charges qui serait déposé chez lui à cet effet, par ledit sʳ. R   , et après l'accomplissement de toutes les formalités prescrites par la loi en matière de vente par licitation entre majeurs et mineurs.

En conséquence, ledit sieur R   a, par ces présentes, déposé pour minute audit M⁽ᵉ⁾.   , le cahier des charges, clauses et conditions sous lesquelles ladite maison sera adjugée au plus offrant et dernier en- chérisseur.

Ce cahier écrit sur   feuilles de papier, au timbre de   , et à la fin duquel est la mention suivante : « Enregistré à   , signé   », contenant 1°. les noms, professions et demeures du poursuivant et du colicitant ; 2°. la désignation sommaire de ladite maison ; 3°. l'éta- blissement des qualités et titres en vertu desquels le poursuivant, son colicitant et leurs auteurs sont et étaient propriétaires de cette maison ; 4°. les charges, clauses et conditions de la vente ; 5°. et la mise à prix.

Lequel cahier de charges, représenté par ledit sieur R   , est, à sa réquisition, demeuré ci-annexé, après avoir été de lui signé et parafé en présence du notaire soussigné.

Dont acte : fait et passé à   , en l'étude de M⁽ᵉ⁾.   les jour, mois et an susdits. Et ledit sʳ.   a signé avec le notaire après lecture faite.

Procès-verbal indicatif du jour de l'adjudication préparatoire.

Et le   , a de nouveau comparu devant   , etc.

M. R   ; lequel a dit que les frais faits sur ladite vente s'élèvent

à   ; que , pour parvenir à l'adjudication préparatoire de la maison
dont il s'agit, il a fait rédiger un placard sur timbre à 2 francs , indiquant cette adjudication au dimanche   prochain, que ce placard
a été apposé dans tous les lieux et endroits voulus par la loi ; que ces
appositions sont constatées par trois procès-verbaux dressés par
huissiers à   , les   , enregistrés et visés par le maire, etc.;
que ce placard a été inséré dans le journal judiciaire de Paris, le
et dans celui de   , le   , que ces insertions sont justifiées
par des exemplaires desdits journaux annexés au dossier.

Pour quoi ledit sieur R   a requis qu'il fût procédé à l'adjudication préparatoire , attendu que toutes les formalités prescrites par la
loi ont été fidèlement observées.

Et a signé après lecture.

A aussi comparu la dame   veuve   , au nom et comme
tutrice de M. Charles R   , son fils, interdit, suivant la délibération du conseil de famille, etc.

Laquelle a déclaré que loin d'empêcher cette adjudication, elle requérait qu'il y fût procédé le   , en l'étude dudit Mᵉ.

Et a signé après lecture.

A encore comparu M.   , au nom et comme subrogé-tuteur dudit
interdit, nommé à cette qualité qu'il a acceptée , par la délibération du
conseil de famille , etc.

Lequel a déclaré consentir et même requérir qu'il soit procédé à l'adjudication préparatoire dont il s'agit.

Et a signé après lecture.

Desquels dires et comparutions il a été dressé le présent procès-verbal
à   , en l'étude, les jour, mois et an que dessus.

Et les comparants ont signé avec le notaire après lecture faite.

Adjudication préparatoire.

Et le   , ont comparu, etc.

Lesquels comparants ès-noms et qualités,

Ont requis ledit Mᵉ.   , notaire, de faire lecture aux personnes
qui viendraient pour enchérir, du cahier des charges du   , et
de procéder, s'il y a lieu, à la réception des enchères et à l'adjudication
préparatoire de la maison ci-devant désignée.

Et ont signé après lecture.

A quoi obtempérant , le notaire susdit et soussigné a donné lecture,
à haute et intelligible voix, aux personnes réunies en son étude, du cahier
des charges, et a procédé à la réception des enchères , ainsi qu'il suit :

La maison ci-devant désignée a été criée sur la mise à prix de
faite par M. R   , poursuivant.

Un premier feu a été allumé et s'est éteint sans enchère.

Deux autres feux ont été successivement allumés, et se sont éteints
sans enchère.

En conséquence, le notaire soussigné a adjugé provisoirement ladite
maison à M. R   ,poursuivant , ce qu'il a accepté.

Et il a signé après lecture.

Sur la réquisition des comparants, il a été déclaré aux personnes présentes que l'adjudication définitive aurait lieu le
heure   , en l'étude dudit Mᵉ   , ce qui sera annoncé par une
nouvelle apposition d'affiches et une seconde insertion dans les journaux
judiciaires de   , huit jours au moins avant celui de cette adjudication.

Dont acte, etc.

Adjudication définitive.

Et le   , ont comparu devant M⁰.   et en son étude,
M. R   , etc. ; lesquels ont dit que, par le procès-verbal d'adjudication préparatoire du   , il a été annoncé qu'il serait procédé
aujourd'hui, heure de midi, par le ministère dudit M⁰.   , et en son
étude, à l'adjudication définitive de la maison ci-devant désignée.

Que, pour y parvenir, ledit sieur R   a fait rédiger, etc.

(Rappeler ici les appositions d'affiches, insertions dans les journaux, etc.)

En conséquence, ils ont requis ledit M⁰.   , de faire lecture, etc.
(Comme ci-dessus, en substituant le mot *définitive* au mot *prépa-*
ratoire.)

Ladite maison a été enchérie par M.   , à la somme de   .

Pendant la durée de plusieurs bougies allumées successivement, sur
cette enchère, ladite maison a été portée à   , par

Une autre bougie, de la durée d'environ une minute, ayant été allumée, M. B   a surenchéri à   , et M. C   à

Deux autres feux, chacun de la même durée, ayant été allumés successivement, et s'étant éteints tous deux sans que, pendant leur durée,
il soit survenu aucune enchère, le notaire soussigné a, du consentement
de M   , etc., adjugé définitivement ladite maison audit sⁱ. C   ,
moyennant   , au par-dessus des charges.

Lequel sieur C   , à ce présent et acceptant, comme dernier enchérisseur, s'est obligé de payer ladite somme de   , et d'exécuter
les charges, clauses et conditions de l'adjudication, dans les termes et
de la manière exprimés au cahier des charges.

Ledit sieur C   a élu domicile en sa demeure à   , et a
signé après lecture faite.

Dont acte, fait et passé à   , en l'étude de M⁰.   , ledit jour.

Et lesdits sⁱˢ. R   , etc., ont signé avec le notaire après lecture
faite.

SECTION 7.

DÉCLARATION DE COMMAND.

Le mot *command*, synonyme de commettant, désigne
quelqu'un qui a commandé d'acquérir.

La *déclaration de command* est donc un acte par lequel
une personne qui, par un contrat de vente, un jugement
ou procès-verbal d'adjudication, s'est réservé la faculté de
nommer son command, déclare que l'acquisition ou l'adjudication est pour telle ou telle personne, qui accepte la
déclaration faite à son profit.

Les achats avec déclaration de command ou élection
d'ami ont beaucoup d'affinité avec ceux que l'on fait en
vertu d'un mandat. Si l'acceptation a lieu dans le délai,
celui qui a acheté est complètement dégagé ; il est censé
n'avoir point été acheteur ; il ne doit aucun droit de
mutation de propriété ; ce droit est dû par la personne qui
a agréé l'acquisition : en cela il ressemble à un mandataire.

Mais si le tiers n'accepte pas, celui qui a acheté demeure obligé à toutes les conséquences de l'achat, tandis qu'un mandataire n'est point personnellement tenu de ce qu'il a fait en exécution du mandat, quand bien même le mandant ne voudrait plus ensuite de l'achat qu'il avait donné le pouvoir de faire pour lui; sa ratification est superflue. Il y a encore cette différence, que celui qui achète avec déclaration de command ou élection d'ami, n'a pas toujours un mandat de la personne qu'il se réserve de nommer; au lieu qu'on peut concevoir un mandataire sans mandat. (Cours de Droit français, tome 16, p. 50.)

La faculté d'élire consiste dans le droit réservé à l'acquéreur de désigner, dans un certain délai, une personne inconnue du vendeur lors de la vente, et tout-à-fait incertaine, qui prendra le marché pour elle. Cette déclaration, une fois faite dans le temps déterminé, s'incorpore avec l'acte de vente, et ne forme avec lui qu'un seul et même tout.

Tant que la déclaration n'est pas faite, l'acquéreur en nom est le véritable acquéreur; c'est sur sa tête que repose la propriété. Mais, aussitôt que la déclaration de command est faite et acceptée, tous les droits du commandé se trouvent détruits; une condition résolutoire se réalise et efface son intervention; elle lui subroge l'individu au profit de qui s'est faite l'élection.

La faculté de command doit être réservée dans le contrat. (Loi du 22 frimaire an 7.) — Elle doit être donnée dans le délai convenu. Entre parties, ce délai peut varier; il peut être de six mois, un an, etc.; mais à l'égard du fisc, le délai n'est que de 24 heures. (Même loi.) — Il faut que la déclaration soit acceptée par le command dans le terme stipulé, et à l'égard de la régie dans le délai de 24 heures. Si elle était acceptée plus tard, il y aurait nouvelle vente. — Il faut que la déclaration soit notifiée à la régie dans les 24 heures de l'adjudication ou du contrat; sans quoi l'élection est considérée comme une revente. Cependant, si le notaire présente dans les 24 heures au visa du receveur son répertoire sur lequel la déclaration de command est inscrite, si la déclaration elle-même est présentée dans le même délai à l'enregistrement, la loi fiscale est suffisamment exécutée. La déclaration et l'acceptation doivent être pures et simples, etc. — L'acquéreur peut nommer plusieurs commands au lieu d'un seul, et il peut distribuer entre chacun d'eux le prix et les parts de la chose.

14

Il ne faut pas assimiler aux ventes avec faculté d'élire command, celles qui se font à l'audience des criées au profit des avoués (C. de proc. 709). L'adjudicataire déclaré par l'avoué peut, dans le délai de 24 heures, faire une élection de command, lorsque l'avoué en a fait réserve dans le procès-verbal d'enchères. (M. Troplong.)

Formule.

Aujourd'hui a comparu devant, etc., M. A

Lequel, en vertu de la faculté qu'il s'est réservée de nommer un command, suivant contrat passé devant M*.   et son collègue, notaires à   , le   , contenant vente à M. A   par M. B d'une maison située à   , moyennant la somme de 20,000 francs, dont 10,000 ont été payés comptant, et le surplus a été stipulé payable le   ; et en outre, aux charges, clauses et conditions énoncées audit contrat;

A, par ces présentes, déclaré qu'il a fait cette acquisition pour le compte et au profit de M. C   , demeurant à   , auquel il n'a fait que prêter son nom pour l'obliger.

En conséquence que lui, M. A   , ne prétend aucun droit à la propriété de cette maison.

Il a déclaré de plus que les 10,000 francs qu'il a payés comptant à M. B   , en déduction du prix de la vente, lui avaient été remis à cet effet par M. C

Ce accepté par ce dernier, à ce présent, et qui, après avoir entendu la lecture du contrat, s'est obligé de payer les 10,000 francs qui restent dus sur le prix de ladite vente, à l'époque et de la manière fixées par ledit contrat; d'exécuter et accomplir toutes les charges et conditions y insérées, et de faire en sorte que M. A   ne soit nullement inquiété, poursuivi ni recherché à ce sujet, à peine contre M. C   , de tous dépens, dommages et intérêts.

Dont acte, pour l'exécution duquel, M. C   a élu domicile en sa demeure susdite, auquel lieu, etc.

Fait et passé à, etc.

Enregistrement.

Sont sujettes au droit fixe d'un franc pour enregistrement, les déclarations ou élections de command ou ami, lorsque la faculté d'élire un command a été réservée dans l'acte d'adjudication ou contrat de vente, et que la déclaration est faite par acte public, et notifiée dans les vingt-quatre heures de l'adjudication ou du contrat. (Art. 68, n° 24, de la loi du 22 frimaire an 7.)

Cette disposition a été répétée par l'art. 44 de la loi du 28 avril 1816, mais le droit a été élevé à trois francs.

Les droits sont de 4 francs par 100 francs, si les déclarations sont faites après les vingt-quatre heures de l'adjudication ou du contrat, ou lorsque la faculté d'élire command n'y a pas été réservée. (Art. 69, § 7, n. 3 id.) Ce droit a été porté à 5 francs 50 centimes par 100 francs, suivant l'art. 52 de la loi du 28 avril 1816.

On peut passer déclaration de command, pour objets mobiliers. (Déc. min.)

La déclaration est régulière, et seulement passible du droit fixe, lorsqu'elle a été faite dans l'acte même de l'adjudication, sans avoir été précédée d'une réserve. (Délib. de la régie, du 26 juin 1816.)

La déclaration dont il s'agit en l'art. 709 du Code de procédure, n'est point considérée comme une déclaration de command. (Cass. 3 septembre 1810, 9 et 24 avril 1811.)

Si la déclaration n'était pas faite aux mêmes conditions que l'acquisition, si, par exemple, les termes du paiement étaient changés, elle serait considérée comme revente. (Cass. 31 janv. 1814.)

La déclaration faite dans le délai de la loi, en vertu de la réserve d'élire un ou plusieurs amis, au profit de plusieurs individus auxquels l'adjudicataire assigne à son gré les biens que chacun doit posséder, et le prix qu'il doit payer, n'est point une revente, et n'est par conséquent sujette qu'au droit fixe. (Cass. 30 avril 1814, 8 novembre 1815 et 23 avril 1816.)

SECTION 8.

VENTE A RÉMÉRÉ.

Lorsque le vendeur ne veut pas être dépouillé pour toujours de l'objet qu'il vend, lorsqu'il espère qu'une situation plus heureuse lui permettra d'en redevenir propriétaire, il se réserve la faculté de reprendre, sous un certain temps, ce qu'il a vendu, en remboursant à l'acquéreur tout ce que lui a coûté son acquisition. Voilà ce que la loi appelle *faculté de rachat* ou *de réméré*. On la connaît en certains lieux sous le nom de retrait conventionnel. (Faure.)

Le réméré n'est point un rachat, une revente, une rétrocession ; et si ces dénominations se trouvent dans le Code civil (1659—1673), c'est traditionnellement, mais sans exactitude. (M. Duranton.)

Le droit de réméré ne peut être convenu que dans le contrat même de vente, et non après coup. Le lendemain de la vente, la convention serait une revente, une rétrocession, etc. (M. Duranton.)

Aucune disposition du Code n'empêche l'acheteur d'accorder lui-même une prolongation de délai au vendeur. En ce cas, la Régie est fondée à exiger un nouveau droit de mutation. (Id.)

Les créanciers du vendeur à réméré peuvent exercer le réméré en vertu de l'art. 1166 du C. C., ou bien faire exproprier le droit de réméré.

Quoique le réméré ne se stipule ordinairement que dans les ventes d'immeubles, néanmoins il peut être convenu dans les ventes mobilières; il est constant que, dans l'usage, la clause de réméré s'insère quelquefois dans les transports de créance. (Delvincourt et R. N.) Cette clause peut aussi être stipulée dans un échange d'immeubles. (Id.)

On peut convenir que le vendeur, exerçant la faculté de réméré, sera tenu de rendre une somme plus forte que celle qu'il a reçue. (Pothier; Cour royale de Paris, 9 mars 1808.) Toutefois cette condition doit être jugée défavorablement.

Souvent la vente à réméré n'est employée que pour déguiser le contrat d'engagement connu sous le nom de *contrat pignoratif*, qu'on reconnaît à trois circonstances: 1°. la vilité du prix; 2°. la relocation; 3°. l'habitude de l'acquéreur de pratiquer l'usure. (V. l'Indicateur au mot PIGNORATIF.)

Le droit de réméré qu'a le vendeur est un droit qui est transmissible à ses héritiers; ce droit est cessible; ce n'est pas un droit qui soit attaché à la personne du vendeur, mais un droit qui fait partie de ses biens, et dont il peut disposer comme de ses autres biens. (Pothier; Cass. 25 avril 1812.)

On doit entendre par les baux faits sans fraude (C. C. 1673), ceux qui sont faits pour le temps permis par la loi aux usufruitiers. (C. C. 595 et 1429.)

Si la fraude avait dicté les baux, ils seraient de nulle considération. En général, la fraude ressort: 1°. de la vilité du prix; 2°. d'une durée qui excède la durée ordinaire; 3°. d'un bail passé long-temps avant l'expiration du bail courant. (M. Troplong.)

Quoiqu'une personne se soit dépouillée de ses biens par une vente sous faculté de réméré, l'on ne doit pas considérer comme nulle la nouvelle vente qu'elle fait de ces mêmes biens en subrogeant le second acquéreur dans l'exercice du réméré : en ce cas, la nouvelle vente n'est autre chose que la cession du droit de réméré. (Cass. 7 juillet 1829.)

Quand les notaires ont à rédiger des contrats de vente où la faculté de réméré est stipulée, ils doivent considérer quelles sont les conventions permises à ce sujet et non prohibées par la loi.

Il est du devoir des notaires d'éclairer leurs clients sur les conséquences de la clause à réméré, qui généralement n'est pas vue d'un œil favorable; de chercher à les détourner de la stipuler, lorsqu'ils entrevoient que la vente n'est pas sérieuse, ou que du moins elle n'est pas la suite d'une volonté libre et réfléchie. Il y a d'ailleurs un moyen de modifier l'effet d'une clause aussi dangereuse : c'est, après avoir stipulé la clause de rachat, d'autoriser le vendeur à opter entre cette voie et la revente aux enchères de l'immeuble, revente qu'il autoriserait le prêteur acquéreur à faire à sa requête dans les formes convenues. R. N.

Le vendeur ne peut plus hypothéquer l'immeuble qu'il a vendu à réméré. Id.

M. Troplong est d'avis que le vendeur peut, en vertu de l'art. 2425 du C. C., hypothéquer conditionnellement l'immeuble grevé de son droit de retrait ; qu'il peut aussi passer une vente subordonnée à la même condition. (Tr. de la Vente, n. 740 et 741.)

Style de la clause de réméré.

Lesquels ont vendu, etc., sous la réserve de la faculté de réméré dont il sera ci après parlé, à M.   , etc.

Pour, par lui, en jouir, etc., en toute propriété, au moyen des présentes, sauf le droit de réméré des vendeurs.

A la fin de l'acte :

Il a été convenu que les vendeurs pourront, à l'occasion de la présente vente, exercer pendant cinq années, à compter de ce jour, la faculté de rachat ou de réméré, et reprendre la maison ci dessus vendue, en restituant par eux aux acquéreurs, en un seul paiement, le prix total de ladite vente, avec les frais et loyaux coûts que ces derniers se trouveront avoir déboursés pour cette vente, ainsi que les réparations nécessaires qu'ils auront faites à ladite maison : faisant lequel rachat, les vendeurs rentreront dès-lors dans la propriété et jouissance de cette maison pour la posséder dorénavant, de même que s'ils ne l'avaient jamais vendue.

Faute par les vendeurs d'avoir exercé leur action de réméré dans le délai ci-dessus fixé, les acquéreurs demeureront propriétaires incommutables de ladite maison. (C. C. 1662.)

Les vendeurs exerçant la faculté de réméré, on insère cette clause dans la quittance du prix qu'ils restituent aux acquéreurs :

Au moyen de ce remboursement, fait avant l'expiration des cinq années de la date du contrat ci-dessus énoncé, temps pendant lequel lesdits sieur et dame T   s'étaient réservé la faculté de rachat, suivant ledit contrat, ils rentrent dès aujourd'hui dans la pleine propriété, possession et jouissance de ladite maison, de même que s'ils ne l'avaient jamais vendue, lesdits sieur et dame G   leur en faisant, en tant que de besoin, toute rétrocession, sans de leur part aucune garantie ni restitution de deniers. Pour, par eux, en jouir et disposer, comme de chose à eux appartenante, et ainsi qu'ils auraient pu le faire avant la vente à réméré ci-dessus mentionnée.

Si les vendeurs renonçaient postérieurement à exercer la faculté de réméré, l'acte se rédigerait en ces termes, à la suite du contrat :

Et le   , sont comparus, etc.

Lesquels, au moyen du supplément de prix ci-après, ont, par ces présentes, renoncé à la faculté de réméré qu'ils s'étaient réservée, par contrat passé, etc., relativement à la maison située à   , qu'ils avaient vendue, etc.

Cette renonciation faite de la part desdits   , au moyen du paiement que M.   leur a présentement fait, d'une somme de à titre de supplément de prix de la vente de ladite maison, dont quittance.

En conséquence, lesdits sieur et dame   demeureront propriétaires incommutables de ladite maison, les sieur et dame   se désistant de tout droit quelconque sur cet immeuble.

Si la renonciation avait lieu sans supplément de prix, on dirait :

Lesquels ont, par ces présentes, renoncé purement et simplement, etc.
Ce accepté par M.   , etc.

Si la vente avait été faite solidairement par deux ou plusieurs vendeurs, qui auraient stipulé conjointement la faculté de rachat, chacun d'eux pourrait se prévaloir du réméré pour le total, mais celui qui aurait retiré la chose entière devrait compter avec ses consorts. (M. Troplong.)

Formule d'une cession de droit de réméré.

Par-devant, etc.

Fut présent M. A   ; lequel a, par ces présentes, cédé et transporté à M. B   , à ce présent et acceptant, le droit de réméré, pendant l'espace de   années, à compter du jour de la vente ci-après mentionnée, dont M A   a fait réserve à son profit dans un contrat passé devant, etc., contenant vente par ledit sieur A   à M. C   , d'une maison située à   , moyennant la somme de   , que M. A   a reçue de M. C   .

Au moyen du présent transport, M. B   pourra exercer ladite action en réméré, et par là devenir propriétaire de la maison ci-dessus désignée, ainsi qu'aurait pu le faire ledit sieur A   , qui, à cet effet, l'a mis et subrogé à ses lieu et place.

Cette cession a été faite moyennant, etc.

Il est surabondamment observé : 1° . que faute par M. B   d'exercer l'action à lui cédée, dans le temps prescrit, M. A   ne serait obligé envers lui à aucune restitution de deniers ; 2° . et que tous les frais de l'action à exercer seront à la charge dudit sieur B   .

Enregistrement.

V. page 195.

Si le vendeur conserve la jouissance, moyennant une

redevance annuelle, il est dû, indépendamment du droit de vente, un droit particulier pour le bail.

Les retraits exercés en vertu du réméré opèrent le droit de 50 centimes pour cent.

Si le retrait est exercé après le délai, il devient passible du droit de mutation.

La renonciation à pouvoir exercer le retrait ne doit opérer que le droit fixe d'un franc. Si la renonciation a lieu moyennant un certain prix, il est dû le droit de 5 et demi pour cent sur ce prix.

La cession du droit de retraire un immeuble faite sans aucun prix particulier au profit du cédant, et à la charge seulement, par le cessionnaire, lorsqu'il exercera le réméré, de rembourser à l'acquéreur primitif les prix, intérêts et loyaux-coûts, n'est passible que du droit fixe. (Déc. de la régie du 22 avril 1835.)

Lorsqu'une cession de faculté de rachat est faite moyennant une somme dont partie sera payée au premier acquéreur, le droit de 5 fr. 50 cent. pour 100 à percevoir sur cette cession ne doit porter que sur la différence existante entre le prix convenu pour la cession et celui à rembourser au débiteur, dès qu'il est incertain que le cessionnaire use de la faculté de rachat.

On peut, sans contravention, rédiger à la suite de l'acte de vente et sur la même feuille de papier, l'acte par lequel le vendeur exerce, en temps utile, la faculté qu'il s'était réservée. D. E.

SECTION 9.

VENTE A VIE.

La vente à vie est la vente d'un immeuble faite à une personne pour tout le temps qu'elle vivra, moyennant un prix fixe : en un mot, c'est une cession d'usufruit, à titre onéreux.

Il n'est pas douteux que le propriétaire d'une chose puisse en vendre à quelqu'un l'usufruit, et en disposer à quelque titre que ce soit. (Pothier.)

L'acquéreur à vie est usufruitier et soumis de droit, comme tel, aux obligations que la loi impose à tout usufruitier d'immeubles. P. N.

Une vente à vie peut aussi être faite moyennant une rente payable par chaque année de l'usufruit, à la charge par l'acquéreur de faire faire les grosses réparations, de payer l'impôt foncier, etc.

Style.

Par-devant , etc.

Fut présent M. A   , lequel a, par ces présentes, cédé et abandonné, avec promesse de garantir de tous troubles , hypothèques et autres empêchements, à M. B   , etc.

La jouissance pendant la vie de ce dernier, d'une maison située à, etc.

Pour, par ledit sieur B   , en jouir, à compter de ce jour, pendant sa vie et jusqu'au jour de son décès : auquel jour l'usufruit retournera et demeurera réuni et consolidé à la nue-propriété de ladite maison.

Cette vente faite, etc.

Enregistrement.

Le droit d'enregistrement des ventes d'immeubles est fixé à 5 et demi pour 100. (Loi du 28 avril 1816 , art. 52.) Cette disposition comprend les actes translatifs d'usufruit de biens immeubles, à titre onéreux. La valeur est déterminée par le prix exprimé au contrat , en y ajoutant les charges , ou par un capital formé de dix fois la rente annuelle. (Loi du 22 frim. an 7.)

SECTION 10.

DATION EN PAIEMENT.

La dation en paiement est un acte par lequel un débiteur donne une chose à son créancier, qui veut bien la recevoir, à la place et en paiement d'une somme d'argent ou de quelque autre chose due à ce créancier.

Cet acte, sans être toutefois une vente ou un échange proprement dit , a néanmoins beaucoup d'affinité avec la vente ou l'échange. *Avec la vente* , dans le cas où la dette est d'une somme d'argent, et que le débiteur livre à la place un fonds ou un meuble , n'importe ; ou bien encore , lorsque la dette étant d'un immeuble ou d'un objet mobilier, le débiteur paye au créancier une somme d'argent à la place : seulement, dans la première hypothèse, il est considéré comme vendeur, et dans la seconde comme acheteur. *Avec l'échange,* lorsque la chose due n'est point de l'argent mais un immeuble ou un objet mobilier, tel qu'un cheval , et que ce qui est donné en paiement n'est point non plus de l'argent.

Dans le cas même où c'est en paiement d'une dette de numéraire qu'une chose est livrée au créancier par le débiteur pour la libération de celui-ci , il importe de faire une distinction , afin de savoir si c'est une vente proprement dite qui a eu lieu, ou bien si c'est seulement une simple dation en paiement.

Il y a *vente*, dit Pothier, lorsqu'un débiteur convient avec son créancier qu'il lui vend une certaine chose pour la somme de tant, qui viendra en compensation avec celle qu'il lui doit; et *dation en paiement*, lorsqu'il est dit que le débiteur donne à son créancier une telle chose en paiement d'une telle somme qu'il lui doit.

Lorsque j'ai vendu une chose (ajoute Pothier) pour la somme de tant, qui viendra en compensation de pareille somme que je croyais vous devoir, si je viens à découvrir que je ne vous la devais pas ou que je ne vous devais pas tant, je ne puis répéter la chose que je vous ai vendue; mais je puis seulement répéter de vous le prix que, par erreur, j'ai compensé avec une somme que je ne vous devais pas. Au contraire, lorsque je vous ai donné une chose en paiement d'une somme que je croyais par erreur vous devoir, c'est la chose même que j'ai droit de répéter de vous.

Lorsqu'une donation rémunératoire est faite pour récompense de services mercenaires appréciables à prix d'argent, et pour lesquels celui qui les a rendus aurait action, afin d'en obtenir la récompense; si la valeur des choses données n'excède pas celle des services, une telle donation, quoique qualifiée du nom de donation par l'acte qui en a été passé, n'a de donation que le nom, et c'est une véritable *dation en paiement*, etc. (Pothier, Tr. de la Vente, n°. 608.)

Formule.

Par-devant, etc.
Furent présents M. A   , d'une part;
Et M. B·   , d'autre part;
Lesquels ont exposé que M. B   est débiteur envers M. A   , de la somme de   , savoir, etc.(Détailler la créance.)

Que M. B   ne pouvant s'acquitter de sa dette, a proposé à M. A   de lui donner en paiement une pièce de terre au territoire de   , lieu dit   , contenant   hectares, etc., et appartenante à M. B   , au moyen de   , etc. (Expliquer la propriété.)

Cette proposition ayant été acceptée par M. A   , les parties sont convenues et demeurées d'accord de ce qui suit :

Pour se libérer envers M. A   des créances ci-dessus énoncées, en capital et intérêts, M. B   lui a, par ces présentes, donné en paiement avec garantie de tous troubles, hypothèques, évictions et autres empêchements, ce accepté par M. A   , pour lui et ses héritiers ou ayant-cause, la pièce de terre qui vient d'être désignée, telle qu'elle se compose, sans aucune exception ni réserve; pour en jouir et disposer dès aujourd'hui, par M. A   , comme de chose à lui appartenante, en toute propriété.

Cet abandonnement fut fait à la charge par M. A   qui s'y est obligé, 1°, etc. (Énoncer les charges.)

Au moyen de cette dation en paiement et sous la foi de son exécution, M. A   a quitté et déchargé M. B   de ladite somme totale de ·   . Toutefois cette créance ne sera réputée éteinte définitivement, et la quittance qui en a été donnée ne sera non plus considérée comme définitive, que lorsque M. A   sera devenu propriétaire irrévocable de cette pièce de terre, et qu'après la radiation de toutes les inscriptions dont elle peut être grevée : Pour quoi M. A   s'est expressément réservé jusque-là tous ses droits, actions et hypothèques contre M. B   , notamment l'effet de l'inscription qu'il a formée pour sûreté de sa créance, au bureau des hypothèques de le   , vol.   n°.   . (Remise des titres et élection de domicile.)

Fait et passé à   en l'étude, le   , etc.

Enregistrement.

Le droit dû sur la dation en paiement est celui de délégation, de transport ou de vente, selon qu'il s'agit d'une créance, d'un objet mobilier ou d'un immeuble. R. N.

Il doit être liquidé sur le montant de la dette en paiement de laquelle l'immeuble est cédé, encore que cette dette soit supérieure à la valeur de l'immeuble. Elle en forme le prix. (Délib. de la régie, 6 août 1825.)

Il n'est pas dû de droit particulier sur la quittance que donne l'acquéreur, et qui n'est qu'une conséquence nécessaire du contrat.

Les droits sont dus par le créancier auquel la chose est donnée en paiement; il est acquéreur. (Cass. 13 mai 1817.)

SECTION 11.
TRANSPORT DE CREANCE.

On entend par le mot *transport* la cession d'une créance ou d'un autre droit incorporel. On nomme *cédant* celui qui fait le transport, et *cessionnaire* celui à qui il est fait.

V. le Code civil, art. 1689 — 1701, 2101 et suivants, et 1607 (1).

Toute espèce de créances et de droits incorporels peut être

---

(1) C'est surtout dans les placements de fonds que les cessions de créances sont fréquentes. Le capitaliste va dans une étude de notaire pour placer son argent avec solidité. Comme il arrive presque toujours qu'au moment où l'on a besoin de trouver à ses fonds une destination active, un autre veut rentrer dans les siens pour leur donner un autre emploi; alors, ce dernier est payé avec l'argent du prêteur, et il transporte en échange à celui-ci une créance accompagnée de privilège ou de première hypothèque. Par là les placements sont facilités, les capitaux circulent et une vive impulsion est donnée aux transactions. Mais celui qui reçoit ainsi une créance sur un tiers, ne devra consentir à cet arrangement qu'après avoir pris des renseignements exacts sur la solvabilité du débiteur, et sur la suffisance de l'hypothèque qui lui est donnée pour garantie. (M. Troplong.)

l'objet d'une cession, à moins qu'ils ne soient de la nature de ceux que la loi a déclarés incessibles et insaisissables. V. le C. de pr. 580.

Les biens incorporels sont ceux qui n'existent que moralement, qui ne tombent pas sous nos sens, comme une créance, une servitude.

Les pensions et graces viagères ne peuvent être saisies ni cédées pour quelque cause que ce soit. (Déclaration du 7 janvier 1779.)

Il n'est reçu au trésor royal aucune signification de transport, cession ou délégation de pensions à la charge du gouvernement. (Arr. du 7 therm. an 10.) Cet arrêté est applicable aux traitements de réforme, soldes de retraite et pensions des veuves ou enfants de militaires. (Avis du Cons. d'état du 23 janv. 1808.)

Il ne faut pas confondre le transport-cession avec le transport de simple délégation ou indication qui sera l'objet de la section 13 ci-après.

Les règles de la vente sont applicables au transport de créances qui n'est qu'une véritable vente. C. C. 1582.

Ainsi la vente d'une créance peut avoir lieu par acte authentique ou sous seing privé, même verbalement. Toutefois il est plus sûr et plus prudent de la passer devant notaire.

A l'égard de la cession des actions ou d'un intérêt dans une société de commerce, voyez le Code commerce, articles 35 et 36.

Les dispositions de l'art. 1690 du C. C. ne s'appliquent pas aux lettres de change ni aux billets à ordre. V. le Code de Comm. 136 et 187.

On distingue deux espèces de garanties des rentes et autres créances : celle de droit (C. C. 1693), et celle de fait (1694 et 1695).

On peut acheter la créance d'une certaine somme d'argent pour un moindre prix que n'est cette somme, lorsque la vente n'est pas faite avec la clause de fournir et de faire valoir, que le vendeur ne garantit pas la solvabilité du débiteur, et surtout si lors du contrat cette solvabilité est douteuse. (Pothier.)

On peut énoncer, dans un acte de transport de créance, qu'il est fait *moyennant bon paiement et satisfaction :* l'usage d'acheter et vendre ainsi des créances et droits mobiliers, surtout lorsqu'ils sont au-dessous de leur valeur nominale, a existé de tout temps. (P. N. de Ferrière ; Cass. 30 avril 1822.) V. cependant le C. C. art. 1591.

Comme un débiteur de mauvaise foi trouverait facilement le moyen de soustraire à ses créanciers une partie notable de leur gage commun, en faisant la cession, long-temps avant leur échéance, des arrérages, intérêts, fermages ou loyers auxquels il aurait droit, les tribunaux doivent avoir égard à la bonne foi des parties, surtout à celle du cessionnaire. Au tribunal de la Seine, où cette question (sur la validité de ces sortes de transport) se présente journellement, on examine avec attention la bonne foi du cédant et du cessionnaire, surtout celle de ce dernier ; et lorsqu'on reconnaît qu'il a connivé avec le cédant, sa cession, quoique signifiée ou acceptée par les tiers débiteurs, n'empêche pas l'effet des saisies-arrêts. (Cours de Droit français, t. 16, p. 518.)

La clause de réméré peut être insérée dans la vente d'un objet mobilier, par conséquent dans un transport de créance. (Delvincourt.)

Sur la nécessité de la signification, voyez les art. 1690 et 1691 du C. C. (1).

Jusqu'à la signification, les créanciers du cédant peuvent saisir et arrêter la créance cédée : si le cédant l'a cédée une seconde fois, et que le second acquéreur ait fait signifier la cession qui lui a été faite avant que le premier cessionnaire ait fait signifier la sienne, il sera préféré. (Pailliet.)

Le transport d'une créance, bien qu'il ait été consenti en temps utile pour le failli, n'est pas valable à l'égard de ses créanciers, si la notification n'en a été faite au débiteur que postérieurement à l'ouverture de la faillite. (Paris, 13 décembre 1814.)

La signification du transport d'une créance ne saisit le cessionnaire qu'autant qu'il n'existe pas d'opposition. S'il en existe, le cessionnaire n'est aucunement saisi, pas même vis-à-vis d'opposants ultérieurs. (Paris, 15 janvier 1814.)

Si le débiteur cédé paye le cessionnaire et prend de lui une quittance authentique, cela équivaut à la signification. (M. Maleville.)

Le cessionnaire qui fait signifier son transport avant midi a la priorité sur le créancier qui fait saisir la créance cédée

---

(1) La signification du transport doit être faite par acte d'huissier à personne et à domicile. Il n'est pas nécessaire que l'exploit contienne une copie littérale et entière de l'acte de cession ; il suffit que la signification fasse connaître d'une manière positive et équipollente l'acte en vertu duquel elle est faite : (M. Troplong.)

le même jour, mais après midi. (Bruxelles, 30 janvier 1808.)

L'intervention du débiteur dans l'acte de transport est, relativement au cessionnaire, plus favorable que la notification ; cette intervention, lorsqu'elle est accompagnée de l'acceptation pure et simple du nouveau créancier par le débiteur, produit cet effet qu'il ne peut opposer au cessionnaire les exceptions qu'il aurait pu opposer au cédant. (M. Augan.)

Lorsqu'il n'y a point d'opposition entre les mains du débiteur, à l'instant de la signification ou de l'acceptation du transport, le cessionnaire doit être tranquille, parce que cette signification ou acceptation lui donne la *saisine* de la créance ; dès lors il n'a plus à craindre l'effet des oppositions qui surviendraient sur le cédant.

Lorsqu'un transport est fait avec garantie, le cessionnaire, à défaut de paiement de la créance ou de la somme cédée, a une action en recours contre le cédant ; mais, pour qu'il soit admis à cette action, il ne suffit pas que le débiteur ait été mis en demeure de payer par un commandement qui lui aurait été fait, il faut qu'il soit constant qu'il est insolvable ; le cessionnaire doit discuter tous les biens du débiteur.

Si, dans le transport, on stipule la promesse de fournir et faire valoir, même *payer après un simple commandement fait au débiteur, sans discussion*, le cessionnaire peut de plein droit, s'il n'est pas payé, s'adresser au cédant, sans être obligé de discuter le débiteur, ni de faire autre diligence qu'un simple commandement.

Encore bien qu'un vendeur, après avoir été payé d'une partie de son prix par un prêteur qu'il a subrogé à ses droits jusqu'à due concurrence, ait cédé à un autre prêteur le surplus de ce prix et transporté son droit de préférence, le second cessionnaire ne peut être en effet préféré au premier en matière de privilège, la date est indifférente, les deux prêteurs-cessionnaires viendront en concurrence. (Paris, 13 mai 1815.)

Le domicile élu dans l'obligation, n'est pas censé l'être pour y recevoir la signification du transport de l'obligation ; car ce transport n'est point relatif à l'exécution du contrat. La signification doit donc être faite au domicile réel du débiteur. MM. Merlin et Lagrange pensent, au contraire, que la cession peut être valablement signifiée au domicile élu dans le contrat.

Le cessionnaire de la créance peut prendre l'inscription

hypothécaire en son nom, pourvu que la cession soit énoncée et que l'inscription ait lieu en vertu du titre primitif. (Grenier.)

Le cessionnaire d'une créance hypothéquée et dûment inscrite, n'est pas tenu, pour conserver l'hypothèque que lui a transmise son cédant, de faire mentionner la subrogation sur les registres du conservateur. (Merlin.) Mais il est prudent de le faire, afin de prévenir la mauvaise foi du créancier qui, de connivence avec les autres créanciers, pourrait consentir la radiation de son inscription. (Toullier.)

Formule.

Par-devant, etc.

Fut présent M A   , lequel a, par ces présentes, cédé et transporté avec toute garantie et même avec promesse de payer, à défaut de paiement sur un premier commandement fait au débiteur ci-après nommé,

A M. B   , à ce présent et acceptant :

La somme de 4,200 francs due audit sieur A   par M. C savoir : 4,000 francs pour le principal d'une obligation souscrite par ce dernier au profit de M. A   , devant Mᵉ   et son collègue, notaires à   ; et 200 francs pour les intérêts de ladite somme principale, échus depuis le   jusqu'à ce jour.

Étant observé qu'aux termes de ladite obligation, ladite somme de 4,000 francs sera exigible le   ; que jusqu'à son remboursement, elle est productive d'intérêts annuels sur le pied de cinq pour cent par année, sans aucune retenue.

Pour, par ledit sieur B   , etc. (Comme dans la délégation ci-après, section 13, jusqu'après l'énonciation de l'inscription.)

Ce transport fait, moyennant pareille somme de 4,200 francs, que M. A   a reconnu avoir reçue de M. B   , en numéraire ayant cours compté à (ou hors) la vue des notaires soussignés, dont quittance.

M. B   a reconnu que M. A   lui a remis la grosse de l'obligation ci-dessus énoncée, ensuite de laquelle est le double du bordereau de l'inscription : dont décharge. (C. C. 1689.)

Il s'est obligé de payer les droits d'enregistrement et les honoraires du présent acte.

Pour le faire signifier à qui il appartiendra, tout pouvoir est donné au porteur de l'expédition. (C. C. 1690.)

(Ou si le débiteur intervient) : A ce faire était présent ledit sᵉ C

Lequel a, par ces présentes, déclaré se tenir le transport qui précède pour bien et dûment signifié ; et a reconnu qu'il n'existe entre ses mains aucune opposition sur ledit sieur A   , ni aucune signification de transport de la créance ci-dessus mentionnée.

Ledit sieur B   a autorisé le porteur d'un extrait ou expédition du présent acte à changer les élections de domicile contenues aux inscriptions ci-dessus énoncées, et dans l'effet desquelles il est subrogé.

Et pour son exécution, etc.

Le transport peut aussi se faire :

1°. Sans aucune garantie ;

2°. Sous la simple garantie des faits et promesses du cédant ;

3°. Avec garantie de la solvabilité actuelle du débiteur:

4°. Avec garantie de la solvabilité tant actuelle que future du débiteur ;

5°. Avec obligation solidaire entre les cédants (s'ils sont plusieurs) de garantir, fournir et faire valoir, tant en principal qu'arrérages (s'il s'agit d'une rente).

Enregistrement.

Les transports de créances à terme sont passibles du droit d'un franc pour 100 sur le capital exprimé dans l'acte, et qui en fait l'objet. (Art. 14 de la loi de frimaire an 7.)

Le capital exprimé dans l'acte n'est pas le prix du transport, mais bien le capital de la créance. (Décis. du min. des finances, 8 germinal an 8.)

Ainsi, quand bien même le cessionnaire jugerait à propos de ne faire porter dans le transport que le prix réel par lui payé, il ne devrait pas moins le droit d'enregistrement sur le montant de la créance entière.

Lorsque le débiteur intervient pour accepter, il est dû un droit particulier d'un franc fixe.

On peut, sans contravention, rédiger l'acte de transport d'une créance sur un tiers dénommé, mais dont le titre ne serait pas énoncé. (Journal de l'enreg. art. 6762.)

Cette clause « *pour faire signifier l'acte à qui besoin sera* « *et pour faire mentionner la subrogation sur les registres du* « *conservateur, tout pouvoir est donné au porteur.* » ne donne ouverture à aucun droit. (Journal de la jurisp. du Notariat, p. 382 de l'année 1829.)

SECTION 12.
ACCEPTATION DE TRANSPORT PAR ACTE SÉPARÉ. (1)

Formule.

Aujourd'hui a comparu devant M^e.   , etc.

M. A   (noms, qualité et domicile du débiteur).

Lequel, après que lecture lui a été faite d'un acte passé devant M^e.   et son collègue, notaires à   , le   , enregistré.

---

(1) Il serait indifférent, dit M. Troplong, que l'acceptation fût contenue dans le titre même qui renferme le transport, pourvu qu'il fût authentique. La loi n'exige pas que l'acceptation soit faite séparément ; tout ce qu'elle veut, c'est qu'il y ait une acceptation solennelle. Mais cette acceptation authentique n'est nécessaire que pour la sûreté des tiers. Si le débiteur avait accepté par acte sous seing privé, il serait engagé d'après l'art. 1322 du Code civil ; le cessionnaire serait saisi à son égard, et tout paiement fait au cédant au mépris de cet engagement ne pourrait lui porter préjudice.

contenant transport par M. B   à M. C   , de la somme de   ,
due par M. A   comparant, audit sieur B   , pour   etc.

A, par ces présentes , déclaré se tenir ce transport pour bien et dûment signifié.

Nota. On peut ajouter, selon l'occurrence :

Comme aussi qu'il n'existe entre ses mains aucune opposition , saisie
ni empêchement quelconque sur M. B   : en conséquence M. C
se trouve dispensé de la signification prescrite par l'art. 1690 du C. C.

Ou bien : En conséquence M. A   a accepté ce transport, et
M. C   pour son créancier, s'obligeant de lui payer directement
la somme et les intérêts transportés, en son domicile, à leur échéance.

Dont acte , etc.

Enregistrement.

Droit fixe d'un franc , suivant l'art. 68 de la loi du 22
frimaire an 7.

Les acceptations peuvent être mises à la suite des actes
de transport. (Délib. du 11 fév. 1824, et décis. du 29 mars
1830.) Dans ce cas , l'acte commence par la date. V. pages
28 et 64.

SECTION 13.

DÉLÉGATION.

Un créancier a la faculté de transmettre ses droits contre
un débiteur à une tierce personne , sans que le débiteur
puisse se refuser à reconnaître ce nouveau créancier pour
le sien ; c'est ce qu'on appelle la *cession* ou le *transport*, qui
est absolument du domaine du créancier et dont le débiteur
ne peut éluder les effets. La *délégation* est à peu près l'in-
verse ; elle consiste à substituer un débiteur à l'autre ; mais
cette substitution ne peut avoir lieu sans la participation et
le consentement du créancier, auquel il ne peut pas être
indifférent d'exercer son droit de poursuite contre une
personne qui pourrait ne plus présenter les mêmes garanties. On voit que la différence entre la délégation et la
cession est importante, quoiqu'elles procèdent l'une et
l'autre d'une substitution. E. M.

On entend le plus ordinairement par *délégation*, l'acte
par lequel un débiteur donne à son créancier un autre débiteur qui se charge de payer la dette.

On distingue deux sortes de délégations.

La *délégation parfaite* et la *délégation imparfaite* ou *indication de paiement*.

La première ne peut se faire sans le consentement de
trois personnes, savoir , du débiteur qui délègue un autre
débiteur en sa place ; du débiteur qui est délégué et qui s'o-

blige envers le créancier ; et du créancier qui accepte la nouvelle obligation : c'est en quoi la délégation est différente de la cession ou transport où le consentement du débiteur, sur lequel le transport est fait, n'est pas nécessaire.

Quand la délégation est acceptée purement et simplement par le créancier, le débiteur qui l'a faite est déchargé de plein droit ; de sorte que quand le débiteur qui a été délégué serait insolvable, le créancier qui l'a acceptée n'a plus de recours contre son premier débiteur ; aussi voit-on rarement des délégations pures et simples, un créancier habile se réserve presque toujours son recours contre le premier débiteur, en cas qu'il ne puisse pas être payé par le second. (Argou.)

Il n'est pas nécessaire que le consentement du débiteur soit donné en même temps que celui du créancier et du tiers. Ainsi, lorsque mon créancier stipule de mon débiteur qu'il lui paiera ce qu'il me doit, et à ma décharge, et que je ratifie ensuite, la délégation se formera de ce moment : de sorte que je serai libéré par la novation, et mon débiteur le sera envers moi à raison de la délégation. (Cours de droit.)

La *délégation imparfaite* ou *indication de paiement* a lieu lorsque par exemple, dans une vente d'immeuble, le vendeur charge son acquéreur de payer en son acquit à un tiers tout ou partie du prix de la vente, pour se libérer envers ce tiers, qui n'intervient point au contrat, dont alors il n'aurait pas le droit de se faire délivrer la grosse.

M. Toullier est d'avis, et la cour de Rouen a jugé, par arrêt du 28 novembre 1825, que lorsqu'un débiteur a délégué à son créancier des fermages ou loyers à échoir, et que la délégation a été notifiée aux locataires ou acceptée par eux, les créanciers du délégant ne peuvent pas faire saisir les mêmes sommes. Garnier-Deschesnes était d'une opinion entièrement opposée.

La cession que le débiteur aurait faite à un tiers, par anticipation, des loyers et fermages à échoir, ne pourrait nuire aux créanciers hypothécaires, qui auraient droit, au contraire, de réclamer ces fruits à compter du jour où ils sont immobilisés à leur profit. V. le Code de proc. art. 689. R. J.

Le créancier qui n'a pas accepté l'indication de paiement faite à son profit, ne peut se faire délivrer la grosse du contrat qui renferme cette indication, afin de poursuivre le débiteur délégué J. N.

Les règles du transport sur les différentes espèces de garanties s'appliquent naturellement aux délégations. (M. Augan.)

Formule.

Par-devant, etc.

Fut présent M. P   , lequel pour se libérer envers M. G demeurant à   , de la somme de 4,000 francs qu'il lui doit, aux termes d'une obligation passée devant M·.   , etc. (*ou* suivant un billet sous seing privé en date du   , enregistré à   , le   , par   , qui a reçu   ;) a, par ces présentes, cédé, transporté et délégué, avec toute garantie et même promesse de payer, à défaut de paiement par le débiteur ci-après nommé ;

Audit s'. G   , à ce présent et acceptant, sous la réserve ci-après exprimée,

Pareille somme de 4,000 francs à prendre dans celle de 8,000 francs que M. C   , demeurant à   , doit au sieur P   , pour le prix principal de la vente, que ce dernier lui a faite d'une maison située à   , suivant contrat passé en minute devant M .   et son collègue, notaires à   , le   , enregistré, et d'après lequel, ladite somme de 8,000 francs sera exigible le deux juin mil huit cent trente   , et est productive d'intérêts payables annuellement le 2 juin sur le pied de cinq pour cent par année, sans retenue.

Pour, par M. G   , toucher et recevoir ces 4,000 francs de M. C   , ou de tous autres qu'il appartiendra, ainsi que les intérêts de cette somme à compter du 2 juin prochain, le tout sur ses simples quittances ; ou bien autrement, en jouir et disposer dès aujourd'hui comme bon lui semblera et comme de chose à lui appartenante : à l'effet de quoi M. P   l'a présentement mis et subrogé dans tous ses droits, actions, privilèges et hypothèques, contre M. C   , ainsi que dans l'effet de l'inscription d'office qui a été prise à son profit au bureau des hypothèques de   , le   , vol.   n°   ; entendant que M. G   exerce lesdits droits, privilèges et hypothèques, jusqu'à due concurrence et par préférence à M. P   qui a consenti de n'être payé du surplus de sa créance sur M. C   qu'après M. G   .

Au moyen de cette délégation, et sous la foi de sa pleine et entière exécution, M. G   a déchargé M. P   de son obligation du *tel jour*, mais avec réserve expresse qu'à défaut de paiement par M. C   des 4,000 francs à lui délégués, à l'époque susdite du 2 juin mil huit cent trente   , il rentrera dans tous ses droits, actions et hypothèques résultants de cette obligation, sans aucune novation ni dérogation, et sans préjudice de l'effet de la présente délégation, de telle sorte qu'il aura la faculté d'exercer cumulativement ou séparément, selon qu'il avisera, les droits résultants de l'obligation et de la délégation.

M. P   a remis à M. G   la grosse du contrat de vente ci-dessus énoncé, de laquelle ce dernier aidera M. P   à toutes réquisitions et moyennant récépissés.

Ou bien : M. P   restant créancier de 4,000 francs, la grosse du contrat de vente ci-dessus énoncé, est, à sa réquisition, demeurée ci-jointe, après qu'il l'a en certifiée véritable et signée en présence des notaires, pour en être délivré une ampliation à chacun desdits sieurs P   et G   . (V. ci-devant p. 48)

Est intervenu au présent acte M. C   , lequel, après que lecture lui a été faite par M .   , l'un des notaires soussignés, son collègue présent, de la délégation ci-dessus, a déclaré l'avoir pour agréable et se la tenir pour signifiée; comme aussi, qu'il n'existe entre ses mains aucune saisie ni aucun empêchement sur M. P.

Et pour l'exécution des présentes, etc.

Si le débiteur n'intervient pas pour accepter (C. C. 1690), on insère ceci avant l'élection de domicile :

Pour faire signifier cette délégation à M. C   , tout pouvoir est donné au porteur de l'expédition des présentes.

Enregistrement.

Les délégations de créances à terme, celles de prix stipulées dans un contrat pour acquitter des créances à terme envers un tiers sans énonciation de titre enregistré , sauf pour ce cas la restitution dans le délai prescrit s'il est justifié d'un titre précédemment enregistré , sont assujetties au droit d'un pour 100.

Le droit est de 2 pour 100 s'il s'agit de délégation de rentes. (Art. 69 de la loi du 22 frimaire an 7.)

Les acceptations de délégation de créances à terme sont sujettes au droit fixe d'un franc. (Art. 68 id.)

L'acte par lequel on se reconnaît débiteur d'une somme d'argent , en paiement de laquelle on délègue une créance ; comme dans le modèle ci-dessus, n'est toujours passible que du droit de délégation d'un pour 100 , sans qu'on puisse y ajouter le droit d'obligation. (Décis. du conseil d'admin. 20 déc. 1823.)

SECTION 14.

TRANSPORT DE RENTE.

Les principes que nous avons rapportés en la section 11 du présent titre sont applicables au transport de rente.

La clause par laquelle le vendeur d'une rente promet de la fournir et faire valoir, contient, non une simple assurance de la solvabilité présente du débiteur , mais une promesse qu'elle sera toujours bien payée à l'avenir. Cette clause reçoit encore moins de difficultés lorsqu'on ajoute *tant en principal qu'arrérages*. La clause est encore plus claire lorsqu'on ajoute ces termes *à toujours*, ainsi qu'il est assez d'ordinaire de les insérer.

À défaut du paiement de la rente, il naît de cette clause, au profit de l'acheteur, une action de recours contre le vendeur; mais, pour que l'acheteur soit admis à cette action, il faut que ce soit sans le fait et sans la faute de l'acheteur que la rente vendue soit devenue caduque. Si donc il a libéré quelqu'un des débiteurs ou cautions de la rente, s'il a donné mainlevée de quelques hypothèques, ou s'il les a laissées se prescrire, il ne pourra exercer l'action de garantie contre le vendeur.

Lorsqu'une rente est vendue sans la clause de fournir et faire valoir, elle peut être achetée pour une somme moindre que son principal, quoiqu'elle soit au fur (*taux*) du denier 20, qui est le fur le plus cher auquel on puisse constituer les rentes. (Pothier.)

Formule.

Par-devant, etc.

Fut présent M. L   ; lequel a, par ces présentes, cédé et transporté, a promis et s'est obligé de garantir, fournir et faire valoir en principal et arrérages, aussi long-temps que la rente aura cours,

A M. J   , présent et acceptant, 600 francs de rente annuelle et perpétuelle, payable le 11 novembre de chaque année, créée et constituée originairement par   , au profit de   , suivant acte, etc. et depuis reconnue par M.   , envers M.   , suivant titre-nouvel passé devant, etc.

Cette rente appartient à M. L   , etc.

Et elle est actuellement due par   etc.

Pour, par M. J   , au moyen du présent transport, jouir, faire et disposer de cette rente, comme de chose à lui appartenante, et en toucher les arrérages à compter du   : à l'effet de quoi M. L   l'a présentement mis et subrogé dans tous ses droits, actions et hypothèques, etc.

Ce transport est fait, etc. (Comme dans le Transport de créance,)

Enregistrement.

Les cessions de rentes soit perpétuelles, soit viagères, sont soumises au droit de 2 fr. pour 100 sur le capital constitué, quel que soit le prix stipulé dans le transport. (Art. 14 et 69 de la loi de frimaire an 7.)

Le ministre des finances a décidé, le 4 août 1847, que les transports de rentes foncières, créées avant la publication de la loi du 11 brumaire an 7, sont de nature à être transcrits, et par conséquent susceptibles de l'application de l'article 54 de la loi du 28 avril 1816. Cette décision a été confirmée par une autre du 2 janvier 1818. Ainsi au droit d'enregistrement, qui est de 2 fr. pour 100, on ajoute 1 fr. 50 c. aussi par 100 fr., pour le droit de transcription.

Pour comprendre cette décision, il faut savoir qu'anciennement les rentes foncières avaient partout la qualité d'immeubles, et que, par l'art 7 de la loi du 11 brumaire an 7, il fut déclaré qu'elles ne pourraient plus à l'avenir être frappées d'hypothèques.

SECTION 15.
RÉTROCESSION.

La *rétrocession* est un acte par lequel une personne remet à une autre le droit que cette dernière lui avait cédé. Ainsi les acquéreurs, les cessionnaires ou les donataires font des rétrocessions lorsqu'ils remettent les choses aux vendeurs, cédants ou donateurs. Les règles qui régissent cette sorte de contrats ne sont autres que celles établies pour la cession primitive ; c'est la même nature et les mêmes effets. R. N.

Formule.

Par-devant. etc., fut présent M. A   (noms du rétrocédant);
Lequel a, par ces présentes, rétrocédé sous la simple garantie de ses faits et promesses,
A M. B   (noms du rétrocessionnaire), à ce présent et acceptant : 400 francs de rente foncière, annuelle et perpétuelle, franche de retenue, au principal de 2,000 francs, moyennant laquelle M. B   a vendu à M. C   , une pièce de terre située à   , suivant contrat passé devant, etc. Laquelle rente a été cédée et transportée par M. B à M. A   , suivant acte passé devant, etc.
Pour en jouir et disposer par M. B   , comme de chose à lui appartenante, à compter de ce jour, et en toucher les arrérages à compter du
Cette rétrocession faite à la charge par M. B   , de payer les droits et frais auxquels le présent acte donnera lieu ;
Et en outre, moyennant 1,900 francs que M. B   a présentement payés à M. A   , qui l'a reconnu, en numéraire ayant cours, dont quittance.
M. A   a remis à M. B   la grosse du contrat de vente et l'expédition du transport ci-dessus énoncé, dont décharge.

Enregistrement.

La quotité du droit d'enregistrement des rétrocessions est la même que celle qui a été perçue sur les actes rétrocédés. (Art. 69 de la loi de frimaire an 7.)

SECTION 16.
TRANSFERT.

Le mot *transfert* est synonyme de *transport*. Dans la pratique on l'emploie communément pour exprimer le transport d'une rente inscrite sur le grand-livre de la dette publique de France.

Le transfert est sujet à des règles particulières. Voyez la loi du 28 floréal an 7.

Suivant cette loi, le transfert ne se fait point devant notaire, mais au Trésor royal, avec l'assistance d'un agent de change.

Cependant il ne se fait pas toujours en vertu d'une négociation entre agents de change ; il a lieu quelquefois par suite d'une convention particulière : alors l'acte peut avoir lieu devant notaire ; mais, après qu'il a été fait ainsi, le vendeur, assisté d'un agent de change, doit réitérer le transfert dans les formes prescrites par la loi du 28 floréal an 7. (M. Massé.)

L'héritier bénéficiaire ne peut pas faire le transfert des rentes sur l'Etat au-dessus de 50 francs, sans être préalablement autorisé en justice. (Avis du conseil d'état du 11 janvier 1808.)

A l'égard des rentes de 50 francs et au-dessous, les tuteurs et curateurs des mineurs ou interdits peuvent les vendre sans qu'il soit besoin d'autorisation spéciale, ni d'affiches, ni de publications, mais seulement d'après le cours constaté du jour, et à la charge d'en compter comme du produit des meubles. Les mineurs émancipés peuvent les transférer avec la seule assistance de leurs curateurs, sans qu'il soit besoin d'avis de parents ou d'aucune autorisation. — Quant aux rentes au-dessus de 50 francs, elles ne peuvent être vendues qu'avec l'autorisation du conseil de famille, mais sans affiches ni publications. (Décret du 24 mars 1806.) Ce décret est applicable aux actions de la banque, toutes les fois que les mineurs, interdits ou émancipés, n'auraient qu'une action ou un droit dans plusieurs actions n'excédant pas en totalité une action entière. (Autre décret du 25 septembre 1813.)

Suivant l'art. 24 de la loi du 17 août 1822, relative à la fixation du budget de 1823, le *minimum* des rentes, cinq pour cent consolidés, inscriptibles au grand-livre et susceptibles d'être transférées, fixé à 50 fr. par la loi du 24 août 1793, est et demeure réduit à la somme de 10 fr.

L'agent de change, pour certifier la signature d'un individu qui ne lui est pas connu et qui veut transférer une rente, doit exiger de lui la remise d'un certificat d'individualité.

Ce certificat sert à justifier l'identité d'une personne avec les titres et papiers qui la concernent, et à garantir les tiers de toute usurpation de nom ou de qualité. Il est délivré par les notaires, et doit contenir l'attestation des prénoms, nom, âge, état, qualité et demeure du propriétaire de l'inscription. Il doit être rédigé, en brevet, dans la forme des actes notariés, et en se conformant aussi à l'art. 11 de la loi du 25 ventose an 11. R. N.

La vente des rentes représentées par les inscriptions départementales s'opère par un émargement sur le livre auxiliaire (à l'article correspondant, et, en outre, par une déclaration de transfert) tenu par le receveur-général. L'émargement et les déclarations sont signés du propriétaire de la rente, ou d'un fondé de procuration spéciale , assisté d'un agent de change, ou , à défaut, d'un notaire , pour certifier l'individualité des parties, la vérité de leurs signatures, et celle des pièces produites conformément à l'art. 15 de l'arrêté du 27 prairial an 10. (Ordonnance du roi, 14 avril 1819, art. 6.)

Formule.

Par-devant, etc., fut présent M. A

Lequel a, par ces présentes, transporté, cédé et abandonné à M. B présent et acceptant, 500 francs de rente annuelle et perpétuelle, 5 pour cent consolidés sur le grand-livre de la dette publique , inscrits en son nom, sous le n°   de la   série.

Pour, par M. B   , en disposer dès aujourd'hui, comme de chose à lui appartenante en pleine propriété, et en jouir et toucher les arrérages à compter du 22 mars (ou septembre) dernier.

M. A   s'oblige de réitérer ce transfert au trésor au profit de M. B   , dans les formes prescrites par la loi du 28 floréal an 7, sous six semaines.

Ce transport est fait moyennant, etc.

Enregistrement.

Les actes de cession ou transport de créances , ou rentes sur l'Etat, passés devant notaires , sont soumis seulement au droit d'un franc fixe. (D. F. 18 août 1820.)

SECTION 17.

TRANSPORT DE DROITS SUCCESSIFS.

Le *transport de droits successifs* est la cession que l'on fait de ses droits dans une succession ouverte à laquelle on est appelé.

Voyez le Code civil , art. 1689 — 1701 , particulièrement les art. 1696, 1697 et 1698, ainsi que les art. 780, 791 , 1130 , 1600 et 841.

Tout héritier, soit légitime ou naturel, soit institué contractuellement, soit testamentaire , peut céder ses droits successifs , sans distinction, pourvu qu'il soit d'ailleurs capable de succéder et d'aliéner. R. N.

On peut céder ses droits successifs à toute personne capable d'acquérir. Id.

On peut vendre l'hérédité en tout ou en partie. (Pothier.)

La cession de droits successifs peut être faite dans la même forme que le transport de tous autres droits. R. N.

Elle doit être, pour saisir le cessionnaire, signifiée à chacun des débiteurs de la succession, mais non pas aux cohéritiers. J. N.

Si, depuis la cession qu'un héritier en partie a faite de ses droits successifs, son co-héritier renonce à la succession, la part du renonçant accroit-elle pour le profit comme pour les charges au cédant ou au cessionnaire?... Les avis étant partagés sur cette question, il est prudent de dire, dans le transport de droits successifs, que, dans le cas où quelques-uns des co-héritiers du cédant renonceraient à la succession, la part du renonçant accroîtra ou n'accroîtra pas au cessionnaire. (M. Dupuis, Essai sur le Notariat.) V. le traité de la vente, par M. Troplong. Dans sa séance du 23 janvier 1836, la conférence des avocats a discuté cette question. La conférence s'est prononcée en faveur du vendeur. (Constitutionnel, 28 janvier 1836.)

Le cédant doit déclarer dans l'acte s'il a touché quelques sommes dépendantes de la succession avant le transport par lui fait, dans lequel cas il réserve expressément ces objets par ledit transport; sinon il devrait les rembourser au cessionnaire. On lui fait aussi déclarer quels sont les biens qui composent principalement la succession.

On ne peut pas stipuler que le cédant garantira le cessionnaire du droit de reprise qui pourrait être exercé contre lui en vertu de l'art. 841 du Code civil.

Il n'est pas d'usage d'insérer la clause de transcription dans les transports de droits successifs : comme souvent elle est inutile, les parties se laissent régler par la loi sur cette matière. (M. Massé.)

Formule.

Par-devant, etc., fut présent M. A

« Héritier pour un quart de M   , son oncle, décédé à
« le   , ainsi qu'il est constaté par l'intitulé de l'inventaire fait
« après son décès par Mᵉ.   , notaire à   ; en présence de
« témoins, le   , dûment enregistré. »

Lequel a, par ces présentes, cédé et transporté, sous la simple garantie de sa qualité d'héritier ci-dessus exprimée, ou de ses faits et promesses (1);

A M. B   , à ce présent et acceptant, acquéreur pour lui et ses héritiers ou ayant-cause :

Tous les droits successifs, mobiliers et immobiliers, tant en fonds et capitaux qu'en fruits et revenus, échus et à échoir, appartenants audit sieur A   , en sa qualité susdite, dans l'hérédité dudit sᵣ. son oncle; en quoi que lesdits droits puissent consister, et en quelques lieux et endroits qu'ils soient dus et situés, sans aucune exception ni réserve quelconque.

Pour, par M. B   , en jouir et disposer, dès aujourd'hui, comme

_____

(1) Si le cédant devait garantir plus que sa qualité, il faudrait détailler les objets de la succession (C. C. 1696.)

bon lui semblera, en toute propriété et comme de chose à lui appartenante, à compter de ce jour; M. A   le subrogeant, sans autre
garantie que celle ci-dessus stipulée , dans tous ses noms, raisons et actions, à l'égard de ladite succession.

Ce transport fait, à la charge par M. B   qui s'y est obligé ,
1°. de payer tous les frais, droits et honoraires du présent acte;

2°. De payer et acquitter, en l'acquit et à la décharge de M. A
la portion dont il peut être tenu dans les dettes et charges de ladite succession, ainsi que dans les droits de mutation , et de faire en sorte par
M. B   que ledit sieur A   ne soit aucunement inquiété,
poursuivi ni recherché par qui que ce soit , pour raison desdites dettes
et charges, à peine de tous dépens, dommages et intérêts.

Et en outre moyennant la somme de   , etc.

Le cédant a déclaré qu'il n'a reçu aucune somme ni disposé d'aucun
objet de ladite succession ; .

Qu'il est à sa connaissance qu'il dépend de cette succession *tels immeubles*, etc.

Et que les dettes et charges, compris les droits de mutation , peuvent
se monter à la somme de 1,600 francs, dont le quart à sa charge serait de
400 francs.

Mais cette dernière déclaration ne pourra donner à M. B   aucun
recours contre M. A   , lors même que lesdits droits , dettes et
charges, excéderaient ladite somme de 1,600 francs; ce dernier renonçant, de son côté, à pouvoir répéter de M. B   au delà du prix
ci-dessus fixé, dans le cas où ces droits, dettes et charges, ne s'élèveraient pas à ladite somme de 1,600 francs.

Et pour l'exécution, etc.

Enregistrement.

Les transports de droits successifs à titre onéreux donnent
ouverture au droit proportionnel de vente sur le prix y exprimé, en y ajoutant toutes les charges, attendu qu'ils
opèrent la transmission d'une part héréditaire dans les
meubles et immeubles de la succession. (Cass. 19 brumaire
an 14 et 22 février 1808.)

Les cessions de droits successifs immobiliers entre co-
héritiers ne sont passibles que du droit d'enregistrement de
4 pour 100; on n'y joint pas le droit de transcription. (Solut.
du 21 nov. 1828.)

Dans le cas où une cession de droits successifs ne contient
aucune clause relative au paiement des dettes , le receveur
de l'enregistrement ne peut exiger qu'on en déclare le
montant; il peut seulement requérir l'expertise, dans le cas
où le prix lui paraîtrait inférieur à la valeur vénale des biens
cédés. (Contrôleur de l'enregistrement ; délib. de la régie
du 13 mai 1829.)

Le cessionnaire des droits successifs est, sans stipulation expresse, passible des dettes de la succession. (Cass.
20 nivose an 12.)

Lorsqu'un transport contient des meubles et immeubles,

le droit d'enregistrement doit être perçu sur la totalité du prix au taux réglé pour les immeubles, à moins qu'il ne soit stipulé un prix particulier pour les objets mobiliers, et que ces objets ne soient désignés et estimés article par article dans le contrat. (Art. 9 de la loi du 22 frimaire an 7.)

Mais si le mobilier est annoncé, dans l'acte, avoir été désigné et estimé dans un inventaire, cela équivaut à une désignation dans l'acte de cession. (Délib. du 15 janv. 1830.)

SECTION 18.

RETRAIT SUCCESSORAL.

L'acte de *retrait* est celui par lequel un co-héritier rachète les droits successifs cédés par son co-héritier à un étranger. (C. C. 841.)

Il suffit que l'héritier ait fait la cession d'une *quote* part de ses droits, qui forme un droit à l'actif comme au passif de la succession, c'est-à-dire une *universalité*, pour que le retrait successoral puisse être exercé. (Merlin et Chabot.)

Si, par un partage, les héritiers laissaient des immeubles en commun, le cessionnaire de la portion de l'un des héritiers ne pourrait être écarté. (Toullier.)

Le retrait ne peut pas non plus être exercé, lorsque, par suite d'une licitation, l'un des héritiers, resté adjudicataire, vend sa portion à un étranger. (Paris, 21 juin 1813.)

Les co-héritiers qui veulent exercer le retrait successoral peuvent arguer de simulation le prix de la cession faite par leur co-héritier. Ils peuvent déférer le serment à l'acquéreur sur la sincérité du prix stipulé; et ce n'est qu'après avoir déterminé le prix réel en justice, qu'ils sont tenus d'en offrir le montant au cessionnaire. Mais le cédant lui-même ne peut demander la rescision pour cause de lésion. (Aix, 6 décembre 1809, et Nîmes, 4 déc. 1823.)

La cession d'un objet déterminé ne donne pas lieu au retrait; la loi veut seulement éviter l'inconvénient qu'un étranger s'immisce dans le partage. Le cessionnaire d'un objet n'aurait pas ce droit : dès lors l'art. 841 du C. C. cesse d'avoir son application. Cette distinction se trouve confirmée par un arrêt de la Cour de cassation du 9 septembre 1806 et un autre du 22 avril 1808.

Le tuteur, qui veut exercer le retrait pour son pupille, doit être autorisé par le conseil de famille.

L'héritier bénéficiaire peut exercer le retrait successoral. De même, du légataire universel. (Cass. 5 déc. 1833.)

Les héritiers du mari ne peuvent écarter par le retrait, le

tiers qui aurait acquis les droits des héritiers de la femme dans la communauté. (Metz, 17 mai 1820.)

Tant que le partage n'est pas consommé, le retrait peut être exercé. (Colmar, 14 juin 1820.)

Formule.

En présence, etc.

M. N   a reconnu avoir reçu de M. E   à ce présent, la somme de   pour le remboursement de pareille somme que M. N .   a payée, savoir :   pour le prix principal du transport que lui a fait M. A   de ses droits mobiliers et immobiliers dans la succession de M. B   , suivant acte, etc.

Et   , pour les frais dudit transport. Dont quittance.

Au moyen de ce remboursement, M. E   , co-héritier de M. A se trouve subrogé aux droits de M. N   , conformément à l'art. 844 du Code civil.

Fait et passé, etc.

Enregistrement.

Cet acte n'est assujetti qu'au droit proportionnel de 50 c. pour 100 fr. sur les sommes remboursées au cessionnaire, pourvu que les droits soient encore indivis lors du retrait. (Inst. 245.)

SECTION 19.

TRANSPORT DE DROITS LITIGIEUX.

On appelle *créances litigieuses* celles qui sont contestées ou peuvent l'être en total ou pour partie, par celui qu'on en prétend le débiteur, soit que le procès ait déjà été entamé, soit qu'il ne l'ait pas encore été, mais qu'il y ait lieu de l'appréhender.

Lorsqu'une créance de cette nature est vendue à quelqu'un pour un certain prix, pour que l'acheteur la fasse valoir à ses risques et frais, et sans qu'on la lui garantisse, c'est ce qu'on appelle une vente de droits litigieux ou de créances litigieuses. Par cette vente, ce n'est pas tant la créance elle-même qu'on vend, que l'événement incertain du procès entrepris ou à entreprendre par rapport à cette prétendue créance. V. les art. 1699, 1700 et 1701 du Code civil.

Pour qu'un transport soit réellement transport de droits litigieux, il faut qu'il présente le caractère d'un contrat aléatoire, dans lequel le cessionnaire achète plutôt une prétention qu'un droit certain, et où l'espérance du bénéfice qui peut résulter du gain du procès, balance le risque de la perte gratuite du prix de la cession, perte qui tombera sur le cessionnaire s'il succombe dans le procès contre le débiteur du droit litigieux. P. N.

Quelquefois le vendeur d'une créance litigieuse consent par complaisance à paraître avoir reçu du cessionnaire un prix égal au montant de la créance cédée, afin de se soustraire à l'action en retrait (1699), qu'autrement le débiteur pourrait être tenté d'exercer. Le vendeur dénature par cette complaisance le contrat de cession : au lieu d'un contrat aléatoire, il en fait un contrat parfaitement commutatif, et il se rend garant de la légitimité de la créance (Id.) Il en résulte encore un grave inconvénient que M. Massé aurait pu signaler : c'est que si, par exemple, le droit litigieux était un propre de la femme commune en biens, la communauté serait obligée de lui tenir compte de la totalité du prix censé reçu, et par conséquent le mari perdrait la moitié de la différence qui existerait entre le prix réel et celui porté dans le transport.

L'art. 1690 du Code civil est applicable à la cession d'une créance litigieuse.—Lisez aussi l'art. 1597.

Le débiteur du droit litigieux n'a point l'action en retrait contre le cessionnaire à titre purement gratuit.

Les droits d'enregistrement sont les mêmes que ceux dus sur un transport de créances ordinaires ou de rentes.

TITRE III.

DE L'ÉCHANGE.

—

Le Code civil donne la définition et trace les règles du contrat d'échange sous les art. 1702—1707.

L'échange est un contrat communatif (1104) de même que la vente, si ce n'est qu'au lieu d'un prix que donne l'acheteur pour une chose que le vendeur lui livre, chacun des contractants donne à l'autre une chose pour une autre chose, en sorte que c'est la chose donnée qui forme le prix, c'est-à-dire l'équivalent de la chose reçue.

L'échange est le premier contrat qui ait été en usage parmi les hommes.

Il peut se faire de trois manières différentes; car on peut changer un meuble contre un autre meuble, ce qu'on appelle le plus ordinairement *troc*; on peut échanger un meuble contre un immeuble, ce qui passe souvent pour vente, lorsque le meuble donné en échange peut être facilement estimé ; on peut enfin échanger un immeuble contre un autre immeuble, et c'est proprement ce qu'on entend quand on parle d'un contrat d'échange. (Argou.)

Le contrat d'échange a plusieurs points de ressemblance avec le contrat de vente ; par exemple, les règles de ce dernier contrat sur la délivrance , la garantie , s'appliquent à l'échange. (1707.)

Il en diffère sur quelques autres points. (1704, 1706.)

L'échange n'est pas un contrat solennel ; il peut être fait par acte authentique ou sous seing privé, même verbalement. (1582, 1707.)

L'échange est un contrat parfaitement synallagmatique , en sorte que si les parties font un acte sous seing privé , il faut se conformer aux dispositions de l'art. 1325 du Code civil.

On appelle *échangiste* ou *copermutant* celui qui fait un échange.

Lorsque les deux choses ont une valeur égale, l'échange se fait but-à-but ; si cela n'est pas , celui des échangistes qui reçoit l'objet de plus grande valeur , paye ou s'oblige de payer à l'autre une soulte en argent de l'excédant, ce qui s'appelle *retour d'échange*, pour lequel son copermutant a contre lui et sur l'immeuble qu'il lui a livré , les mêmes droits , privilèges et hypothèques , qu'a le vendeur pour le prix de la vente.

Sur l'effet de l'acquisition qui a lieu, pendant le mariage, à titre d'échange, V. le C. C. art. 1407.

Sur les cas et conditions de l'échange des immeubles dotaux, V. l'art. 1559.

Les seuls échanges qui se fassent ordinairement devant notaires, sont les échanges d'immeubles contre des immeubles, ou contre des objets mobiliers corporels autres que ceux qui se consomment par l'usage.

Un décret du 11 juill. 1812 et une ordonnance du 12 déc. 1827 déterminent la forme et les conditions des actes d'échange entre les particuliers et le domaine de la couronne ou l'Etat.

Sauf condition contraire , les frais de l'échange doivent être supportés par les deux copermutants. (1593 et 1707.)

L'immeuble donné en échange et celui qui est reçu en contr'échange restent chargés chacun des hypothèques qui existaient sur ces biens avant d'être échangés , car la mutation de propriétaires ne peut préjudicier aux créanciers : au reste les échangistes peuvent remplir les formalités prescrites pour purger des hypothèques qui grèvent les immeubles échangés.

On ne considère pas comme un échange, mais bien comme un partage, l'acte par lequel l'un des co-héritiers garde l'usufruit et l'autre la nue propriété de tous les biens indivis.

Dans le contrat d'échange, il n'y a pas lieu, autant que dans le contrat de vente, à l'indemnité pour défaut de contenance dans les objets échangés ; ces sortes de contrats étant plus faits *ad corpus* que *ad mensuram*. (Colmar , 1er. mai 1807.)

L'échangiste évincé de la chose qu'il a reçue en échange, ne peut, en vertu de l'art. 1705, revendiquer la chose qu'il a donnée, alors qu'elle a passé dans les mains d'un tiers acquéreur. (Toulouse, 13 août 1827.)

Mais pour assurer à l'échangiste le retour de la chose, on pourrait stipuler « qu'en cas d'éviction l'échangiste évincé » reprendrait sa chose en quelques mains qu'elle fût. » (M. Favard.) Cette espèce de rachat ne serait pas soumise à la prescription de 5 ans. (Aix, 14 mai 1813.)

L'échangiste évincé de l'immeuble qu'il a reçu en échange n'est pas recevable à revendiquer son propre immeuble entre les mains d'un tiers qui l'aurait acheté de bonne foi de l'autre échangiste, surtout si ce tiers possédait depuis 10 ans en vertu d'un juste titre. J. J. N.

Le principe posé par l'art. 1706 du C. C. s'applique aux échanges faits avec soulte.

Si l'objet donné en échange n'avait qu'une si mince valeur en égard à l'importance du contrat, que l'on dût nécessairement y voir une vente déguisée sous le nom d'un contrat d'échange, afin d'éviter la rescision pour lésion , les juges ne devraient faire aucune difficulté d'admettre l'action en rescision. (MM. Favard et Duranton.)

Le réméré peut être convenu dans les échanges comme dans les ventes, soit au profit de l'une des parties seulement, soit au profit de l'une et de l'autre. (Cours de Droit.)V. les art. 1707 et 1660 du C. C.

Il faut regarder comme valable le contrat d'échange fait entre un père et son fils, si la valeur de l'immeuble cédé par le père ou la mère, n'est pas supérieure au quart de la valeur de l'objet dont l'enfant lui a fait l'abandonnement. (Traité des succ. par Martin , n. 844.)

L'échange d'une chose indivise est nul, à cause des inconvénients attachés à l'attribution ou à la non attribution

de l'objet dans le lot du co-propriétaire échangiste ; il est
nul comme aliénation de la chose d'autrui. (Cass. 16 janvier
1810 ; Sirey, t. 10, p. 204 ; Jurispr. du Not. t. 6, n. 1782.)

L'aliénation de droits successifs par voie d'échange avec
un étranger à la succession, donne ouverture au retrait
successoral consacré par l'art. 841. (C. de Droit.)

Un notaire peut, sans contravention, recevoir un acte
d'échange de biens dont l'une des portions proviendrait d'acquisition faite tout récemment par un acte passé devant un
autre notaire, et non encore enregistré, mais sans relater
aucunement cet acte. (Cass. 24 juillet 1815.) On se borne,
en ce cas, à faire déclarer par l'échangiste que l'immeuble
lui provient de l'acquisition qu'il en a faite d'un *tel*.

Formules.

1. *Echange sans retour.*

Par-devant, etc.
Furent présents : M. A   , d'une part ; et M. B   , d'autre part ;
Lesquels ont fait entre eux l'échange suivant :

M. A   a cédé et abandonné, à titre d'échange, a promis et s'est
obligé de garantir de tous troubles, hypothèques et autres empêchements,
à M. B   , ce acceptant, pour lui et ses héritiers ou ayant-cause,
une pièce de pré située au territoire de   , lieu dit   ,
contenant   , joignant d'un côté M   , etc

Telle que cette pièce se poursuit et comporte, sans en rien réserver ;
mais aussi sans aucune garantie de mesure.

Elle appartenait à M. A   , au moyen de l'acquisition qu'il en a
faite de, etc.

Pour, par M. B   , en jouir et disposer dès aujourd'hui comme
bon lui semblera, en toute propriété et comme de chose à lui appartenante.

En contr'échange, M. B   a cédé et abandonné, avec promesse
de garantir de tous troubles, hypothèques, évictions et autres empêchements quelconques,

A M. A   , ce qu'il a accepté pour lui et ses héritiers ou ayant-
cause,

Une pièce de terre labourable, sise, etc.

Ainsi qu'elle s'étend et comporte, sans aucune exception, mais sans
garantie de mesure, dont le plus ou le moins, s'il y en a, sera au profit
ou à la perte de M. A   .

M. B   en était propriétaire en qualité de légataire universel de
M.   etc.

Pour en jouir et disposer par ledit sieur A   , comme de chose
à lui appartenante, en toute propriété, à compter de ce jour.

Cet échange a été fait but-à-but, sans aucun retour de part ni d'autre.

En conséquence, les parties se sont dessaisies respectivement, en faveur l'une de l'autre, de leurs droits de propriété sur chaque objet
échangé.

Il a été convenu : 1°. que chacune des parties paiera les contributions
auxquelles seront imposés les biens échangés, à compter du 1er. janvier
prochain et à l'avenir.

2°. Et qu'elles en conserveront respectivement les titres de propriété, attendu qu'ils sont communs à d'autres biens qu'elles possèdent, mais qu'elles s'en aideront mutuellement à toutes réquisitions et sous récépissés.

Les parties ont déclaré que la pièce de pré cédée par M. A   , peut produire un loyer annuel de 80 francs, en sus des contributions, et que la pièce de terre cédée par M. B   , est de même valeur.

Les frais du présent acte seront supportés par moitié entre les échangistes. Et pour l'exécution, etc.

2. Échange avec retour.

Par-devant, etc., (comme dans la formule précédente jusqu'à ces mots *cet échange a été fait.*)

Le présent échange fait à la charge par M. B   , qui s'y est obligé,

1°. De payer seul les frais, droits et honoraires du présent acte ;

2°. Et de payer à M. A   , en sa demeure à   , ou à son mandataire, porteur de la grosse des présentes, dans quatre mois de ce jour, la somme de 400 francs, à titre de soute et retour, sans intérêts.

Les parties ont déclaré que la pièce de pré, cédée par M. A est de valeur de 1,600 francs, pouvant produire un revenu annuel de 80 fr. (les contributions restant à la charge du prop^r.)ci. 1,600 fr. »» c.

Et que la pièce de terre cédée par M. B   , est de valeur de 1,200 francs, étant susceptible d'être louée 60 francs par année (les contributions restant de même à la charge du propriétaire), ci 1,200   »» c.

Qu'ainsi la pièce de pré est d'une plus-value de 400 f. ce qui a occasionné la soute ci-dessus, ci . . . . 400 fr. »» c.

Pour la manière d'établir la propriété, la réserve du privilège, la clause de transcription, la remise des titres, etc., voyez page 190. Lorsque l'immeuble échangé est dotal, on relate le jugement qui a autorisé l'échange et les formalités qui l'ont précédé, conformément à l'art. 1559 du Code civil.

Enregistrement.

Si l'échange est fait but-à-but, il est perçu, sur la valeur de l'une des deux parts, 2 fr. 50 pour 100, compris le droit de transcription. — S'il y a soute ou retour, le droit est de 2 fr. 50 cent. sur la moindre part, et de 5 fr. 50 c. par 100 fr. sur la soute ou plus value, toujours compris le droit de transcription.

Le droit se liquide sur un capital formé de vingt fois le revenu annuel, en y ajoutant les charges, par exemple le quart en sus pour l'impôt foncier.

L'art. 2 de la loi du 16 juin 1824 avait statué que les échanges d'immeubles ruraux ne paieraient qu'un franc fixe pour tout droit d'enregistrement et de transcription, lorsqu'un des immeubles échangés serait contigu aux propriétés de celui des échangistes qui le recevrait. L'art. 16

de la loi du 24 mai 1834 a abrogé cette exception; en conséquence et conformément à la seconde disposition de l'art. 2 de la loi du 16 juin 1824, tous les échanges d'immeubles, sans distinction, sont assujettis, *sur la valeur d'une des parts*, au droit d'enregistrement de 1 pour 100 et au droit de transcription hypothécaire de 1 et demi pour 100. (Instr. gén. de la Régie, 17 nov. 1834.)

Si l'acte d'échange est sous seing privé, V. p. 101.

La condition imposée à l'une des parties, de payer seule les frais de l'échange, n'est point considérée comme soute. R. N.

Les établissements publics ne sont plus dispensés des droits proportionnels d'enregistrement et de transcription. (Loi du 18 avril 1831, art. 17.)

TITRE IV.
DU CONTRAT DE LOUAGE.

—

SOMMAIRE DE LA LOI.
Code civil.

Observations.
Sur les baux en général.

Celui qui s'oblige à faire jouir l'autre, s'appelle *locateur* ou *bailleur*, *bailleresse* (au féminin); l'autre s'appelle *conducteur*, *preneur* ou *locataire*; quelquefois *colon*, *fermier*, lorsque ce sont des héritages de campagne qui sont loués.

Le contrat de louage convient en beaucoup de choses avec le contrat de vente : 1°. il est comme le contrat de vente, un contrat du droit des gens, c'est-à-dire qui se gouverne par les seules règles du droit naturel, et qui n'est assujetti à aucune forme par le droit civil (C. C. 1714): 2°. c'est un contrat *consensuel*, car il se forme par le seul consentement des contractants, comme le contrat de vente;

3°. il est, comme le contrat de vente, *synallagmatique* (1102) et *communicatif* (1104); 4° de même que trois choses composent le contrat de vente, la chose qui est vendue, le prix et le consentement des contractants; de même trois choses composent le contrat de louage, la chose qui est louée, le prix qu'on appelle *loyer* ou *fermage*, et le consentement des contractants. (Pothier.)

Les baux sont les actes les plus fréquents, les plus variés de ceux que l'on passe devant notaires, parce qu'ils tiennent par le plus de rapport aux besoins sans cesse renaissants de la vie sociale.

Les règles du Code civil sur le contrat de louage sont puisées dans l'équité naturelle; les notaires doivent les connaître à fond pour être en état de comprendre la signification et les motifs des clauses qu'on a coutume d'insérer dans les baux, et principalement pour discerner quels sont les points sur lesquels il est permis aux contractants d'étendre, restreindre ou changer, par leurs conventions, les dispositions de la loi, sans la contrarier et sans blesser l'équité.

Les deux espèces principales de contrats de louage sont définies sous les articles 1709 et 1710.

Comme dans la vente, le prix doit généralement, dans le louage, consister en numéraire; cependant le fermier d'un héritage rural paye souvent son prix en une certaine quantité de denrées du fonds affermé.

Le prix doit être sérieux; mais quelle que soit sa vilité, il n'y a pas lieu à rescision pour cause de lésion; jamais elle n'a été admise en pareil contrat. Seulement, il peut, comme les autres conventions, être annulé pour cause de dol ou de violence; et si le prix étant excessivement vil, on dût voir, dans le contrat, une donation plutôt qu'un bail, le contrat n'en produirait pas moins ses effets, supposé du reste que le prétendu bailleur fût capable de conférer l'avantage, et le prétendu preneur apte à le recevoir. (M. Duranton.)

Un bail peut être fait pour un prix unique. (Pothier.)

Un bien ou héritage rural (1711) est un fonds qui produit des fruits naturels ou industriels; une maison, un bâtiment, ne produisent, par le louage, que des fruits civils ou *loyers* (583 et 584).

Le Code (1713) distingue surtout, parmi les louages des choses, celui des immeubles; il s'en occupe immédiatement, et ne parle plus spécialement des meubles, au louage desquels il est aisé d'appliquer, dans l'usage, celles des dispositions subséquentes qui leur sont communes.

On peut louer toutes sortes de biens, pourvu qu'ils soient dans le commerce (537 et suivants).

Les usagers ou ceux qui ont un droit d'habitation ne peuvent louer leurs droits, à moins que le titre qui les a établis ne le leur permit (631, 634 et 628.)

Il en est autrement de l'usufruitier (595).

On ne peut pas louer un droit de servitude; mais un propriétaire peut louer la faculté de passer sur son fonds, ou concéder, à titre de louage, le droit de chasser sur son terrain, pour un certain temps et moyennant un prix déterminé. (M. Duranton.)

On peut louer les biens dotaux, les biens composant un majorat, quoiqu'on ne puisse les vendre.(Id.)

Tout propriétaire incommutable d'un immeuble et qui a l'entière capacité de contracter (1123), peut en faire des baux pour l'espace de temps qu'il juge à propos, pourvu qu'il soit limité; et l'usage permet que ce temps puisse être porté jusqu'à 99 années, à l'égard des baux emphytéotiques dont il sera question plus loin.

Pour pouvoir louer un immeuble, il faut en être propriétaire ou usufruitier, et avoir la capacité de jouir et de disposer de ses revenus; ou bien il faut avoir l'administration, soit légale, soit conventionnelle, de l'immeuble qui est à un autre, telle que l'ont les tuteurs quant aux biens de leurs pupilles, les maris à l'égard des biens de leurs femmes, les envoyés en possession provisoire des biens d'un absent, les curateurs aux successions vacantes, les mandataires particuliers, les administrateurs des hospices, etc. — V. le C. C. art. 125, 450, 481, 595, 1429, 1430, 1536, 1562, 1673 et 1718.

En général, le contrat de louage ne peut intervenir qu'entre les personnes qui sont capables de contracter.

Le mineur émancipé, la femme mariée, le prodigue placé sous l'assistance d'un conseil judiciaire, peuvent passer des baux ordinaires de neuf ans, sans avoir besoin d'autorisation.

Celui qui n'a qu'une portion indivise dans une chose ne peut louer sa portion sans le concours de ses co-propriétaires; en cas de refus de l'un de ceux-ci, les autres peuvent procéder en justice à la licitation du bail. (Pothier.)

La veuve commune en biens ne peut pas non plus passer seule des baux des biens de la communauté.

Le débiteur dont les biens sont expropriés ne peut les louer (C. de pr. 692). — Le bail fait et enregistré avant le commandement tendant à expropriation, doit être maintenu, peu importe la durée du bail ou qu'il ait été fait par anticipation : c'est aux créanciers à prouver que le bail a été fait en fraude de leurs droits. (Toullier, Grenier, Carré.)

Un débiteur dont les biens sont grevés d'hypothèques, peut-il les affermer à longues années et recevoir les fermages par anticipation ?... Cette question est controversée ; mais on pense généralement que le débiteur ne doit pas abuser de sa jouissance au point de porter atteinte au gage qu'il a donné à ses créanciers. R. J. N. — M. Grenier veut que le bail soit maintenu, à moins qu'on ne prouve la fraude.

Le grevé d'une substitution, l'héritier qui possède en attendant l'évènement de la condition d'un legs, le donataire dont la donation est sujette à retour, l'adjudicataire qui peut être dépossédé par une folle-enchère, peuvent louer ou affermer. (Id.)

Il faut regarder comme valables les baux faits par un père à son fils pour le temps de neuf années ou au-dessous, lorsque le prix annuel n'en est pas inférieur aux trois quarts de la valeur locative de l'immeuble loué. (Traité des succ. par Martin, n. 844; argument de l'art. 913 du C. C.)

Les quittances de trois années consécutives de loyer établissent une présomption du paiement des précédentes. (Pothier.) Les juges peuvent faire résulter la même présomption des quittances de deux années consécutives ou même d'une seule année sans réserve, pourvu, au moins, dans ce dernier cas, qu'il existe d'autres circonstances précises et concordantes. (Toullier.)

On peut limiter la durée du bail, en convenant que les parties auront respectivement la faculté de le résilier à leur volonté, en se prévenant réciproquement par écrit un certain temps d'avance; quelquefois cette faculté est réservée à une seule des parties.

2°. Sur les Règles communes aux Baux des maisons et des biens ruraux.

Le seul consentement sur la chose qui est louée et sur le prix, fait le louage; il peut donc se faire par écrit ou verbalement (1744). (1) Les actes qui en sont dressés, soit sous si-

_____

(1) Toujours on a reconnu que le louage étant un contrat *consensuel*, on pouvait louer verbalement. Le Code ne pouvait changer ces idées qui sont déduites de la nature des choses, l'obligation existant dans

gnatures privées, soit par-devant notaires, ne sont interposés que pour servir à la preuve du contrat, ou pour acquérir des droits d'hypothèque et d'exécution. (Galii.)

Les baux ne sont assujettis à aucune forme. (Mouricault.) Si le bail est fait sous seing privé, il doit être rédigé en double original (1325).

Il peut y avoir des promesses de louer, comme des promesses de vendre, soit mutuelles soit unilatérales. La dation d'arrhes peut aussi avoir lieu à l'occasion d'un louage ou d'une promesse de louage. C. de D.

A l'égard de tous autres baux que ceux dont il est parlé à l'art. 1718, leur durée est purement arbitraire, et ne dépend que de la convention. Le bail à terme, quelque prolongé qu'il soit, ne transmet qu'une jouissance temporaire, et par conséquent ne sera toujours qu'un bail pur et simple (Mouricault), excepté le cas où il y a emphytéose ou cession d'usufruit. Sur cet art. 1718, il faut voir les art. 1429 et 1430.

La vente peut être prouvée par témoins, lorsque la valeur de la chose demandée n'excède pas 150 francs, tandis que cette preuve n'est pas reçue à l'égard du louage (1715). Cette disposition est fondée sur les inconvénients particuliers de la preuve testimoniale en cette matière où tout est urgent.

Ainsi, quand un bail prétendu fait sans écrit n'aura encore reçu aucune exécution, s'il est désavoué par l'une des parties, il sera regardé comme non-avenu. (Mouricault.)

La preuve testimoniale de la durée et des conditions d'un bail verbal n'est point recevable même alors que son exécution a commencé. Cependant, à l'égard d'un bail à cheptel, cette preuve serait admise s'il ne s'agissait que de valeurs n'excédant pas 150 francs, à l'effet d'établir que des bestiaux ont été donnés à cheptel. J. J. N.

Le bail sous seing privé non enregistré, souscrit par un failli, ne peut être opposé à ses créanciers représentés par leurs syndics ; tellement qu'ils peuvent donner congé au locataire, comme s'il s'agissait d'un bail verbal, sans être tenus de payer les loyers pendant une année, à compter de l'expiration de l'année courante. J. J. N.

La disposition de l'art. 1715 n'est point applicable aux baux de meubles ni aux louages d'ouvrage.

---

la conscience des contractants, dès le moment où le consentement réciproque est formé. (Jaubert.)

En ce qui concerne le droit de sous-louer pour le preneur (1717), voyez la sect. 4 ci-après.

Après avoir déclaré ce qui peut faire la matière d'un bail, comment il peut être constaté, et combien il peut durer, le Code détermine les obligations respectives du bailleur et du preneur (1719 et suivants).

Le bailleur ne doit pas seulement laisser les lieux dans l'état où ils ont été acceptés par le preneur, il doit encore les y maintenir (1720), et par conséquent y faire, au besoin, les réparations convenables. (Mouricault.) Mais les parties ont pu convenir que le bailleur ne serait point tenu de faire les réparations qui pourraient devenir nécessaires pendant la durée du bail; et s'il a été dit qu'il livrerait la chose telle qu'elle se trouvait au moment du contrat, il n'est point obligé de la délivrer en bon état de réparations de toute espèce, mais seulement en l'état où elle se trouvait au moment de la convention. (M. Duranton.)

Le nouvel engagement résultant de la jouissance (ou possession), dont il est parlé en l'art. 1738, est entièrement conforme au premier quant aux conditions, mais sans terme comme sans écrit, et sans que les hypothèques et l'engagement des cautions, s'il y en a, continuent. Cette *tacite réconduction* n'aurait pas lieu, quoique le preneur eût joui pendant quelque temps au-delà du terme de son bail, si le bailleur, par un congé ou par une sommation de sortir signifiée à ce terme, avait déclaré sa volonté. (Mouricault.)

D'après l'art. 1741, l'une ou l'autre des parties peut demander la résiliation du bail, à défaut d'exécution des engagements contractés. (Id.)

La résolution du bail doit être demandée en justice, même dans le cas d'une clause résolutoire expresse insérée dans le bail. R. J. N.

Les frais du bail sont à la charge du preneur.

SECTION PREMIÈRE.

BAIL A LOYER.

Le rédacteur du bail d'une maison doit avoir soin de bien la désigner; cette désignation est d'autant plus essentielle lorsqu'il ne s'agit que d'un appartement ou d'une partie de la maison.

Les baux à loyers se font ordinairement pour 3, 6 ou 9

années ; ils pourraient être faits pour un plus long temps , la loi ne le défend pas.

Le Code ne détermine pas la proportion qui doit exister entre la valeur des meubles dont le locataire est tenu de garnir la maison (1752) et les loyers tant échus qu'à échoir; les usages varient à cet égard comme sur beaucoup d'autres points relatifs au contrat de louage : c'est à ces usages qu'il faut recourir. (Mouricault.)

Les réparations locatives (1754) sont censées occasionées par l'usage même de la chose , ou par son abus trop fréquent , par le défaut de soin de la part du locataire ou des personnes dont il est responsable. (Id.) — L'entretien des cordes et des seaux des puits est une réparation locative. (Cass.)

Les parties peuvent convenir , par le bail , que le locataire sera tenu de faire certains ouvrages , tels qu'ornements, embellissements , cloisons, alcoves, boiseries, etc. ; et stipuler ou qu'il le fera sans indemnité , et que le tout restera au propriétaire à la fin du bail , ou qu'il sera indemnisé par celui-ci de la manière qui sera expliquée ; ou qu'il aura le droit d'enlever ces objets lors de sa sortie , en remettant les lieux au même état qu'ils étaient dans le principe.

Quelquefois le propriétaire exige de son locataire , en lui passant bail , le paiement d'avance de trois ou de six mois de ses loyers. On annonce que ce paiement (qui ne paraît autorisé par aucune loi , mais seulement toléré par l'usage), sera pour les trois ou six derniers mois de la jouissance du preneur. Il n'est pas régulier de dire que les six mois de loyer d'avance payés par le preneur seront *imputables* sur les six derniers mois de sa jouissance , parce qu'on ne peut concevoir l'action d'*imputer* sur les six derniers mois la somme qui forme le montant de ces six mois de loyer.

Il est toujours prudent pour le propriétaire et le locataire, de faire dresser un état de lieux : cette précaution évite toutes difficultés en sortant. Souvent , cet état est mis à la charge du locataire ; quelquefois il se paie à frais communs. A défaut de convention à cet égard, il est aux frais du propriétaire. (M. Ruelle.)

L'état des lieux est la description par écrit des parties qui composent les distributions intérieures de la maison, et de l'état , au moment du bail, des portes , fenêtres , armoires , alcoves, etc.

Les lois concernant la contribution mobilière rendent les locateurs et sous-locateurs responsables de leurs locataires pour le paiement de leurs contributions, à moins qu'ils n'aient averti le percepteur de la sortie de ceux-ci, aussitôt qu'elle a lieu ; il est donc expédient d'obliger le locataire, par le bail ou sous-bail, de représenter, tous les ans, au locateur, la quittance de contribution mobilière. La contribution des portes et fenêtres qui s'impose sur toutes espèces de bâtiments, excepté sur ceux qui servent à l'exploitation des terres, est exigible des propriétaires, mais ils ont le droit de se faire tenir compte par leurs locataires de la partie de cette contribution qui s'applique aux portes et fenêtres des lieux qu'ils occupent suivant leur bail.

Si un aubergiste a pris à loyer une auberge, il est obligé de l'entretenir comme auberge pendant tout le temps du bail. (C. C. 1728.)

Si le locataire d'une boutique n'en use pas du tout, mais la tient fermée, il y a lieu à la résiliation du bail. (Paris, 28 avril 1810.)

La plupart des principes généraux qui régissent les baux à loyer et à ferme, s'appliquent à un bail d'objets mobiliers; cette espèce de bail n'est d'ailleurs soumise à aucune règle particulière.

Formules.

Bail d'une Maison.

Par-devant M°.   et son collègue, notaires royaux à la résidence de   , département de   , soussignés ;

Fut présent M. G   , propriétaire de la maison ci-après désignée, Lequel a, par ces présentes, loué pour trois, six ou neuf années, au choix respectif de lui et du preneur ci-après nommé, en s'avertissant réciproquement six mois avant l'expiration des trois ou six premières années qui commenceront le 1er. janvier prochain,

A M. S   , à ce présent et ce acceptant, preneur pour lui pendant le temps susdit :

Une maison située à   , rue   , n°.   , etc.

De laquelle maison, ainsi qu'elle se poursuit et comporte, M. G s'est obligé de faire jouir paisiblement M. S   , qui, de son côté, a déclaré la bien connaître pour l'avoir vue et visitée, et en être content.

Pour en jouir par lui, à titre de locataire, pendant lesdites trois, six ou neuf années.

Ce bail fait moyennant la somme de 1,600 francs, en espèces monnayées d'or ou d'argent ayant cours et non autrement, de loyer, pour et par chacune desdites trois, six ou neuf années. Lequel loyer M. S a promis et s'est obligé de payer à M. G   en sa demeure à ou, pour lui, à son mandataire porteur de la grosse des présentes, en quatre termes, de trois mois en trois mois, à raison de quatre cents fr. par terme, le premier desquels écherra et devra être payé le 1er. avril 1832, le second au 1er. juillet suivant, pour continuer ainsi de trois mois en trois mois pendant toute la durée du présent bail, qui a été fait, en outre, aux charges, clauses et conditions suivantes, que M. S s'est obligé d'exécuter et accomplir, sans pouvoir, pour ce, prétendre aucune diminution dudit loyer, et à peine de tous dépens, dommages et intérêts, savoir :

1 . D'habiter en personne ladite maison ;

2°. De la garnir et tenir garnie de meubles et effets exploitables (1), suffisants pour répondre du loyer ci-dessus convenu (1752) ;

3°. D'y faire faire, durant sa jouissance, les réparations locatives ou de menu entretien dont elle aura besoin, pour la rendre en bon état lorsqu'il devra cesser d'en jouir (1754) ;

4°. De souffrir qu'il y soit fait toutes les grosses réparations qui seront jugées nécessaires durant le présent bail, quelqu'incommodité et quelque privation qu'elles puissent lui causer (606 et 1724) ;

5° De payer la contribution des portes et fenêtres ;

6°. De satisfaire à toutes les charges de ville et de police dont les locataires sont ordinairement tenus ;

7°. De ne pouvoir céder ni transporter son droit au présent bail, ni sous-louer, en tout ou en partie, à qui que ce soit, ni même faire aucun échange de jouissance avec d'autres fermiers, sans le consentement exprès et par écrit du bailleur, à peine de résiliation dudit bail, si bon semble à M. G   (1717) ;

8°. Et enfin de payer le coût du présent bail, et d'en fournir incessamment et à ses frais au bailleur, la grosse en bonne forme.

Conventions particulières.

Il a été expressément convenu entre les parties,

1°. Que le preneur serait tenu, à la fin de sa jouissance, de rendre les différents lieux de ladite maison en bon état de réparations locatives, et tels qu'il les recevra suivant l'état qui en sera dressé incessamment entre le bailleur et lui (1730).

2°. Que, dans le cas où le bailleur viendrait à vendre ou à échanger ladite maison pendant l'existence de ce bail, il aurait le droit d'expulser le preneur, sans être tenu envers lui à aucune indemnité, mais à la charge de le prévenir six mois d'avance. *Ou bien* : sans être tenu envers lui qu'à l'indemnité fixée par l'art. 1745 du Code civil.

3°. Enfin, que le bailleur pourrait venir occuper ladite maison par lui-même, se réservant, dans ce cas, la faculté de résoudre le présent bail, en prévenant, par lui, le preneur, six mois d'avance (1762).

Loyer payé d'avance.

M. G   a reconnu que M. S   lui a payé la somme de 400 francs en numéraire compté et réellement délivré à (*ou* hors) la vue des notaires soussignés, pour le loyer des trois derniers mois de

---

(1) Les meubles exploitables sont ceux qui peuvent être saisis et exécutés : v. pour les objets non exploitables, l'art 592 du Code de proc.

A Paris, pour que les meubles soient censés suffisants, il faut qu'en les vendant par autorité de justice leur prix puisse égaler au moins une année de loyer, déduction faite des frais de vente ; dans d'autres lieux, il suffit qu'ils puissent répondre d'un terme, quoique moindre d'un an ; à Orléans, les lieux ne sont suffisamment garnis qu'autant qu'il y en a pour le paiement de deux termes.

Au surplus, en cas de contestation sur ce point, le tribunal ordonne un rapport d'experts. C. de D.

jouissance dudit sieur S   : ce paiement étant fait d'avance pour le dernier terme du bail, l'ordre ci-dessus établi pour l'acquittement des loyers ne sera aucunement interverti.

De sa part, M. G   s'est engagé, suivant l'usage, à tenir le preneur clos et couvert dans ladite maison (1719 et 1720).

Et pour l'exécution des présentes, chacune des parties a élu domicile en sa demeure susdite, auquel lieu, etc., nonobstant, etc., promettant, etc., obligeant, etc., renonçant, etc.

Fait et passé à   , le   mil huit cent

Et, lecture faite, les parties ont signé avec les notaires.

Il est encore quelques autres clauses, moins ordinaires, qu'on insère dans les baux; telles sont les suivantes:

1. Clause relative au pot-de-vin.

Il a été convenu entre les parties que, par forme de pot-de-vin ou épingles, le locataire paiera au propriétaire une somme de   , le jour de son entrée en jouissance, sans pouvoir rien répéter de cette somme dans le cas où le locataire viendrait à être expulsé, si sa jouissance a duré seulement trois années.

2. Clauses relatives aux changements ou embellissements.

Si le preneur fait quelques changements ou embellissements dans la maison à lui louée, le bailleur sera le maître d'en profiter à l'expiration du bail, même sans aucun remboursement ou indemnité; et supposé qu'il préfère de reprendre sa maison dans l'état où elle est actuellement, le preneur sera tenu de l'y remettre à ses frais et dépens: observation faite que, pour constater l'état actuel des lieux, il en a été fait une description double, que chacune des parties a déclaré avoir par-devers soi.

3. Clause de cautionnement.

A ce était présent (ou est intervenu) le sieur N   ; lequel s'est volontairement rendu et constitué caution du preneur envers le bailleur: en conséquence, il s'est obligé solidairement avec lui, et sous les renonciations aux bénéfices de droit, tant au paiement des loyers ci-dessus convenus, à mesure qu'ils écherront, qu'à l'exécution des autres charges, clauses et conditions dudit bail; faisant du tout sa propre affaire et dette personnelle, comme principal débiteur et seul obligé: à quoi il a affecté et hypothéqué tel immeuble, etc.

N. B. Les cautions ne sont plus obligées lorsque le bail se continue par tacite reconduction; la femme même, qui s'est engagée solidairement avec son mari, preneur, cesse alors d'y être obligée (1740). De même, la contrainte par corps stipulée par le bail n'aurait plus lieu.

4. Clause de résiliation du bail, à volonté.

Les parties sont convenues qu'elles pourraient respectivement se désister et se départir du présent bail, en se prévenant réciproquement, par écrit, trois mois d'avance: auquel cas, ledit bail sera et demeurera nul et résilié pour tout le temps qui en restera alors à courir, sans, par les parties, pouvoir prétendre aucune indemnité l'une contre l'autre, mais sans préjudice des loyers alors dus et échus.

5. Clause de résiliation, à défaut de paiement du loyer.

Il a été convenu qu'à défaut de paiement de deux termes consécutifs du loyer, ledit bail serait résolu de plein droit, si bon semble au bailleur, sans être tenu par lui de faire prononcer cette résiliation en justice, et sur le simple commandement qui serait fait au preneur.

6. *État de lieux.*

Il a été convenu qu'avant l'entrée en jouissance du preneur, il sera fait entre le bailleur et lui un état double des lieux de ladite maison ; conformément auquel le preneur sera tenu de les rendre à la fin du bail. Les frais de cet état seront à la charge du preneur seul.

7. *Engagement par le preneur d'obliger sa future épouse à l'exécution du bail.*

Si le preneur se marie pendant le cours du présent bail, il s'oblige de le faire approuver et ratifier par la personne qu'il épousera, et de la faire obliger, solidairement avec lui, au paiement du loyer et à l'exécution de toutes les charges, clauses et conditions insérées audit bail, qui, au moyen de ce, deviendra commun à son épouse.

On peut encore dans un bail à loyer charger le locataire : 1°. De ne pouvoir établir aucun poêle, à moins d'en élever les tuyaux jusqu'à la partie supérieure des cheminées ; 2°. de faire faire, à ses frais, la vidange des fosses d'aisance, si elle est jugée nécessaire dans le cours du bail, sans pouvoir prétendre aucune diminution du loyer ; 3°. de faire curer, aussi à ses frais, le puisard ; 4°. de faire remettre, à ses frais, une corde neuve au puits, quand il en sera besoin ; 5°. de payer en sus du loyer, au portier de la maison, 5 centimes par franc du loyer, et ce, de trois mois en trois mois, etc.

Bail de meubles.

Par-devant, etc., fut présent M. A ; lequel a, par ces présentes, loué pour deux années consécutives, à commencer du , avec promesse de faire jouir pendant ce temps, à M. B , à ce présent et ce acceptant, les meubles et effets dont la désignation suit ; 1°. etc. Tous lesquels objets mobiliers sont en possession de M. B , et dans la maison qu'il occupe à , rue . Pour en jouir par lui, à titre de locataire, pendant ces deux années. Ce bail a été fait à la charge par M. B qui s'y est obligé, 1°. d'user de ces objets mobiliers en bon locataire, et de les rendre à la fin de bail sans autre détérioration que celle qui serait causée par le temps et l'usage ; 2°. de ne pouvoir les déplacer ni les transporter dans un autre local, sans le consentement de M. A ; 3°. de ne pouvoir les sous-louer à qui que ce soit ; 4°. de payer le coût du présent bail. Et, en outre, ce bail a été fait moyennant la somme de , etc.

S'il s'agissait du bail d'un métier, on le désignerait le mieux possible et on chargerait le preneur de l'entretenir de toutes menues réparations et de le rendre à la fin du bail en bon état de travail. V. le Parfait Notaire, t. 2, p. 384, 6°. édition.

Bail d'un Moulin.

S'il est question d'un moulin à eau, on le désigne à peu près ainsi :

« Un moulin à eau, faisant de blé farine, situé à , sur la rivière de , garni de ses meules, ustensiles, tournants et travaillants. » Et l'on charge le preneur de rendre ces objets en bon état, ainsi que les vannes et chaussées, et de faire en sorte que l'eau ne se perde ni dépérisse.

Si c'est un moulin à vent, on charge le preneur d'entretenir les volants et leurs toiles, l'arbre du moulin, les tournants et travaillants, et *l'on insère assez souvent, dans le bail, cette clause :*

Il a été convenu entre les parties que, dans les trois jours qui précéderont l'entrée en jouissance des preneurs dans le moulin, il sera fait, par experts dont les parties conviendront, l'estimation et la prisée des ustensiles qui dépendent de ce moulin ; que le preneur sera tenu de les rendre, à la fin du bail, en pareil état et semblable valeur ; en conséquence qu'il sera procédé alors à une nouvelle prisée de ces ustensiles, et que les parties se feront raison réciproquement du plus ou du moins de cette nouvelle estimation comparée à la première.

S'il s'agissait enfin d'un bail ou marché pour un moulin à papier, v. le Parfait Notaire, tome 2, p. 405, 6ᵉ édition.

SECTION 2.

BAIL A FERME.

La rédaction des baux à ferme exige, de la part des notaires, beaucoup d'attention, tant sur la désignation de la chose louée que sur la manière dont le preneur doit en user. Les clauses si variées des baux à ferme doivent être conçues avec discernement, rédigées avec justesse et disposées de telle sorte que la facilité de leur exécution rassure également les propriétaires et les fermiers, et engage les uns à consentir, les autres à espérer des baux de longue durée, qui seraient d'un si grand avantage pour la culture et les cultivateurs. V. le C. C. 1763 à 1778.

Si l'objet donné à bail est une carrière, une mine métallique ou autre, ou si c'est une forge, une verrerie, avec des bois à l'usage des fourneaux, il faut, par le bail, énoncer le mode et l'étendue de l'extraction que le preneur pourra faire, et la quantité de bois de chauffage, soit en superficie, soit par mesures, que lui fournira le bailleur ; et, quant aux extractions de pierres ou mines, soit en surface, soit en mesures métriques ou cubiques qu'aura le preneur. G. D.

Observations.

Sur la Désignation.

Lorsqu'on fait un bail à ferme, il est important que la désignation des pièces de terre, ou autres héritages non clos, en soit faite, non seulement par mesure, mais encore par tenants et aboutissants ; on doit même les orienter, c'est-à-dire les désigner par aspect du soleil, afin de les mieux reconnaître et d'assurer l'étendue de l'héritage.

V. le C. C. art. 1765 et 1649.

Sur les Choses qui peuvent être affermées (1713).

Le droit de chasse peut être affermé. (Décret du 25 prairial an 13.)

Un arrêt de la cour de Paris, du 19 mars 1812, a décidé que le droit de chasse, qui est une dépendance du droit de propriété, ne peut appartenir au fermier qu'autant qu'il lui a été expressément conféré par le propriétaire.

On ne peut affermer un droit de servitude, ni les droits d'usage et d'habitation. (C. C. 634.)

Sur la Culture (1766 et suivants).

Dans la plus grande partie de la France, et surtout dans les pays de grande culture, la durée des baux à ferme des biens ruraux est toujours convenue pour un espace de temps triennal, comme de trois, six ou neuf années, parce que les terres y sont divisées en trois portions égales, ce qu'on appelle *soles* et saisons, dont chacune a sa culture particulière. Ainsi, quelle que soit l'étendue des terres qui dépendent d'une ferme, il y en a toujours chaque année, un tiers qui est ensemencé en blé froment, un autre tiers qui, ayant produit du blé froment l'année précédente, est ensemencé en avoine ou en autres menus grains; et l'autre tiers, qui, ayant été ensemencé en avoine ou menus grains l'année précédente, reste en *jachère* ou repos, afin de recevoir la culture convenable pour produire du blé froment l'année suivante. De cette matière de cultiver, il résulte que pendant une période de trois ans la même pièce de terre a dû être soumise à toutes les espèces de culture et de productions dont elle est susceptible, et que si le fermier, pendant les deux premières années, a retiré tous les fruits que cette pièce de terre pouvait rapporter, il ne serait pas juste qu'il la rendît au propriétaire pendant l'année où elle doit se reposer, pour réparer l'épuisement des deux récoltes précédentes, et où, par conséquent, elle ne doit rien rapporter.

Il est bon d'obliger le fermier de fournir à ses frais, dans la dernière année du bail, un état de mesurage figuratif de toutes les pièces de terre, par distinction des soles et nouveaux tenants et aboutissants; de lui interdire de faire avec d'autres fermiers des échanges de pièces pour la culture, comme cela arrive quelquefois à cause de la facilité qu'ils y trouvent à l'égard des pièces éloignées; ces échanges ayant souvent donné lieu à des usurpations et prescriptions au préjudice des propriétaires.

Sur les Pailles et Fumiers (524 et 1778).

Il est permis et il est bon de convenir, par le bail, que les pailles et fumiers qui se trouveront dans la ferme, y seront laissés dans tous les cas. Lorsque le fermier trouve ces objets dans la ferme, il faut le lui faire reconnaître, afin d'éviter sur cela tout sujet de difficulté à l'époque de sa sortie. G. D.

Sur les Charges du bail, en charrois, voyages ou journées de travail, etc.

Il est assez d'usage de convenir dans ces baux que, si pendant leur durée, il devient nécessaire de faire de grosses réparations aux bâtiments, le fermier sera tenu de faire, sans aucune indemnité, avec ses chevaux ou bœufs, ses voitures et harnais, et par ses charretiers, les approches des matériaux jusqu'à des distances déterminées; bien entendu que ces travaux ne seront pas exigés dans les temps de l'année où ils seraient incompatibles avec ceux des semailles ou des récoltes.

Il arrive souvent que le fermier est chargé par la convention de faire gratuitement, chaque année, pour le bailleur, des voyages, des labours ou des journées de travail. Ces sortes de charges, par leur nature, ne doivent point se cumuler d'une année sur l'autre, de sorte que le propriétaire qui aurait été un an ou deux ans sans les exiger, pût dans l'année suivante, exiger le double ou le triple de ses voyages et journées, car le fermier qui s'est obligé à une chose qu'il comptait faire successivement sans trop d'incommodité pour lui, n'a pas entendu contracter une charge qu'il lui serait trop onéreux de remplir quand on l'a ainsi laissée s'accroître. Mais si l'intention des parties a été qu'elle profiterait toujours au bailleur, il faut convenir d'une certaine somme que celui-ci pourra exiger pour chaque voyage ou journée qu'il n'aura pas voulu demander.

On peut convenir que le fermier emploiera chaque année à de menues réparations une modique somme qui sera déterminée, et qu'il sera tenu d'en justifier par les mémoires et quittances des ouvriers.

Il arrive quelquefois, dans les baux à ferme, que le bailleur stipule un pot-de-vin; pour peu qu'il soit considérable il est regardé comme faisant partie du bail: aussi n'est-il pas permis à l'usufruitier de stipuler un pot-de-vin dans le bail qu'il passe. (Proudhon.)

Sur les diverses espèces de Fermages.

Le fermage peut être stipulé ou en argent ou en grains et autres denrées, ou à moitié des grains qui proviendront des récoltes, ou au tiers de tous les produits; et l'on peut donner, soit au bailleur, soit au preneur, l'alternative de demander ou d'acquitter le fermage en argent ou en nature.

La première espèce de ces prix de bail est la plus usitée dans les pays de grande culture, qui sont ceux où les laboureurs ont des capitaux suffisants pour fournir aux avances qu'exige l'exploitation d'une ferme, en bestiaux, équipages de labour, salaires de domestiques et denrées pour les subsistances jusqu'à la première récolte. Ces avances sont ordinairement évaluées à une année de fermage pour chaque charrue d'exploitation, qui, dans ces pays, est de 50 hectares.

Le fermage en grains, ou moitié grains moitié argent, est assez usité aussi dans les pays de grande culture où le prix du blé est sujet à de grandes variations. Dans ce cas de fermage en grains, les termes qui n'ont pas été fournis par le fermier à leur échéance, ou dans un temps voisin, ne sont plus payables ni exigibles en nature au gré du bailleur ou du preneur, mais seulement en argent, suivant le prix que le grain avait au marché le plus proche et accoutumé de la ferme, à l'époque où la livraison devait en être faite.

L'usage, dans certains pays, est que le propriétaire peut exiger le blé et que le fermier peut s'acquitter ainsi jusqu'au 24 juin qui a suivi la récolte dont le fermage est dû en grains; mais qu'après le 24 juin, le propriétaire ne peut plus contraindre le fermier à fournir du grain, de même que celui-ci ne peut obliger le propriétaire à en recevoir : en ce cas, s'ils ne sont pas d'accord, il faut recourir à l'appréciation, que, pour le prix commun de l'année, on coutume de calculer et de fixer à cette époque du 24 juin. V. l'art. 129 du C. de pr. dont les dispositions sont applicables aux redevances en grains portées dans les baux. (Toullier.)

Quelquefois on stipule dans le bail que le propriétaire aura le choix exclusif ou d'exiger le fermage, qui y est déterminé, en argent, ou d'exiger en nature une certaine quantité de grains; alors on commence par déterminer le fermage en argent, et l'on dit que le bailleur aura la faculté ou d'exiger cet argent, ou d'exiger en nature une certaine quantité de grains sur le pied du prix moyen qu'on fixera par le bail.

Lorsque par le bail le fermage est déterminé en grains, on convient quelquefois aussi que le fermier aura la faculté de l'acquitter en argent suivant le prix que le blé aura été vendu aux deux marchés d'avant et après l'époque de l'échéance : et l'on peut aussi convenir que pour le paiement ce prix du blé ne pourra jamais être ni moindre qu'une certaine somme que le bailleur pourra toujours exiger, ni plus forte qu'une autre certaine somme, le tout à quelque prix que le blé ait été vendu au marché.

Le fermage à moitié grains et le fermage au tiers franc de

tous produits sont usités dans les pays où il ne se trouve pas des laboureurs en état de faire les avances nécessaires pour l'exploitation. C'est ce qui les fait appeler *pays de petite culture*. Les cultivateurs à bail y sont appelés *métayers* ou *colons partiaires*.

Il arrive le plus ordinairement que c'est le propriétaire qui fournit au laboureur les bestiaux, et lui fait l'avance des semences de la première année et des équipages de labour dont la valeur fixée dans le bail lui est remboursée par le métayer dans des termes convenus; et les bestiaux lui sont donnés à cheptel. Communément ce métayer au tiers franc s'arrange chaque année avec le propriétaire pour acheter de lui ce tiers, parce que les pailles y étant comprises, il lui importe de les garder pour l'engrais des terres; au lieu que le métayer à moitié grains a toujours les pailles, le propriétaire devant les lui rendre à mesure du battage de sa moitié des gerbes.

Les baux des métairies exigent des clauses adaptées à ce mode d'exploitation trop commun dans beaucoup de pays, où il est toujours l'indice du malaise des laboureurs et du peu de bonté des terres.

Sur la Faculté de céder le bail (1717).

La confiance étant l'un des points qui déterminent le choix d'un fermier, il est bon de mettre dans tous les baux l'interdiction absolue de sous-louer, excepté cependant dans un bail général que le fermier ne prend que pour faire des sous-baux; et à l'égard de la cession du bail à un autre, il faut toujours stipuler qu'elle ne pourra être faite sans le consentement par écrit du bailleur; mais il convient d'excepter le cas où le fermier qui voudra établir un fils élevé dans le labour, lui cédera le bail en restant son garant comme principal obligé, ainsi que cela est de droit.

Rien n'empêche aussi que dans un bail à ferme ou un bail partiaire, on ne convienne qu'en cas de décès du preneur sans laisser de veuve ou des enfants majeurs et en état de continuer la culture, le bail cessera de plein droit, si bon semble au bailleur, après la récolte des terres qui seront alors emblavées (ensemencées), en remboursant aux héritiers les frais et mises des labours et amendements faits sur celles qui auront été préparées pour la sole suivante, et en leur donnant un temps suffisant pour le battage et l'enlèvement des grains.

Sur la Clause résolutoire qu'on peut stipuler dans les baux à ferme
(1722—1764).

On peut, par le bail, stipuler formellement qu'il sera résolu de plein droit, si bon semble au propriétaire, par le seul fait de la contravention du fermier, après une simple signification de ce fait notoire et constaté, sans qu'il soit besoin d'autre formalité ni de demande judiciaire, telle étant la condition essentielle sans laquelle le bail n'aurait point été fait ; comme, par exemple, si le locataire est en retard de payer un temps considérable du loyer, s'il a cédé le bail à un autre, quand la faculté lui en avait été interdite, etc.

Quoique l'accomplissement de la condition résolutoire ait pour effet de résoudre le contrat de plein droit, il reste néanmoins la question de fait, c'est-à-dire de savoir si cette condition est accomplie, et les juges seuls peuvent la résoudre, malgré la stipulation, *sans qu'il soit besoin, etc.*, qui est réputée non écrite. R. N.

Sur la Contrainte par corps.

V. le C. C. 2062.

Sur la Tacite réconduction.

Les effets de la tacite réconduction qui s'opère à la suite des baux à ferme écrits ne sont pas réglés par l'art. 1738, commun aux baux des maisons et des héritages ruraux, mais bien par les art. 1774, 1775 et 1776, qui disposent spécialement pour les baux à ferme. En conséquence, le nouveau bail qui s'opère à la suite d'un bail à ferme écrit, expire, de plein droit, à l'époque à laquelle expirerait le bail non écrit, suivant la nature du fonds, et sans que le bailleur soit tenu de donner congé. (Metz, 1er avril 1848.) Il est aussi à remarquer que l'art. 1736, qui fait partie de la section intitulée *des Règles communes aux baux des maisons et des biens ruraux*, doit être restreint et appliqué seulement aux baux des maisons. (Lyon, 4 sept. 1806.)

La tacite réconduction a lieu pour trois ans après l'expiration des baux de terres, à cause de l'ordre accoutumé et nécessaire de les conduire par soles, mais ce n'est qu'après le jet de la semence, et il ne suffit pas d'en avoir continué le labour. (Ainsi jugé à Senlis, en mai 1666.) — Le simple séjour du fermier sur l'héritage ne suffit pas pour établir la tacite réconduction, lorsque ce séjour n'a pas duré assez de

17

temps pour faire présumer le consentement tacite du propriétaire à la continuation du bail. (Pau, 9 nov. 1827.)

Sur les Baux des biens des communes, hospices, etc.

Un décret du 11 août 1807 a réglé la forme et la durée des baux des biens des hospices et autres établissements publics.

Ils doivent être faits pour la durée ordinaire aux enchères, par-devant le notaire que désigne le préfet du département ; et le droit d'hypothèque sur tous les biens du preneur doit y être stipulé.

Le cahier des charges de l'adjudication et de la jouissance doit être dressé préalablement par la commission administrative, le bureau de bienfaisance ou le bureau d'administration, selon la nature de l'établissement. Le sous-préfet donne son avis, et le préfet approuve ou modifie le cahier des charges.

Les affiches pour l'adjudication sont apposées dans les formes et aux termes indiqués par les lois et réglements; et, en outre, leur extrait est inséré dans le journal du lieu de la situation de l'établissement, ou, à défaut, dans celui du département, selon qu'il est prescrit à l'art. 683 du Code de procédure. Il est fait mention du tout dans l'acte d'adjudication.

Un membre de la commission des hospices, du bureau de bienfaisance ou du bureau d'administration, assiste aux enchères et à l'adjudication.

Elle n'est définitive qu'après l'approbation du préfet, et le délai pour l'enregistrement est de quinze jours après celui où elle aura été donnée.

Les actes ne peuvent être soumis à l'approbation du préfet sur la minute ; elle peut être donnée, soit sur une copie certifiée par le membre de la commission de l'hospice présent à l'adjudication, soit sur expédition ou extrait en forme. (Décis. min. du 18 nov. 1828.)

Formule d'un Bail à ferme.

Par-devant, etc., fut présent M. D   , lequel a, par ces présentes, loué à titre de bail à ferme, pour neuf années entières et consécutives qui commenceront par le découennage des jachères de la présente année, pour ensemencer en l'année prochaine, faire la première récolte en l'année   , avec promesse de faire jouir paisiblement pendant ce temps ;

Au sieur R   , cultivateur, et à dame   son épouse, de lui autorisée à l'effet des présentes, demeurants à   , étant ce jour en l'étude, à ce présents et ce acceptant, preneurs solidaires pour eux audit titre de bail à ferme pendant lesdites neuf années :

Art. 1er. Un corps de ferme situé à

Art. 2. Et la quantité de   hectares de terre, pré et vigne, en 75 pièces situées au territoire de   , et dont la désignation suit :

1°. Etc.—Ainsi que lesdits corps de ferme et pièces de terre, pré et vigne, se poursuivent et comportent, et sans que, dans le cas où la contenance sus exprimée serait moindre ou plus grande que celle qu'ont réellement lesdites pièces, il y ait lieu à aucune diminution ou augmentation du fermage ci-après, quelle que soit d'ailleurs la différence de la mesure réelle à la mesure ci-dessus énoncée, de convention expresse (C. C. 1649 et 1765).

De tous lesquels biens, lesdits sieur et dame R   ont déclaré avoir une parfaite connaissance, pour en jouir comme fermiers, en vertu du bail que leur en a fait le père de M. D   , devant M.   notaire à   , le   , dûment enregistré. L'exécution duquel bail est respectivement réservée pour le temps qui en reste à courir.

Pour, par lesdits sieur et dame R   continuer de jouir desdits corps-de-ferme, terres, prés et vignes, à titre de fermiers, pendant les neuf années susdites.

Le présent bail fait moyennant la quantité de   hectolitres (ou   setiers, ancienne mesure de   ) de blé-froment, sain, sec, net, loyal, marchand, et tel qu'il puisse être recevable, de fermage, pour et par chacune desdites neuf années; lequel fermage les preneurs se sont obligés solidairement l'un pour l'autre, un d'eux seul pour le tout, sous les renonciations ordinaires aux bénéfices de droit (ou bien : solidairement entre eux), de fournir et livrer à M. D   , en sa demeure et en ses greniers à   , ou pour lui à son mandataire porteur de la grosse des présentes, au 25 décembre de chaque année, dont la première écherra et sera payée le vingt cinq décembre mil huit cent trente   , pour continuer ainsi d'année en année jusqu'à la fin du présent bail, qui a été fait en outre, aux charges, clauses et conditions suivantes, que les preneurs se sont obligés, sous la solidarité ci-devant exprimée, d'exécuter et accomplir, sans pouvoir prétendre aucune diminution dudit fermage, et à peine de tous dépens, dommages et intérêts, savoir :

1°. D'acquitter, par chaque année du présent bail, la contribution foncière, les centimes additionnels, ordinaires ou extraordinaires, et tous les autres impôts qui pourront être mis et établis, pendant le courant de ce bail, sur lesdits corps de ferme, terres, prés et vignes, sous quelque dénomination et pour quelque cause que ce puisse être; de l'acquit desquels impôts les preneurs devront justifier annuellement au bailleur, en lui en représentant annuellement les quittances;

2°. D'habiter la ferme en personne, avec leurs gens et domestiques;

3°. De la garnir et tenir garnie de meubles et effets, grains, pailles, fourrages, chevaux, vaches, bestiaux et ustensiles nécessaires à son exploitation; comme aussi d'engranger dans les lieux à ce destinés. (C. C. 1766 et 1767.)

4°. D'entretenir les bâtiments et murs de la ferme de toutes réparations locatives;

5°. De souffrir les grosses réparations qu'il conviendra d'y faire pendant le cours du présent bail;

6°. De faire faire à leurs frais les voitures et charrois de tous les matériaux qui devront être employés à ces grosses réparations, même aux reconstructions et augmentations qu'il plairait à M. D   de faire exécuter aux bâtiments de la ferme, durant le cours du présent bail. Les preneurs seront tenus de satisfaire à cette clause sur la première réquisition du bailleur, mais hors le temps de semailles et de moisson. (La présente charge évaluée à   par année, pour faciliter la perception des droits d'enregistrement.)

7°. De laisser, à la fin de ce bail , deux cents paires de pigeons dans le colombier de la ferme, sauf toutefois les voies de fait et cas imprévus, étrangers aux preneurs ;

8°. De labourer , fumer et ensemencer les terres par soles et saisons convenables, sans pouvoir les dessoler ni dessaisonner ; comme aussi, de convertir en fumier , dans la ferme , les pailles qui proviendront des récoltes desdites terres , et d'employer ce fumier à leur engrais ; enfin , de rendre ces terres en bon état de culture, par soles et avec un tiers en jachère, à l'expiration du présent bail ;

9°. D'amender, fumer et étaupiner les prés, les tenir nets et en bonne nature de fauche ; d'entretenir la clôture de ceux qui sont fermés , d'y replanter de nouvelles haies partout où il pourra en manquer , curer et nettoyer les fossés ou rigoles qui entourent , longent ou traversent lesdits prés ; et de les rendre aussi en bon état à la fin du bail ;

10°. De replanter des arbres à la place des anciens, s'il en meurt ;

11°. De bien cultiver et fumer les vignes ; les tailler , provigner et échalasser ; en un mot , de leur donner toutes les façons dont elles sont susceptibles, dans les temps et saisons convenables ;

12°. De fumer et cultiver de même les jardins de la ferme ; d'entretenir en bon état les arbres et ceps de vigne qui s'y trouvent ; tailler et écheniller lesdits arbres, remplacer ceux qui pourront mourir, par d'autres de même nature ;

13°. De conserver la jouissance et possession desdits héritages ; d'avertir M. D   des usurpations qui pourraient y être commises, et de lui en administrer des témoignages suffisants dans les trois mois du trouble (C. C. 1768, et Code de procéd. 72);

14°. De ne pouvoir prétendre à aucune remise sur le fermage ci-dessus stipulé , ni à aucune indemnité , pour raison des pertes que les preneurs pourraient éprouver , en cas de grêle , feu du ciel , gelée ou coulure, inondation et autres cas fortuits extraordinaires , prévus et imprévus, dont ils demeureront chargés, de convention expresse (1772 et 1773);

15°. De ne pouvoir céder ni transporter leur droit au présent bail à qui que ce soit, en tout ou en partie , ni même échanger la jouissance d'aucune des pièces de terre, pré et vigne, sans le consentement formel et par écrit de M. D   , sous peine de résiliation dudit bail, si bon lui semble , et d'être , en outre , tenus (lesdits preneurs) de lui payer une somme de   par forme d'indemnité (1717);

16°. De laisser , par lesdits preneurs , lors de leur sortie de la ferme, au fermier qui leur succédera dans la culture, les logements convenables et autres facilités pour les travaux de l'année suivante , et de plus, les pailles et engrais de l'année ; le tout conformément à l'usage des lieux (1777 et 1778);

17°. De faire faire , par lesdits preneurs et à leurs frais, dans le cours de la troisième année du présent bail , et par arpenteur-géomètre , un mesurage et plan figuré dudit corps de ferme et desdites pièces de terre, pré et vigne ; lequel plan devra contenir, outre la mesure et la figure de chacune desdites pièces, l'indication des territoires et lieux de leur situation , leurs tenants et aboutissants alors nouveaux , par aspect de soleil, remplis des noms des propriétaires des héritages voisins , et non de ceux des fermiers. Duquel plan les preneurs fourniront aussi à leurs frais une expédition à M. D   , quinzaine après sa confection. (La présente charge évaluée, pour la perception des droits d'enregistrement, à 72 francs.)

48o. D'entretenir les fossés partout où il s'en trouve ; de faire, pour M. D   et sans répétition contre lui, les plantations d'arbres qui seraient ordonnées par le gouvernement, le long de quelques-unes desdites pièces ;

49o. De payer le coût du présent bail, et d'en fournir incessamment la grosse en bonne forme à M. D   .

Enfin il a été convenu que M. D   aura la faculté de faire tel échange que bon lui semblera, de partie de pièces de terre, pré et vigne ci-devant désignées, avec d'autres terres ou héritages qui lui paraîtront plus convenables sur les mêmes territoires, sans que les preneurs puissent s'en plaindre ni exiger aucune indemnité : bien entendu qu'ils auront la jouissance des biens qui seront cédés en échange à M. D   et que ces biens seront à peu près d'une valeur semblable à ceux qu'abandonnerait M. D   .

Au paiement du fermage ci-dessus et à l'entière exécution des charges, clauses et conditions insérées au présent bail, les preneurs ont affecté et hypothéqué spécialement toutes les terres qui leur appartiennent sur le territoire de   ; et, pour plus de sûreté, ils se sont soumis volontairement à la peine de la contrainte par corps (2062).

De sa part, le bailleur s'est engagé à tenir les preneurs clos et couverts dans la ferme, et à remplir à leur égard toutes les obligations dont les propriétaires de ferme sont ordinairement tenus envers leurs fermiers (1719 et suivants).

A l'expiration du présent bail, les preneurs ne pourront profiter de la tacite réconduction, sauf le remboursement des labours et semences qu'ils auront pu faire.

Et pour son exécution, etc.

Nota. On trouve dans le Dict. du Not., tome 1er, une formule de procès-verbal d'adjudication de bail à ferme.

Préambule d'un bail à moitié fruits. (C. C. 1763.)

Fut présent M. A   ; lequel a, par ces présentes, donné à moitié fruits, pertes et profits, pour une année qui commencera le   , et finira à pareil jour de l'année   , à M. B   , etc., la métairie de   , située dans la commune de   , consistante en maison pour les colons et bâtiments d'exploitation, terres labourables, prés, vignes, bois, etc.

Enregistrement.

Les baux à ferme ou à loyer de biens meubles et immeubles, les baux de pâturage et nourriture d'animaux, les baux à cheptel ou reconnaissance de bestiaux, et les baux ou conventions pour nourriture de personnes, lorsque la durée en est limitée, sont soumis au droit de 20 centimes par 100 francs sur le prix cumulé de toutes les années.

Le droit de cautionnement de ces baux est de moitié de celui fixé par la présente disposition. (Loi du 16 juin 1824, art. 1er.)

Il faut ajouter au prix du bail, pour la perception du droit, les charges imposées au preneur : par exemple, lorsque le preneur est chargé d'acquitter la contribution foncière, on ajoute au prix un quart pour le montant de cette contribution, s'il n'est pas désigné dans l'acte, ou si l'on n'en justifie pas par le rapport de l'extrait du rôle. (Sol. du 9 brumaire an 7.) Les baux de 3, 6 ou 9 ans, sont considérés comme baux de neuf ans. (Art. 69 de la loi de frimaire an 7.)

Pour les baux (et rentes) stipulés payables en quantité fixe de grains et denrées dont la valeur est déterminée par des mercuriales, la liquidation du droit proportionnel est faite d'après l'évaluation du montant des rentes ou du prix des baux, résultant d'une année commune de la valeur des grains ou autres denrées, selon les mercuriales du marché le plus voisin. On forme l'année commune d'après les quatorze dernières années antérieures à celles de l'ouverture du droit : on retranche les deux plus fortes et les deux plus faibles; l'année commune est établie sur les dix années restantes. (Loi du 15 mai 1818, art. 75.)

S'il s'agit d'objets dont la valeur ne puisse être constatée par les mercuriales, les parties doivent en faire une déclaration estimative. (Loi de frimaire.)

Une quittance de loyer ou de fermage insérée dans le bail même n'est pas susceptible d'un droit particulier. (Décis. min. 18 août 1815.)

Le bail verbal n'est assujetti à aucun droit. (Cass. 24 juin 1812.)

Lorsque le bail fait remonter la jouissance à plus de trois mois, et qu'il ne contient aucune explication sur ce fait, on doit supposer qu'il n'est que la réalisation d'une convention verbale, et le droit en sus n'est pas dû. D. E.

La régie ne peut requérir l'expertise pour constater l'infériorité du prix des baux ni les fausses déclarations de charges à ajouter à ce prix. (Délib. du 2 oct. 1800.)

SECTION 3.
CONTINUATION DE BAIL.

Les continuations de baux ne sont utiles que lorsque, par le premier bail, il a été stipulé une hypothèque, dans l'effet de laquelle le propriétaire désire demeurer conservé, sans novation : autrement il vaut mieux refaire un nouveau bail dans la forme ordinaire; d'ailleurs la continuation de bail ne pourrait être mise à la suite du bail, et elle est assujettie aux mêmes droits d'enregistrement. V. le Parfait Notaire, t. 2, p. 390.

Formule.

Par-devant, etc. , furent présents M. A   (propriétaire), d'une part;
Et M. B   (fermier), d'autre part;

Lesquels sont respectivement convenus, par ces présentes , de continuer pour neuf années consécutives qui commenceront le   , le bail fait par M. A   à M. B   pour neuf années qui expireront le   , de vingt pièces de terre sises aux territoires de   , moyennant   francs de fermage annuel, outre les charges , suivant acte passé devant M⁰.   , etc.

Cette continuation de bail a été consentie moyennant pareille somme de   , que M. B   s'est obligé de payer à M. A   de la manière convenue au bail ci-dessus daté; et en outre aux charges et conditions qui y sont portées, et que M. B   s'est aussi obligé d'exécuter et accomplir sans pouvoir prétendre à aucune diminution du fermage.

Le présent acte ne pourra être considéré que comme une prorogation du bail ci-devant énoncé, M. A   se réservant tous les droits d'hypothèque qui en résultent.

Et pour l'exécution, etc.

SECTION 4.

SOUS-BAIL.

On entend par *sous-bail* la location que le principal locataire ou fermier fait de portion des lieux ou des biens qu'il tient à bail du propriétaire.

Avant de faire un sous-bail , on examine si le locataire ou fermier a , par son bail , le droit de sous-louer, sans le consentement du propriétaire.

La question de savoir si la défense de *céder* le bail emporte ou non la prohibition de *sous-louer en partie*, a été décidée en sens contraire par les cours royales d'Amiens et de Paris. (24 mai 1817 et 28 mars 1829.)

Quoique la faculté de sous-louer soit interdite par le bail, le locataire peut , en cessant d'habiter par lui-même la maison louée, la faire habiter par ses domestiques ou des personnes de confiance. (Bordeaux , 11 janv. 1826.)

Toutefois la défense de sous-louer stipulée dans un bail est d'une telle rigueur , que son inobservation entraine la résolution du bail, sans que le juge puisse accorder un délai au preneur selon les circonstances. (Colmar , 16 août 1816.)

V. le C. C. art. 1753 et 820 du Code de prodédure.

Les sous-baux sont sujets aux mêmes droits d'enregistrement que les baux.

Formule.

Par-devant, etc. , fut présent M. A   , principal locataire , pour neuf années qui ont commencé le   , d'une maison située à

rue   , n°.   , suivant le bail que lui en a fait M. D   ,
devant M^r.   , notaire à   , etc.

Lequel a, par ces présentes, donné à titre de sous-bail à loyer, pour
trois années consécutives, etc.

A M. B   . Deux chambres au premier étage, etc.

Ce sous-bail fait moyennant la somme de   , etc.

Nota. Le reste du sous-bail se fait absolument comme un
bail.

SECTION 5.

TRANSPORT DE BAIL.

Le *transport de bail* est un acte par lequel un locataire
ou fermier cède à un autre la totalité de ses droits à un
bail qui lui avait été fait, et qui n'est pas encore achevé.

Pour savoir quand le locataire ou fermier a le droit de
céder son bail, voyez les art. 1717 et 1763 du Code civil.

Le locataire, en cédant son droit au bail, demeure toujours garant du loyer et des conditions du bail, si le propriétaire n'est pas intervenu dans le transport pour
l'approuver et accepter le cessionnaire. Il reste même obligé
et garant de tous les faits des sous-locataires, le bailleur a
toujours son action contre lui. (Rogron.)

Les rétrocessions de baux sont soumises aux mêmes droits
d'enregistrement que les baux.

Formule.

Par-devant, etc., furent présents : M. C   et dame   , son
épouse, de lui autorisée, demeurants à

Lesquels ont, par ces présentes, cédé et transporté à M. C   leur
fils, cultivateur, demeurant à   , à ce présent et acceptant :

Leur droit, pour tout le temps de sa durée (*ou, s'il est commencé,*
pour tout le temps qui en reste à courir, à compter du   ) au bail
qui leur a été fait par M. L   , pour neuf années, etc. d'un corps
de ferme, etc., moyennant, etc., suivant acte passé devant M^e   etc.

Ce transport fait à la charge par M. C   fils, qui s'y est obligé,
1°. d'exécuter et accomplir toutes les charges, clauses et conditions
énoncées audit bail, et ci-dessus rapportées; 2°. de payer, en l'acquit
des cédants, aux époques ci-dessus mentionnées, les 5,000 francs en
argent et les faisances ci-dessus déclarées, de fermage annuel, par chacune des   années qui restent à faire dudit bail; 3°. de faire en sorte
que, pour raison du paiement de ce fermage et de l'exécution desdites
charges, clauses et conditions, lesdits sieur et dame C   ne soient
aucunement inquiétés, poursuivis ni recherchés par qui que ce soit, à
peine de tous dépens, dommages et intérêts; 4°. et de payer le coût du
présent acte.

A ce est intervenu M. L   ; lequel a, par ces présentes, déclaré
avoir pour agréable le présent transport, et se le tenir pour signifié,
sous la condition néanmoins que le sieur et dame C   , père et mère,
resteront garants principaux et répondants solidaires de leur fils, tant
pour le paiement du fermage que pour l'exécution des charges, clauses

et conditions insérées audit bail, qui conservera toute sa force et vertu contre les père et mère, sans que les paiements que leur fils fera directement à M. L   , puissent aucunement lui préjudicier, et être considérés comme une dérogation à l'effet du bail contre les cédants : le tout à quoi ces derniers ont consenti.

Et pour l'exécution, etc.

SECTION 6.

RÉSILIATION DE BAIL.

La *résiliation de bail* est un acte par lequel on dissout et annule un bail.

Le contrat de louage, de même que tous les autres contrats, peut cesser par le concours de la volonté des parties contractantes.

La résiliation est consentie avec ou sans indemnité.

L'indemnité est assez souvent stipulée au profit du bailleur, lorsque surtout c'est le locataire qui a sollicité la résiliation : quelquefois aussi l'indemnité est au profit du preneur, ce qui arrive lorsque le propriétaire est intéressé à la résiliation.

L'indemnité peut consister ou dans une somme payée comptant ou payable à une époque déterminée, ou dans la remise des loyers échus, ou dans la décharge donnée par le bailleur au preneur de faire les réparations locatives, et de rétablir les lieux dans l'état où ils étaient lors de son entrée en jouissance, ou dans le consentement à ce que le bailleur retienne les embellissements que le preneur a pu faire.

Voyez le Code civil, art. 1722.

Les résiliations de baux opèrent les mêmes droits d'enregistrement que les baux, mais seulement sur les années qui restent à courir. (Loi du 22 frim. an 7.)

Formule.

Par-devant, etc., furent présents M. A   , d'une part ; et M. B   , d'autre part.

Lesquels ont, par ces présentes, volontairement consenti la nullité et résiliation pure et simple, pour tout le temps qui en reste à courir, à compter du   , du bail fait par M. A   à M. B   , pour   années, qui ont commencé le   , moyennant   francs, de loyer annuel, d'une maison située à, etc., suivant acte passé devant, etc.

Au moyen de quoi, ce bail sera et demeurera sans effet, comme non fait ni avenu, à compter du   , auquel jour M. B   sortira de ladite maison et la rendra à M. A   , libre, vide, nette, en bon état de réparations locatives, et dans l'état où il l'a reçue.

M. A   a fait réserve de tous ses droits et actions résultants dudit bail, contre M. B   , pour raison tant desdites réparations locatives que des loyers qui seront dus et échus au *tel jour.*

Cette résiliation a été ainsi consentie sans indemnité de part ni d'autre.

Dont acte, etc.

S'il y avait indemnité, on dirait :

Cette résiliation, qui a été sollicitée par le preneur, a été consentie de la part du bailleur, moyennant, etc. (Expliquer la nature de l'indemnité et les conventions des parties à cet égard.)

Nota. On peut aussi faire la résiliation de bail sous la forme d'un désistement; mais la manière que nous venons d'indiquer est la plus usitée.

SECTION 7.

BAIL A CHEPTEL.

Le Code civil donne la définition et détermine les règles des diverses sortes de cheptels sous les articles 1800 — 1831.

Le mot *cheptel* dérive, suivant quelques-uns, de *capital*, fonds, à cause que le cheptel est composé de plusieurs chefs de bêtes qui forment un capital.

On appelle *cheptelier* le preneur à cheptel.

Outre les clauses ordinaires des baux à cheptel, qu'on trouvera dans les formules ci-après, l'intention des parties et les circonstances peuvent quelquefois en faire naître d'autres ; mais il faut toujours avoir grand soin de bien examiner si elles peuvent être permises dans de pareils actes eu égard à la nature des cheptels ; et le moyen le plus sûr de ne point s'y tromper, c'est de recourir aux articles du Code civil, où l'on trouve le détail des clauses que l'on doit regarder comme illicites : or, celles-là une fois exceptées toute prohibition cesse, et chacun est maître de faire insérer dans un bail à cheptel telle ou telle stipulation, selon que sa volonté peut lui suggérer. Alors, le jugement du rédacteur doit être son seul guide, et ce n'est plus que par lui qu'il doit décider s'il y a lieu de rédiger la stipulation, ou si au contraire elle répugne soit au droit public soit aux bonnes mœurs.

Il est très-rare que les baux à cheptel des deux premières espèces se fassent par des actes notariés, parce qu'on peut les faire soit verbalement, soit par des écrits sous seings privés. Celui de la troisième espèce est le seul dont l'acte se passe communément devant notaire, parce qu'il est compris dans le bail d'une ferme ou d'une métairie.

1. *Bail à cheptel simple ou ordinaire.*

Par-devant, etc., fut présent M. Grandjean, etc.

Lequel a, par ces présentes, donné, à titre de cheptel simple, pour trois années consécutives qui ont commencé le jour d'hier,

A Jean-Baptiste Sompuis, laboureur, demeurant à   , à ce présent et acceptant :

Vingt brebis et quatre béliers, distingués par (telle marque), plus six vaches laitières dont deux sous poil rouge ; âgées de trois ans chacune, et les quatre autres sous poil mêlé de noir et de blanc, âgées d'environ quatre ans aussi chacune, enfin un cheval de cinq ans, sous poil gris, et deux juments de même poil, âgées chacune de quatre ans et demi; de tous lesquels bestiaux, que ledit Sompuis déclare avoir en sa possession, ledit Granjean, à qui ils appartiennent, s'oblige de le faire jouir pendant lesdites trois années.

Ce bail fait aux charges, clauses et conditions suivantes :

1° Le preneur sera tenu de nourrir à ses frais tous lesdits bestiaux tant que durera le présent bail, comme aussi d'en prendre tout le soin possible, de les loger, garder, gouverner et héberger comme il convient, moyennant quoi, il jouira seul des profits de laitage, graisse et fumier, ensemble du travail de ceux desdits bestiaux qui servent aux charrois et à la culture des terres (1804, 1806 et 1811).

2°. Le fonds du cheptel est ici estimé par les parties de valeur de   sur laquelle somme elles entendent régler le profit ou la perte qu'il pourra y avoir à l'expiration de la jouissance du preneur (1805).

3°. Pour constater le profit ou la perte, il en sera fait, à l'expiration du présent bail, une nouvelle prisée par des experts dont les parties conviendront (1817).

4°. Si le cheptel se trouve valoir alors plus qu'il ne vaut actuellement, le bailleur ayant une fois prélevé la somme de   , à quoi son cheptel vient d'être estimé, l'excédant de valeur sera partagé également entre lui et le preneur; si au contraire le cheptel est alors prisé au-dessous de l'estimation ci-dessus faite, le preneur sera tenu de faire raison au bailleur de la moitié de ce dont le cheptel aura diminué de valeur : la convention étant que la perte soit également commune entre eux comme le profit (1817).

5°. Relativement aux croîts, le bailleur et le preneur auront réciproquement la faculté de faire priser le cheptel, et d'exiger le partage desdits croîts, soit à la fin de chaque année, soit en tout autre temps, lorsque bon leur semblera : il en sera de même des laines.

6°. Si quelques-uns des chefs du cheptel viennent à mourir sans qu'il y ait de la faute du preneur, celui-ci devra d'abord les remplacer par les croîts ; et il n'y aura que le surplus desdits croîts qui demeurera sujet à partage entre les parties.

7°. Mais si lesdits bestiaux périssent ou se perdent en tout ou en partie, par la faute et la négligence du preneur, il sera tenu de payer sur-le-champ au bailleur la somme de   (s'il s'agit de la totalité), tant pour lui tenir lieu de son cheptel, que par forme de dommages intérêts; et si dans lesdits bestiaux il n'y en a que quelques-uns de péris ou de perdus par la même faute ou négligence, il sera payé par le preneur au bailleur, savoir :   par chaque brebis ou bélier ;   pour chaque vache ;   pour le cheval si c'est lui qui est perdu ou péri ; et   pour chaque jument.

8°. A l'égard des cas fortuits ou autres circonstances qui pourraient causer la mort ou la perte desdits bestiaux ; sans que le preneur fût en faute, il n'en sera tenu que pour la moitié envers le bailleur, qui de sa part supportera l'autre moitié de la perte.

9°. Et attendu que le preneur, ayant lui-même intérêt de conserver lesdits bestiaux, ne peut être présumé en faute, quoique leur nombre vienne à diminuer, il est arrêté entre les parties que ce sera le bailleur qui demeurera chargé de la preuve, supposé qu'il mette en fait que ce soit par la faute du preneur qu'il se trouve une diminution dans le nombre desdits bestiaux (1808). Mais le preneur sera toujours tenu de rendre compte des peaux des bêtes (1809).

10°. Les frais des présentes seront supportés par, etc.
Pour l'exécution, etc.

2. Cheptel à moitié.

Par-devant, etc., furent présents : le sieur C   d'une part ;
Et le sieur F   d'autre part.

Lesquels ont, par ces présentes, déclaré avoir fait ensemble, par forme de société, le contrat de cheptel à moitié dont les conditions suivent ; dans lequel contrat le sieur C   a procédé comme bailleur, et le sieur F   comme preneur, quoique la mise de chacun d'eux soit égale.

Le bailleur et le preneur, propriétaires chacun de six chevaux, deux juments, cinquante moutons, vingt brebis, dix chèvres, huit vaches et quatre bœufs, désignés distinctement dans les deux états ci-joints, qui ont été signés des parties, *ne varientur*, ayant désiré faire société entre eux de cette quantité de bestiaux, ledit F   a pris chez lui, à titre de cheptel, ceux qui appartiennent audit sieur C   , pour, avec les siens propres, servir à la culture, tant de la ferme de   qu'il tient de M.   , que des autres héritages qu'il pourra prendre à bail par la suite : à raison duquel contrat de société chacune des parties sera tenue envers l'autre de la garantie de droit (1818).

La jouissance que le sieur C   a accordée de ses bestiaux audit F   a commencé le 1er du présent mois ; et il est convenu qu'elle durera trois années consécutives, à moins que le preneur ne vienne à mésuser de son droit, auquel cas le bailleur sera libre de rompre la société, et d'exiger le partage du cheptel, sans être tenu d'attendre l'expiration des trois années.

Le preneur demeurera seul chargé de la nourriture, du logement, de la garde et du gouvernement des bestiaux de la société ; pour raison de quoi il profitera seul des laitages, fumiers et labeurs desdits bestiaux (1819).

Quant aux profits des laines et croîts, ils seront partagés également entre l'une et l'autre des parties (1819).

Pour l'exécution, etc.

3. Cheptel de fer.

Par-devant, etc. fut présent le sieur G

Lequel a, par ces présentes, donné à ferme pour six années et six dépouilles consécutives, à compter du 11 novembre de l'année dernière (C. C. 1821) ;

Au sieur M   , demeurant à   , à ce présent et acceptant :
La ferme ou métairie du bourg, située à

De laquelle ferme le preneur a déclaré avoir une parfaite connaissance, pour en jouir par lui-même dès le 11 novembre dernier.

Ce bail fait moyennant la somme de   , de redevance annuelle, tant pour ladite ferme que pour le loyer des bestiaux dont il sera ci-après parlé ; laquelle redevance sera payable par chaque année, en la demeure dudit G   , etc. (V. la formule du Bail à ferme.)

Par ces mêmes présentes, ledit M   preneur, a reconnu avoir en sa possession depuis ledit jour 11 novembre dernier, sous le titre de cheptel de fer, tous les bestiaux qui garnissaient la métairie du bourg, dont le bailleur, à qui ils appartiennent, s'est obligé de le faire jouir jusqu'à l'expiration du bail ci-dessus ; l'état desquels bestiaux est demeuré ci-joint, à la réquisition des parties, après qu'elles l'ont en signé en présence des notaires soussignés.

Aucun desdits bestiaux ne pourra être vendu par le preneur pour cause de vieillesse, ni sous quelqu'autre prétexte que ce puisse être, sans le consentement exprès et par écrit dudit sieur G   ; de plus, le preneur ne pourra s'en servir, les employer, ni souffrir qu'on s'en serve à aucun autre usage qu'à la culture des terres de la ferme du bourg (1821).

Il a été convenu à l'amiable, entre les parties, que les bestiaux composant le cheptel de fer dont il s'agit, demeureront fixés et estimés à la somme de   (1822); et qu'à la fin de sa jouissance le preneur sera tenu de laisser dans ladite métairie une quantité de bestiaux qui égale en valeur le montant de ladite estimation (1821); bien entendu que le preneur aura seul tous les croîts et profits dudit cheptel, pendant tout le temps que doit durer le présent bail, cette condition étant de la nature du cheptel de fer (1823).

Le sieur M   supportera seul les frais du présent acte.

Et pour l'exécution, etc.

4. Bail d'une vache. (C. C. 1831.)

Par-devant, etc., fut présent M. B

Lequel a donné à titre de bail à cheptel, pour trois années consécutives qui ont commencé le

Au sieur A   , à ce présent et acceptant·

Une vache sous poil rouge, âgée de 5 ans, et que ledit B   a déclaré avoir en sa possession.

Ce bail fait moyennant la somme de   , que ledit sieur B s'est obligé de payer à M. A   , etc.

Et, en outre, à la charge par lui de loger et bien nourrir ladite vache, de manière qu'elle soit en bon état à la fin de sa jouissance.

Au moyen de ces obligations, le sieur B   aura seul, pendant lesdites 3 années, le produit de ladite vache, en laitage, croîts et fumier.

S'il arrivait qu'elle vînt à périr dans le cours de ces trois années, la perte en serait supportée par les parties, chacune par moitié, pourvu qu'il n'y ait aucune faute de la part du sieur B   , attendu que, dans le cas où elle périrait par sa faute, la perte en serait supportée par lui seul, et il serait tenu de payer à M. A   la somme de 100 fr. à quoi les parties ont évalué ladite vache.

Le sieur B   paiera le coût des présentes.

Fait et passé, etc.

Variantes.

Le bailleur s'est réservé le profit des veaux qui naîtront de cette vache, et que le preneur sera tenu de lui remettre aussitôt qu'ils seront en état d'être sevrés.

Pour la récompense de la nourriture que le preneur fournira et aussi de ses soins, il aura le profit du laitage, sauf celui des veaux depuis que la vache aura vêlé jusqu'à ce que les veaux puissent être sevrés; il aura pareillement le profit du fumier, à la charge par lui de se fournir à ses dépens de chaume pour faire la litière.

Enregistrement.

Les droits sont, comme pour les baux ordinaires, de 20 centimes par 100 francs : c'est sur la valeur des bestiaux, d'après les actes ou les déclarations des parties, que le droit doit être perçu.

SECTION 8.

CONGÉ.

On entend par *congé* la notification qui est faite à un locataire ou fermier de cesser sa jouissance, mais l'*acte de congé* qui fait l'objet de cette section, est une résolution de bail amiable, respective, ou acceptation de congé.

Si le congé a pour objet d'opérer la résolution du bail, et qu'on le fasse par acte sous seings privés, il doit être double, parce qu'il renferme une convention synallagmatique. (R. N.)

L'usage est de donner congé par huissier, mais les parties peuvent en convenir entre elles verbalement ou par écrit. (Id.)

Dans Paris, pour une maison entière, un corps-de-logis, une boutique ouverte sur la rue, quelque modique que soit le loyer, il faut *six mois* d'intervalle entre la signification du congé et le terme pour lequel il est donné; *trois mois* pour les loyers d'appartements au-dessus de 400 francs, et *six semaines* pour les loyers au-dessous de 400 francs.

La jurisprudence accorde au locataire, au-delà du jour porté par le congé, un délai pour sortir et faire les réparations locatives : il est de *huit jours*, lorsque le congé a dû être donné à six semaines de date, et de *quinze jours* lorsqu'il a dû être donné à trois mois.

Le locataire n'est tenu de rendre les clefs que le 8 ou le 15 à midi; ce délai, n'étant qu'un temps de grâce, n'est point compté dans celui du congé : ainsi quoiqu'il soit dit, dans le bail, que la jouissance du preneur aura lieu du premier jour du mois qui commencera le terme, néanmoins si la maison est située à Paris, le locataire ne peut exiger d'être mis en possession avant le 8 ou le 15 du même mois, par les raisons énoncées ci-dessus; mais aussi ce nouveau locataire, à la fin de son bail, jouira du même délai de huit ou quinze jours pour vider sa maison.

A Lyon, et dans la plupart des autres villes de province, l'usage est d'avertir un demi-terme avant la sortie.

Modèle d'un acte de congé sous seing privé.

Entre les soussignés :

M. R , d'une part,
Et M. S , d'autre part;
Il a été convenu ce qui suit :
M. R , propriétaire d'une maison située à , donne congé pour le prochain, à M. S de l'appartement qu'il

occupe au   étage de cette maison.

M. S   déclare accepter le congé pour ledit jour prochain.

Fait double à   le

Formule notariée.

Par-devant, etc., furent présents : M. A   (propriétaire), d'une part; et M. C   (locataire), d'autre part; lesquels sont convenus de ce qui suit :

M. C   a accepté le congé que M. A   lui a donné, par ces présentes, d'une maison sise à   , rue   , n°   , sous la condition mutuellement proposée et acceptée, que cette location cessera tous ses effets à compter du

M. A   a quitté et déchargé M. C   de la somme de qu'il lui devait pour loyers dus et échus jusqu'à ce jour ; et il a reconnu en outre, n'avoir aucune réclamation à exercer pour raison des réparations locatives et du paiement de l'impôt des portes et fenêtres.

M. A   a reconnu que M. C   lui a remis toutes les clefs des portes d'entrée et de l'intérieur de la maison. De son côté, M. C a reconnu en avoir retiré tous les objets mobiliers et ustensiles qui lui appartenaient.

Enfin les parties se sont désistées réciproquement de toutes les poursuites et actions judiciaires qu'elles ont exercées jusqu'à ce jour l'une contre l'autre ; consentant que ces actions et poursuites soient considérées comme nulles, non faites ni avenues, et ne puissent plus en conséquence produire aucun effet. — Les frais et droits des présentes seront supportés par M.

Dont acte, etc.

Enregistrement.

L'acte de congé est passible du droit fixe d'un franc. (Art. 68 de la loi du 22 frimaire an 7.) S'il y avait un bail écrit et que le congé fît cesser la jouissance avant l'époque fixée par ce bail, alors le droit proportionnel serait dû comme pour les baux, à raison de 20 centimes par 100 francs sur le montant des années restant à courir.

SECTION 9.

BAIL A COMPLANT.

C'est une espèce de bail en usage dans quelques départements, comme la Loire-Inférieure, le Maine-et-Loire et la Vendée, par lequel un propriétaire cède la jouissance d'un champ, à la charge par le preneur d'y planter des arbres et particulièrement des vignes, et de rendre une partie des fruits au propriétaire du terrain. — Le terme de complant sert aussi à désigner la redevance payable par le preneur.

Il ne paraît pas que la législation actuelle réprouve les baux à complant, sous quelque point de vue qu'on les envisage. R. N.

Pour les cas non prévus, le bail à complant est assujetti aux règles des baux à ferme; et conséquemment le droit du preneur est un simple droit de culture, un droit mobilier.

Il y a dans les effets une notable différence entre les baux à complant et les champarts ou baux à locatairie en perpétuel ordinaires, il importe donc beaucoup de ne pas les confondre. Trois choses peuvent les faire distinguer, 1°. la circonstance que la concession a été faite d'un terrain pour être planté ou entretenu en vignes, ce qui peut sans doute se rencontrer aussi dans les baux à locatairie ordinaires, mais ce qui est nécessaire pour qu'il y ait bail à complant; 2°. les termes du contrat; 3°. enfin les localités; car dans certains départements, ces baux, quand il s'agit de terrains livrés pour être plantés ou entretenus en vignes, sont, dans l'usage et la pensée des contractants, de vrais baux à complant, plutôt que de simples champarts.

Ce droit connu sous le nom de *champart* est encore d'un usage fréquent dans les départements de la Loire-Inférieure, la Loire et l'Allier; il consiste dans une certaine quotité des fruits d'un héritage que l'on a donné à cultiver, sous cette condition, à perpétuité ou pour un temps généralement plus long que celui des baux passés aux colons partiaires ordinaires.

On l'appelle aussi dans quelques contrées *terrage* ou *agrier*; dans d'autres, *droit de tiers, de quart, de cinquain*, etc.

On appelle même *champart*, mais improprement, l'amodiation en perpétuel d'un fonds moyennant une certaine quantité de fruits payable chaque année, par exemple, dix mesures de froment; mais c'est plutôt un bail à rente qu'un véritable champart dont le nom vient de *campi pars*, c'est-à-dire par métonymie, une part aliquote des fruits du champ. (Cours de Droit français, tome 4.) On trouve une formule de ce bail dans le Dict. du Not., t. 2, page 58, 3° éd.

SECTION 10.

BAIL A CONVENANT OU A DOMAINE CONGÉABLE.

Contrat par lequel le propriétaire d'un bien rural en transporte la propriété utile, les édifices et superficies, moyennant une redevance en argent ou en nature, avec réserve de pouvoir congédier le preneur ou domanier après un temps déterminé, en lui remboursant la valeur des édifices et superficies, d'après une estimation à dire d'experts.

On doit regarder ces baux comme une aliénation de la jouissance et de la superficie, mais non du droit de propriété dans le fonds, puisque le bailleur peut toujours y rentrer, en remboursant les superficies et autres améliorations : c'est une sorte de vente à réméré perpétuel.

Le preneur peut aliéner son droit, il peut aussi l'hypothéquer.

Ces baux sont encore en très-grand usage dans la Bretagne, et avec les effets dont nous parlons.

De ce que le preneur n'a pas la propriété pleine et entière, ses cessionnaires prétendaient ne pas devoir à la régie les droits de mutation sur le pied de la vente d'immeubles ; mais la cour suprême a décidé que, si par rapport au propriétaire, le droit du tenancier est mobilier quant aux indemnités qui peuvent lui être dues lors du retrait, les édifices sont immeubles à l'égard de l'acquéreur ou cessionnaire. (Cours de Droit.)

SECTION 11.

BAIL A CULTURE PERPÉTUELLE.

Acte par lequel le propriétaire d'un bien rural ou fonds de terre l'affermait à perpétuité, à la charge par le preneur de le tenir constamment en bon état de culture, et d'en payer annuellement une redevance ou prestation au bailleur et à ses héritiers ou autres successeurs : ce bail était la même chose que la locatairie perpétuelle, dont on va parler. (Merlin.)

M. Massé pense que ces sortes de baux ne sont plus licites aujourd'hui.

SECTION 12.

BAIL A LOCATAIRIE PERPÉTUELLE.

Espèce de contrat qui tient de l'emphytéose et du bail à rente, et qui cependant est distingué de chacun de ces actes par des traits bien caractéristiques.

Par le bail à locatairie perpétuelle, le preneur acquiert la possession naturelle et utile ; mais la propriété foncière et la possession civile demeurent dans la main du bailleur. (Merlin.)

Le bail à rente n'était point un contrat de louage, mais une aliénation proprement dite avec simple réserve d'une rente sur l'immeuble. Si l'on rédigeait aujourd'hui un bail à rente dans les mêmes termes qu'autrefois, il ne serait toujours réputé qu'une simple vente, moyennant une rente perpétuelle. (M. Massé.)

BAIL EMPHYTÉOTIQUE.

L'emphytéose est la concession d'un fonds par l'une des parties à l'autre, pour le cultiver, en percevoir tous les produits, en supporter les charges, moyennant une redevance annuelle. Le *bail emphytéotique* est donc l'acte par lequel le propriétaire d'un héritage en aliène le domaine utile, c'est-à-dire la propriété, pour un certain temps, moyennant une redevance annuelle. Le *domaine utile* se compose de la jouissance des fruits que produit l'héritage; le preneur qui possède le domaine utile, peut disposer de l'héritage à son gré, et se faire maintenir, comme propriétaire, pendant le cours du bail, contre tous ceux qui l'y troublent et contre le bailleur lui-même. R. N.

Nul doute, suivant tous les auteurs, que l'emphytéose ne puisse encore avoir lieu; mais les baux emphytéotiques ne sont plus soumis de plein droit aux règles de l'ancienne jurisprudence, et ils n'ont d'effet que celui qui résulte des stipulations des parties, d'après les principes généraux sur les contrats. (Merlin, Favard, etc.)

Le Code civil n'ayant point prohibé le contrat de bail à emphytéose, l'a par cela même maintenu avec les effets qu'il avait avant sa promulgation. L'un de ces effets principaux était, soit dans l'ancien droit, soit dans le droit intermédiaire, et notamment d'après les lois du 9 messidor an 3 et du 11 brumaire an 7, d'autoriser le preneur à hypothéquer le bien par lui possédé à titre d'emphytéose. (Cass. 19 juillet 1832.) V. la Gazette des Tribunaux du 26 juillet 1832.

Ce bail ne peut être consenti que par les personnes qui ont la libre disposition de leurs biens, puisqu'il renferme l'aliénation d'un droit de propriété. R. N.

La durée du bail emphytéotique n'excédait jamais 100 ans; on le faisait et on le fait encore ordinairement pour 99 ans : si on le faisait à perpétuité, ce serait une vente à rente. (Id.) L'usage a fait adopter ce long terme, qui est considéré comme celui de la plus longue vie des hommes.

L'emphytéose peut hypothéquer et aliéner l'héritage emphytéotique, sauf la dissolution du droit des créanciers et des acquéreurs à l'expiration du bail. (Paris, 10 mai 1831.)

Les différentes clauses qui peuvent être insérées dans l'emphytéose, déterminent les obligations des parties.

M. Toullier dit qu'il serait à désirer qu'une loi précise fixât les idées sur le bail emphytéotique, que l'on confond quelquefois mal à propos avec le bail à longues années ou avec le bail à rente.

Un avis du conseil d'état, du 22 janv. 1809, porte que les contributions imposées sur les propriétés tenues à bail emphytéotique doivent être à la charge de l'emphytéote, lors même qu'il n'y a pas été astreint expressément par le bail.

La cession d'un bail emphytéotique est susceptible de transcription. (M. Guichard.)

Le bail emphytéotique, sujet aux règles générales établies par le Code civil, est susceptible de toutes les stipulations que veulent faire les contractants, sur la nature et l'espèce d'augmentations et bonifications dont sera tenu l'emphytéote: sur les changements qu'il lui sera permis ou non pendant le cours de sa possession; sur l'état dans lequel il devra en sortant livrer la chose à lui baillée; et sur la manière dont cet état sera alors vérifié et constaté; les notaires doivent y exprimer avec précision toutes ces particularités, afin qu'il ne puisse jamais en résulter des sujets d'incertitude ou de contestation.

Le bail emphytéotique, quoique étant une sorte d'aliénation, n'est point sujet à être rescindé pour cause de lésion. G. D.

Quant à la forme de ce contrat, elle est à peu près celle d'un bail ordinaire. On stipule que le propriétaire donne à titre de bail emphytéotique, pour tel temps, au preneur qui accepte pour lui et ses héritiers ou ayant-cause, l'immeuble que l'on désigne et dont on établit la propriété comme dans la vente.

Au lieu d'employer le terme de *fermage* ou *loyer*, on se sert du mot *redevance*, qu'on nommait autrefois *canon emphytéotique*.

On convient que cette redevance sera prise spécialement et par privilège sur l'immeuble et sur les constructions qu'y fera le preneur.

On insère, si l'on veut, la condition résolutoire en cas de non paiement de la redevance.

On détaille clairement toutes les autres charges, notamment les constructions si le preneur est tenu d'en faire; et on réserve au bailleur le domaine direct tant du fonds de l'immeuble que des constructions, n'entendant transmettre au preneur que la propriété utile.

On peut convenir que le preneur, après les constructions, aura la faculté de déguerpir pour s'affranchir du paiement de la redevance.

Enfin on termine par la clause de transcription aussi comme dans la vente. V. le Parf. Not., t. 2, p. 424, 6ᵉ édition.

Les baux emphytéotiques sont d'ailleurs soumis aux mêmes droits d'enregistrement que les baux ordinaires. (Circul. de la régie du 16 mess. an 7.)

SECTION 14.
BAIL PARTIAIRE.

C'est un bail à partage de fruits, par lequel le propriétaire d'un domaine le donne à un métayer ou colon, pour l'exploiter, pendant un certain temps, moyennant la moitié, le tiers ou une autre portion aliquote des fruits qu'il récoltera. Le Code civil l'a placé au rang des baux à ferme (1763) dont il ne diffère qu'en ce que le colon partiaire donne au propriétaire la quotité déterminée des récoltes, tandis que le fermier donne une rente fixe en argent ou en grains. Aussi est-il soumis aux règles générales des baux à loyer ou à ferme. R. N.

Le droit d'enregistrement est le même que celui des baux ordinaires : il s'établit sur la quotité des fruits qui peut revenir au bailleur, mais on ne prend pour base que les mercuriales des trois dernières années. (Cass. 9 mai 1826.)

L'usage de donner à cultiver ses fonds sous la condition d'un partage de fruits, est presque général dans les pays méridionaux de la France; et comme le partage se fait communément par moitié, le colon s'appelle *métayer*. (Maleville.)

Le contrat forme entre le bailleur et le preneur une espèce de société où le propriétaire donne le fonds, et le colon, la semence et la culture, chacun hasardant la portion que cette société lui donnait aux fruits : d'où la disposition de l'art. 1763, disposition qui est dans toutes les règles, puisque dans ces sortes de contrats, ainsi que le disent les praticiens, *electa est industria*. Pour labourer mes terres, pour les exploiter, j'ai choisi, j'ai contemplé l'adresse, la capacité de telle personne, et non de telle autre. (Galli.)

Le motif de l'art. 1764 est que le colon partiaire est une sorte d'associé; et qu'il est de principe, en matière de société, que personne n'y peut être introduit sans le consentement de tous les associés. (Mouricault.)

On trouve des formules de bail partiaire dans le Cours de Notariat, de M. Augan, et dans le Nouveau Formulaire.

SECTION 15.

BAIL DE PATURAGES ET NOURRITURE D'ANIMAUX.

Sorte de contrat de louage par lequel on s'oblige de fournir le pâturage nécessaire à la nourriture d'un certain nombre d'animaux, ou à les nourrir pendant un temps déterminé. Ces sortes de conventions tiennent plus du bail à cheptel que du bail à ferme ou à loyer; elles diffèrent du cheptel de vache, en ce que le preneur ne fait pas servir les animaux à son profit.

Les règles relatives à ce bail sont celles du louage des choses; il faut suivre d'ailleurs celles qui sont établies par l'usage des lieux.

SECTION 16.

BAIL A NOURRITURE DE PERSONNES.

Contrat par lequel une personne se charge d'en nourrir une autre, qui lui paie un prix convenu ou lui abandonne la jouissance de ses biens. Celle qui se donne à nourrir est le *bailleur*, l'autre est le *preneur*.

Le bail à nourriture n'avait point de règles déterminées; celui qui était fait pour un mineur pouvait être annulé s'il lui était onéreux; ceux entre majeurs étaient régis par les stipulations des parties. Le Code civil n'a point non plus tracé de règles pour ses conventions. Si la nourriture est payée en argent ou valeurs équivalentes, l'acte est un *marché*; si on abandonne la jouissance de biens meubles ou immeubles, l'acte est un *bail à ferme* ou *à loyer*, dont la nourriture est le prix. Ce sont dès lors les dispositions concernant ces sortes d'actes qui deviennent applicables. (D. E. et R. N.)

Formule.

Par-devant, etc., furent présents : M. A　　　, d'une part, et M. B　　　, d'autre part;

Lesquels sont convenus ensemble de ce qui suit :

M. A　　　s'est obligé envers M. B　　　, ce acceptant, de le nourrir et loger, d'une manière convenable, en la demeure de lui sieur A　　　, à　　　, rue　　　, et de lui fournir le linge de table et les draps de lit nécessaires, pendant trois années consécutives, à compter du (*ou* pendant la vie et jusqu'au décès de M. B　　　); et ce moyennant la somme de　　　francs, à titre de pension annuelle, que M. B a promis et s'est obligé de payer à M. A　　　, en quatre termes égaux, par quartier, dont le premier écherra et devra être payé le　　　, pour continuer ainsi de trois mois en trois mois, jusqu'à l'expiration de ces trois années (*ou* jusqu'au décès de M. B   ).

Il est bien entendu que M. B   devra se trouver chez M. A aux heures ordinaires des repas.

Dont acte, etc.

Nota. Il arrive assez souvent qu'on détermine, par le bail, ce qui doit être fourni pour le déjeuner, et de combien de plats le dîner sera composé ; on doit, à cet égard, faire expliquer les parties, afin de leur éviter toute contestation ultérieure.

Enregistrement.

La loi du 16 juin 1824, art. 1er., a réduit les droits des baux à nourriture de personnes à 20 c. par 100 francs sur toutes les années réunies du bail, lorsqu'elles sont limitées. Si la convention est d'une durée illimitée ou à vie, elle devient sujette au droit de 2 pour 100 sur le prix cumulé, savoir, de 20 ans dans le premier cas, et de 10 dans le deuxième. D. E.

SECTION 13.

BAIL A VIE.

C'est un bail à ferme ou à loyer, dont la durée est fixée au terme de la vie du preneur ou du bailleur, ou même d'une tierce personne. V. le C. C. art. 1107. On peut faire, dit Pothier, de simples baux à loyer ou à ferme d'héritages pour le temps de la vie du locataire ou du fermier, ou pour le temps de celle du bailleur.

La différence qui existe entre le bail et la vente à vie (p. 143), c'est que l'un est fait moyennant une redevance annuelle, et l'autre moyennant un prix fixe, acquis au vendeur dès l'instant que l'acte est signé. La vente à vie est un contrat aléatoire ; le bail à vie, au contraire, n'a rien d'aléatoire.

La jouissance par bail à vie et par l'usufruit diffèrent essentiellement dans leur nature et dans leurs effets, notamment en ce que, dans le bail à vie, le bailleur conserve la jouissance des fruits civils de l'objet donné à bail, dont le preneur ne perçoit que les fruits naturels, tandis que l'usufruitier jouit des fruits naturels et civils de l'objet grevé d'usufruit, dont le propriétaire ne conserve que la nue propriété. (Cass. 18 janv. 1825.)

Quoique le bail à vie ne soit qu'une simple obligation de faire jouir, cet acte excède cependant les bornes de l'administration, et une chose ne peut être donnée à vie que par celui qui en a la libre disposition. Le bail à vie est régi, quant à ses effets, par le Code civil, au titre du *Louage*.

Le locataire à vie n'est tenu que des réparations locatives, sauf convention contraire.

Formule.

Par-devant, etc., fut présent M. P

Lequel a , par ces présentes, donné à loyer pour la vie entière du preneur ci-après nommé, à compter du

A M. T   , à ce présent et acceptant :

Une maison sise à   , etc.

Pour , par lui, en jouir à titre de locataire , pendant sa vie et jusqu'à son décès.

Ce bail à vie a été fait (v. pour le surplus, la formule du Bail à loyer).

Enregistrement.

La loi du 22 frimaire an 7 assujettit le bail à vie au droit de 4 pour 100 : ce droit doit être liquidé , sans distinction des baux faits sur une ou plusieurs têtes, sur un capital formé de dix fois le prix et les charges annuelles, en y ajoutant le montant des deniers d'entrée. Le bail à vie n'étant réellement qu'un bail à ferme ou à loyer , le droit de transcription ne doit pas être ajouté à celui de 4 p. 100. D. E.

SECTION 18.

BREVET D'APPRENTISSAGE.

Acte, marché, par lequel un élève loue son travail pour un temps déterminé, moyennant quoi le maître s'oblige de lui apprendre son état. Outre son temps , l'élève ou apprenti donne souvent une somme , soit annuelle , soit fixe , à titre de pension ou autrement. Cet acte n'est point dénommé dans les Codes; il doit être rangé dans la classe des contrats de louage du travail. (1779.)

Cet acte serait improprement appelé si le mot *brevet* avait ici sa signification ordinaire dans le notariat, où il se dit d'un acte dont il ne reste point de minute ; mais ici, *brevet* est employé avec sa signification vraie et primitive, c'est-à-dire qu'il signifie *bref écrit, bref traité. Brevet* vient du latin *brevettum*, diminutif de *breve*, contraction de *brevis libellus*.

On donne le nom d'*apprentissage* à l'étude pratique d'un art quelconque. Ce mot qui s'applique rarement aux arts libéraux, semble réservé aux professions industrielles. Chacune en effet exige deux sortes d'études, dont la réunion constitue l'apprentissage, l'une *théorique* qui a pour but la connaissance des matériaux et des instruments qu'on emploie, l'autre *pratique* qui consiste à acquérir par l'habitude, l'adresse et l'habileté nécessaires à l'exécution de divers travaux.

La perte de temps et d'argent qui résulte pour le maître de la surveillance qu'il est obligé de donner au travail de l'apprenti, et de la détérioration des matériaux qu'il lui confie, exige une légitime compensation : elle se trouve dans une certaine somme d'argent payée en une fois ou sous forme de pension, ou bien dans l'engagement que contracte l'apprenti, de travailler pour le compte de son maître gratuitement ou pour un prix modique, pendant un temps plus ou moins long, à partir de l'époque où son travail commence à représenter une valeur réelle. Un dédit doit garantir au maître l'exécution de cette convention : de son côté il s'engage à montrer à l'apprenti son métier, sans réserve et sans restriction. (F. Ratier.)

Aucune forme spéciale n'est prescrite pour la rédaction des brevets d'apprentissage ; ils peuvent être passés devant notaire ou faits sous seings privés. R. N.

Le contrat entre le maître et l'apprenti ne diffère en aucune façon des autres contrats. Les deux parties, également libres dans leur choix, stipulent dans l'acte par lequel elles se lient, telles conditions qu'elles jugent convenables. Il ne peut exister à ce sujet aucune règle générale, attendu que dans chaque art ou métier, le temps et le genre des études varient à l'infini et sont subordonnés aux progrès de l'industrie qui, par l'introduction des machines, changent, abrègent, simplifient ou compliquent les procédés. D'ailleurs, la difficulté du métier, l'âge et l'aptitude du sujet, sont autant de circonstances qui, essentiellement variables, s'opposent à ce qu'on fixe d'avance les conditions de l'apprentissage. (F. Ratier.)

Lorsque l'apprenti est mineur, et c'est ce qui arrive presque toujours, le contrat doit être consenti par lui avec le concours des personnes sous l'autorité desquelles il est placé. (Id.)

Les obligations respectives entre le maître et l'apprenti s'éteignent par la mort de l'un ou de l'autre, parce que ces obligations sont purement personnelles ; mais la dette contractée par l'apprenti devient à la charge de ses héritiers.

L'apprenti qui serait empêché, par une maladie ou infirmité, de continuer son apprentissage, pourrait faire résoudre son obligation. (Ferrière.)

Voyez les art. 852, 1134 et 1142 du Code civil.

Suivant une loi du 22 germinal an 11 (12 avril 1803), relative aux manufactures, fabriques et ateliers, les con-

trats d'apprentissage consentis entre majeurs , ou par des
mineurs avec le concours de ceux sous l'autorité desquels
ils sont placés, ne peuvent être résolus , sauf l'indemnité en
faveur de l'une ou de l'autre des parties, que dans les cas suivants, 1° l'inexécution des engagements de part ou d'autre ;
2° de mauvais traitements de la part du maitre ; 3° d'incon-
duite de la part de l'apprenti ; 4° si l'apprenti s'est obligé
à donner , pour tenir lieu de rétribution pécuniaire,
un temps de travail dont la valeur serait jugée excéder le
prix ordinaire des apprentissages.

Le maitre ne peut , sous peine de dommages et intérêts ,
retenir l'apprenti au-delà de son temps , ni lui refuser un
congé d'acquit, quand il a rempli ses engagements , etc.

Le tuteur peut mettre le pupille en pension , en
apprentissage, où bon lui semble. (Amiens , 13 frimaire
an 14.)

Les notaires doivent se conformer , pour la rédaction des
brevets d'apprentissage, aux règles générales du droit civil
et aux usages qui s'observent dans les différents lieux , et
pour les diverses espèces d'arts, métiers ou négoces. G. D.

Voyez le Parf. Not. t. 2, p. 444, 6ᵉ édition.

Formule.

Par-devant, etc., fut présent. le sieur D
Lequel, considérant que D   son fils, âgé de   , désire
apprendre l'état de menuisier, a proposé à M. T   , maitre menuisier, demeurant en cette ville, rue   , de le prendre pour apprenti.

Cette proposition ayant été acceptée par M. T   , à ce présent,
les parties sont convenues de ce qui suit :

Ledit sieur D   père s'est engagé à mettre son fils en apprentissage
auprès de M. T   , pour quatre années entières et consécutives, a
compter du 6 septembre prochain.

Ce accepté par ledit sieur T   , qui, en conséquence, a déclaré
prendre et retenir auprès de lui ledit D   fils, pour son apprenti ,
et s'est obligé de lui montrer et enseigner son état de menuisier , et tout
ce qu'il y fait et exerce, sans lui en rien cacher, en sorte que ledit D
fils puisse l'exercer par lui-même au bout desdites quatre années.

M. T   s'est obligé de plus de nourrir ledit D   fils , à sa
table , de le loger , éclairer , chauffer , blanchir , enfin de le traiter hu-
mainement et convenablement.

Pour indemniser M. T   desdites obligations, le sieur D
père s'est obligé de lui payer la somme de 400 francs, savoir : 200 francs
dans un an , et 200 francs dans deux ans , le tout à compter de ce jour,
sans intérêt.

Il est bien entendu que M. D   père sera tenu de fournir à son
fils le linge et les vêtements qui lui seront nécessaires , comme aussi de
le reprendre chez lui dans le cas où il viendrait à être attaqué d'une maladie sérieuse.

De sa part, ledit D   fils s'est engagé d'obéir à M. T   , dans tont ce qu'il lui commandera de licite et d'honnête, relativement audit état; d'apprendre de son mieux ce qu'il lui montrera et enseignera, d'éviter de lui causer aucun dommage, de l'avertir des torts qu'on voudrait lui faire; enfin de bien employer son temps, et ne pouvoir s'absenter, ni aller travailler ailleurs sans la permission et le consentement formel et par écrit de M. T

Si ledit D   fils venait à s'absenter, son père sera tenu de le faire chercher: et s'il pouvait être trouvé, de le ramener, chez M. T pour y continuer son apprentissage et achever le temps qui resterait à expirer des quatre années susdites.

Pour l'exécution, etc.

Enregistrement.

Le brevet d'apprentissage qui ne contient ni obligation ni quittance est assujetti au droit fixe d'un franc. S'il contient stipulation de sommes ou valeurs mobilières payées ou non, il est dû 50 cent. par 100 fr. (Loi du 22 frimaire an 7.)

L'acte par lequel l'apprenti se soumet à rester 4 ans en apprentissage, et le maître s'oblige de le nourrir, loger, blanchir, etc., pendant le même espace de temps, n'est passible que du droit fixe d'un franc. J. E.

SECTION 19.

DEVIS ET MARCHÉS.

On appelle *devis* l'état que donne soit un architecte, soit un maçon, un charpentier, ou tout autre ouvrier, contenant le détail, la nature, la qualité, l'ordre et la distribution des ouvrages que quelqu'un se propose de faire sur sa propriété foncière; de la qualité et du prix des matériaux nécessaires pour leur confection, et de toutes les dépenses qu'elle pourra exiger. Le *marché* est la convention qui est faite entre le propriétaire de la chose et l'artiste ou les ouvriers, sur le prix à forfait de ces ouvrages, ou en bloc, ou au mètre, soit qu'un architecte ou un entrepreneur se charge de la totalité, soit que chacun des ouvriers ne soit chargé que de la partie qui le concerne, soit que le propriétaire se charge de fournir les matériaux, et qu'alors la convention ne porte que sur l'industrie et la main-d'œuvre des constructeurs, et sur la direction qu'en aura l'architecte. Le Code civil a établi des règles positives sur la manière dont les marchés doivent être exécutés dans ces différents cas. (V. les art. 1711, 1779, 1787 à 1799, 2103 et 2110.)

Le contrat de marché n'est assujetti à aucune forme pour être valable; il peut être fait devant notaire ou par acte privé.

Cet acte doit contenir: 1°. l'étendue et le mode de l'ouvrage à faire, c'est là l'objet essentiel de la convention ; 2°. un prix fait, c'est-à-dire une somme d'argent.

Il y a plusieurs manières de faire les marchés.

On fait un marché au mètre (à la toise), c'est-à-dire que le prix est payé à *tant* le mètre.

On fait un marché la *clef à la main*, comme, par exemple, lorsqu'un entrepreneur de bâtiments s'oblige de fournir tous les matériaux et la main-d'œuvre nécessaire pour la construction d'une maison : c'est ce qu'on appelle aussi *marché à la tâche ou à prix fait*.

On nomme enfin *marché au rabais* celui qu'on adjuge à l'entrepreneur qui se soumet à faire l'ouvrage au plus bas prix : ce marché est le plus usité pour les ouvrages publics.

Souvent on fait précéder le traité du devis des ouvrages qui en sont l'objet, ou du moins on annexe le devis au contrat.

Formule d'un marché.

Par-devant, etc., furent présents : M. A , entrepreneur de bâtiments, patenté sous le n°. , demeurant à , d'une part ;

Et M. B , propriétaire, demeurant à , d'autre part ;

Lesquels ont, par ces présentes, fait entre eux le marché qui suit :

M. A s'est obligé envers M. B , ce acceptant, à faire et parfaire, bien et dûment, comme il convient, au dire d'ouvriers et gens à ce connaissants, tous les ouvrages mentionnés au devis fait et arrêté entre eux aujourd'hui, et demeuré ci-annexé, après avoir été d'eux signé en présence des notaires, pour la construction du bâtiment qui y est énoncé ; en conséquence M. A fournira les pierres, moellons, chaux, sable, plâtre, ouvriers, échafaudages, et autres choses nécessaires, etc.

M. A a promis de commencer ces ouvrages le , du mois prochain, et de les continuer, sans interruption, avec nombre d'ouvriers suffisant, et de faire en sorte que le bâtiment puisse être achevé à la fin du mois de

Ce marché a été fait moyennant la somme de , que M. B s'est obligé de payer à M. A , savoir : un tiers dans six semaines, et les deux autres tiers aussitôt que le bâtiment sera fait et parfait au dire des gens à ce connaissants, ainsi qu'il vient d'être dit.

Pour l'exécution des présentes, etc.

Les devis et conditions des marchés étant presque toujours établis par les entrepreneurs, et présentés par eux aux notaires, il a paru inutile d'en donner d'autres formules. V. au surplus le Parfait Notaire, tome 2, page 437, 6ᵉ édition, et le Dict. du Not. t. 4, p. 868, où il y a une très longue formule.

Enregistrement.

Les marchés pour constructions, réparations et entretien, qui ne contiennent ni vente ni promesse de livrer des marchandises, denrées ou autres objets mobiliers, sont passibles du droit proportionnel d'un pour cent. (Loi du 22 frimaire an 7, art. 69.)

Les marchés et traités qui contiennent vente ou promesse de livrer des marchandises , etc. , sont passibles du droit de 2 pour 100, comme vente mobilière. (Id.)

SECTION 20.

REMPLACEMENT MILITAIRE.

Sorte de contrat de louage de services régi par la loi militaire et par la loi civile.

Les traités qui se font entre les jeunes gens désignés pour le recrutement de l'armée , et ceux qui s'obligent de les remplacer dans le service militaire, sont reçus et passés par les préfets ou sous-préfets ; mais les actes qu'ils dressent n'ont pour objet que de constater la convention relative à la substitution des personnes ; toutes les autres conventions nécessaires, notamment les stipulations pécuniaires que contracte le remplacé ou ses parents ou cautions, peuvent être faites devant notaire , et le remplaçant peut y stipuler surabondamment son obligation de remplacer et les autres engagements qu'il contracte, sauf à réitérer devant l'autorité compétente, si cela n'a été fait, cette obligation de remplacer. (M. Massé.)

La convention par laquelle un individu s'oblige à en faire remplacer un autre, si celui-ci est appelé au service militaire, est illicite. (Cass. , 12 décembre 1840.)

Dans son audience du 5 mars 1833, la Cour de Cassation, saisie de la question de savoir si les entreprises de remplacement militaire *non autorisées* peuvent contraindre les parents des jeunes conscrits à exécuter les obligations qu'ils ont contractées envers elles, a jugé que ces entreprises n'ont aucune existence légale ; que par suite les conventions qui avaient pu être faites entre ces entreprises et les familles des jeunes conscrits sont illicites.

Voyez les Réglements des notaires de Paris , page 59.

La loi du 21 mars 1832 contient les dispositions suivantes :

Art. 18. Le remplaçant doit : 1°. Être libre de tout service et obligations imposées soit par la présente loi, soit par celle du 25 octobre 1795 sur l'inscription maritime ; 2°. être âgé de 20 à 30 ans au plus, ou de 20 à 35 s'il a été militaire, ou de 18 à 30 s'il est frère du remplacé ; 3°. n'être ni marié, ni veuf avec enfants; 4° avoir au moins la taille d'un mètre

56 centimètres (4 pieds 9 pouces 6 lignes) s'il n'a pas déjà servi dans l'armée, et réunir les autres qualités requises pour faire un bon service ; 5°. n'avoir pas été réformé du service militaire ; 6°. suivant sa position, être porteur des certificats spécifiés dans les art. 20 et 21.

Art. 24. Les actes de substitution et de remplacement sont reçus par le préfet, dans les formes prescrites par les actes administratifs.

Les stipulations particulières qui peuvent avoir lieu entre les contractants, à l'occasion des substitutions et remplacements, sont soumises aux mêmes règles et formalités que tout autre contrat civil.

Ces stipulations peuvent donc être faites devant notaire ou sous seing privé. R. J. N.

Le remplacé répond de son remplaçant, pour le cas de désertion, pendant un an à dater du jour de l'acte passé devant le préfet.

Formule.

Par-devant, etc., ont comparu M. Lebrun, stipulant pour M. son fils, d'une part ; et Pierre   , âgé de   , d'autre part.

Lesquels ont exposé que M Lebrun fils, qui a complété sa vingtième année en   , a participé au tirage qui a eu lieu à   , le   , entre les jeunes gens appelés pour le recrutement de l'armée, en exécution de la loi du 10 mars 1818 ;

Que le n°. 10 lui étant échu, il est définitivement appelé à faire partie du contingent assigné au canton de   (ou bien : il est désigné pour faire partie du contingent cantonnal de   )

Que ledit sieur Pierre   s'étant offert de le remplacer, et ayant été accepté comme le remplaçant de M. Lebrun fils, par le conseil de révision, suivant son arrêté en date du

Ils sont convenus entre eux de ce qui suit :

Le sieur Pierre   s'est obligé à remplacer M. Lebrun fils dans son service militaire aux armées, pendant tout le temps et de la même manière que ce dernier en serait tenu, et de sorte qu'il ne soit aucunement inquiété, poursuivi ni recherché à ce sujet.

Ledit sieur Pierre   s'est engagé à justifier à M. Lebrun de sa présence au corps, toutes les fois qu'il en sera requis.

Ces obligations et engagements ont été contractés par le sr Pierre moyennant la somme de 1,200 francs que M. Lebrun père s'est obligé de lui payer, savoir : 200 fr. dans six semaines, etc.

Ces paiements seront faits à   , entre les mains du fondé de pouvoir du sr. Pierre   ou de telle personne qu'il lui plaira de désigner, si mieux il n'aime que l'argent lui soit envoyé par la poste à ses frais.

Pour l'exécution des présentes, etc.

Nota. Quelquefois le remplacé ou son père hypothèque des biens à la garantie de la somme qu'il doit payer au remplaçant. Dans ce cas, on ajoute : « A la garantie des obligations que vient de contracter M. Lebrun, il a affecté et hypothéqué spécialement tel immeuble, etc. »

Autre Formule plus simple.

Par-devant, etc.

Lequel a déclaré s'obliger à servir dans les armées comme remplaçant de M.   , ayant eu, lors du tirage au sort pour le canton de le n°.   , de la classe de   , appelée au service d'activité, et de rester au corps pendant tout le temps pour lequel celui-ci est tenu , par la loi , au service militaire.

Cet engagement serait nul et de nul effet, si le conseil de révision ne reconnaissait pas que le sieur   réunit toutes les conditions requises pour le service, etc.

Modèle d'un acte d'échange ou de substitution de numéros.

Les soussignés :

M. A.   , d'une part,

Et M. B   , d'autre part,

Ont exposé qu'ils ont concouru l'un et l'autre au tirage du canton de   , comme étant tous deux de la classe de   ; que le n°. 40 est échu audit sieur A   , et le n° 80 audit sieur B   , qu'ils sont convenus entr'eux d'échanger ces numéros.

En conséquence ledit sieur B   a déclaré accepter pour lui le n°. 40 échu au sieur A   , et céder à celui-ci, ce acceptant, le n°. 80.

S'obligeant de prendre respectivement pour leur compte, et sans aucun recours de l'un contre l'autre , toutes les chances et obligations qui résultent des numéros par eux échangés.

Cet échange de numéros a été consenti librement par ledit sieur B   , moyennant une indemnité de 4,500 francs de la part du sieur A, qui s'est obligé de payer cette somme au sieur B   , savoir : 500 francs aussitôt qu'il aura été reconnu et admis par le conseil de révision comme propre au service ; et 1,000 francs quinze mois après, sans intérêt , etc.

Fait double à   le

Enregistrement.

Sont soumis au droit proportionnel de 4 fr. pour 100 fr., les actes de remplacement contenant obligations de sommes. (Décis. du min. des fin. du 24 pluviose an 12.)

TITRE V.

DU PRÊT.

—

SOMMAIRE DE LA LOI.
Code civil.

En considérant le prêt d'une manière générale, on peut

le définir: une convention par laquelle le propriétaire d'une chose transfère pour un temps déterminé à un autre individu tous ses droits sur cette chose.

Le prêt est rangé parmi les contrats de bienfaisance quand il a lieu sans intérêt. Il est de la classe des contrats unilatéraux, car il ne produit d'obligation que d'un côté. Celui qui donne la chose à l'autre à la charge qu'il lui en rendra autant, s'appelle le *prêteur*; celui qui la reçoit, en s'obligeant d'en rendre autant, est l'*emprunteur*.

La promesse de prêter est obligatoire, indépendamment de la tradition, en ce sens qu'elle doit se résoudre en dommages et intérêts, en cas d'inexécution. (M. Toullier.)

DU PRÊT A USAGE OU COMMODAT.

Le prêt à usage est de la classe des contrats de bienfaisance. (C. C. 1876.)

Il est aussi de la classe des contrats réels, c'est-à-dire de ceux qui ne se forment que par la tradition de la chose.

En général l'emprunteur n'est pas tenu des cas fortuits, par la raison qu'il n'est pas propriétaire, et que *res perit domino*. Mais v. le C. C. 1881 et suiv.

Lorsque l'usage de la chose n'est point accordé gratuitement, ce n'est pas un prêt, mais un louage.

Il est rare que l'on constate devant notaire le prêt à usage; cependant M. Massé en donne deux formules dans son Parfait Notaire, t, 2, p. 618, 6ᵉ édition.

Le prêt à usage se régit par les seules règles du droit naturel, et il n'est assujetti par le droit civil à aucune formalité.

Le contrat de prêt à usage est passible du droit proportionnel d'enregistrement d'un pour 100 sur la valeur de l'objet prêté. (Loi du 22 frimaire an 7, art. 69.)

DU PRÊT DE CONSOMMATION OU SIMPLE PRÊT.

Le contrat de prêt de consommation, ou de *consomption*, suivant Pothier, est de la nature du contrat du droit des gens, car il se régit par les seules règles du droit naturel, et il peut intervenir avec des étrangers de même qu'avec des citoyens.

Il n'a rien de solennel puisqu'il n'est, quant à sa substance, assujetti à aucune formalité par le droit civil.

Il est de la classe des contrats réels, puisqu'il ne peut se former que par la tradition de la chose qui en fait l'objet.

C'est un contrat ou de bienfaisance ou à titre onéreux, selon qu'il renferme ou non stipulation d'intérêts.

Il est évident que le contrat de prêt de consommation, de même que tous les autres contrats, ne peuvent intervenir qu'entre des personnes capables de contracter.

Ce prêt ne peut embrasser que les choses fongibles (C. C. 1892), et l'argent monnayé est au rang des choses fongibles. (1895.) R. N.

SECTION 3.

DU PRÊT A INTÉRÊT.

Observations générales.

Ce prêt est un contrat par lequel le prêteur stipule un profit ou intérêt du sort principal. R. N.

On nomme *obligation* l'acte passé devant notaires pour prêt d'argent.

On appelle *capital* ou *principal* la somme d'argent que l'emprunteur a reçue, et *intérêts* tout ce que le prêteur exige de l'emprunteur de plus que le principal, comme une indemnité pour la privation de sa chose. Le prêt à intérêt, avant 1789, était défendu.

Le contrat de prêt à intérêt suit les règles du prêt de consommation, dont on ne retranche que ce qui a rapport à la gratuité; il n'a pour objets que des choses fongibles dont la propriété passe à l'emprunteur.

C'est un contrat onéreux et commutatif.

L'intérêt ne peut excéder, en matière civile, cinq pour cent, ni en matière de commerce six pour cent. (L. du 3 sept. 1807.)

Les intérêts peuvent être fixés en grains, vins et autres denrées, aussi bien qu'en argent. R. N.

Quant à la forme du prêt, il peut être fait par acte authentique ou sous seing privé.

Quoique le contrat de prêt d'argent ne demande pas, pour sa rédaction, une aussi grande connaissance du droit civil que beaucoup d'autres, c'est un de ceux qui, relativement à son objet, exige de la part des notaires le plus d'attention sur la capacité qui est requise pour emprunter, pour hypothéquer ses biens, et pour faire les stipulations diverses dont ce contrat est susceptible.

Parmi toutes les conventions civiles, le prêt est peut-être

celle qui a lieu le plus fréquemment; elle est rendue nécessaire par l'inégalité des fortunes, et le peu de rapport qui
existe entre les moyens d'existence d'un individu et ses besoins réels. E. M.

Observations particulières.

Sur la Capacité pour emprunter et hypothéquer.

Quoique ce soit aux parties elles-mêmes à savoir la loi, à
connaître la capacité et la condition de ceux avec qui elles
contractent, et à s'assurer s'il existe ou non des hypothèques sur leurs immeubles, en prenant à ce sujet les précautions nécessaires dont la loi actuelle a facilité les moyens,
les notaires n'en sont pas moins raisonnablement obligés
d'être attentifs sur tous ces points, afin d'avertir le prêteur
des risques qu'il court lorsqu'il ne se précautionne pas, et
l'emprunteur, du danger auquel il s'expose d'être réputé
stellionataire, en ne déclarant pas tout ce qu'il importe au
prêteur de savoir ou en lui en faisant une fausse déclaration.

V. le C. C. art. 1123 et suivants, 457, 483, 513 et 1427;
le C. de comm. art. 5, et la Clef du Not. p. 92.

Une obligation par un fils de famille de rendre la somme
prêtée à l'échéance des successions de ses père et mère, ne
serait pas valable. (Parf. Not. t. 2, p. 6 et 16.)

La vente d'une succession future est jugée contraire aux
bonnes mœurs; il en est de même d'une obligation contractée par un fils de famille, avec promesse de payer quand la
succession de son père ou de sa mère lui sera échue. (Arrêt
du 13 décembre 1618.)

La faculté résultante de l'art. 1557 du C. C. n'emporte
pas celle d'hypothéquer. (Cass. 27 janv. 1830.)

Sur les Sûretés qui peuvent être données au créancier.

Il y en a huit sortes : première, C. C. 1200; deuxième,
2114; troisième, 2100 et suivants; quatrième, 2073; cinquième, 2085; sixième, 2059; septième, 1689 et suivants;
huitième, 2011. (1) On peut en ajouter une neuvième, la subrogation des droits de l'emprunteur envers la compagnie,
qui a pu assurer ses bâtiments contre l'incendie.

Comme il est très ordinaire que ce soit au notaire que le
prêteur s'adresse et s'en rapporte pour lui trouver une occasion de placer solidement son argent, ils doivent, surtout en
ce cas, porter une attention éclairée sur ce qui concerne la

---

(1) Notre méthode est toujours de piquer la curiosité de l'étudiant, et
de l'obliger à recourir au Code, à tout instant.

19

sûreté du placement, et prendre à ce sujet les précautions nécessaires; il faut qu'ils aient soin de s'assurer si l'hypothèque proposée sera assez ample, pour qu'en tout événement le capital et les intérêts puissent être toujours en sûreté, et si les biens de l'emprunteur ne sont grevés d'aucune hypothèque légale qui subsiste indépendamment de toute inscription : ils doivent songer que, même dans le cas d'une hypothèque sur des immeubles d'une valeur double du capital prêté, il est souvent arrivé que le prix de la vente de ces immeubles, par expropriation forcée, n'ait pas suffi pour que le prêteur fût rempli de son prêt, à cause des frais qu'avaient occasionnés la poursuite en expropriation et l'ordre de distribution de ce prix entre un grand nombre de créanciers. En résumé, le notaire examine les titres, voit si les propriétés ont été purgées lors des acquisitions, si les prix en ont été payés, etc.; et il ne fait prêter et réaliser l'obligation que lorsqu'il est satisfait des renseignements qu'il a pris.

Quand on a l'intention de placer ses fonds par obligation avec hypothèque sur des immeubles, on doit avoir soin de s'assurer que leur valeur est suffisante pour que l'hypothèque ait son effet après l'acquittement des créances privilégiées.

Une autre précaution à prendre est de s'informer si l'hypothèque offerte ne serait pas primée, au préjudice du prêteur, par des hypothèques légales.

Lorsqu'une femme s'oblige solidairement avec son mari, si les immeubles appartiennent au mari personnellement, il paraît prudent d'exiger de la part de la femme un consentement *d'antériorité d'hypothèque* en faveur du prêteur.

Cette antériorité d'hypothèque se confère ordinairement en faisant subroger le créancier pour le montant de l'obligation avec toute préférence, et sans aucune réserve de concurrence avec lui, dans l'effet de l'hypothèque légale acquise à la femme sur les biens de son mari, pour raison de ses reprises et créances matrimoniales dont elle fait, en tant que de besoin, tout transport au créancier.

Cette précaution est généralement adoptée.

Elle a pour but d'empêcher que le créancier, qui dans ce cas a contre la femme l'action personnelle seulement, puisse être primé dans son hypothèque par ceux auxquels elle viendrait à céder ses droits contre son mari.

Il n'est pas nécessaire que la subrogation à l'hypothèque légale de la femme soit inscrite au bureau des hypothèques pour qu'elle puisse être opposée aux tiers, c'est-à-dire aux créanciers et aux subrogés ou cessionnaires dont les titres sont postérieurs. (J. J. N. 1829.)

En cas de subrogations successives et par actes notariés , à l'hypothèque légale de la femme , chacun des subrogés doit venir à la date de la subrogation. (Ibid.)

Lorsqu'une femme mariée sous le régime de la communauté, s'oblige conjointement avec son mari et affecte avec lui, à la garantie de l'obligation , les immeubles grevés de son hypothèque légale, elle est censée par-là renoncer à cette hypothèque ; en sorte que ni elle ni ceux auxquels elle aurait consenti postérieurement des subrogations ou cessions ne pourraient l'exercer au préjudice du tiers envers lequel elle s'est ainsi obligée. (Ibid.)

L'obligation solidaire contractée par le mari et la femme sur le bien du mari emporte subrogtion tacite dans l'hypothèque de la femme , en faveur du créancier sur l'immeuble hypothequé. P. N.

Dans l'obligation, on énonce sommairement la désignation et les titres de propriété des immeubles qui seront hypothéqués pour garantie : en un mot on s'environne de tous les renseignements qui pourront devenir indispensables , s'il faut un jour recourir à la saisie immobilière.

Selon M. Persil , la disposition de l'art. 2130 du Code civil doit être restreinte au cas par elle prévu , celui d'insuffisance, conséquemment, la stipulation ne serait pas autorisée, dit cet auteur, pour le cas où le débiteur ne posséderait aucun bien présent. M. Grenier est d'un avis contraire , et la cour royale de Besançon a jugé , le 29 août 1811 , dans le sens de M. Grenier, qui fait observer que , dans le cas de cet art. 2130, il ne suffirait pas d'une inscription sur les biens à venir, faite dès le moment même de l'obligation , dans les bureaux des arrondissements où l'on pourrait prévoir que le débiteur dût avoir par la suite des immeubles , mais que l'inscription est nécessaire à mesure que le débiteur en acquiert la propriété (1).

Dans l'obligation on fait déclarer par l'emprunteur si les biens qu'il hypothèque sont grevés, et jusqu'à concurrence de quelle somme. (C. C. 2059.)

Ordinairement les parties qui s'obligent font les déclarations d'usage, « *sous les peines du stellionat à elles expli-*

---

(1) Il n'est pas besoin d'une affectation spéciale à mesure des acquisitions. (Cass. 3 août 1819.)

« quées par le notaire, en présence des témoins, et qu'elles ont
« dit bien entendre. » V. le C. C. 2059.

Il convient, en ces cas, que les notaires expliquent bien
distinctement à ceux qui font de telles déclarations, la nature et les peines du stellionat ; et c'est ce que leur donne
occasion de faire tout naturellement, l'usage observé depuis
long-temps d'insérer dans l'acte les termes ci-dessus rapportés, quoique aucune loi ne les y oblige. G. D.

Les déclarations faites sous les peines du stellionat sont
souvent illusoires ; car si le stellionataire était ou devenait
insolvable, les condamnations prononcées contre lui, et
l'exécution même de la contrainte par corps, à laquelle la
plupart des prêteurs répugnent, ne sont d'aucune utilité.
L'argent prêté n'en est pas moins perdu. Ainsi les dispositions pénales du Code ne dispensent pas de veiller à ce qu'on
ne soit pas dupe de la fraude et de la mauvaise foi. E. M.

Souvent on annexe à la minute de l'obligation le certificat
délivré par le conservateur des hypothèques, constatant
qu'il n'existe pas d'inscriptions sur l'emprunteur, ou qu'il
n'existe que telles ou telles inscriptions. On fait certifier
véritable cet état par la personne qui emprunte.

Plusieurs héritiers étant propriétaires en commun d'une
maison dont ils jouissent indivisément, celui d'entre eux
qui s'en rendrait adjudicataire par suite de la licitation serait
censé la tenir du défunt lui-même ; dès-lors les inscriptions
requises contre son co-héritier frapperaient à faux sur la
maison, attendu qu'il n'aurait jamais été propriétaire de cet
immeuble. (Bruxelles, 13 décembre 1808.) A cause de cet
inconvénient, beaucoup de notaires craignent de faire prêter
des fonds sur les biens indivis ; et s'ils s'y déterminent, ils
ne manquent pas d'engager le prêteur à faire dénoncer
l'obligation aux co-héritiers ou co-propriétaires, et à former
opposition entre leurs mains, de manière qu'ils ne puissent
procéder, hors de sa présence, aux comptes, liquidations
ou partages.

En cas d'hypothèque de biens indivis, on peut faire consentir par l'emprunteur au profit du prêteur, transport avec
garantie, antériorité et préférence, jusqu'à concurrence de la
somme prêtée à prendre dans la portion qui pourra revenir
à l'emprunteur dans le prix des immeubles hypothéqués,
s'ils venaient à être vendus par licitations ou autre voie ;
en convenant que l'obligation serait éteinte par le seul fait
du remboursement qui serait fait de la somme prêtée, par
suite de ce transport, de même que ce transport serait con-

sidéré comme non fait ni avenu si le remboursement était effectué par l'emprunteur, de ses deniers personnels.

Lorsque la somme est prêtée pour faire un emploi désigné, comme pour l'achat d'une maison, on oblige le débiteur de déclarer, dans la quittance qu'il retirera du paiement du prix de son acquisition, qu'il a été fait des deniers du créancier, afin que ce dernier soit subrogé dans tous les droits et priviléges du vendeur. En conséquence, ce débiteur promet de fournir dans un délai déterminé la quittance constatant l'emploi. (C. C. 1249.)

Le privilége des prêteurs ou bailleurs de fonds se conserve par la transcription ou l'inscription, pourvu qu'il résulte d'un acte notarié et non d'actes privés. (C. C. 2103, 2112 et 1250.)

Les auteurs sont divisés sur la question de savoir si l'on peut convenir qu'à défaut de paiement à l'échéance, le créancier demeurera propriétaire de l'immeuble. M. Persil soutient qu'elle serait nulle.

Lorsque celui qui prête ne veut pas être remboursé avant l'échéance, il en faut exprimer la condition expresse dans l'acte ; sinon le débiteur serait libre d'anticiper les époques convenues pour le paiement. (C. C. 1187.)

Lorsqu'on fait une obligation pour cause résultante d'un titre précédent, comme d'un bail, le créancier se réserve tous les droits et actions que lui donne ce titre.

Sur les Intérêts.

On a conservé l'usage de stipuler dans les obligations, l'exemption de retenue sur les intérêts ; cette exemption a lieu de droit, d'après l'art. 1er. de la loi du 3 septembre 1807, qui porte que l'intérêt conventionnel ne peut excéder en matière civile cinq pour cent, ni en matière de commerce six pour cent, *le tout sans retenue.*

V. l'Indicateur au mot *Intérêt.*

Il faut avoir soin de stipuler que les intérêts seront payés jusqu'au remboursement du principal, et non pas seulement jusqu'à l'expiration du terme, car l'intérêt cesserait alors de courir, encore bien que le remboursement n'ait pas lieu. (Cass. 10 sept. 1811.)

Sur les intérêts d'intérêts, v. le C. C. 1154.

Si les intérêts payés excédaient le taux légal, le débiteur pourrait répéter l'excédant ; l'art. 1906 du C. C. ne serait pas applicable. (Cass. 31 mars 1813.)

Sur les Espèces que doit rendre l'emprunteur (C. C. 1895).

Lorsqu'il y a stipulation expresse qui oblige le débiteur à payer en telle ou telle monnaie, par exemple en pièces d'or ou d'argent, il ne peut se libérer en autres valeurs qui seraient ultérieurement créées : voilà le principe, mais aussi nous avons l'expérience qu'une loi a annulé de pareilles stipulations. R. N.

Sur l'État civil des emprunteurs.

Dans les obligations, on énonce l'état civil des emprunteurs, qui déclarent s'ils sont ou ne sont pas tuteurs, curateurs de mineurs ou d'interdits, comptables de deniers publics, etc.

L'état civil s'entend de la qualité à raison de laquelle les personnes, considérées par rapport à la société en général, ou par rapport à la famille en particulier, jouissent de certains droits plus ou moins étendus, et sont soumises à des devoirs plus ou moins nombreux. Considéré dans ses rapports avec la société ou la famille, un individu est père ou enfant, marié, veuf ou célibataire ; enfant légitime, naturel ou adoptif ; il est mineur ou majeur, interdit ou exerçant ses droits ; parent à tel degré de telle personne ; voilà son état civil. (M. Duranton.)

Sur les Obligations en brevet.

V. ci-devant, page 42.

Lorsque le notaire ne conserve pas minute de l'obligation qu'il reçoit, il annonce, à la fin de l'acte, qu'il a été délivré en brevet à la réquisition expresse des parties.

Dans le cas où le prêteur se contente d'une obligation en brevet, il est prudent de convenir qu'à défaut de paiement, soit du capital, soit des intérêts, lors de leur exigibilité, l'obligation étant rapportée pour minute chez le notaire, les frais de l'acte de rapport et ceux de la grosse qui sera délivrée à cette époque, seront remboursés par l'emprunteur ; comme aussi que cette grosse sera délivrée au prêteur en la présence ou en l'absence du débiteur, sans qu'on soit obligé de l'appeler.

Sur les Obligations commerciales.

Le contrat de prêt est commercial lorsque la somme est prêtée à un commerçant qui se propose de l'employer dans son commerce ; alors on peut stipuler l'intérêt à 6 pour 100 ;

mais dans ce cas, il faut avoir soin d'énoncer les patentes des parties. V. page 37.

La mention de la patente n'est pas exigée pour les obligations souscrites par un négociant au profit d'une personne non commerçante, lorsque d'ailleurs il n'est pas énoncé que la somme prêtée est destinée aux affaires commerciales de l'emprunteur. (Délib. de la régie 17 octobre 1828.) V. le C. de comm. art. 638, 2ᵉ alinéa.

Sur l'Acceptation des obligations.

Un notaire ne peut accepter l'obligation pour les créanciers ou prêteurs qui ne sont pas présents ; la loi ne lui confère pas ce mandat. C'était donc abusivement que l'usage de ces acceptations avait lieu anciennement. En cas d'absence du prêteur, le notaire peut faire accepter par un individu majeur, un de ses clercs, par exemple, agissant au nom et comme se portant fort du prêteur. (Bruxelles, 30 juillet 1811; Rouen, 2 février 1829.)

Sur les Polices d'assurance.

Un notaire ne peut, sans contravention, énoncer dans une obligation l'existence d'une police d'assurance contre l'incendie, relativement à la maison hypothéquée, à moins que cette police n'ait été enregistrée. (Décis. du 11 oct. 1826.) Cependant l'existence d'une police d'assurance énoncée en termes vagues dans un acte notarié, et sans en relater la date ni le numéro, ne constitue pas une contravention. (Délib. du 16 décembre 1828.)

Sur les Frais et sur la clôture de l'acte.

Il est d'usage de stipuler, dans les obligations, que tous les frais et droits qu'elles engendrent, seront supportés par les emprunteurs, et de les terminer par une élection de domicile de la part du débiteur. V. ci-devant, p. 69 et 86.

Formule.

Par devant, etc., fut présent M. L   . « Agissant ici au nom
« et comme mandataire de M. Antoine C   , propriétaire, et de dame
« Cécile S   , son épouse, de lui autorisée, demeurants à Paris,
« rue   , n°.   , suivant leur procuration spéciale à l'effet des
« présentes, passée devant, etc., et dont le brevet original, dûment en-
« registré et légalisé, représenté par M. L   , est, à sa réquisition,
« demeuré ci annexé, après qu'il l'a eu certifié véritable et signé en pré-
« sence des notaires soussignés. »

Lequel a, par ces présentes, reconnu que lesdits sieur et dame C   ,
ses commettants, doivent bien légitimement à M. J   , propriétaire,

demeurant à   , rue   , à ce présent et acceptant :

La somme de dix mille francs en numéraire, pour prêt de semblable somme que ledit sieur J   a fait auxdits sieur et dame C   en espèces d'argent ayant cours, comptées et réellement délivrées à la vue des notaires soussignés, pour employer à leurs besoins et affaires ;

Laquelle somme de dix mille francs, ledit sieur L   a obligé lesdits sieur et dame C   , solidairement entre eux, de rendre et payer à mondit sieur J   , en sa demeure à   , ou à son mandataire porteur de la grosse des présentes, dans cinq ans à compter de ce jour.

Jusqu'au remboursement effectif de cette somme, ledit sieur L   a obligé de plus lesdits sieur et dame C   , sous la solidarité ci-dessus exprimée, d'en payer l'intérêt à mondit sieur J   , aussi en sa demeure, sur le pied de cinq pour cent par année sans aucune retenue. Cet intérêt courra également à compter de ce jour et sera payable tous les six mois.

Ces paiements, tant en principal qu'intérêts, ne pourront s'effectuer qu'en numéraire d'or ou d'argent ayant cours, aux titre, poids et valeur de la monnaie actuelle, et non en papiers, billets ou effets, dont l'introduction pourrait avoir lieu en France, en vertu de lois, ordonnances et autres actes du gouvernement, au bénéfice et à la faveur desquels ledit sieur L   ès-dits noms a renoncé dès à présent.

Il est même convenu qu'en cas d'émission d'un papier-monnaie et faute de numéraire, ils ne pourront se libérer envers M. J   de ladite somme de 10,000 francs qu'en lui fournissant cinquante kilogrammes (ou 200 marcs) de lingots d'argent fin, au lieu de ladite somme (1).

A la sûreté et garantie de la présente obligation, ledit sieur L   ès-dits noms a affecté, obligé et hypothéqué spécialement :

1°. Six hectares de terre, etc.

« Ces biens appartiennent audit sieur C   comme étant compris
« au 1er. lot qui lui est échu du partage de la succession de M. C
« son père, décédé à   , dont il était héritier pour moitié ; ledit
« partage passé devant Mᵉ.   , l'un des notaires soussignés et son
« collègue, le   , enregistré. »

Ledit sieur L   a déclaré au nom desdits sieur et dame C   ses commettants, sous les peines de droit auxquelles il les a soumis, 1°. qu'ils n'ont jamais été chargés d'aucune tutelle ni curatelle, ni d'aucune comptabilité de deniers publics ;

2. Que les biens ci-dessus désignés ne sont grevés d'aucun privilège ni hypothèque, si ce n'est la portion de M. C   , dans le marché de   , sur laquelle portion il doit une rente perpétuelle de   , à M. L   son oncle, et sa moitié dans le marché de   qui est affectée d'une rente viagère de   , due à Mᵐᵉ. vᵉ. C   , sa mère, et formant la moitié de son douaire préfix, ainsi qu'il résulte de l'acte de liquidation et partage passé devant Mᵉ.   , l'un des notaires soussignés, le

Pour plus de sûreté et de garantie de la présente obligation, ledit sr. L   , en vertu de la procuration ci-dessus énoncée, a cédé et transporté à mondit sieur J   , ce acceptant, jusqu'à concurrence de 10,000 francs, les reprises, créances et autres droits matrimoniaux de

_____

(1) D'après l'art. 1895 du Code civil, cette clause est sans effet; mais elle est usitée, parce que les parties exigent qu'elle soit mise dans l'acte.

On pourrait y ajouter la réserve, au profit du prêteur, de la faculté de proroger l'époque du remboursement à sa volonté, ou du moins pendant un laps de temps qui n'excéderait pas 10 ans. (C. C. 1911.)

ladite dame C   , contre son mari, pour les exercer, par mondit sieur J   , à son lieu et place; par préférence à elle, jusqu'au remboursement effectif de ladite obligation. Par suite duquel transport , ledit sieur L   audit nom, a mis et subrogé M. J   , toujours par préférence à elle et jusqu'à concurrence de 10,000 francs, dans l'effet de l'hypothèque que la loi lui accorde sur les biens de son mari.

Les frais de la présente obligation et ceux auxquels elle donnera lieu , seront acquittés par les sieur et dame C

Et pour l'exécution, etc. V. le C. C. art. 111.

Variations.

1. Si le prêt était fait antérieurement à l'acte , on dirait :

M. A   a reconnu devoir, etc., pour prêt que M. B   lui a précédemment fait de pareille somme , en numéraire ayant cours , pour employer à ses besoins.

2. Si l'obligation était exigible à la volonté du prêteur, on l'exprimerait ainsi :

M. A   s'est obligé de rendre cette somme à M. B   , en sa demeure à   , à sa volonté et première réquisition.

3. Si le prêteur voulait qu'on stipulât l'intérêt de l'intérêt, on insérerait cette clause :

En cas de retard de paiement d'une année ou plus des intérêts ci-dessus stipulés, M. B   s'est obligé de payer à M. A   l'intérêt de l'intérêt, aussi sans retenue , sans être tenu par ce dernier d'en faire la demande en justice.

4. Si le prêt était commercial, et que l'intérêt fût à 6 p. cent, on ajouterait :

Ces intérêts sont ainsi stipulés à raison de 6 pour cent , attendu qu'il s'agit d'une affaire commerciale.

5. Si un particulier, au lieu de se rendre caution, s'obligeait solidairement, et était censé emprunter conjointement avec le véritable emprunteur, on terminerait l'obligation par cette clause :

MM. B   et C   ont déclaré (mais sans que cette déclaration puisse aucunement nuire ni préjudicier à M. A   , à raison de la solidarité stipulée), que la somme de   formant l'objet de la présente obligation, doit tourner au profit de M. B   seul , et que M. C   n'en touchera aucune partie:

En conséquence, M. B   s'est obligé d'acquitter aussi seul ladite somme et ses intérêts, et de garantir et indemniser M. C   de toutes poursuites relativement à l'obligation solidaire que ce dernier n'a contractée par le présent acte, que pour lui faire plaisir et lui faciliter le prêt de cette somme, lequel prêt ne lui eût point été fait , sans cela , par M. A

6. *Clause d'hypothèque de biens à venir, attendu l'insuffisance des biens présents du débiteur.*

Au moyen de ce que les immeubles présentement hypothéqués par M. B   , ne sont que de valeur de 10,000 francs , et que conséquemment ils sont insuffisants pour répondre de la présente obligation de 15,000 francs, ledit sieur B   a consenti que chacun des biens qu'il pourra acquérir par la suite, à titre gratuit ou onéreux, y demeurât affecté, à mesure des acquisitions. (C. C. 2130.)

7. *Clause qui rend la totalité de l'obligation exigible, en cas de non paiement du premier terme.*

Il est expressément convenu entre M. A   et M. B   qu'à défaut de paiement à son échéance du premier terme ou de l'un des subséquents, la totalité de la présente obligation, ou ce qui en serait redu, deviendra aussitôt exigible, sans pouvoir par M. B   exciper des délais ci-dessus fixés, dont il demeurera déchu, et qui seront considérés comme non accordés.

8. *Renonciation par le débiteur à se libérer avant l'époque fixée.*

Il est convenu entre les parties que M. B   ne pourra point anticiper le remboursement de tout ou de partie de la présente obligation, sans le consentement exprès de M. A   . (C. C. 1187.)

(V. cependant l'art 1911 du Code civil, que M. Garnier-Deschesnes a dit être applicable au prêt d'argent à terme.)

9. *Exigibilité de l'obligation avant le terme, en cas de vente de l'immeuble hypothéqué.*

Il est convenu que si les biens immeubles ci-dessus hypothéqués étaient vendus par M. B   , avant le remboursement de la présente obligation, la totalité de ladite somme de   et les intérêts qui en seraient alors dus et échus, deviendraient à l'instant exigibles par le seul fait de la vente, nonobstant les délais accordés par M. A

10. *Clause en cas d'hypothèque de biens indivis.*

Dans le cas où le partage de ces biens aurait lieu avant le remboursement de la présente obligation, M. B   sera tenu d'en donner connaissance à M. A   , et d'hypothéquer spécialement les biens qui lui seront échus ou abandonnés, à la garantie de la présente obligation, soit par acte à la suite des présentes, soit par acte séparé. Au surplus, M. A   pourra, si bon lui semble, former entre les mains des cohéritiers de M. B   , opposition à ce qu'il soit procédé à la licitation ou au partage des biens de la succession de son père, hors la présence de M. A   , ou sans l'y avoir dûment appelé. (V. l'art. 883 du Code civil.)

Enfin, M. B   , dans le cas où il deviendrait propriétaire de la totalité des immeubles qui aujourd'hui sont indivis, a consenti que l'inscription que formera contre lui M. A   , frappât et subsistât toujours sur cette totalité : entendant, ledit sieur B   , affecter et hypothéquer dès à présent, au profit de M. A   , tous ses droits dans lesdits immeubles.

(V. les Observations qui précèdent, et le Cours de droit français, par M. Duranton, t. 7, p. 709.)

11. *Déclaration d'emploi.*

En tête de l'obligation, on annonce que la somme a été prêtée *pour être employée par l'emprunteur à l'effet ci-après déclaré.*

Et l'on termine l'obligation par cette clause :

A la garantie du paiement de la somme susdite et de ses intérêts, M. B   a affecté et hypothéqué, spécialement et par privilège, attendu l'emploi dont il va être parlé, une maison située à   , etc.

M. B   a acquis cette maison de M. D   , suivant contrat passé devant M .   etc., dûment enregistré , transcrit au bureau des hypothèques de   , le   , vol.   , n°   .

Observation faite que toutes les formalités prescrites par les lois pour purger les hypothèques légales ont été observées (C. C. 2193 et suiv.), et que , pendant l'accomplissement de ces diverses formalités non plus qu'à la transcription , il ne s'est trouvé ni n'est survenu aucune inscription hypothécaire sur ladite maison, ainsi que le constatent les certificats délivrés par M.   , conservateur des hypothèques au bureau de   : le tout ainsi que M. B   en a justifié à M. A

M. B   a déclaré que la somme de   qu'il vient d'emprunter, est destinée à être employée avec autres de ses deniers , sans emprunt , au paiement du prix de l'acquisition ci dessus énoncée ; promettant de faire incessamment cet emploi, et de déclarer dans la quittance qu'il en retirera par-devant notaires , que dans le paiement qu'il fera , sont entrés les   ci-dessus empruntés, afin que M. A   ait et acquière privilège jusqu'à concurrence sur la maison su désignée, et soit subrogé aux droits, actions, priviléges et hypothèques de M. D   , ainsi que dans l'effet de l'inscription d'office prise à son profit, au bureau des hypothèques de   , le   n°.   .

Extrait de laquelle quittance , contenant lesdites déclaration et subrogation, M. B   s'est obligé de fournir à M A   , sous quinzaine et à ses frais , à peine de toutes pertes et de tous dépens , dommages-intérêts, et, en outre, d'être contraint au remboursement de la somme ci dessus prêtée, si bon semble à M. B   , sans attendre le délai de trois ans ci dessus fixé, dont audit cas il demeurera déchu.

Ou plus simplement :

A peine de restitution de la somme prêtée et de tous dépens , dommages-intérêts.

12. *Clause en cas de minorité de la femme de l'emprunteur.*

Et, attendu que Mme. B   est encore mineure, son mari s'est obligé personnellement de lui faire ratifier à son âge de majorité qui arrivera le   , tous les engagements, solidarité et autres conventions ci dessus, et d'en rapporter acte en bonne forme à M. A   , quinze jours après.

13. *Cautionnement.*

A ce était présent (ou est intervenu) M. T   ; lequel s'est , par ces présentes, volontairement rendu et constitué caution , etc. (Pour la suite, v. au titre 7 ci-après.)

14. *Gage mobilier.*

Pour plus grande sûreté de la présente obligation , en principal et intérêts, M. B   a présentement remis, par forme de nantissement , à M. A   , qui l'a reconnu, (indiquer les objets) appartenants audit sieur B   , ainsi qu'il l'a déclaré et affirmé entre les mains des notaires soussignés.

Lesquels objets M. A   sera tenu de rendre à M. B   , dès que le montant de la présente obligation lui sera remboursé.

Mais il est convenu qu'à défaut de paiement de tout ou de partie du capital et des intérêts, à leur échéance, M. A   aura la faculté d'en poursuivre la vente judiciaire et aux enchères , après un simple commandement fait à M. B   , à son domicile, pour ledit sieur A   être payé par privilège et préférence à tous autres créanciers , sur les deniers qui proviendront de la vente.

15. *Antichrèse.*

Voyez ci-après au titre 8.

16. *Délégation.*

Pour plus grande sûreté du paiement de l'obligation ci-dessus, en principal et intérêts, M. B   a, par ces présentes, cédé , transporté et délégué, etc. (V. la formule de la Délégation, p. 226.)

On ajoute seulement que M. A   pourra toucher la somme déléguée sans attendre l'échéance de l'obligation.

Et l'on termine ainsi :

Les sommes que M. A   recevra en vertu de cette délégation , libéreront d'autant M. B   envers lui , d'abord par imputation sur les intérêts, et subsidiairement sur le capital de l'obligation ci-dessus.

M. A   a reconnu que M. B   lui a remis, à l'appui de la délégation, la grosse du titre de la créance déléguée.

Il a été convenu 1°. que nonobstant la délégation, l'obligation ci-dessus conservera toute sa force et vertu; en conséquence, que M. A pourra user cumulativement ou séparément des droits résultants de l'une ou de l'autre, jusqu'à parfaite libération ; 2°. et que cette délégation sera annulée, du moment où M. B se sera acquitté envers M. A de ladite obligation, en principal et intérêts; à l'effet de quoi M. A lui fera alors toute rétrocession nécessaire.

17. *Cas d'un second emprunt.*

M. B   se proposant d'emprunter une autre somme de l'hypothèque ci-dessus consentie se trouvera en concurrence avec celle de ladite somme de

On peut fort bien insérer dans les obligations cette clause :

Pour plus de sûreté de la présente obligation, M.   (emprunteur) s'est engagé à faire assurer, sous 15 jours, contre les risques de l'incendie, la maison et les bâtiments par lui ci-dessus hypothéqués , et ce pendant l'espace de 7 années. En cas de sinistre, il a subrogé dès-à-présent M   (prêteur) dans tous ses droits et actions contre la compagnie qui aura fait l'assurance , afin de se faire payer de tout ce qui lui sera dû, par préférence à lui même et à tous cessionnaires ultérieurs.

On peut aussi y insérer celle-ci :

Il a été expressément convenu , comme condition essentielle des présentes et sans l'assurance de l'exécution de laquelle elles n'auraient pas eu lieu, qu'à défaut de paiement d'un seul terme d'intérêts , constaté à son échéance par un simple commandement infructueux , non suivi de paiement dans les deux mois de sa date , les sieur et dame A pourront, si bon leur semble, exiger le remboursement de ladite somme principale de   , sans qu'il soit besoin d'aucune formalité judiciaire. »

18. *Clause qui donne au créancier le droit de faire vendre l'immeuble* (1).

Il a été convenu , comme clause et condition substantielles de cet acte, qu'à défaut de paiement, à l'époque d'exigibilité, de la totalité ou

---

(1) La rédaction en a été arrêtée par suite d'une délibération de la Chambre des notaires de Bordeaux,

de quelque partie que ce puisse être, soit du principal, soit des accessoires de l'obligation solidaire qu'il contient, les créanciers auront et pourront exercer, de concert ou séparément, le droit que leur confèrent expressément, et à chacun d'eux, les débiteurs, de vendre aux enchères, aussi en tout ou en partie, après un simple commandement, soit à domicile réel, soit au domicile ci-après élu, les immeubles soumis à leur hypothèque et qui sont désignés aux présentes, avec les droits qui y sont attachés, et les appartenances, circonstances et dépendances sans réserve ainsi qu'ils sont affectés, dans l'étude de M^r.   , l'un des notaires à   , soussignés, ou dans l'étude de tout autre notaire de cette ville qu'il plaira aux créanciers ou au poursuivant de commettre, en remplissant les seules formalités suivantes :

Pour cette vente, les créanciers seront tenus de procéder par adjudication provisoire et définitive, et d'observer un délai de quinzaine entre l'une et l'autre adjudication.

Les enchères seront ouvertes sur un cahier de charges, déposé chez le notaire, commis ou dressé devant lui, un mois après le commandement, et avant l'apposition des placards dont il va être parlé.

S'il s'est écoulé plus de trois mois depuis la date du commandement, sans que le cahier des charges ait été déposé ou dressé comme il est dit, il sera fait un nouveau commandement.

L'adjudication préparatoire sera annoncée par des placards apposés par trois dimanches consécutifs, aux lieux indiqués par l'art. 961 du Code de procédure civile, et par une insertion, faite huit jours au moins avant cette adjudication, de copie de ces placards dans l'un des journaux qui s'impriment dans cette ville.

L'apposition des placards et l'insertion au journal seront réitérées huit jours au moins avant l'adjudication définitive : ce qui aura pareillement lieu dans le cas que cette adjudication vienne à être renvoyée à un jour autre que celui qui aura été primitivement fixé.

Les créanciers donneront, en outre, à la vente, la publicité qu'ils jugeront convenable.

Les appositions de placards seront constatées, comme en cas de licitation judiciaire : il sera justifié des insertions en la forme prescrite par l'art. 683 du Code de procédure civile.

Il ne sera fait aucune signification de pièces, même du cahier des charges, aux débiteurs; mais ils seront prévenus du jour et de l'heure de l'adjudication définitive, par acte signifié à la diligence des créanciers ou du créancier poursuivant la vente, huitaine avant cette adjudication.

Aux fins de l'aliénation dont il est question aux présentes, tous droits sont encore conférés, et tous moyens ouverts aux créanciers et à chacun d'eux. Ils pourront en conséquence, et toujours de concert ou séparément, dresser, ainsi qu'ils l'aviseront ou que l'avisera le poursuivant, le cahier des charges, clauses et conditions moyennant lesquelles l'adjudication sera faite en faveur du plus offrant; comme aussi, faire et signer tous actes et procès-verbaux; diviser ce qui sera mis en vente en plusieurs lots ou le comprendre en un seul; fixer l'époque d'entrée en jouissance, expliquer les origines de propriété; consentir tradition et mise en possession; soumettre les débiteurs à toute garantie solidaire; les obliger à la remise de tous titres et pièces relatifs à la transmission qui aura lieu; lever même, à leurs frais, toutes grosses, expéditions et copies concernant cette transmission, et en faire la remise aux mains de qui de droit; recevoir les prix *ou* le prix d'adjudication à la concurrence ci-après déterminée, pour l'employer comme il va être dit; déposer et retirer toutes sommes ; réserver et conserver tous priviléges ; consentir la radiation , la restriction ou la réduction de toutes inscriptions d'office et autres ; diriger toutes poursuites et contraintes, élire domicile, et généralement faire, aux effets ci-dessus exprimés , tout ce que les divers cas requerront.

Sur le prix qui proviendra de l'aliénation faite ainsi qu'il est dit, M et M.   demeurent conjointement ou individuellement autorisés à se payer et rembourser dans la proportion de ce que chacun d'eux y amende et amendera , tant la somme de   prêtée comme il est établi , ou ce qui pourra en être dû après paiements partiels qui auraient été faits, que les intérêts alors échus du capital et tous les autres accessoires justes et légitimes. Le surplus, s'il y en a , demeurera dans les mains des acquéreurs ou de l'acquéreur , à la disposition et pour le compte des débiteurs ou de tous ayant droit.

Les stipulations et autorisations qui précèdent sont irrévocables. Les droits qui en dérivent seront transmissibles par les créanciers et par chacun d'eux, en faveur de tout représentant et à quelque titre que ce soit. Elles font d'ailleurs partie essentielle de l'obligation solidaire qui vient d'être consentie. Les débiteurs renoncent à pouvoir jamais y rien opposer , ainsi qu'à réclamer aucun délai , et s'interdisent formellement d'en empêcher ou arrêter directement l'effet , même par la vente amiable de l'immeuble plus haut désigné à quelque époque que ce puisse être, avant l'extinction de la présente obligation, sans l'intervention ou le consentement écrit de M.   , reconnaissant que sans la promesse de leur insertion dans ce contrat, et la certitude pour les créanciers de leur pleine et entière exécution, le prêt ci-dessus constaté ne leur aurait pas été fait.

Sur le motif pris de leur intérêt à ce que les biens dont ils pourront être dans le cas de poursuivre la vente, en vertu de ces stipulations et autorisations, atteignent, par la concurrence et la chaleur des enchères, le plus haut prix possible, MM.   et   auront, ainsi que cela est formellement convenu et entendu, la faculté de se placer aux rangs des enchérisseurs, d'enchérir et surenchérir, même de devenir ensemble ou séparément, comme plus offrant, adjudicataires de la totalité ou de partie des biens mis en vente.

Il demeure encore bien entendu que lesdites stipulations et autorisations ne feront point obstacle à ce que MM.   et   , et même après avoir commencé de les mettre à effet, poursuivent, s'il leur plaît, par les voies ordinaires, le paiement en tout ou en partie, selon qu'il y écherra, des principaux et des accessoires des créances présentement constituées : ce qui recevra son application collective ou individuelle à l'égard des créanciers ou de l'un d'eux, suivant les cas.

Une grosse des présentes sera délivrée du consentement qu'y donnent les débiteurs , à chacun des créanciers, pour être exécutée à son profit , à la concurrence de son capital et des intérêts qui y seront relatifs.

Enregistrement.

Les obligations de sommes, ne contenant aucune libéralité ni transmission de meubles ou immeubles , sont passibles du droit d'un franc par 100 francs sur les sommes pour lesquelles elles sont souscrites. (Loi du 22 frimaire an 7, art. 69.)

Celles pour prêt en lingots d'argent remboursables à une

époque fixe , et estimés dans l'acte , ne doivent non plus
qu'un pour cent. (Solution des 12 mai 1814 , et 10 octobre
1817.)

L'acte par lequel on se reconnaît débiteur d'une somme
d'argent , au paiement de laquelle on délègue une créance,
n'est toujours passible que du droit d'un p. 100. (Délib. du
20 déc. 1823.)

Il n'est dû non plus que ce droit sur une obligation par
laquelle le débiteur consent hypothèque sur un immeuble ,
dont la propriété sera acquise au prêteur par le seul défaut
de paiement à l'expiration du délai fixé par l'obligation.
(Solut. du 21 nov. 1828.)

Il n'est pas dû de droit de cautionnement sur une obligation dans laquelle les débiteurs prennent des parts différentes et s'engagent solidairement. (Solution du 27 octobre
1832.)

Lorsqu'une obligation contient l'autorisation de vendre
devant notaire l'immeuble hypothéqué , si la somme prêtée
n'est pas remboursée au terme convenu, cette clause particulière n'opère aucun droit. J. J. N.

La convention que le prêteur d'une somme d'argent pourra
exiger son remboursement en grains, n'opère aucun droit
particulier.

SECTION 4.

PROROGATION DE DÉLAI.

Acte par lequel le créancier accorde un nouveau délai
à son débiteur pour le paiement de la somme à lui due, résultante d'une obligation ou autre acte , pendant lequel
temps les droits du créancier demeurent dans le même état,
même contre la caution (C.C. 2039.)

Presque toutes les prorogations sont faites entre les parties par actes sous signatures privées ; mais la prudence ne
demanderait-elle pas, dans certaines circonstances, qu'elles
fussent consenties par actes notariés , et même notifiées au
conservateur des hypothèques, qui en ferait mention sur
ses registres , en marge de l'inscription ?

Cet acte est si simple, qu'il ne donne lieu à aucune explication. R. N.

Formule.

Par-devant, etc., fut présent M. A
Lequel, sur la demande de M. B
présentes, consenti de proroger de

, et pour l'obliger, a, par ces
ans, à compter du   , le

délai par lui précédemment accordé audit sieur B   , pour le paiement de la somme de   , montant de l'obligation par lui souscrite au profit de M. A   , devant M   , sous la réserve de
tous les droits, actions et hypothèques résultants en sa faveur de ladite
obligation.

En conséquence, M. B   , à ce présent, s'est obligé de payer ladite
somme de   à M. A   , le   , et de lui en continuer l'intérêt sur le pied de cinq pour cent sans retenue, ainsi qu'il a été stipulé
dans l'obligation susénoncée, qui demeure dans toute sa force et vertu,
n'y étant rien dérogé ni innové par ces présentes.

Dont acte, etc.

Enregistrement.

Une prorogation de délai n'est pas un consentement pur
et simple; c'est, au contraire, une convention particulière
régie par des règles qui lui sont propres, et dont l'un des
effets notamment est déterminé par l'art. 2039 du C. C.; et
comme les lois fiscales ne dénomment point cet acte, on ne
peut l'assujettir qu'au droit fixe d'un franc. (Solut. du 7 janv.
1830.)—La prorogation peut, sans contravention, être
consentie à la suite du billet dont elle est l'objet. (Sol. du 6
oct. 1815.)

Si elles sont notariées, elles ne peuvent, sans contravention, être écrites à la suite des titres de créances dont
les termes de paiement sont prorogés. (D. M. F. 11 août
1831.)

SECTION 5.

CONSTITUTION DE RENTE PERPÉTUELLE.

La *constitution de rente* est un contrat par lequel une personne s'oblige envers une autre à lui payer annuellement
et perpétuellement une certaine somme, qu'on nomme *rente*
(de *reditus annuus*, profit annuel), dont cette personne se
constitue la débitrice, pour un prix licite convenu entre
elles, prix que l'on nomme *capital* ou *principal,* et qui doit
consister en une somme de deniers que la partie constituante
reçoit de l'autre partie, sous la faculté de pouvoir toujours
racheter la rente lorsqu'il lui plaira pour le prix qu'elle a
reçu, mais sans qu'elle puisse y être contrainte.

Les auteurs le définissent « un contrat par lequel l'un
» des contractants vend à l'autre une rente perpétuelle,
» dont il se constitue débiteur envers lui pour un prix
» *licite* convenu entre eux. »

On distingue ordinairement celui qui vend ou constitue
la rente, sous la dénomination de *constituant* ou de *vendeur*,
et celui qui l'acquiert, ou auquel elle est constituée, sous

la dénomination d'*acquéreur*. Dans certains lieux on nomme le premier *créeur* de la rente, ou *débirentier*, et le second *rentier*, ou *crédirentier*. Je crois que ces expressions, comme plus analogues à la nature du contrat de rente, valent beaucoup mieux que celles de *constituant* et d'*acquéreur*, encore que le terme de *créeur* ne soit point reçu dans notre langue, et que les mots *débi*rentier et *cré*direntier soient moitié français, moitié latins. On dirait parmi nous débiteur de la rente, pour *débi*rentier, et créancier de la rente, pour *crédi*rentier.

V. le Code civil, art. 1909 et suivants, 529, 584, 2277, 1155; et le C. de proc. 636 à 655.

Ce contrat n'est pas du nombre des contrats consensuels; il est de la classe des contrats réels, car il n'est parfait et ne produit l'obligation que lorsque l'acquéreur de la rente en a payé le prix. Ce contrat n'est pas non plus du nombre des contrats synallagmatiques, mais il est unilatéral, n'y ayant que celui des contractants qui constitue la rente, qui contracte une obligation (1). C'est dans l'aliénation faite à perpétuité du sort principal, que consiste le caractère essentiel et distinctif qui différencie le contrat de constitution du prêt à intérêt.

Celui qui constitue la rente s'appelle *constituant* ou *débirentier*, et celui au profit de qui elle est constituée s'appelle *crédirentier*. P. N.

On divise les contrats de constitution en constitution de rente perpétuelle et constitution de rente viagère. V. le titre 6 ci-après. La rente constituée à prix d'argent s'appelle *rente constituée*; et celle qui est créée à perpétuité, pour le prix d'une vente d'immeuble, est appelée *rente foncière*. Une rente est constituée et non foncière, quoiqu'elle dérive d'une concession de fonds ou de droits immobiliers, lorsque l'acte de concession détermine un prix capital dont la rente annuelle est la représentation. (Cass. 12 janv. 1814.)

Les intérêts que produit la rente s'appellent *arrérages*.

Le contrat de rente est non solennel, il peut être fait par acte authentique ou sous seing privé. S'il est gratuit ou s'il contient affectation hypothécaire, il doit être notarié (C. C.

---

(1) On peut valablement convenir que l'un des contractants donnera à l'autre, dans un certain délai, telle somme ou telle chose, et que celui-ci constituera, moyennant cette chose ou cette somme, une rente perpétuelle de   , etc. Alors ce sera un contrat consensuel et synallagmatique. P. N.

931 et 2127). S'il est fait sous seing privé, il n'est pas besoin de duplicata, puisque c'est un contrat unilatéral. S'il est passé devant notaires, on peut le faire en brevet. (M. Massé.)

Ce contrat est entièrement aux frais de la partie qui constitue la rente. (Pothier.)

Un des pactes les plus ordinaires dans les constitutions de rente qui se font par un acte sous seing privé du constituant, est que celui-ci s'oblige d'en passer acte devant notaires, lorsque le créancier le requerra. L'effet de ces pactes est que le débiteur doit passer, à ses frais, acte devant notaires, de la constitution de rente à la réquisition du créancier, et en fournir à ses frais une grosse à ce créancier.

On peut constituer à prix d'argent des rentes payables autrement qu'en argent, par exemple en grains ; on ne le pouvait pas anciennement.

On peut constituer une rente pour une dette antérieure, lors même que cette dette n'est constatée que par la reconnaissance faite au moment du contrat. Un fait peut être le prix d'une constitution de rente, par exemple la construction d'un bâtiment.

Ce contrat suit les règles du prêt à intérêt, quant à la capacité requise des contractants, et à l'égard du taux de la rente. On peut y apposer les mêmes sûretés. V. page 289. — L'art. 1912 du C. C. n'est pas applicable aux rentes foncières. (Cass. 5 mars 1817.) Cet article ne soumet pas le créancier à l'obligation de mettre le débiteur en demeure. (Cass. 8 avril et 10 nov. 1818.)

L'usage est d'insérer dans les contrats de constitution, la garantie par le constituant de *fournir et faire valoir*, comme cela se fait dans les transports de rentes ou créances ; mais ici lors même que cette garantie ne serait pas exprimée, elle serait de droit, et il est absurde, dit M. Massé, que le débiteur principal promette de payer à défaut par lui de payer.

Une clause aujourd'hui très fréquente dans les contrats de constitution est celle par laquelle le constituant, qui a reçu pour le prix de la constitution des espèces d'or ou d'argent, s'oblige de ne pouvoir la racheter ou rembourser qu'en pareilles espèces sonnantes d'or ou d'argent, et non en papiers, de quelque espèce qu'ils soient, auxquels le gouvernement jugerait à propos de donner cours dans le commerce, comme monnaie. La grande défaveur de cette espèce de monnaie de papier, et l'intérêt sensible du créancier, qui a payé le prix de la constitution en bonne monnaie sonnante, peut faire admettre cette clause, pourvu que la loi qui aurait donné cours à cette monnaie n'eût pas une clause expresse qui dérogeât à toutes les conventions précédentes, par lesquelles on serait convenu qu'on ne pourrait payer en cette monnaie. (Pothier.) V. page 294.

La forme du contrat de rente doit être celle qui est exigée pour les prêts à intérêt ou les ventes, selon la cause du contrat. R. N.

Il est bon que l'acte de constitution, lorsqu'il est sous seing privé, contienne l'approbation prescrite par l'art. 1326 du C. C. Toutefois il a été jugé qu'elle n'est pas indispensable. (Cass. 13 fruct. an 11.)

Un père peut donner un capital et vendre à l'un de ses enfants un immeuble à rente perpétuelle. R. N.

Une rente est *quérable* quand, d'après le titre, elle est payable au domicile du débiteur, et que le créancier doit en aller *quérir* le paiement; elle est *portable*, si elle a été stipulée payable au domicile du créancier ou à tel autre lieu convenu. Il a été jugé, à l'égard de la rente portable, que le droit à son remboursement est acquis au créancier dans le premier cas de l'art. 1912 du C. C., sans que le créancier soit obligé de faire constater le défaut de paiement, les art. 1139 et 1184 n'étant pas applicables à ce cas. (Cass. 8 avril, 10 nov. et 10 déc. 1848.)

Le créancier d'une rente perpétuelle, hypothéquée sur un immeuble, peut demander le remboursement du capital de la rente, lorsque l'immeuble est aliéné, même dans son intégrité, et sans être morcelé, si cet immeuble est de valeur inférieure au montant de la créance hypothéquée, de telle sorte que le créancier soit en danger de ne recevoir que partie de sa créance quand l'acquéreur voudra purger l'hypothèque. (Paris, 21 janv. 1844.)

Formule.

Par-devant, etc., furent présents : M. J   , et dame   son épouse, de lui autorisée, demeurants à

Lesquels ont, par ces présentes, créé et constitué,

A M. L   , demeurant à   , à ce présent et acceptant pour lui et ses héritiers ou ayant-cause :

Mille francs de rente annuelle et perpétuelle, franche et exempte de toute espèce de retenue, que M. J.   et son épouse ont promis et se sont obligés, solidairement l'un pour l'autre, de payer à M. L.   , en sa demeure à   , ou à son mandataire porteur de la grosse des présentes, en deux termes égaux, de six mois en six mois, dont le premier terme écherra et sera payé le   , le second le   , pour continuer ainsi, de six mois en six mois, tant que ladite rente aura cours, c'est-à-dire à perpétuité ou jusqu'au remboursement du principal.

A la garantie de laquelle rente, en principal et arrérages, lesdits sieur et dame J   ont affecté et hypothéqué spécialement, et solidairement comme dessus, un corps de ferme situé à , etc. (Le désigner et en établir succinctement la propriété en la personne des constituants.)

Lesdits sieur et dame J   ont déclaré que cette ferme n'est grevée d'aucun privilége ni d'aucune hypothèque ; comme aussi qu'ils n'ont jamais été chargés d'aucune tutelle ou curatelle qui puisse donner lieu à hypothèque légale.

Cette constitution faite moyennant la somme de 20,000 francs que lesdits sieur et dame J   ont reconnu avoir reçue de M. I.   , en espèces d'argent ayant cours, comptées et réellement délivrées à la vue des notaires soussignés, dont quittance.

Ladite rente sera rachetable à toujours , en rendant et payant par les rachetants, à ceux qui pourront y avoir droit, en les avertissant six mois d'avance , pareille somme de 20,000 francs en un seul paiement, pour le principal de ladite rente , indépendamment des arrérages qui en seront alors dus et échus , et des frais , mises d'exécution et loyaux coûts.

Le paiement des arrérages et le remboursement du capital de ladite rente ne pourront s'effectuer qu'en numéraire d'or ou d'argent , aux titre, poids et valeur de la monnaie actuelle, et non en papiers, billets ou effets qui pourraient être introduits dans le commerce , en vertu de lois ou ordonnances quelconques, au bénéfice et à la faveur desquelles lesdits sieur et dame J   ont déclaré renoncer formellement.

Les constituants se sont obligés de payer tous les frais et droits du présent contrat, ainsi que de la grosse qui en sera délivrée à M. L   , et de l'inscription qui sera prise incessamment à leur profit.

Et pour l'exécution , etc.

Enregistrement.

Les constitutions de rentes, soit perpétuelles, soit viagères, et de pensions, à titre onéreux, sont sujettes au droit de 2 pour 100 sur le capital constitué et aliéné. (Loi du 22 frimaire an 7, art. 14 et 69.)

SECTION 6.
RECONSTITUTION.

Voici comment Ferrière définissait la reconstitution :

La reconstitution n'est, à proprement parler, qu'une constitution ordinaire à prix d'argent, avec déclaration d'emploi, qui est effectué par le même acte.

L'effet de la reconstitution est d'opérer une subrogation en faveur du prêteur , au lieu et place du créancier remboursé.

Il y a cette différence entre le transport et la reconstitution, que dans le transport la rente transportée reste sujette aux dettes de celui qui la transporte, à moins qu'on ne purge des dettes par un décret, et que dans la reconstitution le créancier, au lieu de faire un transport recevant le remboursement des mains de son débiteur , subrogeant celui qui vient de prêter ses deniers pour faire ce remboursement, la rente est totalement affranchie des dettes du créancier remboursé, et le nouveau créancier n'en est pas moins subrogé en tous les droits et priviléges de l'ancien. P. N.

Avant la loi du 11 brumaire an 7, les rentes pouvaient être grevées d'hypothèques : or, comme les créanciers qui avaient hypothèque sur les rentes de leur débiteur, ont pu conserver cette hypothèque en prenant inscription, il est encore utile, sous ce rapport, de faire des reconstitutions de ces anciennes rentes au lieu de faire de simples transports. Voyez le nouveau Parfait Notaire, t. 2, page 93, 6ᵉ. édit.

SECTION 7.

AFFECTATION HYPOTHÉCAIRE.

Acte par lequel un débiteur hypothèque un immeuble à la garantie d'une obligation qu'il avait souscrite précédemment.

Touchant les personnes qui peuvent consentir hypothèque, et les formes du consentement, voyez le C. C. 2124 à 2132.

L'hypothèque peut être stipulée par un acte séparé de l'obligation. R. N.

L'acte d'hypothèque consenti isolément n'exige que la présence du débiteur, et non celle du créancier : c'est ici un acte purement unilatéral. (M. Persil.)

Peu importe que le titre de la créance soit sous seing privé, la loi n'exige l'authenticité que pour l'acte constitutif de l'hypothèque. (Id.)

Un mandataire ne peut hypothéquer les biens de son commettant que dans le cas où il a un mandat exprès et formel. R. N.

On peut, en vertu d'une procuration sous seing privé, consentir une hypothèque valable. (C.C. 1985 et 1988: Cass. 27 mai 1819 et 5 juillet 1827.) M. Merlin est d'un avis contraire.

L'hypothèque peut se constituer par quelques termes que ce soit ; il ne faut que s'attacher à la signification que donnent l'usage et l'intention des parties. R. N.

Formule.

Aujourd'hui a comparu, etc. M. R

Lequel, pour satisfaire à la promesse qu'il a faite à M. B   , de lui garantir le paiement d'une reconnaissance de 6,000 francs qu'il lui a souscrite le   , enregistrée à   , le

A, par ces présentes, affecté et hypothéqué spécialement à la garantie

de cette somme et des intérêts dont elle est productive, une maison située à   , rue   , n°.   , etc.

M. R   a déclaré que cette maison est d'une valeur de 10,000 fr.,
et qu'elle n'est grevée d'aucun privilége ni d'aucune hypothèque.

Il s'est obligé de payer le coût du présent acte.

Cette affectation d'hypothèque a été acceptée par ledit sieur B
à ce présent, sous toutes réserves de droit.

Fait et passé à   , le   mil huit cent   .

Enregistrement.

Cet acte n'est soumis qu'au droit fixe d'un franc lorsqu'il
est la suite d'une obligation notariée. S'il n'y a eu qu'un
billet, l'acte est passible du droit proportionnel d'un pour
100, indépendamment du droit perçu sur le billet. (Inst. de
la régie.)

section 8.
CESSION DE PRIORITÉ D'HYPOTHÈQUE.

La cession d'antériorité ou de priorité d'hypothèque est
l'acte par lequel un créancier hypothécaire consent qu'un
autre créancier, ayant également hypothèque mais d'un
rang postérieur, lui soit préféré et vienne avant lui pour
l'exercice de son hypothèque. R. N.

Sur la capacité des parties, voyez les art. 2157, 1123 et
suivants du C. C.

L'acte doit être fait devant notaire. (2129 et 2158.)

L'effet de la cession est un échange de rangs, duquel il
résulte que le cédant descend au rang du cessionnaire, qui
monte à la place du cédant ; d'où il suit que cet échange
ne peut nuire aux créanciers intermédiaires. R. N.

Formule.

Par-devant, etc., fut présent M. A   , créancier de M. B   ,
d'une somme de   , montant de l'obligation qu'il lui a souscrite
devant, etc. ; pour sûreté et en vertu de laquelle obligation il a formé
inscription contre lui au bureau des hypothèques de   , vol.   ,
n°.   , sur une maison sise à   , etc.

Lequel a, par ces présentes, consenti en faveur de M. C   , demeurant à   , à ce présent et acceptant, l'antériorité, la priorité
et la préférence de l'inscription prise par ledit sieur C   , contre
ledit sieur B   , au même bureau, le   , vol.   , n°.   ,
sur la propre inscription de lui M. A   , ci-devant énoncée, ce dernier
consentant que M. C   soit payé, par antériorité et préférence à lui,
sur ladite maison, toutefois sous la réserve de son hypothèque au rang
qu'occupait M. C   . Dont acte, fait et passé à, etc.

Le Dict. du Not. contient une formule de cession *avec
prix*, t. 2, p. 428.

Enregistrement.

Si la cession est faite sans bourse délier, elle n'est passible que du droit fixe de 2 francs, suivant la loi du 28 avril 1816, art. 43, n° 7; mais s'il arrivait que, par suite d'un ordre, le cédant ne fût pas colloqué utilement, tandis que le cessionnaire serait payé, la régie réclamerait le droit proportionnel d'un pour 100 comme transport, en sorte que la perception du droit fixe n'est que provisoire. (Instr. 29 juin 1838; Délib. 20 mars 1829.)

SECTION 9.

TRANSLATION D'HYPOTHÈQUE.

C'est l'acte par lequel un débiteur, désirant affranchir un immeuble de l'hypothèque qu'il avait consentie primitivement en faveur de son créancier, affecte un nouveau gage hypothécaire, au moyen de quoi le créancier donne mainlevée de son inscription sur cet immeuble, pour en reprendre une nouvelle sur celui que le débiteur hypothèque par l'acte de translation.

Lorsque la mainlevée a été ainsi donnée, le créancier faisant inscrire sa nouvelle hypothèque pourrait bien ne pas avoir le rang qui lui a été promis par la nouvelle affectation. Pour obvier à cet inconvénient, on procède de la manière suivante : par un premier acte, le débiteur consent cette nouvelle affectation et déclare le rang qu'aura l'inscription ; le créancier, acceptant la nouvelle hypothèque, s'engage à renoncer à la première et à donner mainlevée de sa première inscription, dès-lors qu'il sera reconnu que la nouvelle hypothèque est inscrite au rang promis. Le créancier fait inscrire cette nouvelle hypothèque, et si le rang qu'elle a est tel que celui promis, la renonciation et la mainlevée sont réalisées par un second acte, qui complète le changement d'hypothèque. R. N.

Si le changement a lieu par un seul et même acte, ce qui arrive quand le créancier a confiance à son débiteur, cet acte n'est passible que du droit fixe de 2 francs comme consentement pur et simple. (Loi du 28 avril 1816, art. 43.) Si le changement a lieu par deux actes, chacun sera enregistré au même droit fixe de 2 francs, l'un comme consentement, et l'autre comme mainlevée.

SECTION 10.

OUVERTURE DE CRÉDIT.

En droit commercial, on appelle ainsi l'acte par lequel un négociant s'oblige de fournir à un commerçant des fonds ou des effets négociables jusqu'à concurrence d'une certaine somme.

Il n'existe dans la loi aucune règle sur la forme des contrats portant ouverture de crédit ; rien n'empêche de les faire sous seings privés, mais souvent il vaut mieux, dans l'intérêt des parties, les passer devant notaires, pour leur donner un caractère authentique et les mettre à l'abri de tous soupçons de fraude en cas de faillite de l'un des contractants. Il est même impossible de ne pas les passer devant notaires, lorsque celui à qui l'on ouvre un crédit confère hypothèque en faveur de l'autre pour sûreté des avances qui lui seront faites.

Pour faire un tel contrat, il faut tenir pour certain le principe que la promesse de prêter est valable, ainsi que celle d'emprunter. R. N.

L'hypothèque peut subsister sans une créance encore née, pourvu qu'elle se lie à une obligation déjà existante ; ainsi elle est valable si elle est conférée pour sûreté d'un crédit ouvert, d'une ouverture de compte courant, et d'après l'engagement pris par celui qui ouvre le crédit, de payer les lettres de change à tirer par celui qui donne l'hypothèque. (Rouen et Caen, 24 avril et 11 août 1811.)

Formule.

Par-devant, etc., ont comparu M. Z   , d'une part ;
Et M. K   , d'autre part ;
Lesquels ont fait et arrêté ce qui suit :

M. K   et Madame son épouse, prévoyant qu'ils auront besoin d'une somme de 150,000 francs, pour subvenir aux dépenses que nécessiteront les réparations, constructions et augmentations, qu'ils font faire à leur maison sise à Paris, rue   n°.   , et ne voulant pas tirer cette somme de leur commerce, se sont adressés à M. Z   , qui, dans l'intention de faciliter les opérations de M. et Mme. K   , a consenti de leur prêter cette somme de la manière et sous les conditions ci-après exprimées.

M. Z   a ouvert au profit de M. et Mme. K   , qui l'ont accepté, un crédit de 150,000 francs, qu'il s'est obligé de leur fournir au fur et à mesure de leurs besoins, pour être employés à payer les architectes, entrepreneurs, fournisseurs, maçons et autres ouvriers qui concourront aux réparations, constructions et augmentations dont il s'agit.

Sur ces 150,000 francs, M. et Mme. K   ont déjà reçu 21,000 fr. qui ont servi à l'usage auquel ils étaient destinés.

M. Z   s'est obligé de fournir à M. et Mme. K   le surplus de cette somme de 150,000 francs, c'est-à-dire 129,000 frncs, de les tenir à leur disposition et de les leur remettre au fur et à mesure de leurs besoins, contre des bons et mandats émanés d'eux ou de M. K   seulement, aux architectes, entrepreneurs, fournisseurs, maçons et autres ouvriers dont ils se serviront.

La durée du crédit ouvert par M. Z   au profit de M. et Mme. K   , ne pourra excéder trois années à partir de ce jour ; et si à l'expiration de ce délai, les réparations, constructions et augmentations commencées ou projetées, n'ont pas été mises à fin, M. et Mme. K   ne pourront plus exiger aucune somme de M. Z   , quand bien même ils n'auraient point encore épuisé leur crédit de 150,000 francs.

Les sommes avancées jusqu'à présent par M. Z   à M. et Mme. K   , et celles qui le seront à l'avenir, seront remboursables par fraction de 6,000 francs de trois mois en trois mois à partir du   .

Jusqu'à leur remboursement effectif, ces sommes produiront des intérêts à raison de 5 pour cent par an, sans retenue, payables de trois mois en trois mois, à partir du jour où elles ont ou auront été successivement avancées par M. Z   , et ces intérêts décroîtront proportionnément à mesure des remboursements partiels qui seront faits sur le principal.

Dont acte, pour l'exécution duquel les parties ont élu domicile en leurs demeures sus-indiquées, etc. Fait et passé à, etc.

Enregistrement.

L'acte d'ouverture de crédit qui ne contient que la promesse de donner des fonds, n'est passible que du droit fixe d'un franc. (Cass. 11 mai 1831.)

TITRE VI.

DES CONTRATS ALÉATOIRES.

—

SOMMAIRE DE LA LOI.

Code civil.

SECTION PREMIÈRE.

CONSTITUTION DE RENTE VIAGÈRE.

C'est un contrat par lequel l'une des parties s'oblige de payer à l'autre une rente annuelle dont la durée est bornée à la vie d'une ou de plusieurs personnes, de laquelle rente elle se constitue débitrice pour une certaine somme qu'elle reçoit et qui forme le prix de la constitution (1909, 1910). Il ne sera ici question que de cette espèce de constitution.

Ce contrat est du nombre des contrats intéressés de part

et d'autre ; il peut se passer sous signature privée aussi bien que devant notaire ; et comme il est unilatéral, c'est-à-dire qu'il n'y a que la partie constituante qui s'oblige, il suffit que l'acte soit signé d'elle, et il n'est pas nécessaire que l'écrit privé soit fait double. (Pothier.) — On peut y apposer la plupart des clauses qui se mettent dans le contrat de rente perpétuelle, et l'on peut y convenir que les arrérages de la rente viagère seront payés d'avance. V. l'Indicateur au mot *Arrérages*.

Il est toujours prudent de faire consentir par le débiteur, dans le contrat de constitution de rente viagère, que l'inscription soit prise **sur ses biens**, pour le montant de vingt années des arrérages de la rente due, afin que, dans le cas où ses biens viendraient à être vendus, les acquéreurs, en retenant les capitaux, puissent, avec l'intérêt à cinq pour cent, servir annuellement la rente viagère.

Pour éviter que le débiteur ait à compter avec les héritiers du créancier, lorsque celui-ci décédera, on convient par l'acte de constitution que les arrérages échus lui appartiendront à partir du premier jour du semestre ou du trimestre dans lequel arrivera le décès ; de cette manière il n'aura de compte à rendre à qui que ce soit. — Cette précaution est d'autant plus sage, qu'il arrivera peut-être que le défunt ne laissera pas d'héritiers connus, ou que ses héritiers seront en grand nombre, et qu'ils demeureront dans des pays éloignés, ce qui occasionnerait des démarches et des frais considérables.

Le contrat peut contenir la condition que le conservateur des hypothèques sera tenu de radier l'inscription prise pour sûreté de la rente, lors de la remise qui lui sera faite de l'acte du décès du créancier.

On peut stipuler qu'à défaut de paiement des arrérages, le créancier aura la faculté de rentrer dans son capital, ou dans la propriété de l'immeuble dont la rente aurait été le prix ; cette clause recevrait son exécution. (Cass. 26 mars 1817.)

Le créancier d'une rente viagère peut demander la résiliation du contrat, non-seulement dans le cas où le constituant ne lui donne pas les sûretés promises, mais encore dans le cas où il diminue les sûretés qu'il a données. Le débiteur d'une rente viagère diminue les sûretés, lorsqu'il aliène tout ou partie de l'immeuble hypothéqué au service de la rente, de telle sorte que le tiers-acquéreur puisse purger.

Formules.

Constitution d'une rente viagère sur une tête.

Par-devant, etc., furent présents : M R   et dame   , son épouse, de lui autorisée, demeurants à   , étant ce jour en l'étude,

Lesquels ont, par ces présentes, créé et constitué, à M. B   , à ce présent et acceptant, 600 francs de rente annuelle et viagère, franche de toutes retenues, sur la tête et pendant la vie dudit sieur B   ; laquelle rente viagère, lesdits sieur et dame R   ont promis et se sont obligés, solidairement entre eux, de lui payer, en sa demeure à   , ou pour lui à son mandataire, porteur de la grosse des présentes, en quatre termes, de trois mois en trois mois, à raison de 150 francs par terme, le premier desquels écherra et devra être payé le   , le second le   , pour ainsi continuer de trois mois en trois mois, pendant la vie et jusqu'au jour du décès dudit sieur B   , à compter duquel jour ladite rente demeurera éteinte et amortie, et les constituants en seront entièrement quittes et libérés.

(*Ou bien :* jusqu'au dernier jour du trimestre qui précédera le décès de M. B   , à compter duquel jour ladite rente sera éteinte et cessera d'avoir cours; les parties étant convenues que lesdits sieur et dame R n'auront rien à payer de la portion de temps qui se sera écoulée depuis lors jusqu'au décès de M. B   .)

A la garantie de laquelle rente viagère, lesdits sieur et dame R ont hypothéqué spécialement *tel immeuble*, dont ils sont propriétaires, au moyen de l'acquisition qu'ils en ont faite de, etc.

Les arrérages de ladite rente ne pourront être payés qu'en espèces métalliques, d'or ou d'argent, et non autrement, lesdits sieur et dame R   dérogeant expressément à toutes lois et ordonnances qui contiendraient des dispositions contraires.

Cette constitution faite sur le pied du denier dix, moyennant la somme de 6,000 francs que lesdits sieur et dame R   ont reconnu avoir reçue de M. B   , en pièces de cinq francs, comptées et réellement délivrées à la vue des notaires, dont quittance.

Les constituants se sont obligés de payer tous les frais et droits auxquels ces présentes donneront lieu.

Il a été convenu qu'après le décès de M. B   , l'inscription qu'il pourra prendre, en vertu des présentes, contre lesdits sieur et dame R   , devra être rayée sur la simple remise qui sera faite d'une expédition en forme de l'acte de l'état civil qui constatera ce décès, à M. le conservateur des hypothèques de

Et pour l'exécution, etc.

2. *Constitution d'une rente viagère sur deux têtes.*

Par-devant, etc., fut présent M. C   , demeurant à Orléans, rue   , n°.   ;

Lequel a, par ces présentes, créé et constitué à M. J   , et à dame   , son épouse, de lui autorisée, demeurants à Lyon, à ce présents et ce acceptant :

Douze cents francs de rente annuelle et viagère, sur leurs têtes, pendant leur vie et celle du survivant d'eux, sauf la réduction au décès du premier mourant, dont il sera ci-après parlé.

Laquelle rente viagère de 1,200 francs, M. C   s'est obligé de payer auxdits sieur et dame J   , en l'étude de Me   , l'un des notaires soussignés, ou à leur fondé de pouvoirs, porteur de la grosse des présentes, au 1er. janvier de chaque année, dont la première écherra et devra être payée le 1ᵉʳ. janvier prochain, pour continuer d'année en année, à ladite époque, pendant la vie desdits sieur et dame J

Il a été expressément convenu qu'à compter du jour du décès du premier mourant desdits sieur et dame J   , cette rente viagère de 1,200 francs subira une réduction de 300 francs, et que par conséquent elle n'aura plus cours, dès lors, que pour 900 francs seulement, pendant la vie et jusqu'au jour du décès du survivant desdits sʳ. et dᵉ. J   ; laquelle rente, ainsi réduite, lui sera continuée de la manière ci-dessus indiquée, toujours en un seul paiement au 1ᵉʳ. janvier. Et, au jour du décès dudit survivant, cette rente sera entièrement éteinte et amortie, et M. C   en sera totalement quitte et libéré.

A la sûreté du paiement de laquelle rente viagère, et à la fournir et faire valoir bonne et bien payable, tant qu'elle sera due, M. C   a hypothéqué, etc.

Sur lequel immeuble, il a déclaré qu'il n'existe qu'une seule inscription au profit de la vᵉ.   , pour raison d'une somme de   qu'il lui doit.

Il a encore été convenu que la susdite rente sera exempte, tant qu'elle aura cours, de la retenue des contributions qui sont ou pourront être établies par la suite; et que les arrérages ne pourront en être payés qu'en monnaies d'or ou d'argent ayant cours.

M. et Mᵐᵉ. J   devront justifier, chaque année, de leur existence, par un certificat de vie, en forme et dûment légalisé.

Et pour l'exécution, etc.

Nota. La rente viagère créée au profit et sur les deux têtes du mari et de la femme, pour le prix d'un bien qui était propre à l'un d'eux, appartient totalement à celui-ci, et s'il décède le premier, ses héritiers seuls en jouissent pendant la vie de l'époux survivant.

A l'égard des droits d'enregistrement, voyez-ci-devant p. 308.

SECTION 2.

CONSTITUTION DE PENSION ALIMENTAIRE.

Une pension est une prestation en argent ou en nature pour la subsistance de quelqu'un. La pension alimentaire est celle qui est donnée à quelqu'un pour aliments.

Les pensions sont insaisissables. (C. C. 1981 ; C. de pr. 581 et 582.)

La pension alimentaire peut être consentie à titre gratuit ou à titre onéreux. (C. C. 203 et suivants, et 1015.)

Formule.

Par-devant, etc., furent présents : les sieurs   , etc.

Lesquels, considérant que la dame   leur mère, veuve de   , se trouve, par son grand âge et ses infirmités, hors d'état de travailler ; qu'elle ne possède aucun bien, et n'a aucun revenu qui puisse lui procurer l'existence ; qu'alors la nature et la loi leur imposent les devoirs de lui fournir des aliments, ou de lui payer annuellement une somme pour lui en tenir lieu,

Ont, par ces présentes, créé et constitué à titre de pension alimentaire, à ladite dame veuve   , à ce présente et ce qu'elle a accepté :

Quatre cents francs de rente annuelle et viagère, etc. (Comme dans les formules qui précèdent, si ce n'est qu'on ne stipule aucun prix.)

Enregistrement.

La constitution d'une pension alimentaire par des enfants au profit de leurs ascendants, n'est passible que des droits fixés pour les baux à nourriture de mineurs, c'est-à-dire qu'au droit de 20 centimes par 100 francs sur le capital au denier 10 de la rente annuelle. (Loi du 16 juin 1824; Décis. min. du 12 sept. 1809.)

L'acte par lequel un fils abandonne à ses père et mère la jouissance d'un immeuble, à titre de pension viagère, alimentaire, n'est passible non plus que du droit de 20 cent. par 100 fr. (Délib. du 29 oct. 1823.)

SECTION 3.

CONVERSION D'UNE RENTE PERPÉTUELLE EN UNE RENTE VIAGÈRE.

La conversion d'une rente viagère en une rente perpétuelle, et vice versâ, entraîne novation. R. N. Cependant la régie de l'enregistrement a décidé que si, dans l'un comme dans l'autre cas, la propriété du capital de la rente originaire passe du débiteur au créancier ; d'un autre côté, dans les deux cas, l'obligation principale et l'établissement de la créance et de l'hypothèque, remontent au premier acte, dont les effets sont expressément réservés.

Formule.

Par-devant, etc., furent présents : M. D　　　, d'une part ;
Et M. B　　　, d'autre part ;
Lesquels ont dit que par acte passé devant Me.　　　, l'un des notaires soussignés, et son collègue, le　　　, enregistré le　　　
M. D　　　a vendu audit sieur B　　　, une maison située à　　　.
rue　　　, moyennant 90 francs de rente perpétuelle, franche de retenue, remboursable de 1,800 francs ;
Que M. D　　　, désirant convertir cette rente en une rente viagère de 180 francs, a proposé à M. B　　　cette conversion, moyennant, qu'il demeurerait quitte et déchargé envers lui de la rente perpétuelle de 90 francs et de son principal.
Cette proposition ayant été acceptée par M. B　　　, il a, par ces présentes, créé et constitué,
A M. D　　　, ce qu'il a accepté : Cent quatre-vingts francs de rente annuelle et viagère, franche et exempte de la retenue de toutes contributions et impositions quelconques, etc. (Voyez la formule d'une Constitution viagère, p. 345.)
Cette constitution faite pour, par M. B　　　, demeurer quitte, ainsi qu'il est dit ci-dessus, envers M. D　　　, qui l'en a quitté et déchargé, de la rente perpétuelle de 90 francs, au principal de 1,800 francs, créée par le contrat passé devant Me.　　　, le　　　, et ci-devant énoncé : au moyen de quoi cette rente perpétuelle demeure éteinte à compter

du   , sous la réserve par M. D   , de tous ses droits, actions, privilèges et hypothèques (C. C. 1278).

Les frais du présent acte seront supportés par M. B   , qui a reconnu que M. D   lui a remis la grosse du contrat de vente susdaté.

Et pour l'exécution, etc.

Enregistrement.

Cet acte n'est qu'une modification du contrat constitutif de la rente perpétuelle, pour lequel le droit d'enregistrement proportionnel a été acquitté, dès-lors l'acte de conversion n'opère qu'un droit fixe d'un franc (Sol. de l'adm. de l'enregist.)

La conversion d'une rente foncière en une obligation payable à terme, est passible du droit de 1 pour 100 sur le montant de cette obligation, et de 50 centimes par 100 fr. sur l'excédant du capital de la rente, s'il y en a. (Solut. du 18 avril 1814, et Décision du minist. des finances, du 3 février 1822.)

SECTION 4.
CONTRAT A LA GROSSE.

Le *contrat à la grosse aventure*, ou simplement *prêt* ou *contrat à la grosse*, est celui par lequel une personne prête à une autre une certaine somme, sur des objets exposés à des risques maritimes, en convenant que la somme prêtée sera perdue pour elle si ces objets périssent, et que cette somme lui sera rendue avec un profit convenu si ces objets arrivent à bon port.

On nomme *emprunteur* ou *preneur* celui qui emprunte ; *prêteur* ou *donneur* celui qui prête ; *profit maritime* le gain stipulé par le prêteur, en cas d'heureuse arrivée.

Ce contrat est *aléatoire*, parce que les parties y courent des chances de perte ou de gain : aussi est-il permis d'y stipuler l'intérêt ou profit au-dessus du taux de l'intérêt fixé par la loi.

Sur la forme et les règles de ce contrat, voyez le Code de commerce, art. 311 à 331.

Il est rare qu'on le passe devant notaires, si ce n'est dans quelques places maritimes ; et lorsque cela arrive, les contractants, familiarisés avec ce genre d'affaires, en savent assez les règles pour que le notaire qui rédige l'acte n'ait pas besoin de les connaître à fond ; il doit seulement avoir soin que la rédaction en soit claire et précise, de manière qu'il n'en résulte aucune obscurité ni occasion de controverse.

L'obligation à grosse aventure est sujette au droit de 50 centimes par 100 francs sur le capital prêté. Lorsqu'elle est faite sous seing privé, elle doit être portée sur timbre proportionnel. D. E.

On trouve une formule de ce contrat dans le Code de commerce expliqué par M. Rogron, 3me. édition.

SECTION 5.

CONTRAT D'ASSURANCE.

En général, le contrat d'assurance est celui par lequel une partie s'oblige, moyennant un prix convenu, à répondre envers l'autre du dommage que pourraient lui causer certains cas fortuits auxquels elle est exposée : ainsi, il existe des assurances contre l'incendie, contre la grêle, contre les dangers de la mer. On nomme *assureur* celui qui s'oblige à répondre des risques ; *assuré*, celui envers qui il répond ; *prime d'assurance*, le prix qu'il exige pour en répondre. (Rogron.)

L'assurance est un contrat essentiellement aléatoire ; chaque partie court des chances. Il est de la classe des contrats commutatifs, intéressés de part et d'autre, et non de la classe des contrats de bienfaisance ; car chaque partie s'y propose son intérêt propre : l'assureur, de profiter de la prime ; et l'assuré, de se décharger des risques. (Pothier.)

Le Code civil n'a parlé que du contrat d'assurance pour les navires en mer ou en rivière ; mais il peut y avoir et il existe en effet d'autres contrats de ce genre, comme ceux d'assurance de maisons contre les incendies, de récoltes contre la grêle, et ceux que l'on fait pour assurer une certaine durée de la vie de quelqu'un, moyennant une prime annuelle que l'on paye ou qu'on s'oblige de payer aux assureurs, qui s'engagent à lui payer, en cas d'incendie, la valeur de la maison sur le pied qu'elle a été estimée entre eux par la convention, ou de payer après son décès à ses héritiers, une certaine somme, soit de rente annuelle, soit de capital.

Quoique soumises aux principes généraux du droit, les assurances contre les incendies, contre la grêle, etc., sont régies, sous l'approbation du Gouvernement, par des réglements qui font la loi entre les compagnies qui les ont fondées et les particuliers qui se font assurer. (M. Duranton.)

Trois choses sont de l'essence du contrat d'assurance, de telle sorte que sans elles le contrat ne peut exister : 1°. une hose assurée ; 2°. des risques auxquels cette chose soit exposée ; 3°. un prix stipulé par l'assureur pour garantir ces risques. (Rogron.)

La forme des contrats d'assurance est soumise aux mêmes règles que celles qui déterminent la forme des actes ordinaires. Quand ils sont faits devant notaires, il faut y observer les formalités prescrites par la loi du 25 ventose an 11. — R. N. — S'ils sont faits sous seings privés, voyez l'art. 1325 du Code civil.

Sur la forme et l'objet du contrat d'assurance maritime, et les rédacteurs de ces contrats, V. le C. de com. art. 332 à 396, et 79.

Le contrat d'assurance à prime est sujet au droit d'enregistrement d'un pour cent.

Les traités d'assurance mutuelle, soit contre la grêle soit contre l'incendie, ne sont sujets qu'au droit fixe de 5 fr., comme simples actes de société. (D. F. 24 déc. 1821.)

Les polices d'assurance maritime ne sont soumises qu'au droit fixe d'un franc. (Loi du 16 juin 1824, art. 5.)

On trouve aussi des formules de ce contrat dans le Code de commerce expliqué par M. Rogron, 3ᵉ édition.

TITRE VII.

DU CAUTIONNEMENT.

—

SOMMAIRE DE LA LOI.

Code civil.

Le *cautionnement* est un contrat par lequel une personne s'oblige, pour un débiteur, envers le créancier, à lui payer en tout ou en partie ce que ce débiteur lui doit, en accédant à son obligation. On appelle *caution* ou *fidéjusseur* celui qui contracte une telle obligation. La personne pour laquelle on se porte caution s'appelle *obligé principal*.

Ce contrat est non solennel, il n'est assujetti à aucune forme particulière; il peut se faire par une convention simple, soit par acte devant notaire, soit sous seing privé, soit même verbalement, sauf la prohibition contenue en l'art.

1341 du Code civil. — Quand il est passé devant notaire, on peut le délivrer en brevet. P. N.—Il est unilatéral, et à titre onéreux entre le créancier et la caution; en général, à titre gratuit entre la caution et le débiteur.

Il faut, avant toutes choses, que la caution soit capable de contracter et de s'obliger comme caution. V. le C. C. 1124. — La femme séparée de biens ne peut cautionner que jusqu'à concurrence de ses revenus et de son mobilier. Les interdits, les mineurs même émancipés, les femmes mariées non marchandes publiques, ne peuvent cautionner. (1124 et 2018.)

Un cautionnement n'est pas nul parce qu'il est contracté sur des obligations futures ou éventuelles; il suffit pour sa validité que l'obligation soit valable. (Paris, 13 mars 1846.)

Le cautionnement, consenti par un père, d'une dette de son fils envers un tiers de bonne foi, ne peut, après le décès du père, être attaqué par ses autres enfants, sous prétexte qu'il grève leur légitime. (Cass. 5 avril 1809.)

Soit que le créancier ait donné mainlevée de son hypothèque, soit qu'il laisse purger ou prescrire par sa négligence, il perd son recours contre la caution, qui, par le fait du créancier, ne peut plus être subrogée dans l'intégrité de ses droits et actions. P. N.

Au lieu de se rendre caution de la caution (C. C. 2014), on se borne ordinairement à certifier que la caution est solvable : c'est ce qui se pratique pour les ventes des bois du gouvernement. La caution n'a pas de recours contre ses propres certificateurs, car elle est obligée principale à leur égard.

Les notaires font expliquer clairement les personnes qui veulent bien se rendre cautions, pour savoir si elles entendent payer seulement dans le cas où le débiteur ne paierait pas, ou si elles consentent à pouvoir être poursuivies comme le principal obligé, auquel cas le créancier aurait le droit d'attaquer la caution avant le débiteur.

On peut insérer dans l'acte de cautionnement la condition que le terme de paiement ne sera point prorogé par le créancier sans le consentement de la caution, à peine de perdre son recours contre elle.

Formules.

1. Cautionnement pur et simple.

Aujourd'hui a comparu devant, etc. M. S   ;
Lequel, après qu'il lui a été donné communication et que lecture lui a été faite d'un acte passé devant Me   , qui en a la minute, et son

collègue, notaires à   , le   dûment enregistré, contenant obligation par M. G   au profit de M. T   , de la somme de   , qui a été stipulée payable le   , sans intérêts;

S'est, par ces présentes, volontairement rendu et constitué caution et répondant de M. G   envers M. T   , pour raison du paiement de ladite somme.

Dont acte, pour l'exécution duquel M. S   a élu domicile en sa demeure susdite, auquel lieu, nonobstant, etc.

Fait et passé à, etc.

2. *Cautionnement solidaire avec hypothèque.*

Aujourd'hui a comparu, etc. M. S

Lequel, après avoir pris communication, etc.

S'est, par ces présentes, volontairement rendu et constitué caution, garant et répondant solidaire de M. G   envers M. T   , pour raison de ladite obligation : en conséquence, il s'est obligé solidairement avec M. G   , lui seul pour le tout, sous la renonciation aux bénéfices de division et de discussion, au paiement de ladite somme de   , aux époques et de la manière fixées par ladite obligation ; faisant de ce paiement sa propre affaire et dette personnelle, comme seul et principal obligé.

À la sûreté et à la garantie duquel cautionnement M. S   a affecté et hypothéqué spécialement une maison située à   , etc.

Dont acte, pour l'exécution duquel, etc.

Enregistrement.

Les cautionnements de sommes et objets mobiliers sont soumis au droit de 50 centimes par 100 francs sur le capital exprimé dans l'acte et qui en fait l'objet. (Loi du 22 frim. an 7, art. 14 et 69.)

A l'égard du cautionnement d'un bail, V. p. 250 et 261.

APPENDICE.

—

CAUTIONNEMENT EN IMMEUBLES QUE DOIVENT FOURNIR LES CONSERVATEURS DES HYPOTHÈQUES.

—

Observations sur les précautions à prendre pour assurer la validité du cautionnement fourni par un conservateur des hypothèques, pour la garantie de l'exercice de sa place.

1°. Il faut s'assurer de la qualité de celui qui cautionne;

S'il est majeur;

S'il n'est pas interdit ou soumis à un conseil judiciaire; s'il est marié; dans le cas où il le serait, sous quel régime il l'a été, car si c'est sous le régime dotal, la femme ne peut pas s'obliger, ni conséquemment déroger à son hypothèque légale;

Il produira son contrat de mariage;

Dans le cas où il serait marié sous un autre régime que celui dotal, la femme doit cautionner et s'obliger solidairement avec le mari; autrement la subrogation qu'elle consentirait dans l'effet de son hypothèque légale ne serait pas valable.

2ᵉ. Il convient d'énoncer positivement l'objet, la durée et l'étendue du cautionnement.

Son objet, c'est la garantie des faits du conservateur, relativement à sa responsabilité envers les particuliers, dans l'exercice de sa place.

Sa durée, c'est celle de son exercice dans tous les bureaux de conservation d'hypothèques où il pourra être appelé, à moins que la durée du cautionnement ne soit limitée à un certain nombre d'années, ou à l'exercice du conservateur dans un bureau désigné ;

Son étendue, c'est la somme jusqu'à concurrence de laquelle la caution entend s'obliger.

3°. Dans le gage hypothécaire présenté par la caution, on doit considérer sa nature, sa valeur, l'origine de la propriété ;

S'il est libre dans les mains de la caution ;

Si le prix en a été entièrement payé, dans le cas où il proviendrait d'acquisition ;

S'il a été purgé de toutes hypothèques sur les précédents détenteurs ;

Et enfin s'il n'est pas grevé d'hypothèques légales, conventionnelles ou judiciaires, du fait de la caution.

Nature de l'immeuble.

Si c'est une maison, la désignation en est simple et facile.

Si ce sont des terres, prés ou bois, il faut énoncer leur superfici , et, autant que possible, leurs tenants et aboutissants.

Si c'est une usine, il faut joindre l'état des machines, ustensiles et autres objets qui, par leur destination, font partie de l'immeuble.

Sa valeur.

La caution déclarera la valeur de l'immeuble et de son revenu.

Elle produira, à l'appui de sa déclaration,

Les baux s'il en existe ; à défaut, un extrait de la matrice des rôles ;

Et son titre de propriété, afin que l'on connaisse ou le prix moyennant lequel la caution aurait acquis, ou l'évaluation qui en aurait été faite dans le partage en vertu duquel elle posséderait.

Origine de l'immeuble.

Si c'est une acquisition, la caution doit justifier qu'elle en a payé le prix, et qu'elle a purgé les hypothèques sur les précédents propriétaires.

S'il provient d'une succession, il faut rapporter le partage qui en attribue la propriété, afin qu'on puisse vérifier s'il a été grevé d'une soulte, et si elle a été acquittée.

Il sera nécessaire aussi de produire un certificat du conservateur des hypothèques de la situation des biens, pour s'assurer qu'il n'existe aucune hypothèque sur les auteurs de la caution.

Il en sera de même si la caution possède à titre de légataire universel et particulier ; elle devra en outre rapporter ou l'ordonnance d'envoi en possession, ou le consentement des héritiers à l'exécution du testament.

Si l'immeuble est libre dans la main de la caution.

C'est-à-dire s'il n'est pas grevé d'usufruit, ou sujet au droit de retour. On peut s'en assurer par l'examen des titres de propriété, et par une déclaration de la caution, sous les peines de stellionat, qu'elle a la libre propriété et jouissance de l'immeuble hypothéqué, et qu'elle n'en a rien distrait ni aliéné.

Si l'immeuble provenait d'une donation avec stipulation de droit de retour, on ne pourrait pas l'admettre pour le cautionnement, puisque dans le cas de l'exercice du droit de retour, l'immeuble rentre dans les mains du donateur, affranchi des hypothèques qui auraient été contractées par le donataire.

Si le prix de l'immeuble a été payé.

La caution, outre les certificats négatifs ou de radiation des inscriptions, produira les quittances du prix de son acquisition, et même des acquisitions antérieures, parce que l'action en résolution de vente, à défaut de paiement, subsiste indépendamment de l'hypothèque et du privilège, et ne se prescrit que par trente ans.

S'il a été purgé sur les précédents propriétaires.

La caution représentera son titre et les certificats négatifs, tant sur la transcription et à quinzaine, que sur la purge légale, ou les certificats de radiation des inscriptions qui seraient trouvées après l'accomplissement de ces formalités.

S'il n'est pas grevé d'hypothèques du fait personnel de la caution.

Elle déclarera, sous les peines de stellionat, que l'immeuble hypothéqué n'est grevé d'aucune hypothèque légale, conventionnelle ou judiciaire, et s'obligera en outre de rapporter, dans un délai donné, un certificat du conservateur, conforme à sa déclaration.

Hypothèque légale de la femme.

Si celui qui cautionne déclare être marié sous le régime de la communauté, et non sous le régime dotal, sa femme cautionnera solidairement avec lui sans division ni discussion, et, pour plus de sûreté, elle transportera avec toute garantie une somme égale au cautionnement à prendre, par préférence à elle, dans les reprises et créances qu'elle a à exercer contre son mari; en conséquence elle subrogera avec pareille garantie et préférence les particuliers ayant droit dans l'effet de son hypothèque légale contre lui.

Si elle a pris inscription, on l'énoncera.

Elle déclarera si elle a déjà consenti subrogation en faveur d'autres.

Modèle d'un acte de Cautionnement à souscrire pour la garantie de l'exercice d'un conservateur des hypothèques.

Nota. On a choisi le cas le plus ordinaire, celui où le cautionnement est souscrit par une personne mariée en communauté de biens, et où conséquemment la femme doit être obligée pour que la subrogation dans l'effet de son hypothèque légale soit valable.

Par-devant, etc., furent présents : M.   et dame son épouse, qu'il autorise à l'effet des présentes, demeurants à

Lesdits sieur et dame   communs en biens, aux termes de leur contrat de mariage passé devant, etc., dont une expédition par eux représentée, leur a été à l'instant rendue;

Lesquels, parfaitement instruits de la responsabilité imposée aux conservateurs des hypothèques dans l'exercice de leurs fonctions par le chapitre 10 du titre 18, au livre 3 du Code civil.

Déclarent qu'ils se rendent et se constituent par ces présentes, volontairement cautions solidaires et répondants de M.   , en sa qualité de conservateur des hypothèques.

En conséquence, lesdits sieur et dame   s'obligent solidairement entre eux, et avec le sieur   un des trois seul pour le tout, sans division ni discussion, à garantir les faits dudit sieur   dans l'exercice de sa place de conservateur des hypothèques, pour raison tant des sommes que des dommages et intérêts dont il pourrait être tenu envers les parties à raison de ses fonctions de conservateur, et ce, pendant toute la durée de son exercice, et dix ans après, conformément à la loi du 21 vent. an 7, mais jusqu'à concurrence seulement de la somme de .

A l'exécution duquel cautionnement lesdits sieur et dame   affectent, obligent et hypothèquent spécialement, sous ladite solidarité, jusqu'à concurrence de la somme de

(Désigner exactement le bien hypothéqué; indiquer son origine d'après les titres ; si c'est une acquisition, énoncer les quittances du prix, et les certificats de purge d'hypothèque.)

Lesdits sieur et dame   déclarent et affirment, sous les peines de stellionat qui leur ont été expliquées par lesdits notaires, et qu'ils ont dit comprendre,

1°. Qu'ils ont l'entière et libre propriété et la jouissance des biens qu'ils viennent d'hypothéquer ;

2°. Qu'ils ne sont grevés d'aucunes hypothèques conventionnelles ou judiciaires ;

3°. Que ledit sieur   n'a jamais été tuteur de mineurs ou interdits, ni comptable de deniers publics ; et qu'enfin lesdits biens ne sont grevés d'aucune autre hypothèque légale que de celle de la dame   , laquelle va subroger dans son effet tous les ayant-droit aux effets dudit cautionnement ;

Et pour plus d'efficacité du cautionnement hypothécaire présentement souscrit, ladite dame   , autorisée à cet effet dudit sieur son mari, cède et transporte avec toute garantie auxdits ayant-droit pareille somme de   , égale à celle dudit cautionnement à prendre par préférence à ladite dame   ,dans les reprises, actions et créances qu'elle a ou aura à exercer contre ledit sieur son mari, à quelque titre que ce soit; à l'effet de quoi elle subroge, avec pareilles garanties et préférence que dessus, lesdits ayant-droit, dans l'effet de l'hypothèque légale qui lui est acquise contre son mari pour raison de ses reprises et conventions matrimoniales, déclarant sous les peines de droit, qu'elle n'a encore consenti à aucune subrogation dans lesdits droits en faveur de qui que ce soit.

(S'il a été pris inscription pour la femme, on l'énoncera.)

Ledit sieur   déclare accepter, en tant que de besoin, les cession et subrogation ci-dessus faites par la dame son épouse auxdits ayant-droit aux effets dudit cautionnement.

Lesdits sieur et dame   s'obligent à fournir incessamment et à leurs frais, un certificat du conservateur des hypothèques, constatant que les biens ci-dessus hypothéqués ne sont grevés d'aucune autre inscription que de celle qui sera prise, en vertu des présentes, au profit desdits ayant-droit.

Pour l'exécution des présentes, les parties font élection de domicile, (faire élire domicile par la caution dans le chef-lieu de la direction.)

Fait à, etc.

Nota. Cet acte n'est soumis qu'à un droit fixe d'un franc, suivant l'art. 5 de la loi du 21 ventose an 7.

Ce qui précède est extrait des Instructions de la direction générale de l'enregistrement et des domaines du 4 juin 1822.

TITRE VIII.

DU NANTISSEMENT.

—

SOMMAIRE DE LA LOI.

Code civil.

SECTION PREMIÈRE.
DU GAGE.

Dans le langage ordinaire, on appelle aussi *nantissement* l'objet remis au créancier à titre de garantie : de telle sorte qu'on désigne de la même manière, et le contrat intervenu entre les parties, et la chose mobilière qui est l'objet de ce contrat.—De même le mot *gage* s'entend non seulement du contrat de nantissement d'une chose mobilière, mais encore de la chose engagée ; et dans ce sens, on applique ce mot à toutes les choses affectées au paiement d'une dette, même aux immeubles.

Le contrat de nantissement est de la classe des contrats réels, puisqu'il ne peut se faire que par la tradition de la chose qui est donnée en nantissement. Il est de la classe des contrats synallagmatiques imparfaits, de celle des contrats intéressés de part et d'autre, et de celle des contrats qui se régissent par les règles du pur droit naturel. — Le droit civil ne l'a assujetti à aucune forme : celles que prescrit l'art. 2074 ne concernent pas la substance de ce contrat.

Voyez page 299 le style de la convention de gage mobilier qu'on peut insérer dans une obligation ou dont on peut rédiger un acte particulier.

Lorsque le nantissement d'une chose mobilière a lieu par un acte séparé de l'obligation ou reconnaissance du prêt, il est dû le droit de 50 centimes par 100 francs sur le montant de la somme due. (Art. 69 de la loi du 22 frimaire an 7.) Il n'opère aucun droit particulier, quand il est stipulé dans l'obligation.

SECTION 2.
DE L'ANTICHRÈSE.

Sa définition, sa forme et ses règles sont l'objet des art. 2072 et 2085 à 2091 du C. C.

L'antichrèse est à l'immeuble, ce que le gage est au meuble.

Le contrat d'antichrèse n'opère aucun démembrement dans la propriété, et n'attribue pas à l'engagiste de droit réel sur le fonds : conséquemment la jouissance dont il s'agit n'est pas susceptible d'hypothèque. (M. Proudhon.)

L'art. 2083 du C. C. est applicable à l'antichrèse.

Un usufruit peut être mis en antichrèse. (M. Proudhon.)

Le créancier d'un immeuble à titre d'antichrèse peut céder et sa créance et l'antichrèse. R. N.

Les obligations qui contiennent antichrèse ne peuvent être délivrées en brevet. (Id.)

L'antichrèse n'est pas un contrat simplement consensuel, c'est un contrat pignoratif qui ne se forme que par la tradition de la chose qui en est l'objet. (Id.)

Nota. *Pignoratif* vient du latin *pignoro*, mettre en gage, dérivé de *pignus*, gage.

On nomme *antichrésiste* celui au profit de qui l'antichrèse est consentie ; et *antichrésé*, le fonds donné à antichrèse.

Formule.

Aujourd'hui a comparu, etc. M. A   ; lequel, pour satisfaire à la promesse qu'il a faite à M. B   de lui garantir le paiement en principal et intérêts d'une obligation de 10,000 francs qu'il a souscrite à son profit devant Mᵉ.   , notaire à   , le   , etc.

A, par ces présentes, remis en antichrèse, à M. B   , à ce présent et ce acceptant,

La jouissance de 25 hectares de terre en dix pièces, situées au territoire de   , appartenantes audit sʳ   , et dont la désignation suit : 1°. Etc.

Ces terres sont affermées à M. C   , qui en rend 2,000 francs de fermage annuel, suivant bail passé, etc.

Pour, par M. B   , percevoir les fermages et revenus desdites pièces de terre, sur ses simples quittances, des mains du fermier ou de tous autres qu'il appartiendra, à compter du 11 novembre prochain.

Ces fermages seront imputés annuellement sur les intérêts dont l'obligation ci-dessus est productive, et ensuite sur le capital de la créance de 10,000 francs qui en fait l'objet.

M. B   aura droit à ces fermages jusqu'à l'entier acquittement de ladite obligation en principal et intérêts. Et le fermier, faisant le paiement desdits fermages entre les mains dudit sieur B   , en sera valablement quitte et libéré envers M. A

A cet effet M. A   s'est, par ces présentes, dessaisi en faveur de M. B   , de la jouissance desdites pièces de terre, et l'a mis et subrogé dans les droits et actions résultants du bail sus-daté contre le sieur C   , fermier.

Il a été convenu que les contributions et les charges annuelles auxquelles lesdites pièces de terre seront assujetties, resteraient au compte de M. A   .

M. B   a reconnu que M. A   lui a remis la grosse du bail ci-dessus relaté, pour ne lui être rendue qu'après son entière libération.

Pour faire signifier ces présentes à qui besoin sera, tout pouvoir a été donné au porteur de l'expédition.

Dont acte, pour l'exécution duquel les parties ont élu domicile en leurs demeures susdites; auxquels lieux, etc.; nonobstant, etc.; promettant, etc.; obligeant, etc.; renonçant, etc.

Fait et passé à, etc.

Enregistrement.

Le droit est de 2 pour 100 et se liquide sur le montant de la créance qui forme le prix de l'engagement. (Art. 15 et 69 de la loi de frimaire an 7.)

On ne perçoit que ce droit lors même que l'acte contient à la fois hypothèque et antichrèse. (Délib. de la Régie du 27 février 1822.)

TITRE IX.

DÉCLARATION AU PROFIT DU BAILLEUR DE CAUTIONNEMENT D'UN TITULAIRE.

—

Le cautionnement est une somme que les notaires, avoués, greffiers, etc., versent au trésor pour la garantie des abus et des prévarications qu'ils peuvent commettre dans l'exercice de leurs fonctions. R. N.

Il est donc spécialement, et par premier privilége, affecté à la garantie des condamnations qui pourraient être prononcées contre eux ; c'est ce que l'on appelle *privilége pour faits de charge*. V. l'art. 1er. de la loi du 25 nivose an 13.

Les cautionnements sont aussi affectés, mais par second privilége, après celui des faits de charge, au remboursement des fonds qui ont été prêtés aux titulaires pour payer la totalité ou partie de ces cautionnements. (Même article.) Ce *second privilége* s'appelle *privilége de bailleur de fonds*.

Les *bailleurs de fonds* sont donc ceux qui prêtent tout ou partie de la somme nécessaire à un titulaire pour son cautionnement.

Lorsque les bailleurs de fonds pour cautionnement veulent acquérir le privilége du *second ordre*, ils doivent remplir les dispositions d'un décret du 22 décembre 1812, dont voici la teneur :

Art. 1er. Les déclarations à faire à l'avenir par les titulaires de cautionnements, en faveur de leurs bailleurs de fonds, pour leur faire acquérir le privilége du second ordre, seront conformes au modèle ci-annexé, passées devant notaire, et légalisées par le président du tribunal de l'arrondissement.

2. Dans le cas où le versement à la caisse d'amortissement serait antérieur de plus de huit jours à la date de ces déclarations, elles ne seront

valables qu'autant qu'elles seront accompagnées du certificat de non opposition délivré par le greffier du tribunal du domicile des parties, dont
il sera fait mention dans lesdites déclarations, lesquelles au surplus ne
seront admissibles à la caisse d'amortissement, s'il y a des oppositions
à cette caisse, que sous la réserve des oppositions.

3. Le droit d'enregistrement de ces déclarations est fixé à un franc.

4. Il n'est point dérogé par le présent décret à celui du 28 août 1808,
portant que « les prêteurs de fonds ne pourront exercer le privilége du
« second ordre qu'en représentant le certificat mentionné à l'art. 2 de
« ce décret ; » à moins cependant que leur opposition ou la déclaration
faite à leur profit ne soit consignée aux registres des oppositions et déclarations de la caisse d'amortissement ; faute de quoi ils ne pourront exercer de recours contre la caisse d'amortissement que comme les créanciers
ordinaires, et en vertu des oppositions qu'ils auraient formées aux greffes
des tribunaux indiqués par la loi.

*Modèle de Déclaration à passer par-devant notaire par les titulaires de
cautionnement en faveur de leurs prêteurs de fonds, pour leur faire
acquérir le privilége du second ordre.*

Par-devant, etc., fut présent N (mettre les noms, qualité et demeure).

Lequel a, par ces présentes, déclaré que la somme de   , que le
comparant a versée au Trésor royal pour la (totalité ou partie) du cautionnement auquel il est assujetti en sadite qualité, appartient en capital
et intérêts à N   (mettre les noms, qualité et demeure), ou à NN   ;
savoir : à N   jusqu'à la concurrence de la somme de   , et à N   ,
jusqu'à la concurrence de celle de   ; pour quoi il requiert et consent
que la présente déclaration soit inscrite sur les registres du Trésor, afin
que ledit N   ait et acquière (*ou* lesdits NN   aient et acquièrent)
le privilége du second ordre sur ledit cautionnement, conformément aux
dispositions de la loi du 25 nivose an 13, et du décret du 28 août 1808.

Dont acte, etc.

Ou : Lequel a, par ces présentes, déclaré que des 50,000 francs, montant de son cautionnement en qualité de notaire à Paris, et pour lequel
il est inscrit au Trésor royal, sur le livre des cautionnements, sous la date
du   , no.   , fol.   , vol.   , 45,000 francs appartiennent à
M   , demeurant à   ; pour quoi, etc.

Ledit Me.   déclare qu'il n'existe aucune opposition sur ledit cautionnement, ainsi que le constate le certificat délivré par M. G
greffier en chef du tribunal de première instance de la Seine, en date
du   , enregistré, représenté par ledit Me   , aux notaires soussignés,
qui le lui ont à l'instant rendu, pour ledit certificat être présenté au Trésor
royal, en même temps qu'une expédition de la présente déclaration.

Dont acte, etc.

Nota. Sur la remise que l'on fait au Trésor royal à Paris, hôtel du
ministère des finances, d'une expédition dûment légalisée de cette déclaration, le bailleur de fonds obtient un certificat de privilége du second
ordre. (Décret du 28 août 1808.)

Enregistrement.

Voyez l'art. 3 du décret que nous venons de rapporter.

Suivant une décision du ministre des finances en date du
23 mars 1822, basée sur deux arrêts de cassation du 4 déc.
1821, on ne doit percevoir que le droit fixe d'un franc sur
les déclarations dont il s'agit, qu'elles aient été ou non pré-

cédées d'un acte d'emprunt enregistré au droit proportionnel d'obligation. (Instr. 1030.)

L'acte par lequel le bailleur de fonds se désisterait purement et simplement de son privilége du second ordre, serait passible du droit fixe de 2 francs. (Délib. du 19 janv. 1825.)

TITRE X.

DU CONTRAT DE SOCIÉTÉ.

—

SOMMAIRE DE LA LOI.

Code civil.

Code de commerce.

Dans l'acception générale, les sociétés sont la réunion des personnes et des choses, formée pour un objet d'utilité commune à tous et à plusieurs. Elles prennent leur source dans la nature même de l'homme ; c'est le sentiment de sa faiblesse qui l'a porté à vivre en société avec ses semblables.

Les besoins de la vie privée, les nécessités du commerce appelé à les servir, ont donné naissance à une espèce particulière de contrat qui a pris lui-même le nom de société : c'est dans cette acception spéciale, qui ramène à l'ordre des conventions, aux lois positives et à la jurisprudence, que l'on parle ici des sociétés.

Le contrat de société, défini par le C. C., art. 1832, est un contrat du droit naturel, qui se forme et se gouverne par les seules règles de ce droit.

C'est un contrat consensuel, puisqu'il se forme par le seul consentement des parties contractantes, et qu'il a toute sa perfection, aussitôt qu'elles sont convenues d'apporter de part et d'autre quelque chose en commun , quoiqu'elles n'aient pas encore fourni leur apport.

Ce contrat est synallagmatique (1102) , et il est du nombre des contrats commutatifs (1104).

La société formée par le contrat devient une personne morale qui a son existence propre et, pour ainsi dire, individuelle ; elle représente chaque associé en particulier , de même qu'elle les représente tous sans distinction.

Les sociétés conventionnelles se sont établies sous la double protection du droit des gens et du droit civil ; elles peuvent être contractées entre les membres d'un même état et ceux d'un état étranger.

En France, la loi civile a adopté, pour toutes les sociétés conventionnelles , les principes du droit romain , qui ont déterminé tout ce qui est de leur essence : la mise en commun, la communication des avantages, les devoirs des associés les uns envers les autres , l'égalité dans les partages , les causes et les effets de leur dissolution.

C'est sur ces maximes fondamentales que se sont assises les deux grandes divisions des sociétés *civiles* et des sociétés *de commerce.*

Les sociétés civiles se nomment ainsi parce qu'elles ont pour objet, non des actes de commerce, mais certains travaux d'exploitation rurale ou d'entreprise, et qu'elles sont formées entre individus non commerçants.

Les associés peuvent insérer dans leur contrat toute clause qui ne blesse ni la loi ni les bonnes mœurs (C. C. art. 6). La mesure de leurs engagements est celle dont il leur plait de convenir.

La bonne foi qui est nécessaire dans toute convention réciproque, est indispensable surtout dans le contrat de société où elle doit abonder , suivant l'expression d'une loi romaine.

Pour les actes de sociétés purement civiles , circonscrites par les localités , et dont la marche est toujours uniforme , la loi française n'a ajouté aux dispositions du droit romain que très peu de préceptes nouveaux, tel que celui de la nécessité de l'écriture, ou de l'observation des réglements fiscaux et de police.

Pour les sociétés de commerce , au contraire , dont les opérations sont aussi variées que rapides, l'action lointaine et la puissance souvent indéfinie , la législation française , plus inventive que le droit romain, a créé des catégories ou des espèces très distinctes , à chacune desquelles elle a assigné un régime particulier dont il est impossible de s'écarter sans de graves inconvénients.

La loi reconnaît et régit quatre espèces de société de commerce. (V. le C. de comm. art. 19 et 47.)

Sur les trois premières espèces, le Code de commerce contient des définitions trop positives, pour qu'il soit possible d'en faire aucune confusion ; mais l'esprit de controverse, en dernier lieu, s'est beaucoup exercé sur la quatrième espèce, la société en participation, parce qu'elle est dégagée des formalités prescrites pour la validité des trois autres. On a prétendu convertir en simples participations les sociétés commerciales même qui ont trait de temps et qui embrassent une série d'opérations compliquées qui se succèdent et s'enchaînent les unes aux autres, sous le seul prétexte qu'elles n'étaient signalées au public par aucune raison sociale. Ce système a ses dangers ; il expose ses partisans aux chances de la nullité et de la solidarité : c'est à la jurisprudence qu'il appartient d'en corriger l'abus.

La société en participation n'est plus un être moral ; elle n'a plus ni raison sociale ni établissement. Elle aboutit simplement à une participation au gain et aux pertes de chaque associé.

Dans toutes les sociétés commerciales, la partie la plus essentielle à soigner, pour les stipulations du contrat, est celle des pouvoirs à impartir aux gérants ou administrateurs.

Ces pouvoirs sont naturellement indéfinis ou illimités pour les sociétés collectives, dont les gérants sont toujours responsables de leurs actes, sur l'universalité de leurs biens, envers le public. C'est aux associés non-gérants qui n'en contractent pas moins envers les tiers la même responsabilité solidaire, à prendre leur sûreté contre l'abus d'une puissance qui peut tout absorber à leur insu.

Quant aux sociétés en commandite (1), quoiqu'ils ne soient responsables que jusqu'à concurrence de leur mise, il importe beaucoup, du moins dans l'intérêt de sa conservation, de veiller à ce que la gestion, dont ils n'auront plus à restreindre l'exercice, soit, dès l'abord, constituée dans des termes qui les mettent à l'abri de tout arbitraire, et, s'il se peut, des écarts de l'imagination ou de l'intérêt personnel de leurs gérants.

---

(1) Celle qui s'établit entre plusieurs personnes, dont l'une donne son argent, et les autres leurs soins et leur travail pour tenir lieu des fonds qu'elles sont dispensées de fournir.

A l'égard des sociétés anonymes, qui n'offrent au public de reprises que sur les capitaux dont elles se composent, l'unique garantie est dans la précision de leurs statuts, où doit exceller surtout la prévoyance des événements.

Le choix de liquidateurs capables et l'adoption des mesures à leur prescrire, ne sont pas moins dignes de la sollicitude des intéressés. (Tiré de l'Encycl. mod.)

On entend par *raison de commerce*, *raison sociale*, (C. de com. 20 et suivants), les noms des associés, rangés et énoncés de la manière que la société signe les lettres missives, les billets et les lettres de change : par exemple, *Lefèvre et compagnie*.

On a coutume de nommer *société léonine*, parce qu'elle rappelle le lion de la fable, la société qui contiendrait les conventions et stipulations prohibées par l'art. 1855 du C. C.

Le contrat de société peut avoir une infinité de causes particulières. On s'associe pour un achat, pour un échange, pour un louage, pour une entreprise, enfin pour toute espèce d'affaires. Des associés peuvent donc en cette qualité être soumis à toutes les règles des différents contrats, suivant le motif qui les a réunis. Tel est le caractère distinctif du contrat de société. Les autres contrats ont des engagements bornés et réglés par leur nature particulière ; mais le contrat de société a une étendue bien plus vaste, puisqu'il peut embrasser dans son objet tous les engagements et toutes les conventions. Tout ce qui est licite est de son domaine ; il ne trouve de limites que dans une prohibition expresse de la loi. Tout ce qui ne se trouve pas frappé de cette prohibition peut être l'objet du contrat de société. (Treilhard.)

Pour pouvoir former une société, il faut, en général, avoir la capacité de contracter. A cet égard il faut se reporter aux titres du Mariage, de la Minorité, de la Tutelle, de l'Interdiction, et des Contrats et Obligations, en observant le principe posé dans l'art. 1125, etc.

Il n'est pas besoin de dire que ce contrat, comme tous les autres, doit être exempt des vices d'erreur, de violence, de dol, etc. (M. Duranton.)

Les clauses d'un contrat de société concernent 1°. le commencement et la durée de l'association ; 2°. la fixation de la part de chaque associé dans les gains et les pertes ; 3°. l'administration de la société.

Il est d'usage que l'acte de société indique le mode d'administration à suivre par les gérants. R. N.

Une instruction du ministre de l'intérieur, du 22 octobre 1817, indique la marche qu'il faut suivre pour obtenir l'autorisation exigée par l'art. 37 du Code de commerce. Les individus qui veulent former une société anonyme adressent une pétition signée de tous au préfet de leur département, et, à Paris, au préfet de police ; cette pétition doit être accompagnée de l'acte public constituant la société, et des statuts pour l'administration sociale. Les actes sociaux doivent énoncer : l'affaire que la société se propose d'entreprendre, la désignation de l'objet qui lui servira de dénomination, le domicile social, le temps de sa durée, le montant du capital que la société devra posséder, la manière dont il sera formé, les délais dans lesquels le capital devra être réalisé, et le mode d'administration.

Les notaires doivent avoir présentes à leur esprit ou relire avec attention toutes les règles du Code civil et du Code de commerce sur le contrat de société, lorsqu'ils ont à rédiger ces sortes de contrats, afin d'être en état de bien saisir les intentions des parties, de voir si ce qu'elles veulent n'a rien qui soit prohibé par les lois, de les en avertir dans ce cas, et de leur en faire connaître les raisons ; d'exprimer clairement l'objet de la société, sa durée et les clauses que la loi a laissées à la volonté des contractants. (V. le Parfait Notaire, tome 2, 6e édit., où l'on trouve d'excellentes formules de contrats de société.)

Enregistrement.

Les actes de formation ou de dissolution de communauté, qui ne portent ni obligation, ni libération, ni transmission de biens meubles ou immeubles entre les associés ou autres personnes, opèrent le droit fixe de 5 francs. (Loi du 28 avril 1816, art. 45.)

Les actes sous seing privé contenant établissement, changement, prolongation ou dissolution de société, doivent être enregistrés avant la remise au greffe du tribunal de commerce des extraits dont l'affiche est ordonnée. (D. F. 31 janvier 1824.)

Les extraits des actes de cette espèce, signés et certifiés par les associés, et ceux des mêmes actes qui sont passés devant notaires, doivent aussi être enregistrés au droit fixe d'un franc avant la même époque, excepté lorsqu'ils sont délivrés par les notaires possesseurs des minutes. Id.

TITRE XI.
DU DÉPOT ET DU SÉQUESTRE.

—

SOMMAIRE DE LA LOI.
Code civil.

Le contrat de dépôt est de la classe de ceux qui se régissent par le pur droit naturel. C'est de ce droit que sont prises toutes les règles de ce contrat ; il n'est assujetti par le droit civil à aucune règle ni à aucune forme, si ce n'est dans les cas prévus par le Code, art. 1923 et 1924.

Il est de la classe des contrats de bienfaisance, car il ne se fait que pour l'utilité du déposant.

Il est de la classe des contrats réels, car il ne peut être formé que par la tradition de la chose qui fait l'objet du contrat.

Il est de la classe des contrats synallagmatiques, car il produit des obligations réciproques ; mais il est de celle des contrats synallagmatiques imparfaits, car il n'y a que l'obligation du dépositaire qui soit l'obligation principale ; d'où il suit qu'il n'est pas nécessaire que l'écrit soit double lorsqu'il est consenti par acte sous seing privé. Seulement, dans ce dernier cas, il faut se conformer aux dispositions de l'art. 1326 du Code civil.

Le mot *dépôt* se dit quelquefois de l'objet déposé.

Le dépôt nécessaire se nomme aussi *dépôt misérable*, parce qu'il est amené par un événement malheureux. V. le C. C. art. 1259, 1341 et suivants.

Les notaires, depuis la publication de la loi du 23 septembre 1793, qui a ordonné le versement au trésor, des sommes dont ils étaient dépositaires, ne peuvent plus recevoir le dépôt d'aucune somme, à moins que ce ne soit à l'amiable, et pourvu qu'il n'y ait pas d'oppositions formées entre leurs mains.

V. le Parfait Notaire , t. 1er. , p. 595, 6 m. édition.

Tous les contrats sont de bonne foi , et nulle part, dans le Code , on n'a attribué plus spécialement ce caractère aux uns qu'aux autres ; néanmoins il est difficile de ne pas reconnaître dans le dépôt quelque chose qui place la bonne foi inhérente à ce contrat dans les limites plus étroites que celles qui sont assignées à d'autres contrats. (Réal.)

Si le dépositaire recevait un salaire pour garder le dépôt, ce serait un loyer ; de même si le déposant stipulait que le dépositaire lui paierait un intérêt de la chose déposée , ce serait un prêt. (Maleville.)

La *tradition feinte* (1919) s'entend du cas où le dépositaire est déjà nanti de la chose , lorsqu'on la lui laisse en dépôt, de débiteur qu'il en était auparavant. (Favard.)

Le dépôt volontaire est un contrat dont les règles , en ce qui touche à la manière de le former et à la capacité des personnes, ne présente rien que de conforme aux principes admis pour les conventions en général ; il faut en dire à peu près autant des obligations respectives qui en naissent. (Réal.)

Les personnes incapables de contracter ne peuvent recevoir un dépôt (1925).

Le dépôt nécessaire est plutôt un quasi-contrat qu'un contrat. (Favard.)

Quand les notaires ont à remettre le dépôt à un autre que celui qui le leur a fait ou qui leur a été indiqué , comme lorsque ce sont des héritiers ou des cessionnaires du déposant, ou quelque personne à qui la chose déposée a été attribuée par une convention ou par un jugement, qui se présentent pour la recevoir , ils doivent s'assurer soigneusement du droit qu'ont ces personnes pour la retirer, se faire représenter et garder les pièces qui établissent ce droit, et s'il y a des oppositions formées dans leurs mains à la remise du dépôt , s'en faire délivrer les mainlevées en bonne forme , avant de le remettre. G.-D.

Le séquestre (1956) fait par un seul des contendants ne serait qu'un pur dépôt. (Maleville.)

Le séquestre conventionnel et le dépôt diffèrent principalement entre eux , en ce que , dans le dépôt , la chose déposée , qu'elle soit la propriété d'un seul ou la propriété indivise de plusieurs , appartient sans contradiction à ceux qui font le dépôt ; au lieu que le séquestre s'applique , de sa nature , à des objets litigieux. (Réal.)

Le séquestre est communément salarié (1957) ; mais à

l'égard du notaire qui, par un contrat d'union passé devant
lui entre les créanciers d'un débiteur obéré, est nommé
par eux pour passer les actes de la direction, et en même
temps pour en être le séquestre dépositaire, il est d'usage
qu'il ne lui soit rien attribué pour les dépôts qu'il recevra
en cette qualité, parce qu'il est présumé être assez payé de
ses soins comme séquestre, par les honoraires des actes qu'il
recevra en sa qualité de notaire pour les affaires de la direction : il est cependant des cas où l'on doit prendre en
considération les peines et les risques du séquestre. G.-D.

Le dépôt des immeubles s'appelle plus proprement *séquestre* (1959).

Dans l'art. 1960, par cette expression de *parties intéressées*, on n'a pas entendu seulement les parties qui ont fait
le dépôt, mais celles qui ont intérêt à sa conservation.
(Maleville.)

Si l'on en excepte la disposition de l'art. 1962, on
trouvera que le séquestre judiciaire et le séquestre conventionnel sont régis par des règles communes ou semblables (1963), et il ne pouvait en être autrement; car la
seule différence qui existe entre ces deux séquestres, c'est
que dans l'un le gardien est nommé par les parties, et dans
l'autre par la justice, mais dans les mêmes vues. (Réal.)

N. B. — Le dépôt volontaire n'est assujetti à aucune forme
par la loi civile, si ce n'est pour la validité de la preuve,
lorsque la valeur de l'objet déposé excède 150 francs. P. N.

Lors le séquestre est ordonné par le gouvernement ou
par les autorités administratives, on le nomme *séquestre
administratif.* Id.

On peut déroger en tout ou en partie, ou ajouter à celles
des dispositions du Code civil qui ne constituent pas l'essence
du contrat du dépôt, qui sont seulement de sa nature ; on
ne pourrait pas y déroger par des clauses contraires aux
bonnes mœurs. Id.

Formules.

1. *Reconnaissance d'un dépôt d'argent.*

Aujourd'hui a comparu devant, etc. M. D   ;
Lequel a, par ces présentes, reconnu que M. T   étant sur le
point de faire un voyage de long cours, lui a déposé et remis entre les
mains pour la lui garder, à titre de dépôt, la somme de 10,000 francs
en pièces d'or de 20 et de 40 francs comptées et réellement délivrées à
la vue des notaires soussignés.
En conséquence, M. D   s'est obligé à remettre cette somme à
M. T   , dans les mêmes espèces, à sa volonté et première réquisition.
Dont acte, fait et passé, etc.

22

2. *Dépôt de deniers entre les mains d'un notaire, nommé séquestre d'une direction de créanciers.*

Aujourd'hui a comparu, etc., M. S   ;
Lequel, en exécution de l'art.   du contrat d'union des créanciers unis de M. T   , reçu par M⁺. C   , l'un des notaires soussignés, le   , homologué par jugement du   ;
A présentement déposé audit M⁺. C   , séquestre de cette direction, la somme de   , en pièces de cinq francs comptées et réellement délivrées à la vue des notaires soussignés, pour six mois échus le   , du loyer de la maison située à   , rue   , qui lui a été louée par ledit sieur T   , suivant bail passé devant, etc.
De laquelle somme de   , ledit M⁺. C   s'est chargé envers la direction.
Fait et passé, etc.

Enregistrement.

Les dépôts et consignations de sommes et effets mobiliers chez les officiers publics, lorsqu'ils n'opèrent pas la libération des déposants, doivent le droit fixe de 2 fr. (Art. 43 de la loi d'avril 1816.)

Les reconnaissances de dépôts de sommes chez des particuliers, opèrent le droit fixe de 1 p. 100. (Art. 69 de la loi de frimaire an 7.)

Le dépôt du prix d'une vente effectué par l'acte d'acquisition même, entre les mains du notaire rédacteur, opère le droit fixe de 2 francs. (Art. 43 de la loi d'avril 1816.)

Si le dépôt est fait par acte postérieur, il opère le droit de 50 centimes pour 100 pour la libération qu'il opère, et il ne peut être exigé que 2 francs pour la décharge qui sera ensuite donnée par le vendeur. (Art. 68 de la loi de frim. an 7 et 43 de la loi d'avril 1819.)

TITRE XII.

DES ACTES RÉCOGNITIFS ET CONFIRMATIFS.

L'*acte récognitif* est celui par lequel le débiteur d'une rente ou d'un droit en passe une nouvelle reconnaissance au créancier, afin d'éviter la prescription.

L'*acte confirmatif* est celui par lequel on donne de la force à un précédent acte, qui en était dépourvu, ou n'en avait pas une pleine et entière. R. N.

TITRE NOUVEL.

L'acte par lequel une personne se reconnaît débitrice d'une rente précédemment constituée, soit par elle, soit par ses auteurs, se nomme *titre nouvel*. (C. C. 2263.)

Le titre nouvel n'est qu'une 2ᵉ édition du 1ᵉʳ. C'est le calque du titre originaire. C'est un titre plus jeune substitué à l'ancien qui est au moment de périr. L'action du créancier en possession du titre nouvel n'a pour but que de restaurer le titre ancien, et de lui donner une nouvelle vie. (Troplong.)

Le titre nouvel a pour objet, ou d'empêcher la prescription, ou de donner au créancier un titre exécutoire contre le reconnaissant; sa nature est d'indiquer purement et simplement ce qui a été fait auparavant; il n'opère aucune espèce de novation. (Parfait Notaire, t. 2, p. 102 et suiv., 6ᵉ. édit.)

A suivre la rigueur des règles, ce ne serait qu'aux approches des 30 ans que le débiteur devrait être contraint à fournir un titre nouveau, puisque ce n'est que par 30 ans que l'effet de l'ancien est prescrit; mais il ne fallait pas restreindre le créancier à un délai si court, que quelque obstacle qui eût pu survenir à l'exercice de son action, l'exposât à perdre sa créance, et deux ans ne sont pas trop longs pour lui laisser le temps de se retourner. (Maleville.)

Il est deux cas où il est de l'intérêt du créancier de la rente de requérir un titre nouvel, celui qu'a prévu l'art. 2263 du Code civil, et celui où l'immeuble affecté à la rente par hypothèque est sorti des mains du débiteur personnel, afin d'éviter la prescription de dix et vingt ans établie par l'art. 2265.

Si le tiers détenteur n'a pas été chargé de la rente, et s'est borné à faire transcrire son contrat d'acquisition sans faire la notification dont il est parlé en l'art. 2183, le créancier doit, avant l'expiration des dix années, s'il est présent, ou des vingt années s'il est absent, demander au tiers détenteur un titre nouvel ou déclaration d'hypothèque. Le changement de possesseur de l'immeuble ne provenant pas du fait du créancier, c'est le tiers détenteur qui doit supporter les frais du titre nouvel ou de la reconnaissance d'hypothèque, sauf son recours contre le vendeur, si la radiation de toutes les inscriptions lui a été promise.

Comme, d'après l'art. 873 du Code civil, les héritiers

sont tenus hypothécairement de la totalité des dettes et charges de la succession, il est bon de faire passer un titre nouvel par ceux des héritiers auxquels sont échus les immeubles de la succession; ce titre dispense de la signification imposée aux créanciers par l'article 877, et interrompt aussi la prescription de dix et vingt ans. Les frais en sont à la charge des héritiers détenteurs.

Pour consentir valablement un titre nouvel, il faut avoir la même capacité que pour s'obliger. R. J. N.

Le mari n'ayant pas le droit d'engager les biens de la femme sans son consentement, le concours de celle-ci est nécessaire pour valider le titre nouvel d'une rente qu'elle doit de son chef. R. J. N.

C'est au domicile du débiteur que doit être fourni le titre nouvel d'une rente foncière. Idem.

C'est le tiers-détenteur et non le créancier qui doit supporter les frais du titre nouvel. P. N.

Lorsque le titre nouvel est passé par plusieurs débiteurs, mais qui ne sont tenus que pour des parts inégales, chacun ne doit contribuer aux frais qu'au prorata de ce qu'il doit dans la rente. (Annales du Not. t. 8, p. 412.)

Le titre constitutif des servitudes non susceptibles de s'acquérir aujourd'hui par prescription, c'est-à-dire des servitudes discontinues, apparentes ou non apparentes, ne peut être remplacé que par un titre récognitif émané du propriétaire du fonds assujetti. C. de D.

On doit toujours, dans le titre nouvel, exprimer: 1°. en quelle qualité agit celui qui en passe l'acte, soit comme héritier ou pur et simple, ou avec le bénéfice d'inventaire dont, en ce cas, il doit se réserver l'effet; soit comme légataire universel ou à titre universel; soit comme légataire particulier ou donataire entre-vifs; soit comme acquéreur par acte à titre onéreux; 2°. la nature de la dette ou des charges ou des servitudes réelles dont sont grevés les immeubles qui sont provenus au comparant à l'un de ces titres, et dont il passe titre nouvel à celui à qui elles sont dues; 3° la date, avec les conditions essentielles du titre constitutif de la créance, et l'énonciation des héritages qui sont hypothéqués à son paiement.

L'acte récognitif n'est point un acte conventionnel, puisque sa cause ne se fonde que sur une obligation antécédemment contractée. Il suit de là qu'il n'est pas nécessaire que le créancier soit présent dans l'acte de titre nouvel pour l'accepter. L'acceptation faite pour lui par les notaires, comme il est assez d'usage que cela se fasse, tient lieu de la sienne, sans cependant qu'elle puisse préjudicier à ses droits, si l'acte récognitif n'est pas conforme au titre originaire.

Les rédacteurs du *Journal des Notaires* pensent qu'un tuteur ne peut pas valablement renouveler un titre nouvel au nom de son pupille. Ils se fondent sur ce que cet acte sort des bornes de l'administration. Dans ce cas, disent-ils, le créancier doit se pourvoir en justice.

Lorsque le titre nouvel est fait par plusieurs co-héritiers du débiteur primitif, ils ne doivent se reconnaître débiteurs personnellement que pour leur portion virile, et seulement par hypothèque pour le tout. (M. Augan.) V. le C. C. art. 873 et 1220.

L'hypothèque consentie avant la loi du 11 brumaire an 7, par un débiteur, sur tous ses biens présents et à venir, ne s'étend pas aujourd'hui aux biens personnels de ses héritiers. (Cass. 3 déc. 1846.) — Les ayant-droits du débiteur primitif, dont les biens présents et à venir étaient hypothéqués à la sûreté de la rente, ne peuvent et ne doivent conséquemment que consentir l'existence de cette hypothèque sur les immeubles dépendants de la succession de leur auteur. (Argum. de l'art. 2129 du C. C.)

Formule.

Par-devant, etc., furent présents : le sieur D , marchand tapissier; et dame B , son épouse, de lui autorisée, demeurant à , d'une part.

Et Mme. L veuve de M. G demeurante à , d'autre part.

Lesquels ont exposé que, par contrat passé devant M^e. Maquer, et son collègue, notaires à Paris, le 1754, le sieur P et autres, ont vendu au sieur S et à M , sa femme, deux maisons situées à , l'une rue , et l'autre, rue , moyennant 1,300 livres de rente perpétuelle, payable au 24 janvier de chaque année.

Que, par contrat passé devant M^e. , et son collègue, notaires à , le 1784, dûment contrôlé, insinué et signifié, et sur lequel il a été obtenu des lettres de ratification scellées sans opposition au ci-devant bailliage de , ledit sieur P a transporté à M. L 690 livres rachetables de 13,800 livres, à prendre dans la rente de 1,300 livres énoncée ci-dessus.

Que, par autre contrat passé devant M^e. , notaire à , le an 3, M. R et dame J son épouse, demeurants à , ont acquis ces deux maisons de M. S , à la charge d'acquitter ces 690 livres de rente.

Que, suivant acte reçu par M^e. , etc., M. D et son épouse en ont passé titre nouvel au profit de ladite dame veuve G à qui ladite portion de rente est due comme héritière pour un tiers de M. L son père, et comme lui étant entre autres choses échue par le partage des biens de sa succession, passé devant, etc.

Que M. D et la dame B son épouse, comparants, sont maintenant débiteurs de ladite rente de 690 livres, comme en ayant été chargés par M. R   et la dame J   sa femme, suivant contrat passé devant, etc.

D'après cet exposé, et pour satisfaire à la demande d'un titre nouvel que leur a faite Mme. v^e. G   , en vertu de l'art. 2263 du Code civil,

Ledit sieur D   et la dame son épouse se sont, par ces présentes, reconnus débiteurs solidaires et redevables, par chaque année au 24 janvier, envers ladite dame veuve G   , de ladite rente foncière et perpétuelle de 690 livres, au principal de 13,800 livres.

En conséquence, ils se sont obligés conjointement et solidairement de payer et continuer ladite rente à madame veuve G   , en sa demeure à   , ou au porteur de ses pouvoirs, au 24 janvier de chaque année, jusqu'au remboursement qu'ils pourront en faire.

Au paiement de laquelle rente, les deux maisons sus-désignées resteront spécialement et par privilége, affectées, obligées et hypothéquées.

Au surplus, il n'est rien dérogé ni innové, par ces présentes, aux contrats et titres ci-devant énoncés, qui, au contraire, conserveront toute leur force et vertu.

Ce accepté par Mme. v^e. G   , sous la réserve de tous ses droits, actions, priviléges et hypothèques.

Et pour l'exécution des présentes, etc.

S'il s'agissait d'une rente constituée due par des héritiers, ils s'obligeraient personnellement chacun pour leur portion afférente dans la succession, mais solidairement pour le tout, par hypothèque sur les immeubles de la succession, affectés à la rente, et on terminerait par cette clause :

A la garantie de la rente, en principal et arrérages, les maisons ci-dessus désignées continueront de demeurer spécialement affectées et hypothéquées ; et, en outre, sans qu'une obligation déroge à l'autre, les autres immeubles dépendants des successions de M. et Mme. R   , sont et demeureront également affectés et hypothéqués.

Mme. G   se réserve expressément sur ces immeubles la date des hypothèques acquises par les anciens titres, et conservées par les inscriptions prises au bureau des hypothèques de   , les   , vol.   n°.   le tout sans novation ni dérogation.

Enregistrement.

Sont sujets au droit fixe de 3 francs, les titres nouvels et reconnaissances de rentes dont les contrats sont justifiés en forme. (Loi du 28 avril 1816, art. 44.)

Tant qu'il n'y a qu'un débiteur et un créancier, le titre nouvel ne doit qu'un seul droit pour quelque nombre de parties de rente que ce soit. (Solut. 9 frim. an 6.)

Lorsqu'un acquéreur a été, par le contrat même de vente, chargé d'acquitter une rente due suivant titre enregistré, l'acceptation que fait implicitement le créancier de cette délégation en acceptant ultérieurement un titre de la part de cet acquéreur, n'opère aucun droit particulier. (Cass. 26 mai 1830).

SECTION 2.

DÉCLARATION D'HYPOTHÈQUE.

La déclaration d'hypothèque est un acte par lequel un acquéreur d'immeuble reconnaît, sur la réquisition d'un créancier inscrit, que du nombre des inscriptions délivrées à la transcription de son contrat, est celle de ce créancier, afin d'interrompre par cette déclaration ou reconnaissance la prescription qui aurait pu être opposée contre l'action hypothécaire. R. N.

Dans le cas où un acquéreur ne remplit aucune des formalités prescrites par la loi pour purger sa propriété, les créanciers inscrits peuvent exercer contre lui l'action en déclaration d'hypothèque (2169). Deux arrêts de la cour de cassation des 6 mai 1811 et 27 avril 1812 ont décidé que cette action ne peut avoir d'autre objet que d'interrompre la prescription, celle qui serait fondée sur les art. 2180 et 2265 du Code civil.

Lors même que les acquéreurs ont passé déclaration d'hypothèque, les créanciers sont obligés de renouveler leurs inscriptions dans les dix ans, pour pouvoir exercer leur action hypothécaire contre ces acquéreurs, qui, s'ils ne les renouvellent pas, peuvent encore purger les hypothèques en remplissant les formalités prescrites. (Cass. 18 juin 1817.)

Dans l'acte de déclaration d'hypothèque, l'acquéreur expose « que par tel contrat il a acheté tel immeuble d'un tel ; qu'à la transcription du contrat, il s'est trouvé telles inscriptions ; que du nombre de ces inscriptions est celle qu'a prise M. A   pour sûreté d'une obligation de   ; qu'il fait cette déclaration pour satisfaire à la réquisition dudit sieur A   et pour lui servir et valoir ce que de droit, mais sans entendre souscrire envers lui aucun engagement personnel ; ce qui est accepté par M. A   sous toutes réserves. »

Cet acte est soumis au droit fixe de 2 francs. (Art. 43 de la loi du 28 avril 1816.)

SECTION 3.

RATIFICATION.

La *ratification* est un acte par lequel une personne confirme, ratifie ce qu'une autre avait fait en son nom. V. le C. C. 1337 et suivants, 1120, 1311 et 1998.

Généralement, le mot *ratification* signifie la même chose que le mot *approbation* : l'un et l'autre terme s'appliquent parfaitement à l'acte par lequel nous nous rendons propre ce qui a été fait par un tiers pour nous, en notre nom, sans un ordre ou mandat de notre part; et cet acte est lui-même assimilé au mandat. Mais quand nous approuvons un acte fait par notre auteur, ou auquel nous avons nous-même concouru, et qui peut être attaqué à cause de quelque vice, alors le nouvel acte s'appelle plus spécialement *acte confirmatif*, quoique le Code, notamment dans l'art. 1338, lui donne indifféremment la dénomination d'acte de confirmation ou de ratification.

Cela est indifférent quand il s'agit de l'approbation des actes auxquels nous avons concouru par nous-mêmes ou par nos auteurs; mais lorsqu'il s'agit d'actes faits par des tiers, en notre nom ou pour nous, et que nous approuvons ensuite, alors cette espèce de ratification n'est point régie par l'art. 1338, dans sa première partie; elle a ses principes au titre du *Mandat*. C'est ce qu'a jugé, avec beaucoup de raison, la cour suprême, par arrêt de cassation du 26 décembre 1815. (Cours de Droit français, t. 13, p. 279.)

Pour ratifier un acte qu'on a fait ou qui a été fait pour soi par quelqu'un qui n'avait pas, ou le droit de le faire, ou un pouvoir spécial, il faut avoir alors la capacité qui serait requise pour faire l'acte même.

Un mineur, devenu majeur, peut ratifier les actes qui ont été faits pour lui pendant sa minorité, lorsque les formalités prescrites par la loi pour la validité de ces actes n'ont pas été remplies.

Une femme, autorisée de son mari, ratifie l'obligation, souscrite en son absence, et par laquelle son mari l'avait obligée solidairement avec lui, en se portant fort pour elle.

L'engagement que la femme a contracté sans être autorisée par son mari ou la justice, peut, comme celui de tout autre incapable, être validé par une ratification. La ratification peut avoir lieu pendant le mariage par la femme dûment autorisée, ou, après la dissolution du mariage, soit par la femme, soit par ses héritiers.

Mais la ratification donnée à cet engagement ou obligation de la femme non autorisée, par le mari sans le concours de la femme, serait nulle, d'après M. Duranton, ou du moins la femme et ses héritiers seraient recevables à demander la nullité de l'obligation. (Cours de droit.)

Une personne ratifie les engagements pris en son nom par le fondé de sa procuration, qui s'était porté fort pour elle, lorsque les pouvoirs n'étaient pas entièrement spéciaux.

On fait presque toujours ratifier une vente d'immeubles faite en vertu d'une procuration même spéciale.

Les actes de confirmation peuvent être faits devant notaire ou sous seing privé, et, dans ce dernier cas, ils ne sont pas soumis à la formalité du double original. (Toullier.)

S'il s'agit cependant de la ratification d'un acte auquel l'authenticité soit nécessaire, par exemple une constitution d'hypothèque, il faut que la ratification intervienne dans la même forme. (Pothier.)

Les actes dont la loi reconnaît l'existence et qui ont un objet ou une cause licite, sont seuls susceptibles d'être ratifiés. (M. Augan.)

Formule.

Aujourd'hui a comparu devant, etc.

Dame Eugénie Duval, épouse de M. Paul Lemaire, avec lequel elle demeure à   , rue   , et de lui spécialement autorisée à l'effet des présentes, aux termes du contrat de vente dont il va être question. (*Ou :* assistée et autorisée dudit sieur son mari, à ce présent.)

Laquelle « après avoir pris communication et que lecture lui a été faite
« par Me.   , l'un des notaires soussignés, en présence de son
« collègue, de la grosse représentée auxdits notaires, et par eux à l'ins-
« tant rendue, d'un acte passé devant Me. D   et son confrère, no-
« taires à Paris, le   , enregistré le   , contenant obligation
« par M. Lemaire, tant en son nom personnel qu'au nom et comme
« s'étant porté fort de la dame son épouse, comparante, au profit de
« M. H   , propriétaire, demeurant à Paris, rue   , no   ,
« d'une somme de 5,000 francs pour prêt que M. A   a fait auxdits
« sieur et dame Lemaire, de semblable somme que M. Lemaire s'est
« obligé et a obligé sadite épouse solidairement avec lui, de rendre et
« payer à M. H   en sa demeure à Paris, dans les trois années du
« jour de ladite obligation, et de lui en payer l'intérêt, de six mois en
« six mois, sur le pied de cinq pour cent par année, sans aucune retenue;
« à la sûreté desquels paiements, M. Lemaire a hypothéqué spéciale-
« ment 8 hectares de terre labourable, en plusieurs pièces situées à   ,
« appartenants à ladite dame Lemaire ; ledit acte terminé par la décla-
« ration qu'a faite son mari que ces biens étaient francs et quittes d'hy-
« pothèque, et que ni lui ni son épouse n'étaient point tuteurs de mi-
« neurs, absents ou interdits,»

A, par ces présentes, déclaré approuver, confirmer et ratifier ladite obligation, consentant qu'elle soit exécutée en tout son contenu (*ou* selon sa forme et teneur , *ou :* qu'elle reçoive sa pleine et entière exécution), de même que si elle y avait comparu et l'eût signée.

En conséquence, elle s'est obligée solidairement avec son mari , elle seule pour le tout, à payer à M. H   ladite somme de 5,000 francs et ses intérêts, aux époques et de la manière déterminées par ladite obligation, sous l'hypothèque et affectation des biens y désignés , sur lesquels M. A   pourra former inscription.

Dont acte, pour l'exécution duquel Mme. Lemaire a élu domicile en sa demeure susdite, auquel lieu, nonobstant, etc.

Fait et passé, etc.

Si la ratification se faisait ensuite de l'acte ratifié, on le commencerait ainsi :

Et le   mil huit cent trente   , a comparu devant, etc.
M**. L   , etc.; laquelle, après avoir pris communication et lecture
de l'obligation passée devant, etc., et dont la minute précède (*ou* est des
autres parts), etc.

Enregistrement.

Les ratifications pures et simples d'actes en forme, opèrent le droit fixe d'un franc. (Art. 68 de la loi de frim. an 7.)

La ratification d'un acte de vente authentique enregistré contenant quittance du prix de cette vente, n'est passible que du droit de 50 cent. pour 100 fr., fût-il inférieur à celui de la ratification. (Solution du 2 sept. 1813.)

La ratification passée devant le même notaire que celui qui a reçu l'acte ratifié, peut être mise à la suite de ce dernier acte.

La ratification, par un même acte, de plusieurs contrats passés au nom du ratifiant par son mandataire ou celui qui s'est porté fort pour lui, n'est passible que d'un seul droit d'un franc. J. J. N. art. 3299.

TITRE XIII.
DE LA DISTRIBUTION PAR CONTRIBUTION, ET DE L'ORDRE.

—

SECTION PREMIÈRE.
DE LA DISTRIBUTION PAR CONTRIBUTION.

La distribution par contribution, est l'acte par lequel des créanciers se partagent entre eux, au prorata de leurs créances respectives, les deniers provenants des diverses saisies mobilières.

Un exemple fera comprendre cette définition. Je dois 20,000 francs à Paul et 10,000 francs à Pierre : ils poursuivent tous deux la vente de més meubles, laquelle produit 30,000 fr. ; chacun d'eux est payé, et il n'y a pas lieu à la distribution. Mais supposons que la vente n'ait produit que 15,000 fr., il est impossible d'acquitter intégralement chaque créance ; c'est alors qu'on procède à la distribution par contribution, c'est-à-dire que Paul à qui je dois 20,000 fr. en recevra 10,000 et Pierre 5,000 ; ils contribuent ainsi à la perte en proportion de leurs créances respectives. Il en est tout différemment lorsqu'il s'agit de partager le prix d'un immeuble hypothéqué ; mais si aucune hypothèque n'affectait l'immeuble, le prix se distribuerait encore par contribution, car il n'y aurait plus entre les créanciers de causes de préférence. (M. Rogron.)

V. le C. de proc., art. 656 à 672.

Dans la contribution de deniers, il y a deux classes de créanciers qu'il ne faut pas confondre : ce sont les créanciers privilégiés et les créanciers ordinaires. Les privilégiés sont toujours en première ligne et comme à part, car ils *ne contribuent pas*, ils sont employés pour la totalité de ce qui leur est dû, mais il y a un *ordre* à suivre entre eux, tous ne sont pas au même rang, les uns doivent être payés avant les autres. R. N.

Lorsque les titres des créanciers ordinaires ne sont pas enregistrés, on s'abstient de les énoncer. Id.

Quand la contribution a lieu à l'amiable, les créanciers produisent volontairement leurs titres, et affirment entre les mains des notaires la légitimité de leurs créances ; et l'acte se termine par la mainlevée des oppositions ou saisies-arrêts formées par les créanciers.

Pour qu'il y ait lieu à contribution, il n'est pas nécessaire qu'il y ait au moins trois créanciers opposants, l'art. 775 du C. de proc. ne s'applique qu'à l'ordre. (Loret.)

La contribution n'est autre chose qu'un calcul de proportion qui peut se faire en arithmétique, de trois manières différentes : 1°. ou par la règle de cent, consistant à trouver quelle quotité pour cent chaque créancier doit avoir pour sa créance, eu égard à la quotité pour cent que le total des dettes aurait dans le total des deniers qui sont à distribuer ; 2°. ou par la règle de trois usitée dans le calcul de proportion appliquée à chaque créance en particulier ; 3°. ou par l'usage de la table des logarithmes qui facilite et abrège le calcul. Mais comme les deux premiers procédés exigent beaucoup d'attention, et qu'à l'égard des logarithmes, la manière de s'en servir exige une habitude que les notaires sont rarement à portée d'acquérir, ils feront toujours mieux d'adopter, pour le calcul des contributions, au marc le franc, l'usage qui se pratique communément dans le notariat, celui de l'échelle à deux colonnes. V. l'Indicateur à la lettre E.

Et, pour des formules, *voyez* le Parfait Notaire et le Dict. du Not., t. 2, p. 986.

DE L'ORDRE.

L'ordre est le procès-verbal qui détermine le rang dans lequel les créanciers privilégiés et hypothécaires sont payés sur le prix d'un immeuble vendu et affecté spécialement à leurs droits. (M. Rogron.) V. le C. de proc. 749 à 779 ; le C. C. art. 2101 et suivants ; et le C. de comm. 539 à 543.

L'ordre peut se faire, soit à l'amiable, soit judiciairement, de même que la contribution. Il dépend des créanciers de faire constater comme ils le veulent, les conventions qui forment leur accord ; mais il est convenable d'en passer acte devant notaires, attendu le consentement à radiation des inscriptions. Il ne suffit pas, pour la validité de l'ordre amiable, que la majorité des créanciers y concourent ; il faut que tous les créanciers soient présents et consentent, en sorte qu'un seul absent ou dissident empêcherait la distribution conventionnelle d'avoir lieu.

Un ordre se divise ordinairement en deux parties principales, dont la première contient les priviléges, et la seconde les créances simplement hypothécaires. Le procès-verbal doit être divisé en autant d'articles qu'il y a de créances à colloquer ; chaque article doit commencer par régler le capital de la créance, ensuite les intérêts, puis les frais. R. N.

Quand on dit *venir en ordre utile sur le prix d'une vente,* cela signifie *avoir un rang tel, entre les créanciers, qu'on soit sûr d'être payé.* P. N.

Sur les règles et principes des collocations, et sur la manière de dresser un ordre, voyez le Parf. Not. t. 2, p. 612, 6e. édition.

Dans l'ancienne jurisprudence, lorsqu'il survenait des oppositions sur le montant d'une collocation, de la part des créanciers hypothécaires de celui qui était colloqué, on en faisait une sous-distribution, un sous-ordre ; mais cette jurisprudence a été abolie par l'art. 778 du Code de proc. Il ne peut y avoir lieu entre les créanciers qu'à une simple contribution au marc le franc du montant de la collocation de leur débiteur. R. N. Une fois la collocation opérée, ce qui est dû au débiteur est une somme d'argent, une chose mobilière qui doit être partagée entre ses créanciers, au prorata de la créance de chacun.

Les créanciers chirographaires qui jouissent des priviléges énoncés en l'art. 2101 du C. C., doivent être admis à l'ordre, lorsque le mobilier a été insuffisant pour les payer. (2104.)

Lorsqu'un acquéreur a payé son prix aux créanciers colloqués dans un ordre fait à l'amiable, il peut en demander la restitution, s'il est obligé de payer une seconde fois à d'autres créanciers qui y ont été omis et qui devaient être colloqués de préférence. (Cass. 9 nov. 1812 et 31 janv. 1815.)

Les collocations faites à l'amiable devant notaires sont assujetties au droit de 50 cent. par 100 francs ; et il n'est pas dû de droit particulier pour les quittances renfermées dans le même acte. D. E.

TITRE XIV.

DES QUITTANCES ET DÉCHARGES.

—

La *quittance* est un acte par lequel le créancier reconnaît avoir reçu tout ou partie de ce qui lui était dû, et en tient quitte son débiteur.

On appelle *décharge*, l'acte par lequel on reconnaît que telle personne a remis les sommes qu'on l'avait chargé de recevoir, ou qu'elle a rendu les titres qu'on lui avait confiés. C'est aussi l'acte par lequel on se désiste des droits ou prétentions qu'on pouvait avoir contre quelqu'un.

SECTION PREMIÈRE.

DES QUITTANCES.

V. le Code civil, art. 1234—1314.

Les quittances peuvent être données sous seing privé ou devant notaires. C'est au débiteur qu'appartient le choix de la forme, et même du notaire lorsqu'il désire une quittance notariée. R. J. N.

Si c'est un fondé de pouvoirs qui reçoive, et qu'il s'agisse d'un remboursement de capital et intérêts, il faut que sa procuration soit générale pour recevoir tous remboursements ou spéciale pour recevoir celui-là.

Le mari qui a la jouissance des biens de sa femme, commune ou non commune en biens avec lui, peut valablement recevoir le remboursement des capitaux à elle dus de son chef, parce qu'en cela il fait un acte d'administration légale ; mais s'il s'agit du prix d'un immeuble de la femme, qu'elle ait vendu avec l'autorisation de son mari, comme le remploi doit en être fait, il faut que la quittance de paiement de ce prix soit donnée par les deux conjointement.

La femme séparée de biens d'avec son mari, soit par contrat de mariage, soit par jugement, peut valablement recevoir ses capitaux et en donner quittance sans lui, mais ce qui vient d'être dit pour le prix d'un immeuble doit s'appliquer aussi à la femme séparée, parce que la nécessité de l'autorisation de son mari pour aliéner ses immeubles, étant fondée sur l'intérêt qu'il a que ses biens-fonds ne soient pas dissipés, la raison est la même pour le prix qui en est provenu : il en est de même par conséquent pour les immeubles paraphernaux des femmes mariées suivant le régime dotal. V. pour le mineur émancipé l'art. 482 du C. C.

On appelle *déclaration d'emploi* la déclaration que fait une personne dans une quittance « que les deniers qui » viennent de servir à sa libération, proviennent du prêt » qui lui avait été fait, afin d'être employés à ce paiement, » etc. »

Quand le créancier ne reçoit pas la totalité de ce qui lui est dû, il fait par la quittance les réserves convenables. V. le C. C. 1908.

On ne doit faire mention de la numération des espèces que lorsqu'elles ont été réellement montrées et comptées à la vue des notaires.

La réalité d'espèces a lieu quand une somme est mise et comptée sur le bureau de l'étude : alors le notaire déclare que le paiement a été fait en espèces ayant cours, comptées, nombrées et réellement délivrées en sa présence.

Si la dette avait été contractée en livres tournois, le notaire rédacteur doit exprimer la somme en francs, d'après la réduction à cette valeur de la somme nominale de livres qui aurait été stipulée dans le titre de la créance.

Celui qui a fourni ses deniers pour payer le prix d'un immeuble a privilége spécial sur cet immeuble ; mais pour établir ce privilége trois conditions sont nécessaires, et l'omission d'une seule le fait manquer : la première est qu'il ait été exprimé dans l'acte d'emprunt que la somme prêtée est destinée à payer le prix de l'acquisition ; la deuxième, que par la quittance du vendeur il paraisse que les deniers prêtés ont été employés à payer le prix de l'acquisition ; la troisième, que ces deux choses soient constatées d'une manière authentique, c'est-à-dire que l'acte d'emprunt et la quittance soient faits devant notaires.

Enfin, pour établir ce privilége, il faut encore que, lors du prêt et de l'emploi, il y ait une *réalité des mêmes espèces* précise et marquée. V. l'Indicateur aux mots NUMÉRATION DES ESPÈCES.

Lorsque la subrogation a lieu, soit en vertu des dispositions de la loi, soit en vertu d'une convention expresse, et que les conditions que la loi a imposées pour cet effet ont été remplies, il suffit de dire dans les quittances « que celui » qui a fourni les deniers demeure subrogé aux droits atta- » chés à la créance remboursée. » Cependant les notaires sont dans l'usage de mettre dans les actes de quittance, « que le créancier le subroge dans tous ses droits, sans au- » cune garantie, restitution de deniers ni recours quelcon- » que, et sans préjudice de son droit de préférence pour ce » qui lui reste dû de sa créance (lorsqu'elle n'est pas » acquittée en totalité); » ce qui est encore inutile, puis- que cela est de droit. Mais il n'y a aucune raison non plus pour supprimer dans les quittances ces expressions accoutu- mées. G. D.

Le créancier ne peut être forcé de recevoir en paiement des billets de banque ni de la monnaie étrangère. (Décret du 8 août 1810.) Dans les paiements, il est permis de faire em- ploi de la monnaie de billon pour un quarantième et les appoints ; il n'est pas permis d'en faire emploi, contre le gré du créancier, au-delà du quarantième, quel que soit l'usage local. A cet égard, les règles établies pour les caisses publi- ques sont également établies de particulier à particulier. Dans ce quarantième, il ne faut pas employer les pièces de dix centimes dont la fabrication a été ordonnée par la loi du 15 septembre 1807; elles ne valent que pour appoint d'un franc et au-dessous. (Cass. 28 mai 1810.)

V. L'Indicateur aux mots APPOINT, BILLETS DE BANQUE ET PASSE DE SACS.

Il arrive souvent que des personnes, qui doivent des sommes par obligations ou par autres actes, viennent dans les études de notaires faire signer par leurs créanciers la mainlevée des inscriptions prises sur leurs biens, et qu'elles se contentent de quittances sous signatures privées, avec la remise des pièces.

Quelquefois même des acquéreurs paient par quittances sous signatures privées, qui peuvent s'égarer ou être sous- traites, le prix des immeubles à eux vendus.

Le devoir des notaires est d'employer tout le crédit qu'ils peuvent avoir sur l'esprit de leurs clients, pour les déterminer à suivre la marche que leur prescrit leur propre intérêt.

Lors du paiement d'un prix d'immeuble, il est convenable et même utile d'annoncer, dans la quittance, que le paiement est fait au moyen de ce que les formalités prescrites pour la transcription et la purge ont été remplies, et de rendre compte par ordre de dates de tout ce qu'on a fait à cet égard.

Il y a des notaires qui annexent à la minute de la quittance des certificats constatant la transcription et la purge, d'autres qui déposent ces pièces pour minutes dans leurs études; c'est peut-être porter la précaution trop loin ; cependant il peut être utile d'annexer à la minute de la quittance l'état délivré par le conservateur des hypothèques, afin de constater d'une manière certaine le nombre des inscriptions qui existaient lors de la transcription.

Le débiteur est tenu des frais de la quittance. (C. C. 1248.) Il est également tenu de payer les droits du timbre, lorsqu'il se contente d'une quittance sous seing privé. (Art. 9 de la loi du 10 juin 1794.) C'est au débiteur à payer l'amende causée par une quittance délivrée sur papier libre (Cass. 2 fructidor an 9, et 28 août 1809) ; mais la régie peut s'adresser au créancier, sauf son recours. (Art. 75 de la loi du 28 avril 1816.)

Lorsque le créancier ne peut, faute de savoir signer, donner une quittance sous seing privé au débiteur qui s'en contenterait, il ne serait pas juste alors que ce dernier payât les frais de la quittance notariée. (Toullier.) Aussi est-il d'usage que le propriétaire qui reçoit ses loyers, le rentier qui touche ses arrérages, paient eux-mêmes les frais de la quittance, sauf le timbre ordinaire, lorsque, faute de savoir ou de pouvoir signer, ils ne peuvent la donner que devant notaire. R. N.

V. ci-devant page 59.

Quand les quittances sont faites devant le notaire qui a reçu les actes qu'elles libèrent, il est à propos de les placer à la suite des minutes de ces actes ; cela peut éviter pour l'avenir de graves inconvénients. (M. Augan.)

Lorsqu'il s'agit d'une quittance par suite d'un ordre ou de tout autre paiement qui exige de longs détails, on commence la quittance par un exposé des faits qui y donnent lieu : par exemple, s'il y a eu un jugement d'ordre, on en rapporte les principales dispositions, notamment l'état des sommes qui étaient à distribuer et des collocations qui en ont été faites.

Formules.

1. *Quittance d'arrérages de rente.*

En présence de Mᵣ.   et de son collègue, notaires royaux à
soussignés;
    Demoiselle B   , fille majeure, demeurante à   ,
A, par ces présentes, reconnu avoir reçu de M. L   , demeurant
à   , au nom et comme tuteur du mineur P   , petit-fils de
M. A   , ci-après nommé ;
    La somme de trois cents francs en numéraire compté et réellement
délivré à la vue des notaires soussignés, pour les six mois échus le onze
novembre présent mois, de la rente viagère de   , léguée à ladite
demoiselle B   , par M. A   , décédé à   , suivant le
testament olographe par lui fait en date du   , etc. Dont quittance.
    Mention des présentes sera faite sur toutes pièces que besoin sera par
tous notaires de ce requis. Fait et passé à, etc.

2. *Quittance de loyers.*

    La somme de   pour trois mois échus le   , du loyer de
la maison qu'il occupe et que M. A   lui a louée par bail passé devant   , etc.

3. *Quittance d'une obligation.*

    La somme de   , en espèces d'argent ayant cours, comptées et
réellement délivrées à la vue des notaires soussignés, dont   francs
pour le montant d'une obligation (*ou bien :* pour le remboursement du
principal d'une obligation) souscrite à son profit par M. B   , suivant acte passé en minute devant Mᵉ.   et son collègue, notaires
à   , le   , dûment enregistré ;
    Et   pour l'année échue aujourd'hui des intérêts de ladite obligation. Dont quittance.
    Au moyen de ce paiement, M. A   a donné mainlevée, etc.
    (V. pour la mainlevée de l'inscription, p. 364.)
    M. A   a présentement remis à M. B   qui l'a reconnu, la
grosse de l'obligation ci-dessus datée et énoncée, et le bordereau de ladite inscription. Dont décharge.
    Les parties ont consenti que mention des présentes fût faite, même en
leur absence, sur toutes pièces que besoin serait, par tous notaires de ce
requis.

4. *Quittance d'un paiement qui a eu lieu en plusieurs fois de sommes dues par jugement.*

    M. A   a reconnu avoir reçu tant précédemment qu'aujourd'hui
de M. B   , en espèces d'argent ayant cours, la somme de
savoir : 1°.   francs, montant des condamnations en principal
prononcées au profit de M. A   contre M. B   aux termes d'un
jugement contradictoirement rendu entre les parties par le tribunal de
première instance séant à   , le   , dûment enregistré et
signifié, et pour les causes y énoncées ; 2°.   francs pour les intérêts de cette somme, depuis le   jusqu'à ce jour, eu égard aux
diverses époques où les paiements ont été effectués ; 3°. et   , pour
les frais de poursuites, de procédures et de jugement, y compris le coût
de l'inscription ci-après énoncée. Dont quittance, ainsi que de toutes
choses quelconques relativement auxdites condamnations.

Toutes quittances particulières qui ont pu être precédemment données, ne feront qu'une seule et même chose avec ces présentes.
(Pour la suite, v. le n°. 3.)

5. *Remboursement de rente.*

La somme de   , etc.

Savoir : 1°. 395 francs 6 centimes (ou 400 livres tournois) pour le principal et remboursement sur le pied du denier vingt, de 19 fr. 75 cent. (ou 20 livres tournois) de rente foncière, annuelle et perpétuelle, moyennant laquelle M. L   propriétaire à   , a vendu au sieur B   , cultivateur, et à dame L   son épouse, demeurants à   , 13 ares 50 centiares (39 perches et demie) de terre, sis au territoire de   , lieu dit les Closeaux, suivant contrat passé devant M·.   et son collègue, notaires à   , le   , dûment enregistré.

2°. Et 57 francs 65 centimes (ou 58 livres 7 sous), pour deux ans et onze mois des arrérages de ladite rente échus jusqu'à ce jour.

Cette rente appartient maintenant à Mme. D   en qualité de légataire particulière de M. L   , etc.

De laquelle première somme de 395 francs 6 centimes, Mme. D a quitté et déchargé M. B   , ainsi que de toutes choses généralement quelconques relativement à ladite rente.

Au moyen de ce remboursement, etc. (Le reste comme au n°. 3.)

Nota. Si le créancier consentait de recevoir pour le remboursement de la rente une somme moindre que son capital, on l'exprimerait ainsi :

La somme de   , à laquelle les parties sont convenues de fixer le remboursement de   , etc.

Ou bien : la somme de   , à laquelle M. A   (le créancier) s'est volontairement restreint pour le remboursement de   , etc.

6. *Commencement d'une quittance ensuite d'un contrat de vente.*

Et le   , en présence de M^e.   , etc.

M. B   dénommé, qualifié et domicilié au contrat de vente dont la minute est des autres parts, a reconnu avoir reçu de M. D   , aussi dénommé, qualifié et domicilié audit contrat, à ce présent, la somme de   , etc.

7. *Quittance avec subrogation conventionnelle.*

En présence de   , etc.

M. A   a reconnu avoir reçu de M. B   , à ce présent, la somme de 6,000 francs, en pièces de cinq francs, comptées et réellement délivrées à la vue des notaires soussignés, et des deniers provenants de l'emprunt ci-après déclaré, pour solde du prix de la vente que M. A a faite à M. B   , d'une maison située à   , suivant contrat passé devant M^e.   , et son collègue, notaires à   , le   , contenant le paiement du surplus de ce prix.

De laquelle somme de 6,000 francs, M. A   a quitté et déchargé M. B   , ainsi que de toutes choses quelconques.

Il est observé que ledit contrat de vente a été transcrit au bureau des hypothèques de   , le   , vol.   n°.   . Qu'à cette transcription il ne s'est trouvé que trois inscriptions, dont celle d'office prise au profit de M. A   contre M. B   , pour raison de ladite somme de 6,000 francs; que les deux autres ont été rayées définitivement le   ;

que, pendant la quinzaine qui a suivi cette transcription, il n'est survenu aucune inscription ; enfin, que pendant l'accomplissement des formalités prescrites par la loi pour purger les hypothèques légales (1), il n'est survenu non plus aucune inscription de cette nature : le tout ainsi que le constatent l'état et les certificats délivrés par le conservateur des hypothèques du bureau de   , en date des

M. B   a déclaré que les 6,000 francs par lui présentement payés à M. A   , lui provenaient de l'emprunt qu'il a fait de M. C suivant obligation passée devant Me.   , qui en a la minute, et son collègue, notaires à   , le   , enregistré : faisant cette déclaration pour satisfaire à la promesse contenue en ladite obligation, et afin qu'attendu l'origine des deniers, M. C   ait et acquière privilége sur ladite maison, et soit subrogé aux droits, actions, priviléges et hypothèques de M. A   pour raison de ladite somme de 6,000 francs, notamment dans l'effet de l'inscription d'office prise à son profit contre ledit sieur B   , au bureau des hypothèques de   , le   , vol.   . no.   ; laquelle subrogation, ledit sieur A a, en tant que de besoin, volontairement consentie, mais sans, de sa part, aucune garantie ni restitution de deniers, de manière qu'il ne pût être exercé aucun recours contre lui.

Les parties ont consenti qu'il fût fait mention des présentes, même en leur absence, sur les minute et expédition dudit contrat de vente, par tous notaires de ce requis.

Dont acte, etc.

8. *Style de la mention à mettre en marge de l'expédition.*

Les 6,000 francs qui restaient dus sur le prix de la vente, dont expédition est ci-contre, ont été payés par M. B   à M. A   , des deniers de M. C   , au profit duquel il a été consenti subrogation, suivant quittance passée devant mon collègue et moi, notaire à   , soussigné, qui en ai la minute, le   , dûment enregistrée, et portant pouvoir de faire la présente mention.

9. *Reconnaissance de constitution de dot.*

En présence de Me.   , etc.

M Achille Leduc, marchand fripier, et dame Louise Paris son épouse, de lui autorisée, demeurants à

Ont, par ces présentes, reconnu qu'il leur a été donné à titre de dot, mais postérieurement à leur mariage célébré à   , le   .

Savoir : par M. Pierre Leduc, propriétaire, demeurant à   , et dame Félicité Caron, son épouse, père et mère dudit sieur Achille Leduc, à ce présents et acceptant cette reconnaissance, la somme de 2,000 francs par avancement d'hoirie, à valoir et imputer sur les droits de ce dernier dans la succession du premier mourant de sesdits père et mère.

Et par M. Charles Paris, rentier, et dame Aglaé Lefèvre, son épouse, demeurants à   , père et mère de ladite dame Louise Paris, aussi à ce présents et acceptant cette reconnaissance, pareille somme de 2,000 francs, etc.

En conséquence ledit sieur Achille Leduc et son épouse se sont obligés de rapporter lesdites sommes auxdites successions.

Dont acte, fait et passé à, etc.

----

(1) Souvent on détaille ces formalités; on en trouvera le modèle dans les formules du Contrat de vente, à l'établissement de la propriété.

Enregistrement.

Les quittances et tous autres actes et écrits portant libération de sommes et valeurs mobilières, sont sujets au droit de 50 cent. par 100 fr. (Art. 69 de la loi de frimaire an 7), sur le total des sommes ou capitaux dont le débiteur se trouve libéré.

La mainlevée de l'inscription hypothécaire, donnée dans l'acte même de quittance, n'opère pas de droit particulier, encore que le droit de quittance soit inférieur à 2 francs. Voyez l'art. 537 du Code de Procédure.

Lorsqu'une obligation est acquittée par un tiers qui n'est pas subrogé aux droits du créancier, il ne peut être perçu au-delà de 50 cent. par 100 fr. (Décis. du min. des fin., du 2 février 1821.)

Il n'est dû que le droit de quittance et non celui de cession de créance, sur l'acte par lequel la caution paie la dette du débiteur principal, en se faisant subroger dans les droits du créancier. (Délib. 20 oct. 1829.) V. le C. C. art. 1251.

Il en est de même lorsqu'un créancier hypothécaire en paie un autre qui le prime. (Délib. 10 nov. 1829.)

La quittance d'une somme payée en avancement d'hoirie est passible du droit de donation mobilière, lorsqu'il n'y a pas d'acte antérieur qui constate la donation. (Solut. du 26 mars 1840.)

Les notaires ne se dessaisissent des sommes dont ils s'étaient constitués dépositaires qu'en retirant une décharge authentique ; mais elle ne peut plus être mise à la suite de l'acte qui constatait le dépôt, suivant une décision du grand juge, en date du 18 janvier 1809. Elle est faite par un acte séparé dont la minute reste en la possession du notaire qui reçoit la décharge.

SECTION 2.

DES DÉCHARGES.

Formules.

1. *Décharge par un héritier à un exécuteur testamentaire.*

Aujourd'hui a comparu devant M^e   et son collègue, notaires royaux, résidants à   soussignés,

M A   (prénoms, nom, qualité et demeure);

« Seul héritier de dame   sa mère, décédée veuve de M.   ,
« ainsi que le constate l'intitulé de l'inventaire fait après son décès par
« M.   , qui en a la minute, et son collègue, notaires à   ,
« en date au commencement du   , enregistré.»

Lequel a, par ces présentes, reconnu que M. B   , exécuteur du testament de cette dame, par elle fait olographe, etc., lui a remis tous les objets mobiliers, titres et papiers, qui étaient restés en la possession

dudit sieur B   , suivant la clôture de l'inventaire ci-dessus énoncé :
dont décharge.

Fait et passé à   , en l'étude, l'an   , le   , etc.

2. *Décharge de titres remis par un vendeur à son acquéreur.*

Aujourd'hui a comparu devant M⁰.   , etc.

M. T   (noms, qualification et domicile de l'acquéreur);
Lequel a, par ces présentes, reconnu que M. O   , propriétaire,
demeurant à   , à ce présent, lui a remis aujourd'hui les titres qu'il
lui avait promis suivant le contrat passé devant M⁰.   , et son collègue, notaires à   , le   , contenant vente par M. O
à M. T   , d'une maison située à Paris, rue   , n⁰.   ;

Ces titres consistent, 1⁰. etc. (Les désigner succinctement.)

De tous lesquels titres et papiers, M. O   se trouve en conséquence déchargé envers M. T   .

Fait et passé à, etc.

3. *Décharge à un avoué de pièces par lui remises.*

Aujourd'hui a comparu, etc.

. M. T   , lequel a reconnu que M . D   avoué au tribunal
de   , lui a présentement remis toutes les pièces relatives aux poursuites et procédures du procès que M. T   a eu avec le sᵣ.
ainsi que tous les titres et papiers que M. T   avait confiés audit
M⁰. D   pour soutenir ce procès : dont décharge.

Fait et passé à   , en l'étude dudit M . D   , le   ,
et lecture faite, ledit sieur T   a déclaré ne plus pouvoir écrire ni
signer, à cause de

**4. *Décharge à un mandataire des sommes par lui touchées pour son
mandant.***

Par-devant, etc., fut présente la dame   , veuve de M. S
demeurante à   ;

Laquelle a, par ces présentes, reconnu que M. R   lui a, à l'instant, remis et payé la somme de 15,650 francs en pièces de cinq francs
comptées et réellement délivrées à la vue des notaires soussignés , montant des diverses sommes que M. R   a touchées pour elle, en vertu
de la procuration qu'elle lui a passée devant M⁰.   , l'un des notaires
soussignés, en présence de témoins, le   , dûment enregistrée;

Savoir : 1⁰. 650 francs de M. *un tel*, pour, etc.

2⁰. 4,000 francs de M.   , suivant quittance passée devant M⁰., etc.

De laquelle somme totale de 15, 50 francs, ladite dame veuve S
a quitté et déchargé M. R   , ainsi que de toutes choses quelconques
jusqu'à ce jour.

Fait et passé à, etc.

**5. *Décharge à un notaire d'un dépôt de prix de vente, à la suite du
contrat.***

Et le   , a comparu devant M⁰.   , etc.

M. B   ; lequel a, par ces présentes, reconnu que M⁰. E   ,
notaire à   , à ce présent, lui a remis en pièces de vingt francs
comptées et réellement délivrées à la vue des notaires soussignés , la
somme de 10,000 francs qui avait été déposée audit M . E   par
M. L   , pour le prix de la vente que lui a faite M. B   , d'une
maison sise à Paris, rue   , n⁰.   , suivant contrat passé devant
ledit M⁰. E   , le   , dont la minute précède; aux termes duquel
contrat, cette somme avait été laissée entre ses mains pour n'être remise

à M. B   , qu'après la transcription de ce contrat et l'accomplissement des autres formalités nécessaires pour purger les hypothèques de
toute nature dont cette maison pouvait être grevée. Dont décharge.

Cette remise a été faite du consentement de M. L   , aussi à ce
présent, au moyen de ce que , pendant l accomplissement des formalités
dont il vient d'être question , il ne s'est trouvé aucune inscription hypothécaire sur ladite maison, ainsi que le constatent les certificats délivrés
par M. le conservateur des hypothèques de Paris, etc.

Fait et passé à, etc.

Et lecture faite, M. B   et ledit Mᵉ. E   ont signé avec les
notaires, ces présentes restées en la possession dudit Mᵉ.E   .

6. *Décharge par un créancier à la caution du débiteur.*

Par-devant, etc., fut présent M. V   (créancier);

Lequel a , par ces présentes , déclaré renoncer au cautionnement solidaire et à la garantie que M. B   avait contractés envers lui pour
raison de l'obligation de 6,000 francs, passée au profit du sʳ V   ,
par M. C   , devant Mᵉ.   et son collègue, notaires à   ,
le   , dûment enregistrée.

En conséquence, M. V   a déchargé M. B   de toute responsabilité à ce sujet, sous la réserve de ses droits , actions et hypothèques
contre M. C   .

Dont acte, fait et passé à, etc.

Enregistrement.

Les décharges pures et simples, et les récépissés de pièces,
même les décharges du dépôt de consignations de sommes
et effets mobiliers, données aux officiers publics par les déposants ou leurs héritiers, lorsque la remise des effets leur
est faite, doivent le droit fixe de 2 fr. (Art. 43 de la loi du
28 avril 1816.)

Il en est de même de la décharge donnée par un commettant à son procureur fondé, de sommes que celui-ci a
payées à des tiers par actes enregistrés. (Solutions des 29
septembre et 18 novembre 1818.)

TITRE XV.

MAINLEVÉE.

L'acte de *mainlevée* est celui par lequel un créancier se
désiste de l'effet des inscriptions, oppositions ou saisies,
qu'il avait formées contre son débiteur.

Une mainlevée est *définitive* lorsqu'elle est donnée sans réserve ; et *partielle* lorsqu'un créancier donne mainlevée de
son inscription seulement en ce qu'elle frappe sur tel ou

tel bien, avec réserve de l'effet de cette inscription sur les autres immeubles qui y sont désignés.

Avant de rédiger un acte de mainlevée, on doit se faire représenter l'original de l'opposition ou le bordereau d'inscription, afin de ne pas faire d'erreur dans les noms, prénoms, dates et numéros.

Les hypothèques ne s'éteignant que par la renonciation du créancier (2180), il est bon d'exprimer cette renonciation dans l'acte de mainlevée.

Les actes de mainlevée d'inscriptions doivent aussi porter expressément que celui qui fait la mainlevée consent que les inscriptions soient rayées des registres du conservateur.

La mainlevée d'une opposition peut avoir lieu par acte sous seing privé, si celui qui la reçoit veut bien s'en contenter; et si elle a lieu devant notaires, elle peut être délivrée en brevet.

Les actes de mainlevée d'oppositions au Trésor, doivent toujours être faites devant notaires et en minute.

L'acte de mainlevée d'une inscription hypothécaire doit être notarié; et si c'est un mandataire qui donne la mainlevée, sa procuration doit aussi avoir été passée devant notaires : cependant quelques tribunaux ont décidé, par argumentation de l'art. 1985 du Code civil, qu'un pouvoir sous seing privé est suffisant.

Les conservateurs n'ont pas le droit d'exiger le dépôt de l'expédition entière qui contient la mainlevée, en se fondant sur l'art. 2158 du C. C.; le ministre des finances a décidé, le 11 octobre 1808, que l'extrait doit suffire.

Une femme mariée peut, sans observer ce qui est prescrit par les art. 2144 et 2145 du Code civil, consentir à la radiation d'une inscription hypothécaire prise par elle ou pour elle sur des biens de son mari, lorsque cette radiation doit avoir lieu, non dans l'intérêt du mari, mais dans l'intérêt d'un tiers envers lequel elle a valablement contracté une obligation qui ne lui permet pas de faire valoir son hypothèque contre ce tiers. (Cass. 12 février 1841.) V. la 4e formule ci-après.

Le mari peut valablement donner mainlevée d'une inscription prise pour sûreté d'une rente ou créance appartenante à sa femme, et dont il reçoit le remboursement en son absence, lorsqu'ils sont mariés sous le régime de la communauté ou sans communauté, ou sous le régime dotal. (Conséquence des art. 2157, 1428, 1531 et 1549 du C. C. — J. des Not. art. 1219.)

Les mainlevées d'inscriptions hypothécaires données par

les tuteurs ne sont valables, quant à la radiation, que lorsqu'il apparaît du paiement de la créance, ou lorsque cette mainlevée a été donnée par suite d'une délibération du conseil
de famille dûment homologuée. Déc. du grand-juge, min.
de la just. du 29 frim. an 12, et du min. des fin. du 14 nivose
suivant.

Un tuteur, qui ne reçoit pas le montant de la créance du
mineur, ne peut pas consentir mainlevée de l'inscription
prise au profit de ce dernier. Mais lorsque le tuteur reçoit le
remboursement de la créance appartenante à son pupille,
la mainlevée qu'il donne par le même acte est valable, sans
qu'il soit besoin d'autorisation du conseil de famille, puisque
par le remboursement de la dette, l'hypothèque est éteinte.
(Cass. 22 juin 1818.)

Le mineur émancipé peut, avec l'assistance de son curateur, consentir la radiation d'une inscription ; c'est une suite
de ce qu'il peut, avec cette assistance, toucher le montant
de la créance. (C. C. 482, et R. N.)

Si la créance était dotale, le mari seul peut consentir la
radiation de l'inscription. (C. C. 1549.)

S'il s'agit d'une inscription formée au profit de la femme
contre un tiers, pour sûreté d'une créance paraphernale, elle
peut en donner mainlevée avec l'autorisation de son mari.
(C. C. 1576.)

Si la femme mariée sous le régime dotal avait fait prononcer sa séparation, elle aurait capacité pour donner
mainlevée d'une inscription. (Cass. 25 janvier 1826.)

Les femmes mariées sous le régime dotal ne peuvent
aucunement donner mainlevée de leurs hypothèques légales.
(M. Grenier.)

Les envoyés en possession provisoire des biens d'un absent ont le droit de donner mainlevée des inscriptions, puisqu'ils ont celui de recevoir les créances. (C. C. 132; Grenier
et Persil.)

Lorsqu'on rembourse une rente à un hospice ou à une
commune, ce sont les membres de la commission administrative et les maires des communes qui donnent quittances;
mais c'est le préfet du département qui, sur la pétition qu'on
lui adresse et le vu de l'expédition de la quittance, donne
mainlevée des inscriptions qui ont pu être prises pour sûreté
de la rente remboursée. (Decret du 11 thermidor an 12.)

Les consentements accordés par les préfets ont l'authenticité voulue par la loi. (Circulaire de la Régie de l'enregist.
du 30 ventose an 8.)

La mainlevée d'une inscription hypothécaire, donnée par le créancier au débiteur, peut être considérée comme un commencement de preuve par écrit du paiement. (Cass. 17 juillet 1820.)

Le consentement du créancier à la radiation de son inscription (C. C. 2157) n'a d'autre effet que d'anéantir cette inscription, et non d'anéantir le droit d'hypothèque au fond, lequel, continuant de subsister, peut être remis en action par une nouvelle inscription et produire effet à partir de cette nouvelle inscription. (Cass. 2 mars 1830.)

Formules.

1. *Mainlevée pure et simple d'inscription.*

Aujourd'hui a comparu, etc.

M. B   ; lequel a, par ces présentes, donné mainlevée pure et simple, et a consenti l'entière radiation, sans aucune réserve, de l'inscription prise à son profit au bureau des hypothèques de   , le   , vol.   n°.   , contre M. C   , pour sûreté de l'obligation que ce dernier a passée à son profit devant M°.   et son collègue , notaires à   , le   .

M. B   déclarant renoncer au droit d'hypothèque qui résultait en sa faveur de cette obligation.

Dont acte, fait et passé, etc.

2. *Mainlevée partielle.*

Aujourd'hui, etc.

Lequel, sous la réserve ci-après exprimée, a, par ces présentes, donné mainlevée et consenti la radiation de l'inscription prise à son profit, etc. (comme dessus) ; mais seulement en ce que cette inscription frappe sur les terres vendues par M. C   à M. D   , suivant contrat passé devant, etc., transcrit au même bureau le   , vol.   n°.   .

Renonçant en conséquence à son droit d'hypothèque sur lesdites terres, mais réservant expressément l'effet de cette inscription et son hypothèque sur les autres biens de M. C   , y désignés.

Dont acte, etc.

3. *Réduction d'inscription.*

Aujourd'hui, etc.

Lequel a, par ces présentes, donné mainlevée de l'inscription prise à son profit, etc. ; mais seulement jusqu'à concurrence de la somme de   , voulant et entendant qu'elle soit restreinte à celle de   consentant qu'elle ne subsiste plus désormais que pour cette somme seulement, et qu'en faisant la radiation de tout le surplus, le conservateur en soit valablement déchargé envers lui.

Dont acte, etc.

4. *Mainlevée d'hypothèque légale par la femme.*

Aujourd'hui a comparu, etc.

Dame Victoire Dupoty, épouse du sieur Pierre-André Polle, bijoutier, avec lequel elle demeurait ci-devant à   , et actuellement à   , ladite dame dûment autorisée dudit sieur son mari, pour ce présent, et étant, ainsi qu'elle, ce jour en l'étude ;

Laquelle a exposé que, par contrat passé devant M^e. ,
notaire à   , en présence de témoins, le   , enregistré , elle a
acquis, conjointement avec son mari, une maison située à
rue   , du sieur P   , moyennant 6,000 francs qu'ils ont payés
suivant quittance passée, etc.

Que, depuis cette acquisition, ladite dame Polle a formé une inscription d'hypothèque légale contre son mari , au bureau des hypothèques
de   , le   , vol.   , n°.

Que lesdits sieur et dame Polle ayant revendu cette maison au sieur
L   , moyennant 6,500 francs, suivant contrat passé, etc., transcrit
au même bureau, le   . vol.   , n°.   , et ladite dame Polle
ayant, par ce contrat, garanti solidairement avec son mari , la vente faite
au sieur L   , de tous troubles, hypothèques et autres empêchements , elle est conséquemment tenue de la garantie de sa propre hypothèque; que conséquemment encore , en donnant mainlevée de son inscription , en ce qu'elle frappe sur ladite maison, elle ne fait que ce à
quoi ledit sieur L   pourrait la forcer, les art. 2144 et 2145 du Code
civil ne lui étant point applicables dans l'espèce, ce qui a été jugé par
arrêt de la cour de cassation du 12 février 1811.

D'après cet exposé, ladite dame Polle, sous l'autorisation de son mari ,
a , par ces présentes, donné mainlevée et consenti la radiation de l'inscription d'hypothèque légale, ci-dessus datée et énoncée , en ce qu'elle
frappe sur ladite maison vendue au sieur L   . Faisant laquelle
radiation, le conservateur des hypothèques au bureau de   , en sera
bien valablement quitte et déchargé.

Dont acte, etc.

5. *Mainlevée d'opposition.*

Aujourd'hui, etc.

Lequel a, par ces présentes, donné pleine et entière mainlevée de
l'opposition ou saisie arrêt formée à sa requête sur M. C   (saisi) ,
entre les mains de M. D   , suivant exploit de   , huissier à   ,
en date du   , enregistré le   . Consentant que cette opposition
ou saisie-arrêt soit nulle et de nul effet , et que M. D   , en payant
et vidant ses mains en celles de M. C   ou autres qu'il appartiendra,
relativement à ce qu'il peut devoir à M. C   ou avoir à lui , en soit
bien valablement quitte et déchargé.

Dont acte, etc.

6. *Mainlevée générale d'oppositions et inscriptions.*

Aujourd'hui a comparu, etc. M. A   .

Lequel a , par ces présentes, donné mainlevée pure et simple de toutes
oppositions, saisies mobilières et immobilières formées à sa requête sur
M. B   . entre les mains de tous fermiers, locataires, débiteurs et
autres , ainsi que de toutes inscriptions prises au profit du comparant,
à tous bureaux d'hypothèques , contre M. B   ; consentant que ces
oppositions, saisies et inscriptions soient nulles et de nul effet. que lesdites inscriptions soient rayées de tous registres où il a pu en être fait
mention, et que les conservateurs d'hypothèques en faisant ces radiations,
ainsi que tous débiteurs en vidant leurs mains en celles de M. B
ou de tous autres qu'il appartiendra, de ce qu'ils peuvent devoir ou
avoir à lui , soient bien valablement quittes et déchargés.

Dont acte, etc.

7. *Mainlevée d'un écrou.*

Aujourd'hui a comparu, etc.

Lequel a , par ces présentes, donné pleine et entière mainlevée de l'emprisonnement et écrou (ou recommandation), par lui faits de la personne de M. B   , dans les prisons de   ; consentant que cet écrou soit rayé de tous registres où il aura été inscrit, et que M. B soit mis en liberté : quoi faisant, le geôlier sera bien et valablement déchargé envers le comparant.

Dont acte, etc.

8. *Mainlevée d'une saisie immobilière.*

Aujourd'hui a comparu, etc.

Lequel a, par ces présentes, donné mainlevée pure et simple de la saisie immobilière faite à sa requête sur M. B   , d'une maison située à   , rue   , n°.   , suivant procès-verbal de   , huissier à   , en date du   , enregistré, transcrit au tribunal civil de première instance de   , séant à   , le   , et au bureau des hypothèques de   , le   , vol.   n°   ,

Plus, du procès-verbal de ladite saisie, enregistrée au bureau des hypothèques de   , le   , vol.   , n°.

Enfin, de toutes autres poursuites et contraintes faites relativement à ladite saisie immobilière.

Consentant que le tout soit nul et de nul effet, etc.

Enregistrement.

Les mainlevées pures et simples sont passibles du droit fixe de 2 francs. (Art. 43 de la loi d'avril 1816.) Elles doivent être assimilées à un consentement. (Inst. 758.)

Lorsqu'un acte contient mainlevée pure et simple d'une inscription hypothécaire, le droit de quittance n'est pas exigible sur la somme que cette inscription avait pour objet; mais il en est autrement lorsqu'il est déclaré que *les causes de cette inscription ne subsistent plus*, parce que dans l'espèce l'acte établit pleinement la libération du débiteur. D'un autre côté, la mainlevée étant la suite nécessaire de la quittance, le droit de demi pour cent est le seul à percevoir. (Délib. du cons. d'adm. du 29 juin 1822.)

Il n'est dû qu'un droit lorsque, par un même acte, un particulier donne mainlevée de plusieurs inscriptions prises contre un seul débiteur et pour la même créance. (Délib. de la régie du 5 juin 1822.)

La mainlevée d'une inscription avec remise au débiteur de la grosse de l'obligation inscrite, est sujette au droit de libération de 50 cent. par 100 francs. (Décis. du min. de la justice du 1er janvier 1811, Solut. de l'admin. du 29 novembre 1828, journal de l'enreg. art. 9189.)

Lorsque, par un contrat de vente, des billets à ordre ont été donnés en paiement du prix, l'acte ultérieur par lequel le vendeur déclare que les billets ayant été acquittés il donne mainlevée de l'inscription d'office, n'est pas passible d'un droit de quittance. J. J. N.

TITRE XVI.

DES DONATIONS ENTRE-VIFS ET DES TESTAMENTS.

SOMMAIRE DE LA LOI.

Code civil.

Loi sur les substitutions du 17 mai 1826.

Article unique. « Les biens dont il est permis de disposer
« aux termes des art. 913, 915 et 916 du Code civil, peu-
« vent être donnés en tout ou en partie, par actes entre-
« vifs ou testamentaires, avec la charge de les rendre à un
« ou à plusieurs enfants du donataire, nés ou à naître, jus-
« qu'au deuxième degré inclusivement. Doivent être ob-
« servés, pour l'exécution de cette disposition, les art. 1051
« et suiv. du Code civil jusques et y compris l'art. 1074. »

SECTION PREMIÈRE.

DONATIONS ENTRE-VIFS.

La donation faite par acte est un contrat solennel ; on
doit par conséquent observer, pour la confection de l'acte,
toutes les formalités prescrites par la loi du 25 ventose an 11
sur le notariat (page 27) ; si l'une de celles qui sont prescrites à peine de nullité par l'art. 68 de cette loi a été omise,
l'acte étant nul, la donation est sans effet. (Cours du droit
français.)

Les donations entre-vifs et testamentaires sont également
considérées comme des libéralités ; mais il se développe dans
la donation entre-vifs un plus grand caractère de bienveillance et de générosité que dans la donation testamentaire.
E. M.

On appelle *donateur, donatrice*, celui ou celle qui fait une donation; et *donataire*, celui ou celle qui l'accepte. — *A titre gratuit* signifie que la personne en faveur de laquelle on dispose, ne fait ni ne donne rien en échange : l'opposé du titre gratuit est le *titre onéreux*, comme la vente, l'échange, la donation elle-même quand le donateur impose des charges au donataire. — Les *incapacités* sont *absolues* lorsqu'on ne peut donner à personne ni recevoir de personne (C. C. 25 et 502); elles sont *relatives*, lorsqu'on ne peut donner à certaines personnes ni recevoir de certaines personnes. — La portion *indisponible*, dont on ne peut disposer gratuitement (913 à 919), se nomme *réserve* ou *légitime*; on nomme ceux en faveur de qui cette réserve a lieu, *héritiers à réserve*, *légitimaires* ou *réservataires*. — Une donation est *mutuelle*, lorsque deux personnes se gratifient réciproquement; elle est *rémunératoire*, lorsqu'elle a pour cause de récompenser des services rendus : rien n'empêche deux personnes de se faire des donations réciproques par le même acte, sauf deux exceptions (968 et 1097). Les donations entre époux faites par contrat de mariage sont souvent mutuelles. V. page 146.

Observations sur divers articles du Code civil relatifs aux donations.

Sur les art. 893, 894 et 895. La donation entre-vifs est un contrat, et c'est mal à propos que le Code la qualifie d'acte; quand elle est faite sans charges, c'est un contrat unilatéral; dans le cas contraire, le contrat est bilatéral ou synallagmatique (1102). Un grand principe domine toute la matière des donations entre-vifs : c'est le principe *donner et retenir ne vaut*. La distinction des dispositions de dernière volonté, en testaments, codicilles ou donations à cause de mort, ne subsiste plus; on ne reconnaît qu'une seule espèce de disposition à cause de mort, elle s'appelle *testament*. Le testament est un acte, puisqu'il est l'expression d'une seule volonté. La donation à cause de mort était celle qui était faite en vue ou dans la pensée de la mort.

— 896, 897 et 898. La loi du 17 mai 1826 n'abroge pas le principe posé en tête de l'art. 896; en effet, la disposition par laquelle on donnerait des biens, même disponibles, à quelqu'un avec charge de les rendre qu'à ses enfans, serait nulle. En combinant cette loi avec l'art. 896, voici comment cet article pourrait être refondu :

« *Les substitutions sont prohibées*, sauf ce qui est porté » à l'art. 1048 du Code civil. *Toute disposition par laquelle* » *le donataire, l'héritier institué ou le légataire sera chargé*

» de conserver et de rendre à d'autres qu'à ses enfants, sera
» nulle, même à l'égard du donataire, de l'héritier institué
» ou du légataire. Si la charge de conserver et de rendre,
» quoique établie au profit de la descendance du donataire,
» s'étendait à plus de deux degrés, la disposition serait
» pareillement nulle. Néanmoins, etc. »

Nota. Le texte conservé du Code civil est en caractères
italiques.

La disposition de l'article 898 est ce qu'on appelle *substitution vulgaire*. La substitution prohibée est un fidéicommis
avec substitution, en un mot une substitution fidéicommis-
saire (commise à la foi du donataire).

— 900. La condition imposée au donataire de se marier
avec une personne désignée est valable et n'a rien de contraire aux mœurs. (Toullier.)

— 902. Le donateur peut faire la donation par l'organe
d'un mandataire. J. N.

Le sourd-muet qui sait écrire est capable de faire une
donation. (Merlin.)

— 904. Cet article est applicable à l'époux encore mineur.
(Paris, 11 décembre 1812.) Voyez les notes de M. Rogron.

— 912. Abrogé. Voyez page 96.

— 913. Dans le premier cas de cet article, la réserve est
de moitié des biens ; dans le second cas, elle est des deux
tiers ; dans le troisième, des trois quarts. Voyez les notes
de M. Rogron, le Parf. Not. tome 2, p. 340, 6ᵉ édition, et
le Cours de droit par M. Duranton. Le défaut d'espace nous
laisse seulement la faculté d'indiquer les sources où l'on
peut puiser les meilleures instructions sur la manière de
calculer la portion disponible.

— 914. Les descendants ne comptent jamais que pour
l'enfant dont ils descendent.

— 915. Lorsqu'il existe des enfants, les ascendants n'ont
aucune réserve.

— 922. V. les ouvrages que nous venons de citer.

— 932. Un donateur n'est pas tenu à la garantie des choses
données. (Grenier.)

— 948. L'état estimatif des meubles n'est pas nécessaire
dans la donation de biens présents et à venir. (Cass. 27 février 1821.)

— 951. Le droit de retour stipulé par cet article se nomme
conventionnel, à la différence du *retour légal* (747).

— 954. Le donateur n'est pas fondé à réclamer le privilége pour l'exécution des charges imposées à sa donation : il a seulement l'action mentionnée en cet article.

— 1048. Combiné avec la loi du 17 mai 1826, cet article peut être lu et entendu comme il suit :

« *Les biens dont les pères et mères* et généralement toutes
» personnes *ont la faculté de disposer* (*ou*, les biens dont il
» est permis à toutes personnes de disposer, aux termes des
» art. 913, 915 et 946 du Code civil), *pourront être*, par
» eux, *donnés, en tout ou en partie, à un ou plusieurs en-*
» *fants du donateur*, même à toute personne qui ne leur se-
» rait point parente, *soit par acte entre-vifs, soit par actes*
» *testamentaires, avec la charge de rendre ces biens* à un
» ou plusieurs des *enfants du donataire, nés* ou *à naître*,
» *jusqu'au* deuxième *degré* inclusivement. »

Nota. Le texte conservé du Code est en italique.

— 1049 et 1050. On devra considérer ces articles comme supprimés du Code, tant que la loi du 17 mai 1826 ne sera pas abrogée.

On ne peut grever de restitution que les biens disponibles ; si la charge portait au-delà, elle serait réductible. Dans les substitutions, les degrés doivent être comptés par têtes et non par souches, de manière que chaque personne soit comptée pour un degré. (Ordonn. de 1747.)

Une donation peut être faite à la charge de remettre les biens à celui des enfants du donataire que voudra choisir soit le donateur, soit le donataire. (M. Duranton.)

— 1081. En lisant l'art. 1048 tel qu'on vient de l'indiquer, la dernière disposition de l'art. 1081 se trouvera en rapport avec la loi du 17 mai 1826.

— 1082. La disposition de cet article se nomme *institution contractuelle*.

— 1083. Les donations dont il y est question ne sont pas soumises à la transcription.

— 1090. Quant aux donations irrévocables, c'est la loi en vigueur au jour du contrat qui en détermine l'étendue. quoique l'effet de la donation fût reporté au décès du donateur. Il a été jugé qu'un don mutuel, bien qu'il ne dût avoir son effet qu'à la mort du donateur, n'était pas sujet au retranchement en faveur des ascendants, parce qu'il avait été fait avant la publication du Code civil et sous l'empire d'une loi qui ne leur donnait pas de réserve, quoique le donateur ne fût décédé que depuis le Code. Les institutions contractuelles faites antérieurement au Code par des personnes décédées sous le Code, ont été jugées devoir produire leurs effets pour tous les biens dont le donateur pouvait disposer à l'époque du contrat. Quant aux testaments, ils n'ont d'effet qu'au jour du décès ; c'est donc la loi du jour du décès qu'il faut considérer pour évaluer la quotité disponible : il en doit être de même des donations faites entre époux pendant le mariage. (Cours de droit.)

— 1094. *Quotité disponible entre conjoints, lorsqu'il n'y a pas d'enfant d'un premier mariage.* Si l'époux laisse des ascendants dans chacune des deux lignes, n'importe le nombre d'ascendants, il peut donner à son conjoint la moitié de ses biens et l'usufruit de l'autre moitié. S'il ne laisse d'ascendants que dans une ligne seulement, il peut donner à son conjoint les trois quarts en propriété et l'usufruit de l'autre quart.

Lorsque les ascendants qui existent sont autres que le père et la mère de l'époux décédé, et que celui-ci laisse des frères ou sœurs, ou des descendants d'eux, qui ne renoncent pas tous à sa succession, il n'est pas dû de réserve aux ascendants (*seconde partie de l'art. 915 combinée avec l'art. 750*) ; par conséquent, l'époux a pu donner à son conjoint, comme à un étranger, tout ce que bon lui a semblé, puisqu'il n'est rien réservé par la loi aux frères et sœurs (916). Car si l'époux avait laissé une portion quelconque de ses biens sans disposition, cette partie ne pourrait être recueillie que par les frères et sœurs, à l'exclusion des ascendants autres que les père et mère ; cela résulte évidemment de l'art. 750.

L'époux peut donner à un tiers le disponible ordinaire de l'art. 915, et, en outre, disposer en faveur de son conjoint de l'usufruit de la portion réservée aux ascendants.

— 1098. *Quotité disponible entre conjoints, lorsqu'il y a des enfants d'un précédent mariage.* Il résulte de l'art. 1098 combiné avec l'art. 913, que si l'époux, lorsqu'il donne à son nouveau conjoint, a déjà disposé d'une partie de ses biens, il peut, il est vrai, épuiser en sa faveur ce qui lui reste de disponible ; mais il ne peut aller au-delà, et il ne le peut toujours qu'en lui donnant une part d'enfant le moins prenant, sans que le don puisse jamais excéder le quart.

On suppose huit enfants (d'un premier lit et du second mariage, cela est indifférent dès qu'il y en a d'un premier lit, ne fût-ce qu'un seul) ; 6,000 francs de biens au décès, toutes dettes déduites ; donation de 600 fr. par préciput à l'un d'eux ou à un étranger, peu importe. Reste encore 900 fr. de disponible ordinaire (le quart, art. 913), mais comme chacun

des huit enfants ne peut avoir cette somme dans les 5,400 f. res-
tants, et que le nouvel époux ne peut avoir qu'une part d'enfant légitime le moins prenant, ces 5,400 fr. doivent se diviser
fictivement en neuf parts, ce qui donnera un disponible de
600 francs seulement au profit du nouvel époux, et s'il a
reçu au-delà, il y sera réduit.

Dans l'espèce d'une succession de 7,200 fr., quatre enfants,
et don à l'époux de 2,400 fr., comme cet époux ne doit avoir
que le cinquième, 1,440 fr., il sera réduit de 960 fr.

S'il n'y avait qu'un seul enfant, le nouvel époux ne
pourrait toujours recevoir que le quart, mais le surplus de
la quotité disponible pourrait être donné à d'autres personnes, comme dans les cas ordinaires.

Un homme veuf ayant un enfant, peut donner un quart
de ses biens à sa seconde épouse, et un autre quart à une
troisième.

Les avancements d'hoirie font partie de la succession du
donateur, et le rapport doit en être fait pour fixer la quotité
disponible. (Cass. 18 juillet 1826.)

Un époux, veuf avec deux enfants, a disposé au profit de sa
seconde femme du quart de ses biens, puis au profit d'un de
ses enfants de la portion disponible. En supposant qu'au décès
du donateur il existe six enfants, voici comment se liquideront
les deux donations. La succession étant de 1200 fr., la portion
disponible est de 300 fr., et les réserves sont de   .   900 fr.

Dont, pour chacun des 6 enfants et par suite
pour la veuve qui ne peut avoir ni plus ni moins
qu'une portion semblable .   .   .   .   150 fr.

Il reste pour compléter la portion disponible.   .   150 fr.

Somme égale à la masse.   .   .   .   .   .   .   1200 fr.

L'enfant donataire ne gardera sur la portion disponible
que 150 fr.

De cette manière chacun des enfants a sa réserve entière,
et la veuve n'a pas plus que l'un d'eux. L'enfant donataire
a aussi tout ce qu'il pouvait espérer après la première donation faite à la veuve. (J. J. X. tom. 5, p. 88.)

Un individu ayant des enfants d'un premier lit a, par
contrat de mariage, fait donation à sa seconde femme de
l'usufruit de la moitié de tous ses biens ; au décès du donateur, ses héritiers demandent la réduction de cette donation à l'usufruit du quart ; la femme prétend qu'ils doivent

24

exécuter la disposition ou lui abandonner un quart en propriété conformément à l'art. 917 du C. C. Que décider?

On répond que l'art. 917 se réfère à l'art. 913, et que la règle de disponibilité établie par cet art. 913 ne peut s'appliquer aux libéralités entre époux, qu'il faut chercher les raisons de décider uniquement et exclusivement dans le chapitre 9 qui traite des dispositions entre époux ; que d'ailleurs une donation d'usufruit ne peut pas être transformée en une donation de propriété, contre l'intention évidente du donateur qui a déclaré ne vouloir donner qu'en usufruit ; qu'ainsi une disposition de cette nature, lorsqu'elle est excessive, doit être nécessairement réduite à la portion déclarée disponible par la loi, c'est-à-dire un quart, d'après l'art. 1098 du Code.

Voyez un arrêt de la cour royale d'Amiens du 15 février 1822, rapporté dans le Journal du Palais, t. 24, p. 184.

M. Augan, dans son Cours, page 546, dit formellement que « si le donateur se borne à donner l'usufruit de ses » biens, le donataire n'a droit qu'à l'usufruit de ce qui » pouvait lui être donné en propriété. »

L'art. 1098 est applicable aux cas où il résulterait des avantages matrimoniaux plus grands que ceux permis par cet article, tels que l'attribution au nouvel époux de la communauté (1525), la stipulation d'un préciput à son profit, etc.

La réduction des dispositions successives faites au mépris des art. 1098, 1496 et 1527, ne peut être demandée que par les enfants du mariage antérieur, au préjudice desquels elles ont eu lieu : d'où il faut conclure que si tous les enfants du premier lit meurent avant leur père donateur, l'art. 1098 devient inapplicable. La réduction, opérée sur la demande des enfants du premier lit, profite aussi aux enfants du second lit. Si tous les enfants prédécédaient, et si le donateur avait donné à son époux la moitié ou la totalité de ses biens, ou ce que la loi lui permettait de donner, le prédécès de tous les enfants empêcherait la réduction de la donation, -sauf, s'il y avait lieu, la réserve des ascendants (1094). V. le Cours de droit français, d'où nous avons tiré ces remarques.

— 1099. Une donation est déguisée, quand, par exemple, elle est faite sous la forme d'une vente, d'un échange.

Sur les anciennes lois, notamment l'Édit des secondes noces, voyez le Parf. Not. tom. 1er., p. 336, et tom. 3, p. 148 et suivantes, 6 édition.

Formules.

1. Donation pure et simple.

Par-devant, etc., fut présent M. L

Lequel a, par ces présentes, fait donation entre-vifs et irrévocable, à M. T　　　, à ce présent et ce acceptant pour lui, ses héritiers ou ayant-cause, une pièce de terre labourable, située au territoire de lieu dit　　　　　, etc.

Ainsi qu'elle s'étend et comporte, sans en rien excepter ni réserver de la part du donateur, à qui elle appartient comme l'ayant acquise, suivant contrat passé devant M .　　　, notaire à　　　, le　　　de demoiselle　　　, fille majeure, demeurante à　　　, qui en était elle-même propriétaire, de la manière exprimée audit contrat.

Pour, par M. T　　　, ses héritiers ou ayant-cause, faire et disposer en toute propriété, de la pièce de terre ci-dessus désignée, et en commencer la jouissance à compter d'aujourd'hui : à l'effet de quoi M. L a transmis au donataire tous les droits de propriété et autres qu'il a ou peut avoir sur ladite pièce, s'en dessaisissant à son profit, voulant qu'il en soit saisi et mis en possession par qui et ainsi qu'il appartiendra, constituant à cet effet pour son procureur le porteur de l'expédition des présentes, auquel il a donné tout pouvoir de ce faire.

La présente donation ainsi faite, pour l'amitié que M. L　　　porte au donataire, et au surplus parce que telle est la volonté du donateur.

Les parties ont déclaré que ladite pièce de terre est affermée à M qui en rend tant de fermage par année, en sus des contributions.

Ledit s . L　　　a remis à M. T　　　l'expédition du contrat d'acquisition ci-devant énoncé, avec tous les autres titres de propriété qui y sont relatés.

Fait et passé à, etc.

Si la donation était faite à un présomptif héritier, et qu'i entrât dans l'intention du donateur que le donataire fû dispensé de rapporter à sa succession l'objet donné, on ajouterait à la fin :

Cette donation faite à titre de préciput et hors part, M. L dispensant expressément le donataire de rapporter à sa succession la pièce de terre ci-dessus désignée (949).

Si le donateur se réservait le droit de retour, on l'exprimerait ainsi :

Le donateur se réserve expressément le droit de retour sur la pièce de terre ci dessus désignée, pour le cas où le donataire le prédécéderait sans laisser d'enfants. (949, 951, 952.)

2. Donation de choses mobilières.

Par-devant, etc., fut présent M. V

Lequel, voulant donner à N　　　, son neveu, des marques de l'amitié qu'il a pour lui, en l'aidant à faire un établissement avantageux, a , par ces présentes, fait donation entre-vifs et irrévocable, audit N　　　, a ce présent et acceptant, toutes les marchandises d'épicerie , ustensiles, comptoirs, tablettes , tiroirs , etc. , qui se trouvent actuellement dans la boutique de M. V　　　, et qui sont compris dans l'état estimatif qui en a été fait entre les parties, lequel état est, à leur réquisition, demeuré ci joint, après qu'elles l'ont eu signé en présence des notaires (948).

Pour, par le donataire, en jouir, faire et disposer en pleine propriété, à compter du   de l'année prochaine.

Cette donation faite pour les causes susdites, et parce que telle est la volonté du donateur.

Fait et passé à , etc.

3. Donation conditionnelle.

Si la donation qui précède était faite sous la condition, par exemple, que M. N   épouserait telle personne, on l'exprimerait ainsi :

A fait donation entre-vifs et irrévocable, mais dont l'effet sera soumis à l'évènement de la condition ci-après, et suspendu jusqu'à l'accomplissement de cette condition, etc.

Et à la fin :

Cette donation faite pour les causes susdites et sous la condition expresse que ledit N   épousera, d'ici à trois mois, la d.... demeurante à   ; le donateur entendant soumettre l'effet de la présente donation, à l'accomplissement de cette condition, et que, dans le cas où ce mariage n'aurait pas lieu cette donation soit dès-lors considérée comme non faite ni avenue.

4. Donation onéreuse.

Si la donation (n° 2) était faite à titre onéreux, par exemple, à la charge de payer une rente viagère au donateur, on terminerait l'acte de cette manière :

Cette donation faite à la charge de 150 francs de rente annuelle et viagère que le donataire s'oblige de payer au donateur, etc. V. p. 315.

5. Donation rémunératoire.

Si la donation avait lieu à titre rémunératoire, on l'exprimerait ainsi :

Lequel, considérant les bons et fidèles services que N   lui a rendus depuis qu'il est entré chez lui à titre de commis ou de premier garçon épicier, a, par ces présentes, fait donation entre-vifs et irrévocable, à titre rémunératoire, etc.

6. Donation faite à la charge de nourrir le donateur.

Si la donation (n°. 2) était faite à cette charge, on la terminerait en ces termes :

Cette donation faite à la charge par N   , qui s'y est obligé, de nourrir, loger, chauffer, éclairer et blanchir chez lui, le donateur, pendant sa vie, tant en santé que maladie, et de lui donner tous les soins convenables, sans par lui être tenu à aucun loyer ni à aucune pension envers le sieur N

7. Donation d'une pension viagère.

Fut présent M A   .

Lequel, considérant, etc., a, par ces présentes, fait donation pure et simple, entre-vifs et irrévocable, au sieur B   , à ce présent et acceptant, de 300 fr. de pension ou rente annuelle et viagère, exempte de toute retenue, payable annuellement le   , en la demeure de   , dont la première année écherra et sera payée le   , et ainsi de suite, pendant la vie et jusqu'au jour du décès de B , à compter duquel jour, cette rente sera éteinte et cessera d'avoir cours, et M. A en sera quitte et déchargé.

En conséquence, M. A s'est constitué dès à présent débiteur de cette pension viagère envers le sieur B , sur tous ses biens présents et à venir, dont il s'est dessaisi jusqu'à due concurrence.

Cette donation faite sous la condition expresse que ladite rente ou pension viagère sera incessible et insaisissable, comme étant donnée pour servir d'aliments au donataire (1981).

8. *Donation avec réserve d'usufruit.*

La donation (n° 1) par exemple, pourrait être faite sous la réserve de l'usufruit; on l'exprimerait ainsi :

Pour, par M. T , ses héritiers ou ayant-cause, faire et disposer de la pièce de terre ci-dessus désignée, comme de chose à eux appartenante, savoir : quant à la nue-propriété, à compter de ce jour, et quant à l'usufruit, à compter seulement du jour du décès du donateur, qui s'en réserve expressément la jouissance, pendant sa vie et jusqu'au jour de son décès, auquel jour l'usufruit sera réuni à la nue-propriété au profit du donataire et de ses héritiers ou ayant-cause.

Sous la réserve de cet usufruit, M. L a transmis au donataire, etc. (949.)

9. *Donation à un mineur.*

Si la donation était faite à un mineur, on énoncerait ainsi l'acceptation :

Ce accepté pour ledit mineur par le sieur , son père, demeurant à , à ce présent.

Si le mineur était émancipé :

Ce accepté par ledit mineur sous l'assistance et autorisation de M. , à ce présent, son curateur, nommé à cette qualité par la délibération du conseil de famille, présidée et reçue par M. , juge de paix du canton de , suivant son procès-verbal en date du , etc.

10. *Donation avec charge de restituer.*

Fut présent M. A ; lequel, voulant donner des preuves de son amitié à M. B , son fils, demeurant à , et le récompenser dans sa personne et dans celle de ses enfants, de ses bons soins et services, a, par ces présentes, fait donation entre vifs et irrévocable, avec dispense de rapport audit sr. , ce qu'il a accepté, d'une maison, etc.

Cette donation a été faite à la charge par le donataire qui s'y est obligé, de conserver cette maison et ses dépendances, et de les rendre après son décès, à ses enfants nés ou à naître au premier degré seulement, le donateur les substituant à cet effet au donataire leur père. En cas de prédécès de tous les appelés à cette restitution, le donataire sera réputé avoir été libre propriétaire de la maison à compter d'aujourd'hui, et l'aliénation qu'il en aurait faite serait valable. (Insérer ici les autres charges.)

Le donataire s'est soumis à toutes ces charges, comme conditions expresses, sans lesquelles la donation n'aurait pas lieu.

Le donateur s'est dessaisi irrévocablement, en faveur du donataire et des appelés à la restitution, de tous les droits de propriété qu'il avait sur ladite maison. (Terminer par la remise des titres, l'estimation du revenu de la maison, l'élection de domicile.)

Dont acte, etc.

Charge de rendre à un ou à plusieurs enfants au second degré.

Cette donation a été faite à la charge par le donataire, qui s'y est obligé, de rendre, après son décès, l'immeuble désigné, à *tel* de ses enfants; lequel, après son décès, sera tenu lui-même de les rendre à ses enfants nés ou à naître (*ou* à l'aîné de ses enfants alors existants).

Charge de restitution au profit d'un fils aîné.

Cette donation a été faite à la charge par le donataire (fils aîné du donateur), qui s'y est obligé, de rendre l'immeuble, après le décès de lui donataire, à l'aîné mâle alors existant de ses enfants; qui lui même sera tenu de conserver lesdits biens et de les rendre, après son décès, à l'aîné mâle alors existant de ses enfants.

On peut ajouter que « dans le cas où le donataire (fils aîné du donateur) décéderait sans enfant, le donateur a entendu que la restitution fût faite alors à son frère puîné, comme second substitué. »

11 Donation par un père à ses enfants.

Fut présent M. A   ; lequel, désirant que ses deux fils ci-après nommés et seuls présomptifs héritiers puissent partager dès-à-présent, tant les biens immeubles qui lui appartiennent personnellement que ceux qui dépendent de la succession de leur mère, a, par ces présentes, fait donation entre-vifs et irrévocable, à (noms des deux enfants), ce qu'ils ont accepté respectivement, des biens dont la désignation suit: 1°. etc.

(Établir la propriété et fixer l'époque d'entrée en jouissance.)

Cette donation a été faite et consentie à la charge par les donataires, qui s'y sont obligés, 1°. de procéder immédiatement au partage des biens sus désignés, 2° de, etc.

Et, en outre, moyennant 2,000 francs de rente annuelle et viagère, etc.

(Terminer comme dans le contrat de rente viagère; stipuler pour sûreté du paiement de la rente, l'hypothèque tant sur les biens donnés que sur ceux de la mère; enfin, évaluer le revenu annuel des biens donnés, pour servir de base à la perception des droits d'enregistrement.)

Par ces mêmes présentes, lesdits sieurs (noms des enfants), ont procédé, de la manière suivante, au partage amiable entre eux, des biens ci-devant désignés et de ceux dépendants de la succession de   , leur mère, décédée à   , le   , épouse dudit sieur A   , et de laquelle ils sont seuls héritiers, chacun pour moitié.

Pour effectuer ce partage, ils ont formé, d'un commun accord, les deux lots ci-après. (Continuer comme dans tout autre partage.)

Nota. Cet acte remplace celui qu'on appelait autrefois *démission de biens*; il équivaut au *partage d'ascendants*, qui sera l'objet de la section 2 du titre 21 ci-après; les droits d'enregistrement sont les mêmes.

V. p. 366, la note appliquée à l'art. 954 du Code civil.

Enregistrement.

Les droits se liquident, savoir : pour les donations d'objets mobiliers, sur leur montant, d'après la déclaration estimative des parties ; et pour les immeubles, d'après l'évaluation qui doit en être faite, et portée à 20 fois le produit annuel des biens ou le prix des baux courants, en ajoutant les charges ; ou seulement à 10 fois ce produit ou ce prix de baux, si la donation n'est qu'en usufruit.

Relativement à la quotité des droits, voyez ci-devant page 73.

V. les lois des 22 frimaire an 7 et 28 avril 1816.

Le droit de transcription ne se perçoit pas lorsque les immeubles sont indivis entre le donateur et le donataire.

La réserve faite au profit du survivant des deux époux, par une donation entre-vifs, qu'ils ont faite à leurs enfants, de l'usufruit de tous les biens propres et de communauté qui en font l'objet, n'a point le caractère d'une donation entre époux ; c'est une convention purement aléatoire qui, au décès du prémourant, ne donne lieu à aucun droit de mutation : peu importe que, relativement aux biens propres, il y ait inégalité dans la valeur de ceux qui appartenaient à chacun des époux. (J. J. N. tome 5, p. 37.)

Les donations portant *partage*, faites conformément aux art. 1075 et 1076 du C. C. sont soumises, savoir : celles de biens meubles, au droit de 25 centimes par 100 francs : et celles d'immeubles, au droit d'un pour 100. (Loi du 16 juin 1824, art. 3.) V. au surplus au titre 21 ci-après, section 2, paragr. de l'enregistrement.

Les donations et legs faits au profit de communes, hospices, fabriques, etc., sont soumis aux mêmes droits proportionnels que ceux qui sont faits à des particuliers. (Loi du 18 avril 1831, art. 17.)

SECTION 2.

DONATIONS ENTRE ÉPOUX PENDANT LE MARIAGE.

(C. C. 1091 à 1100.)

Avant le Code civil, les époux avaient la faculté de se faire, pendant le mariage, des donations réciproques par un seul et même acte qu'on appelait *don mutuel*; mais voyez l'art. 1097.

Quoique les donations entre époux aient plusieurs points de contact avec les donations à cause de mort, cependant leur caractère général est celui des donations entre-vifs sous une clause suspensive. R. N.

Elles ne sont pas sujettes à la formalité de la transcription. (Grenier.) L'état estimatif des meubles (948) n'est pas nécessaire dans la donation des biens présents et à venir. (Cass. 27 fév. 1821.)

Formules.

Donation par un mari à sa femme.

Par-devant, etc., fut présent M. C   ; lequel, voulant donner à la dame F   , son épouse, demeurante avec lui, des preuves de son attachement, et lui procurer les moyens de vivre avec le plus d'aisance possible, pour le cas où elle lui survivrait, a, par ces présentes, fait donation entre vifs en la meilleure forme que donation puisse se faire et avoir lieu,

A ladite dame   , son épouse, à ce présente et ce acceptant, avec son autorisation :

De l'usufruit de tous les biens meubles et immeubles généralement quelconques qui, au jour du décès du donateur, se trouveront lui appartenir et dépendre de sa succession à quelque titre que ce soit, sans aucune exception,

Pour, par ladite dame son épouse, si elle lui survit, jouir de l'universalité desdits biens, pendant sa vie, à compter du jour du décès du donateur, sans être tenue de donner caution ni de faire emploi des valeurs mobilières, mais à la charge de faire bon et fidèle inventaire.

Cette donation sera réduite à la moitié dans le cas où au décès du donateur, il existerait des enfants de son mariage avec la donatrice, conformément à l'article 1094 du Code civil.

Fait et passé, etc

Donation par la femme à son mari.

Fut présente la dame F   , épouse de M. C   , avec lequel elle demeure à   , rue   , et de lui, pour ce présent, spécialement autorisée.

Laquelle, voulant, etc. (Comme dans la formule qui précède, en substituant au nom de l'épouse celui de l'époux, et réciproquement.)

Enregistrement.

Les donations entre époux, pendant le mariage, et lorsqu'elles sont éventuelles, ne sont sujettes qu'au droit fixe de 5 francs. (Loi du 28 avril 1816, art. 44, sauf au décès du premier mourant l'acquittement du droit proportionnel de mutation.) Voyez page 73.

SECTION 3.

ACCEPTATION DE DONATION.

Pour les cas où l'acceptation est nécessaire et où elle n'est pas indispensable ; à l'égard des personnes incapables de contracter par elles-mêmes ; touchant les formes de l'acceptation ; et quant à la transcription, lisez, dans l'ordre suivant, les articles du Code civil, 932, 1048, 1049, 1087, 1121 et 1973 ; 217, 219, 225, 1125 et 934 ; 463, 942 et encore 1125 ; 910 et 936 ; 932 à 939.

Quand ce sont les père et mère ou d'autres ascendants du mineur qui acceptent la donation pour lui (935), il n'est pas besoin de l'autorisation du conseil de famille. (Cass. 25 juin 1812.)

Une donation faite par un tuteur à son pupille doit être acceptée par le subrogé-tuteur, ou à son défaut par un tuteur *ad hoc*, l'un et l'autre dûment autorisés par le conseil de famille. (Toullier.)

Les pères, mères et autres ascendants peuvent accepter pour l'enfant qui n'est pas encore né, mais seulement conçu. (C. C. 906 et 935.)

Le mari d'une femme mineure peut l'autoriser à accepter une donation (v. page 92); mais si le mari lui-même est encore mineur, il faut recourir à la justice, ou faire accepter la donation par un ascendant de la femme. R. N.

Lorsqu'une femme a accepté une donation sans l'autorisation de son mari, celui-ci ne peut postérieurement autoriser cette acceptation; la ratification donnée par le mari à un acte fait par sa femme sans son autorisation, ne peut valider cet acte par rapport à elle, à moins qu'elle ne comparaisse dans la ratification et qu'elle ne se la rende commune. (C. C. 225, 1124, 1125 et 1338.) Le donateur ou ses héritiers ne peuvent opposer l'incapacité de la femme mariée qui a accepté une donation sans l'autorisation de son mari. (Toullier.)

Celui qui est placé sous l'assistance d'un conseil judiciaire peut accepter seul une donation. R. N. (V. l'art. 513 du C. C.)

Les donations faites au profit d'hospices, des pauvres d'une commune, d'établissements ecclésiastiques ou d'utilité publique, doivent être acceptées ainsi qu'il est prescrit par une ordonnance du 2 avril 1817. V. le C. C. 937, et le Parf. Not. tome 1er., p. 362, 6e édition.

Il ne paraît pas que le défaut de minute de la procuration donnée à l'effet d'accepter, puisse faire annuler la donation, si le brevet de la procuration est annexé à la minute de la donation ou de l'acceptation. (Toullier.) Néanmoins il est plus prudent de se conformer à l'art. 933 du C. C.

Formule.

Aujourd'hui a comparu devant M. et son collègue, notaires royaux résidants à , département de , soussignés,

M. (prénoms, nom, qualité et demeure du donataire.)

Lequel, après avoir pris communication et que lecture lui a été faite par ledit Mᵉ. , sur une expédition en forme, représentée et à l'instant rendue, d'un acte passé devant Mᵉ. , notaire à , qui en a gardé minute, en présence de témoins, le , enregistré à , le , contenant donation au profit dudit sieur par M. , d'une maison située à , pour en jouir après le décès de ce dernier , et à la charge par le donataire d'acquitter des-lors une rente de 20 francs due sur ladite maison à l'hospice de ladite ville;

A, par ces présentes, déclaré accepter ladite donation, et se soumettre aux charges, clauses et conditions qu'elle lui impose.

Pour faire notifier ces présentes au donateur, conformément à l'art. 932 du Code civil, tout pouvoir est donné au porteur de l'expédition.

Dont acte : fait et passé à   , en l'étude dudit Me. le et ledit sieur   a signé avec les notaires après lecture faite.

Acceptation faite par un mandataire.

Aujourd'hui a comparu, etc. M. (prénoms , nom , qualité et demeure du mandataire) , agissant ici au nom et comme fondé de la procuration uniquement spéciale à l'effet des présentes de M. (donataire), passée en minute devant , etc., et dont une expédition, dûment légalisée, représentée par le comparant , est , à sa réquisition, demeurée ci-annexée, après avoir été de lui certifiée véritable, et signée en présence des notaires soussignés;

Lequel, après avoir pris communication, etc.

Intervention du donateur.

A ce, était présent (*ou* est intervenu) M. (prénoms , nom, qualité et demeure du donateur);

Lequel a déclaré se tenir pour notifiée l'acceptation qui précède.

Dont acte, etc. Et lesdits sieur *tel* et *tel* ont, lecture à eux faite, signé ces présentes avec les notaires.

Enregistrement.

L'acceptation consentie par acte postérieur à la donation, est soumise au droit porportionnel de donation , droit qu'on ne pouvait pas percevoir sur la donation non acceptée. Si le droit proportionnel avait été mal-à-propos perçu sur la donation, alors l'acte d'acceptation serait enregistré au droit fixe d'un franc. (Loi du 22 frimaire an 7.)

SECTION 4.
RÉVOCATION DE DONATION ENTRE ÉPOUX.

La loi n'ayant point désigné de formes particulières pour cette révocation, il devient indispensable d'admettre les règles relatives à la révocation des testaments. V. le C. C. art. 1096 et 1035, et le Parf. Not. tome 1er., p. 518 , 6e édition.

Formule.

Par-devant, etc., fut présente dame   , épouse de M.

Laquelle a, par ces présentes, déclaré révoquer purement et simplement la donation qu'elle avait faite au profit de son mari , suivant acte passé devant , etc. Entendant que cette donation soit et demeure sans effet, et qu'elle soit considérée comme nulle, non faite ni avenue.

Dont acte, etc.

Nota. Les rétractations et révocations sont sujettes au droit fixe d'enregistrement de 2 francs. (L. du 28 av. 1816, art. 43.)

SECTION 5.

DES DISPOSITIONS TESTAMENTAIRES.

Le Code civil définit le testament sous l'art. 895.

Voici la définition du droit, qui est juste et complète : « Le testament est la déclaration faite par son auteur dans » les formes prescrites par la loi, de la volonté qu'il veut » qu'on exécute après sa mort. »

Le Code a fixé les règles générales sur la forme des testaments, sous les art. 967 à 980.

Relativement aux institutions d'héritier et aux différentes sortes de legs, voyez les art. 1002 à 1034.

Celui ou celle qui dispose est le *testateur* ou la *testatrice*; celui qui reçoit le don est le *légataire*.

Le mot *legs* vient du latin *lex*, loi; en effet, la volonté du défunt exprimée dans son testament devient une loi.

Olographe vient de deux mots grecs dont l'un signifie *seul* et l'autre *écrire*.

Un sourd-muet de naissance, n'est pas absolument incapable de tester. Il le peut du moins par testament écrit, daté et signé de sa main. Mais, pour croire à sa capacité, les juges doivent avoir la preuve positive que la disposition testamentaire a bien été l'effet d'une volonté intelligente, et ces preuves sont à la charge de l'institué. (Colmar, 17 janvier 1845.)

Les commis, les domestiques, le père, les enfants et autres personnes de la famille du testateur peuvent être témoins de son testament. (Divers arrêts de cours royales.)

Les témoins peuvent bien n'être pas domiciliés dans l'arrondissement communal où le testament est passé. (Paris, 18 avril 1814.)

On prétend qu'il faut des preuves plus fortes pour attaquer un testament olographe qu'un testament notarié. On ne trouve dans celui-ci que la simple signature du testateur; au contraire, le testament olographe est particulièrement et tout entier l'ouvrage du testateur; il est entièrement écrit, daté et signé de sa main. Un pareil acte est beaucoup moins exposé aux surprises. Il est difficile de supposer dans un homme faible d'esprit ou qui agit contre sa volonté assez de patience, de docilité ou de soumission pour écrire de sa main un testament qui contient une longue suite de dispositions. (Toullier, t. 5, n°. 716 ; Grenier, n° 145 ; Paris, 17 juin 1822.)

La défense faite aux notaires de contrevenir aux lois concernant les *mesures* actuelles, n'est pas applicable aux testaments qu'ils reçoivent. (Décis. de la Régie, du 25 janvier 1833.)

Cadre d'un testament olographe.

Je soussigné (prénoms, nom, profession et domicile du testateur) ai fait mon testament, ainsi qu'il suit :

Je donne et lègue, par préciput et hors part, à L , mon neveu, *telle* chose, etc.

J'institue pour mon légataire universel, etc.

Je révoque tous autres testaments et codicilles que j'ai pu faire avant celui ci, auquel seul je m'arrête comme renfermant mes dernières volontés.

Fait et écrit de ma main en ma demeure à ; le

Cadre d'un testament par acte public devant un notaire, en présence de quatre témoins.

Par-devant M°. , notaire à , département de , et en présence des sieurs , tous quatre témoins pour ce requis, demeurants à .

Fut présent M. , demeurant à , trouvé par lesdits témoins et notaire dans une chambre ayant vue par croisées sur , et dépendante de la maison où demeure le testateur.

Lequel, étant malade de corps, mais sain d'esprit, ainsi qu'il est apparu auxdits témoins et notaire par la manifestation claire et précise de ses volontés, a, en présence desdits témoins, dicté son testament audit M°. , ainsi qu'il suit :

Je donne et lègue, etc.

Le présent testament a été ainsi dicté par le testateur audit M° notaire, qui l'a écrit en entier tel qu'il a été dicté, et qui en a donné lecture au testateur, le tout en la présence desdits quatre témoins, lesquels ont déclaré et affirmé qu'ils sont majeurs, sujets du Roi, jouissant des droits civils, et qu'ils ne sont ni parents, ni alliés des légataires sus-nommés.

Fait et passé à , en la demeure sus désignée du testateur, en présence des quatre témoins sus-nommés, le , vers les heures du soir. Et le testateur a signé avec lesdits témoins et notaire, après lecture faite.

Enregistrement.

Les testaments et tous autres actes de libéralité, qui ne contiennent que des dispositions soumises à l'événement du décès, sont sujets au droit fixe de 5 fr. (Art. 45 de la loi d'avril 1816.)

V. ci-devant p. 23.

SECTION 6.

ACTE DE SUSCRIPTION D'UN TESTAMENT MYSTIQUE.

L'acte de *suscription* est celui par lequel une personne

qui a fait un testament mystique (secret), en fait la présentation et le dépôt à un notaire.

L'art. 976 du C. C. prescrit la forme de cet acte, qui ne doit être enregistré que dans les trois mois du décès du testateur, au droit fixe d'un franc, suivant l'art. 68 de la loi du 22 frimaire an 7.

V. le Parf. Not. tome 1er., p. 442, 6e, édition.

<h3>SECTION 7.</h3>
<h3>RÉVOCATION DE TESTAMENT.</h3>

V. les art. 1035 et suivants du Code civil.

<h4>Formule.</h4>

Par-devant, etc., fut présent M.   , lequel a, par ces présentes, déclaré révoquer le testament par lui fait devant Me.   , notaire à   , en présence de témoins, le   , entendant que ce testament soit et demeure sans effet, attendu qu'il a changé de volonté relativement aux dispositions qu'il renferme.

Dont acte, etc.

Nota. On peut rapporter la date du testament que l'on révoque, quoiqu'il ne soit pas enregistré.

La révocation peut être faite sur la même feuille que le testament. (Décret du 15 juin 1812.)

Le droit d'enregistrement est de 2 francs fixe. (Loi du 28 avril 1816.)

<h3>SECTION 8.</h3>
<h3>DÉLIVRANCE DE LEGS.</h3>

C'est l'acte par lequel les légataires sont mis en possession des objets qui leur ont été légués.

La délivrance expresse, consentie par écrit émané de l'héritier, se fait ordinairement devant notaires.

V. le C. C. art. 1004 et suivants, et le C. de proc. art. 59.

<h4>Formule.</h4>

Par-devant, etc., furent présents : M. Joseph V   , majeur, étudiant en droit, demeurant à Paris, rue   , no.   .

Et M. Auguste V   , mineur, émancipé d'âge par M. Jean V son père, suivant la déclaration par lui faite devant le juge de paix du arrondissement de Paris, le   , enregistrée; ledit mineur demeurant à Paris, rue   no.   , agissant en ces présentes sous l'autorisation de M. L   , avocat, demeurant à Paris, rue   ,no.   , à ce présent, curateur à ladite émancipation, nommé et élu à cette qualité qu'il a acceptée, par la délibération des parents et amis dudit mineur, réunis en conseil de famille, sous la présidence de M. le juge de paix du   arrondissement, suivant son procès verbal en date du   , enregistré.

« Lesdits sieur Joseph V   , et Auguste V   , frères germains,

« seuls héritiers, chacun pour moitié, de dame Marie J   , leur
« grand'mère, veuve de M. D   , par représentation de dame An-
« gélique J   , leur mère, décédée épouse de M. Jean V   ,
« fille adoptive de ladite dame Marie J   , veuve D   , aux termes
« d'un acte passé le   devant M°.   , notaire à   , en
« présence de témoins, enregistré.

    « Et, en outre , légataires universels conjointement de tous les biens
« mobiliers et immobiliers composant la succession de ladite d^me. D   ,
« aux termes de son testament olographe en date à Paris, du
« et dont l'original, portant la mention suivante : Enregistré à Paris ,
« le , etc. Signé C   , a été décrit par M. B   , vice-président
« du tribunal civil de première instance du département de la Seine, et
« déposé à M·.   , l'un des notaires soussignés, suivant procès-verbal
« et ordonnance de mondit sieur B   , en date du   , enregistré;
« lesquelles qualités d'héritiers résultent de l'intitulé de l'inventaire fait
« après le décès de ladite dame veuve D   , par ledit M·.
« qui en a la minute, et son collègue, le   , enregistré, et n'ont
« été acceptées, ainsi que celles de légataires universels, que sous béné-
« fice d'inventaire, suivant déclaration faite au greffe du même tribu-
« nal, le   , et dont une expédition représentée par les comparants,
« est demeurée ci-annexée, après que mention de l'annexe y a été faite
« par les notaires soussignés. »

    Lesquels ont , par ces présentes, déclaré consentir purement et sim-
plement l'exécution du testament de ladite dame veuve D   , leur
aïeule maternelle, ci-dessus énoncé, et faire délivrance des legs y portés.

    Et ils ont requis ledit M°.   , de délivrer les certificats de pro-
priété nécessaires pour faire immatriculer en leurs noms les inscriptions
dépendantes de la succession de ladite dame veuve D   , et pour en
toucher les arrérages.

    Dans les cas où ces inscriptions ne pourraient pas se partager égale-
ment sans fraction de franc, M. Joseph V   a consenti à ce que le
franc qui ne pourrait se diviser, fût donné à Auguste V   , son frère.

    Dont acte : fait et passé, etc.

Enregistrement.

Cet acte est soumis au droit fixe d'un fr. (Loi du 22 frimaire an 7, art. 68.)

SECTION 9.

NOMINATION DE CONSEIL PAR LE PÈRE A LA MÈRE SURVIVANTE

Par-devant, etc., a comparu M.   ;

    Lequel, voulant user de la faculté à lui accordée par l'art. 391 du Code
civil, pour le cas où il décéderait avant son épouse, a, par ces présentes,
déclaré qu'il nomme pour conseil spécial de tutelle à la dame   ,
son épouse, M.   , qu'il prie de vouloir bien accepter cette charge ,
et sans l'avis duquel elle ne pourra faire aucun acte relatif à la tutelle
de leurs enfants mineurs.

    Ou bien : Ne pourra faire que la recette des revenus desdits mineurs,
et les dépenses ordinaires pour leur entretien et leur éducation.

SECTION 10.

NOMINATION DE TUTEUR PAR LE SURVIVANT DES PÈRE ET MÈRE.

Formule.

Par-devant, etc., a comparu dame   , veuve du sieur

Laquelle, voulant user de la faculté que lui accorde l'art. 397 du Code civil, a, par ces présentes, déclaré auxdits notaires qu'elle nomme et choisit pour tuteur à ses enfants mineurs (si elle décède avant leur majorité) le sieur   , son frère, demeurant à   , qu'elle prie de vouloir bien accepter cette charge après son décès.

Dont acte, etc.

Nota. Ces déclarations sont révocables comme les testaments.

Elles sont sujettes au droit fixe de 2 francs.

TITRE XVII.

RECONNAISSANCE DES ENFANTS NATURELS.

—

SOMMAIRE DE LA LOI.
Code civil.

La légitimation est une fiction dont l'effet est d'effacer le vice de la naissance d'un enfant naturel, et de le mettre au rang des enfants légitimes. R. N.

La légitimation ne peut avoir lieu qu'avant le mariage (334); ainsi l'enfant naturel reconnu par le père pendant l'existence du mariage avec la mère, comme étant né de l'un et de l'autre antérieurement à leur union, ne peut réclamer les droits d'enfant légitime, lors même que depuis le mariage il a constamment et publiquement passé pour tel.

La reconnaissance du père ne peut être faite que par lui ou son mandataire spécial, et elle doit être entièrement libre et purement volontaire de sa part : c'est la conséquence nécessaire de la disposition de l'art. 340 du Code civil. P. N.

La reconnaissance peut être faite avant la naissance de l'enfant. (Cass. 16 décembre 1811.)

Le mineur lui-même peut reconnaître un enfant naturel. (C. C. 1310; Cass. 22 juin 1813.)

L'acte de reconnaissance ne peut être délivré en brevet; il doit en rester minute. R. N.

La loi n'ayant pas désigné l'officier public compétent pour recevoir l'acte authentique de reconnaissance, on doit conclure de son silence à cet égard, que non seulement l'officier de l'état civil, mais aussi les notaires et les juges de paix ont qualité à cet effet.

Cela ne saurait être douteux quant aux notaires, puisqu'ils sont spécialement chargés de recevoir les actes authentiques volontaires. (M. Duranton.)

Formules.

1. *Reconnaissance par le père et la mère conjointement.*

Aujourd'hui ont comparu devant M˙.

M.   , et demoiselle   .

Lesquels ont, par ces présentes, reconnu que l'enfant inscrit aux registres des actes de l'état civil de la mairie du premier arrondissement de la ville de Paris, sous la date du   , comme étant né à Paris, le   , de ladite demoiselle   , et auquel on a donné les prénoms et nom de   , sans indication de père,

Est issu de l'union dudit sr.   et de ladite dlle.   , comparants.

La présente reconnaissance est faite par eux dans la vue d'assurer à cet enfant l'état d'enfant naturel reconnu, et, en outre, de le légitimer par l'effet du mariage qu'ils se proposent de contracter ensemble, sous un mois de ce jour, à la mairie de   .

Dont acte, etc.

2. *Reconnaissance par le père.*

Aujourd'hui a comparu M. A   ;

Lequel a, par ces présentes, reconnu volontairement et librement pour son fils naturel et simple, Auguste   , né de lui et de dlle.   , le   , et inscrit aux registres de l'état civil, etc., comme étant né de ladite demoiselle   ; et de père inconnu. En conséquence, il a déclaré consentir que ledit Auguste portât désormais le nom de lui sieur A   , au lieu de celui de sa mère.

Dont acte, etc.

3. *Reconnaissance par la mère.*

Aujourd'hui a comparu demoiselle B   ;

Laquelle, etc. (comme dans le modèle précédent), comme étant né de père et mère inconnus (*ou* comme étant né de personnes supposées, ainsi que la dlle.   l'a déclaré) : en conséquence, elle a déclaré consentir que ledit A   portât désormais le nom d'elle comparante.

Dont acte, etc.

Enregistrement.

Sont sujettes au droit fixe de 5 francs les reconnaissances d'enfants naturels faites autrement que par acte de mariage. (Loi du 28 avril 1816, art. 45, n° 7.)

TITRE XVIII.

DE L'INVENTAIRE.

Le mot *inventaire* paraît tirer son étymologie du **mot latin** *invenire*, trouver.

Dans l'acception la plus commune, l'inventaire est un acte conservatoire qui se fait pour constater l'état d'une succession, d'une communauté de biens, à l'effet de maintenir les droits de ceux qui peuvent y avoir intérêt, tels que le survivant des conjoints, les héritiers du prédécédé, les créanciers, les légataires, etc. R. J.

L'inventaire est un véritable procès-verbal qui contient la description détaillée de tout ce qui se trouve dans les lieux qu'occupait la personne après le décès de laquelle on fait l'inventaire, et où elle avait des effets, tant en mobilier réel dont on fait la prisée, qu'en titres de biens-fonds ou de créances, droits, actions, papiers et renseignements sur l'actif et le passif de la succession. Un inventaire demande beaucoup de soins, parce qu'il doit servir de base à toutes les autres opérations qui peut-être ne seront faites que plusieurs années après.

Sur les diverses circonstances où il est besoin de faire inventaire, voyez le Code civil, art. 126, 270, 279, 451, 769, 773, 1031, 600, 626, 1414, et suivants, 1504, 1456, 1459, 813, 794, 795, 800, 801, 1058 et suivants; et le Code de procédure, art. 1000.

Sur la question de savoir quand l'inventaire peut être fait, par quelles personnes il peut être requis, et en présence de qui il doit être fait, V. le C. de proc. art. 928, 929, 941, 930, 909 et 942.

Touchant les formalités particulières à cet acte, voyez le Code de procédure, art. 943 et 944.

Quant au délai accordé à l'héritier, à la veuve, voyez le même Code de procédure, art. 174.

Relativement aux frais de l'inventaire, voyez le Code civil, art. 810 et 1482.

A l'égard de l'inventaire des biens d'un failli, voyez le Code de commerce, art. 486.

Voyez enfin les art. 1328, 1442, 1483, 1510, 1499, 1504, et 1532 du Code civil.

Les notaires ont le droit exclusif de faire les inventaires. Voy. page 57.

L'inventaire doit être fidèle et non frauduleux, à peine de nullité. (Ferrière.)

Le mari a le droit de faire procéder seul aux inventaires dans lesquels sa femme est intéressée, lorsqu'ils sont communs en biens. (C. C. 1428.)

En cas d'absence de l'un des héritiers, on ne peut procéder à l'inventaire, sinon en la présence d'un officier....;

25

et il n'est pas permis à l'un des héritiers ou autres d'y assister pour le cohéritier absent, se faisant fort de lui, à moins qu'il ne rapporte une procuration spéciale à cet effet et postérieure au décès. (Décl. du roi, 27 mai 1690.)

S'il arrive qu'un héritier présent ne veuille pas comparaître, on lui fait sommation, à la requête d'un cohéritier, de se trouver tel jour, à telle heure, dans le domicile du défunt, à l'effet d'être présent, si bon lui semble, à l'inventaire qui doit être fait ; si alors il ne comparaît pas par lui-même ou par un fondé de pouvoir, le notaire dresse procès-verbal de défaut, et, sur le vu de l'expédition de cet acte, le président commet un notaire pour représenter cet héritier non-comparant.

Si les héritiers demeurent hors de la distance de cinq myriamètres (10 lieues), il n'est pas besoin de les appeler à l'inventaire; on les fait représenter par un notaire nommé d'office par le président du tribunal de première instance. (C. C. 113 et C. de proc. 942.)

Quand, parmi les héritiers présomptifs, il y a des absents dont l'existence n'est pas reconnue, on n'est tenu ni de les appeler, ni de les faire représenter, parce que, dans ce cas, la succession est dévolue exclusivement à ceux avec lesquels les absents auraient eu droit de concourir, ou à ceux qui l'auraient recueillie à leur défaut, suivant l'art. 136 du Code civil, sauf à ceux qui par la suite justifieraient de leurs droits, à exercer l'action en pétition d'hérédité suivant la loi. (Trib. de la Seine, 7 mai 1806.) Il arrive très fréquemment en ligne collatérale, que tous les héritiers ne sont pas connus. Dans ce cas, les scellés peuvent être levés, et l'inventaire fait à la requête seulement des héritiers connus. (Parf. Not. tome 3, p. 298, 6ᵉ. éd.)

V. la Clef du Not. page 87.

Les notaires qui stipulent comme représentant les héritiers non présents, ne peuvent instrumenter dans les opérations. (Décret du 27 sept. 1791.)

Lorsqu'il y a lieu de faire l'inventaire des effets laissés par un prince ou une princesse de la famille royale, il doit être fait par tous officiers compétents, mais en présence du chancelier. (Ordonn. du 25 mai 1820.)

L'inventaire se compose 1°. de son intitulé (C. de proc. art. 943, nᵒˢ. 1 et 2); 2°. de la description (idem nₑ. 3, 4, 5 et 6); 3°. des déclarations (idem n°. 7.); 4°. et d la clôture (idem n ˢ. 8 et 9.)

L'inventaire est assujetti aux mêmes formalités que les actes notariés en général.

La minute doit être écrite de la main d'un des notaires instrumentants, ou d'un clerc de celui qui doit garder la minute, et non par une des parties quoique notaire. (Arrêt de régl. du 4 sept. 1632.)

De l'Intitulé.

L'intitulé de l'inventaire doit contenir l'énonciation exacte des qualités de toutes les parties qui ont droit à la succession.

Lorsque l'inventaire se fait à la requête d'une veuve, on lui réserve, par l'intitulé, la faculté d'accepter la communauté ou d'y renoncer. Le mari survivant n'a pas cette faculté. (C. C. 778 et 1454.)

L'inventaire n'étant qu'un acte conservatoire, il n'opère jamais l'attribution ou l'acceptation de la qualité d'héritier pour ceux qui le font faire; mais il est d'usage de ne les y qualifier que d'*habiles* à se porter héritiers.

S'il y a un testament et qu'on le relate dans l'intitulé, les héritiers présomptifs auxquels il peut préjudicier font toutes réserves et protestations, et ceux au profit desquels le testament est fait font toutes réserves au contraire.

L'intitulé doit porter en tête la date de l'année, du mois, du jour et de l'heure où il a été commencé. Voyez les observations de la page 30.

Il est d'usage, à Paris, d'avertir d'avance ceux qui ont un serment à prêter lors de la clôture, et de consigner cet avertissement dans l'intitulé. R. N.

L'intitulé doit être signé de tous ceux qui y sont présents.

L'art. 12 du décret du 4 mai 1809, relatif à la conservation des majorats, enjoint au notaire qui procède à un inventaire après le décès d'un titulaire (chevalier, baron, etc.) de se faire représenter le certificat constatant la notification du décès faite au procureur-général du sceau des titres, et de faire mention de ce certificat dans l'intitulé de l'inventaire, à peine d'interdiction.

De la Description et de l'Estimation.

Dans les lieux où il n'y a pas de commissaires-priseurs, ce sont ordinairement les huissiers qui font l'estimation du mobilier, ou les notaires la font eux-mêmes. (Circul. des min. de la just. et des fin. 29 frim. et 14 niv. an 13.) En général, les notaires s'abstiennent de cette mission, si ce n'est dans la vue d'éviter des frais, lorsqu'il s'agit de successions pauvres. R. N.

Si parmi les héritiers il y a des mineurs, la prisée des marchandises et ustensiles ayant rapport au commerce ou à la fabrique que le défunt faisait valoir, est faite, lors de l'inventaire, par le commissaire-priseur ou autre officier, de l'avis de deux experts patentés qui signent sur l'inventaire à la fin de leur estimation.

Une femme peut faire la prisée du mobilier. R. N.

Sur la *crue*, voyez les notes de M. Rogron sous l'art. 943 du C. de procédure.

La disposition de l'art. 453 du C. C. est inexécutable dans les villes où il y a un commissaire-priseur. V. p. 178.

S'il y a un préciput (C. C. 1515), il est des cas où l'on ne doit pas inventorier les objets qui le composent. (Pigeau.)

Les linges et hardes à l'usage du survivant doivent être compris dans l'inventaire ; en tous cas, on lui laisse un habillement complet : *non debet abire nuda ;* et il a le droit de choisir le meilleur habillement. (Pothier.)

Les portraits de famille ne se prisent pas ordinairement, parce qu'il est d'usage que les héritiers, notamment les aînés de la famille, les prennent comme objets d'affection dont la valeur n'est point vénale ; on en fait seulement l'énonciation, en disant qu'ils n'ont point été prisés (1).

L'usage est de ne pas estimer les offices de notaires et autres, malgré la valeur réelle qu'ils ont depuis la loi du 28 avril 1816. V. l'Indicateur, au mot OFFICE.

Les fonds de commerce ne se comprennent dans l'inventaire qu'autant qu'ils doivent être conservés par l'époux survivant, comme usufruitier ou autrement. R. N.

S'il s'agit, dans le cours des vacations, d'inventorier des objets précieux, ou autres qui exigent, pour leur description ou estimation, des connaissances spéciales dans quelque art ou commerce, tels qu'une vaisselle d'argent considérable, une grande quantité de livres, des diamants, des pierres fines ; des bijoux d'une certaine valeur ; des tableaux, estampes ou dessins ; des fonds de commerce ou de manufacture ; des récoltes pendantes ; des labours, semences et amendements ; des bestiaux servant à l'exploitation, et autres choses de ce genre, les parties appellent des experts et gens à ce connais-

---

(1) Autrefois effectivement les portraits de famille appartenaient à l'aîné des enfants. Ce privilége n'est plus dans nos mœurs. Si les enfants ne sont pas d'accord, il y a lieu à partage et à tirage au sort. (Dict. du Not.)

sant pour en faire la description et la prisée. Les notaires doivent insérer dans l'inventaire la nomination de ces experts, qui interviennent dans la vacation et signent cet acte, tant à l'endroit où se fait leur nomination, qu'à la clôture de chaque vacation où ils opèrent. Il est d'usage que, dans la vacation où ils ont été choisis et nommés par les parties, ils prêtent serment devant les notaires, de faire leur estimation ou de donner leur avis en leur âme et conscience.

Lorsque l'inventaire a lieu après le décès d'un cultivateur ou fermier, avant la récolte, on distingue pour la prisée des objets qui sont sur les terres, l'époque d'avant et l'époque d'après le 24 juin ou la Saint-Jean : si l'on est avant, on estime les labours, semences et amendements ; si c'est après, on estime la récolte prochaine, *en grosse moisson*, suivant ce qu'elle est jugée devoir produire. Ces deux modes d'évaluation reviennent au même pour le résultat, ainsi que l'a prouvé l'expérience, qui, sans doute, a fait introduire l'usage de cette alternative.

Cette époque de la Saint-Jean, adoptée dans le milieu et dans les parties septentrionales de la France, ne peut pas être la même dans celle du midi, où la germination et la maturité sont plus hâtives. Il faut sur cela se conformer aux usages locaux fondés sur l'expérience.

L'ordre que l'on suit ordinairement dans les inventaires et qu'il est toujours bon d'y observer, est de commencer par les meubles meublants qui sont en évidence (1) ; de décrire ensuite tout ce qui se trouve dans les armoires ; en distinguant et inventoriant séparément, autant qu'il se peut, les habits et linge d'homme, ceux de femme, le linge de table, les bijoux de chacun des époux ; puis les livres, tableaux, objets de commerce ou d'exploitation ; enfin l'argenterie et les deniers comptants.

On fait mention des lieux où l'on se transporte à mesure que l'on décrit les effets qui y sont, et de la durée du temps qui a été employé à la vacation ; on dit entre les mains de quelles personnes les objets inventoriés ont été laissés du consentement des parties, ou remis sous les scellés lorsqu'il y en avait d'apposés ; et les jour et heure auxquels a

_____

(1) Ordinairement on commence par les ustensiles et la batterie de cuisine, et l'on suit par les objets qui sont dans l'office, la salle à manger, le salon, les chambres, cabinets, greniers, cours, jardins, caves, etc.
    L'usage, à Paris, est de commencer la prisée par la cave, la cuisine, etc.
    On ne décrit ni n'estime jamais les biens-fonds.

été remise la vacation suivante pour continuer l'inventaire.

Tous officiers ayant droit de rédiger des inventaires sont tenus d'indiquer à chaque séance l'heure du commencement et celle de la fin.

Toutes les fois qu'il y a interruption dans l'opération, avec renvoi à un autre jour ou à une autre heure de la même journée, il en est fait mention dans l'acte, que les parties et les officiers signent sur-le-champ pour constater cette interruption. (Décret du 10 brumaire an 14.)

Lorsque la suite de l'inventaire exige que les parties et les notaires se transportent à la campagne ou dans les départements, pour inventorier les objets de la succession qui se trouvent dans les lieux qu'occupait le défunt, les notaires doivent faire mention du jour du départ et du nombre des journées qui auront été employées tant pour vaquer à l'inventaire que pour le voyage, allée et retour. Cette continuation de l'inventaire doit être précédée d'un intitulé dans lequel les notaires font mention de ce transport sur les lieux, des personnes qui feront la représentation des effets à inventorier, et prêteront le serment requis. Lorsqu'on trouve des papiers dans ces différents lieux où l'on se transporte, il est bon de les rapporter dans la maison où l'inventaire a été commencé, afin qu'on puisse les joindre aux autres papiers de la succession, et former de tous des liasses disposées et classées de manière que chaque objet soit inventorié dans l'ordre dont on parlera au paragraphe suivant. Mais s'il se trouve dans ces papiers de la campagne quelques registres de recette et de dépense d'un régisseur, ou autres papiers semblables qui doivent y rester, il faut les inventorier afin de constater leur résultat, les laisser dans les mains de ceux qui tiennent ces registres, et faire mention de cette remise dans la clôture de cette partie de l'inventaire. G.-D.

Des Titres et Papiers.

Avant de procéder à l'inventaire des papiers, le notaire les réunit tous, les examine les uns après les autres, rejette ceux qui lui paraissent inutiles, renferme dans des liasses distinctes les pièces qui ont rapport aux mêmes affaires. Ces liasses forment des cotes; les pièces qui les composent sont parafées par le notaire, le parafe se met au-dessous de la mention de l'inventorié qui se fait ainsi : *première pièce inventoriée sous la cote un*, ou *pièce unique de la cote deux*, *vingtième et dernière pièce de la cote trois, etc. etc.*

S'il y a deux notaires, on annonce dans le texte de l'inventaire, quel est celui des deux qui a parafé les liasses.

Si l'on commence par se servir du nombre ordinal, *première*, il faut continuer et dire cote *deuxième, troisième*, etc.; autrement on dira cote un, cote deux, c'est-à-dire cote numérotée 1, 2, etc.

Quant à l'*enliassement*, il est des notaires qui mettent en-dessus les plus anciens titres, de sorte que le plus nouveau se trouve tout-à-fait en-dessous; cette manière n'est pas naturelle : il vaut mieux *enliasser* comme font les avoués à l'égard des pièces qui composent leurs dossiers, les particuliers eux-mêmes qui, à mesure qu'un nouvel acte, un nouveau titre survient, le mettent en-dessus.

L'arrangement des papiers et l'ordre dans lequel ils doivent être décrits et inventoriés, exigent de la part des notaires une attention et des soins qui doivent se régler sur les particularités et les circonstances diverses des affaires de la succession, et des opérations qui devront avoir lieu après l'inventaire.

On commence par inventorier le contrat de mariage, si l'inventaire se fait après le décès de l'un des époux. On inventorie ensuite par ordre de date tous les papiers et les actes qui concernent les biens et droits de la femme, et immédiatement ceux qui concernent le mari. Viennent après les papiers relatifs aux acquêts faits pendant le mariage, et les titres des créances appartenantes à la communauté. Lorsqu'il se trouve des expéditions d'inventaires faits après le décès des personnes dont il est échu des successions aux époux, des partages ou licitations qui aient été faits avec leurs co-héritiers, et des cotes de ces inventaires, on décrit ces inventaires, ces partages; et, pour ne pas être obligé de faire la description de ces cotes d'inventaire, on fait sur l'inventaire dont elles dépendent, un récolement de ces cotes après avoir vérifié si toutes les pièces dont chacune a été composée s'y trouvent; on fait mention de celles qui manquent ou de celles qui y sont, suivant que le nombre des unes ou des autres sera moins long à énoncer dans l'inventaire.

On finit par inventorier les baux qui ont pu être faits aux époux, les quittances de loyers, celles de contributions, les mémoires d'ouvriers et fournisseurs, et les papiers de familles ou autres pièces pouvant servir de renseignements.

Lorsqu'il y a des effets au porteur, on n'y fait pas mention de l'inventorié, et on dit, dans l'inventaire, que ces pièces, attendu leur nature, n'ont été

cotées ni parafées, mais qu'elles ont été seulement inventoriées sous *telle* cote.

Si les pièces de renseignements ne méritent pas description, on l'énonce ainsi dans l'inventaire :

Lesquelles pièces, qui ne méritent plus ample description,
ou *qui n'ont été plus amplement décrites à la réquisition des*
parties, ont été cotées et parafées par première et dernière, et
inventoriées l'une comme l'autre sous la cote tant.

Quand les titres manquent ou ne donnent pas de renseignements suffisants, on y supplée par les déclarations du
survivant des époux ou de ceux des héritiers qui en ont
connaissance.

Les actes sous seing privé peuvent être inventoriés, sans
qu'au préalable on soit tenu de les soumettre à l'enregistrement. (Cass. 24 août 1848.) Si cependant on inventorie un
bail ou une vente d'immeubles sous seings privés, les préposés de l'enregistrement sont fondés à former la demande
des droits, parce que ces actes sont assujettis à la formalité
dans les trois mois de leur date.

Les notaires peuvent, sans contravention, relater les
anciennes mesures exprimées dans les actes dont ils font la
transcription littérale, et ils ont la faculté d'en user ainsi
dans un inventaire de titres de propriété, lors même qu'ils
ne donnent qu'une analyse succincte de ces titres. J. E.

Tout ce qui vient d'être dit sur la description des papiers
et sur l'ordre qu'il est bon d'y observer, est important pour
faciliter et abréger les différentes opérations qui devront
avoir lieu après l'inventaire, soit pour la liquidation et le
partage d'une communauté et de la succession d'un défunt,
soit pour les comptes et les rapports que les héritiers auront
à faire entre eux ; en sorte qu'en faisant le dépouillement de
l'inventaire suivant l'ordre des cotes de papiers inventoriés,
il en résulte l'établissement de la masse générale, avec les
distinctions de chaque nature de biens et celui des différents
droits, reprises, créances et rapports de chacune des parties.
G.-D.

Des Déclarations.

Après l'inventorié des titres et papiers, on fait les déclarations d'actif et de passif : à l'égard des dettes passives,
on fait faire par les parties toutes réserves et protestations.

Ces déclarations ont lieu surtout lorsque les parties, ou
l'une d'elles, notamment le survivant des deux époux ou le
tuteur qui fait faire l'inventaire, ont connaissance de

quelque créance dont le titre ne se trouve pas dans les papiers inventoriés, ou de quelque dette non renseignée dans les pièces de l'inventaire ; enfin, lorsque l'un d'eux a avancé ou payé, ou reçu quelque somme pour la succession. Ils signent ces déclarations aussitôt que le notaire ou son clerc les a écrites sous leur dictée. On peut ajouter, en terminant les déclarations du passif, qu'elles ne pourront préjudicier à la succession, ni attribuer à qui que ce soit, d'autre ou plus grand droit qu'il n'en aura véritablement. G.-D.

Lorsque le survivant des époux n'est pas certain que les sommes réclamées à la communauté ou à la succession soient légitimement dues, on lui fait déclarer qu'il est *réclamé aux communauté et succession,* au lieu de dire positivement *qu'elles doivent.*

Au reste, de quelque manière qu'on s'exprime, ces sortes de déclarations ne préjudicient en rien aux héritiers, elles ne donnent pas lieu au droit d'enregistrement comme reconnaissance. D. E.—La disposition de l'art. 451 du C. C. ne paraît pas s'appliquer aux pères et mères tuteurs légaux.

De la Clôture.

Ordinairement, par la clôture, on fait donner aux veuves et aux héritiers les autorisations nécessaires pour recevoir et payer sans attribution de qualités ; ces autorisations s'obtiennent en référé. (C. de proc. 807 et 944.)

La clôture de l'inventaire porte encore, suivant que cela est nécessaire, les différentes conventions que les parties font entre elles au sujet de l'administration future des biens de la succession ou de la communauté dont il s'agit, en attendant la liquidation ou le partage, ou au sujet de quelques autres points relatifs à leurs intérêts, soit communs ou différents.

A l'égard des vacations et honoraires, voyez page 76.

Il doit rester minute de l'inventaire. (Arrêt du 14 février 1701.)

En travaillant aux inventaires, les officiers qui y sont employés ne peuvent exiger aucun repas ni nourriture sur les effets de la succession, ni aux dépens d'aucune des parties intéressées. (Arrêt du 10 juillet 1665, parlem. de Paris.)

Le notaire fait signer la minute au commissaire-priseur, qui, de sa part, ne dresse aucun autre procès-verbal de prisée ; et, lorsqu'il est question de priser des marchandises ou autres effets qui sont censés excéder la connaissance d'un commissaire-priseur, les parties nomment des commerçans, ou autres gens connaisseurs, pour assister le commissaire dans cette prisée, et, en ce cas, les experts signent aussi la minute de l'inventaire avec le commissaire-priseur. (Acte de notoriété du 15 mai 1703; Châtelet de Paris.)

Les frais de scellés et d'inventaire sont des frais essentiellement privilégiés. (C. C. 2105; lettre du min. de la justice 12 messidor an 13.)

Formules.

1. *Inventaire à la requête d'une veuve et des héritiers du mari.*

L'an   , le samedi   , dix heures du matin,

A la requête de dame Adélaïde G   , veuve de M. Auguste L propriétaire, demeurant à   , rue   , n°.   ;

Agissant en son nom personnel, 1°. à cause de la communauté qui a existé entre elle et son mari, communauté qu'elle se réserve d'accepter ou de répudier, ainsi qu'elle avisera par la suite; 2°. en qualité de donataire en usufruit de la moitié des biens meubles et immeubles dépendants de sa succession; 3°. et à cause des reprises et créances qu'elle a ou peut avoir le droit d'exercer contre lesdites communauté et succession : le tout aux termes de son contrat de mariage passé devant Me.   , qui en a gardé la minute, et son collègue, notaires à   , le   , dûment contrôlé et insinué.

Qu'au nom et comme tutrice légale de M. Victor L   , son fils mineur, né de son mariage avec ledit feu sieur Auguste L   . (390.)

A la requête de M. Achille L   , majeur, demeurant à Lyon, rue   , représenté ici par M. D   , au nom et comme fondé de sa procuration spéciale entre autres choses à l'effet des présentes, passée devant Me. et son collègue, notaires à Lyon, le   enregistré le   , et dont le brevet original, dûment légalisé, est, à la réquisition dudit sieur D   , demeuré ci-annexé, après qu'il l'a eu certifié véritable, signé et parafé en présence des notaires soussignés.

A la requête de M. R   , négociant, demeurant à   , au nom et comme ayant l'administration des biens personnels de la dame Sophie L   , son épouse, avec laquelle il a déclaré être commun en biens, et, à ce titre, pouvant exercer seul toutes les actions mobilières et possessoires qui appartiennent à sadite épouse. (*Ou plus simplement* : au nom et comme mari et maître des droits et actions mobilières et possessoires de ladite dame Sophie L   , son épouse, avec laquelle il est commun en biens. 1428.)

Et en la présence de M. Julien L   , horloger, demeurant à   au nom et comme subrogé-tuteur dudit mineur Victor L   , son neveu, ayant été nommé à cette qualité qu'il a acceptée, suivant la délibération du conseil de famille, présidée et reçue par M.   , juge de paix du canton de   , suivant son procès-verbal en date du   .

« Lesdits sieurs Achille L   , mineur Victor L   et demoiselle
« Sophie L   , épouse de M. R   , frères et sœur germains,
« habiles à se dire et porter seuls héritiers, chacun pour un tiers, de
« feu M, Auguste L   , leur père. »

(Si son décès n'a pas eu lieu dans la maison où se fait l'inventaire, on ajoute ici : décédé à   , le   .)

A la conservation des biens, droits et intérêts des parties, et de tous autres qu'il appartiendra, et sans que les qualités ci-dessus prises puis-

sent leur nuire ni préjudicier, il va être procédé par M° .   ,
et son collègue, notaires royaux résidants à   , soussignés, à l'inventaire fidèle et à l'exacte description de tous les biens, meubles-meublants, ustensiles de ménage , habits , linge, hardes , livres, argenterie, bijoux, deniers comptants, titres, papiers et renseignements dépendants de la communauté qui a existé entre lesdits sieur et dame L   ,ainsi que de la succession de M. L   , et qui seront trouvés dans les différents lieux ci-après désignés, faisant partie d'une maison située à rue   , n°.   , appartenante à ladite communauté, et où M. L est décédé le   dernier.

Sur la représentation qui sera faite desdits objets par ladite dame v°. L   , gardienne des scellés dont il va être parlé, et qui a promis de tout montrer et indiquer, sans rien cacher ni détourner, sous les peines de droit qui lui ont été expliquées par les notaires soussignés, et qu'elle a déclaré bien comprendre. (C. C. 1460, 1477, 792 et 801; Code pénal, 380 et 408.)

La prisée des choses qui en sont susceptibles (*ou qui y sont sujettes*) sera faite par M.   , commissaire-priseur, demeurant à   ,à ce présent.

Ou bien : par le sieur   , expert choisi et nommé par M Julien L   , conformément à l'article 453 du Code civil , suivant acte reçu par M. le juge de paix du   , le   , et devant lequel il a prêté serment de faire cette estimation à juste valeur.

Ou bien encore : par le sieur   , expert choisi et nommé à l'amiable par toutes les parties , et lequel , à ce présent , a promis de faire cette prisée en son âme et conscience , à juste valeur, sans crue, et en ayant égard au cours du temps actuel.

Ces représentation et prisée auront lieu au fur et à mesure que les scellés mis et apposés après le décès de M. L   , par M. le juge de paix de   , suivant son procès-verbal du   , dernier , dûment enregistré, auront été par lui reconnus sains et entiers, et comme tels levés et ôtés, suivant son procès-verbal de ce jour.

Et les parties ont signé avec ledit sieur (commissaire-priseur ou expert) et les notaires, après lecture faite.

Premièrement , dans la cuisine ayant son entrée sous le vestibule, et éclairée par deux croisées donnant sur la cour , au rez-de-chaussée : au foyer, une crémaillère, une pelle, etc. estimées 6 francs, ci. . . 6 f.

Deuxièmement, dans l'office, etc.

Clôture de la première vacation.

Il a été vaqué à ce que dessus depuis dix heures du matin jusqu'à quatre heures de l'après-midi, sans interruption.

Ce fait, tous les objets qui viennent d'être inventoriés, de même que ceux qui sont encore sous les scellés, sont, du consentement de M. Ach. L   , de M. D   , audit nom, de M. R   , et de M. Julien L   , en ses qualités susdites, restés en la garde et possession de Mme. v°. L   , qui l'a reconnu et qui s'en est chargée, à titre de dépositaire judiciaire , pour en faire la représentation quand et à qui il appartiendra.

La vacation, pour la continuation du présent inventaire, a été remise et indiquée à après-demain lundi   décembre présent mois, dix heures du matin.

Et les parties ont signé avec M.   et les notaires, après lecture faite et sous toutes réserves de droit.

Et le lundi   décembre mil huit cent-trente   , dix heures du matin, en conséquence de l'assignation prise par la clôture de la

précédente vacation, il va être procédé par ledit M⁰.   et son collègue,
notaires à   , soussignés, ès-mêmes requêtes et présences que ci-
devant, à la continuation du présent inventaire, de la manière suivante:

Dans le cabinet du défunt, ayant son entrée sur le corridor du premier étage et éclairé par deux croisées donnant sur le jardin.

Un corps de bibliothèque formé de   estimé

Suivent les livres dont l'estimation va être faite par ledit M⁰
commissaire-priseur, de l'avis de M.   , libraire, demeurant à   ,
rue   , patenté sous le n⁰.   , à ce présent, expert choisi par
toutes les parties; lequel a promis de donner son avis en son ame et
conscience, et a signé après lecture.

1°. Les œuvres complètes de Voltaire, édition de Beaumarchais, avec
les figures de Moreau, 70 vol. in-8⁰., reliés en veau, avec filets, Paris,
1784, estimés *tant*, ci. . . .

2°. Etc.

Et M.   , libraire, a signé après lecture faite.

Il a été vaqué à l'inventorié des livres ci-dessus par double vacation,
depuis dix heures du matin jusqu'à quatre heures sonnées; ce fait, tous
les objets précédemment inventoriés et ceux qui restent à l'être, sont
demeurés en la garde et possession de Mᵐᵉ. vᵉ. L   , qui s'en est
chargée, pour les représenter quand et à qui il appartiendra.

La vacation, pour la continuation, etc. (Comme plus haut.)

Et le   , jour et heure indiqués par la clôture de la précédente
vacation, il va être, par lesdits notaires, ès-mêmes requêtes, présences
et qualités que ci-devant, procédé à la continuation du présent inventaire, ainsi qu'il suit :

Dans la chambre du défunt, etc.

De retour dans le cabinet de M   , ouverture faite du secrétaire,
après reconnaissance et levée faite des scellés, il s'est trouvé les objets
suivants :

Bijoux.

1°. Une tabatière en or, etc.

2°. Une montre à boîte d'or, portant le nom de *Leroy*, à Paris, n⁰.   ;
avec sa chaîne en acier et clé en or, estimée, etc.

Deniers comptants.

Cinq pièces de 5 francs, etc.

Suivent les papiers.

L'expédition en parchemin d'un contrat passé devant M⁰.   et son
collègue, notaires à   , le   , dûment contrôlé et insinué,
contenant les clauses et conditions civiles du mariage d'entre ledit feu
sieur L   et ladite demoiselle Adélaïde G   .

Par ce contrat, il a été stipulé communauté de biens entre eux, suivant l'ancienne coutume de   , avec exclusion des dettes et hypothèques créées avant leur mariage.

(On continue d'analyser ainsi le contrat, dont on rapporte ordinairement toutes les dispositions)

Cette expédition a été cotée, parafée et inventoriée pièce unique de
la cote première, ci. . . . . première.
Etc.

Suivent les déclarations.

Mᵐᵉ. vᵉ. L   a déclaré qu'il est dû auxdites succession et communauté, savoir :

1°. Par M.   la somme de   , pour

2°. Etc.

Et que lesdites succession et communauté doivent,

1°. À M.   la somme de   , pour

2°. Etc.

Et ladite dame a signé la fin de ses déclarations, après lecture.

Contre lesquelles déclarations MM.   ont fait toutes réserves et protestations; et ont signé.

Et, en cet endroit, sur l'interpellation à elle faite par Mᵉ. l'un des notaires soussignés, son collègue présent, conformément à l'art. 451 du Code civil, ladite dame v·. L   a déclaré qu'il ne lui est rien dû personnellement par ses enfants mineurs, mais qu'il lui est dû par lesdites communauté et succession, les reprises, remplois et créances résultants de son contrat de mariage. Et elle a signé après lecture.

Clôture.

Il a été vaqué à ce que dessus depuis   heures jusqu'à

Ce fait, ne s'étant plus rien trouvé à dire, comprendre ni déclarer au présent inventaire, Mᵐᵉ. vᵉ. L   l'a affirmé sincère et véritable (1456); et elle a prêté serment entre les mains des notaires soussignés, de n'avoir rien détourné des objets dépendants desdites communauté et succession, vu détourner ni su qu'il en ait été détourné aucun (C. pr. 943).

Tous les objets mentionnés en cet inventaire ont été, du consentement de MM. R   , D   et L   ès-dits noms, laissés en la garde et possession de Mᵐᵉ. vᵉ. L   qui s'en est chargée pour en faire la représentation quand et à qui il appartiendra.

Et tous les comparants ont signé avec les notaires après lecture faite, et sous les réserves ci-devant exprimées, et que les parties réitèrent.

2 Intitulé d'un inventaire à la requête du mari survivant.

L'an, etc., à la requête de M. P   , tant en son nom, à cause de la communauté de biens qui a existé entre lui et défunte dame   , son épouse, aux termes de l'ancienne coutume de   , sous l'empire de laquelle ils se sont mariés sans faire de contrat de mariage; qu'au nom et comme tuteur légal de, etc.

3. Intitulé d'un inventaire à la requête d'une veuve séparée de biens.

L'an, etc., à la requête de dame   , veuve de M.   ; duquel elle était séparée quant aux biens, suivant leur contrat de mariage passé, etc. ou suivant jugement rendu au tribunal civil de première instance séant à   , le   , dûment enregistré et signifié;

Tant en son nom personnel, à cause de ses droits matrimoniaux et créances contre la succession de son mari, qu'au nom et comme tutrice, etc.

4. Intitulé d'un inventaire à la requête d'une veuve mariée sous le régime dotal.

L'an, etc., à la requête de dame   , veuve de M.   , avec lequel elle était mariée sous le régime dotal, aux termes de leur contrat de mariage passé, etc., ou comme étant domiciliée *à tel endroit* (1), lors de son mariage qui a eu lieu en l'année

Tant en son nom personnel, à cause des créances et droits matrimoniaux qu'elle a droit d'exercer contre la succession de son mari, ou bien: à cause de la société d'acquêts qui a subsisté entre elle et son mari, sui-

_____

(1) On suppose que c'est un lieu qui était alors régi par le droit romain,

vant ledit contrat de mariage , laquelle société d'acquêts elle se réserve d'accepter ou de répudier, selon qu'elle avisera par la suite;

Qu'au nom et comme tutrice, etc.

5. *Intitulé d'un inventaire à la requête d'un exécuteur testamentaire.*

L'an, etc., à la requête de M.   , au nom et comme exécuteur des ordonnances de dernières volontés de M.   , suivant son testament, etc.

6. *Style du récolement des papiers désignés en un premier inventaire.*

Sur laquelle expédition, il a été procédé, à la réquisition des parties , au récolement des titres et papiers y désignés, ainsi qu'il suit :

La pièce unique de la cote première, les quinze pièces de la cote deux , se sont trouvées en nature.

La pièce unique de la cote trois s'est trouvée en déficit. Etc.

Les pièces trouvées en nature , qui ont dû être cotées et parafées lors du premier inventaire, ne le sont point de nouveau par le notaire qui en fait le récolement.

7. *Clôture de vacation par laquelle un des héritiers donne pouvoir à quelqu'un de le représenter à la continuation de l'inventaire.*

Avant ces mots : *il a été vaqué*, on met :

En cet endroit, M.   , sus-nommé , ayant besoin de s'absenter pour ses affaires particulières , a fait et constitué , par ces présentes, pour son mandataire , M.   ; auquel il a donné pouvoir d'assister pour lui en son nom à la continuation et à la confection du présent inventaire ; d'y faire tous dires , réquisitions , protestations et réserves que besoin sera, etc. Il a été vaqué, etc.

Alors dans la reprise ou intitulé de la vacation subséquente, on dit :

Ès-mêmes requêtes et présences que ci-devant, à l'exception de M.   ; maintenant représenté par M.   , en vertu des pouvoirs que M.   , lui a donnés à la fin de la dernière vacation.

8. *Renvoi des parties en référé.* (C. de pr. 944.)

Sur quoi les parties n'ayant pu se mettre d'accord , les notaires ont délaissé les parties à se pourvoir en référé devant M. le président du tribunal séant à

Ou bien , si les notaires résident dans le canton où siége le tribunal :

Sur quoi les parties n'ayant pu tomber d'accord, il en sera référé par les notaires soussignés à M. le président, etc.

On achève ainsi :

A l'effet d'être ordonné, par mondit sieur le président, ce qu'il appartiendra.

Pour lequel référé, les parties ont pris assignation (*ou* les notaires ont pris assignation, du consentement des parties) à jeudi prochain, 15 du présent mois, onze heures du matin. Et , lecture faite , toutes les parties ont signé avec les notaires.

Lorsque les notaires en réfèrent eux-mêmes, ils se présentent seuls devant le président, qui, après avoir pris communication de l'inventaire, et des dires des parties, fait écrire et signe son ordonnance sur la minute de l'inventaire à la suite de la vacation sans qu'il en soit dressé procès-verbal. P. N.

Autrefois les gardiens ou autres personnes étaient tenus de prêter serment au commencement de l'inventaire. Mais actuellement, d'après les dispositions de l'art. 943 du Code de procédure, le serment est prêté lors de la clôture. Qu'il y ait des scellés ou non, c'est aux notaires qu'appartient le droit de recevoir le serment. La personne qui le fait lève la main devant le notaire, et jure en son âme et conscience qu'elle n'a détourné, vu détourner, ni su qu'il ait été détourné aucun des objets dépendants de la succession.

Enregistrement.

Les inventaires doivent le droit fixe de 2 francs par chaque vacation. (Loi du 22 frim. an 7, art. 68.)

On entend par vacation l'espace de temps que les officiers publics emploient à travailler dans une affaire.

En règle générale, la vacation est de 3 heures ; toute fraction de 2 heures doit être comptée pour une vacation ; néanmoins les officiers publics peuvent faire des vacations de 4 heures, d'après le décret du 10 brumaire an 14 ; et, dans ce cas, ils doivent indiquer cette intention. Dans l'une et l'autre hypothèse, le calcul des vacations doit se faire par jour. (Délib. de la régie du 25 mai 1830.)

Pour éviter les difficultés sur ce calcul, il est un moyen, c'est de procéder toujours par des vacations complètes, en énonçant que c'est par simple, double ou triple vacation.

Dans le nombre d'heures, il ne faut pas comprendre l'aller ni le retour du notaire; le droit n'est dû que pour chaque séance écrite. (Solut. 4 août 1807.)

Les notaires qui résident dans les villes où siége une cour royale, pouvant instrumenter dans toute l'étendue du ressort de cette cour, sont autorisés à faire enregistrer les inventaires à leur rapport (reçus par eux), au bureau du lieu où ils ont instrumenté, dans les 10 ou 15 jours de chaque vacation, suivant que la commune dans laquelle l'opération est faite, se trouve ou non un chef-lieu de bureau, à la charge néanmoins par lesdits notaires de soumettre la dernière séance, contenant la clôture de leurs inventaires, à la formalité de l'enregistrement, au bureau de leur résidence, dans les quinze jours de leur date. (D. F. 12 therm. an 12.)

Un notaire peut procéder à un inventaire fait à la requête d'un tuteur ou d'un subrogé-tuteur, avant que l'acte de tutelle ou de nomination d'un subrogé-tuteur ait été enregistré ; de même quant à l'acte de prestation de serment des experts, conformément à l'art. 453 du C. C. Il n'importe que ces actes soient énoncés dans l'intitulé de l'inventaire. (Cass. 3 janv. 1827, Délib. de la régie , du 20 juin 1827.)

On peut énoncer, dans l'inventaire , les actes sous seing privé non enregistrés, ainsi que ceux qui seraient écrits sur papier non timbré ; il en est de même des registres de commerce sujets au timbre et non revêtus de la formalité ; le notaire doit énoncer, dans l'état où il les trouve , tous les titres et papiers. J. E.

TITRE XIX.

ACTE DE NOTORIÉTÉ.

On entend par *notoriété* la connaissance publique d'une chose quelconque , comme d'un usage , d'une loi , d'un fait; on dit alors que l'usage , la loi , le fait sont *notoires*, qu'ils sont de *notoriété publique*.

On appelle *actes de notoriété* des actes par lesquels des témoins attestent devant un notaire, un juge de paix ou autre officier public , quelle est la croyance publique, la notoriété sur certains faits civils. R. N.

L'acte de notoriété après décès est celui par lequel des témoins attestent , à défaut d'inventaire, quels sont les héritiers d'une personne décédée. Il est d'usage, dit M. Augan , de les faire faire par trois personnes : on pourrait, ajoute-t-il , en mettre un nombre plus grand , mais il serait inusité de n'en appeler qu'un nombre moindre.

Cependant deux témoins suffisent d'ordinaire. R. N.

Ils doivent toujours être du sexe masculin. Comme les actes de notoriété après décès ne sont admis qu'à défaut d'inventaire, il faut toujours y annoncer qu'il n'en a point été fait après le décès de la personne dont il s'agit ; s'il en a été fait un , mais dans lequel le nombre des héritiers n'aurait pas été énoncé ou déterminé, il faut dire que l'acte de notoriété est fait pour suppléer à ce défaut d'énonciation dans l'inventaire. G.-D.

On doit y exprimer pour quelle portion chacun des successibles est héritier, si c'est par représentation, si les femmes héritières sont filles, mariées ou veuves. On y énonce les prénoms, noms, qualités et demeures des maris, et enfin le titre de parenté des héritiers. On doit encore dire si le défunt ou la défunte laisse une veuve ou un veuf, de manière qu'on puisse voir si les biens dépendent d'une communauté conjugale, et n'appartiennent que pour moitié aux héritiers. P. N.

On ne doit pas annexer les actes de naissance, mariage, décès, *etc.*, aux minutes des actes de notoriété qui sont nécessaires pour obtenir des jugements de rectification d'actes de l'état civil, parce que cette annexe ne dispenserait pas les parties de fournir aux tribunaux d'autres extraits émanés directement des dépositaires des registres.

M. Fleury pense qu'il serait convenable de faire intervenir dans l'acte de notoriété, la personne qui le requiert; cette personne exposerait les faits, et les témoins en certifieraient la vérité ou l'authenticité.

Lorsqu'on a fait lecture de l'acte aux témoins, il est bon de les instruire des conséquences qui peuvent résulter de leur témoignage.

Il y a beaucoup de circonstances où il est indispensable de produire un acte de notoriété.

Il s'agit, par exemple, de toucher une rente sur l'Etat, portée au grand-livre de la dette publique au nom de *Pierre*, qui est décédé, ayant institué un légataire universel : alors, deux ou plusieurs témoins certifient qu'ils l'ont parfaitement connu; qu'après son décès, il n'a point été fait d'inventaire, et qu'il n'a laissé aucun héritier au profit de qui une quotité de ses biens soit réservée par la loi.

On conçoit facilement que, dans ces actes, il ne faut admettre que des témoins dignes de confiance; car en certifiant, comme dans l'exemple ci-dessus, que *Pierre* n'a laissé ni ascendant ni descendant, ils donnent au légataire universel le droit de se mettre en possession de la succession; et si *Pierre* avait un ascendant éloigné et n'ayant pas connaissance de son décès, cet ascendant se verrait frustré de la portion indisponible à lui réservée par la loi.

Il doit être joint un acte de notoriété à la pétition que présente un rentier de l'Etat, en rectification d'erreurs dans ses nom et prénoms sur le grand-livre de la dette

26

publique : deux témoins suffisent pour ces actes de notoriété qui sont reçus par les notaires et dont la direction du grand-livre exige qu'il reste minute. (Loi du 8 fructidor an 5 ; arrêté du gouvernement du 27 frimaire an 11.)

On fait encore un acte de notoriété pour faire rejeter d'un état d'inscriptions, celles qui ne frappent pas réellement sur la personne ou sur les biens dont il s'agit, et que le conservateur n'a délivrées qu'à cause de la ressemblance des noms et du défaut de désignation suffisante des personnes ou des immeubles.

Voyez le C. C. art. 70, et la Clef du Not. page 42.

Formules.

1. *Acte de notoriété après décès.*

Aujourd'hui ont comparu devant, etc.
MM.

Lesquels ont, par ces présentes, attesté pour vérité et notoriété publique avoir connu parfaitement dame   , et savoir qu'elle est décédée à   , le   ; qu'après son décès, il n'a point été fait d'inventaire, et qu'elle n'a laissé ni ascendants ni descendants, par conséquent point d'héritiers au profit de qui la loi fasse une réserve.

De laquelle attestation les comparants ont requis acte qui leur a été octroyé pour servir et valoir ce que de raison.

Fait et passé à, etc.

2. *Autre acte de notoriété après décès.*

Aujourd'hui ont comparu, etc.

Les sieurs (prénoms, noms, qualité et demeure des témoins);

Lesquels ont, par ces présentes, certifié et attesté pour vérité et notoriété (*ou* pour vérité notoire) à qui il appartiendra, qu'ils ont parfaitement connu M.

Qu'il est décédé à   , le   , ainsi que le constate son acte de décès inscrit aux registres des actes de l'état civil de la commune de   , à la date du   , et dont une copie en forme représentée par les comparants aux notaires soussignés, leur a été par eux à l'instant rendue;

Qu'après le décès dudit s'.   , il n'a point été fait d'inventaire ;

Qu'il était marié et commun en biens avec dame   ;

Et qu'il a laissé pour seuls héritiers (*ou* habiles à succéder), chacun pour *telle portion*, 1°. le sieur, etc., ses   enfants nés de son mariage avec ladite dame

De ce que dessus, les comparants ont requis acte aux notaires soussignés, qui le leur ont octroyé, pour servir et valoir ce que de raison.

Fait et passé, etc.

Enregistrement.

Les actes de notoriété sont soumis au droit fixe de 2 francs. (Loi du 28 avril 1816, art. 43.)

TITRE XX.

DES COMPTES.

—

On appelle *compte* l'acte qui contient la récapitulation ou le tableau des sommes reçues et payées par une personne pour une autre.

On nomme *rendant* ou *comptable* celui qui doit le compte, et *oyant* celui auquel le compte est rendu.

Sur les comptes à rendre par l'administrateur des biens d'un absent, voyez le *Code civil*, art. 125 ; par le tuteur, 469 et suivants ; par l'héritier bénéficiaire, 803 ; par les co-partageants, 828 ; par l'exécuteur testamentaire, 1031 ; par le mari à sa femme, 1577 et suivants ; par le mandataire, 1993 ; par l'héritier bénéficiaire, *C. de proc.* 995 ; par le curateur à une succession vacante, *id.* 1002 ; par les agents d'une faillite, *Code de comm.* 481 et 527.

Touchant la contrainte par corps pour reliquats de comptes, voyez le *Code de pr.* art. 126 ; et relativement aux *redditions de comptes*, art. 527 à 542 du même Code de procédure.

Il est rare que les comptes se fassent par acte devant notaires, à moins qu'ils ne se rendent incidemment dans un acte qui a pour but principal une autre opération.

Tout compte, qu'il ait lieu à l'amiable ou en justice, doit contenir, 1°. l'exposé général et succinct des faits qui ont donné lieu au compte, et des circonstances dont l'explication peut en faciliter l'intelligence : c'est le préambule du compte dont parle l'article 531 du Code de procédure. Les faits sont analysés d'après l'ordre chronologique, s'il est possible, et divisés en observations dans lesquelles on doit trouver la solution des questions que peut faire naître chaque article de recette et de dépense : du reste, le rédacteur du compte doit avoir pour but unique de présenter cet exposé avec clarté (Rép. et Cours du Not.) ; 2°. le chapitre des recettes effectives ; 3°. celui des dépenses aussi effectives ; 4°. la balance dont la récapitulation fait voir laquelle des deux parties est redevable ; 5°. un chapitre des objets particuliers à recouvrer, s'il est nécessaire ; 6°. enfin l'arrêté de compte, où l'on fait mention de l'examen des pièces justificatives, sans lequel examen, dit M. Augan, l'arrêté ne serait que provisoire et n'opérerait point la décharge définitive du comptable.

Dans les comptes, on tire une somme *pour ordre*, quand, au lieu de la porter en chiffres dans la colonne des sommes à additionner, on dit que, par tels motifs rapportés dans les observations préliminaires, il en est parlé seulement *pour ordre*; on écrit le mot *ordre* en dedans pour ne pas gêner les additions.

On tire de même *pour mémoire* une somme, lorsqu'il doit en être question dans le courant de l'opération.

On nomme *reliquat* la somme qui, une fois le compte arrêté, reste due par l'une ou par l'autre des parties.

Un compte est *rendu*, quand il a été présenté; il est *apuré*, lorsqu'il a été vérifié et adopté par l'oyant; il est *soldé*, quand le reliquat a été payé. (Rogron.)

Anciennement on portait en recette, *sauf reprise*, les sommes qu'on aurait dû toucher; mais qui n'avaient pu l'être, et qu'on *reprenait* ensuite par un *chapitre de reprise*, dont le montant joint à celui de la dépense était déduit sur celui de la recette. Ce mode d'opération, qu'on ne suit plus maintenant, est remplacé par le chapitre particulier des objets à recouvrer. R. N.

Remarques particulières sur le Compte de tutelle. (C. C. 469—475.)

Dans les comptes de tutelle, le notaire rédacteur doit chercher à concilier entre eux les principes du droit et ceux de l'équité naturelle. E. M.

La reddition du compte de tutelle la plus usitée, comme la plus convenable, est la reddition qui se fait à l'amiable par acte devant notaire.

Les redditions de compte de tutelle ont lieu, soit à l'amiable, soit judiciairement. La loi n'exige pas que le compte soit rendu en justice, quoique le pupille soit un mineur émancipé, à moins que les parties ne puissent s'entendre sur les éléments qui le composent. (MM. Merlin, Duranton et Proudhon.)

Quand le mineur a été pourvu successivement de plusieurs tuteurs, le dernier seul doit rendre compte et de sa gestion et de celle des tuteurs qui l'ont précédé; il a dû, lors de son entrée en fonctions, se faire lui-même rendre un compte par le tuteur auquel il a succédé. (M. Augan et divers arrêts.)

L'acte d'un compte de tutelle doit commencer par un exposé de tous les faits et opérations qui ont précédé et suivi la nomination du tuteur ou sa tutelle légale, des diverses autorisations qui lui ont été données par le conseil de famille, de la fixation de la somme des épargnes dont le tuteur ferait emploi lorsqu'elles s'élèveraient à cette somme, et de l'espace de temps dans lequel il serait tenu de faire cet emploi. Après cet exposé, qui est nécessaire pour qu'on puisse juger de la justesse du compte, on dresse l'état des recettes et des dépenses faites par le tuteur, en y observant l'ordre des dates et l'ordre des matières, quand il y a lieu, afin d'y mettre la clarté convenable, et en divisant ces matières par chapitres et articles.

Le compte doit présenter à l'*oyant* le tableau fidèle des recettes et dépenses, et indiquer les recouvrements à faire. Il est évident que le *rendant* ne doit omettre aucune recette, et qu'il faut même ajouter aux recettes effectives celles qu'il aurait manqué de faire par sa faute, comme en général le montant de toutes les indemnités qu'il peut devoir. (M. Demante.)

La manière la plus simple de dresser le compte est de le présenter année par année. Le compte de chaque année se forme de trois opérations distinctes : 1°. *Recette*; 2°. *Dépense*; 3°. *Balance*. Quant aux intérêts à faire produire aux sommes restées sans emploi, on se conforme à ce qui a été prescrit par les délibérations du conseil de famille (si toutefois le conseil s'est occupé de cet objet), et à ce que prescrivent les articles du Code relatés ci-dessus. (Cours de Not. p. 615.)

Pour compléter le compte de tutelle, on ajoute, lorsque cela est utile, un chapitre contenant le passif restant à acquitter.

Lorsqu'il y a plusieurs mineurs sous la même tutelle, on peut leur rendre compte par un même acte, pour éviter des frais. Alors on divise les chiffres, dans les chapitres, d'abord en autant de colonnes qu'il y a d'oyants-compte, et ensuite on fait une colonne pour les objets en commun. L'objet particulier à chaque mineur est tiré hors ligne à sa colonne; l'objet commun est porté à la colonne particulière de chaque mineur pour la portion qui le concerne, et ensuite pour la totalité à la colonne commune. (Nouveau Denisart.)

M. Massé conseille de ne faire signer l'arrêté de compte que dix jours après sa présentation et la remise des pièces

justificatives, afin de ne pas se trouver en contradiction
avec l'art. 472 du C. C.

Il faut que le récépissé des pièces ait acquis une date certaine avant les dix jours, par exemple au moyen de l'enregistrement si l'acte n'est pas notarié. Ce récépissé doit contenir l'indication des pièces communiquées. R. N.

L'art. 472 du C. C. ne s'applique qu'aux traités ayant
pour objet direct ou indirect de suppléer la reddition du
compte de tutelle, et non à des traités faits sur des difficultés particulières. (Cass. 16 mai 1831.)

La disposition de l'art. 472 du C. C. s'applique au cas où
le mineur devenu majeur, donnerait mainlevée de son hypothèque légale contre son tuteur : cette mainlevée, non
précédée du compte, serait nulle, lors même qu'elle serait
accordée, non au tuteur, mais à ses acquéreurs. (Caen,
17 déc. 1827.)

Lorsque le compte de tutelle est rendu par le survivant
des père et mère, sans qu'il y ait eu de partage de communauté, ce partage forme nécessairement la base de la recette du compte de tutelle. R. N.

Lorsqu'un père rend à son enfant le compte de sa tutelle,
il peut retenir annuellement sur les revenus de ce dernier,
à titre de pension, une somme proportionnée à la fortune
du mineur devenu majeur. (Cass. 13 mars 1813.)

Les intérêts des derniers pupillaires qui sont payés au
tuteur sont réunis chaque année aux capitaux et à l'excédant des revenus sur la dépense, pour produire de nouveaux intérêts, parce qu'ils deviennent eux-mêmes des
capitaux. (Toullier.)

L'action en nullité des traités faits entre le tuteur et le
mineur devenu majeur, pour inobservation des formalités
prescrites par l'art. 472 du C. C., se prescrit par dix ans, à
compter de la majorité du mineur, et non à partir seulement de la date du traité. (Cass. 26 juillet 1819.)

La cession qu'un enfant devenu majeur fait à son père,
son tuteur, de tous ses droits maternels en masse, sans
exception, comprend les meubles et autres effets, qui
doivent entrer dans le compte de tutelle dû par le cessionnaire, et, en conséquence, cette cession est nulle, si
elle n'a été précédée du compte de tutelle. (Cass. 14 décembre 1818.)

La prescription de dix ans (475) n'est pas applicable aux
erreurs, omissions ou doubles emplois faits dans un compte

de tutelle; les actions relatives à ces objets ne se prescrivent que par trente ans. (Toullier.)

On trouvera des formules de comptes de tutelle dans le Parfait Notaire, tome 3, et dans la 3ᵉ édition du Code de procédure, expliqué par M. Rogron,

On remarquera que, c'est par oubli, si M. Massé a laissé subsister, dans sa formule, la retenue du cinquième sur les intérêts. Voyez ci-devant au bas de la page 293.

Modèle d'un compte rendu par un mandataire à son commettant, par acte sous seing privé.

Les soussignés :

M. G   , d'une part; et M. T   , d'autre part;

Ont observé que, suivant sa procuration passée devant Mᵉ. notaire à   , en présence de témoins, le   , enregistrée, M. T   a donné pouvoir à M. G   de gérer et administrer ses biens et affaires;

Que, pendant son absence qui a duré dix ans, M. G   a fait, en vertu de cette procuration, de nombreuses recettes et dépenses pour M. T   , dont il désire lui rendre compte.

Et aussitôt, M. G   a procédé à cette reddition de compte, de la manière suivante :

Chapitre premier. — *Recette.*

M. G   a reçu pour M. T   , savoir :

1°. Etc.

Total des recettes faites par M. G

Deuxième chapitre. — *Dépense.*

M. G   a payé pour M. T   , savoir :

1°. Etc.

Total de la dépense faite par M. G

Balance.

La recette monte à   , ci. . . . . . .

Et la dépense à   , ci. . . . . . .

Partant, la recette surpasse la dépense de la somme de   ci.

Arrêté.

MM. G   et T   , après avoir examiné le compte ci-dessus article par article, et vérifié les pièces à l'appui, ont reconnu ce compte parfaitement juste; en conséquence, ils ont fixé la recette à la somme de la dépense à celle de   , et le reliquat à la somme de

Laquelle dernière somme de   , M. G   a présentement payée à M. T   qui l'a reconnu, en numéraire ayant cours.

Au moyen de quoi les soussignés se sont tenus quittes réciproquement de toutes choses quelconques, et la procuration ci-devant énoncée cessera d'avoir son effet à dater de ce jour.

M. T   a reconnu que M. G   lui a remis *tels* et *tels* titres, dont décharge.

Fait double entre les soussignés à   , le   1838.

Formule.

D'un compte de tutelle.

Par-devant, etc.

Furent présents.

M. A   (prénoms, nom, profession et demeure du tuteur),
d'une part ;

Et M. B   (prénoms, nom, profession et demeure du mineur),
d'autre part,

Lesquels ont exposé que le sieur B   , père dudit   , est
décédé à   le   ; que la dame   sa mère, est
décédée à   le   ;

Que ledit sieur A   a été nommé tuteur dudit B   , suivant
la délibération du conseil de famille, présidée et reçue par M. le juge de
paix de   le   ;

Qu'à la requête dudit sieur   (tuteur) et en la présence de
M.   , subrogé-tuteur dudit   , il a été procédé par
M⁰   et son collègue, notaires à   le   , à l'inventaire des meubles et effets, titres, papiers et renseignements dépendants des successions desdits défunts sieur et dame B   , au fur
et mesure de la levée des scellés qui avaient été apposés après le décès de
ladite dame B

Que la vente du mobilier a eu lieu à la requête dudit sieur A
(tuteur), en la présence du subrogé-tuteur, aux enchères reçues par le
commissaire-priseur de   , et après les formalités remplies, suivant procès-verbal du...

Que, par autre délibération du conseil de famille tenue sous la présidence
de M. le juge de paix du canton de   , le   , il a été
alloué au tuteur la somme de   , pour la dépense annuelle du
mineur ;

Que ledit sieur B   fils, ayant atteint sa majorité le
janvier dernier, ledit sieur A   désirait lui rendre compte de la
gestion et de l'administration qu'il a eues de sa personne et de ses
biens ;

En conséquence, il a requis Me.   , l'un des notaires soussignés,
d'établir ce compte, ainsi qu'il suit :

(*Présenter ici le chapitre de la recette, celui de la dépense et la balance.*)

Ce compte ainsi établi, M. A   l'a affirmé sincère et véritable,
entre les mains des notaires soussignés, et M. B   , fils, a reconnu
que ledit sieur A   lui a remis à l'instant le projet dudit compte,
et les différentes pièces justificatives venant à l'appui des recettes et dépenses.

Savoir : 1°. etc.

Dont acte, fait et passé à, etc.

Arrêté de compte.

Et le...

Ont de nouveau comparu :

M. A   , d'une part ;

Et M. B   , d'autre part.

M. B   a dit qu'après avoir vu et examiné le compte de tutelle
que M. A   lui a rendu par l'acte passé devant Me.   l'un des
notaires soussignés et son collègue, le   , dont la minute précède,
il a reconnu, par la vérification qu'il a faite des pièces, que M. A

lui a remises, et des calculs contenus audit compte de tutelle, que ce compte est parfaitement juste et exact dans toutes ses parties.

En conséquence, lesdits sieurs A   et B   ont fixé le chapitre de recette à la somme de   , celui de la dépense à   , et le reliquat de la recette sur la dépense à la somme le   , que ledit sieur A   a présentement payée au sieur B   , qui l'a reconnu, en espèces d'argent, ayant cours, comptées et réellement délivrées à la vue des notaires soussignés.

Au moyen de quoi, les parties se sont tenues quittes réciproquement de toutes choses généralement quelconques.

M. B   a reconnu que M. A   lui a remis tous les titres et papiers qu'il avait entre les mains, concernant les biens et affaires dudit sieur B   , dont décharge.

Fait et passé à, etc.

Enregistrement.

Les arrêtés de comptes portant obligation de sommes et valeurs doivent 1 p. 100. (Art. 69 de la loi de frimaire an 7.)

Voyez l'art. 537 du Code de procédure.

L'exception contenue en cet article s'applique aux comptes rendus à l'amiable ou devant notaires, comme aux comptes judiciaires.

Lorsque le paiement du reliquat du compte rendu par un mandataire est constaté par l'arrêté définitif, il n'est dû que le droit fixe de 2 fr. pour décharge.

Les arrêtés définitifs des comptes de tutelle peuvent seuls donner ouverture au droit proportionnel d'obligation lorsque le montant du reliquat ou de l'avance n'est pas soldé immédiatement. Lorsque le paiement du reliquat du compte est constaté par l'arrêté définitif, il n'est dû que le droit fixe de décharge, puisque le tuteur n'est qu'un mandataire ordinairement à titre gratuit. (D. F. 10 décembre 1827.) Ainsi les projets de compte non débattus ne sont passibles que du droit fixe d'un franc, soit qu'ils présentent ou non un excédant de recette sur la dépense, et encore du droit fixe de 2 fr. sur le récépissé des pièces.

Le droit de délibération n'est pas exigible sur les sommes allouées en dépense, sans énonciation de quittances enregistrées. J. E.

Un arrêté de compte de tutelle est un acte duquel il ne peut résulter qu'une *décharge*, s'il est soldé en entier, ou une obligation, si un reliquat reste dû : donc, si le compte est soldé en partie seulement, le droit proportionnel sur le reliquat est le seul qui puisse être exigé. (Solution de la régie du 14 janvier 1831.)

TITRE XXI.

PARTAGES ET LIQUIDATIONS.

—

Le *partage* est un acte ou contrat par lequel deux ou plusieurs personnes, qui ont des biens en commun, font cesser cette indivision entre elles et déterminent les objets que chacune prendra séparément dans ces biens, sans avoir plus rien dans ceux qui sont attribués aux autres.

On entend par *liquidation* l'acte par lequel on fixe, on règle les droits de chacune des parties dans une succession, une communauté, une société.

Les partages se font : 1°. entre des co-acquéreurs de biens-fonds ou de créances ; 2°. entre co-héritiers ou légataires pour les biens d'une succession ; 3°. entre l'époux survivant et les représentants du prédécédé pour les biens de la communauté ; 4°. entre des associés, etc.

Ils ont lieu à l'amiable ou en justice ; à l'amiable, quand toutes les parties sont majeures et d'accord, sinon en justice.

Le partage est un contrat réciproque et conventionnel qui, comme tous les autres, exige la capacité, le consentement, l'objet et la cause.

Sur la capacité, voyez le Code civil, art. 1123, 465, 818, 113, 135 et 136.

Les art. 883, 884 et 887 du même Code sont applicables à toute espèce de partage.

Le partage n'est point une mutation, une transmission de propriété ; c'est une simple déclaration, une convention dont il résulte que....... (C. C. 883) : d'où il suit que les hypothèques qui avaient pu être consenties par les co-propriétaires, avant le partage, s'évanouissent. V. ci-devant, p. 202.

Dans un partage, la nue propriété peut être adjugée à l'un, et l'usufruit à l'autre.

Il y a deux espèces de partages qu'on nomme *provisionnels*. V. le C. C. 466, 818, 840 et 1314.

SECTION PREMIÈRE.

PARTAGE AMIABLE ENTRE CO-PROPRIÉTAIRES.

Le partage amiable est celui qui a lieu entre majeurs tous présents ou dûment représentés, jouissant de leurs droits civils, et n'ayant point ou n'ayant plus de contestations entre eux relativement au partage. P. N. — V. le C. C. 819 et le C. de proc. 985.

Que le partage ait lieu entre co-propriétaires ou associés, ou entre héritiers, il suit les mêmes règles.

Formule.

Par-devant, etc., furent présents : M. A   , d'une part ;
Et M. B   d'autre part.

Lesquels, voulant procéder au partage d'un marché de terre, composé de vingt pièces situées au territoire de   , contenant ensemble   hectares, dont ils sont propriétaires indivis, chacun pour moitié, savoir : M. A   , en qualité de seul héritier de M.   , son père, dédédé à   ; et M. B   , en qualité de légataire particulier de Mlle.   , sa tante, décédée à   , suivant son testament reçu par, etc.

Ont fait faire à l'amiable par M. R   , cultivateur à   , qu'ils ont choisi à cet effet pour expert, l'estimation de chacune desdites pièces et la division du marché en deux lots, pour être tirés entre eux par la voie du sort.

Désignation des terres.

Art. 1er. Cinq hectares au lieu dit le   , t. d. c. à   , d. c. à   , etc., estimés   ; ci. . . . .
Art. 2. Dix hectares au canton du   , t. d. c. etc. estimés   , ci. . . . .
Art. 3. Etc. . . . .

Total de l'estimation des vingt pièces. . . . . : 40,000 f. » »

Dont la moitié pour chacun des co-partageants est de. . 5,000 f. » »

Division en deux lots. — Premier Lot.

Le premier lot a été composé :
1°. De la pièce de 5 hectares employée sous l'art. 1er. de la masse, pour la somme de   , ci. . . . .
2°. De la pièce, etc. . . . .

Total égal à la moitié de la masse. . . . . . 5,000 f. » »

Deuxième lot.

Le second lot a été composé :
1°. Etc.

De la composition desquels lots, les parties, après les avoir examinés, ont déclaré être contentes ; et les ayant tirés au sort en la manière accoutumée, par l'événement le premier lot est échu à M. B   , et le second à M. A.

En conséquence, ils se sont fait respectivement tous abandonnements et délaissements nécessaires, à titre de partage, ce accepté réciproquement par chacun d'eux, savoir : M. A   à M. B   , des objets compris dans le premier lot à lui échu, et M. B.   à M. A   , des objets compris dans le second lot.

Pour par eux jouir et disposer, dès aujourd'hui, des pièces de terre comprises dans le lot assigné par le sort à chacun d'eux, comme de chose à eux appartenante, en toute propriété et jouissance.

Les lots ci-dessus étant parfaitement égaux, il n'y a eu aucune soute ni retour.

La garantie de droit entre co-partageants aura lieu entre les parties, mais il est convenu que cette garantie ne s'étendra pas au plus ou au moins de mesure qui pourrait se trouver à quelques unes des pièces de terre.

Pour l'exécution, etc.

Cas de soute.

Si, par exemple, le premier lot était plus fort de 200 fr. que le second, on dirait :

Total du premier lot.	5,200 f. » »
Comme il ne doit être que de.	5,000 » »

Celui des co-partageants à qui il écherra, fera soute à l'autre des deux cents francs d'excédant, ci. . . . .   200 f.   » »

Dans le second lot, on comprendrait pour dernier article la soute de 200 francs due par le premier lot, ce qui porterait ce second lot à 5,000 francs.

A la fin du partage on énoncerait ainsi le paiement de la soute :

M. A   a reconnu que M. B   lui a présentement payé la somme de 200 francs pour la soute résultante à son profit du partage ci-dessus, dont quittance.

Ou : M. B   s'est obligé de payer à M. A   , les 200 francs de soute qu'il lui doit d'après le présent partage, d'ici à six mois, sans intérêts. (V. le C. C. 2103 et 2409.)

Clause relative aux titres.

Les titres communs desdites pièces de terre resteront entre les mains de M. A   , qui s'est obligé d'en aider M. B   à toute réquisition et sous récépissé.

Au surplus M. B.   pourra s'en faire délivrer, s'il le désire, des expéditions ou extraits, à frais communs entre lui et M. A   .

Et pour l'exécution, etc.

Enregistrement.

Sont sujets au droit fixe de 5 francs les partages de biens meubles et immeubles entre co-propriétaires, à quelque titre que ce soit, pourvu qu'il en soit justifié. (Loi du 28 avril 1816, art. 45.)

Les soutes de partage opèrent le droit de 2 ou de 4 pour 100, selon qu'il s'agit de meubles ou d'immeubles. (Loi du 22 frim. an 7, art. 69,)

Il n'est pas dû de droit de transcription sur les soutes immobilières. (Cass. 14 juillet 1824.)

Lorsque deux co-partageants avant la signature du partage, échangent entre eux leur lot respectif, cette disposition n'opère aucun droit. (D. F. 5 nov. 1811.) Mais si, dans le partage, il existe des dispositions indépendantes et qui n'en dérivent pas nécessairement, il est dû un droit particulier. (Loi du 22 frimaire, art. 11.)

SECTION 2.

PARTAGE ANTICIPÉ, OU D'ASCENDANTS.

On nomme *partage anticipé* celui que les pères et mères et autres ascendants font entre leurs enfants et descendants. La forme et les règles de ce partage sont établies par le C. C. 1075 à 1080.

De tout temps, le droit civil a permis que les ascendants fissent eux-mêmes le partage de leurs biens entre leurs descendants; parce qu'en effet c'est un des actes les plus favorables aux yeux de la loi, que celui dont le motif est de prévenir entre frères les occasions de débats d'intérêts qui rarement n'altèrent pas la concorde si désirable et même si utile dans l'état social, sous le rapport de la moralité et sous le rapport de la fortune.

Le mode de partage par acte testamentaire (1076) doit toujours être préféré à celui qui peut se faire par acte entre-vifs; car il faut des circonstances bien impérieuses ou une bien grande confiance en ses enfants, pour que les pères et mères se portent à une pareille détermination, par laquelle ils se dépouillent de leurs propriétés : rarement il arrive qu'on n'ait pas du regret de l'avoir fait, ou qu'il n'en résulte pas d'inconvénients sans remède. G. D.

Il ne sera question ici que du partage fait par actes entre-vifs.

Par ces partages, les enfants acquièrent les biens plutôt à titre successif que comme donataires.

Pour leur validité, il n'est pas nécessaire que tous les biens que possède l'ascendant y soient compris. (Grenier.)

Les art. 939, **948**, 884 et 2109 du C. C. sont applicables au partage d'ascendants.

Les art. 826 et 832 du C. C. sont aussi applicables aux partages d'ascendants. J. J. N.

Les père et mère ou autres ascendants peuvent faire, conjointement et par un même acte, le partage entre-vifs de leurs biens.

L'ascendant doit désigner clairement les objets qu'il attribue à chacun des partagés.

Les parties doivent avoir respectivement la capacité de donner et recevoir au jour où se forme le contrat.

L'acte doit être passé devant notaires, avec minute, etc. (C. C. 931.)

Les enfants ou descendants doivent accepter expressément le partage, ou il doit être accepté pour eux de la même manière et avec les mêmes formes que s'il s'agissait d'une donation entre-vifs ordinaire. S'ils sont mineurs, ou s'il y a parmi eux des mineurs, la mère ou un autre ascendant peut accepter pour eux le partage fait par le père (935), *et vice versâ* ; mais celui qui fait le partage ne peut accepter. Toutefois, dans un partage qui serait fait en commun par les père et mère, par un même acte, rien n'empêcherait que la mère n'acceptât valablement pour les enfants mineurs en ce qui concernerait le partage du père, et réciproquement : cela peut avoir lieu même dans le partage de leurs biens communs ; mais pour prévenir les difficultés, il vaut mieux, dans ce cas, faire accepter par un autre ascendant.

Il faut se conformer aux art. 948 et 941 du C. C.

Un partage par acte entre-vifs dans lequel l'ascendant se réserverait la faculté de disposer des biens partagés, quoique ce fût à titre onéreux, serait nul d'après l'art. 944 du C. C.; mais il ne serait pas nul, si l'ascendant s'était seulement réservé la faculté de disposer d'un ou de plusieurs objets. V. le C. C. 946. (Cours de Droit français, par M. Duranton, tome 9.)

En même temps que l'ascendant fait le partage de ses biens entre ses enfants, il peut faire à l'un d'eux un don par préciput, pourvu que l'avantage ne s'élève pas au-dessus de la quotité disponible, et qu'il ne blesse pas les réserves affectées par la loi aux enfants.

Formule.

Par-devant, etc., furent présents M. D   , prop.re, et dame   , son épouse, de lui autorisée, demeurants ensemble a   ;

Lesquels, considérant que leur grand âge ne leur permet plus de se livrer à la gestion de leurs biens immeubles,

Voulant d'ailleurs prévenir les discussions qui pourraient s'élever à leur décès entre leurs enfants, relativement au partage de ces biens, en profitant de la faculté que leur accorde l'art. 1075 du Code civil,

Ont procédé, de la manière suivante, au partage et à la distribution de leurs biens immeubles ci-après désignés, entre leur quatre enfants, qui sont, 1°., etc.

Masse des biens à partager.

Art. 1er., etc.

Total. . . . .

Dont le quart est de. . . . .

Abandonnements.

Pour remplir leurs enfants du quart revenant à chacun d'eux dans la masse ci-dessus établie, lesdits sieur et dame D   ont, par ces présentes, fait donation entre-vifs et irrévocable, savoir :

A   , ce qu'il a accepté, 1°. etc.

Pour, par chacun des donataires, faire et disposer dès aujourd'hui des biens qui viennent de lui être donnés, comme bon lui semblera, en pleine propriété et comme de chose à lui appartenante; mais n'en jouir qu'après le décès du survivant desdits sieur et dame D   , qui s'en sont expressément réservé l'usufruit pendant leur vie et celle du survivant d'eux, à titre de constitut et de précaire. Et, au jour du décès dudit survivant, les donataires réuniront l'usufruit à la nue-propriété desdits biens.

Ce partage anticipé et ces donations ont été faits à la charge, par les donataires qui s'y sont obligés, 1°. de laisser jouir lesdits sieur et dame D   , pendant leur vie et celle du survivant d'eux, de la totalité des biens ci-dessus désignés; 2°. de payer tous les frais et droits auxquels ces présentes donneront lieu, etc.

Les donateurs se sont interdit la faculté de pouvoir louer et affermer lesdits immeubles à d'autres qu'aux donataires.

Les contributions de toute nature auxquelles ces biens sont imposés, et les réparations usufructuaires des bâtiments seront, bien entendu, à la charge desdits sieur et dame D   , jusqu'au décès du survivant d'eux.

Les titres de propriété desdits biens resteront entre leurs mains pour être remis, lors du décès du survivant, à qui de droit.

Et pour l'exécution, etc.

Lorsque tous les enfants sont majeurs, les ascendants, au lieu de faire eux-mêmes le partage de leurs biens, en font ordinairement la donation à tous leurs enfants conjointement, souvent à la charge d'une rente viagère; et, par le même acte ou par un subséquent, les enfants procèdent entre eux au partage des biens donnés.

On en trouvera une formule, page 374.

Enregistrement.

Les donations portant partage fait par acte entre-vifs, conformément aux art. 1075 et 1076 du C. C., sont assujetties au droit de 25 centimes par 100 francs sur les biens meubles, et d'un franc aussi par 100 francs sur les immeubles, ainsi qu'il est réglé pour les successions en ligne directe. Le droit de transcription, d'un et demi pour 100, ne doit être perçu que dans les cas où cette formalité est requise. (Loi du 16 juin 1824, art. 3.) Quant au partage, il n'est point passible du droit fixe. (Délib. du 6 janv. 1829.) Le droit proportionnel est dû sur la masse totale des biens, et non sur chaque lot séparément. Lorsque ce sont les ascendants qui font eux-mêmes le partage, les soutes, s'il y en a, ne donnent lieu à aucun droit de mutation. (Délib. 31 mai 1845, 14 sept.

et 30 nov. 1827.) L'acte par lequel un ascendant renonce à l'usufruit qu'il s'était réservé par le partage, et ce moyennant une pension viagère, ne peut être assujetti qu'au droit fixe de 3 fr. comme réunion d'usufruit à la propriété. (Délib. 17 avril 1829, et sol. du 28 juillet 1830.)

Le dictionnaire de M. Roland contient, à ce sujet, des solutions fort intéressantes.

SECTION 3.

PARTAGE AMIABLE DE SUCCESSION.

C'est la division entre héritiers, donataires ou légataires, des biens et des droits d'une personne décédée, lorsque toutes les parties sont majeures.

Lorsqu'une succession est échue à plusieurs co-héritiers, il arrive rarement qu'ils s'accordent tous ensemble pour la posséder par indivis, c'est-à-dire en commun ; c'est pourquoi on fait ordinairement des *partages* entre les co-héritiers, pour assigner à chacun des corps héréditaires qui doivent composer son lot, sa portion, afin qu'il puisse en jouir par lui-même, indépendamment des autres.

Les partages les plus fréquents, et qui ont le plus d'importance, sont ceux des successions dont il y a plusieurs espèces, et dans lesquelles il se trouve souvent des circonstances qui en rendent la liquidation et le partage fort compliqués.

Les clercs doivent donc s'instruire à fond sur cette matière et sur celle des donations entre-vifs et testamentaires, qui y a beaucoup de rapport, afin d'être en état de rédiger ces actes d'une manière solide sans y commettre des fautes, des négligences, ou des méprises, qui puissent leur être imputées, et donner lieu ensuite à quelque contestation; ou au moins d'apercevoir tout ce qui peut faire doute ou difficulté, d'en avertir les parties, et de les inviter soit à se consulter, soit à prévenir tout sujet de débat par des conventions permises et appropriées aux circonstances. Ils acquerront cette instruction, qui leur est si importante, en lisant et méditant avec soin toutes les dispositions du Code relatives à ces objets; et en saisissant par la réflexion les différents rapports, souvent assez éloignés, que les dispositions du Code ont les unes avec les autres. G. D.

Nous rappelons ici le Code civil expliqué par M. Rogron, comme le meilleur livre *élémentaire* qu'on puisse étudier.

Remarques sur les Successions. (C. C. 718—892.)

Dans son acception la plus vulgaire, comme dans le langage des jurisconsultes, ce mot *succession* représente la *transmission des droits actifs et passifs d'un défunt à la personne de son héritier.* (M. Merlin.)

Cette définition, prise dans sa généralité, embrasse non-seulement les successions *ab intestat*, déférées dans un ordre réglé *par la loi même*, et qui de là ont reçu le nom de *successions légitimes*, mais encore les successions qui résultent d'*institutions d'héritier* faites selon les formes légalement autorisées.

Nous n'entendons parler ici que des successions légitimes, et non des successions testamentaires qui ne sont, à proprement parler, qu'une dérogation exceptionnelle à la dévolution primordiale.

Autrefois, dans la plupart des coutumes, on voyait la *nature des biens* figurer comme la base de leur distribution, et les statuts distinguant ces biens en *meubles* ou *immeubles*, en *paternels* ou *maternels*, en *acquêts* ou en *propres naissants et anciens*; distribuer le tout de telle sorte qu'un parent très proche pouvait ne recueillir qu'une faible partie de l'héritage et quelquefois rien, lorsque la plus grande partie et même quelquefois le tout passait à un parent très éloigné du défunt qui peut-être ne l'avait pas connu.

Enfin, *le temps des améliorations* en cette partie, comme en beaucoup d'autres, s'est montré avec la révolution de 1789.

Ce fut la Convention nationale qui, le 17 nivose an 2, prononça que *la loi ne reconnaissait aucune différence dans la nature des biens ou leur origine, pour en régler la transmission.*

Le Code civil, dont le titre des successions a été promulgué le 29 avril 1803, a pris son point de départ dans l'ordre *pur* de la parenté légitime : il détermine un ordre d'après lequel, dans les successions, les uns sont admis de préférence aux autres; et cette préférence est généralement fondée sur le degré d'affection présumée du défunt.

Dans la distribution des biens, telle qu'elle est établie par le Code civil, trois caractères principaux se font remarquer: 1°. *un juste retour à l'égalité;* 2°. *l'accord rétabli entre la cause et les effets*, par l'attribution du droit *à la proximité du lien personnel*, et non d'après l'origine des biens qui doivent suivre la condition des personnes, et non la régler; 3°. une *extrême simplicité*, par l'adoption très ra-

27

tionnelle d'un premier partage par moitié entre les deux lignes paternelle et maternelle.

A la vérité, une partie de ce système a paru subir quelque altération lorsque, peu d'années après la publication du Code civil, on a vu surgir d'un nouvel ordre politique des *majorats*, espèce de fondations ou dotations nobiliaires transmissibles *de mâle en mâle* par ordre de *primogéniture*; mais cet établissement exceptionnel n'a pas pris place dans le droit civil. (Extrait de l'article Succession, par M. Berlier, dans l'Encycl. mod.)

De l'Ouverture des Successions et de la Saisine des héritiers. (C. C. 718—724.)

On dit qu'une succession est *ouverte*, lorsque les biens qui la composent, étant restés sans maître, doivent passer aux héritiers désignés par la loi.

La *saisine* (724) n'est rien autre chose que l'effet de la maxime de notre ancien droit français coutumier : *le mort saisit le vif et son hoir le plus proche.*

Des Qualités requises pour succéder. (C. C. 725—730.)

Le titre de *parent* peut, comme tout autre, être contesté s'il est équivoque, ou s'il est altéré à un degré suffisant pour en opérer le rejet; et la loi, dès son début, a tracé les divers genres d'incapacité propres à écarter ou à rendre inefficace ce titre de parent qui est le fondement de la successibilité *ab intestat*. Le Code a rassemblé, dans le chap. 2 du livre 3, les causes d'incapacité constituant la matière d'examens préalables, dans les cas où ces causes sont invoquées : en effet, le *titre de parent* n'est rien, s'il est jugé qu'il y a dans la personne empêchement radical de le faire valoir. E. M.

Des divers Ordres de successions régulières. (C. C. 731—755.)

Considérée en général, la parenté embrasse trois classes : l'une de *descendants*, l'autre d'*ascendants*, et la troisième de *collatéraux*. Le Code civil s'est distinctement occupé des successions déférées *ab intestat* à chacune de ces classes, selon la position de chacune d'elles avec le défunt dont la succession est ouverte. Des trois classes, la plus favorisée (et celle qui avait le plus de titres pour l'être) est celle des *descendants*. C'est à cette espèce que s'applique le vieil adage : *Succession ne remonte pas si long-temps que descendants du défunt peuvent recueillir.* E. M.

Des Successions irrégulières. (C. C. 756—773.)

L'enfant naturel reconnu, bien qu'il n'entre pas dans la famille proprement dite, et qu'il reste dans les étroites limites du lien paternel qui l'unit soit à son père, soit à sa mère naturelle, exerce aujourd'hui, sur les biens délaissés par ceux-ci, des droits fort étendus : en effet, dans toute succession *ab intestat* déférée à la parenté légitime, l'enfant naturel figure et concourt, non, il est vrai, comme *héritier*, mais (ce qui, au nom près, est bien la même chose) comme ayant droit à une quotité héréditaire, variable selon le degré des parents appelés *à titre d'héritiers.*

Y a-t-il tout à la fois *défaut* de parents successibles et d'enfants naturels reconnus, mais présence d'un *époux survivant ?* C'est à cet époux que la loi défère en ce cas la succession *ab intestat;* et cet honneur rendu au lien du mariage n'atteint, dans cette position, personne qui ait à s'en plaindre.

Enfin arrive l'espèce où manque tout successible, et c'est alors que l'*État* succède par *droit de déshérence*, et parce qu'il serait contraire à l'intérêt social qu'il y eût des biens sans maîtres. E. M.

De l'Acceptation et de la Répudiation des successions. (774—814.)

Il y a deux manières d'*accepter*, l'une expresse, et l'autre tacite : l'acceptation est *expresse*, si l'appelé l'énonce juridiquement ; elle est *tacite*, s'il s'immisce sans formalités préalables dans des actes qui n'appartiennent qu'à l'héritier pur et simple.

La renonciation ne peut être qu'*expresse*, elle ne s'établit point par le silence.

Mais avant d'accepter la succession ou d'y renoncer, il n'est point rare que l'appelé éprouve le besoin d'en connaître les forces, car il s'en faut beaucoup que toutes les successions soient manifestement utiles ou notoirement obérées, et la loi ne pouvait refuser à ceux qu'elle appelle à succéder, les moyens de s'instruire : elle les admet donc à ne se porter héritiers que *sous bénéfice d'inventaire.* E. M.

Sur l'art. 789, voyez le Cours de droit, par M. Duranton, tome 6, page 579.

Il ne faut pas confondre les successions vacantes avec les successions en déshérence. Une succession est *vacante*, lorsque les héritiers ne se présentent pas et qu'on ignore s'il en existe ; une succession est en *déshérence*, lorsqu'il est prouvé qu'aucun héritier légitime ou irrégulier n'existe.

Du Partage et des Rapports. (C. C. 815—892.)

Tout en assignant à chaque héritier sa part héréditaire, la loi ne pouvait déterminer cette part matériellement et la faire, pour ainsi dire, sortir de la masse des biens : pour cela une opération devient nécessaire, et c'est cette opération qu'on nomme *partage*. (Cours de droit.)

Sur l'Action en partage et sa forme, voyez le C. C. art. 815 à 842.

Si, au lieu de faire par acte authentique le partage ou la convention de suspendre le partage (815 et 819), les parties les font par acte sous signatures privées, il faut se conformer à l'art. 1325 du Code.

Il serait impossible, et d'ailleurs inutile et imprudent, quand cela se pourrait, d'indiquer aux jeunes étudiants un mode et une forme qui fussent applicables à tous les actes de partage, à cause de la variété infinie des cas et des circonstances qui font que l'on doit opérer très diversement dans les uns ou dans les autres. Nous en donnerons seulement une esquisse.

1. *Préambule et Exposé.* On doit commencer dans un partage, par établir exactement les qualités dans lesquelles les parties y procèdent. On fait ensuite l'exposé de tous les faits, soit antérieurs à l'ouverture de la succession, soit postérieurs, qui doivent influer sur les opérations du partage, tels que les avantages que le défunt peut avoir faits à l'un ou à plusieurs des héritiers, ou à tous, ou à quelque personne étrangère, par des actes entre-vifs ou par testament ; l'époque de son décès, le scellé, l'inventaire, la vente du mobilier, l'administration que l'une des parties peut avoir eue des biens de la succession, etc.

2. *Conventions préalables.* S'il existe entre les parties quelque difficulté ou sujet de contestation sur leurs droits respectifs, elles les terminent par un arrangement amiable. On convient ensuite de la manière dont sera formée la masse des biens à partager, et de la valeur qui sera donnée aux immeubles tant existants que rapportables par les héritiers qui les ont reçus du défunt, soit que les parties aient été elles-mêmes d'accord sur ces évaluations, soit qu'elles les aient fait estimer par experts ou gens à ce connaissant.

3. *Formation de la masse.* La masse (828) peut être formée d'une seule et même teneur pour tous les biens de la succession sans distinction des uns avec les autres, ou être

faite en plusieurs parties, lorsque ce sont des biens de nature différente qu'il importe de distinguer, pour que chaque intéressé ait sa part afférente dans ceux qui sont de même nature, tels que les biens-fonds, les rentes sur l'Etat, les créances sur particuliers, les recouvrements à faire, etc.

S'il y a quelques biens-fonds, ou quelques objets mobiliers, ou quelques créances que les parties ne veuillent pas diviser entre elles, on les laisse *en commun* dans la masse, sans les tirer en sommes à l'article où l'on en fait mention, en exprimant, s'il le faut, le motif qui a fait prendre ce parti.

4. *Rapports.* Les règles concernant les rapports sont établies avec beaucoup de justesse et de clarté dans le Code civil, art. 843 à 869 : les notaires doivent les connaître à fond pour être en état d'éclairer à cet égard les parties qui les ignoreraient, ou de les concilier si elles n'étaient pas d'accord.

Le rapport est la réunion à la masse de la succession des objets que le défunt avait donnés à ses présomptifs héritiers, afin que le tout soit compris dans le partage : ce qu'un père a payé pour obtenir un remplaçant à son fils dans le service militaire, a été jugé sujet à rapport ; de même du coût d'une charge de notaire, d'avoué, d'huissier ou autre, (Cours de droit.) Le rapport en nature se nomme *rapport réel*, et le rapport en moins prenant se nomme *rapport fictif.*

Les expressions *par préciput et hors part* (843) ne sont pas tellement sacramentelles qu'on ne puisse rendre la même idée en d'autres termes, ou y suppléer par des équivalents : ainsi, donner avec *dispense de rapport*, a le même effet que par préciput et hors part.

La matière des rapports, dit M. Duranton, a toujours été regardée comme une des plus épineuses du droit, et quoiqu'elle ait été beaucoup simplifiée par le Code, elle ne laisse pas que de présenter encore d'assez nombreuses difficultés. V. le Cours de droit français, tome 7.

5. *Dettes de la succession.* Après la formation de la masse des biens, on dresse l'état des dettes et charges de la succession ; on nomme cet état *masse passive.* Voyez le C. C. art. 870 à 882.

Sur la *séparation de patrimoine* (878), voyez la Clef du Not. pag. 105.

6. *Liquidation de l'amendement de chaque héritier.* Lorsqu'après la clôture de la masse des biens et de l'état des charges, on a reconnu le montant de l'actif et du pas-

sif, on détermine ce qui doit revenir à chacun des co-partageants suivant ses droits ; on le compense avec les rapports
qu'il a faits ; on déduit sur chaque amendement la portion
dont il est tenu dans les dettes et charges. Pour faciliter ces
opérations et être sûr que rien n'a été omis, il faut, en
formant la masse, suivre l'ordre des papiers compris dans
l'inventaire, et des titres qu'on aura eu soin de mentionner
dans le préambule du partage.

Comme les fruits des biens d'une succession, qui ont
couru depuis son ouverture, ne font point partie de l'hérédité, mais appartiennent personnellement aux héritiers,
et que pour les co-partageants qui sont mariés, ces fruits
tombent dans leur communauté (1401), ou appartiennent
au mari en cas de non communauté, il est nécessaire, en
formant la masse de l'actif, de tirer hors ligne, dans une
colonne distincte, ces fruits postérieurs, et de ne porter
dans la colonne des fonds ou capitaux que la portion de
fruits qui sera échue avant le décès qui donne lieu au partage de la succession. V. le C. C. 584 et 586.

La même chose sera observée pour les intérêts des dettes
qui en produisent, et pour les frais dont les uns sont à la
charge de la succession, et les autres peuvent être à la
charge des héritiers. G. D.

7. *Composition et distribution des lots.* La distribution
des lots peut être faite, soit en attribuant à chaque co-partageant, pour le remplir de ce qui lui revient, les objets
que l'on énonce, et dont on tire les sommes hors ligne suivant ce dont on est tombé d'accord ; soit en composant autant de lots qu'il y a de têtes ou de souches de partageants,
et en les tirant au sort.

Après que les lots ont été ainsi distribués, il faut convenir clairement de l'époque à compter de laquelle chacun
jouira des fruits et revenus des objets qui forment le sien.
Les notaires sont dans l'usage de mettre à cet endroit des
partages, que chaque co-partageant fait abandonnement
aux autres des biens compris dans leurs lots : cela n'est
pas indispensable (883), mais il n'y a aucune raison pour
ne pas continuer de mettre cette clause à laquelle on est
habitué.

8. *Soutes ou retours de partage.* Lorsqu'il arrive qu'un
des co-partageants a dans son lot plus qu'il ne lui revenait,
parce qu'on n'a pas voulu diviser un immeuble qui y est
compris, il paye ou s'oblige de payer à celui ou à ceux
dont les lots sont moindres que ce qu'ils devaient avoir,

une soute en argent ou en rente qui sert à les remplir de leur contingent. Si la soute n'est pas payée, on met dans l'acte que les immeubles du lot de celui qui en est chargé, demeurent affectés et hypothéqués par privilége, ainsi que de droit, au paiement de cette soute, en principal et intérêts, envers celui à qui elle est due (2103). Il a été jugé que tous les immeubles de la succession sont affectés de ce privilége en faveur du co-héritier auquel il est dû une soute, et non pas seulement les biens échus à celui qui doit la soute; mais on peut, par convention, restreindre ce privilége au lot de celui qui doit la soute.

En résumé, dans une liquidation de succession, après avoir établi les qualités des parties, on commence par l'exposé des faits qui se réduit ordinairement aux circonstances suivantes :

1°. Le décès de la personne dont il s'agit de liquider et partager la succession;

2°. Son testament;

3°. Apposition et levée des scellés;

4°. Inventaire;

5°. Vente mobilière;

6°. Estimation des immeubles;

7°. Compte de la gestion des biens depuis le décès jusqu'au partage;

8°. Dots sujettes à rapport.

Après avoir rapporté ces diverses circonstances sous le titre d'observations préliminaires, on indique le plan de l'opération ou sa division. Cette division se fait presque toujours dans l'ordre suivant :

1°. Masse active des biens de la succession;

2°. Masse passive, ou état des dettes et charges de la succession;

3°. Balance;

4°. Prélèvements;

5°. Réunion ou récapitulation des droits des parties;

6°. Abandonnements;

7°. Fixation de l'époque d'entrée en jouissance;

8°. Remise des titres, etc.

Assez généralement la masse active se dresse par dépouillement d'inventaire, surtout lorsque les papiers ont été inventoriés dans un ordre convenable. Mais lorsqu'on veut l'établir plus brièvement, au lieu de rappeler la cote et les titres de propriété en tête de chaque article, on désigne l'objet, soit une maison, soit une rente ou créance, et on explique ensuite de quelle manière ou en vertu de quel titre l'objet dépend de la succession.

Les notaires peuvent comprendre, dans un acte de liquidation ou de partage, comme dans un inventaire, des titres de créance, avant qu'ils aient été enregistrés. (Cass. 24 août 1818.)

Il arrive souvent, dans les partages et liquidations, qu'on est obligé, pour l'exactitude et à titre de renseignements, de rappeler certains faits ou évènements dont l'énoncé néanmoins n'est pas indispensable ; on mentionne alors qu'ils ne sont rappelés que *pour ordre.*

Dans les deux premières éditions de la Clef du Notariat, nous avions inséré des formules de liquidations ; mais pour ne pas trop grossir ce volume, considérablement augmenté d'ailleurs, nous renvoyons au Parfait Notaire, tome 3, p. 389, 6ᵉ. édition.

Enregistrement.

Les partages de succession sont assujettis au droit fixe de 5 fr. (art. 45 de la loi du 28 avril 1816.)

Il n'est dû qu'un seul droit, quel que soit le nombre des successions partagées. (Délib. du 8 germinal an 8.)

Le partage qui adjuge à l'un l'usufruit et à l'autre la propriété, sans soute, n'est passible que du droit de 5 fr. (Décis. min. du 25 fév. 1821.)

Les déclarations des dettes contenues dans les partages ne donnent pas lieu à la perception du droit d'obligation, si elles sont faites en l'absence du créancier. (Cass. divers arrêts.)

Pour les droits dus à raison des soutes, voyez page 412.

Le rapport dans un partage d'une somme d'argent reçue en avancement d'hoirie, sans énonciation de titre enregistré, n'est passible d'aucun droit. (Délib. du 12 déc. 1826.) Le rapport par un co-héritier des sommes qu'il avait reçues des défunts ou qui lui avaient été prêtées, ne donne lieu non plus à aucun droit. (Cass. 2 mai 1829.)

Quant aux *droits de succession*, voyez ci-devant page 73, et l'Indicateur, au mot SUCCESSION.

SECTION 4.
PARTAGE JUDICIAIRE.

C'est celui qui est ordonné par le tribunal, dans les cas prévus par les art. 823 et 838 du C. C., et selon les formes prescrites par le C. de proc. art. 966 à 985. (1)

_____

(1) Le tribunal de première instance de Blois a rendu un jugement en matière de partages et licitations qui nous paraît introduire un usage bon à imiter :

« Le mari survivant, les enfants majeurs et les mineurs (le subrogé-« tuteur autorisé par conseil de famille) se joignent et demandent con-« jointement, par requête adressée au Tribunal, qu'il soit procédé à la « liquidation et au partage de la succession de la femme.

« Tous présentent au Tribunal, par le ministère d'un seul avoué, re-« quête à fin d'ordonnance du partage de la succession. Jugement qui « l'ordonne ainsi. Il n'y a ni écritures ni significations à faire, mais seu-« lement trois requêtes à présenter ; la première, pour faire ordonner

Explicitement, c'est celui qui est fait en justice entre co-héritiers ou co-propriétaires étant en contestation, soit sur la demande en partage, soit sur le mode d'y procéder, soit sur la manière de le terminer, ou parmi lesquels il y a des absents non dûment représentés, ou des mineurs, ou des interdits.

Dans cette opération, le notaire doit s'environner de tous les renseignements propres à éviter toute espèce d'erreurs ou omissions, et ne pas négliger d'appeler les parties près de lui, sans que d'ailleurs il soit nécessaire de constater ces conférences verbales.

On dresse d'abord un procès-verbal d'ouverture des opérations, à la suite duquel et par forme de vacations, on établit les comptes, rapports, masses, prélèvements, etc. Souvent, pour y mettre plus d'ordre et plus de clarté, on fait séparément le projet de ce travail par forme d'*état*, que l'on communique aux parties avant de l'arrêter définitivement. Dans ce travail, le notaire doit s'attacher à l'observation rigoureuse des règles du droit. Si les parties sont d'accord entre elles et le notaire, celui-ci dresse cet état sur papier timbré, et l'annexe au procès-verbal de comparution mis à la suite du premier. On donne à cet état le nom d'*état de compte*. P. N.

La mention de l'annexe se fait de cette manière :

Et à l'instant cet état, écrit sur   feuilles de papier au timbre de   chaque, a été arrêté par Me.   , parafé au bas de chaque recto et au-dessous tant de chaque renvoi que de la mention des mots rayés comme nuls, et signé à la fin par tous les comparants et par le notaire ; et il est demeuré ci-annexé (*ou* annexé à ces présentes), après que dessus mention a été faite de son annexe.

Et cette dernière mention se rédige ainsi :

Arrêté par Me.   , notaire à   ; signé et parafé tant par les parties que par lui, et demeuré annexé à la minute d'un acte (*ou* d'un procès-verbal) de comptes, liquidation et partage, dressé par ledit Me.   aujourd'hui

Un partage où un mineur est intéressé, et qui a lieu en justice, peut être fait par attribution de parts, plutôt que par tirage au sort, si ce mode est autorisé comme le serait une transaction. (Cass. 30 août 1845.)

« la liquidation et le partage ; la seconde, pour faire homologuer le rap-
« port d'experts et ordonner la vente des biens s'ils ne sont pas partagea-
« bles ; la troisième, pour faire homologuer, quand il est besoin, l'acte
« de liquidation. » (Gazette des Tribunaux, du 6 juin 1833.)

Le partage où des mineurs, même émancipés, sont intéressés, doit être fait en justice, encore bien qu'il n'y ait que du mobilier. (Chabot.)

SECTION 5.

LIQUIDATION ET PARTAGE DE COMMUNAUTÉ.

La *liquidation de communauté* est l'acte par lequel on établit l'actif et le passif d'une communauté entre époux, et l'on détermine la nature et la quotité des droits de chaque intéressé dans cette communauté.

Si les étudiants ont bien saisi l'esprit et les motifs de toutes les dispositions du Code civil (art. 1387 à 1581), ils seront en état, dans les diverses circonstances qui se présenteront, de rédiger les actes de liquidation qu'ils auront à faire d'une communauté ou d'une succession, lorsqu'il faudra, soit en cas d'acceptation, soit en cas de renonciation, établir les rapports, les reprises, créances, indemnités et récompenses que seront tenues de faire, ou qu'auront droit d'exiger les parties intéressées. Comme toutes les dispositions du Code ont leur base dans la nature des choses ou dans les convenances sociales et d'ordre public, le jugement servira à les guider dans ces opérations mieux encore que ne ferait la mémoire, à laquelle il peut souvent échapper quelque chose, au lieu que dans le jugement tout se lie, tout se tient, de manière que rien ne lui échappe quand il agit avec attention.

Pour apprendre à dresser des liquidations, ils feraient bien d'examiner de temps à autre un inventaire, d'en faire le dépouillement, de liquider les droits des parties, enfin de prier le premier clerc de vérifier leur travail, et de leur indiquer les erreurs qu'ils auraient commises : ou bien encore de lire attentivement les liquidations qui se passent dans leur étude, et de se rendre raison des calculs et opérations qu'elles peuvent contenir. Ces deux moyens, mis en pratique, mettraient bientôt un jeune homme laborieux en état de dresser les liquidations les plus difficiles.

Excepté la liquidation de reprises, il est rare de voir une liquidation qui ne soit pas suivie de partage : aussi, dans les actes de notaires, rencontre-t-on souvent ces deux mots *liquidation et partage*, qui semblent ne pouvoir être séparés.

Remarques particulières très importantes.

L'*actif* de la communauté (1401) est la masse des biens qui lui profitent.

Tombent dans la communauté et en font partie : « Les

prix des ventes d'immeubles faites par l'un des époux avant
le mariage, et les soutes de partage d'immeubles, encore
dus lors du mariage.

Les rentes perpétuelles constituées pour prix d'immeubles (1433) vendus avant le mariage, mais encore dues.

Les rentes viagères, les fonds de commerce, les actions
de la Banque non immobilisées, les rentes sur l'Etat, etc.

Mais les soutes en deniers payés à l'un des époux dans un
partage d'immeubles fait pendant le mariage lui demeurent
propres.

La réunion d'une maison ou d'une pièce de terre contiguë
à une autre maison ou terre de l'un des époux, ne forme
point un propre, mais un conquêt de communauté, lorsque
cette réunion a lieu par acquisition durant son cours.
(M. Duranton.)

L'art. 1408 ne s'appliquerait pas au cas où l'immeuble
ayant été partagé, l'acquisition serait faite ensuite des
portions *divises* échues aux co-propriétaires de l'époux;
alors les parties acquises formeraient un conquêt de communauté. (Id.)

La communauté embrassant activement la généralité des
meubles de chacun des époux, on l'a chargée de leurs dettes
mobilières (1409). On entend par *dettes mobilières* celles qui
ont pour objet quelque chose de mobilier, comme une
somme, un cheval, etc.; et quand même l'obligation serait
avec hypothèque, la dette ne serait pas moins, en général,
à la charge de la communauté (2114).

Il ne se fait point de compensation ou de confusion, au
profit de l'époux, entre les dettes relatives à ses propres,
et ses créances ou autre espèce de mobilier : ces créances
ou ce mobilier entrent dans sa communauté, sans récompense pour lui, et la dette relative à un de ses propres
demeure à sa charge personnelle. Si donc il a vendu, peu
de temps avant son mariage, un immeuble dont le prix lui
était encore dû lors du mariage, et qu'il ait acheté un autre
immeuble dont il devait encore le prix lors de la célébration,
le prix de l'immeuble par lui vendu est tombé dans sa communauté sans récompense pour lui, et le prix de l'immeuble
par lui acheté n'est à la charge de la communauté que sauf
récompense pour elle. (M. Duranton.)

Il est de principe (1433) que toutes les fois que la communauté s'est enrichie aux dépens de l'un des époux, il est
dû récompense à l'époux jusqu'à due concurrence. Un autre
principe est que la récompense n'est pas nécessairement de

ce qu'il en a coûté à la communauté, pour l'affaire particulière de l'époux, ou à l'époux, pour l'affaire de la communauté; elle n'est due, en général, que jusqu'à concurrence de ce que l'époux ou la communauté a profité de la dépense. Il y a exception lorsque la dépense était *nécessaire*.

L'*emploi* (450) consiste dans un placement des deniers provenants de l'immeuble vendu; le *remploi*, dans l'acquisition d'un autre immeuble.

Ce n'est pas nécessairement pendant 3 mois et 40 jours (1466) que la femme a le droit de prendre sa nourriture et celle de ses domestiques; c'est seulement pendant le temps de l'inventaire et les 40 jours pour délibérer: d'où il suit que si l'inventaire a été fait et clos dans le premier ou le second mois après le décès du mari, comme le délai de 40 jours pour délibérer commence à courir du jour de la clôture de l'inventaire, la femme n'aurait droit à sa nourriture, que jusqu'à l'expiration de ces 40 jours seulement. (M. Duranton.)

Partage de l'actif.

On compose d'abord la masse partageable (1468).

Les rapports (1469) ne se font, dans la pratique, qu'en moins prenant, parce qu'ordinairement l'époux qui en est débiteur, n'a pas des deniers nécessaires pour les effectuer en nature; c'est un compte à faire, et qui se fait ainsi:

Après avoir déterminé, article par article, ce qui est dû aussi à l'époux débiteur du rapport, pour le prix de ses immeubles qui ont été aliénés pendant la communauté et dont le remploi n'a point été effectué, et pour les indemnités qui peuvent lui être dues pour d'autres causes, on règle la balance. On en fait autant à l'égard de l'autre époux, il se fait compensation jusqu'à concurrence de la somme la plus faible, et l'époux qui la devait prélève sur la masse une somme égale à celle dont le conjoint reste débiteur. Si l'un des époux, au lieu d'être débiteur envers la communauté, est créancier, d'après la balance du compte qui le concerne personnellement, il prélève sur la masse somme pareille à celle dont il est créancier, plus une somme égale à celle dont l'autre époux ou son représentant reste débiteur. Si tous deux sont créanciers, déduction faite de ce qu'ils devaient à la communauté, il se fait aussi compensation jusqu'à concurrence de la somme la plus faible, et l'époux en faveur duquel est la balance, prélève pareillement sur la communauté somme égale à celle qui lui reste due. On peut, du reste, régler le compte comme on l'entend, mais en observant les règles posées par les art. 1470, 1471 et suiv. (M. Duranton.)

L'art. 1475 dit *portion virile et héréditaire*, mais ce mot *virile* est inutile. *Portion virile* n'est point synonyme de *portion héréditaire*. Un père, par exemple, qui succède à l'un de ses enfants avec deux autres enfants, n'a pas le tiers des biens, ce qui ferait une *portion virile* dans l'espèce ; il a seulement le quart, qui est sa portion héréditaire. (Id.)

Le partage de la communauté est déclaratif et non attributif de propriété (1476) ; il a un effet rétroactif (883) ; il fait supposer que chacun des époux est devenu propriétaire des objets échus à son lot, à partir du jour où ils ont été acquis à la communauté, à partir du moment où ils sont devenus communs aux époux : d'où il suit que si les créanciers personnels de l'un des époux ont pris des inscriptions hypothécaires sur les biens de la communauté, dans l'intervalle de la dissolution au partage, elles sont sans effet par rapport au conjoint au lot duquel sont échus les immeubles qui en ont été grevés. (Id.)

L'époux donataire de son conjoint par contrat de mariage, peut exiger le rapport des dots ultérieurement constituées aux enfants, pour exercer, sur leur montant réuni à la masse, la donation qui lui a été faite. J. J. N.

La disposition de l'art. 1483 est un bénéfice que la loi a cru devoir accorder à la femme, à raison de ce que c'est le mari seul qui a administré la communauté.

Quoique la veuve commune n'ait point fait inventaire, elle est tenue seulement de la moitié des dettes de la communauté. (Cass. 20 déc. 1831.)

Qu'il nous soit permis de signaler ici une erreur où tombent quelquefois de jeunes premiers clercs. Pour la faire mieux comprendre, nous citerons un exemple : Jules avait épousé Louise, de laquelle il a eu des enfants, encore mineurs, lorsque Louise étant décédée, Jules s'est remarié à Thérèse. Peu de temps après, Jules décède, et il s'agit de liquider : 1°. la communauté d'entre lui et Louise, 2°. la succession de Louise, 3°. et la communauté d'entre Jules et Thérèse. Par le résultat des deux premières opérations, l'émolument net de Jules était de 6000 francs, et celui des enfants du premier mariage de 8000 francs, somme qui était encore due à ces enfants lors du décès de Jules. En se remariant avec Thérèse, on voit que Jules possédait réellement 6000 francs d'une part et 8000 de l'autre : donc, dans ses reprises sur la seconde communauté, il faut comprendre 14,000 fr. et non pas seulement 6000

Pour les mariages contractés sous l'empire des lois et coutumes anciennes, on doit encore observer celles de ces lois, coutumes ou statuts alors en vigueur dans les pays où ces mariages ont été célébrés, si les parties n'ont point entendu adopter un autre régime ; car d'après l'art 2 du C. C., la loi n'a pas d'effet rétroactif. D.

Cadre d'un acte de liquidation et partage de communauté.

Qualités des parties.

Observations préliminaires ou exposition des faits. (Quelle que soit la manière dont cette exposition est faite, si elle est claire et facile à entendre, dit M. Augan, le rédacteur a atteint le but.)

1re. — Contrat de mariage.
2me. — Donations entre les époux pendant le mariage.
3me. — Successions échues à la femme, dons ou legs qui lui ont été faits
4me. — Successions, dons ou legs, recueillis par le mari.
5me. — Conquêts de communauté.
6me. — Testament du défunt (s'il y en a un).
7me. — Décès de M.   , scellés et inventaire.

PREMIÈRE OPÉRATION. Comptes, liquidation et partage de la communauté.

Masse active. (C. C. 1401 et suivants.) On peut faire deux colonnes : l'une contenant en chiffres les fonds et fruits échus au décès ; l'autre contenant les fruits échus depuis le décès. On comprend dans la masse l'estimation des meubles, celle des immeubles conquêts de communauté, par dépouillement des cotes de l'inventaire ou autrement, les fermages de ces conquêts et ceux des immeubles propres aux époux jusqu'au décès, etc.

Masse passive. (C. C. 1409 et 1482). On y comprend sous divers articles les frais de dernière maladie, les loyers, contributions jusqu'au décès, et autres dettes.

Résultat des masses ou balance. L'actif en fonds excède le passif à sa charge de   , et en fruits de

Prélèvements. (C. C. 830, 1433, 1471, 1503 et 1515.) On y comprend l'apport de chaque époux, déduction faite de sa mise en communauté, la valeur des successions qui leur sont échues pendant le mariage, etc.

Réunion des prélèvements et leur soustraction de la masse. D'où il résulte que l'actif se réduit à   , dont moitié pour le survivant des époux, et moitié pour les héritiers du prédécédé.

DEUXIÈME OPÉRATION. Comptes, liquidation et partage de la succession de l'époux décédé.

Masse active. Elle se compose des droits du décédé dans la communauté et de tous ses biens repris en nature.

Masse passive. Frais funéraires, douaire, deuil, droits de mutation.

Balance ou résultat de ces deux masses.

Fixation des droits des parties dans la succession.

Récapitulation générale de l'actif dépendant de la communauté et de celui de la succession.

Abandonnements et leur réunion.

Dispositions particulières et époque d'entrée en jouissance.

Remise des titres et pièces.
Election de domicile, etc.

V. le Parfait Notaire, t. 3, p. 89, et, pour les formules, page 402 et suiv. 6ᵐᵉ. édition.

Enregistrement.

Les liquidations sont considérées comme partages et ne sont assujetties qu'au droit fixe de 5 francs. (Loi du 28 avril 1816, art. 45.) S'il y avait plusieurs héritiers, et qu'il y eût subdivision par le même acte, cette subdivision n'opérerait aucun droit particulier. (D. F. 5 nov. 1811.)

SECTION 6.

LIQUIDATION DES REPRISES D'UNE VEUVE.

La *liquidation de reprises* est l'acte qui se fait après la dissolution de communauté, soit par séparation, soit par décès, et qui a pour objet de remplir la femme du montant de ses droits et créances, à tous titres, par suite de sa renonciation à la communauté. On emploie aussi cette expression de *liquidation de reprises*, pour désigner la liquidation qui s'opère, dans le partage de la communauté, des reprises des deux époux.

On procède à une simple liquidation de reprises, lorsque la femme a renoncé à la communauté. Si la communauté était légale, on lui attribue les reprises énoncées dans l'art. 1493 du Code civil; mais si la communauté était conventionnelle, et qu'on eût donné à la femme, par contrat de mariage, les droits énoncés sous les art. 1514 et 1515 dans toute leur plénitude, alors elle reprend la valeur des objets mobiliers qu'elle possédait lors du mariage, sans déduction de sa mise en communauté, et la valeur de ceux qui lui sont échus depuis, A ces reprises on ajoute les indemnités auxquelles elle peut avoir droit. Le cas le plus ordinaire de ces indemnités est celui qui résulte du paiement fait par la femme, depuis le mariage, d'une dette de la communauté ou d'une dette personnelle au mari. De son côté, la femme doit supporter ce qui a été tiré des deniers de la communauté pour ses affaires personnelles, et il est fait déduction de ces sommes sur le montant de ses reprises. R. N.

V. le Parf. Not. tome 3, p. 225 et suivantes, 6ᵉ édition.

Formule.

Par-devant, etc., furent présents : Dame Henriette M   , veuve de M. Charles D   , demeurante à .   , d'une part;

Et MM. D   , seuls héritiers, chacun pour moitié, de feu
M. Charles D   , leur père, mais seulement sous bénéfice d'inventaire, suivant la déclaration qu'ils ont faite au greffe du tribunal civil de
l'arrondissement de   , par acte du   , d'autre part ;

Lesquels ont dit que Mme. V^e. D   , après avoir depuis long-temps
sollicité l'établissement de la liquidation des reprises et créances matrimoniales qu'elle a droit d'exercer contre la succession de son mari, était
sur le point de former une demande judiciaire contre les héritiers bénéficiaires, pour y parvenir ; que, dans cette position, MM. D
voulant éviter les frais qui seraient résultés de cette demande, ont consenti à ce que cette liquidation fût faite dès à présent.

En conséquence, il y a été procédé de la manière suivante :

Pour l'intelligence de l'opération, les parties ont préliminairement
observé ce qui suit :

PREMIÈRE OBSERVATION.

Mariage et conventions matrimoniales de M. et Madame D   ?

(Analyser ici le contrat de mariage.)

DEUXIÈME OBSERVATION.

Succession échue à Madame D   .

(Énoncer les biens et sommes que Mme. D   a pu recueillir pendant son mariage, ou déclarer qu'elle n'a rien recueilli.)

TROISIÈME OBSERVATION.

Décès de M. D   , *et opérations qui l'ont suivi.*

(On rapporte la date du décès, on énonce l'inventaire, la vente mobilière, le résultat du compte de l'officier qui a fait cette vente, etc.)

QUATRIÈME OBSERVATION.

Renonciation par Madame D   *à la communauté.*

Suivant acte fait au greffe du tribunal de, etc., Mme. D   a renoncé
à ladite communauté , pour s'en tenir à ses reprises et créances matrimoniales.

D'après ces observations, on a établi les reprises et créances de madame D   , ainsi qu'il suit :

Les droits de Mme. D   consistent, 1°. dans la somme de douze
mille francs à elle constituée en dot par M. son père, suivant son contrat
de mariage analysé en la première observation, ci. . . 12,000 fr. »»
2°. Dans son préciput de 2,000 francs , ci.   2,000   »»
3°. Et dans la somme de 600 francs, à quoi les parties
ont fixé la valeur de son deuil. (C. C. 1481.) ci. . . .   600   »»

Total, quatorze mille six cents francs, ci. . . . . 14,600 fr. »»
Sur quoi il convient de déduire 1°. les meubles et effets
qu'elle a pris en nature à compte de son préciput, et
désignés en la troisième observation ; ces objets montant
à 4,600 francs, ci. . . . .   4,600 fr. »» }
2°. Six cents francs qu'elle a touchés pour   } 2,200   »»
loyers et arrérages de rente, ci.   600   »» }

Cette déduction faite, il reste encore dû à Mme. D
la somme de 12,400 francs, ci. . . . . 12,400 fr. »»

Dont acte, fait et passé, etc.

Enregistrement.

Sont sujets au droit fixe d'un franc les actes qui ne contiennent que l'exécution, le complément et la consommation d'actes antérieurs enregistrés. (Loi du 22 frimaire an 7, art. 68, § 1er.)

Tout acte, autre qu'un jugement, par lequel on établit les reprises de la femme, résultantes de son contrat de mariage, antérieurement enregistré, n'étant que le complément ou l'exécution de ce premier acte, ne peut être assujetti qu'au droit fixe. (Cass. 6 juin 1811, 10 décembre 1817 et 1er. avril 1822.)

SECTION 7.

LIQUIDATION DE SOCIÉTÉ D'ACQUÊTS.

La société d'acquêts, dont nous avons parlé à la p. 139, finit de la même manière que la communauté. Elle ne se continue point entre l'époux du survivant et les héritiers du prédécédé. La femme survivante ou ses héritiers peuvent y renoncer. La renonciation affranchit la femme ou ses héritiers, qui reprennent sa dot, des dettes contractées par le mari pendant l'association. C'est une différence entre la communauté légale et la société d'acquêts. Les biens de celui-ci répondent des dettes si les acquêts ne suffisent pas pour les payer : d'où la conséquence que si la société ne comprend aucun bien, la femme peut, avant d'y renoncer, réclamer sa dot sur les biens du mari.

La liquidation d'une société d'acquêts doit être faite sur les bases suivantes :

D'abord; il faut se conformer aux art. 1499 et 1402 du Code civil.

Après avoir bien déterminé les acquêts et les propres, et par suite la masse de la société, il faut prélever 1°. la dot de la femme et ses apports, 2°. les dettes contractées pendant la société, 3°. le prix des biens des époux vendus depuis le mariage, 4°. les dégradations qui y sont survenues.

Au lieu de prélever la dot de la femme sur les acquêts, il faudrait la prendre sur les biens du mari, si elle avait été employée à payer une dette propre à celui-ci.

Quand on a fait les prélèvements ci-dessus indiqués, ainsi que celui du préciput, si on en a stipulé un, on partage ce qui reste entre l'époux survivant et les héritiers de l'autre, selon les proportions fixées par le contrat de mariage.

28

Si un époux a fait à l'autre quelque donation, il faut suivre la règle de l'art. 1480 du Code. (Rép. de la jurisp. du Not.)

TITRE XXII.

DÉPOT DE PIÈCES.

—

Il y a trois sortes d'actes de dépôt de pièces : le *dépôt pour minute*, le *rapport pour minute*, et le *dépôt avec reconnaissance d'écriture*.

SECTION PREMIÈRE.

DÉPOT POUR MINUTE.

C'est l'acte par lequel on dépose des pièces dans l'étude d'un notaire pour qu'il les mette au rang de ses minutes.

Avant de recevoir les pièces à déposer, on les examine avec la plus grande attention, pour savoir si elles sont revêtues des signatures des parties, des témoins et des notaires ; si elles sont timbrées, enregistrées et légalisées, si toutes les signatures sont faites régulièrement; si tous les renvois sont approuvés ; s'il n'y a pas de surcharge, etc.

On fait certifier véritables, signer et parafer les pièces par la personne qui les dépose.

Toutes sortes d'actes, s'ils n'ont rien de contraire aux lois d'ordre public ni aux mœurs, peuvent être déposés chez un notaire.

Mais voyez, pages 70 et 71, les articles 42 et 43 de la loi du 22 frimaire an 7.

Les actes de l'état civil (naissances, mariages et décès), n'étant pas sujets à l'enregistrement, d'après l'art. 70 de la loi du 22 frimaire an 7, ils peuvent être déposés sans qu'ils aient été soumis à cette formalité.

Les notaires de Paris se sont imposé des règles particulières, relativement aux annexes et dépôts d'actes. Voyez l'arrêté de la chambre du 9 ventose an 13, inséré dans le recueil de leurs Statuts et réglements.

Si la pièce qu'on dépose pour minute, est un acte sous signatures privées, il faut la désigner d'une manière précise; on doit dire sur combien de feuilles elle se trouve écrite, quel est le format du papier, quel en est le timbre, combien de pages on de portions de pages sont restées en blanc ; on y mentionne les surcharges, ratures, interlignes, etc. S'il s'agit d'un testament, on relate le nombre de lignes, et on rapporte textuellement, même avec les fautes d'orthographe, la première et la dernière ligne de chaque page. De cette manière, on ne peut soupçonner que la pièce déposée ait été altérée après le dépôt.

Lorsqu'un notaire présente un testament olographe au président, et que le greffier dresse un procès-verbal constatant la présentation, l'ordonnance de dépôt entre les mains du notaire, et la remise du testament à ce notaire, il est inutile que le notaire dresse ensuite aucun acte particulier de dépôt; mais le notaire se fait délivrer au greffe une expédition du procès-verbal constatant le dépôt; il la joint au testament, et il met le tout au rang de ses minutes, sans autre formalité : tel est l'usage suivi à Paris. R. N.

S'il s'agit du dépôt d'un acte public dont on doit produire des expéditions ou extraits, en justice ou à des administrations publiques, il faut le faire légaliser avant le dépôt, à moins que le dépôt et la production n'aient lieu dans la même commune que l'acte a été passé.

Quand l'acte vient de l'étranger, il doit être légalisé par les autorités compétentes du pays, par l'ambassadeur ou le résident français dans ce pays et par le ministre des affaires étrangères.

Lorsque les pièces déposées sont écrites en langue étrangère, les notaires ne peuvent les recevoir en dépôt, qu'après avoir été traduites par un interprète juré, et accompagnées de la traduction. R. N. — Voyez page 101.

Formule.

Dépôt d'une procuration en brevet.

Aujourd'hui a comparu, etc. M. J   ; lequel a, par ces présentes. déposé pour minute à Me.   , l'un des notaires soussignés, le brevet original d'une procuration donnée audit sieur J   , par M. T   , devant Me.   et son collègue, notaires à   , le enregistré à   , le   , légalisé par M. le président du tribunal de   , le   .

Ce brevet, représenté par M. J   , est, sur sa réquisition, demeuré ci-annexé, après qu'il l'a eu certifié véritable et signé en présence des notaires.

Dont acte, fait et passé à, etc.

Mention à mettre sur le brevet déposé.

Certifié véritable et signé par M. J   , en présence des notaires à   , soussignés, et déposé pour minute à Me.   , l'un d'eux par acte passé devant lesdits notaires aujourd'hui   1838.

Si le déposant ne sait pas signer, la mention se fait ainsi:

Certifié véritable par M.   , en présence des notaires à

soussignés, et déposé pour minute à Me.   , l'un d'eux , par acte,
passé aujourd'hui   1838 , devant lesdits notaires , qui ont seuls
signé cette mention , attendu que M. J   a déclaré ne le savoir.

Si le dépôt et la production de la pièce déposée ont lieu
dans la même commune que celle où cette pièce a été passée,
on y fait seulement la mention de l'annexe, de cette manière:
*annexé à la minute d'un acte de dépôt passé devant les
notaires à   soussignés, aujourd'hui   1838.*

Enregistrement.

Les dépôts d'actes et pièces chez des officiers publics
opèrent le droit fixe de 2 francs. (Art. 43 de la loi de 1816.)

L'acte de dépôt de plusieurs procurations données par des
personnes qui ont des intérêts distincts, opère autant de
droits qu'il y a de procurations , bien qu'il ne s'agisse que
d'un seul acte de dépôt. (D. F. 3 oct. 1817.)

Si, contrairement à l'usage reconnu par le ministre de la
justice , suivant une lettre du 9 septembre 1812, le notaire
rédige acte de dépôt d'un testament olographe, il peut le
faire sans que le procès-verbal contenant l'ordonnance du
président ait été enregistré. (Délib. de la régie du 26 août
1826.)

SECTION 2.

RAPPORT POUR MINUTE.

Le *rapport pour minute* est l'acte par lequel on rapporte
à un notaire un précédent acte qui avait été délivré en brevet, pour être mis au rang de ses minutes, et en être délivré
des expéditions à qui de droit.

Le rapport pour minute n'est, à proprement parler, qu'un
acte de dépôt, qui doit être constaté par un nouvel acte,
auquel demeure joint celui qui est rapporté pour minute.

On fait signer l'acte par la personne qui rapporte le
brevet.

Il est convenable que ce rapport soit fait dans l'étude du
notaire qui a reçu le brevet.

Lorsque c'est une obligation qui , ayant été délivrée en
brevet, est rapportée pour minute , il faut , pour que le
notaire puisse en délivrer une grosse au créancier, de deux
choses l'une , ou que l'obligation porte la convention que
cette grosse sera délivrée dans le cas prévu du rapport pour
minute , ou que le débiteur intervienne à l'acte de rapport
et donne son consentement à la délivrance. (Toullier.) Voyez
ci-devant au bas de la page 294.

Formule.

Aujourd'hui a comparu, etc. M. A   ; lequel a, par ces présentes, rapporté pour minute à Mᵉ.   , l'un des notaires soussignés, à l'effet de lui en être délivré une grosse , le brevet original d'une obligation de 200 francs passée devant ledit Mᶜ.   et son collègue, le   , dûment enregistré, et souscrite au profit du comparant par M. B   .

En conséquence ce brevet est demeuré ci-annexé , après que mention du rapport y a été faite par les notaires soussignés.

Dont acte fait et passé, etc.

La mention peut se faire ainsi :

Annexé à la minute d'un acte passé devant les notaires à   , soussignés, aujourd'hui   , au moyen du rapport qu'en a fait M. A   .

Nota, L'acte de rapport pour minute ne peut pas être écrit sur le brevet rapporté. J. E.

Il opère le même droit que l'acte de dépôt.

SECTION 3.

RECONNAISSANCE D'ÉCRITURE.

C'est l'acte par lequel une personne reconnaît qu'un acte sous signature privée est d'elle , et que l'écriture qu'on lui représente est de sa main. R. J. (C. C. 1322 et 2123 ; C. de pr. 193—218.)

Les reconnaissances d'écritures privées se font judiciairement ou extra-judiciairement.

Celles qui sont faites devant notaires ne confèrent hypothèque qu'autant que cette hypothèque y est spécialement consentie , et que les biens hypothéqués y sont désignés.

S'il s'agit d'un simple billet , le créancier en fait valablement le dépôt au notaire ; le débiteur vient ensuite reconnaître l'écriture ou sa signature.

Avant de pouvoir diriger des poursuites en vertu d'un acte sous seing privé, il faut qu'il ait été enregistré , reconnu en justice , et rendu exécutoire par jugement. V. page 104.

Formule.

Aujourd'hui a comparu, etc. M. A   ; lequel a, par ces présentes, déposé pour minute à Mᶜ.   , l'un des notaires soussignés, un billet sous signature privée, en date à   , du   , fait sur papier timbré, enregistré à   , le   , par   , qui a reçu   , contenant reconnaissance par M. B   , qu'il doit à M. A   , la somme de   , pour prêt, qu'il avait promis de lui payer le, etc.

A aussi comparu M. B   ; lequel a, par ces mêmes présentes, reconnu que ce billet est sincère et véritable ; qu'il l'a écrit de sa main (*ou* : qu'il l'a fait écrire de la main d'un tiers), et que la signature qui y est apposée est bien la sienne : renouvelant ici en tant que de besoin les reconnaissances et engagements qui y sont exprimés.

De plus, ledit sieur B   a affecté et hypothéqué spécialement au paiement de la somme susdite, une maison située à, etc.

Et sur la réquisition de MM. A.   et B   , ledit billet est demeuré ci-joint, après qu'ils l'ont eu signé de nouveau en présence des notaires.

Dont acte, etc.

S'il s'agit d'un acte sous seing privé synallagmatique (C. C. 1202), on le fait déposer et reconnaître par tous ceux qui l'ont signé.

Style.

Aujourd'hui, etc. Lesquels ont, par ces présentes, déposé, etc.

Et, par ces mêmes présentes, toutes les parties comparantes ont reconnu que l'acte sous seing privé ci-dessus énoncé est sincère et véritable, qu'il a été écrit en entier de la main de   , que les signatures qui y sont apposées sont bien les leurs; renouvelant, etc. (Comme dans la formule qui précède.)

Enregistrement.

Cet acte est sujet au droit fixe de 2 francs. (Art. 43 de la loi du 28 avril 1816.)

TITRE XXIII.

CERTIFICATS ET DÉCLARATIONS.

—

En général un *certificat* est l'acte ou l'écrit par lequel une personne rend témoignage d'un fait qui ne l'intéresse pas personnellement. Tout autre certificat est une *déclaration*. Ce dernier terme, dans sa signification la plus étendue, indique toute manifestation faite par une personne, soit de sa volonté, soit d'un fait qui est à sa connaissance. R. N.

SECTION PREMIÈRE.

CERTIFICAT DE PROPRIÉTÉ.

Le *certificat de propriété* est l'acte par lequel un notaire atteste, en conformité de la loi du 28 floréal an 7, le droit de propriété ou de jouissance que telles ou telles personnes ont dans une inscription sur le grand-livre de la dette publique, ou dans un cautionnement versé à la caisse d'amortissement, etc.

Les héritiers des propriétaires d'actions de la Banque de France, pour parvenir à se faire immatriculer, et pour obtenir le paiement des intérêts et des dividendes, doivent aussi produire des certificats de propriété délivrés par les notaires.

§ 1er. Certificat de propriété pour les rentes sur l'État.

Dans les cas de mutation des rentes sur l'Etat ou inscriptions sur le grand-livre de la dette publique, autres que les mutations qui s'effectuent par transferts, le nouveau propriétaire est immatriculé sur le grand-livre, et la nouvelle inscription lui est délivrée sur le simple rapport de l'ancienne inscription, et d'un certificat de propriété ou acte de notoriété.

Ce certificat de propriété doit contenir, 1o. les nom, prénoms et domicile du nouveau propriétaire ou jouissant ; 2o. la qualité en laquelle il procède ou possède, c'est-à-dire, sa qualité d'héritier ou de donataire, ou de légataire universel, ou à titre universel, ou particulier de M. etc. ; 3o. l'indication de sa portion dans la rente ; 4o. l'époque de son entrée en jouissance, ou à compter de laquelle il a droit aux arrérages.

Le certificat de propriété est fait, signé et délivré par un notaire, lorsque le droit du nouveau possesseur résulte d'un inventaire ou partage fait ou reconnu devant notaire, ou d'une transmission gratuite à titre entre-vifs ou par testament C'est le notaire, dépositaire de la minute ou de l'original de l'acte, qui délivre dans ces cas le certificat de propriété, lequel doit être légalisé (excepté quand ils sont délivrés par les notaires du département de la Seine). V. l'art. 28 de la loi du 25 ventose an 11.

Lorsqu'il n'existe aucun de ces actes en forme authentique, ni testament olographe déposé devant notaire, l'acte de notoriété est délivré par le juge de paix du domicile du décédé, sur l'attestation de deux citoyens français.

Si la mutation s'est opérée par jugement, le greffier, dépositaire de la minute, délivre le certificat.

Quant aux successions ouvertes à l'étranger, les certificats sont délivrés par les magistrats autorisés par les lois du pays ; mais ils ne sont admis qu'autant qu'ils ont été légalisés par l'agent du gouvernement français. (Art. 6 de la loi du 28 floréal an 7.)

Le droit accordé aux juges de paix est commun aux notaires ; la disposition n'a rien de prohibitif à l'égard de ceux-ci.

Le trésor n'admet pas les certificats de propriété délivrés à l'étranger, il faut les déposer en France à des notaires, qui, sur le vu et la possession de ces pièces, délivrent eux-mêmes des certificats de propriété. R. N.

Les certificats de propriété ne sont pas assimilés aux actes notariés, et dès lors ils ne sont pas assujettis à la forme prescrite par l'art. 9 de la loi du 25 ventose an 11. (D. F. 1er. août 1824.)

Ils ne sont pas susceptibles d'être portés au répertoire (id.), et il est inutile qu'ils soient signés des parties ni d'un second notaire.

Cependant, lorsque, dans un partage, deux notaires sont *en nom*, le second notaire signe quelquefois le certificat, mais cette signature n'est apposée que comme une prérogative du notaire en second. R. N.

Les notaires se font déposer pour minute les pièces qui leur sont nécessaires pour établir les certificats de propriété.

Le Trésor n'inscrit les propriétaires de rentes perpétuelles sur l'Etat que pour des sommes rondes de franc en franc, sans fractions ; il faut donc, lorsqu'un franc serait susceptible de division, et lorsque les ayant-droit veulent obtenir des inscriptions séparées, attribuer ce franc à un seul des ayant-droit. Cette attribution se fait par le partage, sinon par le certificat de propriété ; dans ce dernier cas, le certificat doit être signé par les parties qui le requièrent. R. N.

Toutes les fois que les notaires ne trouvent pas les droits des parties suffisamment justifiés par les pièces dont ils sont dépositaires, non-seulement ils peuvent, mais ils doivent refuser la délivrance des certificats. J. N.

Beaucoup de notaires conservent pour ordre et renseignements, copies des certificats de propriété qu'ils délivrent, et attachent ces copies aux minutes des inventaires, actes de notoriété ou autres en vertu desquels les certificats ont été faits. Quelques-uns tiennent un registre où ils les transcrivent.

Les notaires sont souvent obligés d'avoir le certificat d'origine d'une rente, avant de pouvoir délivrer le certificat de propriété. On appelle *certificat d'origine* celui que délivre le directeur du grand-livre de la dette publique, pour constater l'origine d'une rente sur l'Etat.

Ainsi on trouve dans une succession une inscription au nom du défunt ; il importe de savoir si elle lui appartenait personnellement, ou si elle formait un conquêt de sa communauté. Alors le notaire adresse au directeur la demande d'un certificat d'origine.

Modèle.

CINQ POUR CENT CONSOLIDÉS.

EXTRAIT D'INSCRIPTION AU GRAND LIVRE DE LA DETTE PUBLIQUE.

Série . N°. . Somme .

Au nom de

Je soussigné, notaire royal, résidant à , certifie en exécution de l'art. 6 de la loi du 23 floréal an 7, que l'inscription de francs, ci-dessus énoncée, et tous les arrérages qui en sont dus, appartiennent en pleine propriété et jouissance à , en qualité de

Le tout ainsi que le constate l'intitulé de l'inventaire fait après le décès dudit , par mon collègue et moi, qui en ai la minute, le , dûment enregistré.

Fait à , le ,

Quand il s'agit d'une pension viagère, voici le modèle de la déclaration qu'il faut joindre au certificat de propriété pour en toucher les arrérages dus au décès du pensionnaire.

Nous soussignés (prénoms, noms, professions et domiciles des héritiers, légataires ou ayant-droit), héritiers (ou légataires universels) de (prénoms et nom de la personne décédée), pensionnaire (nature de la pension) inscrit sous le n°.

Déclarons que, depuis l'obtention de sa pension jusqu'au jour de son décès, il n'a joui d'aucun traitement d'activité ni d'aucune autre pension sous quelque dénomination que ce puisse être, soit à la charge de l'Etat, soit sur les fonds des invalides de la guerre ou de la marine.

(Si le pensionnaire jouissait d'un traitement d'activité ou d'une autre pension, il faudrait en indiquer le montant.)

Nota. L'un des héritiers peut faire cette déclaration en se portant fort pour tous les autres.

Si la partie qui fait la déclaration sait signer, il faut que la signature soit légalisée par le maire, et celle du maire par le préfet ou sous-préfet.

Si elle ne sait signer, la déclaration est faite par-devant le maire.

Dans tous les cas, cette déclaration doit être sur papier timbré.

§ 2. Certificat de propriété pour les Cautionnements.

La caisse d'amortissement est autorisée à rembourser les cautionnements des titulaires décédés ou interdits aux héritiers ou ayant-droit, sur le simple rapport :

1°. Du certificat d'inscription ou des titres constatant le paiement du cautionnement ; 2°. des certificats de *quitus*, d'affiche et de non-opposition, prescrits par les lois des 25 nivose et 6 ventose an 13 ; 3°. et d'un certificat ou d'un acte de notoriété contenant les noms, prénoms et domiciles des héritiers et ayant-droit, la qualité en laquelle ils procèdent et possèdent, l'indication de leurs portions dans le cautionnement à rembourser, et l'époque de la jouissance.

Ce certificat doit être délivré par le notaire détenteur de la minute, lorsqu'il y a eu inventaire ou partage par acte public ou transmission gratuite à titre entre-vifs ou par testament ; il l'est par le juge-de-paix du domicile du décédé, sur l'attestation de deux témoins, lorsqu'il n'existe aucun desdits actes en forme authentique.

Si la propriété est constatée par jugement, le greffier dépositaire de la minute délivre le certificat. (Art. 1 . d'un décret du 18 septembre 1806.)

Ces certificats sont assujettis au simple droit d'enregistrement d'un franc, et doivent être légalisés par le président du tribunal de première instance, et conformes aux modèles annexés au décret. (Art. 2 , idem.)

Les certificats de propriétés pour *cautionnements* ne sont pas susceptibles d'être portés sur le répertoire, et il n'y a pas de délai de rigueur pour l'enregistrement. (D. F. 1er. août 1821.)

Modèle de Certificat de propriété à délivrer par un notaire.

Je soussigné,   notaire à   , certifie, conformément aux dispositions du décret du 18 septembre 1806, que M.   (mettre les noms, prénoms, qualités, résidences, arrondissement et département des ayant droit) a *ou* ont seuls droit de recevoir le capital et les intérêts du cautionnement de (noms, prénoms, qualités, résidence, arrondissement et département).

Nota. On place les noms avant les prénoms, parce que les registres sont tenus par ordre alphabétique. Il faut aussi indiquer, lorsqu'il y a plusieurs ayant-droit, la portion revenante à chacun ; à quel titre il en est propriétaire, soit comme héritier, comme donataire ou légataire, comme cessionnaire, soit enfin en vertu d'abandonnement fait par le partage de la succession du titulaire décédé ; il est également nécessaire de relater les différents actes de transmission de propriété, tels qu'inventaire, partage, transport, donation et testament, soit olographe, soit devant notaires; s'il s'agit d'un testament olographe, on énonce que le légataire s'est fait envoyer en possession de son legs, et on relate l'ordonnance rendue par le président du tribunal à l'effet dudit envoi en possession.

Si le titulaire décédé a laissé une veuve commune en biens ou non commune, le certificat en fait mention, ainsi que de son droit de propriété, si elle est commune.

Si le titulaire est décédé célibataire, il en est fait mention.

Si, dans le nombre des ayant-droits, il y a des tuteurs, soit naturels, soit judiciaires, il faut les dénommer et énoncer leurs résidences, arrondissements et départements, ensemble les noms et titres des mineurs qu'ils représentent: il en est de même des interdits.

Le notaire termine son certificat de la manière suivante :

Le tout ainsi qu'il résulte des actes sus-énoncés, *soit inventaire, soit partage, transport, donation* ou *testament;* étant en ma possession.

Fait à   , le

§ 3. Certificat de propriété pour les veuves et orphelins de militaires pensionnés.

Les veuves et orphelins des militaires pensionnés, qui désirent obtenir, soit une pension ou des secours, soit les arrérages échus au décès de ces militaires, doivent justifier notamment du certificat de propriété délivré par le notaire détenteur de l'inventaire ou du partage, pour constater les noms et qualités des héritiers et la portion à laquelle chacun d'eux a droit; et de la déclaration faite par les héritiers, et reçue par le notaire certificateur, constatant que le pensionnaire ne jouissait d'aucun traitement. (Ord. du 16 oct. 1822; Instr. gén. du 4 mars 1823.)

Enregistrement.

Les certificats de propriété produits en exécution de la loi du 28 floréal an 7, sont assujettis au droit fixe d'un fr. (D. F. 27 août 1823.)

SECTION 2.

DÉCLARATION DE PROPRIÉTÉ DE MEUBLES ET EFFETS.

Ces sortes de déclarations se font souvent en faveur de personnes demeurantes chez autrui, afin de prévenir des contestations.

Formule.

Aujourd'hui a comparu devant, etc. Dame   , veuve de   ;

Laquelle, pour éviter les contestations qui pourraient naître entre ses enfants, après son décès, par suite de la confusion de ses meubles et effets avec ceux de   , son fils avec qui elle demeure,

A, par ces présentes, déclaré, pour rendre hommage à la vérité, que les seuls meubles qu'elle possède actuellement dans les chambres et cabinets qu'elle occupe avec ledit sieur   , son fils, sont ceux dont la désignation suit, savoir : etc.

De laquelle déclaration ladite dame   a requis acte aux notaires soussignés pour lui servir et valoir ce que de raison.

Fait et passé à   , en la demeure de la comparante, l'an mil huit cent trente-huit, le   ; et elle a signé avec les notaires après lecture faite.

Enregistrement.

Sont sujettes au droit fixe de 2 fr. les déclarations pures et simples en matière civile et de commerce. (Loi du 28 avril 1816, art 41.)

SECTION 3.

DÉLÉGATION DE CONTRIBUTIONS.

C'est l'acte par lequel une femme veuve consent que ses contributions foncières entrent dans le calcul de celles que paye l'un de ses descendants, pour former le cens électoral de ce dernier. R. N.

Suivant la loi électorale du 19 avril 1831, tout Français jouissant des droits civils et politiques, âgé de 25 ans accomplis, et payant 200 francs de contributions directes, est électeur (apte à nommer les députés), s'il remplit d'ailleurs les autres conditions fixées par la loi. V. l'Indicateur aux mots DROIT et FRANÇAIS.

Les contributions directes payées par une veuve, ou par une femme séparée de corps ou divorcée, sont comptées à celui de ses fils, petits-fils, gendres ou petits-gendres qu'elle désigne.

Modèle.

Par-devant, etc., a comparu d^me.   , v^e. de M.   demeurante à ;

Laquelle, en vertu de la loi du 19 avril 1831, a, par ces présentes, déclaré qu'elle veut et'entend que les impôts qu'elle paie à l'état servent à fournir ou à compléter le cens électoral nécessaire à M.   , son fils, demeurant à   , pour qu'il soit inscrit sur la liste des électeurs.

Dont acte, etc.

Enregistrement.

Droit fixe d'un franc. (Délib. de la régie du 18 juillet 1824.)

SECTION 4.

CERTIFICAT DE VIE.

Le certificat de vie est l'acte qui constate l'existence d'une personne : en général, un certificat est un témoignage que l'on rend par écrit.

On fait des certificats de vie devant notaires dans différentes occasions : alors ces actes sont soumis aux formalités ordinaires des actes notariés. (Cass. 19 nov. 1817.)

Ils peuvent être délivrés en brevet. (Loi du 25 ventose an 11 , art. 20.)

Ceux des enfants qui ne savent ou ne peuvent signer, se font à la réquisition des personnes qui les ont sous leur autorité ou administration, mais toujours sur la présentation de ces enfants.

Les certificats de vie des rentiers viagers et des pensionnaires sur l'Etat sont délivrés par les *notaires certificateurs* nommés par le roi, conformément à un décret du 21 août 1806. Les décrets et ordonnances qui les concernent sont accompagnés d'instructions et de modèles.

Une ordonnance du 30 juin 1814 a autorisé indistinctement tous les notaires de Paris à délivrer les certificats de vie aux rentiers et pensionnaires de l'Etat, mais a maintenu le décret du 21 août 1806 à l'égard des notaires certificateurs des départements.

Mais tout notaire, sans distinction, peut dresser les certificats de vie qui ne sont pas destinés à être produits pour toucher des pensions ou rentes viagères dues par l'Etat.

Les notaires doivent être très-soigneux de ne donner des certificats de vie que pour les personnes qu'ils connaissent, ou dont l'individualité, quand elles se présentent devant eux, leur soit attestée par des témoins connus d'eux et dignes de confiance.

Il convient de faire mention, dans ces actes, du jour et du lieu de la naissance de l'individu.

Formules.

1re.

Aujourd'hui a comparu devant M⁰.   etc.
M. Louis-Isidore Bellart, horloger, demeurant à   , né à,   , le
Lequel étant parfaitement connu desdits notaires (*ou* étant accompagné de MM.   , qui ont déclaré le connaître parfaitement) a requis lesdits notaires de lui donner acte de son existence ; ce qu'ils lui ont octroyé, pour lui servir et valoir ce que de raison. Dont acte, etc.

2me.

Aujourd'hui a comparu, etc. M. B   , né à   , le   ;
Lequel, étant accompagné de MM.   (prénoms, noms, professions et demeures des deux témoins) qui ont déclaré le connaître parfaitement, a requis les notaires, etc

3me.

Aujourd'hui a comparu, etc. M. M   (père de l'enfant);
Lequel a présenté aux notaires soussignés Jules M   son fils, né à   , le   , demeurant avec lui, et parfaitement connu desdits notaires, et les a requis de lui donner acte de l'existence dudit J. M , etc.

Enregistrement.

Les certificats de vie, dans la forme des actes notariés, sont sujets au droit fixe d'un franc par chaque individu. (Art. 68 de la loi du 22 frimaire an 7.)

D'après une décision du ministre des finances, du 6 octobre 1812, et une instruction conforme de M. le directeur général des domaines, en date du 16 du même mois, *les certificats de vie pour la caisse Lafarge sont exempts d'enregistrement;* ils doivent continuer à être délivrés indistinctement par tous les notaires, dans la forme des actes notariés; seulement, il est nécessaire d'écrire en tête les mots : *Caisse Lafarge,* sans indiquer les numéros des actions, et d'exprimer dans le cours des certificats *qu'ils ne pourront servir que pour cette caisse.* Quoique non sujets à l'enregistrement, on les porte au répertoire. Il n'en est pas de même des certificats de vie délivrés par les notaires certificateurs, autres que ceux pour la caisse Lafarge.

Sont encore exempts de la formalité de l'enregistrement les certificats de vie délivrés pour la caisse des employés et des artisans, pour la tontine perpétuelle d'amortissement, pour la caisse des Invalides, des hospices et orphelins, pour les fabriques et autres établissements publics. D. E.

TITRE XXIV.

CONTRE-LETTRE.

Les *contre-lettres* sont des conventions ou déclarations secrètes, par lesquelles on restreint ou l'on étend, on change ou l'on explique les conventions contenues dans un autre acte. Elles sont ainsi appelées, parce qu'elles sont, en général, contraires à l'acte au sujet duquel elles sont faites, et qu'elles ont pour objet d'en détruire l'effet apparent.

L'art 1321 du Code civil détermine les effets que peuvent avoir les contre-lettres.

Quant aux contre-lettres relatives aux conventions matrimoniales, v. l'art. 1397.

L'art. 1321 du Code civil, portant, en termes généraux, que les contre-lettres doivent avoir leur effet entre les contractants, s'applique même à celles qui ont pour but d'augmenter au préjudice du fisc, le prix stipulé dans un acte public. L'art 40 de la loi du 22 frimaire an 7, qui, dans ce cas, déclarait la contre-lettre nulle, a été virtuellement abrogé par l'article 1321 du Code civil. (Cass. 10 janvier 1819.)

V. page 70.

Généralement, les contre-lettres sont vues avec défaveur. Les notaires doivent avoir la sage précaution de résister aux sollicitations de leurs clients, et de ne pas recevoir comme dépôts de confiance, des contre-lettres qui pourraient leur attirer des désagréments.

On ne doit pas confondre les contre-lettres avec les déclarations qui se font quelquefois en faveur d'un tiers, et qui, ne détruisant pas l'acte, ont seulement pour objet d'en appliquer le profit à une autre personne.

Formule.

Contre-lettre d'une obligation.

Aujourd'hui a comparu, etc. M. A   ; lequel a, par ces présentes, déclaré n'avoir rien à prétendre dans l'obligation de 10,000 francs, souscrite par M. B   , tant au profit dudit sieur A   que de M. C   , devant Me.   , qui en a la minute, et son collègue, notaires à   , le   , dûment enregistrée; reconnaissant que , quoiqu'il soit dit , dans cette obligation, qu'elle est causée pour prêt de pareille somme fait à M. C   et lui, la vérité est qu'il n'en a fourni aucune partie, que c'est M. C   qui a prêté à M. B   la somme entière, de ses propres deniers.

Dont acte, fait et passé à, etc.

Enregistrement.

La contre-lettre dont la formule précède , donnerait lieu au droit d'un pour cent comme transport de créance à terme.

Un vendeur, qui avait imprudemment reconnu dans l'acte de vente avoir touché le prix de la vente, tandis qu'une contre-lettre portait le contraire, n'a pu faire résoudre le contrat, au moyen de la contre-lettre, pour défaut de paiement, qu'à la charge de payer à la Régie de nouveaux droits de mutation, et sans préjudice encore des hypothèques ou autres droits conférés par l'acquéreur à des tiers. On a considéré cette résolution comme une rétrocession. Elle pouvait en effet n'être que cela. (Cours de Droit, tome 13 , p. 103.)

L'acte sous seing privé par lequel on stipule un supplément de prix pour une vente à réméré consentie antérieurement par acte notarié, n'est passible que du droit ordinaire de vente sur ce supplément, et non du double droit. J. J. N.

TITRE XXV.

PROTESTATION.

—

C'est la déclaration que fait une personne pour détruire ou empêcher l'effet d'un acte qui pourrait lui porter préjudice, et contre lequel cette personne a l'intention de se pourvoir en temps et lieu.

Les protestations ont lieu quelquefois avant le fait ou l'acte qui en est l'objet, et quelquefois après. R. N.

On peut protester contre toute obligation qu'on a contractée soit par crainte, soit par force, soit par la fraude du créancier.

La protestation, pour être valable, doit être faite aussitôt qu'on a été en liberté de la faire, ou que la fraude a été connue.

Les protestations qu'on fait chez un notaire et qu'on tient secrètes, méritent peu d'attention, à moins qu'elles ne soient appuyées de preuves qui justifient de leur contenu. P. N.

On doit exprimer, dans l'acte de protestation, outre la chose contre laquelle on proteste, le motif qui y donne lieu. R. N.

Cet acte, dit M. Massé, n'est point de style, et il dépend absolument des circonstances de l'affaire dont il s'agit ; il suffit de remarquer qu'après la comparution de celui qui proteste, on exprime le motif pour lequel il proteste, ou la chose contre laquelle il proteste, et l'on termine par cette phrase :

Protestant de nullité de   et de tout ce qui pourrait être fait en conséquence ; de quoi il a requis le présent acte, qui lui a été octroyé pour lui servir et valoir en temps et lieu, ce que de raison.

Il se rencontre peu de cas où les protestations reçoivent leur effet. (Parf. Not., t. 3. p. 505, 6ᵉ. édit.)

TITRE XXVI.

PROCES-VERBAUX DE COMPARUTION ET DE COMPULSOIRE.

—

On donne le nom de *procès-verbal* à tout acte par lequel un officier public ou un agent de l'autorité rend compte de ce qu'il a fait dans l'exercice de ses fonctions, de ce qu'il a vu, de ce qui s'est passé, a été fait ou dit en sa présence. R. N.

SECTION PREMIÈRE.

PROCÈS-VERBAL DE COMPARUTION.

Une *comparution* est une présentation de sa personne devant un notaire, en conséquence d'un exploit donné par l'une des parties, à l'effet de procéder conformément aux fins et conclusions prises par l'exploit : ainsi l'acte de comparution est une espèce de procès-verbal qui contient les comparutions et prétentions des parties, et la mention de l'absence de celles qui font défaut. P. N.

Il est différents cas où les notaires dressent des procès-verbaux de comparution. Par exemple, une personne ayant quelque différend avec une autre, l'appelle devant un notaire pour essayer de s'entendre amiablement avec elle, c'est souvent un moyen d'étouffer une discussion dans son principe. (M. Augan.) Ou bien une personne fait sommation à une autre de se présenter tel jour, à telle heure, dans l'étude de tel notaire, à l'effet de lui passer bail, vente ou tout autre acte qui avait été convenu verbalement entre elles; d'après leurs conventions le notaire dresse procès-verbal.

On doit exprimer avec précision, dans ces sortes de procès-verbaux, les dires, prétentions, réponses et répliques des parties. Très-souvent elles comparaissent assistées de leurs avoués, ce qu'il faut énoncer; et ce sont ordinairement les avoués qui, connaissant le but, les intentions et les moyens de leurs clients, dictent leurs dires et leurs réponses. Il faut d'abord : 1°. constater la comparution du demandeur, même quand l'autre partie comparaîtrait aussitôt; 2°. exprimer le dire du demandeur, c'est-à-dire énoncer la sommation qu'il a faite, et la demande ou les

29

fins pour lesquelles la sommation a été faite. (P. Not. t. 3, p. 507, 6ᵉ édition.) Si le défendeur comparaît, on annonce sa comparution, et l'on fait mention de ses dires, ainsi que des répliques de son adversaire et des réponses qui y sont faites. Si la partie citée ne comparaît pas, le notaire constate le défaut, et donne acte à la partie présente de sa comparution, pour lui servir et valoir ce que de raison. V. page 30.

Formule.

L'an   , le lundi   , heure   , a comparu devant Mᵉˢ.   et   , notaires royaux à la résidence de   , soussignés, et en l'étude dudit Mᵉ.

M. C   , assisté de Mᵉ.   , avoué au tribunal de première instance séant à   , demeurant à   , son conseil.

Lequel a exposé que, suivant exploit de   , huissier à en date du   , enregistré le   , et dont l'original représenté aux notaires soussignés, a été par eux à l'instant rendu (*ou si on l'annexe* : dont l'original, représenté par ledit sieur C   , est, sur sa réquisition, demeuré ci-joint, après avoir été de lui certifié véritable et signé en présence des notaires); il a fait sommer M. F   à comparaître en l'étude, aujourd'hui, heure présente, à l'effet de (*On transcrit la demande ou l'objet de la sommation.*) Et il a requis acte de sa comparution, et défaut contre M. F   dans le cas où il ne comparaîtrait point. Et a signé après lecture avec ledit Mᵉ.   .

Et à l'instant a comparu ledit sieur F   , assisté de, etc.

Lequel, après que lecture lui a été faite de l'exposé de M. C   , a répondu que

Et, lecture faite, a signé avec ledit Mᵉ.   , sous toutes réserves de droit.

A quoi M. C   a répliqué que, etc.

Et a signé avec Mᵉ.   , son avoué, après lecture et sous toutes réserves.

M. F   a répondu que, etc.

Desquelles comparutions et desquels dires, répliques, protestations et réserves, les notaires soussignés ont donné acte aux parties pour leur servir et valoir ce que de raison.

S'il s'agit d'une opération pour laquelle le notaire a été commis par le tribunal, et que les parties ne tombent point d'accord, on ajoute :

Et les ont renvoyées à se pourvoir devant les tribunaux et juges qu'il appartiendra.

Et on termine ainsi :

Fait et passé à   , en l'étude, les jour, mois et an susdits. Et les notaires ont signé après lecture faite.

Ou bien si la séance a duré plus de trois heures :

Il a été vaqué à ce que dessus, depuis   jusqu'à   .

Et les comparants ont signé avec leurs avoués et les notaires, sous les réserves ci-devant exprimées et après lecture faite.

Si la personne citée ne se présente pas, on attend ordinairement l'espace de trois heures, et on termine alors le
procès-verbal de cette manière, après l'exposé :

Et après avoir attendu M. F   jusqu'à   heures sonnées; ne
s'étant point présenté ni aucun fondé de pouvoir pour lui, les notaires
soussignés faisant droit au réquisitoire de M. C   , lui ont donné acte
de sa comparution, et défaut contre M. F   , non comparant.

Fait et passé, etc.

On énonce l'heure de la clôture, afin de constater la
durée des vacations, et en cas de défaut, de faire voir que
ce défaut a été valablement donné.

Enregistrement.

Si le procès-verbal de comparution ne contient aucune
disposition qui donne lieu au droit proportionnel, il n'est
soumis qu'à un droit fixe d'un franc. (Loi du 22 frimaire
an 7, art. 68.)

SECTION 2.

COMPULSOIRE.

Le *compulsoire* est un procès-verbal que le notaire rédige
lorsqu'une personne veut avoir l'expédition ou l'extrait d'un
acte où elle n'a pas été partie.

L'art 24 de la loi du 25 ventose an 11, et le Code de proc.,
art. 839—858, déterminent le mode des voies à prendre,
pour se faire délivrer l'expédition d'un acte, ainsi que les
formes et les règles du compulsoire. V. page 44.

Suivant l'art. 2 du titre 12 de l'ordonnance de 1667, le
procès-verbal de compulsoire et de collation ne pouvait être
commencé qu'une heure après l'échéance de l'assignation,
et mention en était faite dans le procès-verbal ; c'est encore
ce qui se pratique.

Le compulsoire doit contenir une description exacte des
pièces et titres compulsés ; à l'égard des minutes, on examine s'il y a des ratures ou autres défectuosités, et l'on
mentionne les signatures. (Parf. Not., t. 1er., p. 89.)

Outre le procès-verbal, le notaire commis met encore la
collation sur les copies qu'il a tirées des actes, et il date ces
copies de leur jour, en déclarant les avoir collationnées sur
la minute ou l'original, en vertu du jugement qui a ordonné
le compulsoire ; et, en délivrant le tout à la partie, il met
au bas de son procès-verbal le reçu de ses déboursés et
honoraires. (Ibid.)

Formule d'un procès-verbal de compulsoire.

L'an mil huit cent   , le jeudi   décembre , dix
heures du matin ;
    Par-devant M^{es}.   et   , notaires royaux à la rési-
dence de   soussignés, et en l'étude dudit M^e.
    A comparu M. C   assisté de M^r.   , son conseil.
    Lequel a exposé que, suivant un jugement contradictoire, rendu entre
lui et M. P   par le tribunal civil de première instance séant
à   , le   du présent mois, dont il a représenté la grosse
aux notaires soussignés qui la lui ont à l'instant rendue , ledit sieur
C   est autorisé à compulser , parties présentes ou dûment
appelées, un acte de partage passé devant M^e.   l'un des notaires
soussignés, entre la veuve et les héritiers de M.
    Que ce jugement ordonne, en outre, qu'extrait de ce partage sera fait,
seulement en ce qui concerne la désignation et l'indication de la propriété
d'une maison située à   rue   n°.   , contiguë
à une autre maison dont la propriété est réclamée par ledit sieur C   .
    Que, par exploit de   , huissier à   , en date du   ,
enregistré, et dont il a représenté l'original qui lui a été remis à l'instant,
il a fait sommer ledit sieur P   , à se trouver aujourd'hui, heure
présente, en l'étude dudit M^e.   , pour assiter, si bon lui sem-
blait, audit compulsoire.
    Et il nous a requis acte de ses comparution et dire; comme aussi de pro-
céder à ce compulsoire tant en l'absence qu'en la présence du sieur P   .
    Et a signé avec ledit M^e.   , après lecture faite.
    En ce moment a comparu M. P   assisté de M^e.   ,
avoué   , son conseil.
    Lequel a dit que, loin de s'opposer à l'exécution du jugement ci-devant
énoncé, il se présentait pour user de la faculté que lui donne l'art. 852
du Code de procédure , de collationner l'extrait qui sera délivré du partage compulsé,
    Et a signé avec ledit M^e.   , après lecture.
    En conséquence, ledit M^e.   , l'un des notaires soussignés, a
donné acte aux parties de leurs comparutions et dires, et a aussitôt exhibé
la minute du partage en question; et, en présence des parties, il en a fait
l'extrait littéral en ce qui concerne la maison dont il est parlé plus
haut.
    Pour collationner cet extrait, ledit M^r.   , notaire, a fait lec-
ture de la minute, et lesdits sieurs C   et P   , ainsi
que leurs avoués, se sont assurés de l'exactitude de l'extrait; qui, sur la
réquisition dudit sieur C   lui a été délivré par ledit M^r.   ,
auquel il en a payé le coût.
    De tout ce que dessus, il a été dressé le présent procès-verbal, auquel il
a été vaqué depuis   jusqu'à
    Et lesdits sieurs C   et P   ont signé avec leurs
conseils et les notaires, après lecture faite.

TITRE XXVII.

DES TRANSACTIONS, ARBITRAGES, COMPROMIS, ETC.

—

SECTION PREMIÈRE.

DES TRANSACTIONS.

(C. C. 2044—2058.)

La *transaction*, définie par l'art. 2044 du Code civil, est un contrat non solennel, pour lequel il n'y a pas de formalité, particulières. Elle est judiciaire ou extrajudiciaire : *judiciaire* lorsque, dans le cours d'un procès, les parties rédigent leur transaction en forme de jugement et la font sanctionner par le tribunal; on la nomme alors *expédient*. Elle est qualifiée d'*extrajudiciaire*, lorsqu'elle est rédigée par acte sous seings privés ou devant notaires. (Rogron.)

On divise encore les transactions en transactions particulières et transactions générales. (2048, 2049 et 2057.)

Le contrat de transaction, qui est toujours une convention réciproque, exige essentiellement, comme tous les autres, le consentement, la capacité, un objet et une cause. (1108.)

Pour les personnes capables de transiger, voyez le Code civil, art. 28, 128, 217, 219, 220, 224, 467, 472, 481, 483, 484, 487, 499, 509, 513, 1124, 1449, 1536, 1538, 1576, 1988 et 2045.

Dans le nombre des nullités, il y en a qui sont particulières à la transaction, et d'autres qui sont communes à toutes les conventions. Pour les nullités particulières, voyez les art. 887, 888, 1338, 2055 et suivants du Code civil; pour les nullités communes, voyez les art. 6, 1110, 1112, 1113, 1116, 1123, 1124, 1125, 1131, 2049, 2053 et 2057.

Quand les notaires sont appelés à rédiger des actes de transaction, ils doivent y énoncer nommément : 1°. l'objet de la contestation née ou à naître sur laquelle il s'agit de transiger; 2° les chefs des demandes portées tant dans l'exploit d'introduction que dans les requêtes signifiées dans le cours de l'instance; 3°. les titres et actes ou les faits sur lesquels on fondait ces demandes; 4°. l'exposé succinct de ce que l'autre partie avait à y opposer.

Il faut faire de même quand il s'agit de prévenir un procès qui n'existe pas encore, afin qu'on puisse voir clairement ce qui a fait la matière de la transaction.

Après avoir ainsi fait connaître l'état des choses, on passe aux articles de la transaction.

Si l'on transige sur plusieurs différends, il faut avoir soin de les exprimer séparément, en autant de divisions et de subdivisions que l'on croira nécessaire pour jeter la plus grande clarté sur les faits. R. N.

La transaction, dit M. Massé, est, sans contredit, le plus difficile de tous les actes; ainsi, quand on a un acte de ce genre à rédiger, le mieux est d'en dresser d'abord un projet que l'on soumet aux parties et à leurs conseils, avant de le porter sur papier timbré.

Dans les transactions, le notaire, entouré de personnes ou de familles divisées par des prétentions contraires, pénètre les esprits de la lumière de la loi, de l'onction de la morale et du sentiment, dissipe l'erreur, ranime les affections, et rétablit les nœuds de la nature. En remplissant la mission de conciliateur, il ne laisse rien à regretter; et par l'emploi de l'autorité arbitrale, il termine toute discussion; ses fonctions d'homme public ne commencent que pour fixer les droits de chacun par un acte équivalent à la chose jugée. E. M.

Une transaction dans laquelle un mineur se trouve intéressé est parfaite et irrévocable à l'égard des majeurs, quoique les formalités prescrites par l'art. 467 du Code civil n'aient pas été suivies; ces formalités n'étant que dans l'intérêt des mineurs, leur inobservation est étrangère aux majeurs, en ce sens qu'ils ne peuvent, de leur chef, en tirer un moyen de nullité contre les mineurs. (Pailliet.)

Il y a un avis du Conseil d'État, du 11 frimaire an 12, sur les formalités à suivre par les communes pour transiger.

Cadre d'une transaction.

Par-devant, etc., furent présents : M. A   , d'une part, et M. B   , d'autre part;

Lesquels ont dit que, etc.

D'après l'exposé ci-dessus, MM. A   et B   s'étant rapprochés, sont convenus et demeurés d'accord, à titre de transaction irrévocable sur procès de ce qui suit :

Art. 1er.; etc.

Au moyen des présentes, tous procès mus et à mouvoir et toutes contestations nées ou à naître, entre les parties, relativement à ce que dessus, demeurent éteints et assoupis.

Et pour l'exécution, etc.

Enregistrement.

Les transactions qui ne contiennent aucune stipulation

de sommes ou valeurs, ni dispositions soumises à un plus
fort droit, opèrent le droit fixe de 3 fr. (Art. 44 de la loi
d'avril 1816.)

Si elles contenaient ventes, obligations, quittances ou
autres stipulations soumises à un droit plus fort, elles sont
assujetties aux mêmes droits que ces différents actes.

SECTION 2.

DES ARBITRAGES ET DU COMPROMIS.

L'*arbitrage* est une juridiction que la volonté des parties
ou la loi confère à de simples particuliers pour décider une
contestation. On nomme *arbitre* une personne au jugement
de laquelle on remet la décision de la difficulté. L'arbitrage
est volontaire ou forcé; il est volontaire, lorsque les parties,
ayant capacité à cet effet, soumettent une affaire à des
arbitres qu'elles choisissent, au lieu de la porter aux tribunaux ordinaires, comme elles en auraient le droit; il
est forcé dans les matières de société de commerce. (Rogron.)

On nomme *compromis* le contrat qui confère à l'arbitre
cette espèce de juridiction. Le compromis est un véritable
contrat, car il renferme l'accord de deux ou plusieurs personnes sur une même chose. (C. C. 1101.)

Relativement aux personnes qui peuvent compromettre,
aux choses sur lesquelles on peut compromettre, et aux
formes du compromis, voyez le Code de procédure, articles
1003 à 1028, et le Code de Commerce, art. 51.

On distingue par les noms d'*arbitrateur* et d'*amiable
compositeur*, celui que les parties ont dispensé de suivre,
dans la procédure, les délais et les formes établies par les
tribunaux. La décision qui intervient est qualifiée de *sentence arbitrale ;* l'exécution en est délaissée aux tribunaux
ordinaires. E. M.

L'objet du litige est suffisamment exprimé dans un compromis, lorsque les parties donnent pouvoir aux arbitres de
juger toutes questions élevées ou qui pourront s'élever sur
le contrat pour lequel on compromet: il n'est pas nécessaire
de détailler toutes les contestations à juger, ce détail serait
même souvent impossible à faire. (Turin, 4 avril 1808.)

Le compromis participe de la nature du contrat de transaction, avec cette différence, que les parties, au lieu de
transiger parce qu'elles ne connaissent pas bien leurs droits,
cherchent à s'en instruire; ou que ne pouvant tomber
d'accord sur les moyens de terminer ou de prévenir une
contestation, elles conviennent et promettent de s'en rap-

porter à la décision des arbitres ou experts qu'elles nomment ; en sorte que la décision d'arbitres peut, suivant les cas, devenir ou une transaction, puisqu'elle contiendrait des sacrifices réciproques, ou un jugement qui accordera à l'une des parties l'intégralité de ses droits contre l'autre ; et par conséquent condamnera celle-ci.

Tout compromis fait par un mineur, encore qu'il ait été assisté de son tuteur et autorisé par sa famille, est nul, de nullité absolue, en ce sens que le mineur peut se faire restituer, indépendamment de toutes circonstances de lésion. (Arrêt de la Cour de Cassation du 4 fructidor an 12.)

Un héritier bénéficiaire ne peut compromettre (Cassation 20 juillet 1814), si ce n'est sur les revenus de la succession (Cour de Paris, 3 juin 1808).

Les communes, pour compromettre, doivent être autorisées par le conseil de préfecture, et d'après une consultation de trois avocats désignés par le préfet. (Arrêtés des 17 ventose an 10 et 21 frimaire an 12.)

On peut, par le compromis, renoncer à la voie de la requête civile. (Cassation 18 juin 1816.)

On peut y renoncer d'avance au droit de se pourvoir contre la sentence arbitrale, par la voie d'opposition à l'ordonnance d'exécution. (Cass. 31 décembre 1816.)

Le pouvoir de transiger ne renferme pas le pouvoir de proroger un compromis. (Cass. 18 août 1819.)

Les parties peuvent exercer l'action en nullité établie par l'art. 1028 du Code de procédure, lors même que dans le compromis, il aurait été convenu que les arbitres jugeraient comme amiables compositeurs, sans appel et sans recours en cassation, et que leur jugement serait, au besoin, regardé comme transaction. (Cass. 23 juin 1819.)

Formules.

1. *Compromis sur procès, avec nomination d'amiables compositeurs.*

Aujourd'hui ont comparu devant, etc.

M. L   , d'une part ;
Et M. V   , d'autre part ;
Lesquels ont exposé que, etc.

     (*Énoncer ici le sujet de la contestation en litige.*)

Que, désirant terminer à l'amiable leurs contestations au sujet de ce que dessus, ils sont convenus d'en soumettre la décision à des arbitres.

En conséquence, ils ont, par ces présentes, déclaré choisir et nommer pour arbitres et amiables compositeurs à l'effet de juger leurs différends, MM.   , entre les mains desquels ils se sont obligés de remettre, sous quinze jours, les titres et papiers relatifs à leurs prétentions, pour, par lesdits arbitres, dans les trois mois qui suivront, faire droit sur le tout par composition amiable et ainsi qu'ils l'entendront, les parties leur donnant à cet effet tous pouvoirs nécessaires.

Dans le cas où lesdits arbitres seraient partagés d'opinion, ils choisiront eux-mêmes un tiers arbitre qu'ils s'adjoindront, et lequel, après en avoir conféré avec eux, devra se réunir à l'avis de l'un d'eux.

A la décision desquels arbitres et tiers-arbitre, lesdits sieurs L et V   se sont obligés de s'en rapporter, comme à un jugement rendu en dernier ressort, et de l'exécuter, sans appel, à quoi ils ont déclaré renoncer; étant convenus, que celui d'entre eux qui se refuserait à son exécution, serait tenu de payer à l'autre une somme de   à titre d'indemnité, et avant de pouvoir rien proposer contre la sentence arbitrale.

Dont acte, pour l'exécution duquel, etc.

2. Compromis portant nomination d'arbitres.

Aujourd'hui, etc.

Lesquels ont exposé que, etc.

(*Énoncer les différends des parties.*)

Que, désirant éviter les frais et les désagrements d'un procès devant les tribunaux, ils sont convenus de terminer leurs différends par la voie de l'arbitrage.

En conséquence, ils ont, par ces présentes, déclaré nommer pour arbitres, savoir : M   *telle personne*, et M   *telle autre* ;

Auxquels arbitres, ils se sont obligés respectivement de remettre sous huit jours, les titres et papiers concernant leurs prétentions; et leur ont donné pouvoir de juger leurs différends, sous trois mois, et, en cas de partage d'opinion, de choisir et nommer entre eux un tiers-arbitre pour les départager.

Promettant de s'en rapporter à leur décision, et de l'exécuter de même qu'un jugement définitif qui serait rendu par les tribunaux, et sans pouvoir en appeler, à quoi ils ont renoncé.

Dont acte, pour l'exécution duquel, etc.

3. Formule d'un jugement arbitral.

Vu par nous (*noms et qualités des arbitres*) soussignés, 1°. le procès-verbal par nous dressé le   (*ou* l'acte sous seing-privé du ou l'expédition d'un acte passé devant, etc.) contenant, de la part de MM.   , mandat à nous arbitres, sus-nommés, de statuer sur   . (*Indiquer le point soumis à l'arbitrage*) ; 2°. (*énoncer les autres pièces produites*), etc.

Tout vu et considéré.

Après avoir entendu les parties elles-mêmes   (*ou par MM.* leurs défenseurs),

Considérant qu'en fait.

Qu'en droit il s'agit de savoir si

Considérant que   (*Énoncer les motifs*).

Nous, arbitres susdits, prononçant souverainement, sans appel ni recours en cassation, en vertu du mandat à nous conféré; disons, etc. (*Mettre le jugement*) ; condamnons M.   aux dépens liquidés à (*ou* dépens compensés).

Nota. Les compromis qui ne contiennent aucune obligation de sommes et valeurs donnant lieu au droit proportionnel, sont soumis au droit fixe de trois francs. (Loi du 28 avril 1816, art. 44.)

SECTION 3.

ACQUIESCEMEMT.

L'*acquiescement* est le consentement à faire une chose qui n'était pas obligatoire, ou à laisser exécuter un acte contre lequel on aurait pu proposer des moyens propres à en empêcher, suspendre ou modifier l'effet. Plus simplement, c'est le consentement que l'on donne à un acte ou à une chose jugée.

L'acquiescement produit des effets divers suivant les circonstances dans lesquelles il intervient : ainsi quand une partie fait une proposition et que l'autre y acquiesce, il se forme entre elles un contrat sur ce qui était l'objet de la proposition.

Quelquefois, après avoir cherché à repousser une réclamation portée en justice, on acquiesce au jugement qui l'a accueillie : dans ce cas, l'effet de l'acquiescement est d'attribuer l'autorité de la chose souverainement jugée à la décision sur laquelle cet acquiescement est intervenu, et d'interdire désormais tout moyen de la faire réformer ou annuler. On conçoit que, pour attribuer un tel effet à l'acquiescement, il faut que cet acquiescement soit formel. E. M.

L'acquiescement ne peut être valablement consenti que par les personnes capables de disposer. V. le C. C. 217, 464, 1123 et suivants. Il peut être donné par acte authentique ou sous seing privé. R. N.

Modèle.

Aujourd'hui a comparu devant, etc M. D   ; lequel a, par ces présentes, déclaré acquiescer purement et simplement au jugement contradictoirement rendu entre lui et M. L   , par le tribunal civil de première instance séant à   , le   , portant, etc. (Rapporter le dispositif.)

En conséquence de cet acquiescement, M. D   a renoncé à pouvoir interjeter appel de ce jugement ; consentant, au contraire, qu'il sortisse son plein et entier effet ; s'obligeant à l'exécuter dans toutes ses dispositions.

Dont acte, etc.

Enregistrement.

L'acquiescement pur et simple, quand il n'est pas fait en justice, est soumis au droit fixe de 2 fr. (Loi du 28 avril 1816, art 43.) Lorsque plusieurs personnes adhèrent par un même acte, il est dû un droit par chacune, si elles ont un intérêt distinct.

SECTION 4.
DÉSISTEMENT.

Le *désistement* est un acte par lequel un particulier renonce à une poursuite, à une demande par lui formée, à un appel interjeté d'un jugement rendu contre lui, à une plainte, etc.

Pour se désister d'une demande ou d'une plainte, il faut, en général, être capable de contracter ou pour soi, ou pour celui au nom duquel se fait le désistement.

Le Code de procédure, art. 402 et 403, détermine la forme et les effets du désistement. V. aussi le Code d'instruction criminelle, art. 66 et 67.

Les désistements peuvent se faire devant notaires ou par actes sous seings privés. (Pigeau.)

V. le C. de procédure, expliqué par M. Rogron, 6e. édit. pages 470 et 1024.

Modèle d'un désistement de plainte.

Aujourd'hui, etc.

Lequel s'est désisté purement et simplement de la plainte par lui formée contre M.   , relativement à   , devant M.

Consentant que cette plainte soit et demeure sans effet, renonçant à en former de nouvelles à ce sujet.

Fait et passé, etc.

Enregistrement.

Les désistements purs et simples opèrent le droit fixe de 2 fr. (Loi du 28 avril 1816, art. 43.)

SECTION 5.
RÉPARATION D'HONNEUR.

La *réparation d'honneur* est un acte par lequel on reconnaît le tort qu'on a eu d'injurier une personne, et l'offensé pour un homme d'honneur.

Deux arrêts de la cour de cassation, l'un du 28 mars 1812, l'autre du 8 juillet 1813, ont décidé que la *réparation d'honneur* (en justice) est une aggravation de peine que le Code pénal, art. 226, n'a autorisée que lorsqu'il s'agit d'outrages envers un fonctionnaire public ; les parties injuriées ne peuvent donc conclure qu'à des dommages-intérêts, mais souvent il survient transaction, au moyen de la réparation que fait devant notaire la personne qui a commis l'offense.

Formule.

Aujourd'hui a comparu, etc., le sieur P   ; lequel a, par ces présentes, déclaré et reconnu que c'est à tort et mal à propos s'il a injurié la dame   , étant sur la place de   , à   , le   ; que c'est par suite d'emportement involontaire, s'il lui a tenu les propos énoncés en la demande qu'elle a formée contre lui le   , par exploit de   , huissier à   , etc. Qu'il est fâché de n'avoir pu réprimer cet emportement, reconnaissant ladite d^me.   comme femme d'honneur et de probité, et non coupable des imputations qu'il a pu lui faire.

Est intervenue ladite dame   ; laquelle a déclaré se contenter de la réparation à elle ci-dessus faite par ledit sieur   ; et se désister, en conséquence, de ladite demande, à la charge seulement par le sieur P   , de payer tous les frais.

Dont acte, etc.

Enregistrement.

Les déclarations pures et simples portant, en matière civile et de commerce, l'énonciation d'un fait dont il ne résulte ni libération, ni obligation, ni transmission, sont sujettes au droit fixe de 2 fr. (Art 43 de la loi du 28 avril 1816.)

TITRE XXVIII.

DES LETTRES DE CHANGE, BILLETS A ORDRE ET PROTÊTS.

—

SOMMAIRE DE LA LOI.
Code de commerce.

SECTION PREMIÈRE.

DE LA LETTRE DE CHANGE.

On la définit « une lettre revêtue des formes prescrites » par la loi, par laquelle une personne mande à son corres- » pondant dans un autre lieu, d'y compter à une autre » personne, ou à son ordre, une certaine somme d'argent, » en échange d'une autre somme ou d'une valeur qu'elle a » reçue dans l'endroit d'où la lettre est tirée, ou réellement » ou en compte. » Trois sortes de personnes interviennent dans la lettre de change : le *tireur*, le *preneur* et l'*accepteur*, (Rogron.)

Les notaires peuvent être requis de dresser des lettres de change et des billets à ordre, pour des personnes qui ne savent ou ne peuvent signer, mais ces cas sont très rares. — Nul doute que ces effets puissent être passés devant notaires. (Cass. 27 janvier 1812 et 30 juillet 1828.) — Lorsqu'ils sont faits devant notaires, ils n'en doivent pas moins être écrits sur papier du timbre porportionnel. J. E. — V. ci-devant page 62.— Ils doivent être délivrés en brevet, et les notaires ne peuvent en délivrer de grosses. — Enfin, ils doivent être enregistrés dans le même délai que les autres actes notariés. (Cass. 5 pluviose an 11 et D. M. 19 mars 1820.)

Que la lettre de change soit notariée ou sous seing privé, elle doit contenir plusieurs énonciations qu'il importe au notaire de bien connaître, parce que ce sont des conditions indispensables pour constituer une lettre de change. (Pardessus et Delvincourt.)

La clause de *retour sans frais* apposée par le tireur sur une lettre de change, dispense le porteur de l'obligation de faire protester, pour conserver son recours contre les endosseurs qui ont transféré la lettre de change sans rien changer à cette condition. (Cass. 8 avril 1834.)

Voyez la cinquième édition du Code de commerce expliqué par M. Rogron, dans laquelle on trouve des formules de lettres de change, billets à ordre et protêts.

Les lettres de change sont passibles du droit d'enregistrement de 25 centimes par 100 francs. (Loi du 28 avril 1816, art. 50.)

SECTION 2.

DU BILLET A ORDRE.

C'est le billet par lequel on s'oblige à payer une somme à un créancier y dénommé, ou à celui en faveur de qui il l'endosse. Il se fait ordinairement sous seing privé, mais il peut être passé devant notaire. (D. F. 6 pluviose an 11.)

Le principal caractère de différence entre le billet à ordre et la lettre de change, est que celle-ci ne peut être tirée que d'un lieu sur un autre, tandis que le billet à ordre est ordinairement payable dans le lieu même où il a été souscrit; de sorte qu'il n'y a pas, comme pour la lettre de change, remise d'argent de place en place. (Rogron.)

Les billets à ordre souscrits par les non-commerçants et qui n'ont point pour objet des actes de commerce, ne doivent se prescrire que par 30 ans. D. N.

L'endossement des billets à ordre , quoique fait en blanc, en transmet la propriété au porteur. (Cass. 12 déc. 1815 ; J. J. N. t. 4 , n°. 1104).

Formule d'un Billet à ordre devant Notaire.

Aujourd'hui a comparu devant M^e., etc. M. J   ; lequel s'est, par ces présentes, obligé de payer à M. V   ou à son ordre, le , mil huit cent trente   , la somme de   , pour valeur de lui reçue comptant en numéraire.

Fait à   , en l'étude, le   . Et lecture faite, ledit sieur   a déclaré ne plus pouvoir signer à cause de   , de ce interpellé par les notaires qui ont signé.

Enregistrement.

Les billets à ordre , soit sous seing privé , soit devant notaire , sont soumis à un droit de 50 cent. par 100 francs. (Loi du 22 frim. an 7, art. 69.)

Il n'est dû que le droit de demi pour 100 sur un billet à ordre causé valeur reçue en effets mobiliers. (Sol. du 14 oct. 1831.) — Pour que les billets à ordre notariés ne donnent ouverture qu'à ce droit de 50 cent. pour 100 fr., ils ne doivent contenir ni affectation d'hypothèque , ni aucune des conditions autres que celles qui sont de l'essence des effets de commerce. (D. N.)

L'endossement est exempt des droits d'enregistrement par l'art. 70, § 3 , n°. 15 , de la loi du 22 frim. an 7 ; mais s'il avait lieu devant notaire , nous pensons qu'il devrait être enregistré dans le même délai que tout autre acte notarié au droit fixe d'un franc.

Les frais d'enregistrement des promesses sous seing privé , faits avant l'échéance , ne sont à la charge du débiteur qu'autant qu'il a refusé de se libérer après l'échéance ou l'exigibilité de la dette. (Loi du 3 sept. 1807, art. 2.)

SECTION 3.

DES PROTÊTS.

Le *protêt* est l'acte par lequel on constate le refus d'acceptation ou de paiement d'une lettre de change : ce mot vient de ce que le porteur *proteste* de tous dépens, dommages-intérêts , contre qui il appartiendra. Le protêt est un acte *solennel*, car il est nul, si les formalités prescrites n'ont pas été remplies, par exemple s'il a été fait par un notaire seul. (Rogron.)

L'art. 173 du Code de commerce, en statuant que les protêts seraient faits par les notaires ou les huissiers, n'a point indiqué de forme spéciale pour leur rédaction : d'où il suit qu'ils ne sont point nuls, si d'ailleurs ils remplissent les conditions exigées par ce Code, n'importe de quelle manière ou dans quel ordre ils le seraient.

Le sixième paragraphe de l'article 181 du Code de commerce semble autoriser les notaires à garder la minute des protêts qu'ils font, puisqu'aux termes de ce paragraphe, la présentation de l'expédition du protêt suffit pour exiger le remboursement de l'effet protesté.

Pour procéder régulièrement, il faut que les deux notaires qui font le protêt présentent l'effet protesté. (Rouen, 30 août 1814.)

Les protêts ne pourraient être faits valablement les dimanches et jours de fêtes légales, si ce n'est en vertu de la permission du président du tribunal. (C. de proc. 63.)

Lorsqu'un notaire ne fait point de protêts, il ne peut être astreint à tenir le registre destiné à inscrire ces sortes d'actes. (Instr. de la régie, 26 septembre 1826.)

Les notaires usent peu de la faculté qui leur est accordée de faire des protêts, regardant cette sorte d'acte comme étant plus du ministère des huissiers que du leur; et ce n'est guères que dans les villes de Lyon et de Bordeaux où les notaires soient dans l'usage de les faire.

Les protêts sont assujettis au droit fixe de 2 fr. (Loi du 24 mai 1834.)

V. le Parf. Not., t. 2, p. 519, 6ᵉ édit.

TITRE XXIX.

DES CONCORDATS, ATERMOIEMENTS, CONTRATS D'UNION, CESSIONS DE BIENS, ETC.

SECTION PREMIÈRE.

DU CONCORDAT.

On nomme *concordat* le traité qu'un débiteur, hors d'état de satisfaire à ses engagements échus, fait avec la masse de ses créanciers.

Les règles du concordat sont établies par le Code de commerce sous les articles 516 à 526; les formalités qui doivent le précéder sont déterminées par les art. 440 à 518 du même Code.

Le concordat peut devenir un acte volontaire amiable,

lorsqu'il n'y a point de faillite, mais seulement déconfiture d'un particulier non commerçant; ou lorsqu'en cas de faillite d'un commerçant, tous les créanciers sont d'accord de traiter de cette manière.

L'état de *faillite* s'applique aux commerçants qui cessent leurs paiements, et l'état de *déconfiture* aux personnes non commerçantes.

Le concordat s'appelle *contrat de remise*, lorsque les créanciers font remise à leur débiteur d'une partie de leurs créances, sous la condition du paiement de la somme à laquelle ils se sont restreints; et *contrat d'atermoiement*, lorsqu'ils lui accordent seulement des termes pour lui faciliter sa libération.

Souvent aussi le contrat contient tout à la fois remise et atermoiement.

V. le Parfait Notaire, tome 2, p. 564 et suivantes, 6e. édition, et le Code de commerce, expliqué par M. Rogron, où l'on trouve une formule de concordat, page 583 de la 3e. édition.

Le droit d'enregistrement est de 50 cent. par 100 fr. sur les sommes que le débiteur s'oblige de payer. (Loi du 22 frim. an 7, art. 69.)

Aucun droit n'est dû pour les sommes dont les créanciers font remise au failli.

Les concordats ou atermoiements consentis conformément aux art. 519 et suiv. du Code de Commerce, ne sont assujettis qu'au droit fixe de trois francs, quelle que soit la somme que le failli s'oblige de payer. (Loi du 24 mai 1834.)

SECTION 2.

DU CONTRAT D'ATERMOIEMENT.

C'est un contrat passé à l'amiable entre un débiteur et ses créanciers, par lequel ceux-ci lui accordent un délai pour les payer, et le plus ordinairement aussi une remise sur leurs créances.

Ce qui distingue l'atermoiement du concordat, c'est que l'atermoiement se passe à l'amiable, tandis que le concordat a toujours un caractère forcé. L'atermoiement peut intervenir avant comme après le jugement de déclaration de faillite, tandis que le concordat suppose nécessairement une faillite déclarée. R. N.

V. le Parf. Not. tome 2, page 564.

On peut comprendre dans le passif des créances par billets, sans faire connaître si ces billets sont enregistrés ; et le notaire ne commet aucune contravention en recevant ce contrat sans y relater les titres. On peut même, aussi sans contravention, énoncer les billets ou titres des créanciers chirographaires, dans l'acte d'atermoiement ou dans le bilan qui y est annexé. (Délibération de la régie, 28 janvier 1843.)

Le droit d'enregistrement est de 50 centimes par 100 francs sur le montant des sommes que le débiteur s'oblige de payer. (Loi du 22 frimaire an 7, art. 69.)

SECTION 3.

DU CONTRAT D'UNION.

Le *contrat d'union* est l'acte par lequel les créanciers d'un failli qui n'a pu obtenir un concordat, se réunissent en un seul et même corps pour exercer leurs droits conjointement, par les soins des syndics qu'ils choisissent à cet effet, et qui sont chargés de faire toutes les diligences et poursuites nécessaires pour parvenir au recouvrement des sommes dues à la masse des créanciers. V. le Code de commerce, art. 527 à 530, 562 et 563.

Les contrats d'union se font le plus ordinairement dans le cas où un débiteur, en état de faillite ou obéré dans ses affaires, assemble ses créanciers, leur expose sa situation de fortune, et leur propose de leur faire un abandonnement de ses biens, ou leur demande de lui accorder du temps et quelque remise sur ce qu'il leur doit.

Le contrat d'union entre créanciers est ordinairement précédé d'un abandonnement, et accompagné d'une direction des biens du débiteur ; il contient alors des conventions appropriées à ce qu'exigent l'administration de ces biens, le recouvrement de l'actif du débiteur, et la suite nécessaire qu'entraîne la liquidation des affaires de l'union, ainsi que la distribution des deniers entre les créanciers, en proportion et suivant la nature des droits de chacun.

Le contrat d'union tenant tout à la fois de la nature du mandat et de la société, il faut recourir aux principes de ces deux contrats et les combiner avec les règles tracées au Code de commerce lorsqu'il y aura obscurité dans un acte d'union, sur l'étendue des droits et devoirs tant des syndics que des créanciers. (Toullier.)

Cet acte est assujetti au droit fixe de 3 francs. (Art. 68 de

30

la loi du 22 frimaire an 7.) S'il porte obligation de sommes
déterminées par les co-intéressés envers un ou plusieurs
d'entr'eux, ou autres personnes chargées d'agir pour l'union,
il doit être perçu un droit particulier et proportionnel d'un
pour 100, comme pour obligation.

Voyez le Parfait Notaire, tome 2, p. 564, 6ᵉ. édition.

SECTION 4.

DE LA CESSION DE BIENS.

La cession de biens est de deux sortes ; le Code civil en
donne la définition et en détermine les effets sous les art.
1265—1270. Ces effets n'étant pas les mêmes en tous points,
nous parlerons de chacune séparément.

§ 1ᵉʳ. De la Cession de biens volontaire. (1267.)

La cession volontaire peut avoir lieu de la part de tout
débiteur, commerçant ou non, contraignable par corps ou
non, apte ou non à jouir du bénéfice de la cession judiciaire,
parce qu'elle n'est rien autre chose qu'un simple arrangement
entre les créanciers et le débiteur ; mais le contrat doit être
consenti par tous les créanciers, l'art. 549 du Code de commerce n'est pas applicable à la cession volontaire ; en sorte
que si l'un ou plusieurs des créanciers ne veulent pas accepter la cession de biens offerte par le débiteur pour être libéré
de ses dettes existantes, et que la majorité des créanciers a
cependant acceptée, ceux qui n'y ont point adhéré peuvent la
repousser si on la leur oppose, et poursuivre leur paiement
sur les biens abandonnés. (M. Duranton.) Aussi est-il d'usage
de stipuler que l'abandonnement n'aura d'effet qu'autant
qu'il sera souscrit par tous les créanciers ou que tous
y auront adhéré ; de là les actes d'adhésion qui ont presque
toujours lieu à l'occasion de ce contrat. R. N.

La cession volontaire peut être faite par acte devant
notaire ou sous seing privé, qu'on nomme *contrat d'abandonnement*.

Pour la rédaction de ces sortes de contrats, qui, selon les
circonstances, peuvent différer beaucoup les uns des autres,
on peut consulter le Parfait Notaire, tome 2, pages 591
et suivantes, 6ᵉ édition ; le Code de commerce, expliqué
par M. Rogron, p. 525 de la 5ᵉ édition, et le formulaire du
Notariat.

L'abandonnement de biens, soit volontaire, soit forcé,

pour être soumis en direction, est passible du droit fixe de
5 francs. (Loi du 22 frim. an 7, art. 68.) Si, d'après les
termes du contrat, les créanciers peuvent conserver les
biens ou en disposer à leur gré, le droit proportionnel est
dû comme vente. (Cass. 27 juin 1809.)

§ 2. De la Cession judiciaire.

(C. C. 1268 et suiv.; C. de proc. 898—906; et C. de comm. 566—575.)

Cette cession est d'un fréquent usage parmi les commerçants, parce qu'ils sont contraignables par corps à raison
de leurs actes et faits de commerce ; elle est fort rare parmi
les non commerçants, attendu que la contrainte par corps
ne peut être prononcée contre eux que dans un très petit
nombre de cas, ainsi qu'on peut le voir aux art. 2059—
2070 du Code civil, et que le bénéfice de cession leur est
refusé dans la plupart de ces mêmes cas par l'art. 905 du
Code de procédure. Un fermier, par exemple, qui s'est
obligé par corps au paiement des fermages, une caution
judiciaire qui s'est soumise à la contrainte, ne sont point
exclus du bénéfice de cession. (M. Duranton.)

La cession judiciaire n'est soumise qu'au droit fixe d'enregistrement de 5 francs. (Art. 64 de la loi du 22 frim an 7.)

SECTION 5.

ACTE D'ADHÉSION.

Le mot *adhésion* signifie l'acceptation d'une proposition
qui nous est faite, ou l'approbation d'un acte dans lequel
nous n'avons pas été parties. Dans le premier cas, l'adhésion forme le contrat, puisqu'il y a dès lors consentement
respectif sur la chose qui en est l'objet : dans le second cas,
l'objet de l'adhésion est de rendre un acte obligatoire pour
celui qui n'y avait pas figuré, et auquel il ne pouvait jusqu'alors être opposé. E. M.

L'acte d'adhésion est ordinairement celui par lequel une
personne approuve et ratifie les arrangements pris entre
son débiteur et la masse des créanciers de celui-ci.

Formule.

Aujourd'hui a comparu, etc.

Lequel, après qu'il lui a été donné communication et fait lecture par
ledit M^e   , en présence de son collègue, d'un contrat d'atermoiement passé entre M.   , et ses créanciers, devant M^e.
notaire à   . le   , etc.

A, par ces présentes , déclaré adhérer purement et simplement audit contrat, et en consentir la pleine et entière exécution.

Fait et passé, etc.

Si l'acte se faisait ensuite du contrat, on commencerait par la date :

Et le   , a comparu , etc.

Enregistrement.

Cet acte est soumis au droit fixe de 2 francs. (Loi du 28 avril 1816, art. 43.) Lorsque plusieurs personnes adhèrent par un même acte et qu'elles ont un intérêt distinct , il est dù un droit par chacune.

TITRE XXX.

DU MANDAT.

—

SOMMAIRE DE LA LOI.

Code civil.

Le *mandat*, défini par le Code civil, est plus connu, dans le langage ordinaire , sous le nom de *procuration*. Le mot *mandatum*, qui est le nom latin de ce contrat, vient *à manu datâ*, parce que, dans ce contrat, celui qui se chargeait de l'affaire avait coutume de mettre sa main dans celle de la personne qui la lui confiait, pour lui témoigner par-là qu'il donnait et engageait sa foi de s'en acquitter de son mieux ; car chez les anciens, la main était *symbolum fidei datæ*.

Quoique la procuration soit l'expression de la seule volonté de celui qui la donne, c'est un véritable contrat, parce qu'il produit des obligations réciproques (C. C. 1984.) L'un des contractants confie la gestion d'une ou de plusieurs affaires à l'autre, qui s'en charge et s'oblige à lui en rendre compte.

Le contrat de mandat est de la classe des contrats de bienfaisance, de celle des contrats consensuels, de celle des contrats synallagmatiques imparfaits , de la classe des contrats du droit des gens ; il se régit par les règles du droit naturel. Le droit civil ne l'a assujetti à aucune forme, à aucune règle qui lui soit particulière. Ainsi ce contrat est non solennel ; il peut même se faire tacitement, et ne résulter que des circonstances.

Pour qu'une affaire puisse être la matière d'un contrat de mandat, il faut que ce soit une chose qui soit à faire, et non une chose déjà faite. Pour que le contrat soit valable, l'affaire doit être une affaire honnête, qui ne soit contraire ni aux lois ni aux bonnes mœurs. (C. C. 1172.)

D'après ces notions générales nous diviserons ce titre en quatre sections : *Procuration, Substitution de pouvoirs, Révocation de procuration, et Autorisation maritale.*

SECTION PREMIÈRE.

PROCURATION.

Les mots *procuration* et *mandat* ne sont pas exactement synonymes : le premier ne s'applique qu'à l'acte (*instrumentum*) qui contient le mandat, tandis que ce dernier mot s'emploie, en outre et principalement, pour désigner le *contrat* qui se forme par l'acceptation du mandataire. R. N.

La procuration est *générale* quand elle contient un pouvoir général et indéfini d'administrer toutes les affaires, et de gouverner tous les biens du mandant. Elle est *spéciale* quand elle porte un pouvoir borné pour telle affaire ; le porteur d'une telle procuration ainsi limitée doit se renfermer uniquement dans ce qui fait l'objet de sa commission. Quoique la procuration soit spéciale, on ne l'énonce pas moins comme générale, entendant par ce mot toutes les circonstances qui ont rapport à l'affaire particulière pour laquelle le pouvoir est donné.

On nomme *procurations anticipées*, celles que les présomptifs héritiers envoient sur les lieux avant le décès de leurs parents qui sont dangereusement malades. L'intention des parties est d'empêcher que le juge de paix n'appose les scellés, sous le prétexte que les héritiers seraient absents. Les rédacteurs du Journal des Notaires pensent qu'une procuration peut être donnée à l'effet de recueillir une succession non ouverte, pourvu qu'elle soit conçue en termes généraux, et qu'on ne parle point nommément de la succession qu'on a en vue.

Une déclaration du roi, du 27 mai 1690, portait que « les procurations anticipées, c'est-à-dire, celles qui sont

» données par un présomptif héritier, pour, en cas de décès
» de la personne dont il est héritier, faire lever les scellés,
» procéder à l'inventaire et vente des meubles du défunt,
» sont nulles à cet égard : il faut qu'elles soient postérieures
» au décès. »

On nomme ordinairement *pouvoir* la procuration qui est
donnée par acte sous seing privé.

On appelle *constituant, mandant* ou *commettant*, la personne qui donne procuration, et *procureur constitué* ou
mandataire la personne à qui elle est donnée.

On appelle *procuration en blanc* celle où le nom du mandataire est laissé en blanc. V. page 36.

Personne ne pouvant donner le pouvoir de faire que ce
qu'on aurait le droit de faire soi-même, il faut, pour donner une procuration, la même capacité que celle qui serait
requise pour faire ce qu'elle contient.

L'hypothèque conventionnelle peut être consentie en
vertu d'une procuration sous seing privé. (Cass. 27 mai
1849 et 5 juillet 1827.)

Il n'est pas nécessaire que la procuration donnée par
des parents pour élire un tuteur, contienne leur vœu personnel. (Metz, 23 brumaire an 13.)

Lorsque la procuration est générale, ou lorsqu'elle a
pour objet une affaire très importante, le notaire en garde
minute pour qu'on puisse y recourir en cas de besoin. On
ne peut fournir au Trésor royal et dans les bureaux d'hypothèques que les expéditions des procurations, ces actes n'y
sont pas reçus en originaux.

Un notaire peut recevoir une procuration donnée à son
parent au degré prohibé par l'art. 8 de la loi du 25 ventose
an 11. R. N.

Lorsque c'est un mari qui donne procuration à sa femme,
il faut qu'il l'autorise expressément pour tout ce qu'elle fera
en vertu de cette procuration.

Lorsqu'un présomptif héritier passe une procuration dans
la vue de recueillir une succession dont il ignore la consistance, on ne lui donne que la qualité *d'habile à se porter
héritier;* autrement ce serait lui faire accepter la succession
et lui faire courir des risques (M. Duranton.)

On peut, par une procuration, charger de ses affaires
une ou plusieurs personnes ; on peut les charger ou pour
gérer conjointement, ou pour que l'une puisse gérer au
défaut de l'autre. (Pothier.)

Celui qui contracte en qualité de procureur fondé ne s'oblige qu'au nom du mandant.

La renonciation que ferait le mandant, par sa procuration, de pouvoir la révoquer, serait de nul effet. (C. C. 2004.)

En pays étranger, les chancelleries et les consulats du royaume de France sont compétents pour recevoir les actes publics des Français, et y remplacent les notaires pour ces actes : ainsi une procuration faite par un Français devant ces chancelleries ou consulats équivaut à une procuration passée devant notaire.

Le plus ordinairement la procuration n'est signée que par le mandant, il est rare que le mandataire y intervienne.

Relativement à la légalisation et à l'annexe des procurations, voyez la Clef du Not. pages 35 et 46, et l'Indicateur, au mot LÉGALISATION.

Pothier dit que lorsque le mandant n'a limité aucun temps, ni apposé à la durée de sa procuration aucune condition, elle vaut *in perpetuum*, c'est-à-dire tant que le mandant existe ou qu'il ne révoque pas la procuration. Quelques praticiens, ajoute-t-il, disent qu'il faut en ce cas renouveler la procuration tous les ans, mais c'est une erreur qui ne mérite pas d'être réfutée.

M. Massé, en son Parfait Notaire, dit qu'à Paris on regarde les procurations comme prescrites par un laps de dix années ; que la disposition de l'art. 124 du Code civil semble avoir confirmé cette maxime.

La Cour de Montpellier a jugé le 22 juillet 1822, dans le sens de Pothier.

Lorsque l'intention du constituant est que le mandataire puisse se substituer quelqu'un pour tout ou pour partie, dans les pouvoirs qu'il lui donne, il est à propos que la procuration porte expressément cette faculté, soit que le constituant lui désigne une personne, soit qu'il lui en laisse le choix.

Si la procuration passée pardevant notaire est spéciale à l'effet de représenter le mandant à une assemblée de créanciers, et de vérifier et affirmer tous titres de créances, on met après les mots « déclarer que ladite créance est sincère » et véritable, » ceux-ci : *ainsi que le mandant l'a présentement affirmé entre les mains des notaires soussignés.*

Il est des cas où la loi veut formellement que le mandat soit donné devant notaire.

Le mandat conçu en termes généraux, comme par

exemple pour gérer toutes les affaires du constituant, n'embrasse que les actes d'administration, et ne peut s'étendre aux actes d'aliénation, d'emprunt, de concession de droit d'hypothèque, etc. En quelques détails qu'on soit entré dans les termes d'une procuration sur les choses que le procureur fondé pourra faire dans tous les cas prévus ou imprévus, ainsi qu'il le jugera à propos et que l'exigeront les diverses circonstances, il y a plusieurs choses dont l'expression dans l'acte est de toute nécessité pour que le mandataire puisse agir; telles sont celles-ci : *comparaître au bureau de paix, se concilier si faire se peut, sur les objets énoncés dans les citations, soit en demandant, soit en défendant; transiger, compromettre, etc.*

Ce sont les différentes natures des affaires pour lesquelles une procuration est donnée, qui doivent guider la prudence des notaires lorsqu'ils en rédigent l'acte. Cette rédaction exige souvent des connaissances assez étendues sur ce qui forme l'objet du mandat.

La procuration que donne celui qui part pour un long voyage, soit d'outre-mer, soit en pays étranger, doit être applicable, comme cela se conçoit, à toutes les affaires qu'il laisse en partant ou qui pourront lui survenir pendant son absence. Ces sortes de procurations peuvent, plus que toute autre, être données en termes généraux, parce que l'éloignement où sera le constituant; la longueur de son absence, rendent ces mandats plus favorables, et font présumer qu'il n'a voulu mettre aucune borne à ses pouvoirs.|

A l'égard des procurations qui sont spéciales pour une affaire exprimée dans l'acte, il est toujours bon que celui qui demande qu'on donne procuration, en envoie le projet, afin qu'on soit sûr de la faire comme il convient. G. D.

Suivant une ordonnance du 9 janvier 1818, les procurations données à l'effet de recevoir les arrérages de rentes perpétuelles et viagères sur l'état peuvent valoir, sans désignation spéciale de numéros et de sommes, pour toutes les inscriptions possédées par les propriétaires au moment du mandat, et même pour celles qu'ils pourraient acquérir par la suite, lorsque toutefois ces procurations en contiennent la clause expresse. Les procurations passées à l'étranger ou dans les départements doivent être déposées chez un notaire de Paris : il en est produit un seul extrait ou expédition au directeur du grand-livre, qui en délivre autant d'extraits qu'il y a de parties de rentes au nom du même propriétaire.

Ne pouvant pas donner ici des modèles de toutes les espèces de procurations, nous conseillons aux jeunes clercs de s'en former un recueil, en gardant copie des projets qui passent dans leurs mains.

Formules.

1. *Cadre de toute espèce de procuration.*

Par-devant, etc., fut présent M. A   ; lequel a, par ces présentes, fait et constitué pour son mandataire général et spécial M.   ,

Auquel il a donné pouvoir de, pour lui et en son nom, etc. (Détailler les pouvoirs qu'on entend donner.)

Et généralement de faire, relativement à ce que dessus, tout ce que le mandataire constitué (*ou* procureur constitué) jugera convenable, quoique non prévu en ces présentes; promettant d'exécuter les engagements qui seront contractés par ledit mandataire en vertu des pouvoirs ci-dessus, même de les ratifier, s'il est besoin; s'obligeant à rembourser audit mandataire les avances et frais que celui-ci aura faits pour l'exécution du mandat présentement donné, et de lui payer les salaires convenables.

Fait et passé, etc.

Ordinairement les procurations se terminent ainsi :

Et généralement faire, relativement à ce que dessus, tout ce que le procureur constitué jugera nécessaire, promettant, etc.

Fait et passé, etc.

2. *Préambule d'une procuration par un mari à sa femme.*

Par-devant, etc., fut présent M. G   ; lequel a, par ces présentes, fait et constitué pour sa procuratrice générale et spéciale dame   , son épouse, qu'il a autorisée à l'effet de tout ce qu'elle fera en vertu des présentes, et à laquelle il a donné pouvoir de, etc.

3. *Procuration donnée à deux mandataires.*

Par-devant, etc., fut présent M. L   ; lequel a, par ces présentes, fait et constitué pour ses procureurs généraux et spéciaux MM. D et B   ,

Auxquels il a donné pouvoir de, pour lui et en son nom, conjointement ou séparément, l'un en l'absence de l'autre, recevoir, etc.

4. *Procuration portant révocation d'une précédente.*

Lequel, en révoquant la procuration par lui ci-devant donnée à M.   , devant Mᵉ.   , notaire à   , etc.

Ou bien : En révoquant toutes procurations par lui précédemment données,

A, par ces présentes, fait et constitué, etc.

5. *Procuration donnée par une femme à son mari.*

Par-devant, etc., fut présente dame   , épouse de M.   , demeurante à   , et dudit sieur   , son mari, aussi présent, spécialement autorisée à l'effet de ce qui suit.

Laquelle a fait et constitué, etc.

6. *Procuration par un cessionnaire.*

Fut présent M. A   , au nom et comme ayant les droits cédés de M. B   , suivant l'acte de transport que celui-ci lui a fait devant Mᵉ.,etc.

7. *Procuration par un tuteur légal.*

Fut présent M. A   , au nom et comme tuteur légal de   , son fils mineur, né de son mariage avec feu dame   , son épouse.

8. *Procuration par un mineur émancipé.*

Fut présent M. A   , demeurant à   , mineur émancipé par déclaration de son père, reçue par le juge de paix   , assisté de son greffier, en date du   , enregistrée.

S'il est assisté de son curateur :

M. A   , demeurant à   , fils mineur de feu M.   , et de dame   , son épouse, mais émancipé par délibération de son conseil de famille et par la déclaration de M. le juge de paix de   comme président du conseil , le tout contenu au procès-verbal reçu par ledit juge de paix, le   , dûment enregistré, et dont une expédition a été représentée aux notaires soussignés et par eux à l'instant rendue.

Ledit mineur procédant sous l'assistance de M. B   , son oncle, demeurant à   , à ce présent, au nom et comme curateur dudit mineur , nommé à cette qualité qu'il a acceptée, et ayant prêté le serment accoutumé, par la délibération du   , ci-dessus énoncée.

Lequel mineur a, par ces présentes, fait et constitué, etc.

9. *Procuration par un négociant faisant pour sa maison de commerce.*

Fut présent M. A   , négociant, dûment patenté pour la présente année suivant la patente de   classe qui lui a été délivrée en commune   le   , sous le no.   , demeurant à   ;

Faisant pour sa maison de commerce, connue sous la raison de *Jacob et Compagnie*, dont il a la signature, ainsi qu'il l'a déclaré.

Lequel , etc.

10. *Procuration générale.*

Par-devant, etc., fut présent M. A   ; lequel, étant sur le point de faire un voyage de long cours, et ne voulant pas que ses affaires, non plus que celles des personnes dont les intérêts pourront avoir quelques rapports avec les siens, souffrent de son absence ;

A, par ces présentes, fait et constitué pour son mandataire général et spécial M. B   , auquel il a donné pouvoir de , pour lui et en son nom , régir, gérer et administrer, tant activement que passivement , les biens et affaires du constituant, en conséquence , d'agir et de stipuler pour lui dans tous les actes et dans toutes les circonstances où il serait intéressé, etc.

(Rapporter ici les pouvoirs que le mandant doit ou peut donner pour toutes les circonstances prévues , et terminer de la manière indiquée au no. 1er.)

Nota. Le Parfait Notaire contient plusieurs modèles de procurations générales, tome 1er, pages 589 et suivantes, 6e édition.

11. *Pouvoirs à l'effet de vendre.*

Vendre, soit à l'amiable, soit à l'enchère, aux personnes et moyennant les prix, charges, clauses et conditions que le procureur constitué jugera convenables, une maison située à   , dont les constituants sont propriétaires; obliger les constituants solidairement entre eux à toutes garanties et au rapport de toutes mainlevées et radiations ; fixer l'époque d'entrée en jouissance ; convenir du mode et de l'époque de paiement du prix ; stipuler tous intérêts ; dresser tous cahiers de charges, toucher et recevoir ledit prix, en donner quittances ; consentir tous dessaisissements de propriété, réserver tous priviléges ; remettre tous titres et pièces ; consentir toutes mentions et subrogations ; donner mainlevée et consentir la radiation de toutes inscriptions, d'office ou autres.

A défaut de paiement, former toutes demandes en résolution de la vente, faire tous commandements, etc. (V. le n°. 20.)

12. A l'effet de transférer des rentes sur l'État.

Vendre, céder et transférer tout ou partie des inscriptions sur le grand livre de la dette publique, cinq pour cent consolidés, appartenantes au constituant, ou qui pourront lui appartenir par la suite ; commettre à cet effet tous agents de change, signer les transferts, en recevoir le prix ; donner toutes quittances et décharges valables ; signer tous acquits, consentir tous émargements, faire toutes déclarations et affirmations qu'il appartiendra, substituer une ou plusieurs personnes, les révoquer, en substituer d'autres, et généralement faire tout ce qu'il conviendra.

Fait et passé, etc.

13. Pouvoirs à l'effet de transférer des actions de la banque.

Vendre, céder et transférer, au cours actuel de la bourse, la portion qui appartient au constituant dans trois actions de la banque de France, inscrites au registre coté J, f°.   ; signer les transferts, etc.

14. A l'effet de passer des baux.

Passer et renouveler tous baux à ferme ou à loyer, aux personnes, pour le temps, et aux prix, charges, clauses et conditions que le procureur constitué jugera convenables, des maisons, terres, prés, vignes, bois et autres biens qui appartiennent et pourront appartenir par la suite au constituant ; les faire résilier, en passer de nouveaux, faire faire tous états des lieux, arpentages, mesurages et bornages ; donner et accepter tous congés ; faire faire toutes réparations, arrêter tous devis et marchés, en payer le montant. Toucher et recevoir les loyers et fermages échus et à échoir ; de toutes sommes reçues donner quittances et décharges valables ; consentir toutes mentions et subrogations.

A défaut ou refus de paiement, etc. (V. le n°. 20.)

15. Pouvoirs d'emprunter par un mari et sa femme.

Emprunter, jusqu'à concurrence de 10,000 francs, en une ou plusieurs parties, d'une ou de différentes personnes, pour le temps, aux taux et conditions que le procureur constitué jugera convenables ; obliger les constituants solidairement entre eux au remboursement de ladite somme principale, et au paiement des intérêts qui seront stipulés, le tout aux époques et de la manière qui seront convenues.

Affecter et hypothéquer, à la sûreté des obligations, une maison située à   , etc. ; faire tous transports et délégations, remettre tous immeubles en antichrèse ; en abandonner la jouissance, à ce titre, aux prêteurs jusqu'à parfait paiement du principal et des intérêts.

Pour plus de sûreté et garantie desdites obligations, transporter aux prêteurs, jusqu'à concurrence des sommes prêtées, tous les droits, actions, créances et reprises que ladite dame   peut et pourra avoir le droit d'exercer contre son mari, en vertu de son contrat de mariage ou de tous autres actes, à quelques titres et pour quelques causes que ce puisse être ; par suite de ce transport, subroger les prêteurs, aussi jusqu'à due concurrence, dans l'effet de l'hypothèque légale de ladite dame contre son mari ; le tout par préférence à elle.

Déclarer , pour les constituants, sous les peines de droit, que la maison ci-dessus désignée n'est grevée d'aucune hypothèque judiciaire ou conventionnelle ; comme aussi, que les constituants n'ont jamais été chargés d'aucune tutelle ou curatelle, ni d'aucune comptabilité de deniers publics.

A l'effet de ce que dessus, passer et signer tous actes , élire domicile, substituer, etc.

16. *Pouvoirs de toucher les arrérages de rentes sur l'état.*

Recevoir de tous trésoriers, caissiers, payeurs, ou autres personnes qu'il appartiendra, les arrérages échus et à échoir de toutes rentes perpétuelles ou viagères, appartenantes ou qui pourront appartenir au constituant, et qui lui sont ou seront dues par le gouvernement ; en donner quittances, signer tous acquits et émargements ; et généralement, etc.

17. *Pouvoirs de poursuivre toutes liquidations de créances sur le gouvernement.*

Poursuivre toutes liquidations de créances sur le gouvernement, produire tous titres et pièces, les certifier véritables ; faire toutes déclarations et affirmations ; retirer toutes ordonnances, bons, mandats , inscriptions et autres effets qui pourront être donnés en paiement ; recevoir le montant desdites ordonnances, bons et mandats ; faire tous transferts, en toucher le prix ; donner toutes quittances et décharges valables.

18. *A l'effet de toucher des sommes dues par billets ou autrement.*

Toucher et recevoir de M.   ou de tous autres qu'il appartiendra, les sommes à lui dues par ledit sieur   , tant en principaux qu'intérêts échus et à échoir, frais et accessoires, en vertu de billets , reconnaissances ou autrement ; entendre, débattre, clore et arrêter tous comptes ; de toutes sommes reçues donner quittances et décharges ; consentir toutes mentions et subrogations, signer tous acquits, faire tous protêts, les dénoncer, exercer tous recours contre les endosseurs, tireurs ou autres garants ; etc. (V. le n° 20.)

19. *Pour toucher une somme due par obligation.*

Toucher et recevoir de M. P   ou de tous autres qu'il appartiendra, la somme de   , due au constituant par M. P   , suivant une obligation passée devant Me.   et son collègue , notaires à   le   ; recevoir également tous les intérêts échus et à échoir, de toutes sommes reçues donner quittances et décharges valables ; consentir toutes mentions et subrogations, avec ou sans garantie ; donner mainlevée et consentir la radiation de toutes inscriptions, remettre tous titres et pièces, passer et signer tous actes , élire domicile , substituer, et généralement, etc.

20. *A l'effet d'exercer des poursuites contre les débiteurs.*

A défaut de paiement ou en cas de contestation, citer et comparaître devant tous bureaux de conciliation , juges et tribunaux ; proposer tous moyens de conciliation ; se concilier, si faire se peut, traiter, transiger, composer ; sinon , plaider, opposer, appeler, se pourvoir en cassation ou par requête civile ; obtenir tous jugements , les faire mettre à exécution ; exercer contre qui il appartiendra , toutes poursuites , contraintes et diligences nécessaires , former toutes oppositions , faire toutes saisies mobilières ou immobilières, prendre inscriptions ; provoquer tous ordres, contributions et distributions de deniers , retirer tous mandements ou bordereaux de collocation, en toucher le montant , remettre tous titres et pièces , donner toutes mainlevées , consentir tous désistements et toutes radiations d'inscriptions.

Compromettre, transiger et prendre tous arrangements , consentir toutes remises, accorder termes et délais, accepter tous transports , cessions et délégations.

En cas de faillite , requérir toutes oppositions, reconnaissances et levées de scellés , faire procéder à tous inventaires et récolements , comparaître à toutes assemblées de créanciers, prendre part à leurs délibérations, nommer tous syndics et séquestres, signer tous contrats d'union et d'atermoiement , en poursuivre l'homologation , faire vérifier les créances du constituant , affirmer qu'elles sont sincères et véritables , et qu'il n'a prêté son nom directement ni indirectement à qui que ce fût , ainsi que le constituant l'a présentement affirmé entre les mains des notaires soussignés.

Au sujet de ce que dessus , passer et signer tous actes, élire domicile, nommer et constituer tous avoués, arbitres , surarbitres , experts , et tiers experts , s'en rapporter à leurs jugements ou décisions comme à jugement souverain, renoncer à tous appels , les révoquer, s'il y a lieu , en constituer d'autres , substituer une ou plusieurs personnes en tout ou en partie des présents pouvoirs , et généralement , etc.

21. *A l'effet d'accepter une succession sous bénéfice d'inventaire.*

Se présenter au greffe du tribunal civil de première instance , séant à   , y déclarer que le constituant n'entend accepter la succession de M. A   , son oncle, dont il est habile à se porter héritier pour un quart , que sous bénéfice d'inventaire , affirmer (ainsi que le constituant l'a présentement affirmé, ès-mains des notaires soussignés) , qu'il n'a fait aucun acte d'héritier pur et simple , faire toutes autres déclarations et affirmations que besoin sera , passer et signer tous actes, et généralement, etc.

(*Pour renoncer.*) Déclarer que le constituant renonce purement et simplement à la succession de M. A   , etc., affirmer, etc.

22. *A l'effet de paraître à un conseil de famille pour l'élection d'un subrogé-tuteur.*

Représenter le constituant au conseil de famille qui sera convoqué devant le juge de paix du canton de   , à l'effet de nommer un subrogé-tuteur à l'enfant mineur de M.   , et de défunte dame S   , son épouse, belle-sœur du comparant , conférer cette qualité à celui des parents maternels du mineur qu'il plaira au mandataire de désigner, et généralement faire ce qui est usité en pareil cas.

23. *Procuration pour recueillir une succession.*

Par-devant, etc., furent présents : M. Alphonse P   , et dame Rose F   , son épouse, de lui autorisée, demeurants ensemble à Orléans, rue   , n°.   .

« Ladite dame P   , habile à se porter héritière pour un sixième
» (*ou* en partie), par représentation de M. F   , son père , de dame
» Clotilde F   , sa tante, décédée à   , le   , v°. de M. C.   .»

Lesquels ont , par ces présentes , fait et constitué pour leur mandataire général et spécial M.

Auquel ils ont donné pouvoir de , pour eux et en leurs noms , les représenter, partout où il sera besoin, dans les affaires qui seront relatives à la succession de ladite dame veuve C

En conséquence, faire apposer tous scellés ou s'opposer à leur apposition, requérir la levée avec ou sans description de ceux qui pourraient avoir été apposés; faire procéder à l'inventaire des biens dépendants de ladite succession; faire, en procédant, tous dires, réquisitions, déclarations, protestations et réserves; choisir les officiers, gardiens et dépositaires; signer toutes vacations et procès-verbaux, introduire tous référés.

Prendre connaissance des forces et charges de ladite succession, notamment de toutes dispositions entre-vifs ou à cause de mort, les approuver ou contester, demander ou consentir la délivrance de tous legs, accepter ceux qui seraient faits à Mᵐᵉ. P   ; par suite de cette connaissance, accepter ladite succession purement et simplement ou sous bénéfice d'inventaire, y renoncer même si elle est plus onéreuse que profitable, faire à cet effet les déclarations et affirmations nécessaires au greffe de tel tribunal qu'il appartiendra.

Faire procéder à la vente du mobilier de ladite succession avec ou sans attribution de qualité, obtenir à cet effet les autorisations nécessaires, choisir l'officier public qui procédera à cette vente, entendre son compte, en fixer le reliquat, le toucher, en donner décharge.

Recevoir toutes les sommes qui pourront être dues à ladite succession, payer celles qu'elle pourra devoir légitimement, le tout tant en principaux qu'intérêts, frais et autres accessoires, à quelques titres et pour quelque cause que ce soit.

Compter avec tous débiteurs, comptables, créanciers et autres qu'il appartiendra, représenter ou se faire fournir tous titres de créances, les approuver ou critiquer, entendre, débattre, clore et arrêter tous comptes, en fixer le reliquat, le recevoir ou payer, ou bien demander et accorder termes et délais, prendre tous arrangements, traiter, composer, transiger, faire même ou accepter toutes remises.

Faire toutes déclarations de succession, les affirmer sincères et véritables, payer tous les droits, en retirer quittance.

Procéder à tous comptes, liquidations et partages des biens dépendants de ladite succession; former les masses, y faire et exiger tous rapports; consentir toutes déductions et tous prélèvements, le tout en principaux et intérêts; dresser des lots, les tirer au sort, accepter celui ou ceux qui écherront à Mᵐᵉ. P   ; faire ou accepter tous abandonnements, payer ou recevoir soultes, laisser tous objets en commun, conférer les pouvoirs nécessaires pour leur gestion et administration, et pour le recouvrement des créances qui en pourraient faire partie.

Louer et affermer pour le temps, moyennant le prix et aux charges, clauses et conditions les plus avantageux, tout ou partie des immeubles qui pourraient être laissés en commun ou seraient échus à Mᵐᵉ. P   .

Passer et signer tous baux, les résilier, en passer de nouveaux, donner et accepter tous congés.

Passer ou requérir tous titres nouvels.

Recevoir tous fermages, loyers et arrérages de rentes, échus et à échoir, en donner quittances.

Payer toutes contributions ou les faire acquitter par les fermiers et locataires.

Faire faire aux immeubles les réparations nécessaires; arrêter, à cet effet, tous devis et marchés avec tous entrepreneurs et fournisseurs, faire régler tous mémoires, les solder.

Transporter et transférer toutes rentes sur l'état ou sur particuliers, en toucher le prix, en donner quittances.

Vendre, à l'amiable ou de toute autre manière, les immeubles qui seront laissés en commun, ou ceux qui seront abandonnés à Mme P , faire ces ventes aux charges, clauses et conditions, et moyennant les prix les plus avantageux : stipuler toutes garanties et solidarités ; fixer les époques d'entrée en jouissance et de paiement ; soumettre les constituants au rapport des mainlevées et certificats de radiations des inscriptions qui pourraient grever les biens vendus ; faire toutes déclarations relatives à leur état civil, toucher le prix desdites ventes, avec ou sans intérêts, suivant qu'il aura été convenu.

De toutes sommes reçues ou payées, donner ou retirer quittances et décharges valables; consentir toutes mentions et subrogations ; faire et accepter tous transports, cessions et délégations, le tout avec ou sans garantie ; remettre ou se faire fournir tous titres et pièces, en donner ou retirer décharge.

A défaut ou refus de paiement, et en cas de contestations au sujet de ce que dessus, exercer contre qui il appartiendra toutes poursuites contraintes et diligences nécessaires ; en conséquence, citer et comparaître sur toutes citations, devant tous bureaux de paix, s'y concilier, si faire se peut, traiter et transiger, composer, accorder termes et délais; en cas de non conciliation, suivre devant les tribunaux compétents, constituer tous avoués et avocats, les révoquer, en constituer d'autres; plaider, opposer, appeler, obtenir tous jugements et arrêts, les faire lever, signifier et exécuter, ou en interjeter appel; suivre jusqu'à jugements définitifs; former toutes oppositions, saisies et inscriptions hypothécaires; donner du tout mainlevée, ainsi que de toutes inscriptions prises antérieurement ; consentir toutes radiations, même d'inscriptions d'office, passer et signer tous actes, élire domicile, substituer, et généralement faire tout ce qui sera nécessaire, quoique non prévu ni exprimé en ces présentes, promettant l'avoir pour agréable, s'obligeant, etc.

Fait et passé, etc.

Enregistrement.

Les procurations ou pouvoirs pour agir sont passibles du droit fixe de 2 francs. (Loi du 28 avril 1816, art. 43.) On perçoit autant de droits fixes que la procuration dénomme de mandataires devant agir privativement, ou de constituants n'ayant pas un intérêt commun.

Il n'est dû qu'un seul droit sur la procuration donnée par plusieurs co-héritiers à l'effet de recueillir une succession. Solut. du 20 oct. 1832.)

SECTION 2.

SUBSTITUTION DE PROCURATION.

La *substitution de procuration* ou *de pouvoirs* est l'acte par lequel un mandataire confère à un tiers les pouvoirs qui lui avaient été donnés. La substitution peut être ou de tous les pouvoirs contenus dans le mandat principal, ou d'une partie seulement de ces pouvoirs.

Le mandataire a la faculté de se faire substituer, lors même que la procuration ne la lui confère pas expressément; mais voyez l'art. 1994 du Code civil. (M. Malleville.) Quant au procureur substitué, il n'a pas la faculté de se faire substituer à son tour.

Formules.

Substitution partielle.

Par-devant, etc., fut présent M. A   ; lequel, en vertu de la faculté de substituer, contenue en la procuration que lui a donnée M. B   , devant Me.   , notaire à   , en présence de témoins, le   , et dont le brevet original est demeuré annexé à la minute d'un contrat de vente passé devant Me.   , l'un des notaires soussignés, le   etc.
A, par ces présentes, substitué en son lieu et place M. C   , auquel il a transmis les pouvoirs à lui conférés par cette procuration, mais seulement à l'effet de toucher et recevoir, etc.

Substitution totale.

Par-devant, etc.
Lequel, etc., a, par ces présentes, substitué en son lieu et place M. C   , auquel il a transmis tous les pouvoirs à lui conférés par cette procuration, sans aucune exception.
Fait et passé à, etc.

Enregistrement.

Les substitutions sont sujettes, comme les procurations, au droit fixe de 2 francs.

SECTION 3.

RÉVOCATION DE PROCURATION.

V. les art. 2003 et suivants du Code civil.

Le principe que le mandant peut révoquer le mandat quand bon lui semble, est applicable aux femmes mariées comme à tous autres; elles ont le droit de révoquer les procurations qu'elles ont données, soit à des tiers, soit à leurs maris, sans avoir besoin de l'autorisation ni de leurs maris, ni de la justice. (Caen, 15 juillet 1824.)

Il convient de faire signifier la révocation au notaire qui a reçu la procuration en minute, ou de passer cette révocation devant lui, et, dans ces deux cas, d'en faire mention sur la minute. R. N.

Formule.

Par-devant, etc., fut présent M. A   ; lequel a, par ces présentes, déclaré révoquer la procuration qu'il a donnée à M. B   , suivant acte passé devant, etc.
Entendant que M. B   ne s'immisce plus dorénavant en aucune manière dans ses affaires, et que tous les actes qu'il pourrait faire en

vertu de ladite procuration, à dater du jour de la signification des présentes, soient nuls et de nul effet.

Pour faire faire cette signification, tout pouvoir est donné au porteur.

Dont acte, etc.

Ou bien : Lequel, en révoquant les procurations qu'il a pu donner précédemment, notamment celle qu'il a passée à M. B   , devant, etc.

A, par ces présentes, fait et constitué pour son procureur général et spécial M. A   , auquel il a donné pouvoir de, pour lui et en son nom, retirer des mains dudit sieur B   , les titres et pièces qu'il peut avoir au constituant, lui en donner décharge; compter avec lui des sommes, etc.

Enregistrement.

Les révocations, autres que celles des actes synallagmatiques, tels que baux, ventes, etc. n'opèrent que le droit fixe de 2 francs. (Loi du 28 avril 1816, art. 43.) Si, par l'acte de révocation d'une procuration, on nomme un nouveau mandataire, il est dû pour cette nomination un second droit de 2 francs. (Loi du 22 frimaire an 7, art. 11.)

Les notaires peuvent faire et expédier les révocations sur les mêmes feuilles que les procurations. (Décret du 15 juin 1812.) V. page 64.

SECTION 4.

AUTORISATION MARITALE.

Il ne s'agit ici que des autorisations qui peuvent avoir lieu lorsque le mari se trouve éloigné de sa femme, ou lorsque, par des motifs particuliers, il veut s'abstenir d'être présent aux actes où sa femme doit concourir.

Ainsi, un mari se trouve dans la nécessité de souscrire une obligation ou de faire une vente conjointement avec sa femme, qui est éloignée de l'endroit où les actes doivent se passer; alors, il est nécessaire qu'il lui envoie les autorisations dont elle a besoin pour lui donner sa procuration. Dans ce cas, le notaire rédige, sur papier timbré, le projet de la procuration, ensuite duquel il met l'acte d'autorisation en brevet, qui seul est signé par le mari; ou bien, sans faire de projet, il énonce et particularise, dans l'acte d'autorisation, les différents pouvoirs dont il a besoin.

On peut définir l'autorisation du mari qui est nécessaire à la femme, un acte par lequel le mari habilite sa femme pour quelque acte qu'elle ne peut valablement faire que dépendamment de lui.

L'autorisation du mari nécessaire pour la validité des

actes passés par la femme, a été considérée comme un attribut essentiel et inséparable de la puissance maritale, et tellement attaché à sa personne qu'il n'est permis d'y déroger par aucune des conventions matrimoniales, malgré toute la latitude laissée à ces conventions. E. M.

Le consentement peut être donné par acte sous seing-privé, comme par acte authentique, lors même qu'il s'agirait, pour la femme, d'un acte qui ne peut être valablement fait qu'en la forme solennelle et authentique, comme l'acceptation d'une donation : la loi ne distingue pas (C. C. 217), et il n'y avait pas de raison de distinguer. Le consentement du mari pourrait même être valablement donné par une lettre. (M. Duranton.)

Voyez le Code civil, art. 217 à 226, 1124, 776, 934, 1427, 1538, 1555 et 1556, et le Code de commerce, art. 4 et 5.

L'autorisation qui serait donnée pour les actes d'une même espèce, serait prohibée comme étant générale. Cette prohibition ne s'applique qu'aux biens de la femme; le mari peut donner une procuration générale à la femme d'aliéner les biens qui sont personnels à lui. Si la procuration du mari à la femme autorisait celle-ci à vendre, hypothéquer leurs biens respectifs, à les obliger conjointement et solidairement, etc., cette autorisation générale serait nulle, du moins en ce qui concernerait la femme. (Bellot.) Il a été fait l'application de ce principe dans le cas d'une femme qui avait souscrit un billet à ordre tant en son nom qu'en vertu d'une procuration que lui avait donnée son mari partant pour l'Amérique, et qui contenait pouvoir de gérer tous leurs biens, d'*emprunter telles sommes qu'elle croirait nécessaires*, etc.

Il a jugé que cette femme, devenue veuve et ayant renoncé à la communauté, ne pouvait être poursuivie pour le paiement d'un pareil billet, qui était frappé de nullité par l'art. 223 du Code civil. R. N.

Formule.

Aujourd'hui a comparu, etc. M. R   ; lequel a autorisé, par ces présentes, la dame   , son épouse, à lui passer procuration conforme au modèle ci-dessus.

Ou : A lui passer procuration à l'effet de vendre aux personnes et moyennant les prix, charges et conditions qu'il jugera convenables, la portion appartenante à ladite dame   , comme héritière pour un quart de son père, dans une maison située à

De recevoir ce qui pourra lui revenir dans le prix, en donner quittance, donner mainlevée et consentir la radiation de toutes inscriptions, d'office ou autres, passer et signer tous actes et contrats, y élire domicile, stipuler toutes garanties, consentir toutes mentions et subrogations, et généralement faire tout ce qui sera nécessaire.

Dont acte, fait et passé, etc.

Enregistrement.

Cet acte est assujetti au droit fixe de 2 francs. (Loi du 28 avril 1816, art. 43.)

TROISIÈME ET DERNIÈRE PARTIE.

INDICATEUR,

ou

COMPLÉMENT ET TABLE ALPHABÉTIQUE
DES DEUX PREMIÈRES PARTIES.

Le cadre étroit que uous nous sommes imposé, nous a forcé de restreindre cette troisième et dernière partie de la Clef à un choix de remarques propres à guider les premiers pas des jeunes gens dans l'étude du Notariat. Nous avons toujours supposé, d'ailleurs, qu'avec ce volume, ils possèdent le Code civil de Rogron, et indispensablement aussi un dictionnaire de la langue française : cette supposition a dû singulièrement abréger notre travail, en ne comprenant pas ici les termes de droit dont l'explication se trouve dans tous les dictionnaires, ni aucune des notes de M. Rogron.

A

ABANDON, ABANDONNEMENT. Rien n'est plus ordinaire, au palais, que de voir employer le mot *abandon* pour celui d'*abandonnement*.

On dit indifféremment qu'un failli a fait l'*abandonnement* ou l'*abandon* de ses biens à ses créanciers. Les rédacteurs du Code civil ont aussi commis cette faute, dans les articles 1053 et 1265.

L'*abandonnement* est un acte par lequel on cède, on transporte à un autre la propriété qu'on a d'une chose, ou simplement le droit qu'on peut y avoir. L'*abandon* n'est point un acte, c'est un simple état, une simple situation d'une chose délaissée. On peut dire de l'*abandonnement* qu'il est actif, puisque c'est un acte qui transporte une propriété, un droit, une action, d'une personne à une autre; et de l'*abandon*, qu'il est purement passif. On dira donc qu'un débiteur a fait un abandonnement, et non un abandon de ses biens à ses créanciers; et en parlant de biens dont le propriétaire ne prend aucun soin, qu'ils sont à l'*abandon*. L'*abandonnement* est un acte de justice par lequel la propriété des biens abandonnés est transférée du débiteur aux créanciers; tandis que *l'abandon* ne dépouille pas légalement le maître de la propriété de ses biens, pour la transférer à ceux qui les usurpent. On dit d'un *abandonnement*, qu'il est volontaire ou forcé, juste, entier, sans réserve; et de *l'abandon*, qu'il est triste, cruel, etc. (M. Morel de Lyon.)

Le dictionnaire de Trévoux, Girard, dans ses Synonymes, et tous les bons auteurs établissent cette différence : il n'appartenait qu'au dictionnaire de l'Académie de consacrer l'acception des praticiens. Mais lorsqu'on retrouve dans sa dernière édition *quatre-z-yeux*, *hangar*, *vous ou moi nous ferons* (au lieu de : l'un de nous deux, vous ou moi, fera) etc. on se rappelle involontairement l'épigramme de Lebrun :

> On fait, défait, refait, ce beau dictionnaire,
> Qui, toujours très bien fait, reste toujours à faire.

Toutefois, cette édition est de beaucoup supérieure aux précédentes.

En matière de partage, on entend par *abandonnements*, le transport que l'on fait, soit à une veuve, soit à des héritiers, des objets qui leur sont attribués (Clef, p. 422); ce mot se dit aussi des choses mêmes qui sont attribuées aux parties, pour les remplir de leur émolument.

On nomme, aujourd'hui, *abandonnataire*, la personne à qui l'on fait un abandonnement.

Touchant l'*abandonnement de mitoyenneté*, voyez le Code civil, art. 656. Il est de principe que celui qui n'est obligé qu'à cause de la chose qu'il possède, peut se dégager de son obligation en abandonnant cette chose. V. aussi l'art. 699.

L'*abandonnement par un héritier bénéficiaire* (802) peut être fait en la forme qu'il plaît à l'héritier. L'usage à Paris, est de le faire au greffe du tribunal; il serait mieux de le faire devant notaire. R. J. N.

Quant au *Contrat d'abandonnement*, voyez CESSION DE BIENS.

AB INTESTAT. Voyez le dictionnaire au mot *intestat*. On raconte qu'un jeune clerc de notaire rencontrant cette expression dans un acte, en demanda l'explication à l'un de ses camarades; que celui-ci n'en sachant pas davantage, mais ne voulant pas avouer son ignorance, lui répondit qu'il fallait lire *à Bintestat*, c'est-à-dire que l'individu en question était mort dans une ville des Indes nommée *Bintestat* !

ABRÉVIATIONS. Clef, p. 35. Il est de la plus haute importance d'éviter les abréviations dans les actes, car elles ont souvent donné lieu à de graves difficultés, et produit des équivoques dont l'effet a été l'annulation de ces mêmes actes. La loi n'a pas pu faire aux particuliers les mêmes injonctions qu'aux officiers publics; mais, dans les actes qu'ils font entre eux, ils doivent éviter les abréviations qui rendent quelquefois une clause inintelligible, et un mot important illisible. (Dict. de législ. usuelle.)

Que doit-on décider par rapport à ces anciennes abréviations, *auquel lieu, nonobstant, promettant, obligeant, renonçant?*... M. Dupuis, dans son Essai sur le Notariat, dit que le *promettant* est tout-à-fait inutile, *l'obligeant* ridicule, et le *renonçant* absurde.

Quel que soit le nombre des abréviations que renferme un acte notarié, il n'est dû qu'une seule amende.

ABSENCE. Clef, p. 87.

ACCEPTATION *de communauté*. C. C. 1453; *de donation*, Clef, page 376; *de lettres de change*, C. de comm. 118; *de mandat*, C. C. 1985; *de remploi*, C. C. 1435; *de succession*, Clef, p. 419; *de transport*, p. 221; *des obligations*, p. 295.

ACCEPTILATION. Remise de dette. Elle est passible du droit d'enregistrement de donation mobilière, lorsque l'intention de libéralité résulte des expressions de l'acte; au cas contraire, le droit de quittance est seul exigible, d'après les art. 1282 et suivants du C. C. (Dict. de l'enreg.)

ACCESSION (Droit d'). C. C. 546—577 et 712.

ACCESSOIRE. L'accessoire suit le sort et la nature du principal. On nomme *contrats accessoires*, ceux qui supposent l'existence d'un autre contrat : tels le gage, l'hypothèque, qui supposent l'existence d'une créance. C. C. 569, 1018, 1615, 1692 et 2204.

ACCROISSEMENT. C. C. 1044 et 1045. Dans le cas de l'art. 1475, la part du renonçant accroît au mari, qui, en possession de toute la communauté par la mort de la femme, conserve cette part *jure non decrescendi*. (Traité de la communauté, de Pothier, n° 578.) Sur *l'accroissement de propre*, voyez le C. C. 1408, et la Clef, p. 427.

ACHALANDAGE. Avantage qui résulte au profit de l'acquéreur d'un fonds de commerce, de continuer les affaires dans le local occupé par son prédécesseur, et bénéfice qu'il trouve à travailler avec les pratiques attachées à la maison. Quelquefois, dans les inventaires, les experts, appelés pour donner leur avis sur les marchandises et ustensiles, estiment aussi l'achalandage. Lors des liquidations et partages, on porte dans la masse active la valeur du fonds de commerce compris l'achalandage.

Ce mot n'est pas dans le dictionnaire de l'Académie. V. la Clef, p. 176.

ACHETEUR, ACQUÉREUR. Dans la pratique, les mots *achat*, *acheteur*, s'appliquent à l'acquisition d'une chose mobilière, tandis qu'*acquérir*, *acquéreur*, s'appliquent aux acquisitions d'immeubles. V. le Code de commerce, art. 109.

Le féminin d'*acquéreur* est *acquéreuse* : il est de règle que les substantifs masculins en *eur* font *euse* au féminin, lorsqu'ils viennent directement d'un verbe français, et qu'on peut les faire dériver du participe actif par le changement de *ant* en *eur* : *acquérant*, *acquéreur*, *acquéreuse*. (Dict. de Richelet et Manuel des amateurs de la langue française.)

ACQUETS. Clef, p. 132.

ACQUIESCEMENT. page 458.

ACQUIT. En recevant le montant d'un billet, d'un mémoire, d'une facture, on écrit au dos ou au bas, *pour acquit*, et l'on signe.

ACTE. Clef, page 116. Le caractère des actes se détermine par leurs dispositions, plutôt que par les qualifications qui leur sont données.

Quelquefois on emploie le mot *acte* comme synonyme de *contrat*, de *convention* : on dit, un *contrat de vente*, un *acte de vente*. Néanmoins le mot *acte* est plus général que celui de *contrat*; tous les contrats sont des actes, tandis qu'il y a des actes qui ne contiennent pas de contrats. On donne parfois aussi aux actes le nom de titres : un *titre de propriété*, un *titre de créance*. R. J. N.

Le mot *acte* se dit encore du mode de constater des déclarations et des aveux faits en justice; ainsi l'on dit, dans ce sens, *prendre acte* d'un consentement ou d'une dénégation, *demander acte* d'une plainte, *donner acte* d'une comparution, etc. (Crivelli.)

ACTE *à cause de mort*. Testament ou autre acte fait en contemplation de la mort.

A la suite d'un autre. Clef, p. 12 et 64. Lorsqu'un acte notarié est à plusieurs dates, le délai pour l'enregistrement ne court qu'à partir de la dernière; c'est aussi sous cette date que l'acte doit être inscrit au répertoire. (Décision du 29 mars 1831.)

Authentique. Clef, p. 116.

Confirmatif. P. 338.

Conservatoire. Acte qui a pour objet de conserver nos

droits, nos actions, et non de les exercer : il empêche que
rien ne soit fait à notre préjudice. Sont, par exemple, actes
conservatoires : une réquisition d'inscription (C. C. 2148,
778, 1166) ; l'apposition et la levée des scellés (C. de proc.
909, 930) ; un inventaire, les saisies, l'intervention dans
les partages, etc.(Dalloz.)

Constitutif. Qui établit un droit.

D'administration. Acte nécessaire seulement pour la
conservation d'une chose, par opposition à l'*acte de propriété.*

De commerce. Négociation faite dans un but de trafic.
C. de comm. 632 et 638.

De dépôt. Clef, p. 433.

De dernière volonté. Testament.

De l'État civil. Clef, p. 86.

De notoriété. P. 400.

D'héritier. Si celui à qui une succession est déférée, en
acquitte les dettes ou dispose de quelques effets de la succession, s'il en perçoit les revenus, ou s'il procède au recouvrement des dettes de l'hérédité, il fait *acte d'héritier,* à
moins qu'il n'ait une autre qualité ou des autorisations pour
agir ainsi. C. C. 779.— A l'égard d'une veuve, on dit
qu'elle a fait *acte de commune,* lorsqu'elle a reçu des
sommes dues à la communauté ou payé quelques dettes.
C. C. 1454. La veuve ne doit prendre aucun parti avant de
connaître les forces et charges de la communauté.

De propriété. Action d'une personne qui agit comme
propriétaire, ayant qualité à cet effet.

De pure faculté, de tolérance. C. C. 2232.

De suscription. Clef, p. 380.

En brevet. P. 42.

En forme exécutoire. P. 16.

Entre-vifs. Acte dont l'effet est actuel, qui n'est pas
subordonné à la mort des parties.

Exécutoire. Grosse.

Exempt de l'enregistrement. Clef, p. 72. On peut relater,
dans un acte notarié, une ordonnance du roi, une délibération du conseil municipal, qui seraient exemptes de
l'enregistrement. (Délib. du 30 nov. 1831.)

Extra-judiciaire. V. Rogron sous l'art. 218 du C. civ.

Frustratoire. C. de proc. 1031.

Imparfait. Clef, p. 14. Les notaires ne sont pas responsables du paiement des droits d'un acte imparfait qu'ils

n'ont pas signé, et ils ne sont pas obligés de les soumettre à l'enregistrement. P. N.

Les actes imparfaits sont soumis aux mêmes droits, à moins que l'imperfection ne résulte du défaut de signature des parties, cas auquel il n'est dû que le droit fixe d'un franc. (Délib. de la Régie du 26 sept. 1815.)

En double minute. Clef, p. 59.

Judiciaire. Acte ou procès-verbal du ministère du juge, comme un procès-verbal d'enquête, une descente sur les lieux.

Passé en conséquence d'un autre. Clef, p. 70.

Passé en pays étranger. P. 70. Il ne peut être fait usage en justice d'aucun des actes passés en pays étrangers ou dans les colonies, qu'il n'ait acquitté les mêmes droits que s'il avait été souscrit en France et pour des biens situés dans le royaume; il en est de même pour la mention de ces actes dans des actes publics. (Loi du 28 avril 1816, art. 58.)

Primordial. V. Rogron avant l'art. 1337 du C. civ.

Public. Acte émané d'une autorité publique, ou reçu par un fonctionnaire revêtu d'un caractère public.

Récognitif. Clef, p. 338.

Respectueux. P. 126.

Simple. Acte n'exprimant qu'un simple consentement, et non synallagmatique.

Solennel. Clef, p. 98.

Sous seing-privé. P. 104. Les parties peuvent faire rédiger leurs actes par une personne étrangère, excepté les cas des art. 970 et 1326 du Code civil; mais il est *d'usage* qu'elles mettent au bas : *Approuvé l'écriture ci-dessus.* La partie qui ne sait ou ne peut signer, ne peut faire un acte sous seing-privé. Les gens de la campagne s'imaginent pouvoir suppléer à la signature en faisant une croix au bas de l'acte, un pareil signe n'a aucune valeur. (Dict. de lég. usuelle.)

Synallagmatique. C. C. 1102.

Unilatéral. C. C. 1103.

Actif. Clef, p. 132 et 426.

Action. Droit que nous avons de poursuivre en justice ce qui nous est dû ou ce qui nous appartient. On appelle *actions immobilières* les actions qui tendent à la revendication d'un immeuble; on désigne au contraire sous le nom d'*actions mobilières* celles qui ont pour objet des sommes exigibles ou des effets mobiliers.

ACTION EN NULLITÉ. C. C. 1304.

ACTIONS DE LA BANQUE DE FRANCE. Ces actions doivent leur origine à la loi du 24 germinal an 11, qui en créa 45,000. Le fonds primitif de chaque action est de 1,000 francs; elles produisent tous les six mois un dividende variable, suivant les circonstances plus ou moins heureuses.

On a payé 4 actions 4,570 francs; le dividende semestral a été fixé à 32 francs par action; pour savoir quel est le taux du placement, on multiplie 100 par 32 francs, puis par 2 (semestres), enfin par 4 (nombre des actions), et l'on divise le produit par 4,570; on a pour résultat 5 francs 60 centimes pour cent.

On a acheté des actions à 1,150 francs; on veut savoir à combien devrait être fixé le dividende pour retirer 6 pour cent de ses fonds. On multiplie 1,150 par 6, on divise le produit par 200 (2 semestres à 100), et l'on a pour résultat 34 francs 50 centimes.

Les actions de la banque peuvent être immobilisées. (Décret du 16 janvier 1808.) Ces actions restent alors soumises au Code civil. Elles ne peuvent être aliénées, et les priviléges et hypothèques ne sont purgés qu'en se conformant aux lois relatives aux priviléges et hypothèques sur les propriétés foncières.

ADHÉSION. Clef, p. 467.

ADIRÉ. Synonyme d'*égaré*. Une partie à laquelle le débiteur rembourse la créance qui lui était due déclare que la grosse de l'acte est *adirée*. En conséquence elle s'oblige, par la quittance, de garantir le débiteur de tous recours, et de lui remettre la grosse s'il parvient à la recouvrer.

ADITION D'HÉRÉDITÉ. V. Rogron, avant l'article 774 du C. C.

ADJOINTS DE MAIRE. Voyez la loi du 28 pluviose an 8.

On lit, on entend dire, à tout moment, *l'adjoint au maire*. Cette locution vicieuse est inconcevable de la part de quelques personnes instruites. Elles oublient que, dans son acception ordinaire, ce mot est employé substantivement; que de même qu'il faut dire, *le livre de Pierre*, *le secrétaire du ministre*, on doit dire *l'adjoint du maire*; que c'est ici une qualité permanente; que le mot *adjoint* est un véritable substantif. En effet, ne dit-on pas *le maire et ses adjoints?*... Les adjoints de qui?... du maire. Il n'y aurait qu'un cas où l'on pourrait dire M. un tel est *adjoint au maire*; ce cas, bien rare, serait celui où, pour une certaine opération, on aurait donné au maire un aide, un *adjoint*, spécialement et uniquement pour cette opération.

Peut-on croire que la faute que je signale ici se commet, à chaque instant, jusque dans les actes du gouvernement?...

ADJUDICATION. Clef, p. 196.

ADMITTATUR. Mot latin adopté dans notre langue, pour signifier le certificat constatant l'agrément que doit obtenir un candidat pour son admission à certaines fonctions.

ADOPTION. V. Rogron, avant l'art. 343 du C. C.

AFFAIRES SOMMAIRES. V. Rogron sous l'art. 823 du C. C.

AFFECTATION HYPOTHÉCAIRE. Clef, p. 309.

AFFICHES. Les affiches manuscrites sont exemptes du timbre. (Décis. min. 18 juillet 1820 et 8 mai 1824.) L'amende de 100 francs encourue pour défaut de papier de couleur ne peut être applicable aux affiches manuscrites. (Manuel des contraventions.) Les affiches à la brosse sont soumises au timbre. (Décis. min. 13 juillet 1831.) Nul ne peut être afficheur, s'il n'y est autorisé par la police. (Lois des 17 mai 1819 et 25 mars 1822.)

AFFRÈTEMENT. C. de comm. 273.

AGENDA. Petit livre ou registre sur lequel on inscrit journellement toutes les notes relatives aux affaires courantes d'une étude. *L'agenda* offre des tablettes sur lesquelles on écrit ce qu'on se propose *de faire*, à la différence du *souvenir* qui offre des tablettes sur lesquelles on note ce qu'on veut *se rappeler*.

AGENT DE CHANGE. C. de comm. 74 et 75.

AGENTS D'AFFAIRES. Il ne faut pas juger des hommes par les places, mais des places par ceux qui les remplissent. (Epaminondas.) Il en est qui offrent une garantie vraie et assurée dans leur moralité, dans les capitaux qu'ils consacrent au succès de leur entreprise, dans l'économie des frais, dans la régularité de leur gestion, dans la prudence des placements et des spéculations, dans le zèle à poursuivre les affaires dont ils sont chargés. (Encycl. moderne.)

AGRÉÉ. Mandataire qui plaide pour son mandant devant les tribunaux de commerce : ce n'est pas un officier ministériel. C. de comm. 627.

AÏEULS, AIEUX. Par *aïeul*, *aïeuls*, on entend précisément le grand-père paternel et le grand-père maternel; et par *aïeux*, ceux qui ont devancé nos aïeuls.

ALÉATOIRE. Clef, p. 313; Rogron, sous l'art. 1104 du C. civ.

ALIÉNER. V. Rogron, sous l'art. 128 du C. civ.

ALIMENTS. V. Rogron, sous l'art. 205.

ALINÉA. La méthode des actes exige qu'il y ait des alinéas; autrement il serait difficile de bien les comprendre. (M. Augan.) Clef, p. 6 et 61.

ALLIANCE. V. Rogron, sous l'art. 161.

AMBIGUITÉ. C. civ. 1159.

AMÉLIORATION. C. civ. 599, 1437.

AMENDER. Profiter, tirer quelque avantage de quelque chose : les héritiers d'un tel n'ont rien *amendé* de sa succession, il y avait trop de dettes. (Dict. de Trévoux.)

AMEUBLISSEMENT. V. Rogron, sous l'art. 1505 du C. civ.

AMPLIATION. Clef, p. 18.

ANALYSE. Dans les actes que reçoivent les notaires, il est souvent utile d'en analyser d'autres, et cette analyse (extrait, précis) est d'usage dans divers actes, comme dans les contrats qui emportent transmission de biens susceptibles d'hypothèque, dans les inventaires lors de la description des papiers.

Dans les opérations de comptes, liquidations et partages, l'analyse des actes et la relation des faits principaux se font par dépouillement de l'inventaire, ou par une analyse divisée, soit en observations, soit en paragraphes susceptibles de subdivisions; et, quand on arrive aux chiffres, on se réfère aux actes analysés ou aux faits relatés.

Lorsque, dans le cours d'un acte, on devra en faire connaître d'autres et en exécuter les dispositions, il est d'une méthode préférable de commencer par l'analyse raisonnée de ces actes et dispositions, plutôt que de consommer l'acte par l'accomplissement des dispositions antérieurement faites, en indiquant ensuite les causes qui ont donné naissance à l'acte.

En général, l'ordre chronologique est le plus convenable à faire pour l'analyse de plusieurs actes, sauf à l'intervertir lorsqu'un acte se lie essentiellement à un autre.

L'analyse d'un acte est en quelque sorte une attestation, de son existence, de la part du notaire, dans l'acte qui la renferme. Lors donc qu'un notaire n'a pas vu l'acte qu'il faudrait analyser, il doit indiquer que l'analyse a été faite sur la déclaration des parties.

Pour appeler davantage l'attention sur une convention, ou pour ne pas en atténuer la force, on interrompt parfois l'analyse en rapportant littéralement cette convention. (Dict. du Notariat.)

ANATOCISME. Intérêt de l'intérêt. C. C. 1154. Ce mot n'est pas dans l'Académie.

ANGAR. On doit écrire et prononcer *un angar*, d'après l'étymologie latine *angara*, où il n'y a point de *h*, et l'étymologie grecque *aggara*, où l'esprit est doux. C'est donc à tort que l'Académie écrit *hangar*, et les praticiens *hangard*.

ANNEXE. Clef, p. 10, 22, 35 et 54.

ANTICHRÈSE. P. 326.

ANTÉRIORITÉ D'HYPOTHÈQUE. P. 290 et 310.

APOSTILLE. P. 39.

APPARTENANT. Ce mot employé comme *participe* est invariable, de même que *demeurant, résultant, séant, résidant*, etc. Exemples : Cette maison *appartenant* à votre frère, vous ne pouvez en disposer ; madame Sainte-Claire, *demeurant* en Amérique, je ne puis avoir de ses nouvelles que rarement ; la cour royale *séant* dans un local trop étroit, en a demandé un autre ; cette prairie *tenant* à mon domaine, je désire l'acquérir ; mes créances, *résultant* d'un titre régulier, je ne crains point de les perdre. Dans tous ces exemples, on pourrait remplacer le participe par *au moyen de ce que*... Au moyen de ce que cette maison appartient, etc.

Mais ces mots *appartenant, demeurant, séant,* etc., employés comme *adjectifs*, doivent prendre la livrée (le genre et le nombre) des substantifs auxquels ils se rapportent. Exemples : Je crois qu'il lui est permis de disposer de cette maison comme de chose *à lui appartenante*. (FÉLIX, de Sedaine ; *édit. de Didot.*) — J'écrirai ce soir à madame Sainte-Claire *demeurante* à Versailles. — J'ai comparu hier à la cour royale *séante* au palais de justice. — Où elle est *demeurante*. (Académie.) — Une ville *appartenante* aux Hollandais. (Voltaire.) — Les biens *appartenants* à un tel, une maison *à lui appartenante*. (Académie.) — Je viens d'acquérir une prairie *tenante, attenante* à mon domaine. — J'ai formé inscription pour sûreté des créances *résultantes* à mon profit de tels titres. Dans tous ces exemples *appartenante, demeurante, séante,* etc., peuvent se remplacer facilement par tout autre adjectif équivalent : une ville *possédée* par les Hollandais, madame Sainte-Claire, *domiciliée à...,* etc.

Employé comme participe, on dira : cette maison *lui* appartenant, il peut fort bien la démolir ; mais comme adjectif, il faut dire : il vient de démolir une maison *à lui* appartenante.

APPEL. Recours exercé devant une juridiction supérieure, pour obtenir l'infirmation ou la réformation d'un jugement rendu en premier ressort. L'appel des jugemens rendus par les juges de paix est porté devant les tribunaux civils d'arrondissement. Les cours royales doivent connaître de l'appel des jugements rendus par les tribunaux civils et par les tribunaux de commerce. En matière correctionnelle, l'appel est porté au tribunal correctionnel du chef-lieu du département ou devant la cour royale. V. les Codes de procédure et d'instruction criminelle.

APPERT (IL). Synonyme de *il résulte*, il est avéré, il est constant.

APPOINT. Monnaie servant à achever une somme qu'on ne pourrait faire avec les principales espèces. La monnaie de cuivre et de billon ne peut être employée que pour l'appoint de la pièce de 5 francs. (Décret du 18 août 1810.) Tout débiteur doit faire son appoint sans pouvoir obliger qu'on lui rende. (Loi du 22 avril 1791 et Rép. du Not.)

APPORT. Clef, p. 133.

APPROBATION D'ÉCRITURE. P. 102.

APUREMENT DE COMPTE. V. Rogron sous l'art. 809 du Code civil.

ARBITRAGE. P. 455.

ARRÉRAGES. C. C. 385.

ARRÊTÉ DE COMPTE. P. 408.

ARRHES. P. 160.

ARTICLES DE MARIAGE. Clauses et conventions qui doivent faire la substance d'un contrat de mariage. La future épouse ou ses parents dressent les articles tels qu'ils leur conviennent, et les communiquent ensuite au futur époux qui les accepte ou les contredit. L'acte doit être fait double. On doit y insérer toutes les clauses dont on veut composer le contrat, mais on ne les met qu'en substance dans les articles, sauf à leur donner toute leur étendue dans le contrat.

On commence l'acte par : Les soussignés ont arrêté les articles de mariage ci-après. Et on termine ainsi : Nous soussignés *tels* et *tels* promettons de passer et signer le contrat de mariage d'entre M. et Mlle... , conformément aux articles ci-dessus.

Fait double, etc.

L'effet des articles de mariage est d'obliger les parties à la célébration du mariage, sous peine, contre celle qui prétendrait s'y refuser, de dépens, dommages et intérêts. Cependant l'obligation contenue en une promesse de mariage, de payer une somme déterminée, en cas de dédit, est illicite. C. C. 1133, et arrêt de cassation du 6 juin 1821.

Assistance. Présence d'un conseil, avocat ou avoué, à la rédaction d'un acte.

Assurance (contrat d'). Clef, p. 319.

Atermoiement. Voyez contrat d'atermoiement.

Attribution. Abandonnement. Les partages se font souvent par attribution, au lieu de tirer les lots au sort.

Auditoire. Lieu public où se tiennent les audiences. L'étude d'un notaire a ce caractère, lorsqu'il s'y fait, avec les solennités judiciaires, des adjudications de biens ; car les portes doivent rester ouvertes à toutes personnes pendant la durée des enchères (C. de proc. art. 965). C'est dans la réalité une audience publique où le notaire représente le juge. (Rép. du Not.)

Autorisation maritale. Clef, p. 481. La femme séparée de biens ne peut, sans l'autorisation de son mari ou de la justice, aliéner son mobilier que pour des causes relatives à l'administration de ses biens. (Cass. 3 janv. 1831.)

Aval. C. de comm. 141 et 187.

Avances. Les notaires n'ont pas droit à l'intérêt des sommes qui leur sont dues pour avances des droits d'enregistrement. (Arrêt de cass. 30 mars 1830.)

Avancement d'hoirie. V. Rogron sous l'art. 511 du C. C.

Avantage. Synonyme de *libéralité*, ou encore, ce qui est utile, profitable : chacun peut faire son avantage, pourvu qu'il ne nuise pas à autrui ; il est naturel que celui qui a les charges de la chose en ait les avantages, ou celui qui en retire les avantages doit en supporter les charges.

Sur les *avantages indirects*, voyez le C. C. art. 911.

Aveugles. Ils sont capables de toutes sortes d'actes entrevifs et à cause de mort, en observant les formalités requises. R. J.

Rien ne peut empêcher les notaires de recevoir des actes pour des personnes privées de la vue, puisqu'elles entendent la lecture de l'acte, font leurs observations, signent aux endroits qui leur sont indiqués, ou déclarent qu'elles ne savent ou ne peuvent signer. Clef, p. 38.

Avis de parents. Délibération prise en conseil de famille par les parents et amis d'un mineur, sous la présidence du juge de paix. C. de proc. 882 et suivants.

Avocat. Celui qui, après avoir obtenu le grade de licencié en droit, défend, de vive voix ou par écrit, les intérêts des citoyens devant les tribunaux. Les *avocats-généraux* sont les substituts des procureurs-généraux près des cours royales.

Avoués. Officiers ministériels qui ont remplacé les procureurs, et dont les fonctions consistent à représenter en justice les personnes qui les chargent de leurs affaires litigieuses, etc. Ceux qui aspirent aux fonctions d'avoué doivent, indépendamment du temps d'étude qui est exigé d'eux dans une école de droit, justifier de cinq ans de cléricature pour y être admis. V. le C. C. 1597, 2060, 2273 et 2276.

Ayant-cause. V. Rogron sous l'art. 1122 du C. C.

Cette expression accompagne presque toujours le mot *héritier :* on dit *héritiers et ayant-cause.* Dans les contrats de vente d'immeubles, l'acquéreur accepte tant pour lui que pour ses héritiers ou *ayant-cause.*

Ayant-droit. Celui qui est subrogé dans les droits d'une personne, par donation, vente, transport, etc. Code de proc. 839.

B

Bail. Clef, p. 241. V. au mot louage. Les baux faits verbalement ne sont passibles d'aucun droit d'enregistrement. (Délib. 6 nov. 1822.) Les notaires n'encourent donc pas d'amende, lorsqu'ils passent un acte en conséquence d'un bail verbal.

Bail à Cheptel. P. 266.
A complant, 271.
A convenant, 272.
A culture perpétuelle, 273.
A ferme, 252.
A locatairie perpétuelle, 273.
A loyer, 246.
A nourriture, 277.
A rente, 194.
A vie, 278.
De pâturage, 277.
Emphytéotique, 274.
Partiaire, 276.

Baptême (extrait de). Autrefois les actes de baptême tenaient lieu d'actes de naissance.

Bénéfice de cession. C. C. 1267 et 1945. C. de procédure, 800.

Bénéfice de division et de discussion. C. C. 1203, 2021 à 2027, 2170 et 2206; Clef, p. 100.

Bénéfice d'inventaire. Son effet, C. C. 802. Principes

sur cette matière, C. C. 793 à 810 ; C. de proc. 986 et suivants ; Clef, p. 419.

Lorsqu'un héritier ne connaît pas les forces et charges de
la succession, et qu'il craint que le passif n'excède l'actif,
il fait au greffe du tribunal de première instance, dans l'arrondissement duquel la succession s'est ouverte, la déclaration qu'il entend ne prendre la qualité d'héritier que
sous bénéfice d'inventaire, si toutefois il ne s'est pas encore
immiscé dans les affaires de la succession.

Un héritier qui a accepté sous bénéfice d'inventaire, ne
peut plus renoncer à la succession. (Grenier.)

L'héritier bénéficiaire qui vend ses droits dans l'hérédité,
ou qui signe un compromis, devient héritier pur et simple.

Une veuve ne peut accepter par bénéfice d'inventaire la
communauté qui a existé entre elle et son mari. (Ordonn.
de 1629.)

BESOIN. C. de comm. 173.

BIENFAISANCE (contrat de). C. C. 1105.

BIENS. V. Rogron, avant et sous l'art. 516 du C. C.

Les *biens communaux* sont ceux qui appartiennent à des
communes, communautés ou établissements publics.

On a donné le nom de *biens nationaux* aux biens du
clergé et autres, qui, par suite de différentes lois rendues
en France depuis la révolution, ont été vendus au profit de
la nation. Dans les premiers temps, l'opinion publique sem-
blait diviser cette sorte de biens plus particulièrement en
deux classes : les biens nationaux dits de première origine,
c'est-à-dire les biens de moines et autres biens d'église ; et
les biens nationaux dits de seconde origine, c'est-à-dire les
biens confisqués sur les émigrés.

On appelle *biens patrimoniaux*, ceux qui appartiennent
à des particuliers.

Touchant les *biens paraphernaux*, V. le C. C. art. 1574
et 1576.

BILAN. C. de comm. 470.

BILATÉRAL. C. C. 1102.

BILLET. C. C. 1326 ; Clef, p. 102. On nomme *billet à domicile*, celui qui est payable dans un autre lieu que celui où
il est souscrit ; *billet au porteur*, celui qui ne porte point le
nom du créancier, et dont le porteur peut réclamer le
montant.

Les *billets de banque* établis pour la commodité du commerce ne sont que de simple confiance ; tout créancier a
droit d'être payé en numéraire. (Avis du conseil d'État des

12 et 30 frimaire an 14.) Depuis le 2 janvier 1838, la banque de France délivre des billets à ordre payables à vue, et transmissibles par la voie de l'endossement, pour toutes sommes, en coupures, depuis 500 francs jusqu'à 20,000 fr. On s'adresse à la caisse des recettes.

Le *billet simple* est celui qui n'est ni billet à ordre, ni billet de change, ni billet au porteur.

On nomme *billet de prime* celui par lequel un assuré s'engage à payer à l'assureur la prime ou le coût de l'assurance.

BILLON. Dans les paiements, il est permis de faire emploi de cette monnaie pour un quarantième et les appoints. (Loi du 18 vendémiaire an 6 ; cass. 28 mai 1810.)

BLANC. Clef, p. 35 et 61.

BOIS ET FORÊTS. V. le C. forestier.

BON. Mandat de paiement, au porteur ou à un individu désigné ; il y a des bons du Trésor, de la Caisse de service, etc.

BONNE FOI. Elle peut se définir la juste opinion qu'a le possesseur, qu'il a acquis le domaine de propriété de la chose qu'il possède. Elle consiste donc dans l'ignorance du droit d'autrui sur ce qu'on possède ; la mauvaise foi, au contraire, est la connaissance de ce droit. C. C. 2265.

BONNES MOEURS. C. C. 900, 1108, 1133, 1172 et 1387.

BON PÈRE DE FAMILLE. Termes employés dans le C. C., pour exprimer une sollicitude extrême et scrupuleuse. V. les art. 450, 601, 1728, 1766, 1806, 1880 et 1962.

BORDEREAU d'agent de change. Lorsque dans une succession on vend une rente sur l'Etat, dans laquelle un mineur avait droit, on annexe, soit au compte de tutelle, soit au partage, le bordereau de l'agent de change qui avait été commis en justice pour faire la négociation.

BORDEREAU DE COLLOCATION. Extrait délivré en forme de grosse, par le greffier du tribunal de première instance, du procès-verbal contenant le réglement définitif de l'ordre du prix provenant de la vente d'un immeuble, et la collocation de chacun des créanciers inscrits. Ces bordereaux servent de titre aux créanciers pour se faire payer par l'acquéreur des sommes auxquelles ils ont droit. C. de proc. 671 et 771.

Cet extrait se nomme *mandement de collocation*, lorsqu'il a été délivré dans une contribution mobilière.

BORDEREAU D'INSCRIPTION. Clef, p. 106.

BORNAGE. Le bornage (C. C. 646) a pour objet de régler

les confins des héritages, afin de prévenir les usurpations et les empiètements. Du droit imprescriptible de provoquer le bornage, il ne résulte pas qu'un des deux voisins soit autorisé à réduire l'autre à la quantité de terrain qu'il tient de ses titres originaires, sans y comprendre la portion de terrain qui lui serait dévolue par l'effet de la prescription. (Traité du voisinage.) Si donc il se trouve que l'un des voisins ait plus de terrain que n'en portent ses titres, mais que l'autre ait tout ce que ses titres lui donnent, il n'y aura pas lieu pour cela au partage de l'excédant qu'a le premier; celui qui a la contenance portée dans son titre n'a point à se plaindre. (M. Duranton.)

BOURSE de commerce. Lieu de rassemblement des commerçants, agents de change, courtiers, etc., pour la négociation des effets publics, et les opérations de banque, de change, commerce et finances. On nomme *parquet* la partie de la bourse exclusivement réservée aux agents de change; *coulisse*, les recoins clandestins où des entremetteurs sans aveu négocient des marchés sans garantie; *ruisseau*, les corridors et les avenues où des agioteurs sans probité dévalisent des dupes et parfois des complices. On trouve dans l'Encyclopédie moderne, ce que sont les opérations de *placement* ou de *spéculation*, à la *hausse* ou à la *baisse*, au *comptant* ou à *terme;* les marchés *fermes* ou à *prime*, les cours *bas*, *haut* ou *moyen;* les *reports*, la *couverture*, etc.

BOURSE commune. Les notaires, les huissiers et les commissaires priseurs ont des bourses communes.

BRANCHE. Expression qui désigne, dans la généalogie d'une famille, une portion de cette même famille sortie d'une *souche* ou d'une *tige* commune. On appelle *arbre de parenté*, l'ensemble d'une généalogie ou des branches d'une famille. Toutes ces expressions sont métaphoriques. C. C. 734 et 743.

BREVET. Acte notarié dont la loi n'oblige pas de garder minute. Clef, p. 42. Voyez Rogron sous les art. 931 et 2148 du C. C.

BREVET D'APPRENTISSAGE. Clef, p. 279.

BREVET D'INVENTION. V. le Parfait Notaire, t. 2, p. 327, 6me édition.

BRIS DE SCELLÉS. C. pénal, 249.

BROUILLON. Un notaire ne peut être tenu de représenter les mémoires ou brouillons sur lesquels un acte a été rédigé. (Parlement de Paris, 21 février 1558.)

BULLETIN des lois. C'est à la loi du 14 frimaire an 2

(4 décembre 1793), qu'est dû l'établissement de ce bulletin.

Le Bulletin des lois contient la collection des lois rendues en France depuis le 22 prairial an 2 (10 juin 1794), des décrets, ordonnances et avis du conseil d'Etat imprimés par l'imprimerie royale, et publiés officiellement.

Il existe encore un Recueil des lois et actes du gouvernement, rendus depuis 1789 jusqu'au 22 prairial an 2, époque à laquelle a commencé le bulletin des lois.

BUREAU de bienfaisance. Bureau établi dans les cantons pour administrer les biens provenants des fondations faites en faveur des pauvres, recevoir les dons particuliers qui ont la même destination, et faire la répartition des secours à domicile.

BUREAU DES HYPOTHÈQUES. Clef, p. 74.

——— DE L'ENREGISTREMENT. Lieu où se perçoivent les droits d'enregistrement, les amendes, etc.; où se paient les témoins entendus à la requête du ministère public, les jurés, etc.; où se font les déclarations de successions, etc.

C

CABARETS. Défenses sont faites aux notaires d'y passer et signer les actes. (Arrêt du 1er. juillet 1650.)

CADUC. C. C. 1088 et 1089. V. Rogron sous l'art. 925.

CAHIER DE CHARGES. Clef, p. 197.

CAISSE D'AMORTISSEMENT. V. une loi du 6 frimaire an 8.

CAISSE DES DÉPOTS ET CONSIGNATIONS. Voyez une loi du 28 avril 1816. Les créanciers colloqués dans un ordre, sur des sommes consignées à la caisse, doivent en donner quittance notariée. (Décis. min. 23 juillet 1846.)

CALENDRIER. Lors de l'établissement d'une république, en France, on substitua au calendrier grégorien une nouvelle distribution de l'année et une nouvelle dénomination pour les jours et les mois. Les mois étaient tous de 30 jours et se divisaient en trois décades; les jours se nommaient primidi, duodi, tridi, quartidi, quintidi, sextidi, septidi, octodi, nonodi, décadi. A la fin de l'année, il y avait cinq ou six jours non compris dans le dernier mois, et qu'on appelait *jours complémentaires*. Ce nouveau calendrier ne commença à courir qu'au 2 septembre 1793, ou an 2 de la république. Les mois se nommaient vendémiaire, brumaire, frimaire, nivose, pluviose, ventose, germinal, floréal, prairial, messidor, thermidor, fructidor.

La terminaison de ces noms indiquait à quelle saison ils appartenaient, et donnait à la mémoire la facilité de les retenir. Les trois premiers appartenaient à l'automne, les trois suivants annonçaient la dure saison de l'hiver, les trois noms en *al* rappelaient l'idée du printemps, enfin les trois derniers semblaient caractériser la saison de l'été. (Dunaime.)

CAPACITÉ. C. C. 3.

CAPITAL PRINCIPAL. Ce sont des sommes plus ou moins fortes qui composent une fortune, ou qui en font partie. Mais le *capital* est une somme qui reste à la disposition du propriétaire, ou qui doit y revenir dans un temps donné ; et le *principal* en est une dont le propriétaire s'est dessaisi, et qu'il a abandonnée à certaines conditions, comme moyennant une rente du taux de laquelle on est convenu. (Leroy de Flagis.)

CARENCE. C. de proc. 924.

CAS FORTUITS. C. C. 607, 855, 1148, 1302, 1348, 1379 et 1722.

CAUSE DES OBLIGATIONS. C. C. 1131 et suivants.

CAUTION JUDICIAIRE. C. de proc. 17, 155 et 439. Quant à la *caution juratoire*, V. le C. C. 603.

CAUTIONNEMENT. Clef, p. 320 et 322. Quant au cautionnement des notaires, V. le Parfait notaire, tome 3, p. 571.

Les intérêts sont payés à 4 pour cent. Un décret du 22 décembre 1812 établit le mode des déclarations ayant pour objet de donner le privilége du second ordre sur les cautionnements ; elles doivent être passées devant notaires, et conformes au modèle annexé au décret. Le mode de remboursement est réglé par un autre décret du 18 septembre 1806. Les déclarations qui confèrent le privilége de second ordre sont exemptes du droit proportionnel, lors même qu'il n'est pas justifié d'une obligation enregistrée. (Cour de cassation, 4 décembre 1824.)

CÉCITÉ. P. 38.

CERTIFICAT DE CAPACITÉ. P. 50.

——— DE PROPRIÉTÉ. P. 438.

——— DE VIE. P. 444.

——— D'INDIVIDUALITÉ. P. 230.

——— D'ORIGINE. P. 440.

——— NÉGATIF, DE QUINZAINE, DE RADIATION. P. 186.

CERTIFIÉ VÉRITABLE. Expression substantive qui signifie la mention que les notaires mettent sur les pièces annexées à leurs actes. P. 42.

CESSION D'ANTÉRIORITÉ. P. 310.

CESSION DE BIENS. P. 466.

CHAMBRE D'ADJUDICATION. A Paris, on désigne ainsi le lieu dans lequel les notaires procèdent aux adjudications préparatoires et définitives d'immeubles. Il y est d'usage de n'adjuger qu'une fois par semaine, le mardi; en cas de fête, le jeudi. (Dict. du Not.) Cette chambre a été établie par une délibération de l'assemblée générale du 25 prairial an 12.

CHAMBRE DE DISCIPLINE. Clef, p. 51.

CHANGEMENT D'HYPOTHÈQUE. P. 311.

CHASSE. V. Rogron sous l'art. 715 du C. C., et le nouveau formulaire du Notariat.

CHEF (de son). De son côté, personnellement.

CHEPTEL. P. 266.

CHIFFRES. P. 36.

On peut exprimer en chiffres, dans les actes notariés, les numéros des demeures des parties; les numéros adoptés pour la division des clauses des contrats; ceux des patentes, des inscriptions d'hypothèques, des rentes sur le grand-livre, des actions de banque, etc.

Ce qui est susceptible de l'indication en chiffres dans les minutes, l'est également dans les expéditions et extraits. (Dict. du Not.)

CHOSES. V. Rogron avant l'art. 516 du C. C. et sous l'art. 1126.

CITATION. V. Rogron sous l'art. 178.

CLAUSE. Ce qu'on ajoute à une convention pour l'expliquer, l'étendre ou la restreindre. On appelle *clauses de style* toutes celles qui entrent dans les actes plutôt comme des formules anciennes et accoutumées, communes à tous contractants, que comme des conventions expressément consenties par les parties, et plus propres aux unes qu'à d'autres.

V. le C. C. art. 1157, 1160, 1226, 1766.

La *clause comminatoire* est celle qu'on insérait dans un acte pour le cas d'inexécution d'une disposition, mais qui n'était considérée que comme une menace. Quelquefois on ajoutait : *la présente clause ne sera point réputée comminatoire, mais sera exécutée à la rigueur.* Le Code civil n'admet pas de clauses comminatoires. V. le C. de proc., art. 1029.

La *clause de constitut* se dit d'une clause par laquelle le possesseur d'un bien reconnaît qu'il n'y a aucun droit de propriété, que la jouissance ne lui a été laissée qu'à ce titre de constitut et de *précaire*, c'est-à-dire par souffrance et par emprunt. Cette clause ne serait d'aucune utilité quelconque maintenant. V. l'art. 938 du C. C.

La *clause dérogatoire* est une stipulation par laquelle on déroge à un droit déjà acquis, en vertu d'une disposition de la loi ou d'une convention antérieure.

La *clause résolutoire* se dit de celle par laquelle on convient qu'un acte demeurera nul et résolu, dans tel ou tel cas.

La *clause irritante* est celle qui annule tout ce qui serait fait au préjudice d'une loi ou d'une convention, comme lorsqu'il est dit *à peine de nullité*.

La *clause révocatoire* est celle par laquelle on révoque une disposition précédente.

Enfin la *clause pénale* est celle à l'inexécution de laquelle il est attaché une peine.

Sur la *clause de réalisation*, voyez la Clef, p. 133.

CLERCS. P. 1 et suivantes, 54 et 55.

Sous Charles V, *clerc* et *homme savant* ou *lettré* étaient des termes synonymes; aussi François Ier. permit-il aux clercs de grossoyer les contrats, lettres et instruments, sans que les notaires fussent astreints à les grossoyer eux-mêmes, ainsi qu'ils *souloient* le faire. (Lettres-patentes du 1er. septembre 1541.)

Dans un édit de Charles VIII, en 1493, il est mention du *vin du clerc*. Le vin du clerc était ce que les parties donnaient par honnêteté aux clercs, pour avoir écrit leurs expéditions. Aujourd'hui, le mot, sinon la chose, est changé : on dit *gratification*.

S'il faut en croire les chroniques, nos prédécesseurs étaient à plaindre. Voici comment un clerc de procureur narrait ses misères en vers alexandrins, et l'on doit penser que les clercs de notaire éprouvaient le même sort :

> Soit que le facteur entre ou que le laquais sorte,
> Un pauvre clerc reçoit tous les vents de la porte.
> C'est souvent là qu'au fort des plus rudes hivers,
> Un clerc qui sent ses doigts d'engelures couverts,
> Qui voit ses pauvres mains ouvertes et fendues,
> Et par l'excès du froid entièrement perdues,
> Harcelé pour transcrire, ou mettre vite au net,
> Souffle pour dégeler l'encre dans son cornet.
>
> Muse, redis-moi donc sans art et sans figure,
> Sous les traits naturels d'une juste peinture,
> Comme en ce temps fâcheux chaque clerc affamé

Jurait de voir le pain sous la clef enfermé.
. . . .
Les jours gras chaque clerc avait sa côtelette;
Les jours maigres quatre œufs brouillés en omelette
Fesaient assez souvent la portion des trois.
On nous donnait encor des fèves et des pois.
. . . .
A l'heure du coucher chacun étant fidèle,
Monsieur le maître-clerc prend un bout de chandelle,
Mais si près de sa fin, qu'au troisième escalier
Il expire en tombant du bord du chandelier.
. . . .
Quand à minuit et plus il faut quitter l'ouvrage,
Il nous faut arpenter jusqu'au cinquième étage.
Là dans un cabinet de chevrons lambrissé
Et du haut jusqu'en bas de crachats tapissé,
Paraît un méchant lit, où depuis trente années
Punaises, rats, souris, puces, vers, araignées,
A la barbe des clercs prennent impunément
Une ample nourriture outre leur logement.

　　　　　　　(*Le Miroir de patience, Paris,* 1712.)

CLÉRICATURE. Ce mot sert à désigner le temps pendant lequel on a travaillé chez un notaire ou un avoué. On dit, dans ce sens : ce jeune homme a tant d'années de *cléricature.* (Crivelli.)

CLIENT. Se dit des parties à l'égard des notaires, avocats et avoués. La *clientèle* est la réunion, l'ensemble de toutes les personnes qui viennent d'habitude passer leurs actes dans l'étude d'un notaire. Autrefois on disait *pratique.*

CLOTURE D'ACTE. Clef, p. 116.

—— D'INVENTAIRE. P. 393. Elle se faisait autrefois devant les juges de paix.

CODES. P. 81.

CODICILLE. Maintenant tous les actes de dernière volonté sont qualifiés de *testament.* G. C. 967.

COLLATION. Clef, P. 6.

COLLÈGUE, CONFRÈRE. Les *confrères* sont membres d'un même corps, religieux ou politique. Les *collègues* travaillent conjointement à une même opération, soit volontairement, soit par quelque ordre supérieur. (Beauzée.)

Les professeurs d'un même collége sont *collègues,* mais ils sont *confrères* relativement à tous les autres professeurs. Deux généraux sont *confrères,* ils deviennent *collègues* s'ils sont nommés pour agir de concert. (M. Fellens.)

D'après cette distinction, il nous semble que, dans les actes où deux notaires opèrent où sont censés opérer ensemble, on doit se servir du terme de *collègue*; qu'au contraire, dans leurs correspondances et autres relations où ils ne sont pas appelés à instrumenter conjointement, les notaires doivent se traiter de *confrères*.

Les notaires ne sont pas toujours *collègues*, tandis qu'ils ne cessent jamais d'être *confrères*. Dans une commune où il n'existe que deux notaires, signant habituellement l'un pour l'autre, chacun d'eux pourra intituler ses actes : Par-devant M^e.   et son *confrère* ou *collègue* indifféremment. Dans une ville où il existe plus de deux notaires, les actes doivent s'intituler ainsi : Par-devant M^e.   et son *collègue*, ou par-devant M^e.   et   M^e.   l'un de ses *confrères*. On devra toujours dire que tel acte a été passé devant M^e   et son *collègue*, ou *et l'un de ses confrères*.

COLLOCATION. C. C. 2151.

COMÉDIEN. V. le dict. du Notariat; tome 2, p. 506.

COMMAND. Clef, p. 208.

COMMANDITE. C. de comm. 23, Clef, p. 332.

COMMERÇANTS. V. le C. de commerce, art. 1. On doit considérer comme commerçants tous négociants, banquiers, fabricants et marchands; mais on ne doit pas ranger dans cette classe le simple artisan qui, ne travaillant qu'au fur et à mesure des commandes qu'il reçoit journellement, ne fait point de son état un objet de spéculation, ni les ouvriers ou artisans qui ne joignent pas à cette qualité celle de fabricants ou marchands : au surplus, dans le cas de l'art. 67 du Code de commerce, c'est au notaire à apprécier les circonstances. (Lettres du ministre de la justice, 7 avril 1811 et 5 mai 1812.)

Sont réputés commerçants :

1°. Le meunier, en même temps marchand de grains ou de farine;

2°. Le serrurier qui achète du fer, le revend après l'avoir travaillé et converti en objets de son art, qui exerce des actes de commerce et fait de ces actes sa profession habituelle;

3°. L'agent d'affaires;

4°. Le titulaire d'un bureau de loterie;

5°. Un pharmacien;

6°. Un directeur de société d'assurance;

7°. Le maître tailleur de pierre, s'il achète habituellement des pierres brutes pour les vendre après les avoir taillées.

Ne sont pas réputés commerçants :

Les maîtres charrons, pharmaciens, teinturiers-imprimeurs en toiles, limonadiers-confiseurs, lorsqu'ils ne font pas des actes de commerce, par l'achat et revente en gros de denrées de différentes espèces; ni les boulangers, aubergistes, maîtres de postes et maîtres de pension. (Dict. de l'enr. par M. Roland.) Clef, p. 56 et 140.

COMMISSAIRES-PRISEURS. P. 178.

COMMODAT. P. 287.

COMMUNAUTÉ. P. 132 et 426.

COMMUNE RENOMMÉE. C. C. 1415, 1442 et 1504.

COMMUNES. Prés, terres, landes ou bois qui appartiennent à une communauté d'habitans. On les appelle aussi *biens communaux;* dans de certains pays, on les nomme *usages* ou *usuelles.* Beaucoup de biens communaux ont été partagés en vertu d'une loi du 14 août 1792 et d'un décret du 10 juin 1793.

COMPARUTION. Clef, p. 449.

COMPENSATION. C. C. 1234, 1289 et suiv.

COMPROMIS. Clef, p. 455.

COMPTES. P. 403.

———— DE RETOUR. C. de comm. 180.

———— DE FRUITS. Clef, p. 422.

———— DE TUTELLE. Clef, p. 404.

COMPULSOIRE. Clef, p. 451.

CONCORDAT. P. 463.

CONDITION. V. Rogron avant et après l'art. 1168 du C. C.

CONFUSION. V. Rogron, sous les art. 1209 et 1300 du C. C.

CONGÉ. Clef, p. 270.

CONQUÊTS. P. 132.

CONSEIL. Personne qui vient assister une partie relativement à l'acte qui l'intéresse. Ce conseil ordinairement est un avocat, un avoué, etc. Le notaire annonce dans l'acte que telle partie est assistée de son conseil, lequel signe l'acte seulement à la fin, sans parafer les renvois ni le recto des pages.

CONSEIL de famille. Réunion des parents paternels et maternels d'un mineur, ou des amis à défaut de parents, devant le juge-de-paix de son domicile. V. les art. 407, 408, 409 et 442 du C. C. Le conseil de famille a lieu le plus ordinairement pour nommer un tuteur ou un subrogé-tuteur au mineur. La délibération de famille n'a pas besoin d'être homologuée, lorsqu'il ne s'agit que de procéder à un inventaire ou à la vente du mobilier, ni lorsqu'il s'agit d'accepter ou de répudier une succession. (*Toullier.*)

CONSEIL JUDICIAIRE. C. C. 513.

CONSENTEMENT. V. Rogron, sous l'art. 1409 du C. C.

CONSENTEMENT A MARIAGE. Clef, p. 121.

CONSIGNATION. Versement fait par un débiteur dans le dépôt indiqué par la loi de la somme par lui offerte réellement à son créancier. V. l'art. 1257 et suiv. du C. C., et l'article 814 et suiv. du C. de proc. La caisse d'amortissement reçoit les consignations ordonnées soit par jugement, soit par décision administrative. (Loi du |28 nivose an 13 et loi du 28 avril 1816.) L'art. 7 de cette loi autorise la caisse à recevoir les consignations volontaires aux mêmes conditions que les consignations judiciaires. Suivant une ordonnance du 3 juillet 1816, la consignation doit s'effectuer à la caisse des dépôts et consignations, qui en paye les intérêts à raison de 3 pour 100, à compter du 61ᵉ jour de la consignation.

CONSOMMATION (PRÊT DE). P. 287.

CONSTITUTION DE DOT. P. 141.

——— DE PENSION ALIMENTAIRE. P. 316.

——— DE RENTE. P. 304 et 313.

CONSULTATION. On entend par consultation l'avis que donne par écrit un avocat sur les questions pour lesquelles il est consulté. Si les opinions sont divisées sur un ou plusieurs points dans un partage ou dans une autre opération, on fait un mémoire dans lequel on expose clairement les faits. Les jurisconsultes, aux lumières desquels on croit devoir s'en rapporter, donnent leur consultation, de laquelle les parties font tel usage qu'il leur plaît. Dans quelques circonstances, on annexe le mémoire à consulter et la consultation à la minute de l'acte, après les avoir fait enregistrer.

CONTEXTE. Clef, p. 35.

CONTINUATION DE BAIL. P. 262.

CONTINUATION DE COMMUNAUTÉ. Suivant la coutume de Paris, articles 240 et 241, la continuation de communauté avait lieu entre le survivant des père et mère et ses enfants mineurs, lorsqu'il n'avait pas fait procéder à l'inventaire légal des biens de la communauté dans les trois mois du jour du décès du prémourant, et lorsque cet inventaire n'avait pas été clos en justice trois mois après qu'il avait été fait. Le Code civil n'établit pas la continuation de communauté.

CONTRAINTE PAR CORPS. C. C. 2059 et suivants; C. de proc. 126, 780 et suivants; Clef, p. 104.

CONTRAT. Clef, p. 97.

COSTUME. Il n'existe aucune loi qui détermine le costume des notaires, qui, en attendant une loi à cet égard, portent l'habit et le chapeau français, le petit manteau, la cravate ou rabat. (Répertoire du Notariat.)

COTE D'INVENTAIRE. Clef, page 390.

COTUTEUR. C. C. 396.

COUR d'assises. Tribunal supérieur qui siége par intervalle dans chaque chef-lieu de département, pour juger les accusés de crimes que la chambre d'accusation de la cour royale lui a renvoyés. (Code d'instruction criminelle, 258.)

COUR de cassation. Juridiction qui n'a d'autres bornes que celle du territoire du royaume, et qui est spécialement chargée de veiller à la conservation des lois, en annulant les arrêts et les jugements en dernier ressort, qui les auraient violées ou faussement appliquées. Elle est divisée en trois sections : celle des requêtes, la section civile et la section criminelle. La section des requêtes, en matière civile, admet le pourvoi ou prononce un arrêt de rejet. La section civile où l'affaire est portée, si le renvoi a été admis, rend également un arrêt de rejet lorsqu'elle ne trouve ni violation ni fausse application de la loi, ou, dans le cas contraire, entre dans l'examen des principes et casse la décision qui lui avait été dénoncée.

COUR des comptes. Voyez la loi du 16 septembre 1807.

COUR royale. Tribunal qui a pour attribution générale de connaître des appels des jugements de première instance.

COURIR. Verbe intransitif. C'est une faute assez commune que de dire les intérêts *courus* et échus ; il faut, les intérêts qui *ont couru* et qui sont échus depuis tel jour. *Couru* ne s'accompagne de l'auxiliaire *être*, et ne s'accorde, par conséquent, que dans le sens d'*être suivi*, *recherché* : les pièces d'or sont fort *courues* en ce moment.

COURS DE DROIT. Etude générale des diverses parties de la science du droit. Voyez une loi du 22 ventose an 12, et une ordonnance royale du 5 juillet 1820. Nul ne peut être appelé à l'exercice des fonctions de conseiller, de juge, de procureur du roi, etc., ni exercer les fonctions d'avocats, s'il n'a suivi un *cours de droit* pendant trois ans, etc. (Crivelli.)

COUTUMES. Avant la révolution, on donnait le nom de *coutumes* aux statuts et réglements locaux qui régissaient une partie des provinces du royaume. On comptait environ 60 coutumes générales et 300 coutumes locales ! Les coutumes ont été abolies; cependant on est encore souvent obligé d'y recourir, surtout dans les contestations judiciaires.

CRÉANCES. Elles sont, suivant les causes dont elles procèdent, mobilières, immobilières, chirographaires, personnelles, hypothécaires.

CRÉANCIERS CHIROGRAPHAIRES. Voyez Rogron avant l'article 2092 du C. C.

CRUE. Voyez Rogron sous l'article 825 du C. C.

On stipule ordinairement, dans les contrats de mariage, que le survivant prendra, à titre de *préciput*, de certains objets mobiliers jusqu'à concurrence d'une somme de..., suivant la prisée de l'inventaire. Avant le Code de procédure, on ajoutait *et sans crue*, ce qui voulait dire que, pour évaluer les choses composant le préciput, on n'ajouterait point à la prisée de l'inventaire la *crue* qu'on présumait devoir résulter d'une vente de ces choses aux enchères. Cette *crue* présumée était fixée par l'usage, et elle variait suivant les lieux. A Paris, elle était du quart en sus de la prisée; à Senlis, du huitième. La vaisselle d'argent n'était pas sujette à *crue;* mais les bijoux y étaient assujettis, à moins qu'ils ne fussent prisés par l'inventaire, à juste valeur et sans crue. Dans les inventaires, les priseurs avaient égard à cette crue; et, en conséquence, ils n'estimaient jamais les choses à leur juste valeur, mais bien en faisant la déduction de la crue présumée. Le Code de procédure a fait cesser ces usages par son article 943. P. N.

Cependant, s'il s'agissait aujourd'hui de liquider et d'acquitter en argent un préciput ainsi stipulé avant le

Code de procédure (1er janvier 1807), il faudrait ajouter la crue (le quart en sus, à Paris), au montant du préciput. Car, en supposant qu'un préciput ait été fixé à 800 francs en objets mobiliers, on peut dire que l'intention des époux avait été que ces objets eussent une valeur réelle de 1,000 f. ou de 800 fr. non compris la crue. Si donc on abandonnait aujourd'hui 800 fr. seulement, le survivant perdrait 200 fr.

CURATELLE, CURATEUR. C. C. 25, 175, 393, 480, 812 et 935 ; Clef, pages 89 et 92.

D

DATE. Clef, page 34. — *Date certaine.* C. C. 1328.
DATION EN PAIEMENT. Page 216.
DÉCHARGE. Page 349.
DÉCLARATION. Page 328.
——— AU PROFIT DU BAILLEUR DE FONDS. Page 328.
——— DE COMMAND. Page 208.
——— D'EMPLOI. Pages 298 et 350.
——— D'HYPOTHÈQUE. Page 343.
——— DE SUCCESSION. Voyez ci-après au mot SUCCESSION.
——— DE VENTE MOBILIÈRE. Page 177.
DÉCONFITURE. C. C. 1276.
DEGRÉ DE PARENTÉ. C. C. 735 et suivants.
DEGRÉ DE SUBSTITUTION. Clef, page 367.

DÉGUERPISSEMENT. Acte par lequel le détenteur d'un immeuble grevé d'une rente foncière, en abandonne la possession pour s'affranchir de cette rente. Parfait Notaire, tome 2, page 136, 6e édition.

DÉLAI. Temps accordé par la loi, le juge ou les parties pour faire quelque chose. Les délais se comptent par jour, par mois ou par année. On ne les compte point d'heure à heure, mais de jour à jour. Le jour s'entend de l'espace qui s'écoule de minuit à minuit. Le jour bissextile est compté dans les délais de jour, mais non pas dans les délais de mois et d'année. Lorsque le délai est fixé, non par jours, mais par heures, il se compte *de momento ad momentum* et non *de die ad diem.* Lors donc qu'il est dit : *dans les vingt-quatre heures* qui suivront tel acte, telle chose sera faite, si l'acte a été fait le 20 du mois à 10 heures du matin, le délai de 24 heures expirera le 21 à 10 heures du matin. Les délais qui se comptent par mois se calculent du jour du départ à pareil jour du mois où expire le délai, de quantième à quantième, sans égard au nombre de jours que contient le mois. Voyez le C. C. 2261 et le C. de comm. 132. Il est de règle que le jour *à quo*, qui commence le terme, ne doit pas être compté; ainsi lorsqu'un acte passé le 1er du mois porte l'obligation de payer dans 10 jours, le débiteur aura toute la journée du 11 pour y satisfaire. (Répertoire du Notariat.)

DÉLAISSEMENT par hypothèque. Abandonnement d'un immeuble fait par celui qui en est propriétaire pour se libérer des poursuites d'un créancier auquel il n'est pas obligé personnellement, mais qui a une hypothèque sur cet immeuble.

Le délaissement par hypothèque doit être fait en justice, parce qu'il ne profite pas seulement à celui qui a intenté l'action, mais à tous ceux qui ont des hypothèques sur l'héritage abandonné.

Le délaissement par hypothèque diffère du déguerpissement, en ce que le délaissement par hypothèque a lieu pour des dettes hypothécaires, tandis que le déguerpissement n'a lieu que pour des charges réelles. (Répertoire de jurisprudence.) C. C. 2172.

Le délaissement par hypothèque se fait au greffe de la situation des biens.

DÉLÉGATION. Clef, page 224. — *Délégation de contributions.* Page 444.

DÉLIBÉRATION DE CONSEIL DE FAMILLE. C. C. 405 et suivants; C. de proc. 882 à 889.

DÉLIT. C. C. 1310.

DÉLIVRANCE. Clef, p. 169. — *Délivrance de legs,* p. 381.

DEMEURE (MISE EN). Interpellation faite à un individu de remplir une obligation. C. C. art. 1139. On se sert souvent, dans les actes notariés, de la clause ou convention dont parle cet article, et qui dispense de la mise en demeure.

DÉMISSION de biens. Acte par lequel une personne faisait, sous l'ancienne jurisprudence, le partage de ses biens entre ses présomptifs héritiers.

DÉMISSION de notaire. C'est l'acte par lequel un notaire déclare purement et simplement se démettre de la commission dont il est pourvu, c'est-à-dire qu'il y renonce, et qu'il n'entend plus en faire aucune fonction.

Les notaires peuvent présenter à l'agrément de Sa Majesté des successeurs, pourvu qu'ils réunissent les qualités exigées par les lois. (Art. 91 de la loi du 28 avril 1816.)

Le plus ordinairement les notaires font cette déclaration sur une feuille de papier timbré, au lieu d'en passer un acte devant leurs confrères.

Les fonctions d'un notaire, qui a donné sa démission, durent jusqu'à l'installation de son successeur, c'est-à-dire jusqu'au moment où ce dernier prête son serment devant le tribunal. (Rép. du Not.)

DÉPÔT DE PIÈCES. Clef, p. 433.
——— DES CONTRATS DE MARIAGE. P. 56.
——— DES RÉPERTOIRES. P. 46.
——— ET SÉQUESTRE. P. 335.
——— PUBLIC. Les études de notaires sont des dépôts publics.

DÉPOUILLEMENT d'inventaire. Tableau sommaire de l'inventaire lui-même; il est nécessaire pour connaître les forces et charges de la succession, et pour déterminer le parti que la veuve ou les héritiers auront intérêt de prendre.

DESCENDANTS. Ceux qui sont issus les uns des autres, comme les enfants, les petits-enfants, les arrière-petits-enfants, etc.

DÉSHÉRENCE. Clef, p. 419.

DÉSISTEMENT. P. 450.

DESSOLEMENT. Action de dessoler les terres, C. C. 1774.

DESTINATION DU PÈRE DE FAMILLE. C. C. 692.

DETTES. On distingue les dettes en *actives*, *passives*, *mobilières* (Clef, p. 427), *immobilières*, *personnelles*, *réelles*, *chirographaires*, *hypothécaires*, *privilégiées*, *claires et liquides*, *commerciales*, *civiles*, *légales*, *pures et simples*, *simulées*, *solidaires*. Voyez le Rép. de jurisprudence.

La *dette publique* est celle qui se compose des rentes perpétuelles sur l'État.

DEUIL. Somme qui est due à une femme veuve par la succession de son mari, pour les frais du deuil qu'elle est obligée de porter. C. C. 1481 et 1570. La femme pauvre, comme celle qui est riche, a droit aux habits de deuil. Il faut faire entrer dans les frais de deuil le prix des robes et autres habillements accessoires, tant de la veuve que de ses enfants et de ses domestiques. Il n'y a pas d'autre base aujourd'hui, pour la fixation de ces frais, que la dépense véritable qu'ils ont occasionnée, et dont la veuve produit la preuve en rapportant les mémoires des fournisseurs. (Rép. du Not.)

DEVIS. Clef, p. 282.

DÉVOLUTION. C. C. 755.

DIRE. Réquisition, observation faite dans un procès-verbal.

DISCUSSION. C. C. 1166, 2021 à 2024, 2206 et 2207.

DISTRIBUTION PAR CONTRIBUTION. Clef, p. 346.

DIVISION. C. C. 2026.

DIVORCE. C. C. 229 et suiv.

DOL. C. C. 1643 et 2059. V. Rogron sous l'art. 1116.

DOMAINES ENGAGÉS. Biens qui dépendaient du domaine de la couronne, et qui ont été aliénés par les rois. Voyez un arrêt de cassation du 23 février 1831.

DOMICILE. V. Rogron avant l'art. 102 du C. C., et la Clef, p. 86.

DOMMAGE. C. C. 1382.

DOMMAGES-INTÉRÊTS. C. C. 1149 et suiv.

DON manuel. Don d'objets mobiliers fait de la main à la main et sans acte; il ne peut avoir d'effet qu'autant qu'il a été consommé du vivant du donateur. (Cass. 12 décembre 1845.) V. Rogron sous l'art. 931 du C. C.

DON mutuel. C'était ainsi qu'on appelait, avant le Code civil, une donation faite entre époux par un seul et même acte, qui conférait ordinairement au survivant l'usufruit de la moitié appartenante au prédécédé dans les biens de la communauté. C. C. 1097. V. le Rép. de la Jurisp. du Not., tome 3, p. 238.

DONATION. Clef, p. 364.
— ENTRE ÉPOUX. P. 375.
— EN VUE DE MARIAGE. P. 154.

DOT. P. 130.

DOUAIRE. C'était la jouissance que la coutume ou les conventions matrimoniales accordaient d'une certaine portion des immeubles du mari à la femme qui lui survivait. On distinguait deux sortes de douaires : le douaire coutumier, réglé par la coutume où les héritages sujets au douaire étaient situés; et le douaire préfix ou conventionnel, qui dépendait de la convention des parties, et qui se réglait par la coutume du lieu où le mariage était célébré.

DOUBLE-DROIT. Clef, p. 70.

DOUBLE écrit. Acte sous seing-privé fait en plusieurs originaux. V. les art. 1325 et 1102 du C. C. Il n'est pas indispensable que la signature de toutes les parties soit sur chaque exemplaire de l'écrit; il est assez ordinaire que les parties se contentent de l'échange de leurs signatures, parce qu'il n'est pas nécessaire que le porteur d'un exemplaire signé de l'autre partie y mette sa propre signature, attendu qu'il n'a pas besoin de s'engager envers lui-même.

DOUBLE emploi. Action d'employer une somme deux fois, en recette ou en dépense, dans un compte.

DOUBLE lien. Parenté existante entre ceux qui sont parents en même temps du côté paternel et du côté maternel.

DROIT. Le mot *droit (directum, rectum)*, dans son acception primitive, est l'opposé de courbe, tortueux; et de même qu'on dit au propre un chemin droit ou direct en parlant du chemin le plus court et qui conduit le mieux au but, de même on dit figurément aller son *droit chemin*, pour faire entendre qu'on ne s'écarte pas de la ligne de conduite tracée par le droit. Le mot *droit* signifie donc d'abord essentiellement une règle de conduite. (Encycl. des gens du monde.) V. la Clef, p. 78, et Rogron, introduction du Code civil.

Droit se prend quelquefois pour la décision du juge; c'est en ce sens qu'on dit *ouïr droit, faire droit.*

Il se dit aussi de la puissance accordée par le droit : un majeur est une personne jouissante de ses droits.

Il est quelquefois opposé au mot *fait* : il y a possession de droit et possession de fait.

DROIT ACQUIS. Celui qui était déja irrévocablement acquis à quelqu'un avant le fait ou l'acte qu'on lui oppose pour l'en dépouiller. R. N.

DROIT COMMUN. Clef, p. 130.

DROIT D'AUBAINE. P. 96.

DROIT de recherche. Rétribution due aux notaires pour les recherches qu'ils sont requis de faire dans leurs minutes.

DROIT de retour. C. C. 747, 951 et 952; Clef, p. 366.

Lorsqu'une personne se présente pour vendre ou hypothéquer des immeubles, le notaire doit examiner si les actes qui établissent la propriété ne contiennent pas la stipulation du droit de retour.

DROIT de suite. C. C. 2114.

DROIT écrit. Droit romain qui était observé dans quelques provinces que, pour cette raison, on appelait *pays de droit écrit*, à la différence des pays coutumiers. La Guienne, le Languedoc, la Provence, le Dauphiné, le Lyonnais, le Foretz, le Beaujolais et une partie de l'Auvergne étaient pays de droit écrit.

DROIT étroit. C'est la lettre de la loi prise dans la plus grande rigueur.

DROIT exorbitant. Celui qui est contraire au droit commun.

Droit positif. Droit fondé sur une loi dépendante de la volonté de celui dont elle est émanée.

Droit romain. Collection des lois civiles et criminelles faites pour le peuple romain. Le droit romain a toujours été regardé par les nations policées, même par celles qui ont des lois particulières, comme un corps de principes fondés sur la raison et l'équité ; c'est pourquoi on y a recours lorsque les lois du pays gardent le silence. (Lunier.)

Droits civils (*jouissance et privation des*). V. Rogron, avant l'art. 7 du C. C.

Droits d'enregistrement. Clef, page 66. Dans la pratique, on dit *payer les droits, acquitter les droits*, etc. Cela s'entend des droits d'enregistrement.

Droits de greffe. Droits perçus par la régie de l'enregistrement sur les actes des greffiers des tribunaux, tels que les droits de mise au rôle, de rédaction et d'expédition.

Droits incorporels. Créances, droits et actions que l'on a sur un tiers. C. C. 1689 et suivants.

Droits litigieux. Clef, p. 235.

Droits mobiliers, immobiliers. Ceux qui ont pour objet des meubles ou des immeubles.

Droits, noms, raisons et actions. Sous ces noms sont compris tous les droits et toutes les prétentions d'une personne. *Droit* signifie ici ce qui appartient de droit à quelqu'un, en vertu d'un titre légitime. *Nom* signifie titre, qualité, en vertu desquels on agit ou l'on prétend quelque chose. *Raison* signifie toute prétention légitime. *Action* se dit d'une demande que l'on intente, ou du droit que l'on a de former une demande en justice. (Ferrière.)

Droits personnels. Ceux qui sont dirigés vers la personne, ou qui sont exclusivement attachés à la personne.

Droits politiques. V. Rogron, avant l'art. 7 du C. C.

Droits réels. Ceux qui affectent les biens du débiteur, ou qui ont les immeubles pour objet.

Droits successifs. Clef, p. 231.

Droits utiles. Ceux qui produisent quelque chose et ne sont pas seulement honorifiques.

Duplicata. Lorsqu'une personne a perdu sa quittance, elle en demande une autre à celui qui a reçu ; alors ce dernier exprime dans la nouvelle quittance qu'elle est délivrée par duplicata. Lorsqu'on envoie une procuration dans les îles ou colonies, on se la fait délivrer en brevet par duplicata, afin de profiter de deux occasions pour la faire parvenir.

E

EAUX. Voyez le Répertoire de jurisprudence.

ÉCHANGE. Clef, page 236.

ÉCHELLE de contribution. Tableau à deux colonnes dont on se sert pour faire le calcul des contributions au marc le franc.

Voici le mécanisme de cette échelle :

L'une des deux colonnes porte en tête la somme totale qu'il s'agit de distribuer, et l'autre le total des dettes. Dans chacune de ces deux colonnes on écrit en chiffres, sur un même alignement tracé au crayon à distances égales, la division graduelle et successive de la somme de l'actif, ainsi que de la somme du passif, d'abord par moitié, ensuite par la moitié de cette moitié, et ainsi de suite, jusqu'à ce que l'on soit arrivé à un centime de franc.

Sur cette échelle, qu'on a toujours sous les yeux, on prend dans la colonne du passif les sommes qui sont nécessaires pour former le total de ce qui est dû à chaque créancier, et dont on fait pour chacun une feuille particulière, divisée aussi en deux colonnes. On porte toutes ces différentes sommes prises sur l'échelle dans la colonne de la créance entière de chacun, et à chaque fois qu'on prend dans la colonne de l'actif sur l'échelle, on prend aussitôt dans la colonne du passif la somme correspondante qui se trouve sur le même alignement; on continue ainsi jusqu'à ce que les sommes qu'on aura portées dans la colonne de ce qui est dû à chacun forment un total égal au montant de sa créance; on additionne alors les sommes correspondantes qu'on aura successivement portées dans l'autre colonne de la feuille du créancier; le total de cette addition formera la portion contributoire qui lui revient.

Si l'opération est bien faite, il arrivera qu'en additionnant ensuite les portions contributoires pour tous les créanciers, on aura un total pareil à la somme qu'on avait à distribuer entre eux.

En formant cette échelle, on peut faire les divisions et subdivisions des sommes, tantôt par moitié, quart, huitième, et tantôt par tiers, sixième, cinquième ou dixième, pourvu qu'on les fasse de la même manière dans les deux colonnes.

On suppose que dans une direction le montant des

créances s'élève à 5,316 fr. 25 cent., tandis que la somme à partager n'est que de 800 fr.

On fait deux colonnes : dans l'une on portera les 5,316 fr. 25 cent., montant des créances, et dans l'autre les 800 fr. qui sont à partager, ainsi qu'il suit :

Sommes dues.			Sommes à partager.		
5316 fr.	25	c.	800 fr.	»	c.
2658	12		400	»	
1329	6		200	»	
664	53		100	»	
332	26		50	»	
166	13		25	»	
83	6		12	50	
41	53		6	25	
20	76		3	12	
10	38		1	56	
5	19		»	78	
2	59		»	39	
1	29		»	19	
»	64		»	9	
»	32		»	4	
»	16		»	2	
»	8		»	1	
»	4		»	0	
»	2				
»	1				

Pour savoir combien un créancier de 500 fr. aurait dans les 800 fr. à partager, on prendra dans la décomposition de ladite somme de 5,316 fr. 25 cent., montant de la première colonne, jusqu'à ce que l'on ait assez pour faire 500 fr., et les chiffres de l'autre colonne qui correspondront aux sommes qui auront été tirées formeront le montant de la *contribution*, c'est-à-dire de la portion que ce créancier de 500 fr. touchera dans les 800 fr. à partager.

Voici comment il faut opérer pour la contribution des 500 fr.

332 fr.	26	c.	50 fr.	»	
166	13		25	»	
1	29		»	19	
»	32		»	4	
500 fr.	»		75 fr.	23	c.

Ainsi le créancier de la somme de 500 fr. recevrait 75 fr. 23 cent. pour sa portion dans celle de 800 fr. à partager.

On fera la même opération pour les autres créanciers.

Cette manière de calculer d'après l'*échelle de contribution* peut convenir aux commençants ; mais elle demande beaucoup de temps et de travail ; il vaut mieux employer *la règle de trois*, qui conduit aux mêmes résultats par une marche plus simple et plus expéditive.

Écuelle de dépréciation. Tableau de la dépréciation du papier-monnaie dans chaque département depuis le 1er janvier 1794 jusqu'au 1er thermidor an 4, pour servir à fixer quelle somme en numéraire représente celle qui a été prêtée pendant cet intervalle de temps.

École de droit. Les écoles de droit sont celles où l'on enseigne la science du droit. Il y en a douze en France. Pour y être admis, il faut avoir obtenu le grade de bachelier ès-lettres ; représenter son acte de naissance et le consentement de ses parents. Chaque étudiant doit fournir un répondant. Le cours ordinaire des études en droit est de trois ans ; il est justifié par douze inscriptions prises dans les écoles de droit de trois en trois mois, et par des certificats d'assiduité. Il est indispensable d'avoir fait les trois ans d'études fixés par la loi, pour être admis à l'exercice des fonctions judiciaires, et de la profession d'avocat. Il faut avoir obtenu le grade de docteur pour être professeur. (Crivelli.)

Effet rétroactif. Clef, page 82.

Effets civils. Ceux qui dérivent de la loi et qu'obtiennent les seuls actes conformes à ses prescriptions. C'est dans ce sens qu'on dit qu'un mariage nul ne produit aucun effet civil, parce qu'il n'entraîne aucune des conséquences attachées à un mariage valable, comme la communauté légale de biens, etc. (Dict. de législation usuelle.)

Effets de commerce. Lettres de change, billets à ordre Effets mobiliers. C. C. 535.

Effets publics. Rentes sur l'État.

Égalité (promesse d'). Clause qu'on insère quelquefois dans les contrats de mariage, et par laquelle le père ou la mère, ou tout autre individu dont l'un des époux est l'héritier présomptif, s'engage en faveur de celui-ci, à maintenir l'égalité entre tous ses héritiers, et à n'avantager aucun d'eux. (Dict. de législ. usuelle.)

Élection de domicile. Clef, p. 35 et 86.

Émancipation. P. 92.

Emphytéose. P. 274.

En commun. En société, indivisément. Souvent dans les partages on laisse en commun les créances douteuses.

Endossement. C. de comm. 136 et suivants. On peut, dans une obligation notariée, stipuler au profit du créancier le droit de pouvoir transmettre l'effet de l'obligation par le simple endossement, qui alors est sujet, comme transport de créance, au droit d'enregistrement d'un pour cent. (Jurisp. du Not. t. 5, n° 1754.)

Enfants naturels. V. Rogron avant l'art. 334 du C. C.

Enliassement. Action d'enliasser, mettre des papiers en liasse.

Enregistrement. Clef, p. 66.

Entérinement. C. de proc. 504, 972 et 988 ; C. C. 458.

Envoi en possession. Clef, p. 87.

Erreur. Elle peut être de fait ou de droit. L'erreur commune fait droit. C. C. 1109, 1110, 1117, 1356, 1376 à 1381 et 2053.

Erreur de calcul. C. C. 2058 ; C. de proc. 541.

Erreurs de plume. Les erreurs ou omissions qui se glissent par inadvertance dans les actes, ne sont pas le plus souvent suffisantes pour en opérer la nullité, lorsqu'on peut facilement les réparer ou les suppléer, si par exemple on avait écrit l'an huit cent trente-sept, l'an mil cent trente-sept, etc. La règle est que les erreurs ou omissions de plume ne nuisent point ; comme aussi que les fautes d'écriture qui peuvent se rencontrer, n'empêchent pas l'effet que doit avoir la convention. (Dict. de Légis. usuelle.)

Escompte. La loi qui fixe le taux de l'intérêt n'est pas applicable à l'escompte. (Cass. 8 avril, 26 août et 24 décembre 1825.)

Espèces (Réalisation des). Les notaires la constatent dans les actes qu'ils reçoivent, lorsqu'elle s'effectue en leur présence. Quand une partie reconnaît que la remise d'une somme lui a été faite en espèces, sans qu'il y ait eu réalisation devant le notaire, celui-ci doit indiquer expressément qu'il n'y a pas eu réalisation en sa présence. Si la réalisation n'est faite que partiellement, on doit fixer la somme comptée. R. J. N.

Essence, nature. V. Rogron sous l'art. 1135.

Etablissement de propriété. Clef, p. 180.

Etablissements publics. Aucun notaire ne peut passer acte de vente, d'acquisition, d'échange, de cession ou transport, de constitution de rente, de transaction, au nom des établissements ecclésiastiques ou des communautés religieuses de femmes, s'il n'est justifié de l'ordonnance royale portant autorisation de l'acte, et qui devra y être entièrement insérée. (Ordonnance du roi, 14 janvier 1831.)

ETAT CIVIL. Clef, p. 86, 187 et 294.

ETAT DE LIEUX. V. Rogron sous l'art. 1730 du C. C.

La description que comporte un état de lieux consiste dans le détail de toutes les parties de la chose même jusqu'à la plus petite, de la nature, qualité, forme et situation de ces mêmes parties, en distinguant exactement ce qui est défectueux, usé ou cassé. (Ruelle : Manuel des propriétaires, n° 307.)

Ordinairement, on se sert pour la rédaction des états de lieux, de gens experts en architecture ; cependant, avec quelque attention, d'autres personnes peuvent également les faire. Il arrive souvent qu'un notaire est appelé à cette sorte de rédaction.

L'état des lieux commence par une description *sommaire,* dans laquelle on annonce les différents corps-de-logis, leur situation, le nombre de leurs étages, la contenance de chaque étage, les combles et les couvertures avec leurs plombs, fonte ou fer-blanc ; au rez-de-chaussée, les cours, remises, écuries, cabinets d'aisance, passages de porte cochère, et s'il y a un ou plusieurs étages de cave. Après quoi, on passe au détail de chaque point indiqué dans le *sommaire.*

A chaque étage, on commence par le palier de l'escalier ; on passe ensuite à la pièce d'entrée dont on décrit la porte ; on décrit ensuite les croisées, les jours de souffrance, les vitreries, ferrures, guichets, contrevents ou persiennes ; les appuis en pierre dure, balcons ou barres d'appui, en distinguant toujours ce qui est cassé, usé ou défectueux, neuf ou en état de vétusté.

Après les croisées, on s'occupe des planchers ; celui du haut, s'il est à solives apparentes ou plafonné en plâtre ou en toile, avec ou sans corniche ; le plancher bas, s'il est carrelé ou parqueté, en carreau, s'il est en terre cuite, grand ou petit ; s'il est en pierre de liais ou autre, ou en marbre octogone ou carré ; si c'est du parquet, s'il est posé carrément ou en échiquier, sans frises ou avec frises ; si au lieu de parquets, ce sont des planches, quelle largeur ; si ce sont des frises, en quel bois.

Puis on parle de la cheminée : le carreau d'âtre, en quel état il est ; la plaque du contre-cœur, ses dimensions ; les croissants ; le chambranle, si c'est de la pierre ou du bois ;

ses ornements et sa sculpture ; s'il y a foyer et revêtements, en quel marbre, leur largeur ; la qualité et la situation du tout ; s'il y a une glace au-dessus du manteau ; en combien de morceaux, leurs dimensions, leurs défauts, le parquet et les bordures.

S'il y a d'autres glaces dans la même pièce, semblables détails.

Ensuite, on décrit les tables, encognures, lambris de hauteur ou d'appui à grands ou à petits cadres, avec ou sans ornements, dorés ou non ; les portes coupées à un ou deux vantaux, les devantures d'armoires, leurs tablettes et ferrures.

Dans les caves, on compte le nombre des berceaux, leurs portes, avec leurs ferrures, leurs soupiraux.

Au rez-de-chaussée, dans les cours, angars, leur construction, grandeur, situation ; les auges de pierre, les chevilles de bois et anneaux de fer scellés dans les murs ; les bornes de pierre, les barrières. Dans les remises et écuries, les râteliers, les mangeoires, les soupentes, les chevilles de bois et anneaux de fer, les portes, les croisées, leur ferrure et leur vitrage.

Aux portes cochères, leur forme, qualité, ferrure, armatures ; le nombre des cordons du portier et des passe-partouts.

Aux cuisines et offices, les cheminées, plaques, armatures, crémaillères, porte-broches, porte-poêles, fourneaux-potagers, leur forme et construction ; le nombre des réchauds et leurs grilles, les éviers, les paillasses, les étuves ; le pavé et le plafond ; les armoires, leurs tablettes ; les gardemangers, leurs ferrures et tablettes. Aux fours, leur dimension, construction et fermeture.

Les jardins doivent être désignés par leur situation et clôtures, leurs portes et issues, le nombre et la forme des allées, le nombre de pieds d'arbre à haute tige, nains, en espaliers ou en quenouilles, les arbustes, arbrisseaux, massifs, charmilles : pieds de vigne, gazons, treillages, bancs de pierre ou de bois, vases, statues, grilles de fer ou de bois.

Ordinairement, on convient que l'état des lieux sera fait à frais communs. En l'absence de cette convention, c'est le propriétaire seul qui supporte ces frais. (Ruelle, nos 341 et 342.)

Suivant le même auteur, le prix d'un état de lieux est ordinairement de 4 fr. 50 c. par rôle, compris la double expédition ; les pages de chaque rôle composées de vingt-deux à vingt-quatre lignes contenant au moins quatorze syllabes. V. le Code de procédure, articles 41 et 42.

Comme les jeunes gens peuvent être embarrassés sur l'orthographe de quelques mots ou termes qui ne leur sont pas familiers, nous rapportons ici les moins usités :

Airé en plâtre (plancher), arbalétrier, arc-boutant, arétier ; bec-de-canne, bénarde (serrure), braqueté ; camée, caniveaux, cantonnière (planche), clef forée, cloisonné, console, corroyé, crémaillère ; dallé (pavé de dalles) ; entrait, entretoise, équerre à T, étampé, étoquiau ou étoqueteau, évier ; faïence, faîtière, feuillure ; gâche à patte, gouttière, gratte-pieds, grisaille ; hotte de cheminée, hourdé, huisserie ; imposte ; jambette, jouée ; linteau, loquet à vieille, loqueteau ; moellon, mortaise ; noue de plomb ; œil de bœuf, pl. œils de bœuf ; palier, paumelle en S, paumelle à équerre, pêne dormant, pêne fourchu, pierre de liais, plinthe, pognée ; quarderonné ; rainure, refend (cloison de), ressort à fouillot ; cymaise, socle, solin ; targette, tasseau, turquin (bleu) ; vantail, pl. vantaux, vasistas, vis, etc.

Nota. On doit écrire maison couverte en *tuile*, en *ardoise*, c'est-à-dire avec de la tuile, de l'ardoise, parce que ces mots ne servent qu'à spécifier, et qu'on n'a pas en vue d'exprimer qu'il y a plusieurs tuiles, plusieurs ardoises. De même on écrit des lits de *plume*, des pièces de terre, de pré, de vigne, etc. Mais on dit un paquet de *plumes* à écrire, parce qu'on a nécessairement l'idée de plusieurs plumes.

Pièces d'un moulin : arbre gisant, archures, aube, auget ; babillard, baille-blé, bajoue, banne, bluteau, bluterie, boîte, boîtillon, bouteau ; câble, câbleau, chevêtrier, *chevreciers, coilleau,* coin de levée, couverseau, ciseaux à piper et à dépiper ; dodinage ; *embraiement,* archevêtrure, engin ; frayon, frette de fer, fusée ; garouenne ; hérisson, heurtoir, huche, hune ; lien de fer à moufle, lierne, *lotoire ;* marteau à rhabiller, meule courante et gisante, *moire ;* nille ; orgueil ; palée, palette, palier, palis, *pars,* pince ou queue de fer, plumart de cuivre, porte-trémion ; queue d'aronde, quintaine ; reille, rondelle, rouet ; sas mécanique, *surpotreau ;* tourillon, trémie, trémion, trempure, treuil ; vérin, vingtaine, volée.

Etat des personnes. C. C. art. 3.

Etat estimatif de meubles et effets mobiliers. C. C. 948 et 1532.

Etat hypothécaire. Situation financière d'une personne

relativement aux charges hypothécaires qui pèsent sur elle. (Rép. du Not.)

ÉTAT d'inscriptions. Relevé de toutes les inscriptions qui existent sur les registres de la conservation des hypothèques, soit contre une personne, soit sur les biens qu'elle possède dans l'arrondissement hypothécaire. Clef, p. 112.

ÉTRANGER. La cour de cassation a décidé, par arrêt du 19 décembre 1845, qu'il n'est pas nécessaire qu'un notaire connaisse la langue des parties contractantes pour recevoir leurs conventions, ni que l'acte soit expliqué par un interprète assermenté : ce que pourtant on a l'usage de faire.

Du reste, la législation actuelle a replacé les étrangers sous la protection du droit commun à tous les habitants ; en France, ils peuvent y acquérir, y jouir de leurs biens, les vendre, les transmettre à leurs héritiers, en disposer par donation ou par testament, comme les régnicoles. L'exercice seul des droits politiques et des fonctions publiques reste soumis à la condition de la naturalité. Clef, p. 85.

ÊTRE MORAL. Association, corps qui a par lui-même une vie civile, indépendante des individus physiques qui agissent en son nom : un hospice, un collège, une communauté de biens entre époux, une succession vacante, sont des êtres moraux. Les sociétés sont aussi des personnes morales. (Rép. du Not.)

ÉTUDE. Se dit de la charge d'un notaire, d'un avoué ; des pratiques qu'ils ont ; du dépôt des minutes, des pièces qu'ils conservent chez eux ; enfin du lieu dans lequel ils travaillent ordinairement.

ÉVICTION. Clef, p. 170.

EXCEPTION. On dit communément qu'*il n'y a point de règle sans exception ;* mais cela ne doit pas être pris à la lettre, car il y a des règles qui ne comportent aucune exception. Les exceptions sont de droit étroit ; elles ne peuvent être étendues d'un cas à un autre. Il est de maxime que *exceptio firmat regulam.* (Rép. du Not.)

EXCEPTIONS. V. Rogron sous l'art. 1208 du C. C.

EXÉCUTEUR testamentaire. C. de proc. 932 et 942. V. Rogron sous l'art. 1025 du C. C.

EXÉCUTION des actes et jugements. Elle est volontaire ou forcée.

EXÉCUTION PARÉE. Celle qui peut avoir lieu en vertu de l'acte tel qu'il est sans qu'il soit besoin d'autre formalité ni d'autre titre : c'est cette voie d'exécution que la grosse a pour but de conférer à l'acte qui est délivré en cette forme. C. de proc. 146, 545.

EXÉCUTOIRE. Acte émané du juge, qui donne pouvoir de contraindre au paiement, selon les formes judiciaires.

Le droit de prendre exécutoire passe aux héritiers des officiers publics. (Cass. 4 avril 1826.)

L'exécutoire se délivre au bas de la requête que le notaire présente au juge-de-paix, et en tête de laquelle le notaire transcrit la quittance des droits d'enregistrement par lui avancés. En outre, la représentation de la minute doit être faite par le notaire au juge-de-paix, et cette représentation doit être constatée dans l'exécutoire.

La requête ne donne ouverture à aucuns frais; elle ne forme qu'un même acte avec l'exécutoire, et le tout reste en minute au greffe.

L'exécutoire n'emporte pas hypothèque. R. J. N.

EXPÉDITION. Clef, p. 5 et suivantes, et C. de proc. art. 854. Le notaire ne peut obliger ceux qui ont passé un acte devant lui d'en retirer l'expédition. Il n'a strictement le droit que de demander ses déboursés et honoraires de la minute; la levée de l'expédition est laissée à la libre disposition des parties. (Arrêt du Parlement de Paris, 14 octobre 1550.)

EXPERT, EXPERTISE. C. C. 126, 453, 466, 824, 1559, 1678, et C. de proc. 302, 955, etc.

Les rapports d'experts font foi par eux-mêmes. On doit considérer les actes des experts plutôt comme des actes authentiques émanés d'officiers publics, que comme des actes sous seing-privé émanés de simples particuliers. Leurs procès-verbaux ont date certaine; ce n'est pas l'enregistrement qui fixe cette date. (Cass. 27 novembre 1805.)

EXPRESSIONS sacramentelles. La loi n'en reconnaît point. On doit poser en principe que lorsque la loi se sert d'une expression, elle n'ordonne pas minutieusement au rédacteur d'un acte d'employer la même expression; qu'elle lui permet de se servir de toute autre qui rende le même sens; en un mot, qu'elle admet les équipollences. (Jurisp. du Not. t. 3, no 1002, et t. 4, n° 1174.)

EXPROPRIATION forcée. Clef, p. 113.

EXTRAIT. P. 19.

EXTRAIT d'inscription hypothécaire. Copie que délivre un conservateur d'une inscription existante sur ses registres. Lorsque plusieurs extraits se suivent, la feuille ou le cahier se nomme *état d'inscriptions*. (Rép. du Not.)

F

FACULTÉ DE RACHAT. Clef, p. 211.

FAILLITE. C. de comm. 437.

FAITS ET PROMESSES. La garantie des faits et promesses est celle qui résulte des actes ou des faits personnels de celui qui la consent.

FAUX-FRAIS. Menues dépenses qu'on est obligé de faire pour un objet, telles que celles de déplacement, nourriture, gratification, etc. Les faux-frais sont, en général, alloués dans leurs comptes aux tuteurs, aux mandataires, etc., sur parole et sans qu'on exige que ces dépenses soient justifiées par écrit; pourvu, toutefois, que le montant n'en soit pas excessif. (Dictionnaire de législat. usuelle.)

FIDÉJUSSEUR. Clef, page 320.

FILIATION. V. Rogron avant l'art. 312 du C. C.

FINS. But et objet d'une demande. On les distingue en fins civiles, fins de non payer, de non procéder (ou déclinatoire), de non recevoir, de non valoir.

FOLLE-ENCHÈRE. C. de proc. 712 et 737.

FONDÉ DE POUVOIRS. Mandataire.

FONDS. Sol d'une terre, d'un immeuble abstraction faite de la superficie; quand on dit *biens-fonds*, on entend les terres, maisons et autres héritages, par opposition à des immeubles fictifs ou à des biens meubles. (Répertoire du Notariat.)

FONDS de commerce. Propriété d'un établissement commercial. Un fonds de commerce est meuble; sa valeur est toute entière dans l'achalandage, les marchandises et les objets nécessaires à l'exercice de la profession, toutes choses mobilières. (Cours de droit, t. 4, p. 138.)

On distingue, dans un fonds de commerce, deux choses : 1° l'achalandage ou les pratiques, 2° et le matériel de l'établissement, c'est-à-dire les ustensiles et les marchandises. L'achalandage forme alors une sorte de bien ou de droit incorporel.

Le matériel forme un mobilier qu'on peut considérer comme fongible, en ce sens qu'il est susceptible d'être vendu et renouvelé perpétuellement.

On doit comprendre dans l'actif d'un failli le fonds de commerce qu'il exploite, indépendamment des marchandises et ustensiles qui en dépendent. (Paris, 19 nov. 1824.)

Le fonds de commerce, c'est-à-dire les achalandages (abstraction faite des marchandises) ne se prisent pas dans les inventaires. (Répert. de la Jurispr. du Notariat.) Clef, page 175.

FONDS perdu. Capital qui ne doit pas revenir au créancier qui a prêté ou vendu moyennant une rente viagère. C. C. 948.

FONDS (très-). Ces mots s'emploient par opposition à la superficie d'un immeuble. On s'en sert notamment dans la vente d'un terrain planté en bois, ou d'un terrain qui renferme des mines ou carrières : alors on dit qu'on vend le *fonds* et le *très-fonds* de l'héritage.

FONGIBLE. V. Rogron avant l'art. 527 du C. C.

FORCE MAJEURE. C. C. 1148.

FORCE DE CHOSE JUGÉE. Voyez Rogron sous l'art. 1262 du C. C.

FORFAIT. En matières civiles, ce mot se dit de l'obligation que l'on prend de faire une chose, ou du traité que l'on fait à l'occasion d'un droit éventuel, moyennant un certain prix, à perte ou à gain. Le *forfait de communauté* est une clause par laquelle on renonce, moyennant une somme déterminée, au droit de partager la communauté, qu'elle soit ou non avantageuse : c'est une sorte de convention aléatoire. C. C. 1522 et 1792.

FORMALITÉS, FORMES. Clef, pages 119 et 120; Rogron, avant l'art. 967.

FORMULE. Modèle d'un acte. Aucune loi n'oblige les notaires de se soumettre aux formules qui peuvent leur être présentées par les parties. Quand ils s'y soumettent, ils indiquent, à la fin des actes, et avant la clôture, que ces actes ont été dressés sur les modèles représentés et rendus. Souvent les notaires se trouvent dans le cas de suivre littéralement des formules; par exemple, lorsque, par un acte fait hors de la présence de la femme, son mari l'autorise à passer tel acte dans les termes conformes au modèle transcrit en tête de l'acte contenant autorisation; il n'y a pas d'obtacle à ce que les notaires suivent les formules, lorsqu'elles n'ont rien de choquant pour les règles et les principes : l'usage est constant. (Rép. du Not.)

FORT (PORTER). Clef, p. 99.

FOUÉE. Fagot. Code forestier, 194.

FOURNIR ET FAIRE VALOIR. Clef, p. 227.

FOURNISSEMENTS. Code civil, 828; C. de proc. 976.

FRAIS de dernière maladie. Ceux des fournitures, honoraires et salaires dus aux médecins, chirurgiens, apothicaires et gardes-malades, pour la maladie dont le débiteur est décédé. Ces frais sont une dette de la communauté. C. C. 2101 et 1409.

FRAIS DE DEUIL. Ceux de la veuve font partie des frais funéraires, et par conséquent sont privilégiés. R. N.

FRAIS DE JUSTICE. V. Rogron sous l'art. 2101 du C. C., et le C. de proc. 716 et 759.

FRAIS DE LABOURS ET SEMENCES. Dépenses occasionnées par la culture, l'amendement et l'ensemencement des terres. C. C. 548, 585, 2102.

FRAIS des actes des notaires. Ils se composent des déboursés et honoraires. Néanmoins, dans le notariat, le mot *frais*, employé au sujet des mêmes actes, s'entend plus particulièrement des déboursés, qui se composent des droits de timbre et d'enregistrement, des frais de légalisation, d'hypothèque, d'affiches, d'annonces, d'insertions aux journaux judiciaires, de droits de greffe, etc. (Répertoire du Notariat.)

Il est de principe que les frais d'acte sont à la charge de celui à qui ils profitent et dans l'intérêt de qui ils se font.

De ce qu'en général on doit ajouter au prix toutes les charges qui en augmentent la valeur (loi du 22 frimaire an 7, art. 14 et 15), la Régie tire la conséquence que les frais d'acte, quand ils sont considérables, doivent être ajoutés au prix principal pour asseoir la perception. Elle a fixé à 10 centimes par franc l'évaluation des droits, frais et honoraires ordinaires de ventes d'immeubles; et à 5 cent. par franc celle des ventes mobilières. (Instr. gén. n° 1150, et délibér. du 19 avril 1826. (Si le vendeur reste chargé du paiement de ces frais, déduction doit en être faite sur le prix qui se trouve diminué d'autant. (Cass. 29 pluv. an 13; délib. du 24 août 1827.)

FRAIS ET DÉPENS. Dépenses faites à l'occasion d'un procès.

FRAIS et loyaux coûts. Voyez Rogron, sous l'art. 1630 du C. C.

FRAIS et mises d'exécution. Frais de commandement, de saisie et autres semblables. Les notaires ont soin de requérir inscription pour les frais et mises d'exécution à faire pour parvenir au recouvrement des créances hypothécaires, afin de pouvoir en obtenir la collocation sur le prix des immeubles du débiteur, au rang de l'hypothèque.

FRAIS extraordinaires de transcription. Coût de l'état des inscriptions, notifications aux créanciers inscrits, offres réelles , consignation , jugement de validité , certificats de radiations , etc. C. de proc. 759 et 777.

FRAIS funéraires. Ceux qui se font pour l'inhumation d'un défunt ; ils ne se prennent point sur la masse de la communauté , ils sont à la charge de la succession. (Toullier.) C. C. 1481 , 2101 et 2104.

FRANÇAIS. On distingue trois classes de Français : les uns jouissent simplement des droits civils sans les exercer ; tels sont les mineurs , les interdits , les femmes mariées dans certains cas. D'autres exercent les droits civils et en jouissent , sans cependant être citoyens : tels sont les individus en état de domesticité , les faillis non réhabilités, les femmes en général. Enfin , la troisième classe se compose des citoyens proprement dits , qui , à ce titre , ont le droit de suffrage dans les assemblées délibérantes , sous les conditions exprimées par les lois politiques ; qui peuvent exercer les emplois publics et remplir les fonctions de jurés : ils ont par conséquent et la jouissance et l'exercice des droits civils. (Cours de droit.)

FRANC-ET-QUITTE. Clause par laquelle on déclare une chose ou une personne franche et quitte de toutes dettes. Clef, p. 133.

FRANCS-DENIERS. Ancienne expression qui signifie qu'une somme doit arriver au créancier franche de toute retenue ; elle ne s'emploie guère aujourd'hui. Quelques notaires s'en servent encore , notamment dans les contrats de vente , comme un moyen particulier d'éviter toutes répétitions de la part de l'acquéreur. R. J. N.

FRÈRES GERMAINS. V. Rogron , sous l'art. 408 du C. C.

FRUITS. C. C. 547, 582. Les *fruits de succession* sont les revenus qui ont couru depuis l'ouverture d'une succession. Quant aux *fruits civils* , voyez l'art. 584 du C. C.

FUTURS CONJOINTS. Personnes entre lesquelles il existe une promesse de mariage.

G

GAGE. Clef, p. 326.

GAINS ET ÉPARGNES. Argent qu'on a économisé sur ses revenus , ou par son industrie et son travail.

GAINS NUPTIAUX ET DE SURVIE. Avantages entre époux au profit du survivant.

GARANTIE. Clef, p. 170 et 179.

GARDES-CHAMPÊTRES. V. la loi du 28 septembre 1791.

GARDES-DU-COMMERCE. C. de Comm. 625.

GARDES-FORESTIERS. Code Forestier, 3 et 165.

GESTION DES AFFAIRES D'AUTRUI. C. C. 1372.

GRAINS EN VERT. Clef, p. 167.

GRAND-LIVRE DE LA DETTE PUBLIQUE. V. les lois des 24 août 1793 et 14 avril 1819.

GREFFIER. V. Rogron sous l'art. 49 du C. C.

GRIFFE. Instrument dont quelques notaires se servent pour appliquer leur nom d'une manière lisible en tête de chaque feuille de papier timbré; on y trouve l'avantage d'éviter la confusion des papiers.

GROSSE. Clef, p. 15, 43 et 57.

GROSSE-AVENTURE (CONTRAT A LA). P. 318.

GROSSOYER. Ecrire en gros caractères un jugement, un arrêt, l'expédition ou la grosse d'un contrat.

H

HABILE. Qui est capable, qui a droit, qui peut avoir droit. On dit qu'une personne est *habile à se porter héritière*, pour exprimer qu'elle a droit à une succession ouverte; et l'on appelle *habile à succéder*, celui qu'aucune incapacité n'empêche de succéder.

HÉRITIER. V. Rogron sous les art. 723 et 724 du C. C. Si, d'une part, le mort saisit le vif, d'une autre part, *nul n'est héritier qui ne veut.* C. C. 774.

On nomme *héritier présomptif*, celui qui se trouve dans le degré le plus apparent de successibilité, et qui, par cette raison, est présumé devoir être héritier. On lui donne cette qualité, soit avant le décès de celui à qui il s'agit de succéder, soit après l'ouverture de la succession, jusqu'à ce qu'il ait pris qualité ou renoncé.

L'*héritier pur et simple* est celui qui a accepté une succession purement et simplement, et qui alors est tenu de toutes les dettes du défunt, quand même elles excéderaient la valeur des biens de la succession.

Quant à l'*héritier bénéficiaire*, voyez le C. C. 803.

HOMME, PERSONNE. Voyez les notes de M. Rogron qui précèdent l'art. 7 du C. C.

HOMMES DE LOI. Avocats, jurisconsultes, notaires.

HOMOLOGATION. C. C. 448, 458 et 467.

HONORAIRE. Qualité que l'on donne à des personnes qui, après avoir exercé certaines charges, certaines fonctions, sont autorisées à en conserver les honneurs et les prérogatives. (Rép. du Not.)

34

Les notaires de Paris qui se retirent après vingt années d'exercice, sont admis à demander à la chambre de discipline la qualité de *notaires honoraires*. (Statut du 15 brumaire an 13.)

HONORAIRES. Les honoraires proprement dits sont les émoluments dus aux notaires pour la passation des actes ordinaires. On comprend aussi sous le nom d'*honoraires*, les vacations, droits d'expédition et frais de voyage. Clef, page 76.

Les honoraires doivent être basés sur l'importance des actes et la responsabilité qu'ils entraînent, comme sur les difficultés que présente leur rédaction. (Serieys.)

HUISSIERS. Officiers ministériels institués pour assigner les parties devant les cours et tribunaux, signifier et mettre à exécution les jugements, et pour faire, à la requête des parties intéressées, toutes sommations, significations, etc., qu'elles jugent nécessaires pour l'exercice et la conservation de leurs droits. (Rép. du Not.) Voyez la loi du 17 vendémiaire an 8.

Nul ne peut être nommé huissier qu'aux conditions qui sont exigées par un décret du 14 juin 1813, notamment s'il n'a travaillé au moins pendant deux ans, soit dans l'étude d'un notaire ou d'un avoué, soit chez un huissier, ou pendant trois ans au greffe d'une cour royale ou d'un tribunal de première instance, et s'il n'a obtenu de la chambre des huissiers un certificat de moralité, de bonne conduite et de capacité.

HYPOTHÉCAIRE (RÉGIME). Il est à toutes les conventions ce que la fin est aux moyens. Clef, p. 74, 104 et suivantes.

I

IGNORANCE. Il n'est permis à personne d'ignore r la loi.

IMMATRICULE. Inscription qui se fait sur un registre tenu par les chambres de discipline, des noms et prénoms de chaque notaire, de l'ordonnance contenant sa nomination, de la résidence qui lui est assignée, de sa prestation de serment, etc.

Immatricule se dit encore de la mention faite sur le grand-livre de la dette publique, constatant qu'un *tel* y est inscrit pour *telle* portion de rente. L'acquéreur d'une rente sur l'État se fait *immatriculer* sur la représentation du transfert signé par le vendeur.

IMMÉDIAT. On dit qu'un notaire est le successeur *immé-*

diat d'un précédent notaire, lorsqu'il n'y a pas eu d'autre notaire entre l'un et l'autre ; autrement on dirait successeur *médiat*.

IMMEUBLES. C. C. 517.

IMPUTATION DE PAIEMENT. C. C. 1253. Clef, page 247.

INALIÉNABILITÉ. C. C. 537, 714, 217, 459, 509, 1554, 2045. Les pensions militaires et celles de la Légion-d'Honneur sont inaliénables. (Arrêté du 7 thermidor an 10, et avis du Conseil-d'État du 2 février 1808.)

INCAPABLES. C.-C. 1124.

INCAPACITÉS. V. Rogron avant l'art. 901 du C. C.

INCESSIBLE. Tout ce qui est inaliénable et déclaré insaisissable par la loi, est incessible.

INCOMPATIBILITÉ. Clef, p. 31.

INCOMPÉTENCE. V. Rogron sous l'art. 1318 du C. C.

INDICATION DE PAIEMENT. P. 225.

INDIRECT (AVANTAGE). C. C. 1099 et 1100.

INDIVIDUALITÉ. Clef, p. 33.

INDIVIS. C. C. 815 ; Clef, p. 202 et 292.

ININTELLIGIBLE. Ce qui l'est dans un acte, est censé non écrit.

INSAISISSABLE. C. de proc. 580, 581, 592 et 593.

INSCRIPTION D'OFFICE, HYPOTHÉCAIRE. Clef, p. 106 et 186.

——— DE FAUX. C. de proc. 218.

INSCRIPTIONS sur le grand-livre de la dette publique. Ces termes, qui n'avaient sous l'ancien régime aucun objet dans notre langue, désignent aujourd'hui le titre d'une rente due par l'État, et ce titre est ainsi appelé parce que chaque rente que doit le Trésor est enregistrée sur un grand-livre dont la formation a été ordonnée par une loi du 24 avril 1793. (Rép. de jurispr.)

Cette loi a substitué l'inscription à tous les titres des diverses rentes sur l'État.

La dénomination de tiers consolidé leur avait été donnée par la loi du 8 nivose an 6 ; depuis, par la loi du 21 floréal an 10, on leur a donné la dénomination de cinq pour cent consolidés. Si, ayant payé 22,895 fr. 50 c. une partie de rente de 1,450 fr., on désirait savoir à quel taux on a placé ses fonds, on multiplierait 1,450 par 100, et en divisant le produit (145,000) par 22,895 fr. 50 c., on trouverait six un tiers pour cent.

Pour trouver le capital d'une rente sur l'État, en supposant que la rente soit de 100 fr., et le cours de la bourse

de 90 fr. , on dira : si 5 fr. donnent 90 , combien 100 ?...
Rép. 1,800 fr.

Ou bien : 100 au denier 20 donnent un capital de 2,000 f.;
le cours étant de 90 f. pour 100 , on multiplie 2,000 par 90,
et divisant le produit (180,000) par 100 , on a pour résultat 1,800 fr.

INSINUATION. Transcription littérale dans un registre particulier ouvert au public des donations entre-vifs , qui se
faisait autrefois , conformément à une ordonnance du
17 février 1731.

INSTITUTION CONTRACTUELLE. Clef, p. 141 et 367.
——— D'HÉRITIER. C. C. 967, 1002 et 1082.

INSTRUCTIONS GÉNÉRALES. Celles que la Régie de l'enregistrement donne à ses préposés.

INTERCALATION. Clef, p. 39.

INTERDICTION LÉGALE ou JUDICIAIRE. C. C. 448 à 515 ;
Code pénal , 29 ; Clef, p. 92, et Rogron avant l'article 489
du C. C.

INTERDIT. C. C. 502 à 511 , 1124 et 1125.

INTÉRÊT. Ce qui importe à l'utilité ou à l'honneur de
quelqu'un. *Point d'intérêt , point d'action.*

INTÉRÊT DE CAPITAL. Code civil , art. 385.

L'*intérêt légal* est celui qui court par le seul fait de la
disposition de la loi (C. C. 1153 , 1213 , 1226 , 1228 , 455 ,
456 , 474 , 856 , 1015 , 1548 , 1440 , 1570 , 1473 , 1479 ,
1652 , 2001). L'*intérêt judiciaire* ou *moratoire* est celui
qui court au profit du créancier, en vertu d'une demande
formée en justice (C. C. 1936 , 1996 , 1207 ; C. de proc. 57;
C. de comm. 184 et 185). L'*intérêt conventionnel* est celui
dont les parties conviennent. (C. C. 1905 , 1907 et 1157.)
Voyez la Clef, p. 288 et 293.

Les notaires ne peuvent, sous aucun prétexte, stipuler
dans leurs actes un intérêt plus fort que celui qu'a permis la
loi du 3 septembre 1807.

Cette loi a été suspendue pendant l'année 1814, suivant
un décret du 18 janvier de cette même année.

L'intérêt est *simple* lorsqu'il se calcule sur le capital
sans pouvoir y être ajouté pour porter lui-même intérêt. On
dit l'*intérêt en dehors ,* tel qu'on le stipule dans les actes
notariés ; et l'*intérêt en dedans ,* qui a lieu en matière
d'escompte ; c'est l'intérêt pris sur le capital à la déduction
de l'intérêt de l'intérêt. L'*intérêt composé* est celui qui n'é-
tant pas payé aux époques convenues , se joint au capital et
porte lui-même intérêt.

On calcule l'intérêt de deux manières, ou à *tant* pour cent, ou au denier *tant*. Dans le premier cas, on entend que l'on retire du capital autant de fois l'intérêt désigné par le *tant* que le nombre 100 est contenu dans ce capital. Ainsi, 3,000 fr. à 5 pour 100 produisent d'intérêt autant de fois 5 que 100 est contenu dans 3,000.

On entend, dans le second cas, que l'on retire du capital autant de fois 1 que le denier est contenu dans le capital. Ainsi, 3,000 fr. prêtés au denier 20 produisent d'intérêt autant de fois 1 fr. que 20 est contenu dans 3,000.

Lorsqu'on veut connaître le denier, on divise 100 par le *tant* pour 100, et le quotient marque le denier : par exemple, si l'intérêt est à 5 pour 100, en divisant 100 par 5, le quotient indique que l'intérêt est au denier 20. De même on divisera 100 par le denier *tant* pour avoir le *tant* pour cent : si le prêt s'est fait au denier 25, on divise 100 par 25, et le quotient indique que l'intérêt est à 4 p. 100.

Pour avoir l'intérêt d'une somme pour un an, on multiplie cette somme par le *tant* pour 100, et l'on prend le centième du produit en tranchant les deux derniers chiffres sur la droite qui deviennent des centimes.

INTÉRÊTS civils. Restitutions, dommages et intérêts qu'on réclame dans une procédure criminelle.

INTÉRÊTS d'intérêts. C. C. 1154.

INTERPELLATION. Un notaire interpelle ceux qui sont parties dans un acte de le signer. C. C. 2249.

INTERPRÉTATION des conventions. V. Rogron avant l'art. 1156 du C. C.

INTERPRÈTE. Le notaire ne peut faire lui-même les fonctions d'interprète aux contractants qui parlent une langue étrangère qu'il entend. (Merlin, Toullier.) Il est convenable que le notaire fasse prêter serment devant lui à l'interprète; mais l'omission de cette formalité ne donnerait pas lieu à la nullité de l'acte (Favard). Il doit être fait mention dans l'acte que telle partie, ne sachant pas le français, a manifesté dans sa langue maternelle, son consentement ou ses volontés, qui ont été rendus en français par *tel* qui a fait les fonctions d'interprète, serment préalablement prêté ès-mains du notaire, lequel interprète a aussi reporté à la partie la lecture de l'acte, dans la langue maternelle de cette partie. (Toullier.) En outre, il est à propos, comme le permet l'arrêté du gouvernement du 24 prairial an 11, de mettre à mi-marge de l'original français la traduction dans la langue que parle celui qui ne sait pas le français. (Rép. du Not.)

INTERVENTION. Comparution d'une personne dans un acte; par exemple quand le débiteur intervient dans le transport que fait le créancier de la somme par lui due à l'effet de déclarer qu'il se tient ce transport pour bien et dûment signifié, ce qui en évite la signification; quand le vendeur d'un immeuble intervient dans la quittance que donnent à son acquéreur ses créanciers auxquels il avait délégué son prix, et déclare qu'il a pour agréable le paiement qui vient d'être fait.

INTITULÉ. Titre d'un acte et qualités des parties.

INUTILE. La promesse d'une chose inutile, n'est point obligatoire. Ce qui est utile n'est pas vicié par ce qui est inutile.

INVENTAIRE. Clef, p. 57 et 384.

IRRÉGULARITÉ. Un acte est irrégulier lorsqu'il n'est pas fait avec les formes prescrites par la loi. L'irrégularité n'est pas une cause de nullité dans tous les cas; il faut qu'elle soit prévue et indiquée par le législateur comme entraînant nullité, pour avoir cet effet. (Dict. de légis. usuelle.)

IVRESSE. Clef, p. 27. Les personnes que l'ivresse de la boisson a privées momentanément de l'usage de la raison, sont naturellement incapables de contracter pendant le temps que dure l'ivresse. (Pailliet.)

J

JOUISSANCE. Synonyme de possession; ainsi l'on dit qu'une personne a la *possession et jouissance* de tel immeuble. Quant à la *jouissance légale*, voyez le C. C. 384 et 1442.

JOURS FÉRIÉS. Clef, p. 30.

JUGE-COMMISSAIRE. Celui qui est commis pour un partage, un ordre, une enquête.

JUGES-DE-PAIX. Officiers de l'ordre judiciaire créés par la loi du 24 août 1790, pour juger sommairement, sans frais et sans ministère d'avoués, des contestations de peu d'importance, et pour concilier celles dont le jugement est réservé aux tribunaux civils ordinaires. Il y a un juge-de-paix dans chaque canton. C. de proc. 1.

JUGEMENT. On en distingue huit espèces principales : *préparatoires, provisoires, définitifs, expédients, contradictoires, par défaut, en premier ressort* et *en dernier ressort*. V. Rogron, sous l'art. 2157 du C. C.

Jugement d'adjudication. Celui qui a lieu en matière d'expropriation forcée, et en toutes ventes de biens immeubles faites judiciairement.

Juifs. Classe de citoyens que des préjugés religieux ont long-temps soumis à une législation exceptionnelle, et privés d'une partie notable des avantages de la Société. Le décret du 17 mars 1808 n'ayant été établi que pour 10 ans, maintenant les conventions des Juifs sont régies par le droit commun. (Dalloz.)

Jurisprudence. V. Rogron, Introduction au C. C.

Jury. C. d'Intr. 309 à 404.

Juste titre. On entend par *juste titre* un titre rédigé dans les formes prescrites par la loi, et qui transférerait la propriété s'il émanait du véritable propriétaire; par exemple, un contrat de vente ou d'échange, une donation. Ces titres donnent un juste sujet à ceux qui acquièrent ainsi la possession d'une chose de s'en croire propriétaires, n'ayant pu deviner que la personne qui la leur a vendue et qu'ils voyaient en possession de cette chose, n'en fût pas propriétaire.

L

Lacune. Place vide et non écrite. Clef, page 35.

Langue des actes. Les actes publics doivent être écrits en langue française dans toute l'étendue du royaume. (Loi du 2 thermidor an 2, et arrêté du gouvernement du 24 prairial an 11.)

Les actes sous seing privé peuvent être écrits dans une autre langue; mais lorsqu'on présente ces actes à l'enregistrement, il faut y joindre une traduction française certifiée par un traducteur juré. (Même arrêté.)

Anciennement on écrivait les actes en latin. Un seigneur fit sentir à François Ier l'absurdité de cet abus, en lui rendant compte d'un grand procès qu'il venait de perdre. « J'étais venu en poste, dit-il, pour assister au jugement; à peine suis-je arrivé, que votre parlement m'a *débotté*. » Comment *débotté*, reprit le roi? Oui, Sire, m'a *débotté*, car voici les termes de l'arrêt: «*Dicta curia debotavit et debotat dictum actorem.*»

Le roi ordonna, en 1539, que les actes publics et arrêts seraient écrits en français. (Eléments de l'Hist. de France, par Millot, t. 2. p. 406 et 407.)

Lecture des actes. Clef, p. 35. Lorsqu'une partie est sourde, on lui fait prendre elle-même lecture de l'acte, et on constate ce fait.

Légalisation. P. 46.

MODÈLE.

Nous   *président du tribunal civil de première instance séant à*

Certifions à qui il appartiendra que MM.   *qui ont signé l'acte ci-contre (ou ci-dessus) sont notaires en cette ville; en foi de quoi nous avons signé ces présentes auxquelles nous avons fait apposer le sceau de ce tribunal.*

A .   *ce*

La légalisation ne constitue point l'authenticité, elle en est une preuve. (Cass. 22 octobre 1812.)

LÉGITIMATION. P. 383.

LÉGITIME. C'était une portion que la loi donnait à certains héritiers présomptifs dans des biens qu'ils auraient recueillis en totalité, sans les dispositions faites par le défunt à leur préjudice.

Aujourd'hui *légitime* signifie la portion réservée par la loi aux enfants sur les biens de leurs père et mère.

LÉGITIMITÉ. V. Rogron sous l'art 319 du C. C.

LEGS. Clef, p. 379.

LÉSION. C. C. 887, 890, 1674 et suivants. V. Rogron sous l'art. 1118.

LETTRE DE CHANGE. Clef, p. 460.

LETTRE MISSIVE. Lettre écrite pour être envoyée à quelqu'un. Une lettre missive peut servir de commencement de preuve par écrit, peut suffire pour constituer un acquiescement. L'aveu judiciaire ou extra-judiciaire peut résulter d'une lettre. Une obligation peut se former par lettres missives. Les lettres missives ne peuvent être produites en justice qu'après avoir été visées pour timbre. (Loi du 13 brumaire an 7, art 30.) Quand, par leur contenu, elles ne donnent pas lieu à un droit proportionnel d'enregistrement, le droit fixe auquel elles sont soumises est de deux francs. (Dalloz.) C. de comm. 8.

LETTRES de ratification. Avant l'édit du mois de juin 1771, les hypothèques assises sur des immeubles se purgeaient par la voie d'un *décret volontaire* que l'acquéreur faisait faire sur lui. Cet édit a abrogé l'usage des décrets volontaires pour y substituer les *lettres de ratification*. Ces lettres s'obtenaient dans les chancelleries établies près des tribunaux inférieurs, pour purger les hypothèques dont les immeubles étaient grevés. Le système des lettres de ratification a subsisté jusqu'à la publication de la loi du 11 brumaire an 7, à laquelle a succédé celle du 19 mars 1804 qui nous régit à présent.

LICENCIÉ EN DROIT. Celui qui a obtenu le diplôme après avoir suivi, dans une école de droit, le cours ordinaire des études, qui est fixé à trois ans. (Crivelli.)

LICITATION. Clef, p. 202 et 204.

LIEN. Toute espèce d'engagement. C. C. 733 et 752. Le défaut de lien est l'un des vices qui annullent les contrats.

LIEU. En terme de palais, ce mot s'emploie relativement au créancier qui est aux droits et hypothèques de son débiteur. C'est dans ce sens qu'on dit, *subrogé au lieu et place*.

LIGNE. V. Rogron, sous les art. 161, 162, 733, 736.

LINGES et hardes. C. C. 1492 et 1566. Par ces mots *linges et hardes à son usage*, on entend tout ce qui sert à couvrir le corps, par exemple, les chemises, les robes et autres vêtements. (Rép. du Not.)

LIQUIDATION. Clef, p. 410. — De succession. 423. — De communauté, 426. — De reprise, 431.

LIQUIDATION de société. Détermination de ce qui est dû à une société dissoute, et de ce qu'elle doit; c'est en même temps le réglement des comptes respectifs des associés envers la masse sociale, et très souvent le partage de la société. C'est un acte important qui a lieu ordinairement devant notaire. (Rép. du Not.)

LIQUIDE. V. Rogron, sous l'art. 1291 du C. C.

LIVRE tournois. Monnaie de compte qui valait 20 sous, et qui a été remplacée par le franc. Pour réduire les livres en francs, il faut retrancher la 81me partie du nombre de livres; et pour convertir les francs en livres, il faut ajouter un 80me au nombre des francs : ainsi, 81 livres valent 80 francs et 80 francs font 81 livres.

LOI. Clef, p. 78 et 82.

LOI ORGANIQUE DU NOTARIAT. P. 29.

LOUAGE (CONTRAT DE LOUAGE). Clef, p. 241.

L'expression générique *contrat de louage* s'applique plus particulièrement à la convention par laquelle on fournit à un tiers son travail ou son industrie. C. C. 1779.

LOYAUX-COUTS. Frais de contrat, d'enregistrement de transcription et autres, qu'un acquéreur a légitimement déboursés outre le prix principal. C. C. 1673 et 2188.

M

MAINLEVÉE. Clef, p. 358.

MAÎTRE. Titre particulier aux avocats, notaires, avoués, greffiers et commissaires-priseurs à Paris.

MAJORAT. Qualification de biens formant la dotation attachée aux titres de duc, comte, baron, etc. C'est un décret du 1er mars 1808 qui a réglé et organisé les majorats. Voyez aussi une ordonnance du roi, du 25 août 1817, sur la formation des majorats à instituer par les pairs de France.

Le majorat est une substitution graduelle, successive et perpétuelle, faite dans la vue de conserver le nom et les armes d'un citoyen qui a rendu de grands services à l'État, et destinée à toujours aux fils aînés ou puînés, selon le vœu de l'institution. (Dict. du Notariat.)

Les biens d'un majorat ne sont pas susceptibles d'hypothèque. (Décret de 1808.)

Une loi du 12 mai 1835 a interdit pour l'avenir toute institution de majorats.

MAJORITÉ. Clef, p. 92.

MANDAT. P. 468.

MANDEMENT d'exécution. Formule qui termine les grosses.

MARC LE FRANC. Ces mots remplacent ceux *au sou la livre* ou *au marc la livre*, dont on se servait, pour dire *au prorata de ce qui est dû à chaque créancier.* Cette expression, *marc le franc*, n'est pas juste; l'alliance d'une ancienne mesure avec une nouvelle monnaie, implique contradiction. Cependant elle se trouve employée sous les artic. 876 et 926 du Code civil. En fait de contribution d'une somme mobilière, la répartition se fait au marc le franc.

MARCHANDE publique. C. C. 220, et Code de commerce, 4, 5 et 7.

MARCHÉ. Clef, p. 282.

MARGE. P. 3.

MARIAGE. P. 89 et 120.

MATRICE DU RÔLE. V. Rogron sous l'art. 2165.

MÉMOIRE (pour). Dans les comptes on indique *pour mémoire* certains objets dont on ne parle qu'en passant, et sur lesquels on doit revenir. (Rép. du Not.)

MENTION. Enonciation d'un acte, d'un fait, de l'accomplissement d'une formalité. Lorsqu'une quittance est passée devant un autre notaire que celui qui a reçu l'obligation, il convient pour la décharge du dé biteur, que le dépositaire de la minute de ce dernier acte ; fasse mention du remboursement. Cette mention n'es t autre chose qu'une note écrite et signée de lui, portant que, par quittance d'un tel jour, telle somme a été rembou sée.

Il en est de même pour le paiement du prix d'un immeuble, lorsqu'il a lieu par -devant un notaire autre que celui devant lequel la vente a été faite.

On ne saurait apporter trop de soins à veiller à ce que les mentions soient faites exactem ent : leur objet est beaucoup plus important que le public ne paraît le croire.

C'est aux notaires qui reçoi vent les actes desquels résulte la libération de l'une des p arties à veiller à ce que ces mentions soient faites, pour empêcher que les intérêts de leurs clients ne soient un jour compromis, parce qu'ils n'auraient pas, sur leurs affa ires, les renseignements convenables. Voyez le style dan s la Clef du Not. page 355.

Pour les *mentions de l'enr egistrement*, V. p. 8 et 71.

MERCURIALES. On entend par ce mot le relevé des notes qui sont tenues exactement par les maires, sur des registres, pour constater les prix m oyennant lesquels les grains et autres denrées ont été ven dus dans chaque marché public de leur commune.

Souvent dans les baux à ferme on convient que les fermages seront payables en nature : alors pour fixer la perception du droit d'enregist rement qui sera dû, on fait une évaluation, d'après le table au des mercuriales du canton de la situation des biens.

Les mercuriales sont en core nécessaires pour établir la valeur qui sera due par le fermier, si le bailleur consent à recevoir les fermages en argent. C. de proc. 129; Clef, p. 255. V. Rogron sous l'a rt. 1291 du C. C.

MESURES. Les notaires p euvent, sans contravention, relater les anciennes mesures exprimées dans les actes, dont ils font la transcription littérale ou ne donnent qu'une simple analyse. (Journal de l'enreg. art. 5637.) V. ci-après POIDS ET MESURES.

MEUBLES. C. C. 527.

MINES. V. Rogron sous l'art. 552 du C. C.

MINORITÉ. Clef, p. 94. Voyez Rogron avant l'article 388 du C. C.

MINUTE. P. 15.

MISE en cause. Droit qu' a une partie assignée pour la totalité d'une obligation, d'ap peler ses co-obligés; celui qui a une garantie à exercer, c 'appeler ses garants, etc., à l'effet de faire réfléchir sur eux les condamnations qui pourraient être prononcées contre el . (Crivelli.)

MISE en possession. C. C 1610.

MITOYENNETÉ. Propriété commune à plusieurs d'un même fossé, mur ou autre objet.

MOBILIER. C. C. 535, 1141 et 1449.

MODES. Parties accessoire ou clauses ajoutées à la convention principale ou à la lisposition, pour imposer au donataire ou aux contractant certaines obligations qui modifient le contrat ou la dispos ition. (Rép. du Not.)

MORT. Fin de la vie. Dans le langage de la loi, il y a la mort *civile* comme la mort *naturelle*. Dans le doute la mort s'entend de la mort na urelle : si donc les parties, dans leurs conventions, prév ient le cas de la mort, elles sont réputées n'avoir pensé qu 'à la mort naturelle. On ne pourrait pas même honnêteme t, dans un contrat, prévoir le cas de la mort civile.

MORT CIVILE. V. Rogron, ava nt et sous l'art. 22 du C. C.

MOULE-A-TIRETS. On compre nd facilement ce que c'est que le dictionnaire ou Code *des* *rrêts futurs;* mais la génération actuelle aurait peut-être le la peine à s'expliquer le *moule-à-tirets.* Anciennement, pour ménager, au lieu de fil rouge on employait des filets d e parchemin tortillés avec la main sur le genou, pour attach er les feuilles dont se composaient les minutes, expédition s ou diverses pièces d'un dossier, d'une liasse; et

Comme il n'est point de clercs q ui trouvant un novice,
N'aiguisent contre lui les traits d e leur malice,
Les nôtres, par un temps pluvieu x à l'excès,
Me font faire cent tours pour le m oule aux tirets.
Tandis qu'à le chercher je me mo uille et me crotte,
L'engeance cléricale en cent lieu me balotte,
Jusqu'à ce que par grace un ancie n procureur
Me découvre la fourbe, et me tire d'erreur.
Je reviens; à l'instant chacun cess e d'écrire,
Sur ma simplicité l'on éclate de ri re.
Pour moi, je dissimule, et je fein s que leur jeu
Est un tour sans esprit qui me cha grine peu.

(*Le*　　　*Miroir de patience.*)

MOYENS D'ACQUÉRIR. V. Rogro n avant et sous l'art. 711 du C. C.

MUET. C. C. 936.

MUTATION. Clef, p. 68.

N

NANTISSEMENT. Clef, p. 326.

NATURE. Ce qui constitue un acte, ce qui en forme la propriété particulière et le différencie des autres actes.

NATURE (En). Des biens sont *en nature*, c'est-à-dire qu'ils n'ont pas été aliénés. Une production en nature est celle qui doit avoir lieu avec les productions naturelles du sol. Code civil, 826, 858 et 859.

NEGOTIORUM GESTOR. On nomme ainsi celui qui, de son plein gré et sans procuration, s'arroge la gestion des affaires d'autrui. (Dict. de légis.)

NOM ET PRÉNOM. Appellation qui sert à distinguer chaque famille dans la société, et chaque individu dans la même famille. (Dalloz.) Les notaires ne peuvent prendre aucun nom, surnom ou prénom autres que ceux sous lesquels ils ont obtenu leur nomination ou prêté leur serment. (Délibération des notaires de Paris, 17 juin 1843.)

Il n'y a peut-être pas d'exemple qu'un notaire ait été autorisé à changer son nom de famille. Le fils de *Rolet* (de ce procureur qui devint célèbre par les satyres de Boileau) fut admis à prendre un autre nom que le sien; mais il y avait une bonne raison pour cela. Ce vers du satyrique:

Je nomme un chat, un chat, et Rolet un fripon.

Ce vers, dis-je, en fut la cause.

NOM (Propre et privé). On s'oblige quelquefois à répondre d'une chose en son *propre et privé nom*, pour dire qu'on en sera personnellement responsable. (Rép. du Not.)

NOMINATION de conseil de tutelle. Clef, p. 382.

NOMINATION de tuteur par le survivant. Clef, p. 382.

NOTAIRE CERTIFICATEUR. Celui qui est spécialement chargé par le roi de délivrer des certificats de vie aux rentiers et pensionnaires de l'Etat. (Décret du 21 août 1806; ord. du 30 juin 1814.)

NOTAIRE INSTRUMENTAIRE. C'est le notaire en premier, celui que les parties ont choisi pour recevoir l'acte et pour en conserver la minute, qui en reçoit seul les émoluments, qui a seul le droit d'en délivrer les expéditions. Clef, p. 6.

NOTAIRE SUPPLÉÉ. Clef, p. 37 et 40.

NOTARIAT. Institution des notaires; charge, fonction de notaire.

En 1270, l'état de notaire fut érigé en titre d'office par Saint-Louis. Les différentes fonctions de notaires, tabel-

lions et gardes-notes, furent réunies, en 1597, par Henri IV.
Alors les notaires de Paris étaient conseillers du roi, gardes-
notes et gardes-scel, et même tabellions, quoiqu'ils n'en
prissent pas le titre; ils possédaient plusieurs sortes de priviléges, notamment l'exemption du contrôle et le droit d'instrumenter dans tout le royaume.

Les notaires royaux des provinces, devenus aussi gardes-
notes et tabellions, avaient le droit de passer tous contrats
et actes volontaires, etc. Leur district n'avait pas plus d'é-
tendue que la juridiction dans laquelle ils étaient établis et,
immatriculés.

Outre les notaires royaux, il y avait les *notaires des seigneurs* dont les fonctions ne différaient en rien de celles des
premiers, et les *notaires apostoliques* dont les fonctions
étaient de faire tous les actes qui concernaient les matières
bénéficiales.

L'assemblée nationale constituante, par son décret sanc-
tionné le 6 octobre 1791, supprima les notaires seigneu-
riaux et apostoliques, abolit le titre des offices de notaires
royaux, et établit simplement, dans toute la France, des
fonctionnaires publics chargés de recevoir tous les actes qui
étaient du ressort des notaires royaux et autres.

Les notaires s'intitulaient alors *notaires publics;* une
égalité parfaite régnait dans les actes; on ne disait pas de
l'un, *mondit sieur*, de l'autre *ledit sieur :* pour tous, c'était
ledit citoyen, ladite citoyenne.

NOTES. Il est défendu aux notaires de délivrer, par forme
de notes, mais signés d'eux, des extraits de leurs actes sur
papier libre. (Rép. du Not.)

NOTIFICATION. Acte par lequel on fait connaître judiciairement à quelqu'un un acte quelconque. Les notifications
sont faites par le ministère des huissiers. C. C. 2185.

NOTORIÉTÉ. Clef, p. 400.

NOVATION. C. C. 1271.

NUE-PROPRIÉTÉ. Le terme de *propriété* a deux acceptions;
tantôt il exprime le droit en lui-même (C. C. 544), en ce sens
on l'appelle aussi *domaine;* tantôt la chose elle-même. (545.)
Le *droit de jouir* prend le nom d'*usufruit;* le *droit de disposer* se nomme *nue-propriété :* ces deux droits réunis composent la *pleine*, la *toute-propriété.* L'usufruitier jouit comme
le propriétaire, mais il n'a pas comme celui-ci le droit
d'abuser. La *nue-propriété* est, en un mot, la propriété d'une
chose grevée du droit d'usufruit.

NULLITÉ. Vice qui empêche un acte de produire son effet.

On appelle *nullités absolues* celles que peuvent invoquer toutes les personnes qui ont un intérêt né et actuel à les faire valoir : ainsi, lorsque la loi déclare nul un acte pour vice de forme, voilà une nullité absolue. On appelle *nullités relatives* celles qui ne sont établies que dans l'intérêt des parties, et qu'elles seules peuvent faire valoir : ainsi la nullité qui résulte du défaut d'autorisation d'une femme mariée, n'est qu'une nullité absolue, puisque la femme seule, son mari, ou leurs héritiers, peuvent l'opposer et s'en prévaloir suivant l'art. 225 du C. C.

Le Code civil traite de l'action en nullité ou rescision des conventions, sous les art. 1304-1314. V. Rogron avant l'art. 1304.

Les nullités de contrat sont divisibles, en ce sens que le contrat, nul entre les parties qui ne sont pas réciproquement liées, est valable à l'égard des autres parties entre lesquelles il y a lien commun. (Cour de cass., 18 avril 1819.)

NUMÉRATION DES ESPÈCES. En général, il n'est pas nécessaire de la constater dans les actes ; mais la mention de cette numération, en présence du notaire, s'accorde très-bien avec la solennité d'un acte notarié, pourvu qu'elle ait effectivement lieu : car les notaires ne doivent pas attester, dans leurs actes, la numération de deniers qui n'ont pas été réellement comptés en leur présence. (Décis. min. du 11 septembre 1823 ; Rép. du Not.)

O

OBJET. Ce qui sert de matière à un contrat, à un acte.

OBLIGATION. Clef, p. 97. V. PRÊT. *Obligations à terme*, C. C. 1185 ; — *alternatives*, 1189 ; — *solidaires*, 1197 ; — *divisibles*, 1217 ; — *avec clauses pénales*, 1226 ; — *naturelles*, 1235.

OBSERVATIONS préliminaires. Elles ont pour but de présenter le tableau de tous les faits et de tous les actes qui sont relatifs à l'opération à faire. Les actes de liquidation, partages, transactions, comptes, etc. sont ordinairement précédés d'observations préliminaires.

OFFICE. L'office a été défini par Loyseau, *dignité avec fonction publique* : ainsi entendu, le mot office comprenait toutes les charges de judicature, de finance, celles de notaire, de greffier, procureur, etc.

Aujourd'hui, le nom d'*office* est particulièrement réservé aux charges de notaire et d'officier ministériel.

La vénalité et l'hérédité des offices avaient été abolies par une loi du 4 août 1789 ; mais les besoins extraordinaires auxquels il fallut faire face après les événemens de 1815, conduisirent le gouvernement à augmenter le taux des cautionnemens ; en compensation de ce sacrifice, une faculté nouvelle, analogue à celle que comportaient les anciens offices, fut accordée à un certain nombre d'officiers et fonctionnaires publics. L'art. 91 de la loi du 28 avril 1816, porte : « Les avocats à la cour de cassation, notaires, avoués, greffiers, huissiers, agents de change, courtiers, commissaires-priseurs, pourront présenter à l'agrément de S. M. des successeurs, pourvu qu'ils réunissent les qualités exigées par la loi. »

Cette loi n'a rien statué sur la nature des offices ; autrefois, ils étaient immeubles, aujourd'hui ce sont des meubles incorporels. Les offices ministériels sont de véritables propriétés ; ils sont dans le patrimoine du titulaire qui peut les vendre et les transmettre. L'héritier donataire en doit le rapport à la succession ; leur prix se trouve dans l'actif de la succession. Un office de notaire tombe dans la communauté, s'il a été acquis pendant le mariage. Dans les inventaires, on n'estime pas, on mentionne seulement les offices.

La faculté de présenter un successeur appartient aussi aux héritiers des officiers ministériels. La veuve et les héritiers du titulaire ont le droit de vendre sa charge.

La loi n'assujettit les présentations à aucune forme déterminée, mais le délai de la présentation doit être très rapproché.

La faculté de présenter un successeur emporte le droit de stipuler un prix pour la cession de l'office, et de faire toutes les conventions nécessaires pour l'exercice de ce droit.

Le notaire a, pour le prix de sa charge, un privilége sur le prix résultant de la cession faite ultérieurement.

Les ordonnances portant nomination des notaires, avoués, greffiers, huissiers, etc., sont assujetties à un droit d'enregistrement de 10 pour 100 sur le montant du cautionnement attaché à la fonction. (Dalloz, Dict. de jurisp.)

La valeur des offices doit être comprise dans les déclarations de successions qui ont lieu après le décès des titulaires.

OFFICIERS MINISTÉRIELS. Avoués, commissaires-priseurs, greffiers, huissiers, notaires.

OFFRES RÉELLES. C. C. 1257 à 1264 ; C. de proc. 812 à 818.

OLOGRAPHE. V. Rogron, sous l'art. 969 du C. C.

OPÉRATION. Certains actes se divisent en plusieurs opérations ; tels les liquidations et partages.

OPPOSITION. C. de proc. 557 et suivants. V. Rogron, sous l'art. 1242 du C. C.

ORDONNANCES DE RÉFÉRÉ. C. de proc. 808.

ORDRE (*billet à*). Clef, p. 461.

—— *Entre créanciers.* P. 348.

—— (*Pour*). P. 423.

ORGANISATION DU NOTARIAT. P. 29.

ORGANISATION JUDICIAIRE. En France, les tribunaux sont : *en matière civile*, les justices de paix, les tribunaux de première instance, les tribunaux de commerce, les cours royales, les tribunaux administratifs, les conseils de prud'hommes ; et, *en matière criminelle*, les tribunaux de simple police, les tribunaux correctionnels, les cours d'assises, les conseils de guerre, les tribunaux maritimes. Enfin, au-dessus de tous ces pouvoirs judiciaires, la cour de cassation chargée de réformer leurs sentences, quand ils ont violé ou faussement appliqué la loi.

La chambre des pairs et celle des députés se transforment aussi quelquefois en cours de justice.

ORIGINAL. L'original d'un acte est celui qui est signé des parties, et sur lequel ont été faites des expéditions ou copies. C. C. 1323 et 1335.

ORTHOGRAPHE. Les fautes d'orthographe ne nuisent point aux actes. (Rép. du Not.) Mais elles ne font pas d'honneur à ceux qui les ont écrits.

OUVERTURE DE CRÉDIT. Clef, p. 311.

P

PACTE. Clef, p. 98. *Pacte commissoire,* pages 172 et 184. On nomme *pacte de préférence*, la clause d'un contrat de vente par laquelle l'acheteur s'engage à donner la préférence au vendeur, dans le cas où il viendrait à se dépouiller de ce qu'il vient d'acquérir. — On appelle *pacte de quotá litis*, la convention par laquelle un créancier promet une partie de sa créance à celui qui la lui fera recouvrer. — Sur le *pacte de réméré*, V. Rogron sous l'art. 1659.

PAIEMENT. V. Rogron avant l'art. 1235 du C. C.

S'il est dit dans un acte que le paiement aura lieu en la maison du créancier qui, lors de l'obligation, était dans la même ville que le débiteur, et si depuis le créancier a transféré son domicile dans une autre ville éloignée du débiteur, celui-ci sera fondé à demander que le créancier élise domicile dans l'endroit où il l'avait lorsque l'obligation a été passée.

Les quittances de trois années consécutives de loyers, fermages et arrérages de rentes, forment une présomption du paiement des années précédentes. (Pothier.)

PANCARTE. Liasse de papiers arrangés de manière à poser celui sur lequel on écrit.

PANONCEAUX. Ecussons en cuivre doré que les notaires ont à la porte extérieure de leur maison, pour annoncer qu'ils ont un dépôt public placé sous la sauve-garde du souverain. Le nombre des panonceaux pour chaque etude, à Paris, doit être de deux au moins et de quatre au plus. (Arrêté de la chambre, du 8 juillet 1812.)

PAPIER-MONNAIE. Assignats qui ont eu cours en France, en 1791, 1792 et 1793. Il a été rendu un grand nombre de lois sur le papier-monnaie, dont les notaires doivent prendre connaissance, attendu que beaucoup de mariages contractés à cette époque qui subsistent encore, demandent des liquidations de communautés et de successions, où il s'agit d'appliquer les dispositions de quelques-unes de ces lois.

PAPIER TIMBRÉ. Clef, p. 63.

PAPIERS. On désigne sous ce mot toutes sortes d'écritures, de titres ou de pièces, comme lorsqu'on dit : *Faire l'inventaire des papiers.* (Dict. de législ.)

PARAFE. Assemblage de traits de plumes enlacés entre eux, que les notaires ajoutent à leurs signatures. Un notaire ne peut changer sa signature ni son parafe, si ce n'est de l'autorité du juge et pour cause raisonnable. (Ferrière.)

PARAPHERNAUX (biens). V. Rogron avant l'art. 1574 du C. C.

PARCHEMIN. Clef, p. 63.

PART D'ENFANT LE MOINS PRENANT. Portion de la succession du père ou de la mère qui revient à l'enfant qu'ils ont le moins avantagé. C. C. 1098.

PART HÉRÉDITAIRE. Ce que quelqu'un prend à titre d'héritier dans une succession.

PARTAGE. Clef, p. 410. — *Entre co-propriétaires,* id. — *Anticipé ou d'ascendants,* 413. — de succession, 416.

PARTIE. Personne qui figure dans un acte, dans un procès. Les *parties contractantes* sont les personnes qui passent entre elles un contrat ou une convention, devant notaires ou par actes sous seings privés.

PARTIE civile. V. Rogron, sous l'art. 31 du C. C.

PASSE de sacs. Retenue de 15 centimes qui s'opère pour le prix de chaque sac d'argent dans les paiements qui sont faits en espèces. Le mode de paiement en sacs et au poids ne prive pas celui qui reçoit de la faculté d'ouvrir les sacs, de vérifier et de compter les espèces en présence du payeur. (Décret du 1er juillet 1809.)

PATENTE. Clef, p. 37.

PATERNITÉ. V. Rogron avant l'art. 312 du C. C.

PATRIMONIAL. Qui vient de succession, qui n'est pas national. On doit s'abstenir maintenant, dans les affiches, de cette distinction dans les biens à vendre ; elle serait contraire à l'art. 8 de la Charte.

PENSION. Clef, p. 346.

PENSIONS sur l'Etat. Celles qui sont dues par le trésor royal ; on les divise en trois classes, *civiles, ecclésiastiques* et *militaires*.

PERSONNES. Clef, p. 85. On nomme *personnes civiles*, les communes, les établissements publics, etc. Quant aux *personnes interposées, incapables*, V. le C. C. 911, 1099 et 1100.

PIGNORATIF (Contrat). Contrat de vente d'un héritage par un débiteur à son créancier, avec stipulation que le vendeur pourra retirer l'héritage au bout d'un certain temps, et qu'il en jouira, à titre de loyer, moyennant une certaine somme, ordinairement égale aux intérêts de la somme due.

Cette convention a beaucoup de rapport avec la vente à réméré. Anciennement, ce contrat était généralement prohibé, et les tribunaux ne manquaient pas de l'annuler, lorsqu'il leur paraissait n'avoir eu lieu que pour masquer quelque convention usuraire. Les circonstances suivantes, établies en fait, leur démontraient que c'était un contrat usuraire : 1°. lorsque c'était entre un créancier et un débiteur qu'il avait lieu ; 2°. la vilité du prix de la vente ; 3°. et la circonstance que le vendeur était resté en possession de l'immeuble à titre de louage. Quelquefois même on a annulé le contrat quoiqu'il n'y eût que les deux premières de ces circonstances.

Quoique le Code civil ne se soit pas formellement expliqué sur cette sorte de convention, elle doit être annulée lorsqu'elle se présente avec les circonstances ci-dessus, qui témoignent assez clairement que c'est une convention de gage, plutôt qu'une vente à réméré, qui a eu lieu entre les parties : *Non sermoni res subjicitur, sed sermo rei.* (Cours de droit français.) V. le C. C. 2078 et 2088, et la Clef, p. 327.

PLACEMENT de fonds. C'est souvent pour les notaires une opération embarrassante et délicate ; ils font ordinairement prêter à ceux de leurs clients dont ils connaissent les affaires et la moralité.

PLEIN droit (De). Se dit de ce qui a lieu par la seule force de la loi.

PLEINE propriété. Propriété qui comprend la jouissance.

PLUS-value. Ce qu'une chose vaut au-delà de son estimation ou de plus qu'une autre chose.

POIDS ET MESURES. Clef, p. 40 et 41.

POLICE D'ASSURANCE. Ecrit qui contient les conventions entre l'assureur et l'assuré. Clef, p. 295.

POLLICITATION. V. Rogron avant l'art. 1101.

PORTER-FORT (se). Clef, p. 99.

PORTION AFFÉRENTE. Part qui revient à chacun des intéressés dans un objet indivis. Sur la *portion disponible*, V. la Clef, p. 368.

Quant à la *portion virile*, V. Rogron sous l'art. 873 du C. C., et la Clef, p. 429.

POSSESSION. Clef, p. 114. — Sur la *Possession d'Etat*, V. Rogron, sous l'art. 195 du C. C.

La *possession ancienne*, la longue possession, la possession de long temps, est celle qui embrasse au moins dix années.

La *possession immémoriale* est celle dont aucun homme vivant n'a vu le commencement, dont il a appris l'existence de ses ancêtres. V. le C. C. 691.

La *possession annale* est celle qui a duré un an.

La *possession précaire* est celle qui s'exerce à tout autre titre qu'à titre de propriétaire : ainsi, le fermier, le dépositaire, l'usufruitier, sont des détenteurs précaires.

POT-DE-VIN OU ÉPINGLES. Somme convenue que l'acquéreur paie au vendeur indépendamment de son prix.

Les notaires ne se mêlent en aucune sorte de ces opérations ; ils laissent les parties régler elles-mêmes leurs intérêts à cet égard.

Le pot-de-vin se paie toujours comptant ; si, par suite d'une surenchère, l'acquéreur se trouve évincé de la propriété, il ne peut pas le réclamer comme faisant partie des loyaux coûts ; il a seulement recours contre la personne qui l'a reçu. D'ailleurs si celui qui paie le pot-de-vin exige une quittance de la somme payée, elle peut un jour être produite ; alors elle serait regardée comme une contre-lettre passible d'amende.

POURSUIVANT. Partie qui poursuit une saisie immobilière, un ordre.

POUVOIR. Procuration sous seing privé.

POUVOIR LÉGISLATIF, EXÉCUTIF, JUDICIAIRE. V. Rogron, Introd. au C. C.

PRÉAMBULE DES ACTES. Clef, p. 116.

PRÉCIPUT. P. 134. — *Par préciput*, V. p. 421.

PRÉLÈVEMENT. C. C. 830, 1433, 1470, 1498, 1503 et 1515.

PREMIER OU PRINCIPAL CLERC. Clef, p. 1.

PRESCRIPTION. P. 113.

PRÉSENTS ET ACCEPTANTS. Défenses sont faites aux notaires d'employer ces mots, à moins que les parties ne soient réellement présentes pour signer ou déclarer ne le savoir. (Arrêt du parlement de Paris, du 4 déc. 1604.)

PRÉSOMPTION. C. C. 1349. Lorsqu'un notaire a remis la grosse ou l'expédition d'un acte à la partie qui en devait le coût, il y a présomption de paiement des frais : on dit vulgairement au barreau, *pièces rendues, pièces payées.* (Pothier.)

PRÉSUCCESSION (Partage de). Pendant la révolution, c'était le partage des biens des émigrés, entre leurs ascendants et le fisc ou domaine.

PRÊT. Clef, p. 286.

PREUVE TESTIMONIALE. C. C. 1341 à 1348.

PRIORITÉ D'HYPOTHÈQUE. Clef, p. 310.

PRISÉE DE MOULIN. Les tournants et travaillants d'un moulin restent appartenir au propriétaire du moulin, malgré la *prisée* qui en a été faite, et qui ne laisse au preneur qu'une créance : en conséquence, les créanciers de ce dernier ne peuvent faire saisir ces objets. (Paris, 8 juillet 1833.)

PRIVILÉGE. Clef, p. 104 et 184.

PRIX DE VENTE. P. 182.

PROCÈS-VERBAL D'ADJUDICATION. clef, p. 203.

———— DE CONSIGNATION. V. le Parf. Not. tome 2, p. 131, 6me édition.

PROCURATION. Clef, p. 469.

PRODIGUE. C. C. 513.

PROJET D'ACTE. Clef, p. 119.

Si l'acte présente quelques difficultés, le notaire le rédige en projet pour le communiquer aux clients ou à leurs conseils, qui font les changements, corrections et additions qui leur conviennent. Quelquefois les parties remettent aux notaires les projets des actes qu'elles veulent passer, d'après les instructions de leurs conseils. Comme ces actes peuvent n'être pas faits dans la forme adoptée par les notaires , on met avant de les clore ces mots : *fait et transcrit littéralement sur le projet,* ou *fait sur modèle représenté et rendu.* Clef, p. 119.

Promesse de mariage. Elles se font le plus souvent par contrat de mariage , mais elles peuvent être faites par un acte spécial. Si une promesse de mariage était faite sous seing privé , elle devrait être rédigée en double original.

Les notaires ne peuvent recevoir aucune promesse de mariage de la part d'un homme et d'une femme auxquels la loi défend de se marier ensemble. (Ordonnance de 1579, art. 44.)

La promesse de mariage est un contrat synallagmatique obligatoire, qui contient l'engagement de faire, et dont l'inexécution donne lieu à des dommages-intérêts, lorsqu'elle cause préjudice. (Dalloz.)

On trouvera un modèle de promesse de mariage dans le nouveau formulaire du notariat.

Promesse de vente. C. C. 1589. Il est très rare que l'on fasse devant notaires des promesses de vente, au lieu de passer aussitôt le contrat de vente. Le plus ordinairement ces sortes de promesses se font par écrit sous signatures privées, parce que quelque circonstance exige ou que le contrat soit différé, ou que la vente ne soit pas encore connue. Mais il faut que cet écrit soit fait double et qu'il en fasse mention, sans quoi la convention serait nulle, faute du lien réciproque qui est de l'essence des contrats obligatoires de deux côtés ; et il est prudent d'y mettre tout ce que devra contenir l'acte notarié, en y ajoutant que les parties s'obligent de passer le contrat devant notaires, soit dans un délai fixé, soit à la première réquisition de l'une d'elles ; mais toujours avant l'expiration des trois mois, pour éviter le double droit d'enregistrement. (Garnier-Deschesnes.)

En promettant à quelqu'un de lui vendre telle chose pour tel prix dans le cas où elle lui conviendrait, il n'y a point là encore de vente ; les deux parties sont toujours libres, l'une de vendre, l'autre d'acheter.

Proportionnément. En proportion. C'est à tort qu'on emploie, dans la pratique, le mot *proportionnellement,* qui est un terme de mathématiques. V. Rogron sous l'art. 871 du C. C.

PROPRES. Clef, p. 133.

PROPRIÉTÉ. V. Rogron avant et sous l'art. 544 du C. C. et avant l'art. 578.

PROROGATION DE DÉLAI. Clef, p. 303.

PROTESTATION. P. 448.

PROTÊT. P. 462.

PROTOCOLE. P. 27.

PROTUTEUR. C. C. 417.

PUISSANCE PATERNELLE. Clef, p. 91.

PUR ET SIMPLE. Définitif, sans condition, sans restriction.

PURGE. Clef, p. 187.

Q

QUASI-CONTRAT, QUASI-DÉLIT. Clef, p. 103.

QUÉRABLE. P. 307.

QUITTANCE. Clef, p. 349.

Un notaire n'encourt pas d'amende lorsqu'il a mentionné dans un de ses actes, un acte sous seing privé non enregistré, en vertu duquel il n'a pas instrumenté ; par exemple, lorsque les parties déclarent dans une *quittance* finale du prix d'une vente d'immeubles « qu'à des époques par » elles indiquées, trois à-compte ont été payés suivant *quit-* » *tances* particulières qui, avec la présente, ne servi- » ront que d'une même chose. » (Tribunal de Paris, 20 juillet 1821.)

QUITTE (franc et). P. 133.

QUOTITÉ DISPONIBLE. P. 368. V. Rogron sous l'art. 844 du C. C.

R

RADIATION. Ce terme s'emploie pour exprimer l'action d'annuler une inscription hypothécaire. On fournit au bureau des hypothèques, les expéditions ou extraits des actes de main-levée, sur le vu desquels le conservateur délivre les certificats de radiation.

RAISON ÉCRITE. On donne cette qualification aux lois romaines, qui maintenant n'ont plus d'autre autorité que celle qu'elles puisent dans la sagesse de leurs décisions. (Dict. de législ.)

RAISON SOCIALE OU DE COMMERCE. Clef, p. 333.

RAPPORT A SUCCESSION. V. Rogron avant l'art 843 du C. C.; et la Clef, p. 421.

RAPPORT POUR MINUTE. P. 436.

RATIFICATION. P. 343.

RATURE. P. 6 et 39.

RÉALISATION (clause de). P. 133. On entend aussi par *clause de réalisation devant notaires*, la convention par laquelle des parties contractantes s'engagent à passer acte devant notaires d'un traité intervenu entre elles.

RÉALITÉ D'ESPÈCES. Clef, p. 350.

RÉCÉPISSÉ DE COMPTE DE TUTELLE. P. 406.

RECEVEUR DE L'ENREGISTREMENT. Préposé de l'administration de l'enregistrement et des domaines. Loi du 27 mai 1791.

RÉCOLEMENT. Clef, p. 391 et 398.

RÉCOMPENSE. C. C. 585, 1403 et suivants.

RECONNAISSANCE D'ÉCRITURE. P. 437.

——— D'ENFANTS NATURELS. P. 383.

RECONSTITUTION. P. 308.

RECOUVREMENT. Ils se composent de toutes les sommes qui sont dues à un notaire, soit pour avances et déboursés, soit pour honoraires des actes reçus tant par lui que par son prédécesseur, lorsqu'il y a eu convention entre eux.

RÉCURSOIRE. Qui donne un recours.

RÉDHIBITOIRE. C. C. 1641. Voyez le traité du contrat de vente par M. Troplong.

RÉDUCTION DES DONATIONS ET LEGS. C. C. 920 à 930.

——— DES HYPOTHÈQUES. C. C. 2161, 2140.

RÉEL. Se dit pour qualifier les actions qui ont pour objet les choses immobilières.

RÉFÉRÉ. Rapport fait au juge des difficultés relatives à l'exécution d'un acte, d'un jugement, à l'apposition d'un scellé, à la confection d'un inventaire. C. de proc. 606, 843, 845, 852, etc.

RÉGIE. Administration. Le conseil d'administration de la régie de l'enregistrement se compose des administrateurs présidés par le directeur-général; l'une de ses attributions est de statuer sur les demandes en restitution de droits indûment perçus. (Rép. du Not.)

RÉGIME. Clef, p. 129.

RÈGLEMENTS des notaires de Paris. P. 54.

RÈGLES de droit. Principes généraux des lois et de la jurisprudence. Exemples :

La première de toutes les règles, c'est d'impartir et d'assurer à chacun ce qui lui appartient.

Celui qui peut le plus peut le moins.

Une chose impossible ne saurait être le sujet d'aucune convention.

Les conventions des particuliers ne peuvent pas déroger au droit public.

Nul ne peut transférer à autrui plus de droit qu'il n'en a lui-même.

Ce qui abonde ne vicie pas.

REJET (arrêt de). V. COUR DE CASSATION. Les arrêts de rejet, surtout quand ils émanent de la chambre des requêtes, ont moins d'autorité que les arrêts de cassation proprement dits, c'est-à-dire ceux qui infirment des décisions. (Dict. de législ.)

RELIQUAT. V. Rogron sous l'art. 474 du C. C.

REMBOURSEMENT. C. C. 530 et 1433. Le rachat des rentes et redevances foncières, ordinairement créées irrachetables et sans aucune évaluation du capital, sont remboursables, savoir : celles en argent sur le pied du denier vingt, et celles en nature de grains, volaille, denrées, fruits de récolte, service d'hommes, chevaux ou autres bêtes de somme et de voitures, au denier vingt-cinq de leur produit annuel, suivant les évaluations qui en sont faites. (Voyez MERCURIALES.) Il est ajouté un dixième auxdits capitaux, à l'égard des rentes qui ont été créées sous la condition de la non retenue de dixième, vingtième et autres impositions royales. (Déc. de l'Assemblée constituante, du 18 décembre 1790.)

RÉMÉRÉ. Clef, p. 211.

REMISE DE DETTE. C. C. 1282.

REMISE de titres. C. C. 1282 et suivants. La *remise des titres* doit être volontaire ; elle n'opérerait pas la remise de la dette, si, par hasard, le titre était tombé entre les mains du débiteur, à l'insu et contre le gré du créancier, par surprise ou abus de confiance.

REMPLACEMENT militaire. Clef, p. 284.

REMPLOI. Remplacement d'une chose qui a été aliénée ou dénaturée, comme une somme de deniers qu'on a reçue, un immeuble qu'on a vendu, des futaies qu'on a fait abattre, etc. C. C. 1434 et 1435.

RENONCIATION A COMMUNAUTÉ. C. C. 1457, 1459 et 1492 ; C. de pr. 874 et 997.

——— A SUCCESSION. Clef, p. 419 ; C. de proc. 997. V. Rogron avant l'art. 784 du C. C.

RENONCIATION A UNE DONATION. L'usage est de la faire au greffe du tribunal.

———— A UN LEGS. Lorsqu'elle est faite dans un partage, elle n'est passible que du droit fixe d'enregistrement d'un franc. (Délib. 22 mai 1827.)

RENOUVELLEMENT D'INSCRIPTION. Clef, p. 108.

RENVOI. P. 38.

RÉPARATION D'HONNEUR. P. 459.

RÉPERTOIRE. P. 46.

REPORT. Le report consiste à rappeler en tête de chaque page d'un partage, d'un compte, les sommes qui forment le montant des calculs de la page qui précède. En tête du recto de chaque feuillet, on écrit ces mots *ci-contre*, et on tire la somme *hors ligne;* en tête du verso, on écrit ces mots *de l'autre part*, et l'on tire pareillement la somme hors ligne. La nouvelle édition du Dictionnaire de l'Académie a consacré ce mot.

REPRÉSENTATION. Voyez Rogron avant l'art. 739 du C. C.

Pour rendre plus sensible l'application des mots *par souche* et *par tête* employés dans l'art. 743 du Code civil, on rapporte ici le tableau n° 15 du Répertoire de la législation du notariat.

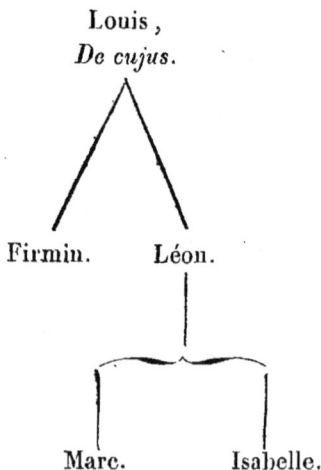

Louis,

De cujus.

Firmin.   Léon.

Marc.   Isabelle.

Louis est décédé laissant un enfant et des petits-enfants. Sa succession, qu'on suppose être de 1,200 fr., se partagera par moitié entre *Firmin*, son fils, et *Marc* et *Isabelle*, ses petits-enfants, qui

représentent *Léon*, leur père : ainsi, *Firmin* aura
la moitié de la succession qui sera de 600 fr., ci..... 600 f.

Marc prendra la moitié de l'autre moitié, ou un
quart au total, ce qui fait 300 fr., ci . . . 300 fr.
Isabelle aura pareille somme de 300 f. ci 300 » } 600 f.

TOTAL. . . . 1,200 f.

Le partage se fait ici par *souche*, parce que tous les héritiers ne sont pas au même degré ; mais après la division principale, il se fait par *tête* entre les héritiers du même degré, qui sont *Marc* et *Isabelle*. On voit que ces deux derniers prennent ensemble la part de *Léon*, et qu'ils n'ont, au moyen du partage qu'ils font par moitié, qu'une portion égale à celle de *Firmin* leur oncle : c'est là ce qui constitue le partage par *souche*.

REPRISES. Prélèvements que chacun des époux a le droit de faire lors de la dissolution de la communauté. C. C. 1472 et 1503.

REQUÊTE. Acte par lequel on forme une demande en justice, et au bas de laquelle le juge met son ordonnance.

On présente requête au président du tribunal de première instance pour faire commettre d'office un notaire à l'effet de stipuler dans un inventaire ou dans un partage les intérêts d'une personne présumée absente, etc.

Lorsqu'il n'y a pas de scellés, la requête et l'ordonnance restent annexées à la minute de l'inventaire.

Les requêtes sont faites par les avoués. C. de proc. 104.

RESCINDANT, rescisoire. Le *rescindant* signifie la voie, le moyen qui s'emploie pour faire casser ou annuler un arrêt contre lequel on a de justes sujets de plainte. Cette voie ou ce moyen est une demande en justice ou une requête civile, contenant l'exposé des motifs qui doivent donner lieu à la cassation.

Le *rescisoire* est l'objet principal du traité ou de la condamnation par lesquels on prétend avoir été lésé ; c'est ce qu'on soutient devoir être ordonné en conséquence du rescindant.

RESCISION. L'action en nullité doit s'entendre principalement des vices de forme du contrat ; l'action en rescision s'applique aux vices radicaux, mais cachés de la convention, comme la violence, le dol, etc. V. le C. C. art. 887.

RÉSERVE DE DISPOSER. Cette réserve a lieu quelquefois de la part du donateur, relativement à un objet compris dans la donation , ou à une somme fixe sur les biens donnés. (Dict. de légis.) C. C. 946.

RÉSERVE DE DROITS ET ACTIONS. Clause par laquelle on indique dans les actes qu'un objet est en dehors de la convention qu'ils renferment, et qu'on ne renonce pas au droit de le réclamer plus tard. Les réserves sont souvent utiles.(Dict. de légis.)

RÉSIDENCE. Clef, p. 30 et 60.

RÉSILIATION. Acte par lequel les parties consentent volontairement qu'un contrat ou acte précédent soit nul et considéré comme non avenu. On dit aussi *résiliement* ; la résiliation a lieu à l'amiable. Quand elle est ordonnée en justice, elle prend alors le nom de *résolution*. R. J. N.

RÉSILIATION DE BAIL. Clef, p. 265.

— DE CONTRAT DE MARIAGE. P. 155.

RÉSOLUTION. C. C. 1654 et 1741.

RESPONSABILITÉ DES OFFICIERS PUBLICS. Obligation imposée à tout fonctionnaire public de répondre des fautes qu'il pourrait commettre dans l'exercice de ses fonctions. L'art. 68 du Code de commerce en offre un exemple.

La responsabilité qui pèse sur les notaires est de nature à provoquer continuellement de leur part les soins les plus assidus et l'attention la plus sévère , s'ils ne veulent pas compromettre leur honneur et leur fortune. V. les art. 6 et 68 de la loi du 25 ventose an 11; Clef, pages 31 et 51.

RESSORT NOTARIAL. Étendue de juridiction dans laquelle le notaire peut instrumenter. Clef, p. 29.

RESTITUER. Restituer une personne en son entier, c'est la remettre dans l'état où elle était auparavant. *On dit* se faire restituer contre son obligation, contre sa promesse. On restitue les mineurs contre les actes passés en minorité , non pas comme mineurs, mais comme lésés. On restitue les majeurs contre une vente, quand il y a eu lésion de sept douzièmes. C.C. 1674.

RESTITUTION. Espèce de substitution. C. C. 1074-1048. Le *donataire* ou *légataire* auquel est imposée la charge de rendre est le *grevé de restitution* ; celui auquel il est tenu de rendre est *l'appelé à la restitution*.

RÉTABLISSEMENT DE COMMUNAUTÉ. C. C. 1451, et la Clef du Not. p. 155.

RETENUE LÉGALE. La retenue que les débiteurs d'anciennes rentes sont autorisés à faire encore sur les arrérages, lorsqu'elles ne sont pas déclarées franches , est d'un cinquième sur les rentes perpétuelles, et d'un dixième sur les rentes viagères. (Lois du 7 juin 1790 et du 15 pluviose an 5.)

Retour conventionnel. C. C. 951.

Retour légal. C. C. 747.

Retour de partage. C. C. 833.

Retrait de droits litigieux. C. C. 1699.

— de réméré. Clef, p. 213.

— successoral. P. 234.

Rétrocession. P. 228.

Réunion de l'usufruit. P. 195.

Rêve. Mot adopté dans quelques parties méridionales de la France, pour remplacer celui de dîme ; on l'emploie dans les baux à moitié fruits : ainsi l'on dit que sur la masse du blé, le propriétaire prélèvera un dixième à titre de *rêve*. (Cours de Notariat, par M. Augan.)

Revendication. La revendication s'applique plus particulièrement aux meubles. C. C. 349, 930, 1922 et 2102.

Revenus. Fruits d'un domaine, intérêts annuels d'une somme d'argent.

Réversion (Droit de). Droit de retour.

Révocation. C.C. 1134.

— de donation. Clef, p. 378.

— de pouvoirs. P. 480.

— de testament. P. 381.

Rôle. Feuillet. P. 77.

S

Sain d'esprit. C. C. 901.

Saisie. C. de proc. 558, 626, 636, 673. Voyez Rogron sous l'art. 1242 du C. C.

Saisine. C. C. 1026 et 1027. V. Rogron sous l'art. 724.

Saute-ruisseau. Le *saute-ruisseau* est dans l'étude d'un notaire ou d'un avoué ce qu'est le rapin dans l'atelier d'un peintre. C'est le petit clerc, le clerc subalterne, le souffre-douleur, qui résume en lui les tribulations et les jovialités de l'étude. Leste, vif, ingambe, il en est le messager infatigable. Toujours errant, courant, sautant, il va porter les dossiers, les papiers, les lettres au palais, chez les notaires, chez les avoués, chez les huissiers, et c'est de là que lui vient l'épithète de *saute-ruisseau*. Au-dedans, sa tâche n'est pas mince : il vient chaque jour le premier à l'étude, et il en sort le dernier ; il balaie l'étude, met du bois dans le poêle et de l'encre dans les encriers, range les cartons, les

papiers, les plumes et les chaises, fait les commissions, etc.
(*Constitutionnel* du 25 décembre 1837.)

SCELLÉS. Apposition d'un sceau spécial faite par les juges
de paix, sur les meubles et portes où sont les effets d'une
personne qui vient de décéder, pour en empêcher la soustraction, et conserver le tout intact et dans le même état.
C. C. 270, 451, 769, 810, 819, 820, 1031, 1328 et 1482 ;
C. de proc. 591, 907 et suivants.

Sur les frais de scellés, V. le C. C. 810 et 1482.

Pour le cas où ils peuvent être levés sans description, V.
le C. de proc. art. 940.

SECONDE GROSSE. Clef, p. 45.

SÉPARATION DE BIENS. C. C. 1536 ; C. de proc. 865.

——— DE CORPS. C. C. 306 ; C. de proc. 875.

——— DE PATRIMOINE. Clef, p. 105.

SÉQUESTRE. Page 335.

SERVITUDES. C. C. 637 et suiv.

SEUL ET UNIQUE. Pléonasme vicieux que les notaires emploient souvent dans leurs actes.

SIEUR. Qualification en usage dans les actes et jugements,
et qui précède le nom des parties. Dans le style notarial, on
fait généralement usage du titre de *monsieur*, comme plus
en rapport avec le langage de la société. Dans le style judiciaire, c'est la qualification de *sieur*, et non de *monsieur*,
qu'on emploie. (Dict. du Not.)

Dans le notariat, on a souvent égard à la qualité des personnes, et l'on dit tantôt *ledit sieur, ladite dame*, et tantôt
mondit sieur, madite dame.

SIGNATURE. La signature est une formalité essentielle et
qui est commune à tous les actes ; elle est le *signe* du consentement donné par les parties. Elle donne à l'écrit le caractère d'acte qui, jusque-là, n'était qu'un simple projet. On
n'est pas censé avoir signé un acte (privé) sans l'avoir lu.
Ainsi, celui qui aurait signé un acte qui n'est pas écrit de sa
main, prétendrait vainement qu'il n'a pas eu connaissance
de son contenu. On lui répondrait avec raison que le fait
n'est pas présumable. Il ne pourrait faire annuler cet acte,
qu'autant qu'il prouverait qu'il est frauduleux et que la signature lui a été surprise. Il faut que la signature soit à la
fin de l'acte. Tout ce qui serait ajouté après la signature
serait regardé comme non écrit. (Dict. de législ. usuelle.)

Une croix n'équivaut pas à une signature. Dès lors le
mari qui ne sait pas signer n'autorise pas suffisamment sa
femme en apposant une croix sur les billets qu'elle souscrit.
(Paris, 13 juin 1807.)

Signification. Celle qui est prescrite par l'art. 877 du C. C. est-elle à la charge des créanciers ou à celle des débiteurs ?... V. le Rép. de la Jurisp. du Not. tome 7, p. 255.

Société (contrat de). Clef, p. 336.

—— d'acquêts. P. 139.

Solennel (Acte). Celui pour lequel la loi prescrit certaines formes, comme les testaments, les contrats de mariage, etc. V. la Clef du Not. p. 100.

Solidarité. C. C. 1197, et Clef, p. 100.

Solutions de la régie. Décisions qui émanent du directeur-général de l'enregistrement, tandis que les délibérations sont l'œuvre des administrateurs réunis en conseil.

Sommation. C. C. 1139.

Souche. V. Rogron sous l'art. 743 du C. C.

Sourd-muet. Aucune loi ne déclare le sourd-muet, soit expressément, soit implicitement, incapable de donner : il en a donc la capacité.

Cette conséquence est en quelque sorte écrite littéralement dans l'art. 936 du Code civil. Rien ne l'empêche en effet de manifester sa volonté devant le notaire et les témoins qu'il appelle pour faire une donation entre-vifs ; il peut écrire devant eux ses intentions. Alors, puisque le sourd-muet peut faire ou accepter une donation, n'est-il pas capable de passer toutes sortes d'actes ? il en prend lecture, et communique par écrit ses observations. Seulement le notaire doit avoir l'attention de lui faire écrire au-dessus de sa signature qu'il a lu l'acte, et qu'il l'approuve dans tout son contenu.

Cependant un notaire ne pourrait-il pas, avec raison, se trouver embarrassé, si l'opération pour laquelle un sourd-muet requérait son ministère, offrait un intérêt majeur ? dans ce cas, ne lui serait-il pas permis d'hésiter sur le parti qu'il aurait à prendre ? Aurait-il tort d'exiger, soit une autorisation *ad hoc* du tribunal civil, soit l'assistance d'un conseil ? N'agirait-il pas sagement en prenant l'avis de personnes éclairées ? (M. Fleury.) V. la Clef, p. 379.

Sous-bail. Clef, p. 263.

Sous-ordre. P. 348.

Soute. Clef, p. 422. Les vieux praticiens écrivent *soulte*.

Stage. Clef, p. 49.

Stellionat. P. 291.

Les notaires ont l'attention d'observer aux parties, avant

de recevoir leurs signatures, lorsqu'elles se soumettent aux peines du stellionnat, qu'elles seront contraignables par corps, si leurs déclarations ne sont pas exactes.

Le vendeur qui affecte à la garantie de la vente les biens grevés de l'hypothèque légale et non inscrite de sa femme, est obligé de le déclarer sous peine de stellionat, surtout s'il n'est pas constant que l'acquéreur ait connaissance de cette hypothèque. (Journal du Palais.)

STIPULATION DE PROPRES. Clef, p. 133.

—— POUR AUTRUI. P. 98.

STYLE. Parmi les clauses ordinaires des actes, il y en a qui ne sont proprement que de style, c'est-à-dire qu'elles n'ajoutent rien aux conventions, comme le *promettant, obligeant, renonçant ;* et c'est dans ce sens qu'on dit que ce qui est de style ne produit rien. (Rép. du Not.) Clef, p. 118.

SUBDIVISION. Division d'une partie d'un tout déjà divisé. Par exemple, on procède entre une veuve et les héritiers de son mari aux liquidation et partage des biens dépendants de la communauté qui subsistait entre eux ; on abandonne aux héritiers conjointement divers objets pour les remplir de la portion qui leur revient dans la succession du mari ; ensuite, soit par le même acte, soit par un acte particulier, les héritiers font la *subdivision* des objets qui leur ont été abandonnés.

SUBROGATION. Clef, p. 290 ; Rogron, avant l'art. 1249 du C. C.

SUBROGÉ-TUTEUR. C. C. 420, 1442 et 2137. V. Rogron avant l'art. 420.

SUBSTITUTION. Clef, p. 354 et suiv.

—— DE POUVOIRS. P. 479.

—— ENTRE NOTAIRES. P. 47. Les notaires peuvent se substituer les uns les autres dans la réception des actes.

Le préambule de l'acte où un notaire substitue son confrère, se rédige ainsi :

Par-devant M^e B   *et son collègue, notaires à   ,
soussignés (ledit* M^e B   *substituant* M^e A *son confrère absent, notaire à   , pour la réception du présent acte, dont la minute restera audit* M^e A   *) ; a comparu, etc.*

(Nouveau Répertoire du Notariat, par M. Serieys.)

SUCCESSION. Page 417.

SUCCESSION (Droits de). Droits que les héritiers, donataires et légataires, ont à payer à la régie de l'enregistrement.

Si la déclaration est faite par un fondé de pouvoirs, sa qualité doit être établie; sa procuration, de lui certifiée véritable, demeure annexée au registre, et mention en est faite dans la déclaration. Si la procuration est sous seing-privé, elle doit être sur papier timbré, mais l'enregistrement n'en est pas exigé. (Art. 38 des ordres généraux.)

Toute personne qui n'a pas qualité suffisante pour passer la déclaration, ne peut être admise à la faire. (Instr. 443.)

L'usufruitier n'a pas qualité pour faire la déclaration au nom du nu-propriétaire.

Les héritiers sont libres de faire leur déclaration comme bon leur semble; l'administration ne peut intervenir ensuite que pour en vérifier l'exactitude. (Déc. du min. des fin. 12 août 1806.) Néanmoins le receveur doit refuser d'inscrire une déclaration qui ne serait pas assez détaillée. (Cass. 16 janvier 1811.)

S'il existe un inventaire authentique, les héritiers doivent indiquer dans leur déclaration sa date, ainsi que le nom et la résidence du notaire qui l'a reçu. (Déc. min. 22 prairial an 7.) Dans le cas contraire, ils fournissent l'état prescrit par l'art. 27 de la loi du 22 frimaire an 7. Cet état, qui doit être sur papier timbré, est laissé au receveur qui l'annexe à la déclaration.

La déclaration doit renfermer les éléments nécessaires pour qu'on puisse la vérifier; ces éléments existent quand elle indique, par articles séparés, chacun des immeubles, avec l'énonciation du nom particulier sous lequel le bien peut être connu, les communes dans lesquelles il est situé, et son évaluation. (Cass. 14 mars 1814.) Les héritiers peuvent rectifier leur déclaration sans encourir de peine, si c'est avant l'expiration du délai.

Dans les déclarations des biens de la communauté, après le décès de l'un des conjoints, il y a lieu d'admettre sur la masse commune la distraction des reprises de l'époux survivant, et de ne percevoir les droits de succession que sur la portion des biens de la communauté qui revient aux héritiers après ces prélèvements. D'où il suit que, si le montant des reprises à exercer par le survivant doit être distrait de la valeur des biens de la communauté lors de la déclaration des héritiers du prédécédé, ceux-ci ne peuvent, lorsqu'ils ont de semblables prélèvements à faire du chef de leur auteur, se dispenser de les comprendre dans leur déclaration, et d'en acquitter les droits. (D. M. F. et J. 18 juillet 1847.)

Le montant des incriptions au grand-livre doit concourir

36

à former les reprises : pour composer la distraction, il faut d'abord l'établir sur l'argent, ensuite sur le mobilier, puis sur les immeubles quand le mobilier ne suffit pas. (Solut. 23 août 1849.) Lorsque les biens meubles et immeubles de la communauté ne suffisent pas pour les reprises de la veuve, les héritiers ne peuvent prétendre que les droits de mutation ne doivent être perçus que sur le restant de la succession, après le prélèvement intégral de ces reprises, parce que le recours subsidiaire accordé à la femme par les articles 1436 et 1472 du Code civil, sur les biens personnels de son mari, ne constitue pas un droit de propriété sur ces biens, mais seulement une action hypothécaire, et par suite une charge de la succession, dont il ne peut être fait distraction dans l'évaluation des biens à déclarer. (Cass. 18 mai 1824.)

On voit que, dans ces cas, il faut opérer la liquidation de la communauté comme l'indiquent les art. 1468 et suivants du Code civil, si ce n'est qu'on ne déduit pas les dettes passives.

On trouvera, dans le Dictionnaire de l'enregistrement, par M. Roland, au mot *succession*, trois exemples de liquidations de communauté. Nous engageons les jeunes clercs à en tirer eux-mêmes une copie.

Si, avant la déclaration, la communauté a été partagée de manière à attribuer l'usufruit à la veuve et la nue-propriété à l'héritier, celui-ci doit acquitter le droit de succession sur la valeur entière des biens.

Lorsque la veuve renonce à la communauté, ses reprises deviennent une charge dont il ne doit pas être fait déduction. (Cass. 10 août 1830.)

L'accroissement *non decrescendo* qui a lieu en faveur du mari ou de ses représentants, par la renonciation de la veuve ou de ses héritiers à la communauté, ne donne ouverture à aucun droit d'enregistrement, parce qu'il ne produit pas une véritable mutation, le mari étant censé avoir été toujours propriétaire de la totalité. (Art. 2375 du journal de l'enreg.) V. la présente table au mot ACCROISSEMENT. En supposant que la femme ait laissé quatre héritiers, dont un a accepté la communauté et les trois autres y ont renoncé, ceux-ci ne doivent comprendre dans leur déclaration que les trois quarts de la succession proprement dite, ou des propres de la femme; et celui qui a accepté doit déclarer l'autre quart, plus un quart des biens qui composaient la communauté. (Art. 2392 idem.)

Lorsqu'un usufruit a été donné à deux légataires conjointement et pour moitié, avec stipulation d'accroissement au profit du survivant, on ne peut exiger de celui-ci un nouveau droit de mutation au décès de son colégataire. (Délib. du conseil d'administration du 9 novembre 1830.) Il en serait autrement d'un usufruit légué successivement à deux personnes. C. C. 1044.

Lorsqu'il a été procédé à un partage avant la déclaration de succession à passer par les héritiers, ceux-ci sont tenus d'acquitter le droit de mutation par décès, eu égard aux valeurs qui leur sont échues par le partage. On ne pourrait les astreindre à déclarer la moitié des biens meubles et immeubles dépendants de la communauté. (Délib. du 28 novembre 1828.)

Lorsque les héritiers ou légataires universels ont acquitté les droits sur la totalité des biens de la succession, il n'est plus dû de nouveaux droits sur les legs particuliers de sommes d'argent non existantes dans la succession. (Avis du Conseil-d'Etat du 2 septembre 1808.) La Régie a établi, pour ces cas, un mode de liquidation qu'il est important de connaître. Voyez sa délibération du 12 juillet 1833, rapportée dans le dictionnaire de l'enregistrement, au mot *Succession*.

Les mutations, par décès, de rentes sur l'Etat, sont exemptes de l'enregistrement (art. 70 de la loi du 22 frimaire an 7), mais les arrérages d'un semestre échu au jour du décès doivent être déclarés. (Délib. du 23 février 1820.)

SUPPOSITION DE PERSONNES. Elle est considérée comme un faux en écriture. (Cass. 14 avril 1827.)

SURANNATION. Clef, p. 471.

SURCHARGE. P. 39.

SURENCHÈRE. C. C. 2185 et suivants; C. de proc. 710, 711, 712, 832 à 838; C. de comm. 565.

SURNUMÉRAIRE. Celui qui aspire à devenir employé d'une administration publique.

SUSCRIPTION (acte de). Clef, p. 380.

SYNALLAGMATIQUE. C. C. 1102.

SYNONYMES. On se sert vulgairement de plusieurs mots pour exprimer la même idée; ces mots cependant, si on les analyse, ont chacun une signification qui leur est propre : s'ils étaient exactement synonymes, que de redondances ne trouverait-on pas dans les actes notariés? Ainsi l'on dit assez souvent *sans en rien excepter, retenir ni réserver*. Ces trois mots signifient-ils positivement la même chose? Je ne le pense pas. Lorsque, dans un contrat de vente, on déclare *excepter* tel objet, c'est que, sans cette déclaration, l'objet *excepté* ferait naturellement partie de la vente : tel un immeuble par destination ; pour que cet objet ne soit pas vendu, il faut l'*excepter*.

Lorsqu'une vente a pour objet une pièce de terre, ou des arbres, ou des vignes, on peut déclarer en *retenir* les fruits, la récolte : un cultivateur qui vend un veau à son boucher, peut en *retenir* la tête.

Réserver se dira, par exemple, d'un objet dont on ne cède que la nue-propriété, dont on garde, dont on se *réserve* l'usufruit pendant sa vie ou pendant tel temps.

Si donc il n'existe pas une entière synonymie, une signification absolument identique entre ces trois mots, les notaires n'ont pas tort de les employer, et ne contreviennent point à cette ordonnance de 1535 qui leur défendait de mettre dans leurs actes choses superflues, ni grande multiplication de termes synonymes.

T

TABLEAU des interdits. Clef, p. 41.

TABLEAUX généalogiques. Pour connaître d'une manière certaine les héritiers qui doivent partager une succession, il est quelquefois nécessaire de dresser préalablement la généalogie du défunt. Ces tableaux démontrent plus sûrement à l'œil la filiation, les degrés de parenté.

Le défunt dont il s'agit de partager la succession y est désigné sous les deux mots latins *de cujus*, c'est-à-dire *de cujus successione agitur*, de la succession duquel il s'agit.

TACITE RECONDUCTION. P. 257.

TARIF DES FRAIS. P. 76.

TEL que de droit. Conformément au droit.

TÉMOINS. Les deux témoins qui assistent le notaire, conformément à l'art. 9 de la loi du 25 ventose an 11, s'appellent *témoins instrumentaires*.

Ils doivent être présents à l'acte depuis le commencement jusqu'à la fin.

A l'égard de ceux qui sont appelés pour constater l'identité ou l'individualité des personnes qui contractent, il faut qu'ils soient connus des notaires, et qu'ils réunissent toutes les qualités requises par la loi, pour que ces fonctionnaires soient garantis absolument de toute responsabilité.

Les notaires ne sauraient prendre trop de précautions pour ne pas se compromettre : il faut donc que, sans craindre de mécontenter le public, ils exigent l'intervention des deux témoins certificateurs, lorsqu'ils ne connaissent pas les personnes qui se présentent. Cet objet, duquel peut dépendre leur fortune, est de nature à fixer continuellement leur attention d'une manière spéciale.

On donne le nom de témoins honoraires aux parents et amis des futurs époux, qui, par honneur ou politesse, signent au contrat de mariage.

Terme. Clef, p. 100; C. C. 1185-1188.

Termes sacramentels. Termes essentiels dont il n'est pas permis de s'écarter.

Territoire. Étendue de terrain qui dépend d'une ville, d'un village : cette pièce de terre est située sur *tel territoire*, et non pas *terroir*, qui se dit abusivement dans ce sens.

Testament. Clef, p. 379.

Tête. Se dit en jurisprudence pour individu.

Tiers. Personne qui n'est point partie dans un contrat; qui, par exemple, n'est ni acheteur, ni vendeur, et qui serait en *tiers*, si elle figurait dans l'acte de vente. C. C. 1120, 1121, 1122, 1165.

Tiers-acquéreur. Sous-acquéreur qui achète d'une personne, laquelle ne possède elle-même qu'au moyen d'une précédente acquisition.

Tiers-arbitre. Celui qui est choisi pour départager les arbitres. On dit aussi *tiers-expert*.

Tiers-coutumier. C'était, en Normandie, le douaire des enfants.

Tiers-détenteur. Celui qui possède un immeuble affecté à des droits réels, tels que des priviléges ou des hypothèques constituées par un précédent propriétaire. C. C. 2170, 2181.

Tiers-porteur. Celui auquel un effet de commerce a été transmis par la voie de l'endossement.

Tiers-saisi. Personne entre les mains de laquelle une saisie a été pratiquée.

Timbre. Clef, p. 61.

Tirer hors ligne. Porter une somme en chiffres, à la marge qu'on laisse vers la droite, après que cette somme a été écrite en toutes lettres dans le corps de l'acte.

Titre. Acte qui sert à établir quelque droit, quelque qualité. Le mot *titre* et le mot *acte* sont souvent confondus dans le Code (1317 et suivants). Le titre, c'est la cause du droit; le titre d'un acheteur, c'est l'achat ; le titre d'un fermier, c'est le louage : le titre se confond donc avec la convention ou le contrat.

Quand on dit que, pour prescrire par dix et vingt ans, il faut un juste titre, on entend dire qu'il faut une juste cause de possession , comme l'achat , la donation, le legs ; et lorsqu'on ajoute que le *titre* nul par défaut de forme ne peut servir de base à la prescription de dix et vingt ans (C.C.2267), on a en vue l'*acte* , seule chose qui puisse revêtir une forme.

Le mot acte , *actus* , du verbe *agere* , signifie ce qui a été fait, ce qui s'est passé entre les parties ; et dans ce sens, il se prend souvent pour la convention , pour le contrat. Mais il se prend souvent aussi pour la preuve du titre, ou de la convention ; pour l'écrit qui a été rédigé pour la constater ; et c'est sous ce point de vue qu'on l'envisage dans le Code, art. 1317 et suivants.

Ces mots *titre* , *acte* , ne sont donc point synonymes. On peut avoir un *titre* sans avoir un *acte*, etc. (Cours de droit français, tome 3, p. 25.)

TITRE EXÉCUTOIRE. V. Rogron sous l'art. 820 du C. C.

TITRE GRATUIT , ONÉREUX. V. Rogron sous les art. 217 et 893 du C. C.

TITRE NOUVEL. Clef, p. 339.

TITRE ORIGINAL. V. Rogron sous l'art. 1334 du C. C.

TITRES. P. 7 et 40.

TOUR d'échelle. Anciennement, on connaissait dans plusieurs coutumes, une servitude légale qu'on nommait *tour d'échelle* , et qui donnait le droit à chaque propriétaire, lorsqu'il était nécessaire de réparer son mur ou sa toiture, de poser ses échelles sur l'héritage voisin , et de faire occuper par ses ouvriers l'espace du tour d'échelle (trois pieds). Le Code n'ayant point parlé de cette servitude, elle ne pourrait être établie que par la volonté de l'homme.

TRADITION. Clef, p. 169 et 336.

TRADUCTEUR. Il faut que les pièces écrites en langue étrangère soient, avant d'être déposées à un notaire, traduites en français par un interprète assermenté.

TRAITS DE PLUME. Clef, p. 6 et 61.

TRANSACTION. P. 453.

TRANSCRIPTION. P. 112 et 186.

TRANSFERT. P. 229.

TRANSLATION D'HYPOTHÈQUE. P. 311.

Transmission. C. C. 711.

Transport de bail. Clef, p. 264.

———   de créance. P. 218.

———   de droits litigieux. P. 235.

———   de droits successifs. P. 231.

— —   de rente. P. 227.

Trentenaire. De 30 ans. C. C. 2262. Ce mot n'est dans aucun dictionnaire.

Triture. Substantif féminin qu'on ne trouve dans aucun dictionnaire, et qui signifie *aptitude, habileté à débrouiller les affaires.* « M. Troplong a pu soumettre ses notes et ses « matériaux à la double *triture* de l'érudition et de la « critique. » (M. Mermilliod.) — Ce mot est sans doute le même que celui de *trituration*, qu'on emploie ici métaphoriquement et abréviativement.

Trousseau. C. C. 852

Tutelle. Voyez Rogron avant l'art. 389 du C. C. *Tutelle officieuse*, 361 et suivants ; — *testamentaire*, 397 ; — *légitime*, 402 ; — *dative*, 405 ; — *légale des enfants admis dans les hospices.* Voyez Rogron, sous l'art. 404.

Tuteur spécial. C. C. 838 ; C. de proc. 968.

U

Unilatéral. C. C. 1103.

Union (Contrat d'). Clef, p. 465.

Usage. C. C. 1460. Les usages tiennent de près aux lois. (Madame Campan.) Quant au *droit d'usage*, V. le C. C. 625. La constitution d'un droit d'usage sur un immeuble donne ouverture au droit de 5 et demi pour 100, calculé sur la moitié de cet immeuble.

Usufruit. Quand il est immeuble. . . . C. C. 526.

Sa définition, ... 578.

Comment il peut être établi, ... 579 — 581.

Droits de l'usufruitier, ... 582 — 599.

Ses obligations, ... 600 — 616.

Réparations usufructuaires, ... 606.

Fin de l'usufruit, ... 617 — 624.

Usufruit légal, ... 384.

Usure. Clef, p. 30 ; loi du 3 septembre 1807, art. 4.

Utérin. C. C. 733 et 752.

V

VERTU (en). Au moyen, en conséquence de. On dit qu'*en vertu* de la grosse d'un bail, un locataire a été saisi et exécuté dans ses meubles. (Dénisart.)

VIABILITÉ. Ce mot vient de *via*, chemin, et non de *vita*. C'est l'état du fœtus qui le rend apte à vivre et à continuer d'exister hors du sein maternel, de manière à pouvoir parcourir la *carrière* ordinaire de la vie humaine. L'enfant *viable* est donc celui qui est assez fort, assez formé pour faire espérer qu'il vivra. E. M.

VIEILLESSE. C'est un principe adopté dans notre jurisprudence, que la vieillesse la plus avancée de l'homme ne donne aucune atteinte à l'exécution de ses dispositions, soit entre-vifs, soit à cause de mort, tant que celui qui dispose n'est pas interdit. (Dénisart.)

VIF. Clef, p. 418. Dans les baux à ferme, le fermier est souvent obligé à fournir au propriétaire *tant* de paires de poulets gras, *vifs* et en plumes !... Cela rappelle certain tabellion qui, dans un bail, avait inséré que, *chacun an*, à Noël, le preneur fournirait au bailleur un *cochon raisonnable*.

Chacun an est un barbarisme ; il faut dire *chaque année, chacune des années du bail.*

VILETÉ DE PRIX. Clef, p. 173.

VOIES DE DROIT. Moyens qu'indique la loi pour agir contre un acte, un jugement, une personne contre laquelle on a action.

VUES. C. C. 675.

FIN.

APPENDICE.

TABLEAU

DE LA DÉPRÉCIATION DU PAPIER-MONNAIE,

DANS LE DÉPARTEMENT DE LA SEINE,

Publié en exécution de la loi du 5 messidor an 5.

————◦◦◦◦◦————

Cent livres Assignats valaient en numéraire :

	liv.	s.		liv.	s.
Janvier 1791.	91	10	Juillet 1792.	60	
Février.	91	10	Août.	59	
Mars.	90	10	Septemb. 1re. décade.	61	
Avril.	89	10	2e.	63	
Mai et Juin.	85	5	3e.	66	
Juillet.	82		Octobre et Novemb.	69	
Août, Sept. et Octob.	81	10	Décemb. 1re.	66	
Novemb. 1re décade.	80	10	2e.	66	
2e.	79	10	3e.	63	
3e.	77		Janv. 1793. 1re. déc.	61	
Décemb. 1re décade.	75	10	2e.	59	
2e.	71	10	3e.	55	
3e.	68	10	Février.	56	
Janv. 1792. 1re déc.	66	15	Mars. 1re. décade.	54	
2e.	64	10	2e.	52	
3e.	63	5	3e.	50	
Février. 1re. décade.	60	5	Avril. 1re. décade.	49	
2e.	56	10	2e.	48	
3e.	53		3e.	47	
Mars.	53		Mai. 1re. décade.	46	10
Avril. 1re. décade.	54	10	2e.	45	
2e.	56	10	3e.	44	
3e.	59		Juin. 1re. décade.	42	10
Mai. 1re. décade.	58		2e.	41	10
2e.	57		3e.	40	
3e.	55	10	Juillet. 1re. décade.	36	
Juin. 1re. décade.	57		2e.	34	
2e.	58	10	3e.	33	
3e.	60		Août.	32	

Cent livres Assignats valaient en numéraire :

	liv.	s.
Septemb. 1re. décade.	31	10
2e.	30	
3e.	29	10
Octobre 1793.	30	
Novemb. 1re. décade.	33	
2e.	37	
3e.	43	
Décemb. 1re. décade.	45	
2e.	47	10
3e.	51	10
Janv. 1794. 1re. déc.	49	
2e.	48	10
3e.	48	
Février. 1re.	47	
2e.	44	
3e.	41	
Mars. 1re. décade.	41	
2e.	40	
3e.	38	
Avril.	37	
Mai.	36	
Juin et Juillet.	34	
Août.	32	
Septembre.	31	
Octobre. 1re. décade.	29	
2e.	28	10
3e.	28	
Novemb. 1re. décade.	27	10
2e.	26	10
3e.	25	10
Décemb. 1re. décade	24	10
2e.	23	
3e.	22	
Janv. 1795. 1re. déc.	21	
2e.	20	
3e.	19	10
Février. 1re. décad.	19	
2e.	18	10
3e.	17	

	liv.	s.	d.
Mars. 1re. décad.	17		
2e.	16		
Germin. an 3. 1re déc.	15		
2e.	13		
3e.	12		
Floréal. 1re. déc.	11	10	
2e.	10		
3e.	8	10	
Prairial an 3. 1re. déc.	7		
2e.	6		
3e.	4		
Messidor. 1re. décad.	3	15	
2e.	3	10	
3e.	3	15	
Thermidor. 1re. déc.	3	10	
2e.	3	5	
3e.	3		
Fructidor. 1re. déc.	2	15	
2e.	2	10	
3e.	2	5	
Jours complémentair.	2	5	
Vendémiaire an 4.	l.	s.	d.
1re. déc. 5 pr. jours.	2	2	6
5 dern. j.	2		
2e. déc. 5 prem. j.	2		
5 dern. j.	1	18	6
3e. déc. 5 prem. j.	1	13	9
5 dern. j.	1	8	8
Brumaire.			
1re. déc. 5 prem. j.	1	6	6
5 dern. j.	»	18	
2e. déc. 5 prem. j.	»	17	6
5 dern. j.	»	15	
3e. déc. 5 prem. j.	»	15	9
5 dern. j.	»	15	6
Frimaire.			
1re. déc. 5 prem. j.	»	14	9
5 dern. j.	»	14	3
2e. déc. 5 prem. j.	»	12	9
5 dern. j.	»	12	

Cent livres Assignats valaient en numéraire :

	s. d.		s. d.
3e. déc. 5 prem. j. »	12 6	3e. déc. 5 prem. j. »	6 9
5 dern. j. »	9 9	5 dern. j. »	8 8
Nivose.		**Germinal.**	
1re. déc. 5 prem. j. »	8 9	1re. déc. 5 prem. j. »	7 9
5 dern. j. »	9 9	5 dern. j. »	8 3
2e. déc. 5 prem. j. »	10 3	2e. déc. 5 prem. j. »	8 4
5 dern. j. »	8 9	5 dern. j. »	8 2
3e. déc. 5 prem. j. »	9 6	3e. déc. 5 prem. j. »	8 1
5 dern. j. »	9	5 dern. j. »	8
Pluviose.		**Floréal.**	
1re. décade. »	9	1re. décade.	8
2e. déc. 5 prem. j. »	9	2e. déc. 5 prem. j. »	7 5
5 dern. j. »	8 6	5 dern. j. »	6 7
3e. déc. 5 prem. j. »	7 9	3e. déc. 5 prem. j. »	5 10
5 dern. j. »	7 3	5 dern. j. »	5 8
Ventose.		**Prairial.**	
1re. déc. 5 prem. j. »	6 6	1re. déc. 5 prem. j. »	4 9
5 dern. j. »	6 8	5 dern. j. »	4
2e. déc. 5 prem. j. »	6 3	2e. déc. 5 prem. j. »	3 11
5 dern. j. »	6 9	5 dern. j. »	3 7

Cent livres Mandats valaient en numéraire :

	liv. s. d.		liv. s. d.
Germinal an 4.		**Prairial an 4.**	
1re. déc. 5 prem. j.	34 9	1re. déc. 5 prem. j.	11 4
5 dern. j.	29 8	5 dern. j.	7 9 4
2e. déc. 5 prem. j.	19 10	2e. déc. 5 prem. j.	6 15 3
5 dern. j.	20 2	5 dern. j.	5 3 6
3e. déc. 5 prem. j.	19 10	3e. déc. 5 prem. j.	8 8 3
5 dern. j.	17 11	5 dern. j.	8 7 6
Floréal.		**Messidor.**	
1re. déc. 5 prem. j.	15 4 6	1re. déc. 5 prem. j.	7 4 6
5 dern. j.	14	5 dern. j.	6 19 6
2e. déc. 5 prem. j.	13 14	2e. déc. 5 prem. j.	7 8 6
5 dern. j.	14	5 dern. j.	7 10
3e. déc. 5 prem. j.	12 3 3	3e. déc. 5 prem. j.	6 14 6
5 dern. j.	11 10 7	5 dern. j.	5 10 10

La loi du 29 messidor an 4 a été publiée le premier thermidor suivant.

Concordance des Calendriers Républicain et Grégorien

Années républic.	1er Vendém. Septembre.	1er Brumaire. Octobre.	1er Frimaire. Novembre.	1er Nivose. Décembre.	1er Pluviose. Janvier.	1er Ventose. Février.
*						
2	22 1793	22 1793	21 1793	21 1793	20 1794	19 1794
3	22 1794	22 1794	21 1794	21 1794	20 1795	19 1795
4	23 1795	23 1795	22 1795	22 1795	21 1796	20 1796
5	22 1796	22 1796	21 1796	21 1796	21 1797	19 1797
6	22 1797	22 1797	21 1797	21 1797	20 1798	19 1798
7	22 1798	22 1798	21 1798	21 1798	20 1799	19 1799
8	23 1799	23 1799	22 1799	22 1799	21 1800	20 1800
9	23 1800	23 1800	22 1800	22 1800	21 1801	20 1801
10	23 1801	23 1801	22 1801	22 1801	21 1802	20 1802
11	23 1802	23 1802	22 1802	22 1802	21 1803	20 1803
12	24 1803	24 1803	23 1803	23 1803	22 1804	21 1804
13	23 1804	23 1804	22 1804	22 1804	21 1805	20 1805
14	23 1805	23 1805	22 1805	22 1805	21 1806	20 1806
15	23 1806	23 1806	22 1806	22 1806	21 1807	20 1807
16	24 1807	24 1807	23 1807	22 1807	22 1808	21 1808
17	23 1808	23 1808	22 1808	22 1808	21 1809	20 1809
18	23 1809	23 1809	22 1809	22 1809	21 1810	20 1810
19	23 1810	23 1810	22 1810	22 1810	21 1811	20 1811
20	24 1811	24 1811	23 1811	23 1811	22 1812	21 1812
21	23 1812	23 1812	22 1812	22 1812	21 1813	20 1813
22	23 1813	23 1813	22 1813	22 1813	21 1814	20 1814
23	23 1814	23 1814	22 1814	22 1814	21 1815	20 1815
24	24 1815	24 1815	23 1815	23 1815	22 1816	21 1816
25	23 1816	23 1816	22 1816	22 1816	21 1817	20 1817
26	23 1817	23 1817	22 1817	22 1817	21 1818	20 1818
27	23 1818	23 1818	22 1818	22 1818	21 1819	20 1819
28	24 1819	24 1819	23 1819	23 1819	22 1820	21 1820
29	23 1820	23 1820	22 1820	22 1820	21 1821	20 1821
30	23 1821	23 1821	22 1821	22 1821	21 1822	20 1822

MANIERE DE SE SERVIR

La première colonne indique les années républicaines, et le titre de chaque colonne indique le premier de chaque mois. Tout ce qui se trouve dans le reste du tableau indique l'ère vulgaire.

Pour reconnaître à quel jour de l'ère vulgaire correspond le premier nivose an 13, il faut se servir de la première colonne à gauche intitulée *années républicaines*, descendre jusqu'au nombre qui désigne l'an 13, et de là suivre, de gauche à droite, jusqu'à la quatrième colonne, qui a pour titre *premier nivose*; arrivé à ce point, on lit 22 1804, c'est-à-dire 22 décembre 1804, qui est l'époque de l'ère vulgaire qui correspond au premier nivo c an 13.

* Le calendrier français n'a point été suivi dans l'an premier; ce n'est qu'au 22 septembre 1793, correspondant au 1er vendémiaire an 2, qu'il a été mis en usage. On a fini de l'employer le 31 décembre 1805, correspondant au 1er nivose an 14.

depuis 1793 (an 2), jusques et compris l'an 1822 (an 30).

ANNÉES républic.	1er Germinal.		1er Floréal.		1er Prairial.		1er Messidor.		1er Thermidor.		1er Fructidor.	
	Mars.		Avril.		Mai.		Juin.		Juillet		Août.	
*												
2	21	1794	20	1794	20	1794	19	1794	19	1794	18	1794
3	21	1795	20	1795	20	1795	19	1795	19	1795	18	1795
4	21	1796	20	1796	20	1796	19	1796	19	1796	18	1796
5	21	1797	20	1797	20	1797	19	1797	19	1797	18	1797
6	21	1798	20	1798	20	1798	19	1798	19	1798	18	1798
7	21	1799	20	1799	20	1799	19	1799	19	1799	18	1799
8	22	1800	21	1800	21	1800	20	1800	20	1800	18	1800
9	22	1801	21	1801	20	1801	20	1801	20	1801	19	1801
10	22	1802	21	1802	20	1802	20	1802	20	1802	19	1802
11	22	1803	21	1803	21	1803	20	1803	20	1803	19	1803
12	22	1804	21	1804	21	1804	20	1804	20	1804	19	1804
13	22	1805	21	1805	21	1805	20	1805	20	1805	19	1805
14	22	1806	21	1806	21	1806	20	1806	20	1806	19	1806
15	22	1807	21	1807	21	1807	20	1807	20	1807	19	1807
16	22	1808	21	1808	21	1808	20	1808	20	1808	19	1808
17	22	1809	21	1809	21	1809	20	1809	20	1809	19	1809
18	22	1810	21	1810	21	1810	20	1810	20	1810	19	1810
19	22	1811	21	1811	21	1811	20	1811	20	1811	19	1811
20	22	1812	21	1812	21	1812	20	1812	20	1812	19	1812
21	22	1813	21	1813	21	1813	20	1813	20	1813	19	1813
22	22	1814	22	1814	21	1814	20	1814	20	1814	19	1814
23	22	1815	21	1815	21	1815	20	1815	20	1815	19	1815
24	22	1816	21	1816	21	1816	20	1816	20	1816	19	1816
25	22	1817	21	1817	21	1817	20	1817	20	1817	19	1817
26	22	1818	21	1818	21	1818	20	1818	20	1818	19	1818
27	22	1819	21	1819	21	1819	20	1819	20	1819	19	1819
28	22	1820	21	1820	21	1820	20	1820	20	1820	19	1820
29	22	1821	21	1821	21	1821	20	1821	20	1821	19	1821
30	22	1822	21	1822	21	1822	20	1822	20	1822	19	1822

DE CE TABLEAU.

Cette première donnée acquise, il est aisé de voir que, si l'on veut trouver une autre date du même ou de tout autre mois, il faut ajouter à l'époque indiquée pour le premier de chaque mois, le nombre des jours qui séparent l'époque connue de celle que l'on cherche.

Ainsi, pour connaître à quelle date correspond le 5 nivose an 13, il suffit d'ajouter à la date ci-dessus trouvée (22 *décembre* 1804) quatre jours de plus, ce qui donne 26 *décembre* 1804, et ainsi de suite pour toute autre date.

Il est inutile de rappeler ici que les mois de *janvier, mars, mai, juillet, août, octobre, décembre,* ont 31 jours; que ceux d'*avril, juin, septembre et novembre,* ont 30 jours, et que le mois de *février* varie, suivant que l'année est ou n'est pas bissextile. Depuis 1793 jusques et compris l'an 1824, le mois de février des années 1796, 1800, 1804, 1808, 1812, 1816, 1820 et 1824, a 29 jours; celui des autres années n'en a que 28.

Tiré de l'Abréviateur.

LOI RELATIVE AUX POIDS ET MESURES,

Du 4 Juillet 1837.

Art. 1er. Le décret du 12 février 1812, concernant les poids et mesures, est et demeure abrogé (1).

Art. 2. Néanmoins, l'usage des instruments de pesage et de mesurage confectionnés en exécution des art. 2 et 3 du décret précité, sera permis jusqu'au 1er janvier 1840.

Art. 3. A partir du 1er janvier 1840, tous poids et mesures autres que les poids et mesures établis par les lois des 18 germinal an 3 et 19 frimaire an 8, constitutives du système métrique décimal, seront interdits sous les peines portées par l'art. 479 du Code pénal.

Art. 4. Ceux qui auront des poids et mesures autres que les poids et mesures ci-dessus reconnus, dans leurs magasins, boutiques, ateliers ou maisons de commerce, ou dans

---

(1) Conformément à l'art. 2 du décret, il était permis d'employer pour les usages du commerce, 1°. une mesure de longueur égale à deux mètres, prenant le nom de *toise*, et se divisant en six *pieds*; 2°. une mesure égale au tiers du mètre ou sixième de la toise, ayant le nom de *pied*, se divisant en douze *pouces*, le pouce en douze *lignes*.

Le mesurage des étoffes et toiles pouvait se faire avec une mesure égale à douze décimètres, prenant le nom *d'aune*, et se divisant en demies, quarts, huitièmes et seizièmes, tiers, sixièmes et douzièmes.

Les grains et autres matières sèches pouvaient être mesurés avec une mesure égale au huitième de l'hectolitre, prenant le nom de *boisseau*, et ayant son double, son demi et son quart.

Pour la vente en détail des graines, grenailles, farines et légumes, le litre pouvait se diviser en demis, quarts et huitièmes.

Pour la vente en détail du vin, etc., on pouvait employer des mesures d'un quart, d'un huitième et d'un seizième de litre.

Pour la vente de toutes les substances dont le prix et la quantité se règlent au poids, les marchands pouvaient employer la livre égale au demi-kilogramme ou cinq cents grammes, se divisant en seize onces, l'once en huit gros, le gros en soixante-douze grains. Chacun de ces poids, se divisant, en outre, en demis, quarts et huitièmes.

les halles, foires ou marchés, seront punis comme ceux qui les emploieront, conformément à l'art. 479 du Code pénal.

Art. 5. A compter de la même époque, toutes dénominations de poids et mesures autres que celles portées dans le tableau annexé à la présente loi, et établies par la loi du 18 germinal an 3, sont interdites dans les actes publics ainsi que dans les affiches et les annonces.—Elles sont également interdites dans les actes sous seing-privé, les registres de commerce et autres écritures privées produits en justice. — Les officiers publics contrevenants seront passibles d'une amende de 20 francs, qui sera recouvrée sur contrainte, comme en matière d'enregistrement. — L'amende sera de 10 francs pour les autres contrevenants : elle sera perçue pour chaque acte ou écriture sous signature privée ; quant aux registres de commerce, ils ne donneront lieu qu'à une seule amende pour chaque contestation dans laquelle ils seront produits.

Art. 6. Il est défendu aux juges et arbitres de rendre aucun jugement ou décision en faveur des particuliers sur des actes, registres ou écrits dans lesquels les dénominations interdites par l'art. précédent auraient été insérées, avant que les amendes encourues aux termes dudit article aient été payées.

Art. 7. Les vérificateurs des poids et mesures constateront les contraventions prévues par les lois et réglements concernant le système métrique des poids et mesures. — Ils pourront procéder à la saisie des instruments de pesage et mesurage dont l'usage est interdit par lesdites lois et réglements. — Leurs procès-verbaux feront foi en justice jusqu'à preuve contraire. — Les vérificateurs prêteront serment devant le tribunal d'arrondissement.

Art. 8. Une ordonnance royale réglera la manière dont s'effectuera la vérification des poids et mesures.

APPENDICE.

TABLEAU DES MESURES LÉGALES.

(Loi du 18 germinal an 3.)

Mesures de longueur.

Myriamètre.....................	10,000 mètres.
Kilomètre.....................	1,000 »
Hectomètre.....................	100 »
Décamètre.....................	10 »
MÈTRE.....................	*unité.*
Décimètre.....................	dixième du mètre.
Centimètre.....................	centième.
Millimètre.....................	millième.

Mesures agraires.

Hectare.. 100 ares ou 10,000 mètres carrés.
ARE..... 100 mètres carrés, carré de 10 mètres de côté.
Centiares. centième de l'are ou mètre carré.

Mesures de capacité pour les liquides et les matières sèches.

Kilolitre.....................	1,000 litres.
Hectolitre.....................	100 »
Décalitre.....................	10 »
LITRE.....................	décimètre cube.
Décilitre.....................	dixième du litre.

Mesures de solidité.

Décastère.....................	10 stères.
STÈRE.....................	mètre cube.
Décistère.....................	dixième du stère.

Poids.

Kilogramme.....................	1,000 grammes.
Hectogramme.....................	100 »
Décagramme.....................	10 »
GRAMME.....................	*unité.*
Décigramme.....................	dixième du gramme.
Centigramme.....................	centième.
Milligramme.....................	millième.

Monnaie.

FRANC.....................	cinq grammes d'argent.
Décime.....................	dixième de franc.
Centime.....................	centième de franc.

Conformément à la disposition de la loi du 18 germinal an 3, concernant les poids et les mesures de capacité, chacune des mesures décimales de ces deux genres a son double et sa moitié.

OBSERVATIONS.

Ce qui fit rendre le décret de 1812, ce fut la conviction qu'eut alors le gouvernement que le système décimal ne pouvait être exécuté dans le commerce en détail. Châteaubriand et d'autres savants avaient démontré qu'il fallait laisser au peuple les divisions par demis, quarts, huitièmes, tiers, sixièmes, etc.; qu'il serait impossible de l'assujettir à la division décimale. Mais tout en reconnaissant que le système par 12 présente des avantages à cause du grand nombre de diviseurs de ce nombre, on a pensé que l'existence simultanée du vieux et du nouveau système produirait toujours une confusion dangereuse, et le décret de 1812 a été abrogé.

Je suis partisan, plus que personne, du système décimal; mais je pense qu'il eût été bon de conserver les dispositions de ce décret, en veillant à sa stricte exécution, et qu'on sera forcé d'y revenir un jour, surtout à l'égard de la toise et du pied.

Quoi qu'il arrive, j'ai pensé qu'il serait utile de donner des tableaux de comparaison des mesures de tolérance admises par suite du décret de 1812, avec les mesures réellement décimales. On était habitué à ces mesures de tolérance, il ne sera plus guère question d'établir la comparaison des anciennes mesures avec les nouvelles : dans le cas où cela deviendrait nécessaire pour certaines personnes, on recourrait au Manuel de Tarbé ou autres ouvrages de ce genre.

TABLE 1.

Conversion de l'aune usuelle ou de tolérance en mètres.

Nota. Le mètre contenant 10 décimètres, et l'aune usuelle 12, ils sont ensemble dans le rapport de 5 à 6. Le dixième du mètre est exactement le douzième de l'aune. La marchandise qui vaut à l'aune 6 fr., ne vaut au mètre que 5 francs. (Tarbé.) Le prix du mètre étant de 5 francs, le prix du décimètre est de 50 cent., et le prix du centimètre est de 5 centimes.

	mèt.	déc.		mèt.	déc.
1 aune usuelle val.	1	2	9 aunes........	10	8
2.	2	4	10............	12	»
3.	3	6	Demi-aune.	»	6
4.	4	8	Tiers..........	»	4
5.	6	»	Quart........	»	3
6.	7	2	Sixième........	»	2
7.	8	4	Huitième . 15 centimètres.		
8.	9	6	Seizième..	8	»

TABLE 2.

Conversion des toises, pieds, pouces et lignes usuels en mètres.

lignes.	millimètr.	pouces.	millimètr.
1.............	2	1............	28
2.............	5	2............	56
3.............	7	3............	83
4.............	9	4............	111 (2)
5.............	12 (1)	5............	139
6.............	14	6............	167
7.............	16	7............	194
8.............	19	8............	222
9.............	21	9............	250
10.............	23	10............	278
11	25	11............	306
12.............	28	12............	332

Pour convertir les toises en mètres, il ne faut qu'en doubler le nombre : 16 toises font 32 mètres.

Quant à la conversion des toises, pieds, pouces et lignes carrés en mètres carrés, voyez le Manuel pratique des poids et mesures par Tarbé, table 18.

Pour les mesures cubiques, voyez le même ouvrage, table 34.

Et pour les solives usuelles à convertir en stères, voyez la table 43.

---

(1) Ou 1 centimètre 2 millimètres.

(2) Ou 1 décimètre 11 millimètres.

TABLE 3.

Conversion des poids usuels en poids décimaux.

Grains.	décigr.	milligr.	Onces.	Décagr.	centig.
1........	»	54	1.....	3	125 (2)
2........	1	09	2.....	6	250
3........	1	63	3.....	9	375
4........	2	17	4.....	12	500
5........	2	71	5.....	15	625
6........	3	26	6.....	18	750
7........	3	80	7.....	21	875
8........	4	34	8.....	25	000
9........	4	88	9.....	28	125
10........	5	43	10.....	31	250
18........	9	77	11.....	34	375
36........	19	53	12.....	37	500

Gros.	gramm.	mill.			
			13.....	40	625
1......	3	906 (1)	14.....	43	750
2......	7	813	15.....	46	876 (3)
3......	11	719	16 ou liv.	50 ou 5 hectogr.	
4......	15	625			
5......	19	531			
6......	23	438			
7......	27	344			
8......	31	250			
12......	46	875			

Si l'on veut convertir en kilogrammes un certain nombre de livres usuelles, il faut prendre la moitié de ce nombre : ainsi 20 livres valent 10 kilogrammes.

(1) Ou, si l'on veut, 3 grammes 9 décigrammes.

(2) Ou 3 décagrammes 1 gramme, ou 31 grammes.

(3) Ou 4 hectogrammes 69 grammes.

TABLE 4. Conversion des anciennes mesures agraires en nouvelles.

LA VERGE linéaire ÉTANT DE :	LA VERGE ou perche CARRÉE EST DE :	2 a.	2 c.	3 a.	3 c.	4 a.	4 c.	5 a.	5 c.	6 a.	6 c.	7 a.	7 c.	8 a.	8 c.	9 a.	9 c.	10 a.	10 c.	20 a.	20 c.	50 a.	50 c.	100 a.	100 c.
pieds. pou.	centiares.	a.	c.	a.	c.	a.	c.	a.	c.	a.	c.	a.	c.	a.	c.	a.	c.	a.	c.	a.	c.	a.	c.	a.	c.
16 »	27	»	54	»	84	1	08	1	35	1	62	1	89	2	16	2	43	2	70	5	40	13	51	27	01
16 6	29	»	57	»	86	1	15	1	44	1	72	2	01	2	30	2	59	2	87	5	75	14	36	28	73
16 8	29	»	59	»	88	1	17	1	47	1	76	2	05	2	34	2	64	2	93	5	86	14	66	29	34
17 »	30	»	61	»	91	1	22	1	52	1	83	2	13	2	44	2	74	3	05	6	10	15	25	30	50
17 4	32	»	63	»	95	1	27	1	59	1	90	2	22	2	54	2	85	3	17	6	43	15	86	34	72
17 8	33	»	66	»	99	1	32	1	65	1	98	2	34	2	63	2	96	3	29	6	59	16	47	32	94
18 »	34	»	68	1	03	1	37	1	71	2	05	2	39	2	74	3	08	3	42	6	84	17	09	34	49
18 9	37	»	74	1	11	1	48	1	86	2	23	2	60	2	97	3	34	3	71	7	42	18	56	37	24
19 4	39	»	79	1	18	1	58	1	97	2	37	2	76	3	16	3	55	3	94	7	89	19	72	39	44
19 10	42	»	83	1	24	1	66	2	07	2	49	2	90	3	32	3	73	4	15	8	30	20	75	44	50

LA VERGE linéaire ÉTANT DE :		LA VERGE ou perche CARRÉE EST DE :	2		3		4		5		6		7		8		9		10		20		50		100	
piede	pou.	centiares.	a.	c.	a.	c.	a.	c.	a.	c.	a.	c.	a.	c.	a.	c.	a.	c.	a.	c.	a.	c.	a.	c.	a.	c.
20	»	42	»	84	1	27	1	69	2	11	2	53	2	95	3	38	3	80	4	22	8	44	21	10	42	20
20	2	43	»	86	1	29	1	72	2	15	2	57	3	»	3	43	3	86	4	29	8	58	21	45	42	90
20	4	44	»	87	1	31	1	75	2	18	2	62	3	05	3	49	3	93	4	36	8	72	21	80	43	60
20	5	44	»	88	1	33	1	77	2	21	2	63	3	10	3	54	3	98	4	42	8	84	22	10	44	20
21	»	47	»	93	1	40	1	86	2	33	2	79	3	26	3	72	4	19	4	65	9	30	23	25	46	54
21	4	48	»	96	1	44	1	92	2	40	2	88	3	36	3	84	4	32	4	80	9	60	24	»	48	»
22	»	51	1	02	1	53	2	04	2	55	3	06	3	58	4	09	4	60	5	11	10	21	25	54	51	07
22	4	53	1	05	1	58	2	10	2	63	3	15	3	68	4	20	4	73	5	25	10	50	26	26	52	52
22	5	53	1	07	1	60	2	14	2	67	3	21	3	74	4	27	4	81	5	34	10	68	26	71	53	42
22	8	54	1	08	1	63	2	17	2	71	3	25	3	79	4	38	5	88	5	42	10	84	27	11	54	22
25	»	66	1	32	1	98	2	64	3	30	3	96	4	62	5	28	5	94	6	60	13	19	32	98	65	96
25	4	68	1	35	2	03	2	71	3	39	4	06	4	74	5	42	6	09	6	77	13	55	33	86	67	72
27	»	77	1	54	2	31	3	08	3	85	4	62	5	38	6	15	6	92	7	69	15	38	38	45	76	90

Pour toute autre verge ou perche, voyez le manuel de M. Tarbé, table 29.

ERRATA.

Un philologue disait que rien n'est plus inutile qu'un errata, parce que si les fautes sont aperçues, il ne peut rien apprendre, et que, dans le cas contraire, on n'est pas même tenté de le consulter. Cependant, pour notre amour-propre, nous avons relevé et signalé les fautes suivantes :

Page 15, au lieu de CHAPITRE II, lisez CHAPITRE 2. — La numération avec les chiffres romains est absurde ; il faut la laisser, disait Lemare, aux antiquaires, aux trissotins déterreurs de médailles, et faiseurs d'inscriptions. On ne conçoit [pas que nos imprimeurs en conservent l'usage.

Page 33. Les lignes 24 à 27 doivent être placées après la ligne 33.

Page 37. Les lignes 20, 21 et 22, doivent être placées en note, au bas de la page.

Page 47. Les lignes 11 à 17 doivent être placées après la ligne 33.

Page 65, 2ᵉ ligne de la note, lisez *à* 6 *pour* 100.

Page 71, 1ʳᵉ ligne, au lieu de 42, lisez 43.

Page 77, en tête de la ligne 37, mettez *pour*.

Page 133, ligne 40, au lieu de *v. l'art.* 8, lisez *v. l'art.* 7.

Page 138, ligne 30, au lieu de 1076, lisez 1096.

Page 150, ligne 28, au lieu de 1536, lisez 1530.

Page 242, ligne 2, lisez *commutatif*.

Page 249, lignes 19 et 20, supprimez ces mots, *ni même faire aucun échange de jouissance avec d'autres fermiers*.

Page 278, ligne 27, au lieu de p. 163, lisez p. 215.

Page 364, ligne 30, au lieu de p. 27, lisez p. 29.

Page 454, ligne 23, lisez *équivalant*.

Nous laissons à la complaisance de nos lecteurs le soin de corriger les autres fautes typographiques.